J'attends un enfant

Crédits

Laurence Pernoud

avec la collaboration d'Agnès Grison

J'attends
un enfant

Édition
2003

HORAY

Du même auteur, chez le même éditeur :

J'élève mon enfant

Sommaire

Un rêve qui prend forme, 12.
L'œuvre d'une équipe, 14.

J'attends un enfant

CHAPITRE 1

De l'espoir à la certitude, 18.
Les signes de la grossesse, 19.
Les tests à faire soi-même, 21.
Les tests de laboratoire, 21.
C'est non, vous n'êtes pas enceinte, 23.
C'est oui, et tout va changer dans votre vie, 27.
Attendre à deux, 30.
Du côté des mères, 31.
La naissance d'un père, 36.
Du couple à la famille, 42.
Si vous êtes seule, 43.
L'accouchement anonyme, 45
(accouchement sous X)

La vie quotidienne

CHAPITRE 2

Votre travail, 48.
Le sommeil, 51.
Les relations sexuelles, 51.
Bains et douches, 54.
Les cigarettes, 54.
Et l'alcool ? 55.
Les voyages, 55.
Vous avez besoin d'exercice physique, 58.
Les sports, 59.
Les sportives de haut niveau, 62.

Bien se nourrir

CHAPITRE 3

Faut-il manger plus ? 66.
Que faut-il manger ? 69.
Des menus bien équilibrés, 76.
Pourquoi il ne faut pas trop manger, 79.
Si vous avez pris trop de poids, consultez ce tableau, 81.
Les aliments à éviter, 82.

Belle en attendant un bébé

88. Les seins,
88. Le ventre et la silhouette,
90. Le visage,
91. Le masque de grossesse,
91. Le maquillage,
93. La peau du corps,
93. Les vergetures,
94. Les cheveux,
94. Les dents,
95. Les ongles,

La vie avant la naissance

5

98. Comment la nature crée un être humain,
99. Les deux cellules qui vont transmettre la vie,
99. L'ovule,
101. Le spermatozoïde,
101. La rencontre,
107. L'œuf se nide,
107. L'œuf, une greffe très spéciale,
108. La fécondation *in vitro*,
110. Mois par mois, l'histoire de votre enfant,
124. La vie avant la naissance :
échographies et photos en couleur,
137. Comment votre enfant vit en vous,
138. Le placenta,
142. Le cordon ombilical,
142. Le liquide amniotique et les enveloppes de l'œuf,
144. Le fœtus et son environnement :
avant la naissance, le bébé participe à sa croissance, en produisant ses propres hormones, en élaborant son système immunitaire.
146. Comment votre corps devient maternel,

Si vous attendez des jumeaux

6

154. La conception des jumeaux,
157. J'attends des jumeaux,
158. La grossesse gémellaire,
159. La surveillance médicale
161. La naissance des jumeaux,
162. Après la naissance,
162. Triplés, quadruplés, quintuplés,

Les trois questions que vous vous posez

CHAPITRE 7

Fille ou garçon ? 166.
Peut-on choisir le sexe de l'enfant ? 169.
Connaître le sexe de l'enfant avant la naissance, 170.
A qui ressemblera votre enfant ? 172.
Les gènes, 172.
Dominants et récessifs, 176.
Les mutations, 176.
Mon enfant sera-t-il normal ? 179.
Quel est le risque d'avoir un enfant anormal ? 184.
La consultation de génétique, 186.
Le diagnostic prénatal : les différentes méthodes, 187.
L'amniocentèse, 187.
Science et conscience, 189.

Les malaises courants

CHAPITRE 8

Nausées et vomissements, 192.
Salivation excessive, 194.
Aérophagie, douleurs et brûlures d'estomac, 194.
Constipation, 194.
Hémorroïdes, 195.
Varices, 196.
Peut-on prévenir les varices ? 197.
Troubles urinaires, 198.
Démangeaisons, 199.
Pertes blanches, 199.
Tendance aux syncopes et aux malaises, 200.
Troubles oculaires, 201.
L'essoufflement, 201.
Les douleurs, 201.
Troubles du sommeil, 203.
Changements d'humeur, 204.

La surveillance médicale de la grossesse

CHAPITRE 9

Qui va suivre votre grossesse ? 208.
La surveillance habituelle de la femme enceinte, 210.
Les examens médicaux, 210.
L'échographie, 214.
Enceinte après quarante ans, 219.
Médicaments, vaccins, radios, 220.
Les grossesses à risques, 224.

CHAPITRE 10

Et si une complication survient ?

233. Les complications tenant à la grossesse elle-même,
233. Les avortements spontanés, ou fausses couches,
237. La grossesse extra-utérine,
238. La toxémie gravidique,
240. Le retard de croissance intra-utérin et l'hypotrophie fœtale,
241. L'insertion basse du placenta,
242. L'hématome retroplacentaire,
242. Les anémies,
243. Quand une maladie survient,
243. La rubéole,
244. La toxoplasmose,
246. La listériose,
247. Les autres maladies infectieuses,
248. Les infections urinaires,
248. L'hépatite virale,
249. Les interventions chirurgicales.
249. Les traumatismes
249. Et le stress ?
250. Si vous étiez malade avant d'être enceinte,
250. Le diabète,
252. L'hypertension artérielle,
252. Les maladies cardiaques,
252. L'obésité,
253. La tuberculose,
253. Les allergies,
254. Fibromes et kystes,
254. L'épilepsie,
255. Les maladies sexuellement transmissibles,
255. Le sida,
257. Et l'alcool ? Et la drogue ?
259. Le facteur Rhésus,
261. Attention danger,

CHAPITRE 11

Quand accoucherai-je ?

264. La date prévue,
264. La date de la conception,
266. La durée de la grossesse,
267. Le calendrier de votre attente,
268. Plus tôt : l'accouchement prématuré,
271. Que faut-il faire ?
272. Peut-on l'éviter ?
273. Plus tard : la grossesse prolongée,
274. Peut-on programmer la date de l'accouchement ?
276. Comment choisir la maternité ?

12 L'accouchement

D'abord quelques explications, 281.
Le film de l'accouchement, 289.
Comment il débute, 289.
Quand partir pour la maternité ? 292.
L'arrivée à la maternité, 293.
La dilatation, 294.
L'expulsion, 297.
L'épisiotomie, 300.
Le premier cri, 300.
L'examen du nouveau-né, 301.
La délivrance, 301.
La durée de l'accouchement, 302.
Qui sera là ? 302.
La présence du père, 303.
Le monitoring, 308.
Accoucher assise ? 309.
Les différentes présentations, 309.
Les accouchements avec intervention, 311.
Le forceps, 311.
La ventouse, 312.
La césarienne, 312.
La délivrance artificielle, 315.
La révision utérine, 315
L'accouchement à la maison, 316.
L'accouchement ambulatoire, 317.
La naissance sans violence, 318.

13 La douleur et l'accouchement

Un accouchement est-il toujours douloureux ? 322.
L'accouchement sans douleur, 324.
La préparation à la naissance, 326.

14 Comment préparer son accouchement

Se préparer physiquement, 331.
Les exercices respiratoires, 332.
Les exercices musculaires, 334.
La relaxation, 338.
Les autres préparations, 340.
Le yoga, 340.
L'haptonomie, 342.
La sophrologie, 343.
La méthode Vittoz, 344.
La préparation en piscine, 344.
Le chant prénal, 345.

L'accouchement avec anesthésie

349. L'anesthésie péridurale,
350. À quel moment ?
350. Y a-t-il des contre-indications ?
351. Toutes les femmes peuvent-elles avoir une anesthésie péridurale ?
351. La rachi-anesthésie,
352. L'anesthésie générale,

Votre enfant est né

356. Le face-à-face,
358. Le nouveau-né,
    364. Qu'entend-il ? Que voit-il ? Que sent-il ?
    368. La compétence du nouveau-né,
    369. Échanges et attachement,
    373. Les difficultés de l'attachement,
    374. Et si, après la naissance, une séparation était nécessaire,
    375. La perte du bébé qu'on attendait,

Après la naissance :
votre bébé et vous

380. Sein ou biberon : comment choisir ?
385. Les suites de couches,
    385. Vous êtes à la maternité,
    390. Vous rentrez chez vous,
    390. Les rapports sexuels,
    391. La consultation postnatale,
    392. Votre régime pour retrouver la ligne,
    392. Les exercices à faire après l'accouchement,
    393. Après la naissance, que faire si votre corps a changé ?
396. N'ayez pas peur des « idées bleues »,
    396. Le *baby-blues*,
    398. Une vraie dépression,
    398. Six mois pour un bébé,
    399. Un autre bébé ?
400. La contraception après la naissance,
    406. Dans la période des suites de couches,
    407. Après le retour de couches.
408. À bientôt...

Le prénom. 413.

Le choix n'est jamais neutre, 413.

Ce que disent nos sondages, 414.

Le nom, 415.

Le nom d'usage, 416.

L'autorité parentale, 416.

Lorsque les parents ne sont pas mariés. 417.

La reconnaissance de l'enfant, 417.

Qu'emporter à la maternité ? 419.

Votre valise, 419.

La valise de votre bébé, 419.

Ce dont votre enfant aura besoin. 420.

Layette, berceau, objets de toilette, etc., 420.
et suivantes.

Vous attendez un enfant,
voici tous les renseignements sur vos droits
et vos obligations à propos de :

L'assurance maternité, 426.

Qui peut en bénéficier ? 427.

La déclaration de grossesse, 428.

Le livret de paternité, 428.

Le guide de surveillance, 428.

Le remboursement de frais médicaux, 429.

Le congé de maternité 431 à 436.
(durée, prolongation, naissances multiples, congé d'adoption,
congé des agricultrices, des femmes exerçant une
profession indépendante),

Votre vie professionnelle, 436.

Les différentes prestations familiales, 438.

Si vous êtes seule, 446.

Aides familiales, assistantes maternelles, crèches, 449.

Après la naissance,
déclaration de naissance, congé de paternité,
surveillance médicale de l'enfant, 452.

Des adresses utiles, 453.

La protection de la maternité en Belgique, 455.

en Suisse, 459.

au Québec, 461.

dans les pays du Maghreb, 463.

Séjourner et travailler à l'étranger, 466.

L'aide-mémoire de votre grossesse, 468.

Dans ce grand tableau, mois par mois, vous trouverez
rassemblés les formalités à accomplir et les préparatifs à faire.
Vous pourrez également suivre les grandes étapes
du développement de votre bébé.

Index

Complétant ce sommaire, l'index des pages 471
et suivantes vous permettra de trouver
rapidement une réponse à toutes vos questions.
Consultez-le chaque fois que vous voudrez en savoir plus
sur un mot rencontré dans le texte.

Un rêve qui prend forme

Attendre un enfant… C'est une histoire d'amour ; c'est un rêve qui prend forme ; c'est un flot de questions sur la vie avant la naissance, cette vie qui intrigue et qui fascine. Comment un œuf, dont on peut à peine imaginer la taille, deviendra-t-il en neuf mois un bébé de trois kilos ? Quel est le processus de ce développement prodigieux qui ne se reproduira plus jamais dans la vie ? Quelles en sont les grandes étapes ? Comment le fœtus se nourrit-il ? Comment respire-t-il ? Que ressent-il ? Est-il indifférent aux émotions de sa mère ? Entend-il la voix de son père, les bruits de son entourage ? Les questions affluent.

On ne peut encore répondre à tout, il reste des inconnues ; j'en citerai deux qui, symboliquement, ponctuent le début et la fin de la vie intra-utérine. On ne sait toujours pas de façon certaine pourquoi la mère ne rejette pas, comme elle le ferait de tout corps étranger, cet œuf qui se greffe dans son utérus. On ignore encore par quel mécanisme se déclenchera l'horloge de la naissance.

Mais ces dernières années, les connaissances sur le développement de l'embryon et du fœtus ont fait un prodigieux bond en avant. Et il n'est guère de jour qui n'apporte sa nouvelle moisson de découvertes. C'est pourquoi, au fil des années, le chapitre sur la vie avant la naissance a souvent été modifié et complété. Dès la première édition, ce chapitre a été pour moi le plus important du livre, et je sais qu'il est toujours le plus lu, aussi bien par la mère que par le père. C'est ainsi que, dès avant sa naissance, le bébé est rentré dans notre vie quotidienne. Puis on s'est peu à peu habitué à le voir grâce à l'échographie. Cette technique a provoqué le plus grand bouleversement dans l'obstétrique moderne, tant pour le vécu psychologique des parents que pour la surveillance médicale de l'enfant.

A côté de ce progrès majeur, d'autres éléments ont complètement transformé le domaine de l'attente d'un enfant, et celui de la naissance. On sait mieux vaincre la stérilité ; dès le premier jour de retard des règles, on peut savoir si on attend un enfant ; le diagnostic prénatal, possible grâce au progrès de la génétique, permet de sauver la vie de certains bébés ; les préparations à la naissance se sont multipliées, ainsi les mères peuvent-elles mieux vivre leur grossesse et leur accouchement ; avec la péridurale, la douleur peut être diminuée, voire supprimée ; le monitoring surveille la naissance de l'enfant ; sans parler des maladies que l'on connait mieux, et que l'on sait mieux soigner, comme la toxémie ou le diabète.

Mais des progrès peuvent entraîner des difficultés. Par exemple, grâce à la PMA (procréation médicalement assistée) de nombreux couples stériles peuvent enfin attendre un enfant. Malheureusement, cette PMA peut entraîner la naissance de jumeaux qui sont souvent prématurés et ont parfois un peu plus de peine à démarrer dans la vie.

Ces progrès, et leurs revers, posent des questions, parfois même soulèvent des cas de conscience, vous les verrez évoqués au fil des pages. Et ces découvertes autour de la naissance rendent les mises à jour de ce livre indispensables.

Cet inventaire qui, forcément, chaque année se fait plus complet, plus varié, oblige à rappeler aux futures mères que malgré des apparences parfois contraires, la grossesse n'est pas une maladie. Entourée d'appareils et de soins de plus en plus sophistiqués, dus à ces progrès de la médecine et des techniques, la future mère pourrait se croire patiente d'un nouveau type : saine mais à soigner. Il n'est pas inutile de lui rappeler que son état est naturel, qu'il nécessite seulement une surveillance et une prévention dont on lui expliquera le pourquoi.

Voilà, chère lectrice, cher lecteur, ce que je voulais vous transmettre dans ce livre que j'ai écrit avec passion. Le courrier qui arrive tous les jours par la poste ou par internet me dit que le message passe, il transforme le monologue de l'auteur en dialogue avec ceux pour qui il écrit. Ces lettres font des suggestions que je lis chaque fois avec intérêt, parfois des critiques, mais elles m'encouragent toujours à poursuivre.

Maintenant, je vous laisse à votre lecture en vous faisant tous mes vœux. Les mois qui s'ouvrent devant vous sont parmi les plus riches que puissent vivre une femme et un homme.

Laurence Pernoud

L'œuvre d'une équipe

La mise à jour régulière de *J'attends un enfant*, dans des domaines aussi variés que l'obstétrique, la diététique, en passant par la protection sociale, la génétique, le sport chez les futures mères, la beauté, etc., représente un travail permanent. Il nécessite des rencontres avec les chercheurs de différents pays, des voyages pour assister aux congrès importants, des contacts avec les associations de plus en plus nombreuses qui s'intéressent à la naissance, l'étude des propositions que ces associations formulent, des rapports, à tous les niveaux, avec les responsables de la maternité, la lecture des publications intéressantes, tant françaises qu'étrangères, etc. On comprendra que ce travail est celui d'une équipe. La voici.

Je citerai d'abord AGNÈS GRISON. Lorsqu'elle m'a rejointe, jeune diplômée de Sciences Po, *a priori* sa formation ne la préparait guère au poste qu'elle occupe maintenant ; mais sa curiosité d'esprit, son sens critique, ses intérêts et ses contacts avec des spécialistes lui ont peu à peu permis d'acquérir une grande compétence dans le domaine de la naissance et de l'enfance. C'est elle qui anime aujourd'hui, avec moi, l'équipe de *J'attends un enfant* et j'ai été heureuse de l'associer chaque année un peu plus à mon travail. C'est avec elle que je mets sur pied chaque nouvelle édition, que je discute chaque nouveau chapitre jusqu'à ce qu'il ait pris sa forme définitive. En un mot Agnès Grison collabore avec dynamisme à chaque étape de la mise à jour permanente de ce livre.

Le docteur GUY CHEVALLIER, ancien interne des Hôpitaux de Paris, ancien chef de clinique gynécologique et obstétricale, est le gynécologue-accoucheur de *J'attends un enfant*. Étant donné l'importance de toutes les questions médicales dans ce livre, on comprend le rôle essentiel que joue Guy Chevallier dans l'élaboration des textes concernant la santé de la maman et du bébé à naître. Au cours de nos discussions, ce que j'apprécie particulièrement chez Guy Chevallier, c'est son attitude devant la nouveauté : il ne l'accepte pas d'emblée, faisant bien la différence entre la mode et les progrès, mais il sait accueillir chaleureusement ce qui peut vraiment améliorer la vie de la future mère. Guy Chevallier se charge en outre du courrier nécessitant la réponse d'un spécialiste.

DANIELLE RAPOPORT, psychologue clinicienne de la petite enfance, a été attachée pendant de nombreuses années à l'Assistance Publique – Hôpitaux de Paris. Toujours pressée mais toujours disponible, elle arrive pour dix minutes et reste trois heures à discuter de la formation de l'inconscient chez le nourrisson, de la dépression de la jeune mère, ou de bien d'autres sujets.

JACQUELINE SARDA, ma plus ancienne collaboratrice-elle a travaillé à la première édition de ce livre-, a la tâche précieuse et parfois ingrate du chapitre sur la Sécurité sociale et les Allocations familiales. Ce chapitre de quatre pages au début en compte aujourd'hui cinquante, car il est apparu, au fil des éditions, que les futurs parents nous demandaient de plus en plus d'aide pour s'y retrouver dans le dédale des formalités.

CHRISTIANE LAURENT s'occupe plus particulièrement des questions juridiques, des renseignements pratiques et des mémentos pour la Belgique, la Suisse, le Québec et les pays du Maghreb. Son expérience de documentaliste dans le domaine de la famille et de la petite enfance lui permet de donner les renseignements les plus récents sur ces sujets.

ISABELLA MOREL est la spécialiste de la littérature anglo-saxonne dont on sait l'importance dans le domaine de la naissance et de l'enfance ; elle nous informe de tout ce qui paraît essentiel sur le sujet.

SOPHIE FRIGNET-DOGUET est la sage-femme de notre équipe. Elle parle de son métier avec compétence et passion, ainsi que de ses liens particuliers avec les futurs parents.

Et l'on sait, avec les changements qui se préparent dans l'obstétrique, que la sage-femme de demain aura de plus en plus d'importance.

MICHELLE GRIES est chargée des relations extérieures et de la communication. Elle occupe ses fonctions avec dynamisme et efficacité.

Ceci constitue l'équipe permanente de *J'attends un enfant* qui d'un bout à l'autre de l'année travaille à ce livre.

En outre, sur l'ensemble ou sur des points particuliers, je suis heureuse d'avoir l'avis d'autres personnalités. Ainsi, je remercie le docteur ANDRÉ BENBASSA qui fait régulièrement profiter *J'attends un enfant* de son expérience et de sa compétence. Le docteur André Benbassa, ancien chef de clinique des Hôpitaux de Grenoble, est gynécologue-obstétricien dans une grande maternité privée de la région Rhône-Alpes. Il est expert auprès du ministère de la Santé.

Je remercie également pour leurs précieux avis :

le docteur JEAN-LOUIS BENASSAYAG, gynécologue-obstétricien et échographiste, qui nous a donné de nouvelles et superbes échographies sur la vie avant la naissance ;

le docteur ODILE COTELLE-BERNÈDE, spécialiste en uro-dynamique et en rééducation périnéale, rééducation qui prend une place de plus en plus importante après l'accouchement;

le docteur ALBERT GOLDBERG, gynécologue-obstétricien, spécialiste de l'haptonomie ;

le docteur THIERRY HARVEY pour son chaleureux accueil à la maternité des Diaconesses dont il est le chef de service;

le docteur ÉTIENNE HERBINET, spécialiste en gynécologie et obstétrique, dont j'apprécie le regard à la fois chaleureux et scientifique sur la naissance;

MARIANNE HERBINET, psychologue, qui participe à l'action d'un groupe d'allaitement ;

le docteur BERNADETTE DE GASQUET qui s'occupe particulièrement de préparation à la naissance.

Je voudrais aussi dire tout ce que ce livre doit au professeur T. BERRY BRAZELTON avec lequel j'ai eu la chance de travailler aux États-Unis. Au cours de nos échanges, j'ai pu apprécier le lien privilégié qu'il entretenait avec les bébés, et ainsi vous transmettre son travail sur la compétence du nouveau-né, sur l'interaction parents-enfant, sur l'attachement précoce. Ce travail, le professeur Brazelton le poursuit depuis des années aux quatre coins du globe, il a fait de lui un néo-natologiste et un pédiatre mondialement reconnu.

Mes remerciements vont au docteur ALAIN AKNIN, gynécologue-accoucheur, qui a présidé à la naissance de Meryl (que vous verrez au chapitre 12). Mes remerciements vont aussi au docteur JACKY ISRAËL, pédiatre, qui nous a accueillis pour photographier l'examen du nouveau-né. Et c'est AGNÈS CHAUMAT qui a fait le reportage de cette naissance et de ce premier examen.

La présentation actuelle de *J'attends un enfant* est due à VINCENT LEVER. Il a mis tout son talent à donner à notre livre un nouveau visage, il a joué avec les couleurs qui animent tout l'ensemble. Et dans cette entreprise, il a été remarquablement aidé par les dessins de PASCALE DESMAZIÈRES qui illustrent avec gaieté et légèreté l'ensemble des chapitres.

J'attends un enfant

De *l'espoir* à la certitude

28... 29... 30...

Deux, trois jours se sont déjà glissés depuis la date régulière. Vous comptez encore une fois, 28, 29, 30 ; c'est le calcul de l'espoir : suis-je vraiment enceinte ? Vous vivez ce moment d'incertitude avec intensité, tous les rêves sont permis. Lorsque le désir sera devenu certitude, lorsque la première émotion sera passée, à peine le temps de savourer le bonheur réalisé, vous allez sûrement faire un autre calcul. Non plus en jours mais en mois cette fois : quand accoucherai-je ?

C'est ainsi que la plus belle histoire d'amour, le rêve qui prend forme, s'accompagne très vite de calculs et de prévisions dans d'autres domaines concernant la vie du bébé :

- à 4 semaines son cœur va se mettre à battre,
- à 12 semaines je le verrai en entier à l'échographie,
- à 4 mois ses mouvements me réveilleront.

Et voici comment chiffres et émotions se mettent à dialoguer, mais c'est la vie ! Précisément c'est de la vie qu'il s'agit ; c'est la vie qui se prépare. D'autres interrogations vont surgir : est-ce une fille, est-ce un garçon ? Et si c'était des jumeaux ? Et quand vais-je accoucher ? Faut-il déjà s'inscrire à la maternité ?

Mais revenons à votre grossesse qui débute. Rapidement d'autres signes vont la confirmer, et différents tests. Ces signes, les voici dans le désordre et sans obligation pour vous de les ressentir tous ; vous serez peut-être enceinte sans aucune nausée, dans une grande discrétion. Certains de ces signes se manifesteront très tôt et vous saurez les reconnaître vous-même, d'autres ne seront perceptibles que par le médecin.

Les signes de la grossesse

Le plus important, et en général le premier, est l'arrêt des règles, ou *aménorrhée* en terme médical. Mais ce signe n'a pas de valeur absolue. Même si vos règles ont un retard de deux ou trois jours, vous ne pouvez pas en conclure que vous êtes enceinte, vous pouvez seulement le présumer, à condition :

▪ que vous ayez un cycle régulier, tout en sachant qu'un retard de quelques jours peut se produire en dehors de toute grossesse ;

▪ que vous soyez en bonne santé. En effet certaines perturbations psychologiques ou certaines maladies, même les plus bénignes, suffisent parfois à provoquer un retard de règles ;

▪ que vous ne soyez pas dans des circonstances particulières telles que voyage, changement de climat, vacances, ou bien choc émotionnel, qui peuvent perturber le cycle ;

▪ que vous soyez loin de la puberté et de la ménopause, périodes où les cycles sont souvent irréguliers.

Vous n'avez plus vos règles, vous pensez que vous êtes enceinte ; un test pourra rapidement vous le confirmer (voir page 21).

Vous pourrez aussi remarquer certains symptômes ou malaises qui sont parfois présents au début de la grossesse :

▪ simples nausées s'accompagnant, dans cinquante pour cent des cas, de vomissements bilieux au réveil, alimentaires dans la journée ;

▪ manque d'appétit pour tous les aliments ou dégoût pour certains ;

▪ parfois, au contraire, augmentation de l'appétit ou goût très prononcé pour certains aliments ;

▪ modification de l'odorat : certaines odeurs deviennent insupportables, même s'il s'agit du parfum le plus raffiné ;

▪ sécrétion inhabituelle de salive ;

▪ aigreurs d'estomac, lourdeurs après les repas ; envie de dormir, notamment après les repas : envie de sieste, besoin de se coucher tôt ;

▪ constipation ;

▪ envies fréquentes d'uriner ;

▪ augmentation précoce du volume des seins qui deviennent lourds, tendus, et souvent sensibles.

L'aréole, partie brune et concentrique qui entoure le bout du sein, gonfle. Enfin, signe important mais que vous aurez peut-être du mal à apprécier vous-même, sur l'aréole apparaissent de petites saillies, qu'on appelle les tubercules de Montgomery.

> **Une femme enceinte n'a pas de règles.**
> Théoriquement c'est vrai. Mais il peut arriver, quelques jours après la date théorique des règles (parfois même avant), que des saignements apparaissent ; ils doivent alerter car ces saignements peuvent être les signes d'une grossesse anormale : fausse couche ou grossesse extra-utérine (voir ces mots).

Signes visibles à l'examen médical

Vous venez de voir les signes qui peuvent accompagner le début d'une grossesse.

Il ne faut pas que cette énumération vous effraie car la grossesse peut aussi débuter et se poursuivre sans qu'aucun de ces petits malaises n'apparaisse ; ou bien ceux-ci peuvent être si atténués qu'ils passeront inaperçus.

Mais même si vous avez remarqué un ou plusieurs de ces symptômes, vous ne pouvez avoir la certitude que vous recherchez. La seule idée que vous êtes peut-être enceinte a pu les faire naître. Car la plupart des malaises – comme vous le verrez plus loin – sont d'origine nerveuse. Dites-vous seulement que vos chances augmentent, que l'hypothèse se renforce.

Dans ce cas, vous savez que vous pouvez acheter un test qui vous donnera une réponse rapide (voir page 21). Vous pouvez aussi aller voir un médecin ou une sage-femme. Dans le chapitre consacré à la surveillance médicale, je vous parlerai plus longuement des personnes qui vont suivre votre grossesse et votre accouchement ; le rôle du médecin est en général bien connu, celui de la sage-femme l'est parfois moins, alors qu'elle est un personnage important de cette surveillance. J'y reviendrai. Notons toutefois, vous le verrez page 210, que le premier examen prénatal doit être fait par un médecin.

En vous examinant, le médecin vous dira, suivant le moment où vous le consulterez, si vraiment vous attendez un enfant. Nous disons : « suivant le moment », car il ne peut être affirmatif avant un mois et demi de grossesse, c'est-à-dire au moment où, pour la deuxième fois consécutive, les règles n'apparaissent pas.

La grossesse commence le jour de la conception. Or, vous le verrez au chapitre 5, la conception a lieu à peu près au milieu du cycle menstruel. Par conséquent, au premier jour de retard des règles, si vous êtes enceinte, votre grossesse a déjà deux semaines. Elle aura un mois et demi, quatre semaines plus tard, au moment où, pour la deuxième fois, vos règles manqueront.

Au cours de la visite, le médecin va procéder à un examen gynécologique pour voir si votre utérus s'est modifié. L'utérus d'une femme enceinte est bien différent de celui d'une femme qui ne l'est pas. Il a changé de forme (il est devenu rond alors qu'il était triangulaire), de consistance (ramolli au lieu de résistant), et surtout de volume. Ce changement, insensible pour vous au début, est perceptible pour le médecin. Dès la sixième semaine, l'utérus a la taille d'une petite orange et cette augmentation régulière de volume va se poursuivre progressivement. C'est elle qui permettra au médecin d'établir son diagnostic. Mais cela demande quelques semaines. C'est pourquoi, après un retard de seulement huit jours, le médecin ne peut vous donner une réponse définitive.

Vous êtes peut-être suivie régulièrement par un gynécologue. Dans ce cas, un seul examen vers la sixième semaine qui suit la date des dernières règles lui suffira pour se rendre compte si votre utérus s'est modifié, et pour vous donner une réponse.

Par contre, si le médecin que vous avez l'intention d'aller consulter ne vous a jamais vue, il faudra peut-être qu'il procède à deux examens pour apprécier l'augmentation du volume de l'utérus. Vous irez le voir une première fois après un retard de huit à dix jours, une deuxième fois deux à trois semaines plus tard.

Certaines femmes, rares il est vrai, n'ont besoin d'aucun des signes décrits plus haut, ni de voir le médecin, pour savoir qu'elles sont enceintes ; elles disent qu'elles le savent, on pourrait dire qu'elles le sentent, deux ou trois jours après la conception, surtout s'il ne s'agit pas de leur première grossesse.

Un grand nombre de femmes font un test ; il y en a de différentes sortes, mais tous donnent rapidement une réponse fiable, ce qui explique leur succès. Il est également possible de faire faire un test par un laboratoire mais, dans ce cas, il faut avoir une prescription médicale.

Les tests de grossesse

Ces tests reposent sur la recherche d'une hormone sécrétée par l'œuf (donc caractéristique de la grossesse), hormone appelée gonadotrophine chorionique (ou Bêta HCG). Le procédé de recherche est dit *immunologique* car il fait appel à des anticorps qui réagissent électivement à la présence de cette hormone. Cette réaction est visible à l'œil nu sous forme d'une agglutination de particules, ou de réaction colorée.

Vous pouvez faire ces tests vous-même ou les faire pratiquer par un laboratoire.

Les hormones
sont des substances sécrétées par les glandes dites endocrines ou à sécrétion interne parce qu'elles déversent leurs produits, non pas en dehors de l'organisme, mais à l'intérieur, dans la circulation sanguine. Elles coopèrent au fonctionnement régulier de l'organisme. Certaines hormones sont communes aux hommes et aux femmes, d'autres sont propres à chaque sexe, ce sont les hormones sexuelles.

Les tests à faire soi-même

Ces tests recherchent l'hormone Bêta HCG dans les urines. Ils sont vendus en pharmacie, sans ordonnance, sous forme de coffrets contenant tous les accessoires nécessaires. Ils ne peuvent servir qu'une seule fois ; mais certains sont vendus par boîte de deux, ce qui permet de recommencer le test quelques jours plus tard, en cas de doute.

Différentes marques existent. Les prix varient de 9,90 à 15,24 Euros. Ils ne sont pas remboursés par la Sécurité sociale. Le mode d'emploi, très clair, est donné dans chaque coffret. Il doit être suivi fidèlement pour éviter les erreurs.

▪ Si votre test est positif, il signifie presque certainement que vous êtes enceinte. Les fausses réponses positives sont très rares.

▪ Par contre, si le test est négatif, l'hypothèse de la grossesse ne peut être formellement éliminée ; notamment si le test est fait très tôt, avec un retard de règles de quelques jours seulement. En effet, malgré une fiabilité de plus en plus grande, il y a une limite, un seuil en dessous duquel la réponse n'est pas possible. Il faut en effet une concentration suffisante d'hormone dans les urines pour rendre la réaction positive. C'est pourquoi il est conseillé d'utiliser plutôt les urines du matin, en ayant peu bu la veille à partir de 18 heures. On obtient ainsi des urines plus concentrées avec un taux d'hormone plus élevé.

▪ Pour résumer : si votre test est positif, vous pouvez considérer avec quasi certitude que vous êtes enceinte.

Si le test est négatif, et surtout s'il a été effectué précocement, attendez une semaine pour le refaire. Si après ce délai le test est toujours négatif, et si votre retard de règles se prolonge, il est préférable de consulter un médecin, qui fera probablement faire un examen de laboratoire.

Quelques maternités demandent une inscription précoce, parfois dès huit jours de retard de règles. Dans ce cas, le test à faire soi-même est particulièrement utile.

Les tests faits par les laboratoires

Habituellement pratiqués sur le sang, ces tests permettent non seulement de détecter la présence d'hormone Bêta H.C.G. (comme les tests précédents pour les urines), mais aussi d'en doser la quantité. Ainsi, ils sont plus fiables que les tests à faire soi-même et donnent des résultats plus précoces, avant même le retard de règles. En plus, ces tests permettent, en comparant les chiffres à des moyennes statistiques, de préciser l'évolution normale ou non de la grossesse en question.

Ces tests pratiqués par les laboratoires sont remboursés par la Sécurité sociale quand ils sont prescrits par un médecin. Cette prescription doit être médicalement justifiée.

▪ Il y a enfin un moyen plus simple et plus rapide encore de connaître une grossesse à son début, mais il n'est à la portée que des femmes qui utilisent la méthode de la température (voir page 25) et l'appliquent régulièrement. En effet, lorsqu'il y a grossesse, au lieu de baisser, la température reste haute. Et c'est ainsi que la persistance de la température haute en l'absence de règles est un signe précoce de grossesse. Elle permet de reconnaître celle-ci dès les premiers jours de retard : dès le seizième jour de température élevée, il y a présomption de grossesse, et, au vingtième jour, c'est-à-dire après une semaine de retard, cette présomption devient une certitude. La montée de la température est liée à la sécrétion de progestérone par le corps jaune, sécrétion qui fait suite à une ovulation (voir le chapitre 5).

▪ Dans l'éventualité (bien improbable) où vous ne vous soumettriez à aucun examen au cours des trois premiers mois, d'autres événements physiologiques viendront renforcer plus tard la présomption de grossesse : vers trois mois, en général, apparition d'un liquide blanchâtre, le colostrum, sécrété par le mamelon si on presse le sein ; augmentation progressive du volume de l'abdomen qui devient visible vers le quatrième mois ; enfin, mouvements perceptibles de l'enfant entre quatre mois et quatre mois et demi, souvent un peu plus tôt à partir de la deuxième grossesse. Mais il est rare aujourd'hui qu'une femme attende que son enfant bouge pour aller à une consultation.

Vous avez intérêt à être fixée rapidement

Il est important de savoir de bonne heure si vous êtes enceinte, car il y a des précautions à prendre pendant les trois premiers mois, ceux où l'embryon a le plus besoin d'être protégé car il est le plus fragile. C'est pourquoi le médecin vous soumettra à un examen complet pour savoir si rien dans votre état actuel – diabète, par exemple – ou même dans votre état antérieur (car la grossesse réveille certaines maladies) ne risque de compromettre la suite de votre grossesse. En outre, il y a une autre raison très importante : tous les organes de votre bébé vont se former dans les deux premiers mois de la grossesse. Il faut donc être particulièrement prudente pendant cette période, notamment vis-à-vis de la prise de médicaments : tout ce qui n'est pas formellement indiqué est contre-indiqué.

Si vous suivez un traitement, demandez au médecin si vous devez le poursuivre. Évitez de voir un malade contagieux. Ne faites pas de vaccination sans savoir si elle est permise. Au cas où une radiographie vous serait prescrite, signalez que vous êtes peut-être enceinte. Ne mangez pas de viande crue ou peu cuite. Lavez bien les salades et les fruits. Évitez les fromages au lait cru. Vous verrez au cours des chapitres suivants le pourquoi de ces différentes recommandations. ●●

C'est *non*, vous n'êtes pas enceinte

Vous venez d'apprendre que vous n'êtes pas enceinte. Le retard de règles qui vous avait fait croire à une grossesse avait une autre cause. Avec le retour de vos règles et la reprise de cycles normaux reviendra la possibilité d'une grossesse.

Si vous êtes déçue de ne pas être enceinte, sachez que la survenue d'une grossesse est moins facile ou se fait attendre plus longtemps chez certaines femmes que chez d'autres. C'est pourquoi il peut être important pour vous de connaître la période la plus propice à la fécondation, celle que l'on appelle la période fertile. Vous verrez plus loin (chapitre 5) que la fécondation ne peut avoir lieu qu'au moment où un événement important se produit dans l'organisme : l'ovulation, c'est-à-dire la « ponte » de l' ovule. Cette ovulation se produit généralement chez les femmes qui ont un cycle de 28 jours, vers le 14e (en comptant à partir du premier jour des règles).

Mais cette ovulation ne se produit pas toujours à date fixe, ni chez une même femme, ni d'une femme à l'autre (elle varie par exemple avec la longueur du cycle). Vous pouvez en connaître précisément le moment (donc la période où vous êtes fertile) grâce à la méthode de la température.

Vous en avez peut-être entendu parler comme d'un moyen de contraception : il est possible, c'est vrai, de s'en servir dans ce but. Mais la température permet avant tout de se connaître, de connaître son cycle, donc de pouvoir déterminer avec précision le moment où se produit l'ovulation, et, par là, de savoir les jours où l'on est féconde et ceux où on ne l'est pas. Et c'est ainsi que la méthode de la température peut aussi bien être utile à celle qui veut un enfant qu'à celle qui n'en veut pas. Cette méthode vous la trouverez exposée en page suivante.

Prendre sa température n'est évidemment pas suffisant ; même lorsque les rapports sexuels ont lieu en période fertile, ils ne sont pas toujours immédiatement fécondants et les chiffres montrent que seulement 30 % des couples voient survenir dès le premier cycle la grossesse désirée. Les autres devront attendre trois, quatre mois, souvent même plus. Faire enlever son stérilet, arrêter de prendre la pilule ne veut pas dire que l'on sera enceinte dès le cycle suivant. Cela signifie simplement que l'on se donne la possibilité de concevoir, et que la nature (ou la Providence) décidera. Cette notion d'attente possible va certes à l'encontre de l'idée actuelle que l'on programme une naissance comme un voyage, mais, heureusement allais-je dire, les choses sont moins mathématiques.

« Un enfant si je veux, quand je veux », ce slogan qui a eu son heure de célébrité peut induire les couples en erreur, et les plonger dans le désarroi. J'ai entendu une jeune femme dire : « J'ai passé l'agrégation sans problème, et je ne vais pas arriver à avoir un enfant ? » L'impatience des couples à avoir un enfant à la minute où ils le souhaitent est certes compréhensible ; elle est d'ailleurs souvent d'autant plus grande que la période de non-désir a été plus longue.

Mais l'impatience ne doit pas pour autant conduire les couples à penser à la possibilité d'une stérilité, et à consulter trop rapidement un médecin. On conseille en général cette consultation après – au minimum – un an, voire deux ans sans grossesse, surtout si la femme est encore jeune.

Sur la stérilité.
Je vous conseille le livre des Docteurs Charles Brami et Guy Chevallier, *Je veux un enfant*, Éditions Stock. Ce livre est le plus complet que je connaisse sur la stérilité.

Et si le médecin lui-même parlait de stérilité, ne pensez pas que tout espoir soit perdu. La stérilité peut avoir de nombreuses causes dont beaucoup sont guérissables.

● **Et l'âge, quelle influence a-t-il sur la conception ?**

Théoriquement, la conception est possible tant qu'il y a ovulation, c'est-à-dire jusqu'à la ménopause. Pratiquement, la fertilité de la femme commence à diminuer à partir de 33 ans. Et après 38 ans, la baisse de la fertilité s'accentue. Au fur et à mesure que passent les années, une grossesse survient plus difficilement : l'ovule est moins fécondable ; de plus, l'embryon, même s'il réussit à s'implanter, peut ne pas être de bonne qualité : dans ce cas, la fausse couche est inévitable, dépassant 30% après la quarantaine.

Or, aujourd'hui, le nombre de femmes désirant avoir un enfant après 38-40 ans augmente régulièrement. C'est d'ailleurs un des paradoxes de notre époque : les femmes jeunes, qui peuvent avoir facilement des enfants, attendent en moyenne 28 ans pour leur première maternité ; et les femmes de 38-40 ans pour lesquelles il est plus difficile d'être enceinte, sont de plus en plus nombreuses. A cet âge, les femmes sont confrontées à la force de leur désir d'enfant et à la difficulté de le réaliser car l'âge de la fécondité ne s'est pas allongé pour autant.

L'âge de l'homme intervient lui aussi. On croyait jusqu'ici que tous les hommes, tel Abraham, pouvaient enfanter jusqu'à 80 ans. Des statistiques montrent aujourd'hui que la fertilité des hommes diminue également avec l'âge. Mais par rapport à la diminution de la fertilité chez les femmes, celle des hommes est plus tardive, plus progressive, en un mot moins brutale. Enfin le tabac semble diminuer la fertilité aussi bien de l'homme que de la femme.

Pour la fertilité
l'âge joue chez la femme, comme chez l'homme. Mais des études récentes ont montré que, quelque soit son âge, l'homme d'aujourd'hui est moins fertile que l'homme d'hier.

La méthode de la température

Cette méthode permet de connaître le moment de l'**ovulation**. Voici comment procéder. Prenez votre température rectale tous les matins, avec le même thermomètre, avant de vous lever : une activité même minime peut faire monter la température de quelques dixièmes. Si vous vous êtes levée, puis recouchée, laissez passer une heure avant de prendre votre température. Notez-la sur un graphique spécial que vous aurez demandé au pharmacien. Commencez à prendre votre température dès la fin des règles. À mesure que les jours passent, vous constatez des hauts et des bas dans votre tracé : ils sont minimes. Mais, un jour, vous remarquerez une nette élévation de niveau : si, par exemple, la courbe se situait jusqu'alors aux alentours de 36°5, vous verrez que le tracé est monté à 37°, même s'il y a des hauts et des bas minimes autour de ce chiffre. Puis, un jour, la température redescend à son niveau initial (36°5 dans l'exemple choisi). Ce jour est celui de la veille des nouvelles règles.

Regardez maintenant la courbe qui s'est dessinée au cours du cycle. Vous remarquerez qu'il y a une période de température basse et une période de température haute. C'est ce décalage qui permet de repérer le moment où a lieu l'ovulation : le décalage de la température peut se produire en 24 heures, mais parfois aussi en quelques jours. Dans le premier cas, l'ovulation se situe le dernier jour de la température basse. Dans le second cas, elle se situe le premier jour où la température commence à monter.

Connaissant le moment où se produit l'ovulation, vous saurez les jours où les rapports peuvent être fécondants. Ce sont :
▪ le jour de l'ovulation, bien sûr ;
▪ les deux ou trois jours qui précèdent cette ovulation.

Pourquoi les jours qui précèdent ? Parce que les spermatozoïdes ont un pouvoir

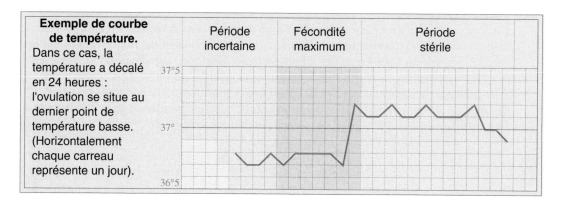

Exemple de courbe de température. Dans ce cas, la température a décalé en 24 heures : l'ovulation se situe au dernier point de température basse. (Horizontalement chaque carreau représente un jour).	Période incertaine	Fécondité maximum	Période stérile

fécondant dont la durée est discutée, mais qui en tout cas n'est pas inférieure à deux ou trois jours. L'ovule, quant à lui, meurt au bout de 24 heures s'il n'est pas fécondé. Vous entendrez peut-être dire par des femmes se servant de la température comme méthode contraceptive que la période féconde est plus longue : c'est parce que si l'on veut vraiment éviter une grossesse, il faut compter plus large.

Comment distinguer une élévation de température due à une maladie d'une élévation due à l'ovulation ? C'est très différent car, en cas de maladie avec fièvre, la température s'élève nettement plus que la normale. En outre, elle ne se maintient pas au niveau supérieur, mais elle continue à monter, ou bien elle redescend : on n'observe pas sur la courbe les deux niveaux caractéristiques. Puis, d'autres symptômes surviennent : la fièvre est rarement l'unique symptôme d'une maladie. Il n'y a donc pas de risque de confusion.

Cette méthode peut sembler un peu contraignante. Mais si, dans les premiers temps, vous avez intérêt à noter la température tout au long du cycle afin de vous familiariser avec l'allure générale de votre courbe, au bout de quelques mois, il vous suffira de noter la température seulement le temps nécessaire pour reconnaître le décalage thermique, c'est-à-dire au maximum dix jours par mois. À moins que vous n'utilisiez la méthode de la température à des fins de contraception (voyez page 401), dans les autres cas, et en particulier pour connaître votre ovulation et donc votre fécondité, trois mois suffisent en général pour se faire une idée de la date probable de l'ovulation.

Les courbes peuvent présenter différentes anomalies. Les plus importantes sont : l'absence de décalage de la température ; et, au cours de la deuxième phase, la baisse prématurée de la température, celle-ci devant normalement se maintenir au-dessus de 37° pendant 10 à 12 jours. Comme ces anomalies révèlent généralement un mauvais fonctionnement des ovaires, si votre courbe est anormale, signalez-le au médecin. De toute manière, vous avez intérêt à montrer vos courbes à un médecin si vous avez un problème quelconque : il y trouvera de précieuses indications sur la manière dont se déroule votre cycle. Il faut ajouter que certaines courbes sont difficiles à lire.

Cette courbe de température qui vous a permis de repérer le moment de l'ovulation pourra aussi vous indiquer si une grossesse a commencé, car dans ce cas la température ne descend pas : la température haute se maintient au-delà des 14 jours.

Cette température haute, en l'absence de règles, est même un des premiers signes de grossesse. Certaines femmes se rendent compte très naturellement du moment de l'ovulation : quelques heures, voire une journée avant, elles sentent nettement une douleur au moment où le follicule se rompt et où l'ovule quitte l'ovaire.

Les tests d'ovulation

Il existe des test vendus en pharmacie (assez coûteux : de 25 à 43 Euros les cinq dosages) qui permettent de dépister soi-même l'ovulation. Leur principe est de déceler l'apparition dans les urines d'une hormone fabriquée par l'hypophyse (appelée en abrégé LH), chargée de provoquer l'ovulation qui a lieu 24 à 36 heures plus tard. Pratiquement, le mieux est de faire un test chaque jour dans la période qui précède l'ovulation. Dès que le test devient positif, vous savez que l'ovulation aura lieu dans les 24 à 36 heures.

C'est oui, et tout va *changer* dans votre vie

« J'attends un enfant » : il est peu de mots qui ont autant de résonances dans l'esprit d'une femme. Dès le moment où elle est sûre d'être enceinte, des sentiments nombreux et contradictoires l'envahissent.

Ce n'est jamais tout simplement : « Je suis très heureuse » ou bien « Vraiment, ce n'était pas le moment. » À la joie se mêle la crainte devant l'inconnu, à une éventuelle déception se mêle la fierté d'être capable d'avoir un enfant.

Et à ces différents sentiments s'ajoutent mêlés : la joie d'avoir un enfant de l'homme qu'on aime, l'émotion d'être en face d'un événement lourd de conséquences, l'excitation, car l'on devine que l'on ira de découverte en découverte, parfois le désarroi devant une situation inconnue si c'est un premier enfant, la curiosité de vivre à son tour l'aventure de la maternité, l'inquiétude de voir son corps se déformer, la crainte de moins plaire à son mari, etc. Mais, dans tous les cas, domine une certitude : rien ne sera plus comme avant.

« J'attends un enfant » : en entendant ces mots dits par sa femme, l'homme se sent ému, bouleversé même. Il est soudainement confronté à un événement exceptionnel, sans avoir eu le temps de se préparer, sans avoir vécu dans son corps les signes annonciateurs de la grossesse. Cette forte émotion provoque souvent des sentiments contradictoires: plaisir et déception, excitation et désarroi, fierté et inquiétude. Et lui aussi sait que maintenant une nouvelle vie l'attend.

Il est difficile, même avec beaucoup d'imagination, de prévoir le bouleversement qu'amènera dans la vie d'une femme, dans la vie d'un couple, la venue d'un enfant. Tout va dépendre du caractère de chacun, de sa personnalité, de ses préoccupations particulières. Les changements vont concerner aussi la vie quotidienne. C'est le moment où tous les jeunes couples se posent la question : « Qu'est-ce qui va changer dans la vie de tous les jours, qu'est-ce qui devrait changer ? » À cette question, je réponds dans le chapitre suivant, où je vous parlerai travail, voyage, sport, etc.

La grossesse n'est pas une maladie mais ...

Pendant ces 9 mois, vous allez être obligée d'aller régulièrement chez le médecin. La grossesse n'est pas une maladie, c'est au contraire un état normal, physiologique, un état prévu, auquel l'organisme, tous les mois, se prépare ; vous le lirez au chapitre 5 : chaque mois, un ovule s'attend à rencontrer un spermatozoïde pour former l'œuf, la première cellule d'un nouvel être humain. Aussi les règles ne sont-elles jamais que la preuve d'un rendez-vous manqué. Et dès le moment où l'œuf est formé, où l'enfant a été conçu, l'organisme se modifie ; mois après mois le corps s'adapte à son nouvel état et se prépare à l'accouchement. C'est cela la grossesse, elle entre dans le processus normal de la vie d'une femme.

Une enquête de l'INSERM
D'après la plus récente enquête de l'INSERM, plus de 71 % des femmes vont à plus de 7 visites prénatales. D'ailleurs, tout au long du livre, je fais référence à cette importante enquête qui compare les chiffres de 1998 à ceux de 1995. Ce sont les chiffres les plus récents dont nous disposons en 2003.

Alors pourquoi aller si régulièrement à une consultation, se demandent certaines mères ? Tout simplement pour s'assurer que la grossesse évolue de façon naturelle, ce qui est le plus souvent le cas. En outre, au cours de ces consultations, le médecin, ou la sage femme, recherche la présence ou la survenue d'éléments anormaux susceptibles de transformer un état physiologique, naturel, en un état pathologique, comportant des risques pour la mère et pour son enfant. Il sera alors temps de prendre les mesures qui conviennent afin que la grossesse se poursuive dans les meilleures conditions.

À propos de ces visites médicales, j'ajoute qu'elles ne sont plus vécues comme une contrainte inutile : les futures mères sont maintenant convaincues de l'importance de la surveillance prénatale, elles sont très nombreuses à aller à une consultation mensuelle.

Vous serez peut-être inquiète

Passée la première émotion, cette certitude : « J'attends un enfant » va mettre un certain temps à s'imposer dans votre vie. C'est peu à peu que vous allez vous habituer à cette idée, vivre avec elle.

Puis l'idée prendra forme et deviendra un visage : vous essaierez d'imaginer cet enfant. Sera-t-il blond ou brun, aura-t-il les yeux bleus ou gris, vous l'imaginerez déjà dans vos bras, vous vous verrez déjà l'entourant de tous vos soins.

Mais pourquoi attendre ? Mettez tout ce futur au présent, il est là, votre enfant, il est déjà blond ou brun, tous ses caractères physiques ont été déterminés dès l'instant de la conception. Et la couleur de ses yeux, et la taille qu'il aura, et la couleur de ses cheveux. Il est en vous, il vit. Les Chinois ne s'y trompent pas, qui comptent l'âge de l'enfant à dater du jour où il a été conçu : deux mois après sa naissance, un enfant est âgé de onze mois.

L'enfant est vivant dès la conception : c'est dès cet instant qu'il a besoin de vos soins. En ce moment, il édifie ses os, ses muscles. Il dépend de vous qu'il construise du solide. Car la nourriture et l'oxygène dont il a besoin pour son développement, c'est vous qui les lui apportez. Il vaut mieux prendre des précautions pour ne pas lui transmettre le microbe ou l'intoxication qui le rendraient malade ou l'affaibliraient. C'est la raison pour laquelle je vous ai signalé qu'il y avait intérêt à savoir rapidement si on était enceinte ou non.

Vous serez peut-être inquiète , beaucoup de futures mères le sont et le disent, surtout si c'est la première fois qu'elles sont enceintes. Voici quelques unes des questions qui reviennent souvent. " Je suis devenue enceinte le premier mois après l'arrêt de la pilule ". " J'ai continué de faire de l'aérobic sans savoir que j'étais enceinte ". " J'ai, au cours d'une ou deux soirées, bu un peu trop d'alcool ". " J'ai continué de fumer pendant quelques jours ". " J'ai pris de l'aspirine pour un mal de tête ou de dos "…

Rassurez-vous. Aucun de ces éléments n'est dangereux en soi. Par contre, maintenant que vous vous savez enceinte, prenez les précautions dont nous parlons dans ce livre. *J'attends un enfant* a été écrit pour vous informer. Cette information est l'élément primordial de ce livre, c'est elle qui saura le mieux vous rassurer. Cela ne nous empêchera pas de vous signaler, chemin faisant, les symptômes vraiment inquiétants et de vous alerter pour que, le cas échéant, vous preniez au sérieux tel signe qui vous aurait paru anodin.

En revanche, chaque fois que vos craintes seront injustifiées, chaque fois que vous serez inquiète pour avoir cru un des préjugés qui entourent encore la grossesse, nous vous rassurerons.

Vous avez peut-être d'autres craintes : en devenant mère, saurez-vous préserver votre identité ? Cet enfant ne va-t-il pas submerger toutes vos occupations et préoccupations actuelles ? Et ces craintes peuvent être renforcées par l'entourage qui complaisamment répète : « Tu vas voir, ta vie va complètement changer. »

C'est vrai et c'est faux. Oui, au début les tâches matérielles vont être envahissantes, mais après la période d'organisation, peu à peu, vous saurez les dominer ; et les progrès rapides et spectaculaires du bébé empêcheront toute routine de s'installer. En plus, avoir une nouvelle responsabilité peut vous permettre de vous affirmer, vous rendre plus mûre, plus indépendante de votre entourage. Un enfant c'est souvent un grand pas vers l'autonomie.

Quand accoucherai-je ?

À peine sait-elle qu'elle est enceinte, qu'une future mère se pose la question.
Et pas seulement elle, mais le mari, l'entourage, les amis : « C'est pour quand ? »
Si c'est aussi la question que vous vous posez dès le début, lisez la première partie du chapitre 11, « Date prévue ».

Attendre à
deux

On m'a parfois reproché de n'avoir pas appelé mon livre *Nous attendons un enfant*. Et pourtant, au sens strict du terme, seule la femme peut dire : « J'attends un enfant. » C'est elle qui le porte. C'est son corps qui tous les mois, au cours de trois à quatre cents cycles, se prépare à une éventuelle conception avec les inconvénients que cela représente dans sa vie quotidienne. D'où le privilège qu'elle a de pouvoir dire au sens précis du terme « J'attends un enfant. » Et d'ailleurs, il est rare d'entendre un homme dire : « J'attends un enfant. » Il dira plutôt : « Je vais être père » ou « Je vais avoir un enfant. »

Mais il est vrai que si la femme porte son enfant dans son corps, le père et la mère l'attendent tous les deux dans la tête.

Psychologiquement, affectivement, intellectuellement, un enfant s'attend à deux, et aujourd'hui encore plus qu'hier.

Le père est maintenant très lié à cette attente : il assiste aux échographies, souvent aux visites prénatales ; il participe parfois aux séances de préparation ; et les pères sont de plus en plus nombreux à être présents à la naissance de leur enfant ; le domaine si longtemps fermé de la grossesse et de l'accouchement s'est peu à peu ouvert aux hommes.

D'ailleurs, à être tant mêlés à cette attente, certains hommes ont fini par être jaloux, ils voudraient porter cet enfant et le nourrir. C'est pourquoi certains, sans se l'avouer ou même sans en être conscients, sont contre l'allaitement qui symbolise tellement la maternité.

Mais pour que « attendre à deux » ne reste pas qu'une formule, encore faut-il que chacun comprenne les réactions de l'autre, ce n'est pas toujours facile : la future mère a parfois des craintes, des hésitations qu'elle ne livre pas, le futur père une attitude qui déroute.

Du côté des mères

Certaines femmes, en devenant enceintes, changent complètement. Chez d'autres, ni le caractère ni le comportement ne semble apparemment modifié. C'est pourquoi vous estimerez peut-être, en lisant ce chapitre, que nous avons trop insisté sur telle ou telle particularité de la future mère, ou au contraire que nous l'avons insuffisamment mise en valeur. La psychologie n'est pas une science exacte ; chaque femme a sa manière à elle de devenir mère, manière qui dépend de son âge, de son éducation, de son entourage, de son caractère. Mais, hormis les extrêmes, d'une manière générale une future mère a une psychologie particulière qui évolue avec les mois. Cette évolution, et c'est normal, est si intimement liée à l'évolution physique, qu'on a pris l'habitude de diviser la grossesse au point de vue psychologique en trois trimestres, comme on la divise en trois trimestres du point de vue physiologique.

Pour en savoir plus.
A celles qui sont intéressées par l'expérience intérieure de la maternité, je recommande le livre de Monique Bydlowski, psychiatre, psychanalyste, directeur de recherches à l'INSERM : *Je rêve un enfant*, éditions Odile Jacob. Ambivalence du désir d'enfant et du sentiment maternel, sensibilité et vulnérabilité des femmes enceintes, complexité du lien mère-fille, crise maturative de la grossesse, angoisse de l'accouchement, etc. : à travers ces différents thèmes, ce livre veut aider les futures mères à comprendre la richesse intérieure qu'elles vivent. L'auteur s'adresse aussi à celles qui ont des souvenirs douloureux de perte d'enfants avant la naissance, ou d'infertilité.

Au premier trimestre : incertitude et ambivalence

En fait la période d'incertitude se réduit de plus en plus avec la précocité et la rapidité des tests. « Est-ce que je suis enceinte ? » Il suffit de quelques heures, parfois même de quelques minutes, pour avoir la réponse. Mais cela n'empêche pas que, même lorsqu'une femme sait qu'elle attend un enfant, elle n'en est vraiment convaincue que lorsque, cet enfant, elle l'a senti vivre en elle, ou qu'elle a vu son « image » lors d'une échographie.

Une femme très heureuse d'être enceinte hésite, au début, entre la joie et la crainte. Ce n'est pas encore la crainte de l'accouchement, mais une crainte diffuse faite de plusieurs éléments : peur de l'inconnu (surtout pour un premier enfant) ; ignorance de « ce qui se passe », de cette vie intra-utérine ; inquiétude de l'avenir (comment faire face aux problèmes matériels que pose l'arrivée de l'enfant) ; interrogation sur ses capacités à être mère, surtout si sa propre mère a été défaillante, ou au contraire trop parfaite ; crainte que le mari ne s'écarte pendant quelques mois, etc. Dans tous les domaines, le premier trimestre est marqué par l'ambivalence des sentiments.

Nausées, insomnies, manque d'appétit, fatigue : causes ou conséquences de ces sentiments mélangés, rendent les premières semaines souvent pénibles.

Une autre crainte domine également le premier trimestre : celle d'un accident, car les femmes savent en général que les fausses couches se produisent surtout au cours des trois premiers mois. Écoutez cette mère : « Au début c'était la joie d'être enceinte. Puis j'ai eu quelques saignements et peur d'une fausse couche. Une échographie m'a heureusement montré que le bébé était bien vivant, j'ai alors senti un état de calme et de paix. J'avais l'impression que rien ne pourrait me sortir de ce bien-être que j'éprouvais. »

Ce mélange de joie, de refus, de crainte, caractérise vraiment le premier trimestre. Même si au début le refus domine, en général tout change lorsque la future mère sent bouger son enfant. Le désir de maternité correspond à un instinct si profond que même la femme qui avait juré ne pas vouloir d'enfant, inconsciemment le désire. Et il n'est pas rare de voir une femme qui avait pleuré quand elle s'était vue enceinte, devenir en l'espace de quelques mois très maternelle.

La crainte de l'inconnu entraîne d'ailleurs souvent une sorte de régression, la femme se sent démunie, dépendante. C'est peut-être cette peur de l'inconnu qui la rapproche de sa mère qui, elle, est passée par là. Selon les cultures, l'entourage favorise d'ailleurs cet état un peu régressif et y répond avec un certain empressement : par exemple dans les pays maghrébins, la période de la grossesse est tout à fait valorisée ; dans nos pays, bien que moins attentifs, la femme enceinte est en général l'objet de sollicitude de la part de ses collègues.

D'ailleurs, plus ou moins consciemment, la future mère se plaît à cet état un peu particulier, d'autant qu'elle se sent plus émotive, plus fragile, physiquement et psychologiquement ; elle a envie qu'on s'occupe d'elle, qu'on l'entoure. Mais en même temps qu'elle vit cette sorte de régression, la future mère se sent devenir pleinement adulte, puisqu'à son tour elle va avoir un enfant, comme l'a eu sa propre mère : elle sera son égale.

Lorsque la mère et la fille s'entendent bien, cette évolution dans leurs rapports sera enrichissante pour l'une et pour l'autre. Sinon il peut y avoir quelques tensions, quelques rivalités, surtout lorsque la mère veut montrer qu'elle sait tout, et accable sa fille d'attentions.

Les mères, ou belles-mères, trop interventionnistes sont souvent mal supportées par les futurs parents. Ainsi cette jeune femme agacée par tous les achats que sa mère fait pour le bébé ; ou bien cette future grand-mère qui se substitue à son gendre dans la vie quotidienne de sa fille, donc du couple, ce qui fatigue les futurs parents ; ou encore ce futur grand-père, qui investit trop dans ce prochain petit-enfant, en parle tout le temps, fait des projets, etc., et du coup se fait rejeter. L'important est de savoir garder des limites de part et d'autre, sans dramatiser.

La femme qui attend un enfant se rapproche non seulement de sa mère, mais des autres femmes qui ont eu un enfant, c'est ce que remarque T. Berry Brazelton (dans *La Naissance d'une famille*) :

« Il peut lui prendre l'envie de rendre visite à sa mère, pour la regarder vivre et, à l'occasion, lui poser des questions sur son enfance. Elle peut aller jusqu'à remuer de vieux conflits, mais elle observe sa mère intensément et sent qu'elle a de nouveau grand besoin d'elle. Parfois, le désir d'être maternée la pousse à attirer de façon excessive l'attention de sa belle-mère ; elle désire alors être dorlotée et conseillée par la mère de son époux, tout en cherchant à s'en défendre. Elle peut aussi s'en prendre à tous les personnages maternels de son entourage. Elle en viendra même à regarder sous un autre jour ses amies qui ont des enfants. La grossesse est certainement le moment où l'on apprend le plus sur soi-même tandis que l'on se prépare à son nouveau rôle. »

Et de même qu'au début la future mère oscille entre la joie et la crainte, de même est-elle partagée entre ces deux tendances : redevenir enfant et devenir pleinement adulte. Cette ambivalence des sentiments, le malaise qu'elle peut provoquer, est une des raisons des changements d'humeur que l'entourage a parfois de la peine à comprendre.

Le deuxième trimestre est celui de l'équilibre

Il est possible d'essayer d'expliquer à un homme l'état d'esprit d'une future mère, mais je ne crois pas qu'il soit possible de lui décrire les sentiments d'une femme qui pour la première fois sent vivre en elle son enfant. L'émotion est si forte, si profonde qu'une femme n'en parle d'ailleurs pas facilement, comme si la pudeur l'en empêchait. Avec ces premiers mouvements commence entre elle et son enfant un dialogue singulier, mystérieux, qui cessera apparemment avec la naissance, mais qui, en réalité, continuera toute la vie. Même lorsque son enfant est grand, la mère inquiète sent sa crainte retentir au plus profond d'elle-même, viscéralement, là où elle portait son enfant.

Ces premiers mouvements ont une grande importance pour toutes les femmes. Celles qui n'osaient montrer leur plaisir s'y abandonnent maintenant qu'elles sont sûres d'une présence ; en général celles qui ne faisaient que supporter leur grossesse l'acceptent alors franchement. Et pour les femmes qui au début ont de la peine à accepter cet enfant, cette période des premiers mouvements est capitale. Souvent ce signal, venu de l'enfant lui-même, apaise leurs hésitations.

Comment une femme devient-elle mère ?
Par quelles étapes passe-t-elle pour acquérir sa nouvelle identité ? À ce sujet, Daniel Stern et Nadia Bruschweiler-Stern ont consacré tout un livre très intéressant : *La naissance d'une mère* (Éditions Odile Jacob).

La mère a déjà eu d'autres preuves de la présence de son enfant. Le médecin lui a fait entendre les bruits du cœur, puis grâce à l'échographie, elle a vu battre ce cœur. Ces preuves, elle les partage avec le futur père mais en général, dit-elle, elles lui font moins d'impression que les premiers mouvements. « J'ai vu battre son cœur, je l'ai entendu, j'étais émue mais un seul petit mouvement de son pied dans mon sein m'a bouleversée », m'a écrit une lectrice. Ce signe, c'est d'abord la mère qui le perçoit au plus profond d'elle-même.

Cette présence de l'enfant agit vraiment sur les pensées et l'imagination, mais aussi sur le corps, ce qui montre à quel point l'un et l'autre sont liés : par exemple, le ptyalisme (salivation exagérée), incident fort désagréable des premiers mois, cesse au cours de ce trimestre. En même temps, les nausées disparaissent, le sommeil revient, l'appétit également. Ce deuxième trimestre s'ouvre sous les meilleurs auspices. Il s'écoule paisible ; les incidents sont rares, les complications exceptionnelles chez la femme en bonne santé. Vers 4-5 mois, la grossesse commence à se voir, mais elle n'est pas gênante. Les femmes surveillent bien leur poids, elles savent aussi qu'il est inutile de changer leurs activités, à moins de prescriptions particulières. C'est d'ailleurs ce que fait naturellement une future mère, car elle est alors au mieux de sa forme. Elle n'est pas fatiguée, elle n'a pas de malaises, elle a souvent le teint plus éclatant qu'à l'ordinaire.

Certaines femmes n'ont pas envie d'afficher trop tôt leur grossesse : elles ont peur que, dorénavant, on ne les voie plus que comme des femmes enceintes. D'autres, au contraire, sont pressées d'acheter un vêtement qui mette leur ventre en valeur ; elles sont fières de cet enfant qu'elles portent : il montre qu'elles sont aimées.

Au troisième trimestre

Au premier trimestre l'enfant était un espoir, puis une certitude ; au deuxième, il est devenu présence ; au troisième trimestre, l'enfant est le centre exclusif des pensées, des intérêts, des préoccupations de la future mère.

Tandis que les événements qui font la trame de la vie quotidienne paraissent la toucher de moins en moins au fur et à mesure que passent les semaines, la mère concentre toutes ses pensées sur l'enfant qu'elle porte : attentive à sa croissance, à sa position et à ses changements de position, à la fréquence de ses mouvements, elle s'inquiète de son volume, de ses périodes de calme ou d'agitation. Elle en parle comme s'il était né, lui attribue des qualités, redoute des défauts physiques ou intellectuels, le replace dans le cadre familial, compare éventuellement sa grossesse aux précédentes.

Cet intérêt entièrement centré sur l'enfant est le fait saillant de ce troisième trimestre ; il est important que le futur père en soit averti et le comprenne. Sinon, il risque d'être agacé, jaloux ou même de se sentir exclu. Cette évolution de la future mère est courante.

L'enfant bouge de plus en plus, même et surtout pendant le sommeil de sa mère et, par ses mouvements, il attire chaque jour un peu plus son attention. Cette présence de plus en plus encombrante rappelle les préparatifs à faire : un berceau à acheter, une layette à compléter, une préparation d'accouchement à suivre. Entièrement préoccupée par l'enfant à naître, on dirait parfois que la future mère désire s'isoler, même de ceux qu'elle aime : les jeunes enfants le sentent, et cherchent à provoquer par tous les moyens l'attention et le contact avec leur mère : ils refusent de s'habiller, de manger seuls, ils exigent leur mère au coucher, ils l'appellent au cours de la nuit, ils mouillent de nouveau leur lit. Il est certain que c'est au père de rétablir l'équilibre, et les parents peuvent prévenir les enfants que la mère est fatiguée par le bébé qui va naître, sans insister cependant car cela éveillerait trop tôt leur jalousie. En effet, si à l'annonce d'une naissance, les frères et sœurs sont ravis et curieux, ils sont toujours plus ou moins jaloux après. Je vous le signale dès maintenant : la jalousie est un sentiment naturel et il sera d'autant mieux surmonté que les parents le sauront et le comprendront. Mais chez certains enfants particulièrement sensibles, ou dont la personnalité est très affirmée ou exigeante, les manifestations de jalousie peuvent être excessives, voire agressives. L'enfant montre de cette façon qu'il souffre ; si vous ne savez comment réagir, parlez-en au pédiatre.

Plus indifférente dans le domaine affectif, la mère le devient aussi intellectuellement : elle a de la peine à s'intéresser à son travail, elle devient moins attentive, elle a des défaillances de mémoire. C'est un fait connu dans les entreprises qu'un certain coefficient d'erreur apparaît dans des métiers exigeant de la précision : comptables, informaticiennes, etc.

Lorsqu'on attend un enfant on rêve beaucoup, souvent d'une manière très intense, et en plus on s'en souvient (d'ailleurs tout au long de la grossesse, pas seulement à la fin). Ces rêves se transforment parfois en cauchemars et peuvent être extrêmement violents, je le signale car c'est fréquent et cela inquiète ; il y a des mères qui craignent que ces rêves ne soient prémonitoires ; je peux vraiment les rassurer, ce qui se passe est normal ; cette activité onirique est due à l'important remaniement psychologique de la grossesse ; il se passe la même chose dans toutes les périodes décisives de la vie, vous l'avez certainement observé, on rêve davantage. Ces rêves s'expliquent par ce que le docteur Monique Bydlowski appelle la *transparence psychique* de la femme enceinte : comme l'adolescence, la grossesse est une période très particulière qui fait mûrir chacun et qui entraîne des transformations. Pendant cette période, des souvenirs très anciens, jusque là refoulés, affleurent à la conscience et se manifestent dans des rêves. Le passé peut aussi ressurgir sous forme d'une tristesse sans motif, mais qui n'est pas une dépression. Dans certains centres hospitaliers, les femmes enceintes peuvent avoir quelques entretiens avec un psychothérapeute pour parler de ce qui les préoccupent : angoisses, phobies, cauchemars, etc, et y trouver un sens.

Tout entière concentrée sur le bébé, la future mère n'en conserve pas moins son caractère. La grossesse est une évolution, et non pas une révolution. Qu'elle soit de tempérament actif, elle courra les magasins, voudra installer le coin du bébé ou peindre sa chambre ; qu'elle soit plus nonchalante, elle s'enfoncera dans ses rêveries. Mais dans les deux cas, toutes ses pensées, toutes ses préoccupations tourneront autour de l'enfant et la future mère recherchera des livres de maternité ou de puériculture.

Puis, à mesure que les semaines passent, que le bébé pèse plus lourd, que la future mère est moins alerte, une certaine lassitude apparaît et, avec elle, le désir que maintenant les événements se précipitent. Les dernières semaines semblent alors plus longues que celles qui ont précédé. D'ailleurs, cette impatience a un avantage : elle estompe l'appréhension de l'accouchement qui persiste toujours plus ou moins. À la veille d'accoucher, la future mère est souvent saisie d'une grande activité, d'une envie de rangements, de nettoyage, de mise en ordre, de déménagement de mobilier, énergie qui contraste avec la lassitude des jours précédents. Elle est comme un oiseau qui prépare le nid pour son petit (comme le dit Catherine Bergeret-Amselek, dans son livre *Le Mystère des mères*). C'est signe que la naissance est proche.

C'est souvent difficile de choisir

En plusieurs occasions la future maman risque de se heurter à l'entourage qui l'accable de conseils : sa mère « parce qu'elle l'a mise au monde » ; le médecin ou la sage-femme auréolés d'expérience, de technique et de pouvoir ; le mari parce qu'il s'agit de « notre enfant », et qu'en plus prendre les décisions en main, c'est une manière de partager ; l'amie qui a déjà eu des enfants, parce que « je suis de ta génération et pas de celle de ta mère ».

Ces conseils, ce soutien sont utiles. Attendre à deux est un privilège affectif et quotidien, avoir une famille qui vous entoure est un confort appréciable à tous points de vue. Mais ces conseils peuvent devenir pesants, voire accablants, pour une future mère en état de moindre résistance aux autres si elle est fatiguée, en état d'infériorité si elle se croit mal informée, sentiments d'ailleurs plus ou moins présents chez toute future maman.

Lorsque vous serez bien renseignée sur ce qui se passe dans votre corps, bien au courant du développement de votre enfant, bien suivie par le médecin ou la sage-femme, c'est-à-dire assurée que du côté santé tout va bien, faites-vous confiance pour les décisions à prendre ; c'est d'abord vous qu'elles concernent. Qu'il s'agisse de votre désir – ou non – de connaître le sexe de l'enfant avant la naissance, de votre souhait – ou non – que le père assiste à l'accouchement, de votre désir – ou non – d'allaiter, de votre désir – ou non – de péridurale, renseignez-vous, écoutez les autres, discutez à deux, à trois, à plus si vous voulez, mais qu'en dernier ressort ce soit votre choix qui l'emporte.

C'est votre enfant à tous les deux, mais c'est vous qui êtes la plus impliquée dans cet événement, c'est de votre corps qu'il s'agit, c'est donc normal que ce soit d'abord à vous de choisir. Et ne m'en veuillez pas si, chemin faisant, je vous le rappelle…

La naissance d'un père

Il y a des hommes qui se sentent pères dès le jour de la conception. Il y en a pour qui la révélation se produit le jour de la première échographie. Il y en a qui découvrent la paternité en prenant pour la première fois leur enfant dans les bras. Il y en a enfin qui ne prennent vraiment conscience de la paternité que plusieurs mois après la naissance. La paternité ne naît pas en un jour, la naissance d'un père se fait par étapes.

L'idée qu'il va avoir un enfant suscite chez l'homme de nombreux sentiments, souvent contradictoires, tant en ce qui le concerne que vis-à-vis de sa femme.

Tout d'abord il est heureux, puis souvent soulagé de voir que finalement tout se passe bien malgré des mois, parfois des années, de contraception. Enfin il est fier : pour un homme, savoir qu'il ne peut procréer est généralement ressenti comme une humiliation, comme une atteinte à sa virilité.

Futur père, il se rapproche de son père, il devient son égal. Mais, en même temps, ce changement l'inquiète : il va devenir un autre. Sera-t-il à la hauteur ? Ce sentiment d'inquiétude est renforcé par l'entourage, les amis qui se font un plaisir de lui répéter : « Tu vas voir comme c'est difficile d'élever un enfant. » « La liberté c'est bien fini, adieu le cinéma. » Il a peur de ne pas savoir être père, mais auparavant de ne pas savoir être le mari, le compagnon d'une femme enceinte. Il redoute que sa femme organise un monde à deux où il n'ait pas sa place.

Parfois cette crainte renforce un égoïsme latent : il n'aura plus sa femme pour lui seul. Et facilement, même sans se l'avouer, l'homme voit dans le bébé qui va naître un rival. Lorsque la femme a l'intuition de ce sentiment, elle peut chercher à l'apaiser et à convaincre son mari que deux tendresses peuvent vivre ensemble.

Même s'il ne ressent pas ces craintes, le futur père se rend compte que matériellement la vie va changer : les projets ne seront plus à faire pour deux mais pour trois, certains deviendront même impossibles – au moins au début ; en plus cet enfant, il faudra le loger, l'habiller, le nourrir. Et l'homme se sent d'autant plus responsable de cette nouvelle organisation que souvent sa femme se décharge sur lui, elle considère qu'elle a suffisamment à faire : porter et mettre au monde un enfant.

Quand vous êtes-vous senti père pour la première fois ?
A cette question, voici quelques réponses recueillies lors de notre enquête :
« Dès que Carole m'a dit que le test était positif. »
« Lorsque j'ai tenu pour la première fois mon enfant dans les bras. »
« À la première échographie. »
« Lorsque je l'ai ramenée à la maison. »
« Dès que j'ai eu envie d'avoir un enfant. »

Ce sentiment, que l'on pourrait croire dépassé par la mentalité d'aujourd'hui, où la plupart des femmes travaillent, et de ce fait partagent les responsabilités matérielles du couple, demeure ; pendant ces neuf mois la femme éprouve le besoin de se décharger de certains soucis sur l'homme.

La fierté d'un futur père à l'idée d'avoir un enfant, lui fait éprouver pour sa femme de l'admiration, de la reconnaissance, de la tendresse. Mais en même temps, cette femme qui va devenir mère semble tout à coup étrangère à son mari : il sent qu'elle devient une autre personne – il a raison d'ailleurs –, une personne qu'il lui faudra découvrir.

Ces sentiments sont plus ou moins ressentis, d'un futur père à l'autre. Mais chez certains hommes, il y a parfois en plus un sentiment de crainte : l'homme a peur pour la santé de sa femme, souvent plus qu'elle-même d'ailleurs. Il se sent coupable de ce qui peut lui arriver. Le père peut s'inquiéter également pour son enfant.

La crainte qu'il ne soit pas normal poursuit certains pères surtout en fin de grossesse, peut-être plus que la mère : parce que sentir bouger l'enfant est rassurant alors que dans la tête du père où tout se passe, l'imagination court vite. L'inquiétude que ressent le futur père, qu'il la cache où qu'il en parle, est souvent présente.

Il y a des hommes si angoissés qu'ils en deviennent malades, ne dorment plus, ont des nausées, des vomissements, prennent du poids, comme leur femme. Ce sont les symptômes de « couvade ».

Les sentiments d'un futur père sont donc variés, et contradictoires en apparence : il a le sens de ses responsabilités nouvelles, mais il a peur d'être mis à l'écart ; il est reconnaissant envers sa femme, et jaloux à la fois ; il se sent renforcé dans sa valeur d'homme, en même temps qu'il a une impression d'inutilité vis-à-vis de sa femme ; il s'inquiète pour sa santé et parfois il a envie d'oublier qu'elle est enceinte ; devant sa femme, il est comme intimidé et, en même temps, il sent qu'il prend de l'assurance, qu'il mûrit en étant bientôt père.

Couvade.
À l'origine ce mot désignait, dans les peuplades traditionnelles, le rite, l'habitude de l'homme de se coucher au moment de la naissance : « l'homme se couche quand la femme accouche », simulant d'affreuses douleurs. Puis par extension, on a employé le mot couvade pour des symptômes ressentis par certains futurs pères pendant la grossesse.

On a toujours parlé des états d'âme de la future mère. On a fini par se rendre compte que le futur père avait les siens. Parce qu'on s'intéresse plus à lui ? Parce que le futur père se met à en parler ? Toujours est-il qu'attendre un enfant au masculin n'est pas aussi simple qu'on le croirait.

Ces réactions sont d'autant plus fortes qu'il s'agit d'un premier enfant, puisque tout est nouveau, tout est à découvrir. Au deuxième, au troisième… les pères se sentent tout aussi concernés, s'impliquent autant pendant la grossesse, mais vivent cette période avec plus de sérénité.

Les futurs pères au jour le jour

« J'attends sans attendre, dit Gaël. Il y a des moments où j'oublie ce bébé. Je n'ai pas de gros ventre, pas de coups de pieds. Tandis que Laura, physiquement, ne peut se défaire de cette présence permanente. C'est la grande différence entre nous. Mais cela ne m'empêche pas de m'intéresser à ce bébé, à son développement. »

C'est vrai, presque tous les pères s'intéressent au développement

de l'enfant, ils le lisent dans des livres, ou le voient dans des albums ou des cassettes ; ils sont fascinés par l'échographie, presque tous les pères accompagnent leur femme ; ils écoutent les bruits du cœur ; ils guettent les premiers mouvements de l'enfant, qui sont d'ailleurs, pour certains, un des révélateurs de la paternité ; ils savent que l'enfant les entend et sont persuadés qu'il reconnaît leur voix : « Je disais à ma femme, je suis sûr qu'il sait que c'est moi qui parle. » Les pères apprécient la visite de la maternité, ils aiment connaître le chemin de la salle d'accouchement, ils ont besoin de visualiser l'endroit.

Mais les futurs pères ne participent pas tous de la même manière à la grossesse de leur femme. Certains la vivent vraiment avec elles, c'est ce que dit Michel : « J'ai vécu la grossesse de Carole du début jusqu'à la fin. Je demandais à partir plus tôt. Pour un peu, j'aurais arrêté de travailler en même temps qu'elle ! » Ces pères vont aux séances de préparation : « J'ai manqué quelques séances à cause de mon travail et je l'ai regretté. Je trouve que les pères posent des questions pratiques que les mamans n'osent pas poser : quand aller à la maternité ? Est-ce qu'il faut appeler une ambulance ? etc. Vers la fin de la grossesse, des parents sont venus nous raconter comment cela s'était passé, ce que nous avons fait par la suite aussi. »

Certains pères suivent la préparation par femme interposée : « Ma femme me racontait en rentrant, comme ça j'étais prêt pour l'accouchement » ; d'autres y vont une fois, mais n'y retournent pas : se retrouver seul homme parmi tout un groupe de futures mamans peut faire peur, reconnaissons-le. Et les femmes ne tiennent pas trop à la présence des hommes, elles n'osent plus parler aussi librement. D'ailleurs, bien souvent, la préparation n'a pas été pensée ni prévue pour les pères. Les hommes n'ont d'autre possibilité que de faire comme leurs compagnes : respirer, faire quelques mouvements. Ils se sentent ridicules. « Je n'avais pas envie d'y aller, mais j'étais bien obligé car c'est moi qui faisais le chauffeur. » D'autres hommes ne peuvent aller à la préparation pour des raisons pratiques, puisque malheureusement la plupart du temps les séances ont lieu dans la journée. Certains préfèrent les entretiens où les couples se retrouvent. Certaines maternités proposent aussi des groupes où il n'y a que des pères, ce qui leur permet de parler plus facilement de ce qui les préoccupent. Et la plupart de ces pères seront présents à la naissance.

Les pères sont peu nombreux à se rendre aux consultations prénatales. Ils disent qu'ils n'ont pas le temps, qu'il faut garder l'aîné. Souvent, ils considèrent leur présence comme inutile car l'examen se termine en général par « tout va bien madame ». Parfois aussi le père est gêné d'être spectateur de cet examen intime. C'est pourquoi, en dehors d'un problème particulier, peu de pères accompagnent leur femme aux consultations médicales.

D'autres pères, tout en étant très attentifs et en veillant à la santé de leur femme, ne vont pas avec elle aux séances de préparation, ils ne tiennent pas à assister à l'accouchement. Et s'ils y vont, c'est qu'ils s'y sentent vraiment forcés. Pascal dit carrément : « J'aurais culpabilisé si je n'y avais pas été. Si on n'est pas le superpapa vanté à la télévision, on est nul. » La contribution de ces pères est différente, elle est plus sentimentale, plus affective, ils aident par des gestes, par des mots ; leur femme peut compter sur eux, mais ils ne veulent pas empiéter dans un domaine qu'ils ne considèrent pas comme le leur. Pour eux, la grossesse est une affaire de femme.

Certains hommes hésitent entre la participation à la grossesse et l'envie de ne pas s'en mêler (ce sont ceux qui, jusqu'à la dernière minute, hésiteront à la porte de la salle d'accouchement). Voici François : « J'ai participé, j'ai été aux consultations, aux échographies mais j'ai continué à vivre ma vie de garçon. Je partais avec mes copains faire des balades en montagne, je n'avais pas envie que ma vie change. »

D'autres pères enfin n'auront pas à hésiter, leur femme prendra la décision pour eux. Il y a en effet des femmes qui refusent l'intrusion dans leur monde, même de l'homme qu'elles aiment, le sentiment n'a rien à faire à l'affaire. Elles veulent garder leur grossesse pour elles.

La plupart des propos tenus par des pères et cités ci-dessus ressortent d'une enquête faite auprès de pères âgés de 25 à 35 ans. Nous reproduisons ci-contre un peu plus longuement le témoignage de Nicolas qui nous semble résumer assez bien quelques attitudes de pères d'aujourd'hui.

Nicolas, un papa bien d'aujourd'hui

« Notre bébé a été désiré et programmé. Nous avions même choisi la date de la naissance en fonction des vacances : si l'enfant naissait au tout début de l'été, les vacances continueraient le congé de maternité. Mais le hasard a ignoré notre souhait : Maxime est né en novembre.»

« Au début de la grossesse, je ne réalisais pas bien. Le bébé à commencé à exister pour moi quand la silhouette de ma femme s'est transformée, quand son ventre et ses seins se sont arrondis. Cette transformation du corps m'a d'ailleurs fait plus d'effet que le message de la machine, l'échographie.

Je ne voulais pas savoir le sexe au début, Marie non plus ; nous voulions la surprise. À la deuxième échographie, Marie a dit qu'elle aimerait bien savoir tout de même, ce serait mieux pour les vêtements, le prénom. Moi, j'étais persuadé que c'était un garçon à cause de sa façon de gesticuler dans le ventre. Et c'était un garçon.»

« C'est à deux qu'on attend un enfant, c'est vrai, mais c'est quand même la femme qui l'a dans son ventre, nous on est extérieurs, on a du mal à ressentir la même chose, à croire qu'il y a un bébé qui bouge, qui se manifeste vraiment à différents moments de la journée. Je demandais souvent à Marie : Il bouge en ce moment ? »

Et Nicolas poursuit : « L'accouchement est arrivé plus vite que je ne pensais car Maxime est né à 8 mois. Je me sentais un peu inutile mais j'étais là. Quand le bébé arrive, alors là franchement c'est formidable. Voir le bébé sur le ventre de sa maman, c'est une image qui restera, on oublie tout ce qui s'est passé avant. »

Et il conclut ainsi : « Je suis heureux, mais j'ai un petit doute au sujet de notre couple, il paraît qu'au début il y a beaucoup de femmes qui sont avant tout mères. Je crois que c'est normal, il y a la fatigue, le temps pour s'occuper du bébé. Je serai patient, mais il faut que la mère laisse le père participer. Mais j'ai confiance dans la vie. »

Ce que disent quelques autres pères

Tous ces témoignages montrent bien que les pères s'intéressent de plus en plus tôt à leurs enfants et passent beaucoup de temps avec eux. Nombreux sont d'ailleurs ceux qui prévoient de prendre quelques jours supplémentaires pour allonger le congé de paternité.

À ces témoignages j'ajouterai ceci : les enfants d'aujourd'hui sont presque toujours programmés, parfois même avec une grande précision. « Pendant six ans nous avons voulu profiter un peu. Puis, nous avons souhaité avoir un enfant, dit Luc. Ce qui fut fait. Après la naissance de Jacques, nous avons attendu trois ans pour qu'il soit rentré à l'école à la naissance de Marie. Tout s'est bien déroulé. » Ô divin hasard !

Même dans ces conditions, lorsqu'une femme dit à l'homme de sa vie « J'attends un enfant », souvent l'annonce le surprend : « J'ai appris cela un soir en rentrant, dit Yves. C'est une surprise vraiment formidable ; même si on a voulu l'enfant, on a du mal à y croire. »« Moi, j'ai mis une semaine à le réaliser, dit Jean. Je ne cessais de dire à ma femme : en es-tu bien sûre ? »

Les pères sont heureux de parler du contact physique qu'ils ont avec leur enfant en posant la main sur le ventre de leur femme : « J'ai vécu la grossesse de Carole à 100 % ... Le soir, j'aimais câliner son ventre. La première fois que je l'ai fait, j'ai senti que cet enfant était à nous deux ».

À propos de l'échographie, la première est souvent la plus importante : « Ça officialise, dit Gaël, après c'est la routine. » Mais pour les pères, l'échographie a quand même un côté magique : « Dès que je l'ai vu à l'échographie, pourtant c'était la première et à 5 semaines, mon enfant était grand comme un grain de café, j'ai pourtant bien été obligé d'y croire. À partir de là, j'ai commencé à faire des projets. » Et Frédéric, lui, ajoute : « Je suis allé à chaque échographie avec ma femme et chaque fois j'ai trouvé ça magnifique : on voit le bébé gigoter, sucer son pouce, se mettre en tailleur, cela rassure beaucoup. » Mais, pour certains pères, l'échographie ne montre pas vraiment leur enfant. Écoutez François : « À la première échographie j'ai réalisé une présence, bien sûr, mais c'était un étranger ce bébé. Ce n'était pas ma poussinette, celle qui maintenant est là près de moi. »

Enfin au sujet du sexe : presque tous les parents veulent d'abord un fils, mais à la loterie de la naissance, c'est 50/50. Alors pour le deuxième enfant, ils souhaitent en général un enfant de l'autre sexe ; mais pas toujours. Écoutez Pierre : « Après une fille, je pensais avoir envie d'un garçon. Maintenant, je me dis que deux filles ce serait bien. Ensuite cela nous donnera peut-être envie d'avoir un garçon. On aura trois enfants, ce dont j'ai toujours rêvé. »

Pour aider votre femme pendant ces neuf mois

────────────── Sur le plan pratique, permettez-moi quelques suggestions : rappelez-vous, et rappelez-le à votre femme, que tant que la grossesse est normale, elle ne nécessite qu'un minimum de précautions, elle ne doit pas devenir un esclavage. C'est vrai pour l'alimentation (voir le chapitre 3) ; c'est valable pour les sports : il y en a peu de contre-indiqués ; c'est vrai pour les rapports sexuels (voir page 51) ; c'est vrai pour les voyages ; et également pour le travail. Mais si, devant des phénomènes pathologiques, le médecin impose des mesures temporaires désagréables (régime, surveillance plus stricte, si nécessaire hospitalisation), la femme les acceptera d'autant mieux qu'on ne lui aura pas rendu la vie impossible jusque-là avec des interdits, des prescriptions inutiles.

Cela dit, aucune future maman ne se plaindra d'être secondée dans la vie quotidienne, surtout quand arrive le troisième trimestre. D'ailleurs, c'est une réaction qu'ont naturellement la plupart des pères. « Si tu es fatiguée, tu te reposes, je ferai tout », dit Maxime. Parfois l'aide du père est imposée par les circonstances : « Avant 6 mois, j'étais spectateur ; quand Anne s'est retrouvée au lit avec des contractions, j'ai été tout à coup très impliqué, devant materner Anne pour qu'elle puisse materner le bébé. Je faisais tout. Cela faisait beaucoup. Mais c'était mon nouveau rôle de mari. »

Sur les pères, vous pouvez lire : *Histoire des pères et de la paternité*, sous la direction de Jean Delumeau et de Daniel Roche, (Éditions Larousse). Ce livre présente une série d'articles pluridisciplinaires (écrits par des historiens, démographes, juristes, psychiatres, psychanalystes) qui témoignent de l'évolution du statut et des représentations que l'on se fait de la paternité depuis des siècles.

Tout le monde s'attend à ce qu'une future mère soit de temps en temps irritable, nerveuse, comme on s'attend à ce qu'elle ait mal au cœur. Cela n'étonne pas. Mais il y a des comportements plus difficiles à comprendre, parce que plus inattendus, en particulier le repli du troisième trimestre. Il y a aussi cette mélancolie si fréquente après la naissance, qui étonne toujours l'entourage car elle cadre mal avec l'événement heureux qui vient de se produire. S'il vous arrive de ne pas comprendre certains de ces comportements, dites-vous que c'est le cas de bien d'autres futurs pères.

Comme je vous le dis au chapitre 4, la grossesse se porte bien aujourd'hui ; les femmes sont moins complexées par leur ventre, et les maris trouvent en général leur femme belle ; il n'empêche que certaines femmes vivent dans la crainte que leur mari ne les délaisse et maintenant, et après la naissance, si elles n'ont pas retrouvé leur ligne. Si votre femme vit dans cette crainte, une personne peut lui redonner le moral : c'est vous. Quand on doute de soi, il suffit souvent de quelques mots pour reprendre confiance.

Et si votre femme a peur d'un accident, peur de l'accouchement – il y a des femmes qui vivent neuf mois de crainte, surtout lorsqu'une grossesse précédente s'est mal terminée –, d'abord, écoutez-la : savoir qu'elle peut tout vous dire la libérera déjà un peu de ses peurs ; puis essayez de la rassurer, dites-vous bien d'ailleurs qu'elle ne demande que cela, et n'oubliez pas que les mots ont un pouvoir magique, ils peuvent inquiéter : une amie racontant un accouchement difficile peut plonger une future mère dans l'angoisse, mais les mots peuvent aussi rassurer. Ces paroles, je suis sûre que vous saurez les trouver.

En ce moment, chez votre femme, une force prodigieuse s'exerce. C'est la plus grande force qui existe dans la nature : celle qui est capable de faire se développer et naître un enfant ; aucune autre ne peut lui être comparée. Cela demande à la femme beaucoup d'énergie. Parfois elle en éprouve une lassitude, une certaine faiblesse, cela se comprend.

D'autres futures mères deviennent vulnérables, particulièrement sensibles ; une phrase mal comprise ou mal interprétée peut les impressionner. Par exemple, au cours d'une échographie, le médecin dit : « Là, je vois une jambe. » La mère, anxieuse, traduisit : « Mon bébé n'a qu'une jambe. » Il fallut une autre échographie pour la persuader du contraire.

Une autre future mère sort bouleversée du cabinet de son médecin et téléphone à une amie sage-femme en lui disant qu'elle souhaite la voir tout de suite. Que s'était-il passé ? À la fin de l'examen, la gynécologue avait dit avec un air très sombre et les sourcils froncés : « Col long, fermé, postérieur. » « Mais c'est parfait, lui dit son amie sage-femme, c'est que tout va bien. ». « Alors pourquoi la gynécologue faisait-elle cette tête-là ? » « Elle pensait peut-être tout simplement à sa voiture qui était mal garée… »

On parle en général du *futur* père.
Strictement parlant, la formulation n'est pas fausse, mais le psychanalyste Bernard This fait remarquer que l'emploi du mot futur présente un inconvénient : il empêche parfois l'homme de réaliser complètement qu'il va être père, et de s'impliquer d'emblée dans des projets d'avenir. Bernard This propose de parler tout simplement de père dès la conception ; c'est d'ailleurs ce que nous avons déjà fait à maintes reprises dans ce livre.

Du couple à la famille

Aujourd'hui, c'est acquis, le père a vraiment pris sa place dans cette période de l'attente de l'enfant : il participe parfois aux séances de préparation à l'accouchement, il aime assister aux échographies, il est souvent présent à la naissance. Dans l'attente de l'enfant, le couple est en général proche et uni. Arrive le bébé, naît une famille. Est-ce que ce passage du couple à la famille se fait facilement, sans heurt ? Il y a toujours besoin d'un peu de temps, et d'une certaine adaptation pour la transformation.

Malgré le congé paternité de deux semaines, le père se sent parfois frustré de quitter sa nouvelle famille pour retourner à son travail. Ce sentiment est fréquent, surtout pour un premier enfant. Pour l'atténuer, certains pères essaient de prendre quelques jours de congés supplémentaires et d'être plus à la maison dans la journée. Il n'en reste pas moins vrai qu'une naissance renforce les liens à l'intérieur du couple, lui donne une autre dimension, un autre avenir.

J'ai éprouvé dès le début de ce livre le besoin de vous raconter et à l'un et à l'autre, et pour l'un et pour l'autre, l'évolution psychologique à laquelle on peut s'attendre au long de ces neuf mois. Certes c'est un peu de prospective, mais vous en faites aussi en pensant dès la conception à la date de la naissance…

• Si vous êtes seule

Si vous êtes seule pour attendre votre enfant, ce qui précède vous aura peut-être donné un pincement au cœur. Attendre à deux ? Vous voudriez bien, mais le père n'est pas là. Il est peut-être parti avant de savoir que vous étiez enceinte, ou lorsque vous le lui avez annoncé. C'est au moment où l'homme prend conscience de la vie qui se prépare qu'il se sent parfois incapable de l'affronter.

Françoise a 30 ans, trois enfants, elle est séparée de son mari. Elle tombe amoureuse d'un homme plus jeune. Ils désirent avoir un enfant ensemble. Françoise est enceinte rapidement. Les événements se sont déroulés si vite que l'homme a pris peur de cette responsabilité et qu'il a fui. Son entourage propose à Françoise d'abandonner l'enfant à la naissance, elle refuse : « Cet enfant, je l'ai vraiment voulu, je souhaitais donner cette preuve d'amour à l'homme de ma vie, je ne vais certainement pas l'abandonner. »

Céline partage la vie d'un homme nettement plus âgé qu'elle ; elle aimerait un enfant, mais Marc ne le souhaite pas : « Ce n'est plus de mon âge », lui dit-il chaque fois qu'ils abordent la question. Malgré cela, Céline attend un enfant, mais ne révèle sa grossesse qu'au quatrième mois pour être sûre de pouvoir garder le bébé. Son compagnon se sent pris au piège, floué, et la quitte.

Quelles que soient les difficultés que la mère a, ou aura, à affronter dans de telles circonstances, au départ l'enfant aura

Des renseignements pratiques
Si vous êtes seule et à la recherche d'une adresse ou d'une aide, vous trouverez de nombreux renseignements au chapitre 18.

été une histoire d'amour entre un homme et une femme, ces exemples le montrent ; cela semble un élément positif.

Il arrive qu'une femme choisisse délibérément d'avoir un enfant et de l'élever seule. Ce choix peut provenir du rejet volontaire d'une présence masculine. D'autres fois, la femme souhaite avant tout avoir un enfant parce que les années passent, et cet enfant, elle est prête à l'élever, même sans père ; ou encore elle cherche une compagnie pour sa vie quotidienne, et un but.

Ces choix sont volontaires, mais le plus souvent, à l'origine de ce désir d'enfant, il y a une motivation inconsciente, elle peut resurgir plus tard.

Florence décide à 37 ans d'avoir un enfant. Elle a une bonne situation, elle rencontre un homme avec qui elle ne souhaite pas vivre, mais qui comble le désir d'enfant qu'elle a depuis quelques années. Le bébé naît, tout va bien. Ce n'est que quelques mois plus tard, lors des difficultés que rencontre toute mère, que Florence réagit d'une façon excessive, elle se sent très nerveuse, presque déprimée. Florence prend alors conscience que ce rejet d'un homme et d'un couple a des racines profondes, et remonte à une déception amoureuse qu'elle a éprouvée lors de l'adolescence. Cette déception a été si grande que Florence n'est jamais arrivée à nouer une relation amoureuse satisfaisante avec aucun homme. C'est pourquoi elle a choisi d'avoir un enfant et a rejeté le père. Cette prise de conscience a été bénéfique pour Florence ; elle qui voyait dans son enfant la cause de sa dépression, s'est alors détendue.

Qu'on ait choisi d'être seule pour élever son enfant, ou qu'on se retrouve seule, il est rare qu'il n'y ait pas de difficultés en chemin. La première suggestion à faire à une femme qui attend seule son bébé, c'est de trouver quelqu'un à qui parler, un interlocuteur qui ne soit pas impliqué dans l'histoire de la mère. Par exemple, la psychologue de la maternité, le médecin, l'assistante sociale, un psychothérapeute. Il est rare qu'on ne trouve pas une oreille attentive, d'une « neutralité bienveillante », comme le dit le psychanalyste Simon-Daniel Kipman.

La famille peut être un soutien affectueux et compréhensif, mais il y a aussi un risque, c'est que la famille « récupère » sa fille, et cherche à la surprotéger des difficultés supplémentaires. Cette attitude peut empêcher la jeune femme de vivre pleinement sa vie d'adulte, car avoir un enfant est une étape de maturation, quelles que soient les circonstances.

Attendre un enfant est un événement si important qu'il peut être riche d'émotions et d'apprentissages, sauf si on le vit avec gêne et culpabilité.

Mais parlons un peu de l'absent, le père. Il compte pour l'enfant, même s'il n'est pas là, même si la mère a choisi de vivre sans lui.

Si la mère a de cet homme une image traumatisante et dévalorisante, elle risque de projeter sur son enfant ses sentiments d'amertume, de frustration, de rejet. Or, ce qui est important, c'est que la mère essaie de séparer son bébé de cette image négative, qu'elle lui permette de se développer comme un être indépendant affectivement. Car si au départ l'enfant est accablé par un passé si lourd, son développement pourrait s'en ressentir et les relations entre la mère et l'enfant risqueraient alors d'être perturbées. Tandis que si l'enfant peut être associé à des souvenirs positifs et chaleureux, évidemment les projets seront plus faciles, la vie de tous les jours aussi.

Mais quelle que soit son image, et bien que physiquement il ne soit pas là, ce père devra prendre une place dans la vie de l'enfant ; cette place, c'est la mère qui la lui donnera en parlant de lui. Dire, comme certaines femmes (c'est une psychologue de maternité qui me l'a rapporté), « Son père est mort » ou « Il n'a pas de père » est pour l'enfant une mutilation, une amputation de la filiation. C'est faire comme si cet enfant avait été conçu sans père. Ce n'est pas toujours facile de parler à l'enfant de son père, mais si la mère n'y arrive pas, tôt ou tard, ce père, l'enfant le recherchera et il en voudra à sa mère de le lui avoir caché, quelles qu'aient été les circonstances.

Aussi est-il bon de garder avec soi une photo du père afin que l'enfant puisse avoir une image de lui. Cela le rassurera et l'aidera à développer sa personnalité. Mieux encore une photo où figurent et le père et la mère le confirmera dans l'idée qu'il est né et a été désiré par amour.

Ce chapitre a pour titre : « Si vous êtes seule ». En fait, vous ne le serez jamais vraiment. Jour après jour, ce bébé va vous accompagner. Si vous l'attendez, lui aussi vous attend, et même plus, il est là en vous, il vous sent près de lui, vous le sentez tout proche. En lisant certaines pages de ce livre, vous verrez à quel point le dialogue se noue très tôt, et comment, bien avant la naissance, un enfant et sa mère peuvent faire connaissance, et déjà s'aimer.

Mais dans certains cas, la femme enceinte est bien loin de penser à l'avenir. Le présent est trop lourd pour elle. Elle se se sent incapable d'élever l'enfant qu'elle porte, elle souhaite le mettre au monde dans le silence, dans l'anonymat. Elle envisage de se séparer de lui à la naissance. Elle a entendu parler de la possibilité d'accoucher anonymement (accouchement sous X ou accouchement anonyme). La femme peut accoucher sans laisser de trace de son identité. Le bébé sera alors confié pour être adopté.

L'accouchement «anonyme»

Lorsqu'une femme est confrontée à une détresse si grande, à un isolement si profond qu'elle envisage l'accouchement sous X, il est important qu'elle parle rapidement de sa situation à des professionnels qui pourront l'aider et la soutenir : tout d'abord à l'assistante sociale de la maternité, ou de la mairie proche de son domicile, mais aussi à l'équipe obstétricale qui la suit : médecin, sage-femme, puéricultrice. L'accouchement sous X permet de donner naissance au bébé tout en préservant l'anonymat de la femme. Cet anonymat peut malheureusement être préjudiciable à l'enfant car il l'empêcherait plus tard de connaître ses origines.

C'est pourquoi, si elles le souhaitent, les mères peuvent, ce qu'elles ne savent pas toujours, laisser des renseignements dans le dossier de l'enfant (par exemple une lettre, un message enregistré) afin qu'il puisse avoir un jour accès à un minimum d'informations sur son histoire.

Et une loi récente cherche à concilier le droit des enfants à connaître leurs origines, et celui des femmes à mettre leur enfant au monde dans l'anonymat. Voyez les détails de cette loi au chapitre 18.

Pour en savoir plus,
voici des livres qui illustrent plusieurs approches de l'accouchement sous X :
- *Face au secret de ses origines : le droit d'accès au dossier des enfants abandonnés*, de Pierre Verdier et Martine Duboc, éditions Dunod. Un livre qui veut aider psychologiquement, pratiquement et juridiquement ceux qui recherchent leur dossier.
- *Destins de mères, destins d'enfants, de l'abandon aux retrouvailles*, de Georgina Souty et Pascal Dupond, éditions Odile Jacob. Un livre de témoignages d'enfants «nés sous X», et de pères et de mères ayant abandonné leur enfant. Une réflexion sur le rôle structurant de la mémoire dans la vie de chacun.
- *Le bébé face à l'abandon, le bébé face à l'adoption*, éditions Albin Michel. A travers la contribution de différents auteurs (Sylvie Babin, Geneviève Delaisi de Parseval, Caroline Eliacheff, Sophie Marinopoulos, Myriam Szejer...) ce livre fait le point sur la situation des bébés abandonnés puis adoptés, et sur la situation de leurs parents de naissance et de leurs parents adoptifs.

La vie quotidienne

Qu'est-ce qui va changer dans votre vie ?

Psychologiquement, tout va changer, jour après jour, semaine après semaine. L'attente n'est au début qu'une idée, puis elle se précise et prend forme, puis mouvement. Et vos réactions suivent. Vous étiez une, vous commencez à vous sentir deux, vous imaginez votre vie à trois : le père, l'enfant et vous. Alors peu à peu, vous réalisez que tout sera désormais différent.

Cette évolution psychologique était l'objet du précédent chapitre. Dans celui-ci, je voudrais vous parler de la vie pratique, quotidienne, celle au sujet de laquelle vous vous posez les premières questions : travail, voyages, sports, etc. Vous allez voir que les changements, car il y en aura, seront progressifs ; ils dépendront de votre état de santé, de vos activités, de vos goûts. Ils dépendront aussi du bébé : il va se développer, prendre plus de place, se faire plus lourd, il est normal qu'une certaine fatigue s'ensuive, et que vous deviez modifier un peu votre façon de vivre.

Certaines grossesses nécessitent des précautions particulières, par exemple lorsqu'on attend des jumeaux, voir chapitre 6. Pour les grossesses dites à risques, voir chapitre 9.

Votre travail

Parlons d'abord du travail. Quelle incidence peut-il avoir sur l'avenir de la grossesse, donc sur celui de l'enfant ? C'est ce que plusieurs enquêtes ont étudié, voici leurs conclusions :
▪ effectué dans des conditions normales, le travail, qu'il soit fait à l'extérieur ou à domicile, ne nuit pas à la grossesse ;
▪ lorsqu'une femme travaille à l'extérieur — cas de 70 % d'entre elles — elle est souvent plus à même de prendre sa santé en charge car dans son milieu professionnel, elle est mieux informée ;
▪ mais il y a certains facteurs qui augmentent les risques de prématurité, par exemple des conditions de travail particulièrement pénibles physiquement. De ce fait, de nombreuses dispositions ont déjà été prises pour la protection des futures mères.
On ne peut que conseiller à la femme qui attend un enfant, et qui

effectue un travail pénible, de consulter le médecin du travail : celui-ci pourra demander à l'employeur un aménagement de poste, ou un changement temporaire, et/ou une réduction de la durée du travail. Si cela n'a pas été possible, la femme enceinte s'adressera à son médecin traitant. Les médecins sont aujourd'hui bien informés des risques que représentent des travaux particulièrement pénibles ; et, s'ils le jugent nécessaire, ils prescrivent un arrêt de travail qui s'ajoute aux congés prénataux légaux.

Il en est de même pour le travail fait chez soi : son incidence sur le déroulement de la grossesse dépend des conditions dans lesquelles vit la future mère. Si elle est bien informée, bien suivie, et s'il le faut aidée, tout ira bien. Mais si elle a déjà plusieurs enfants, si elle est accablée de travail et vit dans de mauvaises conditions socio-économiques, elle risque d'avoir des difficultés à mener sa grossesse à terme. Mais cela relève du bon sens.

On ne peut donc établir l'équation travail = danger, ou travail = protection, tout dépend des circonstances. Mais regardons les choses de plus près.

• **Si vous avez une activité professionnelle.**

Si vous êtes salariée, vous savez probablement que la loi prévoit que vous pouvez prendre six semaines de repos avant la date prévue pour l'accouchement, et dix semaines après. Plus qu'une possibilité, ce repos est d'ailleurs une obligation pour recevoir les indemnités journalières. En fait, vous pouvez vous reposer moins longtemps, mais pour recevoir vos indemnités journalières, il faut vous arrêter au moins 8 semaines en tout.

Congé de maternité.
Au chapitre 18, vous trouverez tous les renseignements concernant le congé des femmes salariées et de celles qui ne le sont pas.

Ce temps de repos est court, mais il peut être suffisant si votre grossesse se déroule bien, et si votre travail est peu fatigant. Par contre six semaines de repos avant l'accouchement sont insuffisantes dans de nombreux cas et justifient largement de s'arrêter avant la date prévue. Et dans bien des cas (naissance de jumeaux, attente du troisième enfant, etc.), la loi prévoit un congé de maternité plus long.

Les jeunes femmes dont le métier est incompatible avec la grossesse (artistes et mannequins) à partir du moment où celle-ci est très visible peuvent s'arrêter de travailler dès la 21e semaine, après accord du médecin-conseil et sur présentation d'un certificat médical. Elles sont indemnisées par la Sécurité sociale au tarif maladie.

Nous vous signalons dès maintenant (mais nous vous en parlons plus en détail au chapitre 18) que si vous étiez malade et obligée d'interrompre votre travail, vous ne pourriez pas être licenciée, et vous seriez indemnisée par la Sécurité sociale au tarif maladie pour le temps de votre absence.

Combien y-a-t-il de futures mères qui travaillent ?
En 1998 - dernier chiffre communiqué - il y en avait 64,3%, contre 60,2% en 1995. Et en 3 ans, le niveau général des études s'était nettement amélioré (Enquête INSERM).

D'autres raisons indépendantes de la fatigue causée par un travail pénible entraînent un changement de poste pour tout ou partie de la grossesse :

▪ dès le début de la grossesse pour les femmes travaillant dans un laboratoire de radiologie médicale ou industrielle, à cause de l'exposition aux rayonnements ;

▪ également dès le début de la grossesse pour les ouvrières de certaines fabriques de produits chimiques manipulant des produits toxiques ;

▪ pendant les trois premiers mois de la grossesse, en cas d'épidémie de rubéole, pour les femmes que leur métier met en rapport avec des enfants, institutrices par exemple, si elles ont un sérodiagnostic négatif (c'est-à-dire si elles ne sont pas protégées contre la rubéole).

Ajoutons que le travail sur ordinateur, qui a été parfois incriminé, semble vraiment ne faire courir aucun risque particulier à une femme enceinte.

● Quelques mouvements de détente.

Ici, je voudrais dire deux mots aux femmes qui ont l'habitude de travailler de longs moments assises ou de longs moments debout.

Ce qui est bien, c'est de prendre l'habitude, le plus souvent possible, de « casser » les tensions musculaires liées aux positions gardées un peu trop longtemps : station assise devant une machine à écrire, station debout avec le bras en l'air, pour écrire au tableau.

Pour vous détendre, faites le mouvement qu'on fait spontanément le matin au réveil : étirez haut les bras au-dessus de la tête, ou bien, si cela n'est pas possible socialement, voici quelques exercices plus discrets :

▪ haussez les épaules en inspirant, tenez quelques secondes, puis relâchez en soupirant ;

▪ faites 2 ou 3 mouvements des épaules en rotation avant et arrière ou roulez « des mécaniques » 2 ou 3 fois ;

▪ faites 2 ou 3 « cercles de chevilles » ou flexions-extensions des chevilles pour faire circuler le sang dans les membres inférieurs.

Ce ne sont pas des exercices à faire en série de 10 ou de 20, mais simplement des mouvements de détente à faire de temps en temps.

● Chez vous.

Vous aurez, comme toutes les femmes qui attendent un enfant, l'envie de tout ranger dans la maison, ce qui est nécessaire comme ce qui l'est moins ; la chambre où sera le berceau, mais les autres aussi, pour qu'en arrivant « il » trouve tout net, joli, bien soigné. C'est normal. Mais évitez quand même les efforts excessifs. D'ailleurs, vous vous rendrez bien compte vous-même de vos limites. Et ne remuez pas vous-même la grosse commode aux tiroirs pleins à craquer, ne décidez pas à un mois de votre accouchement qu'il est indispensable de peindre ou de tapisser, ce qui vous obligerait à passer des heures sur l'échelle les bras tendus.

Pensez particulièrement à ces recommandations si vous êtes obligée de déménager, ce qui arrive souvent quand on attend un enfant. Essayez de déménager au milieu de votre grossesse, c'est-à-dire pendant la meilleure période, plutôt qu'au début ou à la fin.

Enfin, que vous travailliez à l'extérieur ou non, deux précautions supplémentaires sont à prendre en ce qui concerne votre vie quotidienne :

▪ évitez toute source de contamination éventuelle, c'est-à-dire abstenez-vous de rendre visite à des malades ayant une affection contagieuse ;

▪ méfiez-vous des chats qui peuvent transmettre la toxoplasmose. Si vous n'êtes pas immunisée contre la toxoplasmose, vous n'êtes pas obligée de vous séparer de votre chat, mais demandez à quelqu'un de votre entourage de changer sa litière et évitez les coups de griffes. Puisque nous parlons du chat, du risque qu'il peut représenter, voyez aussi ce que nous en disons au chapitre 10, page 244 et suivantes.

Au cas où le médecin vous aurait prescrit de vous reposer, mais que vous n'ayez pas les moyens de vous faire aider pour les travaux ménagers ou les soins de vos enfants, demandez à l'assistante sociale de votre mairie si vous ne pouvez pas bénéficier d'une aide familiale ; elle vous donnera également la liste des associations qui pourraient vous aider.

Le sommeil

Si vous le pouvez, dormez au moins huit heures. En fait, au début cela ne pose guère de problème : les premiers mois, une future maman a de grands besoins de sommeil.

Et si vous êtes chez vous, ou si dans votre travail vous avez la possibilité de vous reposer après le déjeuner : ôtez vos chaussures, posez vos pieds sur un coussin pour soulever vos jambes, et détendez-vous. Si vous êtes allongée, installez le coussin sous les pieds et les jambes, c'est plus confortable. Vous sentirez vous-même le bienfait de ce repos, de cette détente au milieu de la journée, surtout si vous avez de la peine à digérer, ou si vous avez une mauvaise circulation.

Vous pouvez dormir dans n'importe quelle position sans crainte d'écraser ou de gêner votre enfant. Il est bien à l'abri.

Si vous avez des insomnies en fin de grossesse, reportez-vous au paragraphe « Troubles du sommeil », page 203.

Les relations sexuelles

Par réserve naturelle, par désir de ne pas m'immiscer dans la vie intime des couples, j'avais jusqu'ici consacré aux relations sexuelles pendant la grossesse, une place limitée aux informations qui me paraissaient indispensables.

Le courrier reçu pose d'autres questions ; les couples souhaiteraient en savoir plus. C'est pourquoi j'ai voulu développer ce chapitre.

La première question qui se pose – et à laquelle bien entendu j'avais toujours répondu – est la suivante : peut-on continuer à avoir des relations sexuelles pendant la grossesse ? C'est sans raison valable que l'on a, pendant longtemps, recommandé l'abstention. Rien n'a jamais justifié cette recommandation, si ce n'est les mythes qui entourent la grossesse et plaçaient la femme enceinte en dehors de la vie.

Sauf contre-indications médicales précisées plus loin, la vie sexuelle du couple n'a pas de raison d'être modifiée quand la grossesse se déroule bien.

En ce qui concerne les positions les plus confortables à ce moment de la vie, je pense que chaque couple trouvera lui-même celle qui convient le mieux à chaque âge de la grossesse, à la transformation du corps féminin, au désir de chacun.

Quant à la fréquence des rapports amoureux, là aussi il n'y a pas de règles, c'est une question vraiment personnelle, chaque couple y répondra selon son désir.

La visualisation régulière du bébé sur l'écran de l'échographie rend peut-être plus fréquente la crainte de lui faire mal, de le heurter lors d'un rapport sexuel. Que les parents se rassurent, le bébé ne risque rien. Redouter que le pénis puisse toucher l'enfant, craindre que des rapports fougueux puissent provoquer une fausse couche ou un accouchement, est une peur répandue, normale, mais elle n'a pas raison d'être : le bébé est bien protégé dans sa petite bulle, entouré du liquide amniotique qui l'isole du monde extérieur.

Certains parents sont gênés par la présence de ce bébé dont on leur a dit qu'il était déjà si sensible, capable dès avant la naissance d'éprouver tant de sensations. Quel effet peut avoir sur l'enfant la relation amoureuse de ses parents ? Vous comprendrez que personne ne peut vraiment répondre à cette question. Naturellement, certains couples espacent leurs relations sexuelles lorsqu'ils ont constaté que le bébé semblait réagir fortement et que cela provoquait des contractions utérines, surtout au moment de l'orgasme. Ce qui semble essentiel, c'est que ces relations se passent dans la douceur et le respect du corps maternel.

Les variations du désir.

Pendant les trois premiers mois, le corps s'adapte à la grossesse, souvent les rapports sexuels tentent moins la future mère, tant les sensations qu'elle éprouve sont fortes : son corps devient autre, il prend une valeur nouvelle, encore mystérieuse. Elle peut aussi avoir moins de désir à cause des inconvénients du début de la grossesse : nausées, vomissements, plus grand besoin de sommeil. Ce qui peut déboucher sur des alibis, ou des drames, selon le climat d'entente et d'amour du couple.

Pour le père, une fois passée la joie de l'annonce de sa paternité, commence en général une période moins euphorique. Il peut s'inquiéter de cette baisse de désir chez la femme : est-ce l'amorce d'un changement définitif dans leurs relations ?
Il peut aussi se sentir rejeté, frustré, en évaluant mal à l'avance la place que le bébé va prendre dans sa vie.

Au deuxième trimestre, le bonheur à deux est en général retrouvé. Cet enfant qui va naître est le symbole de l'harmonie de leur couple, de leur épanouissement de femme et d'homme. La féminité, la virilité sont comblés. Il y a aussi des couples qui apprécient ce moment de leur vie sexuelle où ils n'ont pas à se préoccuper d'un moyen de contraception, quel qu'il soit.

La période d'adaptation du début est passée, l'inquiétude qui parfois apparaît au troisième trimestre, n'est pas encore présente. Cette période peut créer des liens très forts entre l'homme et la femme.

Certains hommes sont éblouis et impressionnés par la transformation du corps féminin : ils le trouvent beau, mystérieux, fascinant. L'homme est souvent séduit par ces seins épanouis. Et certaines femmes qui ont en temps normal de petits seins, les découvrent avec fierté, si beaux, si attirants.

À signaler que les bouts de seins sont souvent plus sensibles, certaines caresses peuvent devenir désagréables ; les seins augmentent de volume et peuvent gêner

certains mouvements, certaines postures, s'ils sont comprimés.

Si des sensations inattendues, ou des impressions inhabituelles surviennent, n'hésitez pas à en parler entre vous. Le dialogue dans un couple peut souvent éclairer sur des problèmes qui n'ont pas qu'une seule réponse.

Puis arrive le dernier trimestre, l'enfant prend plus de place, il bouge beaucoup ; l'activité sexuelle se ralentit en général, peut-être parce que la future mère est davantage centrée sur ce qu'elle vit à l'intérieur de son corps, attentive à la présence de ce bébé ; elle est peut-être tout simplement fatiguée.

Les couples amoureux trouvent alors d'autres mots, d'autres gestes qu'ils connaissaient déjà ou qu'ils découvrent aujourd'hui. Cela devient souvent le temps des conversations amoureuses, des gestes tendres. « Avec ma femme nous réinventons le flirt », écrit un lecteur. Avec ce nouveau corps, l'homme et la femme découvrent de nouveaux rapports empreints de délicatesse.

Il y a des situations moins faciles. La femme a souvent peur que son mari s'éloigne, que son gros ventre lui déplaise. C'est parfois vrai, on ne peut le nier, c'est une situation plus fréquente qu'on ne croit. « C'est injuste, m'écrit Florence, je porte notre enfant et il s'écarte de moi. »

Heureusement l'expérience montre que dans la plupart des cas le couple retrouve après la naissance un équilibre affectif et sexuel. Mais il faut parfois un peu de temps.

• Y a-t-il des contre-indications aux rapports sexuels ?

Voici les cas où les médecins conseillent la diminution ou même la suppression des rapports sexuels :

▪ au début de la grossesse, quand il y a eu des petits saignements (une échographie a sûrement été faite) ;

▪ en cas de *placenta prævia* (placenta bas inséré) et de saignements répétés ;

▪ dans les dernières semaines, quand existent des risques d'accouchement prématuré (l'orgasme s'accompagne souvent de contractions utérines).

À telle enseigne qu'on parle de « déclenchement à l'italienne » : c'est le nom qu'on donne à une manière intime de déclencher l'accouchement. Lorsque la naissance se fait attendre, on conseille au couple d'avoir des rapports sexuels puisqu'ils peuvent provoquer des contractions utérines. En plus, le sperme contient des prostaglandines, ces hormones qui sont liées au déclenchement de l'accouchement.

Il peut arriver qu'après un rapport sexuel vous constatiez l'apparition de quelques gouttes de sang. Ceci est habituellement dû au fait que la grossesse rend le col de l'utérus plus fragile ; parlez-en au médecin, surtout si la perte de sang se prolonge ou se répète.

Bains et douches

Pendant la grossesse, la transpiration est nettement augmentée. Un cinquième de l'élimination de l'eau se fait par les glandes sudoripares, celles qui sécrètent la sueur. Elles aident les reins qui ont fort à faire pour éliminer les déchets rejetés par la mère et l'enfant.

Les bains ne sont pas contre-indiqués pendant la grossesse. Au contraire, ils ont une action sédative générale. Si vous avez de la peine à vous endormir, prenez votre bain le soir. Si vous transpirez beaucoup, salez l'eau de vos bains.

La douche est plus stimulante qu'un bain. Pensez à mettre un petit tapis antidérapant dans le fond de la douche, ce n'est pas le moment de tomber.

• La toilette intime.

Les sécrétions vaginales sont souvent augmentées au cours de la grossesse, et les hémorroïdes ne sont pas rares ; il est conseillé dans ces cas de faire des toilettes locales à l'eau et au savon ordinaire, ou avec un savon gynécologique (savon liquide ou poudre à diluer, vendus en pharmacie). N'utilisez pas des produits acides ou à base de mercure qui sont trop agressifs pour la muqueuse vaginale. Et toujours pour respecter cette muqueuse, vous ferez une toilette externe, sans pénétrer à l'intérieur du vagin.

Si vous avez des pertes blanches abondantes – c'est fréquent – parlez-en au médecin. Il vous prescrira éventuellement des traitements locaux.

Les cigarettes

Il est fortement conseillé aux futures mères de ne pas fumer. Les statistiques montrent en effet qu'il y a un rapport entre le poids de l'enfant à la naissance et le nombre de cigarettes fumées par une future mère : seulement 9 % des bébés de mères non fumeuses ont un poids inférieur à la moyenne ; ce chiffre passe à 16 % lorsque la future mère fume de 1 à 10 cigarettes par jour et à 27 % pour plus de 10 cigarettes quotidiennes. D'autre part, chez les grandes fumeuses (plus de 15 à 20 cigarettes) les accouchements prématurés sont deux fois plus fréquents. Des études récentes semblent montrer qu'il peut y avoir d'autres conséquences lorsqu'une femme enceinte fume beaucoup, en particulier une augmentation de certaines malformations et un retentissement sur le développement psychomoteur de l'enfant. Il est donc important d'essayer de s'arrêter de fumer. L'emploi de patchs à la nicotine – pour aider à s'arrêter – est autorisé sous surveillance médicale. Si l'effort de volonté nécessaire pour vous arrêter vous rend vraiment trop nerveuse à un moment de votre vie où vous souhaitez être calme, alors, au moins, réduisez le nombre de cigarettes, pas plus de deux par jour.

Grossesse et tabac
Malgré les nombreuses recommandations, au troisième trimestre, il y a encore 10% des femmes qui fument 10 cigarettes par jour ou plus (Enquête INSERM).

C'est peut-être le bon moment pour suggérer à votre mari de s'arrêter lui aussi de fumer… Vous vous encouragerez mutuellement et votre bébé en profitera.

Et demandez également à votre entourage de ne pas fumer : on est de plus en plus convaincu de l'influence néfaste du tabagisme passif. La fumée des autres peut vous faire du mal à vous et à votre bébé.

Si vous ne réussissez pas à supprimer le tabac avec votre seule volonté, vous pourrez trouver de l'aide dans des consultations hospitalières spécialisées, qui aident à s'arrêter de fumer. Et voici le numéro de téléphone de Tabac Info Service : 0803 309 310

Le tabac est également contre-indiqué au cours de l'allaitement : on trouve de la nicotine dans le sang des bébés allaités par des mères qui fument.

Enfin si vous souffrez d'une affection des voies respiratoires, laryngite, sinusite, bronchite, n'oubliez pas qu'elles sont toutes aggravées par le tabac.

Et l'alcool ?

On recommande aux futures mères de boire le moins possible, voire pas du tout.

En effet, l'alcool, comme le tabac, passe très vite dans le sang. C'est pourquoi, avant qu'on ait institué le système de l'alcootest, lorsqu'il y avait un accident, on faisait une prise de sang aux automobilistes pour savoir s'ils avaient bu. L'alcool que vous absorbez passe donc dans votre sang mais, hélas ! aussi dans celui du bébé car le placenta ne lui fait pas barrage. Les études les plus récentes confirment toutes que l'alcool à un rôle néfaste sur le développement du bébé. Vous en conclurez vous-même qu'il est préférable d'éviter de boire de l'alcool lorsqu'on attend un enfant.

Il faut de toute façon supprimer les boissons fortement alcoolisées : apéritifs, whisky, cocktails, digestifs. Mais boire une coupe de champagne à l'occasion ne peut être néfaste.

Enfin n'oubliez pas que la bière et le cidre sont également des boissons alcoolisées, qu'il faut donc éviter d'en boire. À titre d'indication, il y a autant d'alcool dans un verre de vin, un demi de bière ou un petit verre d'apéritif. Contrairement à une idée reçue, boire de la bière pendant la grossesse ou l'allaitement, ne favorise en rien la production du lait. Accessoirement, sachez que l'alcool fait grossir : par exemple un verre de vin représente l'apport calorique de quatre à cinq morceaux de sucre.

Je ne parle pas ici de l'alcoolisme, c'est un sujet différent qui est traité page 257.

Les voyages

Pendant longtemps on a déconseillé aux femmes enceintes tout déplacement et tout voyage. Aujourd'hui, de plus en plus de femmes enceintes voyagent pour leur travail ou leurs vacances ; mais s'il n'est plus question d'interdire, il reste d'actualité de rappeler certains conseils.

Premier principe, de simple bon sens : on ne doit pas voyager avec une grossesse « à problèmes ». Car, dans ce cas, il vaut mieux se trouver à proximité de la maternité qu'on a choisie.

Second principe : il concerne le choix du moyen de transport. Ce ne sont pas tant les secousses – du train ou de la voiture – qui sont à craindre, que la fatigue. D'abord les trains n'ont plus de secousses, et de toute manière, votre enfant est solidement accroché, vous ne risquez pas de le faire naître en le secouant.

En revanche, tout voyage fatigue (mal au dos, notamment). Or, une fatigue excessive et répétée augmente les risques d'accouchement prématuré. Pour éviter un incident, il faut donc prendre le moyen de transport le moins fatigant : pour un long voyage, choisissez plutôt le train ou l'avion, moins fatigants que la voiture. Et de toute manière, après 7 mois, le long voyage est à éviter, quel que soit le moyen de transport.

Cela dit, examinons de plus près les différents moyens de transport.

• Train

Bien souvent aujourd'hui, grâce au TGV, les voyages sont moins longs. C'est donc une cause de fatigue supprimée. Et pour tout grand voyage, préférez plutôt la couchette, c'est moins fatigant.

• Voiture

Pour éviter la fatigue et les douleurs lombaires, si fréquentes, placez un coussin au creux du dos, faites des étapes courtes de 200 à 300 kilomètres, et arrêtez-vous de temps en temps cinq à dix minutes pour marcher et vous dégourdir les jambes.

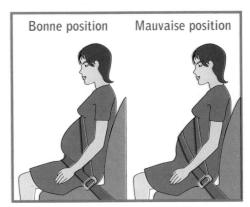

Bonne position — Mauvaise position

À part la fatigue que l'on peut diminuer en prenant ces précautions, la voiture présente un vrai danger : celui de l'accident. N'oubliez donc pas de mettre votre ceinture de sécurité. Encore faut-il pour qu'elle soit efficace :

▪ qu'il s'agisse d'une ceinture à trois points de fixation (les ceintures à deux points sont plus dangereuses qu'utiles) ;

▪ qu'elle soit correctement placée comme indiqué sur le dessin ci-contre ;

▪ qu'il n'y ait aucun espace entre la ceinture et le corps, c'est-à-dire que la ceinture doit être tendue en permanence. (Je vous rappelle que les statistiques montrent que la sécurité du passager est plus grande à l'arrière de la voiture, et avec une ceinture).

Si vous conduisez vous-même, il faut que vous preniez trois éléments en considération :

▪ d'abord que les réflexes sont souvent un peu ralentis et l'attention émoussée au cours de la grossesse ;

▪ ensuite que, au moins dans les trois à quatre derniers mois, votre ventre vous gênera et rendra difficiles les mouvements rapides parfois nécessaires à la conduite ;

▪ enfin, si comme certaines femmes enceintes, vous êtes sujette à des malaises (perte de connaissance) ayez la sagesse de renoncer à conduire.

• Bateau

Partir, enceinte de 8 mois, pour faire le tour des îles grecques, c'est parfaitement déraisonnable : pas de médecin sur le bateau, pas de médecin sur la petite île.

Mais faire une partie de pêche ou une promenade en bateau, cela ne pose pas de problème. Évitez toutefois les hors-bords et les bateaux à moteur qui font de fortes secousses à répétition.

Avion

Pour les longues distances, c'est le moyen de transport le plus indiqué parce que le moins fatigant. Évitez cependant de rester trop longtemps en position assise, ce qui favorise les troubles circulatoires dans les jambes : promenez-vous de temps en temps dans la cabine, et portez pour le voyage des bas ou collants de maintien (voir page 197). Pensez également à boire suffisamment pendant le voyage car le degré d'humidité est faible à l'intérieur de l'avion. Il n'existe pas de législation concernant le transport aérien des femmes enceintes, mais la plupart des compagnies acceptent les femmes jusqu'à 7 mois révolus. Une précision : il n'y a aucun risque à passer dans les portails de détection-sécurité.

Reste une dernière question : celle de votre destination. Elle ne pose guère de problème, la longueur éventuelle du voyage mise à part, si vous allez dans un pays industrialisé.

Rappelez-vous cependant qu'il n'est guère raisonnable d'envisager un long voyage après 7 mois. Il y a toujours un risque non négligeable d'accouchement prématuré.

Ce risque se doublerait de l'inconvénient d'accoucher dans une maternité que vous n'aurez pas choisie et qui n'est peut-être pas équipée pour une naissance prématurée.

Si vous souhaitez vous rendre dans un pays tropical, la plus grande prudence s'impose. Demandez conseil à votre médecin, ou au Centre de vaccinations situé dans l'hôpital le plus proche de votre domicile. En effet, les vaccinations, parfois nécessaires, peuvent être contre-indiquées (voir page 222). Ensuite, le risque d'y contracter certaines maladies infectieuses ou parasitaires, est augmenté, ce risque se doublant du fait que leur traitement peut nécessiter la prise de médicaments contre-indiqués chez une femme enceinte. Je pense en particulier au paludisme auquel les femmes enceintes sont particulièrement sensibles, et le restent d'ailleurs pendant deux à trois mois après l'accouchement : les médicaments préventifs varient selon les endroits où sévit la maladie, et certains sont tout à fait déconseillés pendant la grossesse.

Si vous souhaitez partir malgré tout, demandez d'abord conseil à votre médecin. Une fois sur place, n'hésitez pas à prendre un surcroît de précautions ; utilisez tous les moyens pour lutter contre les piqûres de moustiques : portez des vêtements amples, serrés aux poignets et aux chevilles, mettez sur la peau un produit qui repousse les moustiques, utilisez une moustiquaire imbibée d'un produit insecticide, etc. Contre les autres maladies infectieuses et parasitaires, prenez régulièrement des douches, absorbez du sel si vous transpirez beaucoup, ne marchez jamais pieds nus sur les sols humides ou sur la plage, évitez les baignades en eau douce naturelle, ne consommez que de la viande bien cuite, ne buvez que de l'eau en bouteille et capsulée.

Pour conclure, quel que soit le moyen de transport utilisé, on peut dire ceci :
▪ vous allez très bien, mais vous voulez aller très loin, ne partez pas sans demander l'avis du médecin ;
▪ votre grossesse ne se déroule pas tout à fait normalement, parlez-en au médecin avant tout déplacement.

Vous avez besoin d'exercice physique

Vous êtes peut-être de ces femmes qui ne font aucun sport, jamais de gymnastique, et qui n'ont pas l'habitude de marcher. Je vais vous surprendre : maintenant que vous êtes enceinte, c'est le moment de prendre l'habitude de faire au moins un peu d'exercice physique, et peut-être, ayant découvert comme c'est agréable de faire de la gymnastique tous les jours et de marcher régulièrement ou d'aller à la piscine, continuerez-vous après la naissance de votre enfant. Car le minimum d'exercice dont vous avez besoin – et pour vous et pour votre enfant – vous le trouverez en marchant chaque jour, et en faisant tous les matins quelques mouvements.

• La marche est le sport de la grossesse.

Elle n'est jamais dangereuse, elle active la circulation, particulièrement dans les jambes, la respiration, le fonctionnement de l'intestin, souvent paresseux ; elle renforce la sangle abdominale.

L'idéal est de pouvoir marcher tous les jours une bonne demi-heure, dans un endroit bien aéré, ce qui permet d'absorber plus facilement les 25 % d'oxygène supplémentaire dont la future mère a besoin. Si votre vie ne vous permet pas de faire cette marche quotidienne, vous vous rattraperez pendant le week-end, en vous aérant au maximum.

Si la marche est excellente pendant la grossesse, elle n'a pas d'action sur le déclenchement de l'accouchement ; il ne sert à rien de vous forcer à marcher pour accoucher plus tôt, cela vous fatiguerait inutilement.

• Des exercices bien choisis présentent un triple avantage :

▪ tout d'abord, ils facilitent le bon déroulement de la grossesse : circulation activée ; meilleure oxygénation ; bonne position du corps qui permet de porter l'enfant sans fatigue ; meilleur équilibre nerveux ;

▪ ensuite, ils préparent un accouchement plus facile et plus rapide par le raffermissement des muscles appelés à jouer un rôle important au cours de l'accouchement, et par l'assouplissement des articulations du bassin ;

▪ enfin, ils permettent aux différentes parties du corps de retrouver leur état normal plus rapidement après l'accouchement : ventre plat, taille fine, seins bien soutenus, etc.

Les exercices recommandés se divisent en trois catégories : exercices respiratoires, exercices proprement musculaires, exercices de relaxation. Vous les trouverez tous réunis au chapitre 14. Vous comprendrez mieux l'utilité de ceux qui sont particulièrement destinés à préparer l'accouchement, quand vous saurez comment il se déroule et ce que vous aurez à faire. Si vous le souhaitez, vous pouvez commencer ces exercices dès le début de votre grossesse.

Tenez-vous-en aux exercices décrits. Ils sont tout à fait suffisants. Il ne s'agit pas de vous transformer en athlète ni de faire de la musculation, mais de faciliter votre grossesse et votre accouchement par quelques mouvements simples. En fin d'exercice, pensez à consacrer quelques minutes à la relaxation (voir page 338) pour bien vous détendre. Et rappelez-vous que dix minutes d'exercices quotidiens valent mieux qu'une heure par semaine. Il y a peu de contre-indications à cette activité physique modérée durant la grossesse.

Vous pouvez faire les exercices chez vous. Vous pouvez aussi les faire dans un groupe de préparation à la naissance ; c'est toujours intéressant et agréable de rencontrer d'autres futures mères.

Les sports

Peut-on continuer à pratiquer un sport pendant la grossesse ? Tout dépend du sport envisagé, de l'entraînement de la future mère, de la manière dont elle le pratique (avec modération ou avec excès) et de son état de santé.

Votre grossesse est normale, vous êtes sportive et entraînée : continuez à pratiquer un sport, sauf s'il est contre-indiqué pendant la grossesse (voir la liste ci-dessous), mais faites-le avec modération, en connaissant vos limites : tout excès peut être dangereux. L'excès, c'est le surmenage, l'essoufflement et une femme enceinte se fatigue vite. En effet, dès le début de la grossesse, l'activité de base de l'organisme s'accroît de 10 % : le cœur augmente ses pulsations cardiaques, la femme consomme plus d'oxygène. La grossesse peut être assimilée à une activité sportive d'endurance. Tout surcroît d'activité physique s'ajoutera à cette augmentation de base et sera d'autant plus fatigant.

À cause de cette fatigue, les exercices et sports violents, notamment de compétition, seront interdits. D'une façon générale, les sports collectifs (volley, basket, etc.) sont contre-indiqués car il est difficile de limiter son effort quand on est au milieu d'un groupe. Et même si tout va bien, mieux vaut – à l'exception de la marche et de la natation – ne plus pratiquer de sport pendant la deuxième moitié de la grossesse. Ceci est d'autant plus recommandé qu'il s'agit d'un sport fatigant ou exposant au risque de fracture.

Mais si la grossesse n'est pas normale, le sport est déconseillé.

Passons maintenant en revue quelques sports courants.

● Alpinisme.

Des randonnées en montagne, oui, mais en évitant de faire trop de dénivelé en une journée, ainsi que d'évoluer en très haute altitude. De l'ascension sportive, du rocher, de la varappe, non. Le risque à éviter (j'y reviendrai souvent), c'est la chute.

● Bicyclette.

La bicyclette est un sport actif, qui fait travailler de nombreux muscles, et qui est bon pour le muscle cardiaque. Mais quand on parle de bicyclette, il y a deux aspects complètement différents : d'un côté la bicyclette-tourisme pour se promener ; elle n'est pas en cause sauf à la fin de la grossesse ; soyez prudente cependant car les pertes d'équilibre ne sont pas rares et la chute peut arriver. Et il y a la bicyclette-moyen de transport quotidien, au milieu des encombrements, qui comporte des risques à cause de la fréquence des accidents des deux-roues. Quant au V.T.T., il est naturellement déconseillé : c'est un vélo qui est fait pour les terrains accidentés, il y a donc trop de risques de chute.

Le cyclomoteur et la moto sont fortement déconseillés à cause des risques d'accidents.

- **Danse classique, danse rythmique.**

Oui, tout à fait possible.

- **Équitation.**

Non, le risque de chute est trop grand.

- **Golf.**

Excellent, puisqu'il concilie grand air et marche. Mais vous serez très vite gênée par votre ventre.

- **Jogging.**

Il est plutôt déconseillé pendant la grossesse et doit être remplacé par la marche. Au premier trimestre, celles qui aiment le jogging peuvent néanmoins le pratiquer avec modération.

- **Judo.**

Ce n'est pas le sport idéal pour une femme enceinte : sport violent, risques de chutes, etc. Seules les femmes qui le pratiquent peuvent continuer au moins au début de la grossesse, en essayant de limiter les risques (mais cela semble difficile). Il ne faut certainement pas qu'une femme enceinte commence le judo quand elle n'en a jamais fait avant.

- **Natation.**

C'est, avec la marche, le meilleur sport pour la femme enceinte.
Une femme sportive obligée de renoncer à un sport incompatible avec la grossesse, aura en nageant, la faculté de s'adonner à une activité physique, à la fois agréable et utile. Dans l'eau, une femme enceinte se sent plus légère. Plus légère, elle se détend plus facilement. D'autre part, la natation est un excellent exercice musculaire et respiratoire.

Pour ces raisons, la natation est bonne pour la future mère. Il y a même des séances de préparation à l'accouchement qui se font en piscine. Les futures mères qui ont eu l'occasion de participer à une telle préparation n'y ont trouvé que des avantages, notamment l'agrément de pratiquer dans l'eau plutôt que dans une salle, les exercices de détente et de respiration (voir page 344). Si la natation est bonne, comme pour les autres sports, pas d'excès, pas de compétition, pas de plongeon. Et préférez la natation sur le dos ou le crawl qui ne provoquent pas de douleurs lombaires.

- **Aquagym.**

Comme son nom l'indique, c'est une gymnastique qui se fait en milieu aquatique. Elle se répand de plus en plus, elle est tout à fait bénéfique pour les femmes enceintes ; elle comporte des exercices de respiration, de marche dans l'eau, des jeux de groupe (avec un ballon par exemple). Même les femmes qui ne savent pas nager peuvent pratiquer l'aquagym.

- **Patinage.**

Oui, si vous êtes une habituée, sinon vous risquez les chutes.

- Planche à voile.

 Finalement il apparaît, à cause des risques de chutes et de chocs, que la planche à voile est déconseillée dans tous les cas, même si vous n'êtes pas une débutante.

- Plongée sous-marine.

 Elle est formellement contre-indiquée pendant la grossesse, que ce soit en apnée, ou avec des bouteilles.

- Roller.

 Il doit être considéré, sinon comme un sport violent, du moins comme un sport à risques (chutes). Il est, de ce fait, tout à fait déconseillé.

- Ski alpin.

 À déconseiller, sauf aux bonnes skieuses qui ne tombent pas.

- Ski de fond.

 Bien que les risques de chute soient moins grands qu'avec le ski alpin, les avis sont quand même partagés ; demandez au médecin ce qu'il en pense. En général, ce qu'on pourrait appeler le ski de promenade ne pose pas de problème ;
 en revanche le ski de fond pratiqué de façon intense représente un effort sportif trop important pour la future mère.

- Ski nautique.

 Non, à cause des trépidations et du risque de chute.

- Tennis.

 Oui, mais pour s'amuser seulement, pas pour la compétition.

- Yoga.

 C'est à la fois un sport et une excellente préparation à l'accouchement (voir page 340).

Vous le voyez, ce que l'on redoute dans certains sports, outre la fatigue qu'ils peuvent entraîner chez une femme enceinte, c'est le risque de chute. Une femme enceinte est moins agile et moins stable, et risque aussi de tomber plus facilement. Il est exceptionnel qu'un choc direct et violent sur l'abdomen mette en danger la vie du bébé, ou puisse provoquer un accouchement prématuré. Mais qui dit chute, dit risque de fracture. Or, au cours de la grossesse, les fractures mettent plus longtemps à se consolider.

Ce qui précède concerne les sports faits pour le plaisir et pour se maintenir en forme. Mais il y a aussi des femmes qui pratiquent un sport d'une manière intensive, elles s'entraînent régulièrement, elles font fréquemment des compétitions. Et puis il y a celles –mais elles sont moins nombreuses– dont le sport est une profession : athlétisme, cyclisme, judo, etc. Le texte qui suit est consacré à ces femmes qui font régulièrement beaucoup de sport.

Les sportives de haut niveau

Le docteur Jean-Simon Arfi, gynécologue-obstétricien et spécialiste du sport, m'a donné des informations à ce sujet. Avant tout, me dit-il, il est conseillé à la sportive de se rendre, dès qu'elle sera enceinte (ou dès qu'elle souhaite l'être) à une consultation spécialisée, il en existe un certain nombre en France.

Dans les grandes lignes, voilà ce qui est important :
▪ Il faut arrêter les compétitions.
▪ Il est possible de continuer les entraînements, mais ils seront moins longs, et la femme s'arrêtera dès qu'elle sentira la fatigue.

À ces remarques d'ordre général, il faut ajouter quelques remarques particulières.

Une activité sportive intense ne doit pas aller jusqu'à provoquer une trop forte augmentation de la chaleur du corps ; d'après certaines recherches, l'hyperthermie pourrait entraîner des malformations en début de grossesse et une souffrance fœtale par la suite. Par exemple, à la fin d'un exercice, la température ne doit pas être supérieure à 38° C.

Le col de l'utérus est en principe solide et tonique, mais son orifice interne est un point faible ; on évitera toute action brutale qui pourrait solliciter cette partie du col (les bonds, les sauts, les secousses par exemple). Et cela, dès le début du troisième mois de la grossesse. C'est pourquoi les sports mécaniques (voiture, moto) sont déconseillés.

Faire beaucoup de sport induit des modifications hormonales importantes. Ces modifications pourraient avoir une action néfaste sur la vascularisation de l'utérus et le développement du bébé. Pour limiter la durée de ces modifications, il est important de fractionner l'activité sportive. En natation, par exemple, plutôt que de faire 1000 m d'affilée, répartir en quatre fois 250 m.

Quel que soit le sport, la femme contrôlera de temps en temps son pouls pendant l'exercice, pour ne pas dépasser cent quarante battements par minute.

L'intensité de l'activité physique sera réduite au fur et à mesure que les mois passent pour éviter un risque d'accouchement prématuré.

L'accouchement lui-même ne présente pas de différence majeure avec celui d'une femme non sportive : qu'il s'agisse de la durée, du taux de césarienne, de forceps, d'épisiotomie ou de péridurale.

Après l'accouchement, pas d'activité sportive le premier mois. À la fin de ce premier mois, on fera un bilan complet du périnée et des abdominaux, et, selon les résultats, l'entraînement pourra être repris progressivement ; dans certains cas, il sera nécessaire, au préalable, de faire une rééducation du périnée.

Ces recommandations et ces restrictions à son activité pourraient faire croire à la sportive qu'elle ne maintiendra pas, après la grossesse, le niveau qu'elle avait atteint avant d'être enceinte. Ce n'est là qu'une impression, car les sportives « régionales » retrouvent toujours leur niveau ; et des exemples de sportives « internationales » ayant retrouvé leur niveau de compétition antérieur à la grossesse, ne sont pas rares.

Et de toute manière, comme le dit le docteur Arfi, attendre un enfant et le mettre au monde, c'est déjà en soi une remarquable activité sportive...

Un dernier mot sur quelques points particuliers

▪ **Le bain de soleil.** La campagne antibronzage dure depuis des années, sans grand effet d'ailleurs, pour beaucoup le bronzage reste un signe de bonne santé, de dynamisme. Cela n'empêche pas les dermatologues de continuer à dénoncer les méfaits d'un excès de soleil. Les futures mères ont des raisons supplémentaires de se méfier du soleil car il risque de faire apparaître le masque de grossesse et autres taches brunes (voir pages 91 et 93). De plus, le soleil a une action néfaste sur les veines et peut accentuer d'éventuelles varices.

▪ **Les lampes à ultraviolets.** Même en dehors de la grossesse, il est recommandé de les utiliser avec précaution : pour l'épiderme, les risques sont les mêmes que ceux du soleil et même supérieurs ; et on ne connaît pas les conséquences éventuelles pour le bébé. Aussi est-il préférable, lorsqu'on attend un enfant, de ne pas utiliser de lampes à ultraviolets.

▪ **Les bains de vapeur,** c'est-à-dire le sauna. L'élévation de température du corps qu'ils provoquent n'est bonne ni pour une femme enceinte, ni pour le bébé. En plus, une température très élevée est souvent inconfortable et mal supportée.

chapitre

3

Bien se nourrir

3

● **Faut-il manger plus ?**

● À la conception, l'œuf humain est si petit qu'on ne peut le voir à l'œil nu. À la naissance, l'enfant pèse environ 3,3 kg, il mesure aux alentours de 50 cm. Jamais plus, l'être humain ne connaîtra de croissance aussi prodigieuse. Or ce qu'il lui faut pour prendre ces kilos et ces centimètres, pour bâtir ses os et ses muscles, l'enfant le puise dans le sang de sa mère : et le calcium et les protéines, et le fer et les vitamines, et les graisses et le phosphore, etc. C'est dire l'importance de l'alimentation pendant la grossesse. L'enfant a des besoins précis qu'il faut satisfaire, la future mère également. Porter un enfant représente pour son organisme un travail auquel participent tous ses organes. En outre, certaines parties de son corps se développent considérablement : les seins et l'utérus.

Faut-il manger plus ? Faut-il manger différemment lorsqu'on attend un enfant ? Je parlerai d'abord de la quantité. C'est la première question que se posent, en général, les futures mères.

Des générations ont vécu dans l'idée qu'il fallait manger pour deux ; aussitôt enceintes, les futures mères mettaient les bouchées doubles. Le résultat : elles prenaient trop de poids, ce qui était inutile et même dangereux. Puis, on a tellement attiré l'attention sur les dangers de cette suralimentation systématique qu'aujourd'hui certaines futures mères mangent très peu pour ne pas prendre trop de poids. Où est la juste mesure ? Avant de vous répondre, voici quelques précisions.

La question calories

Le corps humain ne peut fonctionner qu'au prix d'un apport d'énergie. L'énergie, pour les voitures, c'est l'essence ; pour certaines machines, le charbon ; pour une cuisinière, l'électricité ou le gaz. Pour le corps humain, l'énergie ce sont les calories apportées par les aliments.

L'organisme fonctionne comme une machine, comme un moteur. Au contact de l'oxygène absorbé par les poumons, les aliments « brûlent ». Cette combustion dégage de la chaleur, autrement dit, fournit de l'énergie.

On sait d'une manière précise combien d'énergie fournit chaque aliment. On exprime, ou l'on mesure, cette énergie en calories. Ainsi, on dit : 100 g de viande fournissent 170 calories (en moyenne) ; 100 g de lait entier, 70 ; 100 g de salade, 30, etc. (Voyez le tableau de la page 81.) Au point de vue énergétique, on notera donc qu'il y a une grande différence d'un aliment à l'autre : les uns apportent peu de calories, les autres dix ou cent fois plus. Vous en tiendrez compte pour surveiller votre poids.

Comment sont dépensées les calories ?

Cette énergie apportée par les aliments, sous forme de calories, notre corps va s'en servir pour toutes sortes de tâches. D'abord pour que fonctionne ce qui est vital, comme le cœur ou les poumons. Ainsi, même en restant dans son lit à ne rien faire, un être vivant consomme de l'énergie pour subsister. Cette énergie de base nécessaire qui est de 1 500 calories, en moyenne, pour l'adulte, s'appelle d'ailleurs le *métabolisme basal*. C'est, autrement dit, le minimum vital.

Mais le métabolisme basal varie en fonction du poids, de la taille, de l'âge et du sexe : il est un peu plus élevé chez l'homme que chez la femme, chez l'individu de 70 kg que chez celui de 50, chez l'adolescent que chez le vieillard, etc. Et il augmente de près de 25 % au cours de la grossesse.

Par ailleurs, l'énergie fournie par les aliments est utilisée pour maintenir la température du corps à 37° C. Ainsi les habitants des régions froides font-ils une grande consommation d'aliments très riches en calories (comme l'huile) pour lutter plus facilement contre le froid.

Enfin, l'énergie fournie par les aliments est utilisée pour chaque effort fait par l'organisme, pour chaque geste, pour tout le travail de nos muscles et de notre cerveau : lever un poids, marcher, courir, repasser, mais aussi écrire, lire ou réfléchir.

Vous trouverez ci-contre quelques chiffres vous donnant une idée des dépenses faites par l'organisme pour quelques activités courantes.

Bien sûr, plus le travail est fatigant, plus la consommation d'énergie est grande : par exemple un homme faisant un travail de force peut dépenser jusqu'à 7 000 calories par jour, tandis que la femme qui a un travail sédentaire en utilise 2 000.

Si un individu ne mange pas assez pour couvrir ses besoins, il entame ses réserves : il maigrit ; s'il mange trop, il constitue des réserves ; les calories inutiles se transforment en graisses : il grossit…

Une alimentation correcte, du point de vue de la quantité, est donc celle qui fournit à l'organisme l'énergie dont il a besoin. Nous l'avons vu, une femme de taille et de poids

Dépense calorique horaire d'une personne de 70 kg
Durant le sommeil : 65
Lire à haute voix : 105
Tricoter (23 points par minute) : 116
Chanter : 122
Taper à la machine rapidement : 140
Promenade (4 km/h) : 200
Nager : 500
Courir (8,5 km/h) : 570
Monter les escaliers : 1 100
D'après Jean Lederer, dans *L'Encyclopédie moderne de l'hygiène alimentaire*. (Éditions Maloine, page 11.)

moyens, n'exerçant pas un travail particulièrement fatigant, doit avoir une alimentation qui lui apporte environ 2 000 calories.

Et lorsqu'elle est enceinte ? Il ne lui en faut, en fait, guère plus. Elle a besoin de 2 100 calories par jour, et, en fin de grossesse, un peu plus : 2 250 (sauf dans quelques cas précis). Ces calories supplémentaires correspondent aux besoins du bébé et à l'augmentation du métabolisme basal de sa mère. Mais 250 calories de plus par jour, cela ne fait qu'une augmentation de moins de 15 %. Vous voyez qu'on est loin du double !

S'il n'est pas nécessaire à une femme enceinte de manger beaucoup plus que d'habitude, il y a cependant quelques cas où cela sera indispensable :

▪ une femme très jeune n'ayant pas terminé sa croissance devra avoir une ration d'environ 2 500 calories par jour, en augmentant essentiellement le lait (plus d'un litre de lait ou équivalent par jour) et les fromages ;

▪ une femme ayant un travail fatigant devra également avoir une alimentation qui lui apporte environ 2 500 calories par jour en augmentant la ration de glucides, de lipides, de vitamines B et C ; mais elle devra cesser la suralimentation pendant le repos prénatal ;

▪ une femme ayant déjà eu plusieurs enfants aura besoin de calories supplémentaires et d'une alimentation suffisamment riche en vitamines, folates (voir page 73) et certains minéraux ;

▪ une femme attendant des jumeaux devra, à partir de la deuxième moitié de la grossesse, consommer plus d'aliments énergétiques et d'aliments riches en minéraux et vitamines.

Une préparation alimentaire avant la grossesse.
Beaucoup de médecins pensent qu'il serait souhaitable, chez certaines femmes, de faire une véritable «préparation nutritionnelle» dans les deux à trois mois avant la survenue de la grossesse. C'est le cas, par exemple, après une longue contraception : la pilule favorise les carences en vitamine B, et le stérilet entraîne des anémies par manque de fer. Il en est de même en cas de régime amaigrissant : il faut l'arrêter si l'on désire attendre un enfant. Et il est recommandé d'essayer de ne plus fumer, et de réduire l'alcool, si on a l'habitude d'en boire. Ces quelques lignes concernent des femmes qui ne sont pas encore enceintes; je sais que c'est le cas de certaines lectrices.

Combien de repas par jour ?

Les besoins sont individuels, il y a des périodes de fringales, d'autres au contraire de manque d'appétit, de nausées. D'après mon expérience et le courrier reçu, voici ce qui convient le mieux aux futures mères : prendre trois repas principaux (matin, midi et soir) et un ou deux en-cas (un dans la matinée, un l'après-midi). Cette manière de répartir la nourriture au cours de la journée favorise une meilleure assimilation, diminue les nausées en début de grossesse, ainsi que les sensations de pesanteur ou de gonflement après les repas. Ne sautez pas le petit déjeuner, comme le font beaucoup de femmes, notamment par manque de temps. Vous risqueriez de souffrir d'hypoglycémie en fin de matinée.

Voyez quelques idées de menus pages 76-77.

Même si on travaille on peut emporter un yaourt, une pomme, une barre de céréales, l'important est que la quantité et l'équilibre de la journée soient respectés.

Que faut-il manger ?

La réponse est facile : il faut simplement avoir une alimentation bien équilibrée, ce qui est d'ailleurs conseillé, qu'on soit enceinte ou pas, pour être en bonne santé ; et maintenant que vous attendez un enfant, c'est encore plus important.

Si manger pour deux n'est pas vrai sur le plan de la quantité, c'est certes vrai sur le plan de la qualité. Autrement dit, manger pour deux, ce n'est pas manger deux fois plus, c'est manger deux fois mieux.

Mais qu'est-ce que se nourrir correctement ? C'est avoir une alimentation équilibrée, une alimentation qui comporte régulièrement les principaux aliments, car chacun d'eux a sa spécialité, chacun apporte à l'organisme les diverses substances dont il a besoin.

La viande, les poissons, les œufs fournissent les protéines. Le lait, les laitages, les fromages apportent essentiellement le calcium si nécessaire aux os et des protéines. Le beurre, l'huile fournissent les lipides ; les pommes de terre, les féculents procurent les glucides (ou sucres) ; les vitamines se trouvent essentiellement dans les fruits, les légumes et les céréales ; le fer et le phosphore (qui sont des substances minérales), on les trouve dans les légumes verts, les légumes secs, etc. Or, notre organisme a besoin et de protéines, et de lipides, et de glucides, et de vitamines, et de sels minéraux. C'est donc seulement une alimentation comportant *toutes* les catégories d'aliments qui peut couvrir *tous* ces besoins. Nous sommes des omnivores, c'est-à-dire que nous pouvons, et devons, manger un peu de tout.

Une alimentation variée et équilibrée apporte au bébé ce dont il a besoin, et permet à la future maman de se sentir en forme. Bien manger est aussi préparer l'avenir : bien des nutritionnistes pensent qu'une bonne alimentation influence la santé de l'enfant à naître et même plus tard, la santé de l'adulte.

Mais entrons un peu dans le détail : par le courrier reçu, je sais que les lectrices sont désireuses de renseignements diététiques, et voyons quelles sont les principales sources de protéines, lipides, glucides, vitamines et substances minérales.

Les aliments contenant des protéines (protides)

Les protéines fournissent le matériau de construction de l'organisme, elles construisent et renouvellent tous les tissus du corps : vous en avez donc particulièrement besoin. Pendant la grossesse, il faut consommer environ 25 % de plus de protéines que d'habitude, c'est-à-dire tous les produits d'origine animale (viande, poisson, œufs, lait et fromage) et aussi végétale (céréales, légumes secs). La viande passe pour être la plus riche en protéines. C'est une erreur : à poids égal, le poisson fournit autant de protéines que la viande. Quant au coût des protéines, de nombreux plats bon marché permettent d'en consommer facilement : hachis parmentier, quiche aux poireaux, couscous, crêpes au fromage et béchamel, pâtes au gruyère, riz au lait, etc. Contrairement à une opinion répandue, les œufs ne font pas mal au foie, il est possible d'en manger souvent.

Voici un tableau indiquant la teneur en protéines de quelques aliments (ces données proviennent du Centre de Recherche et d'Information Nutritionnelle, CERIN).

Il y a de 18 à 20 g de protéines dans :	
100g de viande	1/2 litre de lait
100g de poisson	200g de fromage blanc
100g de volaille	4 yaourts
2 œufs	70g d'emmenthal

Il y a aussi des protéines dans les légumes secs, les noix, noisettes, le pain et les céréales. Ces protéines d'origine végétale n'ont pas la même valeur biologique que les protéines d'origine animale, elles ne fournissent pas à l'organisme tous les constituants dont il a besoin, elles ne peuvent donc pas remplacer les protéines d'origine animale quand elles sont consommées seules.

Les aliments contenant des lipides (ou graisses)

Ce sont évidemment l'huile, le saindoux, le beurre, la margarine, mais aussi le lait entier, les viandes grasses, les poissons gras, les fruits oléagineux, comme leur nom l'indique (noix, noisettes, amandes, cacahuètes) et le jaune d'œuf.

Les graisses sont nécessaires au bon équilibre de l'alimentation, mais pendant la grossesse, il peut être utile de les diminuer, pour ne pas prendre trop de poids. Par ailleurs, les corps gras sont souvent mal tolérés par la femme enceinte ; il faut donc les prendre sous la forme la plus digeste, c'est-à-dire consommer le beurre cru, l'huile non cuite, éviter les graisses animales comme le gras de la viande, les graisses et huiles cuites, surtout l'huile de friture, si difficile à digérer.

Pensez à cuisiner " léger " : viandes ou poissons grillés, œufs durs ou pochés, légumes, riz ou poissons à la vapeur, accompagnés d'un filet d'huile d'olive et d'herbes aromatiques. Choisissez une huile pure, qu'elle soit d'olive, de maïs, de tournesol et voyez ce que nous disons page 254 sur l'allergie à l'arachide.

Et variez les différentes sources de lipides (beurre, différentes huiles) car toutes ne contiennent pas les mêmes éléments nécessaires, notamment pour le développement cérébral du bébé.

Les aliments contenant des glucides (ou hydrates de carbone ou sucres)

On classe ces aliments en deux catégories : ceux qui sont riches en sucres rapides et ceux qui sont riches en sucres lents.

Les sucres rapides se trouvent tout d'abord dans le sucre (de betterave, de canne, dans les fruits). Ils sont très présents dans les confitures, les gâteaux, les pâtisseries, le chocolat, les bonbons, les glaces. Il faut les consommer avec modération. Attention car les sucres rapides se cachent dans certaines préparations alimentaires (sauces, plats cuisinés), dans les desserts lactés, les yaourts aromatisés, dans la baguette, le pain de mie, le pain brioché, les jus de fruits en boîte, les boissons à base de cola, les sirops et sodas, les sorbets…

Les sucres lents sont, eux, conseillés à chaque repas car ils maintiennent un équilibre du taux de sucre dans le sang. C'est ce qui permet d'éviter les " coups de pompe ". On trouve les sucres lents dans le pain complet, les céréales, les pommes de terre, le riz, les pâtes, les légumes secs, etc. Si vous voulez éviter de prendre trop de poids, ce sont les sucres rapides qu'il faut diminuer, voire supprimer, mais il faut consommer des sucres lents pendant toute la grossesse.

Que penser des édulcorants (saccharine, aspartam, etc.), ces produits qui donnent un goût sucré sans apporter de calories, ou presque pas ? Peuvent-ils être dangereux pour le bébé à naître ? Aux États-Unis, la réponse est formelle : les édulcorants ne sont pas dangereux. En France, la réponse est plus nuancée : puisqu'on n'a pas encore assez de recul, prudence, en attendant que des études approfondies puissent apporter une réponse précise. Autrement dit, il est préférable de s'abstenir de prendre des édulcorants selon le principe raisonnable qui veut que, lorsqu'on est enceinte, moins on prend de produits chimiques, mieux c'est.

En conclusion : l'apport d'énergie pendant la grossesse doit donc être assuré d'abord par les protéines, puisqu'elles jouent un rôle si important dans l'édification des tissus, puis par les sucres lents, enfin par une petite ration de lipides, absorbés de préférence non cuits (beurre cru par exemple).

Les substances minérales

Parmi les nombreuses substances minérales dont a besoin l'organisme, plusieurs sont à mettre en relief, car elles sont particulièrement nécessaires pendant la grossesse.

• **Le calcium.**

Le rôle du calcium dans la formation du squelette et des dents du bébé est bien connu. Il semble que le calcium soit aussi capable de réduire le risque d'hypertension chez la mère, d'enrichir son lait en calcium et, peut-être, de réduire le risque de dépression après l'accouchement. C'est pourquoi vous veillerez à votre consommation de calcium pour assurer les besoins de votre enfant sans risquer une décalcification pour vous-même. Les aliments qui contiennent le plus de calcium sont le lait et tous les produits qui en dérivent : fromages, yaourts, petits-suisses, etc. Les besoins quotidiens sont de 1 200 à 1 500 mg. À titre d'exemple, 300 mg de calcium sont apportés par : 1 bol de lait (1/4 de litre), ou 2 yaourts, ou 300 g de fromage blanc, ou 30 g d'Emmenthal, ou 40 g de Saint-Paulin. Le plus simple est de consommer un produit à base de lait à chaque repas, en les variant ; et de penser à les utiliser dans des gratins, soufflés, flans, etc. A propos du lait, n'oubliez pas qu'il est non seulement riche en calcium, mais aussi en protéines et en vitamines. Quand il est entier, il contient aussi des graisses. Donc, si vous grossissez trop, buvez du lait demi-écrémé ou écrémé.

Si vous n'aimez pas, ou ne supportez pas le lait, mangez plus de fromages ; je vous signale que les plus riches en calcium sont les fromages dits à pâte cuite : gruyère, chester, cantal, saint-paulin. Il y a aussi du calcium dans les figues sèches, les haricots secs, dans certains légumes : cresson, chou-fleur, choux, endives, épinards ; dans le pain complet, les œufs et dans les eaux minérales. Voyez aussi page 75 ce que nous disons de la vitamine D et du calcium.

• **Le magnésium**

Le manque de magnésium est à l'origine d'une augmentation de la contractilité musculaire, d'où l'apparition de crampes chez certaines femmes. Pour prévenir ces troubles, on peut boire régulièrement une eau minérale riche en magnésium. Le chocolat contient également du magnésium : à consommer avec modération…

• **Le fer.**

Les aliments riches en fer sont les haricots blancs, les lentilles, le cresson, les épinards, le persil, les fruits secs, les amandes et noisettes, les flocons d'avoine, le chocolat, le foie et le jaune d'œuf. Pendant la grossesse, les besoins en fer sont accrus, car l'enfant a besoin d'une quantité importante de fer pour « fabriquer » son sang, particulièrement durant les derniers mois. C'est pourquoi, à ce moment-là, la future mère a parfois tendance à l'anémie, surtout lorsqu'elle a déjà eu plusieurs enfants. C'est la raison pour laquelle de nombreux médecins prescrivent systématiquement un apport de fer pendant la deuxième moitié de la grossesse. Ce qui est encore mieux, c'est d'avoir, dès le début de la grossesse, une alimentation riche en fer et riche également en vitamine C, car elle augmente l'absorption du fer : si l'on vous prescrit un supplément de fer, prenez-le donc avec un jus de fruits frais mais sachez que le thé et le café diminuent l'absorption du fer.

● **Les folates.**

Depuis quelques années, ce mot est apparu dans la diététique. Les folates (ou acide folique ou vitamine B9) sont indispensables à la synthèse des protéines et à la bonne multiplication des cellules, notamment dans le domaine nerveux et cérébral. Leurs besoins sont donc augmentés pendant la grossesse pour répondre à la croissance de l'utérus, à la formation du placenta et surtout à la formation et la croissance des tissus fœtaux.

Une carence en acide folique peut être responsable de diverses complications : anémie, retard de croissance intra-utérine et prématurité, mais surtout malformations fœtales, notamment neurologiques.

Certains facteurs peuvent provoquer une carence en folates : grossesse gémellaire, multiparité, malnutrition quelle qu'en soit la cause, alcoolisme, quelques médicaments (notamment les anti-épileptiques). On trouve l'acide folique dans les salades (surtout pissenlit, cresson, laitue et endives), les épinards, les noix, les amandes et le melon. Avec le foie de volaille, ce sont les aliments les plus riches en folates. Les fromages, les avocats, les choux et les poivrons sont aussi une très bonne source de folates.

Chez les femmes présentant un facteur de risque (voir ci-dessus) un apport supplémentaire, sous forme de médicament, est indispensable ; ce supplément est d'ailleurs conseillé par de nombreux médecins, à titre préventif, 4 à 8 semaines avant le début de la grossesse et pendant le premier trimestre. Chez les autres femmes, cet apport supplémentaire en folates sera peut-être indiqué par le médecin au cours du dernier trimestre de la grossesse.

● **Le fluor.**

On a longtemps cru que l'administration de fluor pendant la grossesse protégeait les dents du bébé à naître. On se rend compte aujourd'hui que ce n'est pas sûr et on ne le recommande plus aux femmes enceintes. En revanche, on sait que le fluor donné à l'enfant pendant les premières années prévient les caries.

▪ Les autres substances minérales dont l'organisme a besoin – iode, phosphore, soufre – se trouvent dans de nombreux aliments. Je n'entre pas dans le détail : si vous avez une alimentation variée, vos besoins et ceux de votre enfant seront largement couverts.

• Le sel.

Le sel – chlorure de sodium – (qui est également une substance minérale) est à mettre à part. Il a été tellement longtemps déconseillé qu'il jouit encore d'une mauvaise réputation auprès de certaines femmes enceintes : elles pensent qu'il faut automatiquement supprimer le sel pendant la grossesse, surtout les derniers mois. Aussi s'imposent-elles une nourriture insipide. Or aujourd'hui les médecins sont formels : il n'est pas nécessaire de supprimer le sel.

Il faut éviter tout de même de trop saler, c'est-à-dire qu'on peut mettre du sel dans l'eau de cuisson mais ce n'est pas la peine d'en rajouter à table. À signaler en plus que le sel (comme le sucre) a un effet « apéritif », c'est-à-dire qu'il ouvre l'appétit, donne envie de manger plus et de se resservir. C'est une raison supplémentaire pour ne pas trop saler.

Les vitamines

Pendant votre grossesse, il est très important que vous absorbiez une quantité suffisante de vitamines. Votre enfant en a besoin pour sa croissance et pour constituer le petit stock dans lequel il puisera pendant les premières semaines de sa vie. Il vous en faut également parce que certains de vos organes se développent et parce que votre organisme tout entier « travaille » plus que d'habitude.

Voici les vitamines dont vous avez besoin et les aliments qui vous les fourniront :

La vitamine A (pour la croissance entre autres) se trouve dans le lait entier et ses dérivés, le beurre (frais et cru) et surtout dans les huiles de foie de poisson (morue, flétan, etc.), le foie (d'agneau, veau, etc.), et dans les légumes tels que persil, choux, épinards, laitues, carottes, tomates.

Les vitamines du groupe B sont également utiles à la croissance de l'enfant. Il est possible aussi que leur carence entraîne différents troubles chez la future mère : névralgies diverses, crampes. Il est certain, de toute façon, que l'administration de vitamines du groupe B fait habituellement régresser ces troubles. Les graines de céréales, les légumes secs, le germe de blé sont riches en vitamine B. Et le pain complet est beaucoup plus riche en vitamines B que le pain ordinaire.

La vitamine C est l'acide ascorbique (c'est la vitamine de la résistance aux microbes). Elle se trouve dans les fruits et légumes crus, en particulier : citrons, oranges, pamplemousses, tomates, groseilles, framboises ; également dans le persil et les choux.

La vitamine D est importante, c'est elle qui permet au calcium de se fixer.

Les aliments habituels contiennent de très petites

quantités de vitamine D. On la trouve notamment dans les poissons gras (hareng, maquereau), les œufs et les produits laitiers non écrémés. C'est principalement l'organisme qui fabrique lui-même cette vitamine sous l'influence des rayons ultraviolets, ceux du soleil. C'est pourquoi le meilleur remède contre un manque de vitamine D, c'est le grand air et le soleil. Cependant, même ceux-ci peuvent être insuffisants. Aussi pense-t-on préférable de prendre au cours du dernier trimestre, une dose de 100 000 unités de vitamine D. Une carence en vitamine D peut provoquer une décalcification maternelle et être source, chez le nouveau-né, d'une chute du calcium sanguin avec des troubles tels qu'une crise de tétanie.

La vitamine E se trouve dans la laitue, le cresson, le riz et les graines de céréales, le jaune d'œuf et le foie. On ne connaît aucun cas de carence. La vitamine K se trouve dans les salades vertes, le chou blanc et les épinards. Il n'existe pas de carence, sauf dans le cas de certains traitements anti-épileptiques qui nécessitent un supplément de vitamine K pendant les six semaines qui précèdent la date présumée de l'accouchement.

● Comment préserver les vitamines des fruits et des légumes ?

Les fruits. Les consommer plutôt crus que cuits, les laver rapidement, ne pas les laisser tremper dans l'eau, les couper avec un couteau inoxydable, enfin les consommer aussitôt. Le contact de l'air détruit la vitamine C, c'est pourquoi il ne faut pas préparer les jus de fruits à l'avance. Si l'on fait des compotes, les cuire dans peu d'eau et peu longtemps, la perte en vitamines sera réduite.

Les légumes. Eux aussi, en cuisant, perdent une partie de leurs vitamines, mais la perte peut être réduite si l'on prend ces précautions : après avoir lavé les légumes, les laisser tremper le moins longtemps possible, les faire cuire dans peu d'eau et peu longtemps, et si possible dans leur peau (la pomme de terre notamment). Le mode de cuisson idéal est la cuisson à la vapeur, très facile dans un autocuiseur, ou dans un «cuiseur-vapeur» électrique.

Avec une centrifugeuse, on peut facilement faire des jus de fruits et légumes (tomate, carotte, pomme, etc.) qui permettent de consommer une grande quantité de vitamines d'une manière agréable. Mais n'abusez pas des fruits et des légumes si vous avez l'intestin facilement irritable (colite).

Des menus

Petit déjeuner

Fruits frais (200 g) ou un verre de jus de fruit	50
Café au lait, deux tasses	150
Trois tranches de pain complet	160
Confiture (35 g)	100
Beurre (10 g)	80
Calories	540

Déjeuner

Une assiette de crudités en salade (tomates, radis, carottes, chou rouge) assaisonnés à l'huile et au citron	100
Une escalope de poulet garnie de persil haché (100 g)	145
Spaghetti au parmesan	140
Trois tranches de pain complet	160
Une poire	70
Calories	615

Goûter

Un yaourt	80
Trois biscuits	115

Dîner

Une tranche de colin	130
Pommes à l'anglaise	150
Fromage blanc	80
Trois tranches de pain complet	160
Calories	520

Pour la journée

35 g de matières grasses	250
trois morceaux de sucre	80
Calories	330

Soit au total 2 200 calories

Menus pour les quatre saisons

Printemps

Déjeuner
- Radis
- Bifteck
- Épinards
- Demi-sel

Dîner
- Salade verte
- Tagliatelles à la sauce viande
- Yaourt

Été

Déjeuner
- Salade de tomates
- Poulet rôti
- Petits pois
- Gruyère

Dîner
- Potage
- Courgettes, aubergines farcies au riz
- Flan

bien équilibrés

Petit déjeuner

Fruits frais (200 g) ou un verre de jus de fruit	50
Un bol de Muesli + lait	230
Deux tranches de pain blanc	100
Confiture (35 g)	100
Beurre (10 g)	80
Thé	
Calories	560

Déjeuner

Salade de crudités	100
Un bifteck (100 g)	175
Riz (30 g, poids cru)	135
Cantal (30 g)	115
Trois tranches de pain complet	160
Calories	685

Goûter

Un yaourt	80
Un fruit	70

Dîner

Une omelette de deux œufs	150
Des épinards aux croûtons	50
Deux petits-suisses	80
Une compote de pommes (150 g)	90
Trois tranches de pain complet	160
Calories	530

Pour la journée

35 g de matières grasses	250
trois morceaux de sucre	80
Calories	330

Soit au total 2 255 calories

Menus pour les quatre saisons

Automne

Déjeuner
  Salade de concombres
  Tranches de poisson à l'italienne
  Pommes vapeur
  Fromage blanc

Dîner
  Quiche lorraine
  Salade mélangée
  Glace

Hiver

Déjeuner
  Carottes et céleri râpés en salade
  Carré de poisson frit avec citron
  Macédoine de légumes
  Gâteau de semoule

Dîner

  Risotto
  Salade verte
  Cantal

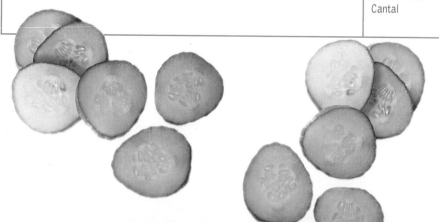

Varier, c'est facile...

Maintenant que vous connaissez les différentes catégories d'aliments, il vous sera facile d'établir un bon régime. Ayez une nourriture variée, comprenant toutes les catégories d'aliments. Ne faites pas des repas du genre : sardines, œufs, bifteck, fromage (repas essentiellement riche en protéines), ou un repas du type : pamplemousse, épinards, poire (repas essentiellement riche en vitamines) ; ou encore : salade de riz, gratin de spaghetti et bananes, c'est-à-dire un concentré de glucides.

Mangez de tout régulièrement : du poisson, des œufs, de la viande, des laitages (fromages, beurre cru, lait), des fruits et des légumes, etc. Varier l'alimentation n'est pas difficile, il suffit de se promener dans un marché et de choisir parmi l'abondance des produits qui vous sont offerts ; votre calcium, vos vitamines, vos protéines, votre fer sont là, à tous les prix : vous ne risquez pas d'être carencée. Avec une alimentation variée, ni votre bébé ni vous ne manquerez de rien.

Voyez les menus des pages précédentes : ils apportent en quantité et en qualité tout ce qui est nécessaire. Inspirez-vous-en pour composer d'autres menus qui soient bien équilibrés. Les futures mamans ont parfois de la peine à digérer les protéines du repas du soir (poisson, viande, œufs). Si tel était le cas, remplacez-les de temps en temps par des légumes secs, et une portion supplémentaire de laitage ; vous aurez ainsi votre ration de protéines et de calcium.

Voici donc ce qu'est une alimentation variée. Il est possible que si, avant d'être enceinte, vous aviez une alimentation déséquilibrée, vous appreniez aujourd'hui à bien vous nourrir.

Les régimes végétariens, c'est-à-dire sans viande ni poisson, ne sont peut-être pas très souhaitables, mais pas vraiment contre-indiqués pendant la grossesse. Pour éviter un régime déséquilibré, prenez conseil d'un nutritionniste.

Par contre, les régimes végétaliens, c'est-à-dire qui excluent non seulement la viande, mais tous les produits d'origine animale indispensables à la croissance, comme le lait, les œufs, le fromage, sont vraiment dangereux et provoquent inévitablement des carences.

Les aliments surgelés.
À condition d'observer avec soin les règles de congélation et de décongélation (respecter les dates d'utilisation, et surtout ne jamais recongeler un produit qui a été déjà décongelé), il n'y a pas d'inconvénient à consommer des aliments surgelés.

Les difficultés d'une alimentation correcte

Au début de la grossesse, les futures mères souffrent souvent de divers troubles digestifs : nausées, vomissements, maux d'estomac, etc., ou alors, elles n'ont pas faim ; parfois, au contraire, elles sont atteintes de boulimie. Ces divers troubles risquent d'empêcher un bon équilibre de l'alimentation.

Ainsi, par exemple, certaines femmes sujettes aux nausées, pour les éviter, suppriment les repas et grignotent des biscuits ou du chocolat. Le résultat c'est qu'elles grossissent sans s'être nourries convenablement. Heureusement, les divers troubles digestifs disparaissent, passé le premier trimestre. C'est cela qui explique que, au cours de ces trois premiers mois, certaines femmes aient pris 3 kg alors que d'autres en ont perdu autant.

En attendant :

▪ si vous avez peu d'appétit, mangez au moins des aliments vous apportant des protéines, et des fruits et légumes frais ;

■ si vous avez toujours faim, essayez de résister aux bonbons, gâteaux, ou tartines : entre les repas, mangez un laitage, un œuf dur, du pain complet ;
■ si vous avez des nausées, reportez-vous aux conseils donnés page 192.

Pourquoi il ne faut pas trop manger

Trop manger, grossesse ou pas, aboutit à prendre trop de poids. Il n'est pas rare qu'une femme enceinte grossisse trop, soit parce qu'elle a plus d'appétit qu'avant, soit parce qu'elle pense que cette nourriture supplémentaire est nécessaire à son enfant.

Manger pour deux est une recommandation qui nous vient de siècles souvent défavorisés et qui n'a plus cours dans nos sociétés actuelles où nous avons plutôt tendance à avoir une nourriture trop riche. Or, une prise de poids excessive pendant la grossesse peut avoir des conséquences néfastes.

Plus la prise de poids est élevée, plus les tissus ont tendance à s'infiltrer d'eau et de graisse, plus ils perdront leur souplesse et leur élasticité naturelle. Cela aura comme conséquence un accouchement moins facile. La deuxième raison pour surveiller votre poids, c'est votre confort tout au long de la grossesse et au moment de l'accouchement. Et la troisième raison, c'est la récupération rapide de votre silhouette après l'accouchement.

Pour ne pas manger plus qu'il n'est nécessaire, vous avez un moyen simple : surveillez votre poids en vous pesant régulièrement une ou deux fois par semaine.

Surveillez votre poids

Une future mère prend en moyenne 10 à 12 kg pendant sa grossesse. Lorsque je dis en moyenne, cela signifie que, très normalement, certaines femmes prendront 1 ou 2 kg en plus, d'autres en moins, cela dépendra de leur constitution, de leur poids avant la grossesse, de leur taille, de leur activité physique, etc. Par exemple, une femme obèse ne doit pas prendre plus de 6 à 7 kg, alors qu'une femme très maigre peut en prendre 14 ou 15.

Les trois premiers mois, le poids reste stable en général. Mais un certain nombre de femmes maigrissent au début de leur grossesse de 1 ou même 2 kg, surtout celles qui sont sujettes aux vomissements. Si c'est votre cas, ne vous en inquiétez pas : vous reprendrez du poids lorsque ceux-ci auront cessé.

Ces kilos, vous les prendrez donc surtout à partir du 4e mois, à raison de 350 g par semaine environ. Pesez-vous régulièrement. Si vous avez grossi de plus de 350 à 400 g par semaine, c'est que votre nourriture est trop riche, il faut donc la ramener à la normale. Pensez aussi au fait que l'appétit reste à peu près identique pendant toute la grossesse alors que les dépenses physiques diminuent progressivement.

Si vous avez pris trop de poids

En regardant votre balance, vous constatez que vous avez pris trop de poids. Qu'allez-vous faire ?

Vous n'allez pas être condamnée désormais à faire des calculs compliqués avant de vous mettre à table, pour additionner les calories d'une tranche de pain, plus celles du bifteck, plus celles d'un yaourt, etc. Non. Ce qu'il faut, c'est vous familiariser avec les aliments à éviter. Ceux qui apportent le plus de calories sont les corps gras, et ceux qui sont à base de lipides.

Il faut donc diminuer les aliments riches en lipides, essentiellement les poissons gras, viandes grasses, fromages gras, beurre, huile, et supprimer les aliments qui ont des graisses cachées : frites, fritures, pâtisseries, etc.

Les aliments sucrés, ceux qui fournissent des glucides (voir page 71), n'apportent pas plus de calories que les aliments protéinés, viande ou œufs par exemple, mais ces aliments sucrés sont ceux que la digestion transforme le plus facilement en graisses. Il faut donc également les diminuer, ou même en supprimer certains :

▪ évitez les bonbons, les pâtisseries, le chocolat ;

▪ diminuez le sucre en supprimant, par exemple, celui que vous ajoutez au thé et au café, en réduisant les quantités de miel et de confiture, et supprimez les boissons du type soda ;

▪ méfiez-vous des biscuits apéritifs et autres amuse-gueules : les femmes enceintes ont tendance à en consommer trop, comme pour compenser l'alcool qu'elles ne boivent pas.

Ce n'est pas un régime de famine, il vous reste quand même pour vous nourrir : les aliments protéinés pauvres en corps gras, c'est-à-dire, parmi les poissons : limande, merlan, sole, colin, raie et même maquereau ; parmi les viandes : bœuf, veau, surtout en grillades, et la volaille ; parmi les fromages et laitages : fromages allégés à moins de 45 % de matières grasses, fromages blancs à moins de 40 % de matières grasses, yaourts ; puis les œufs et le lait écrémé et demi-écrémé.

Vous pouvez aussi manger des légumes verts et des fruits ; mais attention à la banane et aux raisins, très riches en calories.

Le tableau page 81 complétera ces indications puisqu'il vous indique, par ordre croissant, des plus pauvres aux plus riches, l'apport en calories des principaux aliments.

Vous pourrez d'ailleurs constater avec ce tableau que ce sont malheureusement des aliments que certaines apprécient beaucoup, comme le chocolat ou les gâteaux, qui apportent le plus de calories...

Attention au grignotage (biscuits, fruits secs), il est dangereux pour le poids. Si, malgré les précautions que vous prendrez, vous ne revenez pas à une prise de poids normale, parlez-en au médecin : l'excès de poids n'est pas toujours déterminé par un excès d'alimentation.

Pour celles qui ne se nourrissent pas assez

Il n'y a pas que des femmes qui mangent trop pendant leur grossesse. Un certain nombre sont au contraire sous-alimentées, soit par coquetterie pour ne pas trop grossir, soit, hélas ! par manque de ressources. Ainsi voit-on des femmes ne prendre que 6 kg pendant toute leur grossesse, même moins. Cette sous-alimentation est dangereuse pour le bébé, qui risque de naître trop tôt, avec un net retard de croissance.

Donc, pas de sous-alimentation systématique pour rester mince : vous ferez un régime après l'accouchement, ou un peu plus tard si vous allaitez ; là, presque tout sera permis pour retrouver la ligne. Mais aujourd'hui, à cause de votre enfant il faut vous nourrir suffisamment.

Vous prenez trop de poids : consultez ces tableaux

Nombre de calories par 100 grammes

Ces aliments ne vous feront pas prendre de poids si vous les consommez en quantité raisonnable.

Lait écrémé	35
Légumes frais (en moyenne)	40
Yaourt	45
Lait demi-écrémé	45
Fruits frais	45 à 70
Lait entier	70
Poissons maigres (type colin)	80
Pommes de terre	90
Poissons demi-gras (type maquereau)	135
Poulet	140
Œufs	160
Viande (bœuf, veau, mouton)	165

Ces aliments vous feront grossir si vous en abusez.

Marrons	200
Poissons gras (type thon)	210
Pain	250
Confitures	285
Fruits secs	290
Miel	300
Viande de porc	332
Légumes secs	340
Riz	340
Pâtes alimentaires	350
Pain d'épices	350
Tarte aux fruits	350
Biscottes	360
Cantal, gruyère	380
Sucre	400

Ces aliments vous feront sûrement grossir.

Biscuits secs	410
Mayonnaise	460
Chocolat sans lait	500
Cake aux fruits confits et raisins	500
Chocolat au lait	600
Amandes, noix, noisettes	670
Saucisse cuite	670
Beurre•	760
Huile•	900

•le beurre cru et l'huile (non cuite), bien que très riches en calories (760 et 900), sont néanmoins nécessaires en petites quantités.

Les aliments à éviter

Voici, résumée, la liste des aliments qu'il vaut mieux éviter.

Les aliments qui pourraient vous intoxiquer, car, pendant la grossesse, la sensibilité aux intoxications est accrue : gibier, viandes et poissons mal cuits ; et surtout crustacés, moules ou huîtres : il est parfois difficile d'être sûr de leur fraîcheur. De plus, les crustacés et coquillages risquent de transmettre le virus de l'hépatite A (voir page 248).

Et voici quelques recommandations pour éviter tout risque d'*intoxication alimentaire*.

▪ À cause du risque de listériose (voir page 246), ne consommez pas de lait cru (non pasteurisé), ni de fromages à pâte molle au lait cru, tels brie, camembert, coulommiers, livarot, etc.

▪ Lavez soigneusement les légumes et les fruits destinés à être mangés crus. Préférez les charcuteries préemballées et consommez-les rapidement après ouverture.

▪ Les plats à base d'œuf sans cuisson (crèmes, pâtisseries, mayonnaise) doivent être préparés juste avant la consommation et ne doivent pas être conservés.

▪ Dans le réfrigérateur, protégez vos aliments en les plaçant dans des récipients fermés et propres. Séparez bien les produits crus des produits cuits. Enfin, nettoyez régulièrement votre réfrigérateur.

Les aliments qui font grossir, c'est-à-dire toutes les graisses, ou trop riches en sucres : féculents, gâteaux, bonbons…

La viande crue ou peu cuite. Ceci concerne en particulier les femmes qui ont un sérodiagnostic négatif de toxoplasmose (voir page 244). Pour éviter tout risque de toxoplasmose, vous ne mangerez pas de viande crue (steak tartare) et vous ferez cuire à point toutes les viandes, en particulier le mouton. Une viande que l'on sort du réfrigérateur pour la mettre aussitôt sur le gril reste crue à l'intérieur, même lorsque l'extérieur est « saisi ». Or, pour que tout germe soit détruit, il faut que le centre de la viande soit soumis à une température de 50°. Une bonne cuisson permet en outre d'éviter d'autres parasitoses, comme le ténia. Celles qui aiment la viande saignante peuvent quand même en manger si elle a été congelée, car le parasite est détruit par la congélation.

Il y a des aliments qui sont un peu lourds et plus difficiles à digérer, et dont il ne faut pas abuser, comme les fritures, les ragoûts, la charcuterie (à part le jambon), etc.

L'alcool, y compris le vin, sauf dans les conditions signalées page 55.

Les boissons

Pendant la grossesse, il faut boire suffisamment : au moins un litre de liquide par jour. Vous-même et votre enfant avez besoin de liquides. Boire abondamment joue également un rôle dans la prévention des infections urinaires si fréquentes pendant la grossesse. N'ayez pas peur de boire et de « faire de la rétention d'eau ». À l'exception de certaines maladies, notamment cardiaques ou rénales, une prise de poids excessive pendant la grossesse correspond plus souvent à un stockage de graisses qu'à une rétention d'eau.

● **Que boire ?**

L'eau. Dans certaines villes l'eau du robinet contient trop de nitrates et est déconseillée aux femmes enceintes et aux nourrissons de moins de six mois (renseignez-vous à la mairie, les services d'hygiène et de santé des communes font faire régulièrement des analyses de l'eau). Si l'eau de votre ville est consommable, il peut arriver qu'elle ait un goût désagréable à cause des produits utilisés pour la désinfecter ; quelques gouttes de citron la rendront alors plus agréable à boire.

Les eaux minérales sont toutes recommandables, à l'exception de certaines riches en sodium (eau de Vichy par exemple). L'Hépar est riche en magnésium et facilite le transit intestinal. Au début de la grossesse, quand existent des troubles digestifs, les eaux pétillantes facilitent la digestion. Ensuite, il faut se méfier, car elles augmentent l'appétit et risquent de faire manger davantage.

Le thé et le café sont des excitants, bien que leur tolérance varie beaucoup d'un individu à l'autre. N'en abusez cependant pas et buvez-les « légers ».

Les infusions ont, selon leur composition, certaines vertus. La menthe et la verveine facilitent la digestion. Mais la menthe n'est pas recommandée à celles qui ont de la peine à s'endormir. Au contraire, le tilleul et la camomille facilitent le sommeil.

Le lait. Voir à la rubrique calcium (page 72) ce qui est dit de cette boisson qui est aussi un aliment.

Les jus de fruits frais apportent de l'eau, des glucides, des substances minérales et de la vitamine C. Mais ils contiennent beaucoup de sucre, ils sont donc à consommer avec modération.

Les boissons pétillantes aromatisées aux fruits contiennent généralement peu de fruits et beaucoup de sucre. Elles sont déconseillées aux futures mères qui prennent trop de poids. Il en est de même de la limonade et des sodas.

Les jus de légumes sont riches en vitamines.

Le bouillon de légumes apporte des sels minéraux.

Quant à l'alcool, voir ce qui en est dit page 55.

Les envies

Vous aurez peut-être des envies. Il n'y a pas de raison de ne pas les satisfaire, à moins qu'elles ne concernent des aliments formellement contre-indiqués ou des aliments « excentriques », ce qui arrive. D'ailleurs, bien souvent, les envies correspondent à des besoins. Telle femme qui, avant sa grossesse, n'aimait pas la viande ou le lait, sentira un besoin impérieux de bifteck ou de grands verres de lait. Telle autre voudra de l'ananas alors qu'elle n'en mangeait jamais auparavant. Telle autre encore aura particulièrement envie de vinaigre. Les envies se fixent souvent sur les condiments, qui, en général, facilitent la digestion, mais dont il ne faut cependant pas abuser. Mais n'allez pas croire que s'il ne vous est pas possible de satisfaire l'envie qui vous semble irrésistible, cela puisse avoir une conséquence néfaste pour votre enfant. Il est évidemment faux qu'un enfant risque d'avoir un angiome (tache de vin) sous le seul prétexte que sa mère ait eu une envie non satisfaite d'un quelconque fruit rouge.

Ces envies alimentaires sont traditionnelles dans beaucoup de cultures. Tout l'entourage d'une femme enceinte a envie de la gâter, de la choyer, désire qu'elle soit bien, heureuse, afin que le bébé lui aussi soit bien. De son côté, une femme enceinte, au fond d'elle-même, a l'envie de se faire plaisir pendant la grossesse.

Belle en attendant un bébé

Un ventre bien rond et bien lisse, porté avec bonheur, en couverture d'un magazine, n'étonne personne et fait au contraire acheter la revue. Des images de futures mères, belles et épanouies, à la veille d'accoucher se voient partout. Notre société a redécouvert la femme enceinte, son corps et sa beauté. Elle a pour les futures mères les yeux de cet homme qui dit : « Elle est belle ma femme, ce n'est pas une déformation, mais plutôt une formation, c'est la vie qui jaillit en elle. »

Aujourd'hui la femme enceinte grossit moins, l'information a eu raison des préjugés. Le « manger pour deux » qui faisait prendre couramment 15 kg, parfois 20, et même plus et déformait le corps a heureusement été abandonné, ce n'est plus la quantité qui compte, mais la qualité.

Puis les femmes font de l'exercice dans leur vie quotidienne : elles sont sportives, elles vont à la piscine, font de la bicyclette, elles marchent le plus possible. Lorsqu'elles sont enceintes, elles continuent la plupart de ces activités, d'autant plus qu'elles ne leur sont pas déconseillées, au contraire. Le moment venu, les futures mères font les exercices de préparation à l'accouchement. Ces exercices prennent alors le relais des activités sportives lorsqu'elles ne sont plus possibles.

Résultat : la femme enceinte est à l'aise dans son corps, elle ne cherche pas à dissimuler son ventre, souvent même elle le souligne par une grosse ceinture ou par un foulard.

Il n'empêche que certaines futures mères sont préoccupées par l'image de leur corps que leur renvoie la glace. Elles ne s'y habituent pas. Elles n'arrivent pas à admettre ce corps qui change, changement qu'elles vivent comme une agression. Elles en veulent à l'enfant de les enlaidir, puis elles s'en veulent de lui en vouloir. En plus, elles ont peur que ce changement n'écarte leur mari. La grossesse est parfois difficile par ces sentiments contradictoires. Une femme peut être heureuse d'être enceinte et malheureuse de voir sa silhouette changer.

Pour commencer ce chapitre, je voudrais d'abord vous dire quelques mots sur votre nouvelle silhouette et les vêtements qui s'y adapteront le mieux. Puis je parlerai peau, visage, maquillage, etc.

Comment s'habiller ?

Au début vous n'éprouverez peut-être pas le besoin de changer vos tenues habituelles : vous prenez peu de poids, votre silhouette se modifie peu. Seuls vos seins vont se développer, et souvent d'une façon importante. Aussi le premier achat à faire en début de grossesse, c'est un soutien-gorge bien enveloppant.

Bientôt, vous chercherez dans votre garde-robe les chemises les plus amples (pourquoi ne pas emprunter celles de votre mari, de votre compagnon), les tee-shirts larges et les grands pulls confortables. Ces vêtements auront l'avantage d'accompagner au jour le jour l'arrondi de votre ventre.

Pour le bas du corps, ce sera un peu plus compliqué. Dès la fin du premier trimestre, vous rechercherez de l'aisance au niveau de la taille. Les jupes et pantalons à taille élastique s'adapteront facilement.

Il viendra un moment où vous serez peut-être tentée d'aller dans des magasins spécialisés qui présentent des collections hiver-été très à la mode, notamment des jupes et pantalons droits, réglables, avec empiècement, des chemises, pulls, et tee-shirts biens longs. Vous y trouverez en plus de la lingerie, des maillots de bain, des collants spéciaux (remboursés par la Sécurité sociale, voir page 197) qui soulagent en cas de circulation difficile.

Robes ? Salopettes ? Pantalons ? Jupes ? Vous choisirez selon vos goûts et votre silhouette. La salopette se porte moins, en fait elle n'est pas très pratique dans la vie quotidienne. La robe est agréable à porter en été lorsqu'il fait chaud. Le pantalon cigarette en stretch est très apprécié.

Quant aux caleçons, même s'ils sont moins à la mode, ils sont quand même une bonne solution car leur élasticité permet une adaptation au fur et à mesure de la grossesse ; mais choisissez les caleçons « spécial maternité » étudiés pour bien couvrir le ventre. Et si vous achetez un caleçon ordinaire, choisissez deux tailles au-dessus et roulez-le sur les hanches afin de ne pas comprimer l'utérus avec l'élastique.

Et pour finir, quelques suggestions :
▪ mettez des épaulettes en mousse sous les tee-shirts, chemises et pulls : en élargissant votre carrure, vous allongerez votre silhouette.
▪ Un petit gilet court et sans manches, porté sur une longue chemise, fait un joli effet en marquant la place de la taille.
▪ Égayez vos tenues avec des ceintures en jersey élastique qui soulignent le ventre, ou par des écharpes nouées.

En fin de grossesse, s'il fait froid et humide, pensez à vous couvrir le ventre. Prévoyez un vêtement bien enveloppant (manteau, imperméable, parka). En demi-saison, un grand châle ou un « poncho » feront l'affaire.

▪ Le maillot de bain. Il y a de ravissants maillots pour les futures mamans, vous en trouverez dans les magasins spécialisés, ou dans les grands magasins, ils sont bien adaptés à vos nouvelles formes. Sinon vous pouvez choisir un maillot de bain « classique » mais dans une plus grande taille pour être bien à l'aise.

▪ Les chaussures. Si vous avez l'habitude des talons,
vous pouvez continuer à les porter, à condition que ces talons ne soient pas trop hauts : pas plus de 5 cm. Et surtout qu'ils soient suffisamment larges (les talons aiguille, même peu élevés, sont mauvais pour le dos). Les chaussures à talons compensés sont agréables à porter, mais avec une semelle trop haute, l'équilibre est souvent instable.

Ce qu'il faut c'est que les chaussures soient confortables, car les jambes sont souvent fatiguées par le poids de l'enfant ; elles doivent vous donner un bon équilibre, car la grossesse prédispose aux chutes ; être assez larges, car, en fin de grossesse, les pieds ont tendance à gonfler.

Les tennis sont très confortables, et il y a un tel choix de couleurs qu'on peut les assortir aux vêtements.

Les seins

Un schéma sur le sein.
Voyez page 148.

Dans les seins, il n'y a aucun muscle qui puisse les empêcher de se dilater lorsqu'ils augmentent de volume, ou les soutenir lorsqu'ils deviennent trop lourds. Les muscles qui soutiennent les seins sont les pectoraux. Mettez-vous de profil devant une glace ; appuyez vos mains ouvertes l'une contre l'autre et pressez-les très fort : vous verrez vos seins remonter sous l'effet de la contraction des pectoraux. Vous comprendrez ainsi que si vous voulez conserver une jolie poitrine et l'empêcher de tomber, il faut :

- se tenir bien droite, les épaules légèrement rejetées en arrière. Là aussi, regardez-vous dans une glace, et vous verrez que cette manière de se tenir met les seins en valeur. En plus cette attitude diminue la fatigue du dos ; certains travaux (taper à la machine, écrire au tableau noir, faire la vaisselle, etc.) provoquent des douleurs entre les omoplates, douleurs qui peuvent être largement atténuées par une bonne manière de se tenir ;
- faire travailler vos muscles pectoraux pour les rendre très fermes, puisque d'eux dépend la bonne tenue de vos seins. Plus ces muscles seront fermes, moins votre poitrine aura tendance à tomber. Vous trouverez au chapitre 14 les exercices à faire.

• Peut-on, pendant la grossesse, préparer le bout des seins à l'allaitement ?

Oui, c'est même conseillé, pour la raison suivante. Normalement, les bouts des seins sont bien au chaud, à l'abri dans un soutien-gorge douillet. Si la maman allaite, les bouts des seins sont d'un jour à l'autre confrontés à la succion, c'est-à-dire aux tiraillements, à l'humidité. Pour cette raison, c'est bien de les préparer aux conditions de l'allaitement. Comment faire ? Les durcir par des applications d'alcool n'est pas conseillé car cela risque de rendre la peau trop sèche. Il y a plus simple : le dernier trimestre de la grossesse, ôtez votre soutien-gorge une à deux heures par jour ; le bout du sein va se renforcer au contact de l'air ou du vêtement.

Et le sein lui-même, vous pouvez le masser avec de l'huile d'amande douce, ou une crème à la lanoline.

Si, vers la fin de la grossesse, vos seins sécrètent du colostrum, c'est-à-dire un liquide blanchâtre précurseur du lait, il suffit de les laver avec de l'eau et du savon pour éviter la formation de petites croûtes.

Le ventre et la silhouette

Les soucis esthétiques des futures mères se concentrent le plus souvent sur leur ventre ; c'est normal, il prend petit à petit des proportions importantes. Comment pourra-t-il ensuite redevenir plat et musclé ?

Le premier investissement beauté est d'acheter une balance, si on n'en a pas déjà une dans sa salle de bains. Ne pas trop grossir est en effet la meilleure manière de retrouver rapidement sa taille.

La deuxième, c'est de faire régulièrement des exercices : pendant la grossesse (voir page 334) et après l'accouchement (voir page 392).

La troisième, c'est de prendre – ou de garder – l'habitude de bien se tenir, ce qui d'ailleurs est aussi efficace pour le confort que pour la silhouette.

Si vous cambrez les reins, votre ventre est projeté en avant, et les abdominaux et la

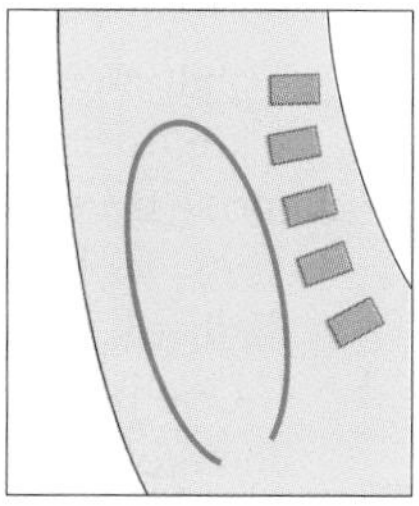

peau du ventre sont très distendus (voir la figure 1). Maintenant regardez la figure 2 (l'utérus a la même taille que celui que l'on voit sur la figure 1) : la femme se tient droite, bien grande, le ventre le plus effacé possible. Comment y arriver ? En basculant le bassin ; cela supprime la cambrure des reins.

figure 1

figure 2

figure 3

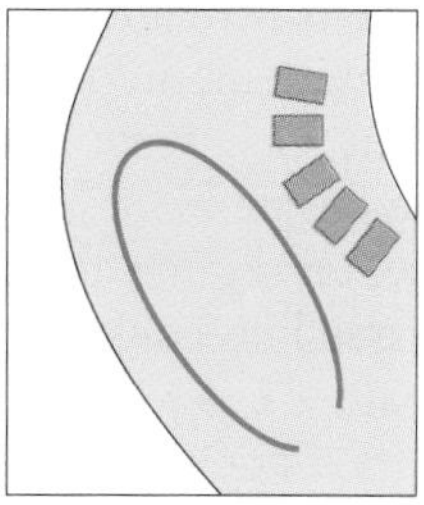

figure 4

Ce mouvement de bascule du bassin est important pendant la grossesse, pas simplement pour l'esthétique mais pour le confort. Vous trouverez au chapitre 14 des exercices à faire pour prendre l'habitude de basculer le bassin. D'ailleurs pratiquement toutes les préparations à la naissance incluent ces exercices. Regardez maintenant la différence entre les figures 3 et 4 pour comprendre comment le confort dépend de la manière de se tenir. Dans la figure 4, la femme se tient droite (comme en figure 2) ; résultat : les disques entre les vertèbres de la colonne vertébrale sont bien séparés les uns des autres. Mais que se passe-t-il dans la figure 3 ? Les reins cambrés provoquent un pincement de la partie postérieure des disques intervertébraux, ce qui est source de douleurs lombaires et risque même de provoquer une sciatique. Je vous signale que la préparation en piscine est particulièrement adaptée aux exercices pour assouplir le dos : la nage sur le dos, notamment le dos crawlé, est bénéfique. A l'inverse, la brasse, qui accentue la cambrure, est à éviter.

En cas de douleurs, le port d'une petite ceinture souple de soutien lombaire est parfois conseillé par le médecin ou la sage-femme. Cette ceinture s'attache facilement avec du Velcro et se fait dans des coloris tout à fait seyants ; elle est remboursée sur prescription médicale ; elle ne doit pas être portée en permanence, mais chaque fois que vous risquez de surmener votre colonne vertébrale : voyages en voiture ou en avion, travaux ménagers, port de charges, etc. Cette ceinture peut se porter au dessus des vêtements ; elle est donc facile à ôter et remettre plusieurs fois par jour sans se déshabiller.

• Un coussin de relaxation. Nous vous signalons l'existence d'un coussin très pratique, à la fois ferme et confortable, genre polochon. Pendant la grossesse, ce coussin permet de s'installer au mieux, en position assise ou couchée. Lors de l'allaitement, il aide à bien caler le dos. Certaines sages femmes le conseillent même pendant l'accouchement. Si vous souhaitez l'adresse du fabricant, écrivez-nous.

4

Le visage

Une femme soucieuse de l'image qu'elle donne sera plus réceptive aux « on-dit » ; et c'est curieux comme dans ce domaine de la beauté les préjugés sont restés tenaces. D'après eux, chez la future mère, « les dents se carient, les ongles se cassent, les taches marquent la peau du visage et du corps, les cheveux sont secs et après la naissance ils tombent »!

Il y a vraiment de quoi faire peur ! Vrai ? Faux ? Qui croire et que faire ? Parlons d'abord du visage.

Les futures mères ont souvent un éclat particulier : un teint frais, des yeux brillants. C'est sûrement dû à l'épanouissement intérieur, au bonheur, au plaisir d'attendre un enfant. Cela vient aussi du régime et du mode de vie conseillés pendant la grossesse : de bonnes nuits, de l'exercice, un régime alimentaire très sain, des vitamines, pas de cigarettes, pas d'alcool. C'est ce que l'on conseille en général à une femme qui veut avoir un joli teint.

Une peau normale, c'est-à-dire ferme, souple, fine de grain, veloutée au toucher, ne change pas au cours d'une grossesse normale. Et contrairement à une opinion répandue, la peau ne montre pas de tendance particulière à se dessécher.

• Les soins.

Une peau normale a besoin de soins pour maintenir son équilibre. Voici quelques conseils simples, efficaces et peu onéreux ; et vous aurez peut-être envie de les suivre après votre grossesse, ils sont destinés à toute femme désireuse de garder une jolie peau.

Le soir, vous pouvez appliquer sur le visage un lait neutre et doux (type Embryolisse). Étalez ce lait avec un coton ou avec les mains, ce qui est encore plus facile et plus efficace. Il faut ensuite l'enlever bien soigneusement d'abord à sec, avec des papiers à démaquiller, puis en rinçant, avec un bon gant de toilette. L'eau du robinet, même si elle est un peu calcaire, fait l'affaire ; il faut seulement bien sécher la peau dès que le rinçage est terminé.

Ce nettoyage terminé, appliquez pour la nuit une très petite quantité – un film suffit – d'une crème protectrice. L'application d'une crème pour la nuit est particulièrement utile en hiver : en effet, le chauffage dessèche l'atmosphère des appartements ; il en résulte une accélération de l'évaporation de l'eau contenue dans la peau (d'autant plus intense et rapide que l'air est plus sec) avec pour conséquence, au réveil, une désagréable impression de tiraillements.

Le matin, après avoir passé de l'eau fraîche sur votre visage et l'avoir bien essuyé, mettez pour la journée la même crème protectrice que vous avez utilisée le soir. L'emploi du même produit comme crème de jour et comme crème de nuit simplifie la vie.

• Les peaux à problèmes.

Chez les femmes à peau habituellement *grasse* ou *acnéique* la grossesse peut être une période de soulagement. Dans ces cas, on assiste d'abord à une poussée d'acné, puis au bout de deux mois maximum, la séborrhée s'atténue, les éruptions se calment jusqu'à disparaître complètement. Malheureusement, cette évolution favorable n'est pas une règle absolue, et dans certains cas l'acné va au contraire s'aggraver et se poursuivre jusqu'à l'accouchement. Il arrive même, mais c'est plus rare, que la grossesse s'accompagne de la récidive d'une acné disparue depuis des années. Ces évolutions posent un problème, car aucun traitement interne efficace (hormone, antibiotique, dérivé de la vitamine A) ne peut être administré à une femme enceinte. En attendant que naisse le bébé et que l'on puisse agir d'une manière plus radicale, on est donc limité à certains traitements externes. Mais, et cela est important et nouveau, certains de ces traitements externes sont interdits, et d'autres possibles. Seul le médecin pourra vous les indiquer.

La séborrhée et l'acné sont des affections d'origine génétique ; certains *eczémas* commençant dans l'enfance, et qu'on appelle atopiques ou constitutionnels, sont également génétiques ; tout comme la peau grasse, ces eczémas peuvent, imprévisiblement, s'améliorer ou s'aggraver pendant la grossesse. Il en va de même d'une autre affection de la peau, le *psoriasis*, qui peut aussi bien s'étendre que disparaître subitement et dont les traitements les plus actifs (dérivé de la vitamine A, rayons ultraviolets, Puva-thérapie) sont formellement contre-indiqués pendant la grossesse.

Le masque de grossesse.

Souvent, vers le quatrième ou le sixième mois, apparaissent sur le visage de petites taches brunes, qui parfois sont assez nombreuses pour former comme un masque : c'est le masque de grossesse. En général, après la naissance de l'enfant, les taches disparaissent. Mais ce n'est pas toujours vrai. Il faut donc tout faire pour éviter ce masque. Pour cela, une seule précaution, mais elle est indispensable : ne pas exposer son visage au soleil car le masque de grossesse ne se développe qu'à la faveur de modifications hormonales qui se produisent sous l'influence du soleil. À telle enseigne qu'une femme prenant la pilule et qui s'expose au soleil peut voir également des taches brunes apparaître sur la figure, comme le masque des femmes enceintes, puisque la pilule est à base d'hormones.

Donc, en été comme en hiver, n'exposez votre visage au soleil que recouvert d'une crème écran total, ou portez un grand chapeau.

Certaines femmes enceintes supportent mal leurs *lentilles de contact*. Si vous êtes gênée, portez des lunettes, vous remettrez vos lentilles après l'accouchement.

Une leçon de maquillage.

« C'est en attendant Marie, ma fille aînée, que j'ai eu envie de me maquiller : j'avais le temps, je désirais m'occuper de moi, plaire, et comme toutes les femmes, j'étais fascinée par ces ombres, ces couleurs, ces mascaras, cette panoplie de crayons, de pinceaux, que je voyais dans les magazines. »

Cette lettre nous a donné l'idée de demander à une spécialiste une leçon de maquillage. La voici, proposée par Éliane Gouriou, conseil en maquillage dans un institut de beauté. Pour Éliane Gouriou, un joli maquillage nécessite une toile de fond pour unifier la peau en qualité et en couleur. Lorsqu'on a trouvé une texture adaptée (fond de teint fluide léger ou crème teintée), il est important de choisir une couleur en harmonie avec celle de la peau.

« Pour l'appliquer, prendre en main son visage, au propre comme au figuré. Étaler le fond de teint d'une manière très douce, comme un léger effleurage de la peau, avec les

deux mains de préférence, et en ayant conscience que l'on se rend plus belle, que l'on prend en main sa beauté. Cela détendra les traits du visage. On ajoutera, si on a envie, une poudre libre, qui permet de fixer le fond de teint, de matifier la peau. »

Pour le maquillage des yeux, notre spécialiste conseille de respecter la sérénité, la douceur et la luminosité qu'apporte la grossesse. « Une seule ombre à paupière suffit. On la choisira dans une texture transparente, avec des reflets irisés très discrets. On l'appliquera avec le doigt pour mettre en valeur ces reflets et on choisira des coloris tendres et clairs : beige rosé, rose pâle, saumon. On évitera les couleurs froides ou sombres comme les gris, les violets ou les verts. Toute la beauté de ce maquillage est la mise en valeur des mouvements de paupières par le jeu de la lumière sur les reflets colorés. Avec un maquillage des yeux aussi discret le mascara est indispensable pour le contraste qu'il apporte : le noir bien sûr, mais il existe aussi de très beaux mascaras de couleur foncée, plus doux que le noir. C'est très joli, surtout de profil. Ne pas oublier de brosser les sourcils, c'est plus soigné. »

Le blush sera transparent et à peine coloré. Comment l'appliquer ? En souriant… En effet, lorsqu'on sourit, une partie de notre visage se gonfle, à côté des ailes du nez. Si l'on met un peu de blush sur ces parties du visage, on a l'air de sourire, même si on ne sourit pas tout à fait. Éliane Gouriou appelle cela les « bosses du sourire ».

Pour finir, parlons du rouge à lèvres.

Lorsqu'on attend un enfant, se maquiller la bouche en violet foncé, comme cela se fait aujourd'hui, est peut-être un peu violent. Éliane Gouriou conseille un beau rouge ; soit avec un rouge à lèvres classique, soit avec un brillant à lèvres plus discret. Avec un maquillage aussi subtil que celui qu'on vient de décrire, le rouge éclairera le visage et donnera une mine resplendissante. C'est bien le but de cette leçon de maquillage.

La peau du corps

Parfois des taches comme celles qui constituent le masque de grossesse font leur apparition, notamment chez les femmes brunes à peau mate. Cette pigmentation peut se localiser à l'abdomen sous forme d'une raie brune médiane qui s'étend du nombril jusqu'à la région pubienne. Elle peut se localiser aussi sur les aréoles des mamelons. Cette pigmentation disparaîtra progressivement, mais parfois très lentement après l'accouchement. Comme pour le masque de grossesse, il faut éviter le soleil.

Je vous signale aussi des modifications possibles des cicatrices : tantôt elles se pigmentent de façon anormale, tantôt elles deviennent épaisses, rougeâtres et plus ou moins sensibles. Ces modifications disparaissent peu à peu après l'accouchement.

Pendant la grossesse, la production d'une hormone, l'œstradiol, augmente considérablement. Or, cette hormone a la propriété de dilater les vaisseaux sanguins. Il peut en résulter des poussées congestives du visage, des varicosités des jambes accompagnées de varices, ou encore de petites dilatations capillaires rouge vif, à disposition étoilée et dénommées pour cette raison, *angiomes stellaires*. Ces angiomes apparaissent entre le deuxième et le cinquième mois. Il ne faut pas essayer d'intervenir car leur régression spontanée est habituelle dans les trois mois qui suivent l'accouchement.

Les vergetures

Ce sont de petites stries en forme de flammèches, de couleur rosée. Elles apparaissent à partir du cinquième mois de la grossesse, sur le ventre et sur les cuisses, mais parfois aussi sur les seins. Après l'accouchement, les vergetures deviennent peu à peu blanc nacré.

Les vergetures sont dues à une destruction des fibres élastiques de la peau. On croit en général qu'elles n'apparaissent que chez les femmes, et que cette perte d'élasticité de l'épiderme est due à la distension mécanique de la peau pendant la grossesse. Or les vergetures ne sont pas rares chez les hommes, et la peau d'un adolescent ou d'une adolescente peut être distendue à l'extrême sans qu'apparaissent de vergetures.

On a tout lieu de croire que les vergetures sont dues à l'action de la cortisone sécrétée par les glandes surrénales. En effet, ces glandes sont particulièrement actives au troisième trimestre de la grossesse.

Mais connaître le mécanisme probable de la formation des vergetures ne permet pas de les empêcher. Tout ce qu'on peut conseiller pour éviter leur développement, c'est de ne pas prendre trop de poids. En effet, l'action de la cortisone, responsable des vergetures, semble facilitée par la trop grande distension des tissus due à une prise de poids excessive.

Vous entendrez peut-être dire qu'on peut prévenir les vergetures en massant la peau avec une crème à base de vitamines. Je ne voudrais pas vous décevoir, mais il n'y a guère de résultat à attendre de ces crèmes.

Quant à supprimer les vergetures constituées, on ne peut, hélas ! être plus optimiste : il est impossible de les supprimer, même par la chirurgie esthétique. Nul moyen ne peut rendre à la peau son élasticité.

Pour les vergetures, il semble qu'il est raisonnable de retenir ceci : on ne peut les empêcher, ni les supprimer ; mais il y a quand même une certitude, c'est qu'une trop grosse prise de poids favorise leur développement.

Les cheveux

Contrairement à ce que l'on croit en général, la grossesse n'abîme pas les cheveux, au contraire : les femmes qui ont des cheveux ternes et un peu mous, les voient devenir plus souples et plus brillants, et la séborrhée s'atténue ou disparaît souvent pendant la grossesse.

Les soins des cheveux pendant la grossesse ne sont pas différents de ceux qu'on leur donne en général. Ainsi est-il recommandé d'employer des shampooings doux qui évitent de dégraisser trop brutalement le cuir chevelu ou de le dessécher au risque d'entraîner la formation de pellicules. C'est-à-dire que même si vous avez les cheveux gras, vous utiliserez des shampooings pour cheveux secs et fragiles : par exemple, des shampooings à base de lipoprotéines…

Durant la grossesse, les influences hormonales se font également sentir au niveau de la chevelure. Pendant cette période, la phase de croissance des cheveux (dite « anagène ») s'allonge au détriment de la phase qui précède la chute (dite « télogène »). Il y a donc beaucoup moins de cheveux qui tombent et le volume de la chevelure augmente. Mais dès l'accouchement les taux élevés d'œstradiol circulant dans le sang s'effondrent, déterminant un passage brutal des cheveux anagènes en cheveux télogènes. Ce phénomène, qui peut concerner jusqu'à 50 % de la chevelure, provoque trois mois plus tard une chute de cheveux massive, parfois impressionnante. Aucun traitement n'y peut rien. Il est donc inutile de multiplier les piqûres ou autres remèdes. Dans les six mois qui vont suivre, tout va s'arranger spontanément, la chute s'arrêtera et la repousse s'effectuera. Mais comme un cheveu ne croît que d'un centimètre à un centimètre et demi par mois, il faut s'armer de patience. **La pousse des poils** est accélérée pendant la grossesse (toujours à cause des modifications hormonales). Chez certaines femmes génétiquement prédisposées, il peut même se constituer une hyperpilosité, au niveau du visage en particulier, et singulièrement sur la lèvre supérieure. Cette hyperpilosité régresse spontanément après l'accouchement. Il ne faut surtout pas l'épiler à la pince, ou pire à la cire, car on risque alors de la voir s'installer au lieu de disparaître. Préférez une petite décoloration chez l'esthéticienne.

Les dents

« Un bébé en plus, une dent en moins », entend-on encore parfois. À vrai dire, la grossesse ne cause pas systématiquement des caries. Mais il faut surveiller les dents car une carie existant avant la grossesse peut être aggravée. Attention donc aux caries car elles abîment les dents.

Comme vous pourrez le lire au chapitre 10, une infection, où qu'elle siège dans l'organisme, peut être néfaste pendant la grossesse. Une dent malade peut être un foyer d'infection. Il est donc conseillé de faire examiner ses dents dès le début de la grossesse.

Par ailleurs, n'oubliez pas que les caries dépendent en grande partie du soin que l'on prend de ses dents. Car ce sont les déchets d'aliments, surtout sucrés, demeurés entre les dents, qui sont la cause de la plupart des caries.

C'est après chaque repas, sans oublier le petit déjeuner, qu'il est recommandé de se laver les dents. Et souvenez-vous que ce n'est pas la pâte dentifrice qui nettoie les dents, mais le brossage minutieux, pratiqué de bas en haut et de haut en bas, brossage qui doit être suivi d'un bon rinçage pour entraîner toutes les petites particules d'aliments qui se trouveraient encore entre les dents. Après le brossage : bouche fermée faites plusieurs fois circuler l'eau entre vos dents.

Ce qui est aussi très efficace pour bien nettoyer les dents, c'est de faire une projection d'eau. Il existe divers appareils, vendus en pharmacie ou dans les magasins d'électroménager.

Vous pouvez aussi vous servir de « Papilli-Brossette », très fines petites brosses à passer entre les dents après les avoir bien lavées, pour entraîner toute particule d'aliments restant entre les dents. Il est recommandé d'enduire la brossette d'un gel désinfectant type Elugel.

La grossesse cause souvent de petits ennuis à la muqueuse de l'intérieur de la bouche : les gencives peuvent gonfler et saigner facilement. Cette gingivite atteint habituellement son maximum au cinquième mois et disparaît après l'accouchement. Elle peut être améliorée par les vitamines C et P (prescrites par le dentiste). On peut également se masser les gencives doucement avec un gel indiqué par le dentiste.

Ainsi, loin de contre-indiquer les soins dentaires, la grossesse demande une surveillance régulière. Tous les soins dentaires sont possibles y compris les extractions. Ils ne sont en aucun cas susceptibles de retentir sur l'évolution de la grossesse, au moins si celle-ci est normale. Toutefois, si une intervention importante était nécessaire, parlez-en à l'accoucheur, ce qui vous aura été certainement conseillé par le dentiste.

L'examen dentaire.
Pour bénéficier de l'assurance maternité, l'examen dentaire n'est pas obligatoire comme le sont les visites médicales, mais cet examen est recommandé, et remboursé.

Les ongles

S'ils sont friables et cassants, il y a un traitement sans aucun danger pendant la grossesse qui consiste à prendre 6 g de gélatine par jour. Vous trouverez en pharmacie des gélules de gélatine.

Mais je vous signale que les ongles friables et cassants sont souvent dus aux vernis, qu'ils soient colorés ou incolores. Pour savoir si c'est le vernis qui est responsable de la fragilité de l'ongle, il suffit d'en supprimer les applications pendant six mois, temps qu'il faut pour que l'ongle entier se renouvelle. Si au bout de cette période l'ongle a retrouvé sa vigueur, c'était bien la laque qui était responsable de la détérioration de l'ongle.

La vie avant la naissance

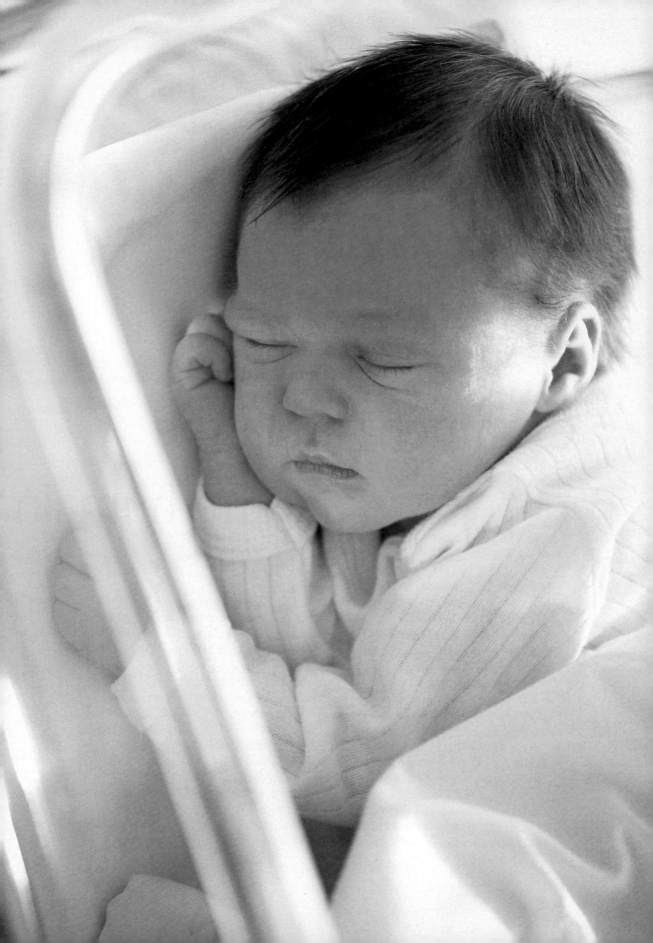

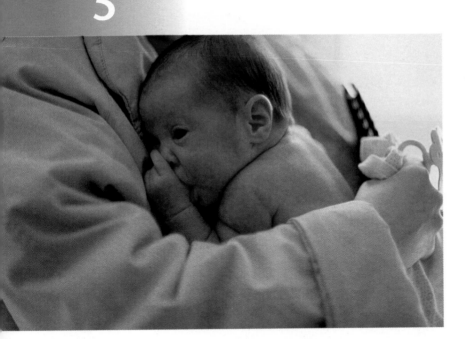

Comment la nature crée un être humain

« Du germe au nouveau-né », pour reprendre l'expression de Jean Rostand, ce sont des cellules qui se multiplient et se transforment, mais au départ, il y a une histoire d'amour. Cette histoire est multiple, variée, changeante, unique pour chaque couple. Mais la rencontre de deux cellules et ce qu'il en advient, est la même, à quelques variantes près, pour tous. Et elle intéresse tous les futurs parents. La voici.

Pour que la vie se transmette, pour qu'un nouvel être soit formé, il faut que deux germes, l'un venant de l'homme, le spermatozoïde, l'autre de la femme, l'ovule, se rencontrent. L'union de ces deux germes forme un œuf de quelques centièmes de millimètre : l'œuf humain (ou embryon, ou zygote).

Cela semble simple aujourd'hui, mais au siècle dernier on ne connaissait pas exactement le mécanisme à l'origine de la formation d'un être. Il a fallu des millénaires pour connaître ce que nous allons maintenant raconter : comment l'ovule et le spermatozoïde s'unissent pour former l'œuf humain : la conception ; comment cet œuf trouve dans l'organisme maternel un endroit confortable où il pourra se loger : la nidation ; et enfin comment pendant ces neuf mois, la grossesse, l'œuf se développera peu à peu, se nourrira, deviendra embryon, puis fœtus, puis nouveau-né, votre bébé.

Les deux cellules qui vont transmettre la vie

Au début de cette histoire, on dirait que nous ne sommes pas sur Terre. Nous ne sommes pas dans le monde que nous voyons, dans les mesures de notre monde. La scène se passe dans ce qu'il y a de plus petit en nous : l'infiniment petit des cellules.

Tout ce qui est vivant est composé de cellules de quelques millièmes de millimètre. Les cellules ont des formes et des tailles différentes suivant qu'elles constituent les os, la peau, les nerfs, etc. Mais elles sont toutes formées d'une substance identique, le *cytoplasme*, qu'entoure une membrane, et qui renferme en son centre un noyau. Parmi ces milliards de cellules, deux d'entre elles, ayant comme les autres un cytoplasme, un noyau, une membrane, sont chargées d'une mission particulière : transmettre la vie. Ce sont : le germe féminin, l'ovule, et le germe masculin ou spermatozoïde.

L'ovule

L'ovule provient de l'ovaire, glande sexuelle de la femme. Situés dans la cavité abdominale, à gauche et à droite de l'utérus, les ovaires – ils sont deux – appartiennent à l'appareil reproducteur, qui comprend en outre les trompes de Fallope, l'utérus, le vagin et la vulve, organes externes de cet appareil (schéma 1). Les ovaires ont pour fonction essentielle de produire chaque mois un ovule (ou ovocyte). D'autre part, les ovaires sécrètent deux types d'hormones, les œstrogènes et la progestérone, hormones essentielles pour l'équilibre génital de la femme. À la naissance, chaque petite fille possède un énorme stock (500 000 à 1 000 0000) d'ovules. Pendant l'enfance un grand nombre d'ovules disparaissent ; à la puberté, il n'en reste plus que 300 000 à 400 000.

C'est à partir de ce moment-là – vers 13 ou 14 ans sous nos climats, dans certains pays dès 10-11 ans – lorsque les ovaires se mettent à « pondre » des ovules, que physiologiquement la femme peut être mère. Sa période de fécondité durera environ trente ans. Ainsi, des 300 000 à

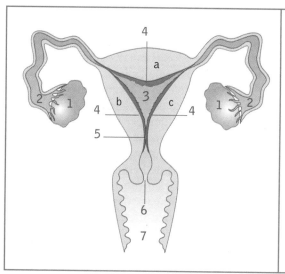

1. L'appareil génital de la femme :
les deux ovaires (1) (glandes de la forme et de la taille d'une grosse amande), les deux trompes (2) aboutissant à la cavité utérine (3). En regardant ce schéma, on réalise plus facilement que l'utérus est un muscle creux avec, au centre, cette cavité dont les parois (a, b, c) ont la propriété de se contracter. La face intérieure de l'utérus est tapissée par l'endomètre (4) qui desquame à chaque fin de cycle, ce sont les règles. Plus bas, le col de l'utérus et ses deux orifices, interne (5) et externe (6), se trouvent au fond du vagin (7).

400 000 ovules de départ, seuls 300 ou 400 arriveront à maturité. Les autres dégénéreront progressivement.

L'ovulation est donc une opération de premier plan. Dans un film documentaire, c'est la séquence que l'on montrerait au début du film. C'est la préface de la vie.

Voici donc les deux ovaires. Ils ont la forme et la taille de grosses amandes blanchâtres et sous l'épaisseur de leur « écorce » (ou cortex) se trouvent des petites structures : les follicules. Chacun de ces follicules contient un ovule.

Chaque mois, sous l'effet d'hormones sécrétées par l'hypophyse, glande située à la base du cerveau et qui commande toute l'activité hormonale de l'organisme, un follicule « mûrit » : il se développe et grossit comme l'ovule qu'il contient. (Exceptionnellement deux ovules se développent en même temps ; lorsqu'ils sont fécondés, ils donnent naissance à des jumeaux.) Cet ovule est entouré d'une couche de cellules et d'une petite quantité de liquide. L'ensemble forme ce que l'on appelle un follicule de De Graaf. Peu à peu, ce follicule, gonflé par le liquide folliculaire, fait une saillie arrondie à la surface de l'ovaire. Quand cette saillie atteint

2. La libération de l'ovule.
Sur l'ovaire, le follicule de De Graaf prêt à se rompre. Dans le follicule, l'ovule. Près de l'ovaire, les franges du pavillon de la trompe, prêtes à « happer » l'ovule.

la taille d'une groseille ou d'une petite cerise, le follicule se rompt et libère l'ovule et le liquide folliculaire. C'est l'ovulation qui se situe normalement entre le 13e et le 15e jour du cycle menstruel (schéma 2).

Pendant toute cette période du mûrissement qui correspond à la première moitié du cycle, le follicule produit des hormones : les œstrogènes.

Sur le chemin de la conception

Après l'ovulation, l'ovule est entraîné vers la trompe. Les trompes de Fallope (il y en a une de chaque côté de l'utérus) sont de longs canaux musculeux d'un diamètre de 4 millimètres environ, baptisées ainsi parce que Fallope, médecin italien du XVIe siècle, qui les vit pour la première fois, trouva qu'elles ressemblaient à des trompettes romaines. Les trompes s'élargissent du côté de l'ovaire par un pavillon aux bords très découpés en franges irrégulières et mobiles qui, par leurs mouvements, font penser à une anémone de mer. Ce pavillon est directement en contact avec la surface de l'ovaire.

Une fois libéré, l'ovule, qui ne possède aucun moyen de locomotion, est comme « happé » par les franges bordant la trompe de Fallope. Il se déplace grâce aux mouvements qui animent la trompe, aux battements de délicats filaments qui la tapissent, et au liquide qu'elle contient. Engagé dans la trompe, l'ovule a devant lui douze heures, au maximum vingt-quatre, pour être fécondé par un spermatozoïde. Au-delà de ce délai, l'ovule dégénérera.

Voici donc le premier acte achevé. Un ovule a été pondu ; il est prêt pour le deuxième acte, la fécondation.

Examinons cet ovule de plus près (schéma 3).
Il est plus petit qu'un grain de pollen. Et pourtant, c'est la
cellule la plus volumineuse de l'organisme (150 microns,
un micron = un millième de millimètre). L'ovule est
translucide et incolore. Il est sphérique et entouré d'une
membrane gélatineuse et élastique : la **zone pellucide**.
Son cytoplasme est une réserve de protéines, sucres, graisses
et autres provisions qu'il a accumulées pendant les quatorze
jours qui ont précédé sa ponte, et qui vont lui permettre de se
nourrir pendant le voyage qu'il va entreprendre et qui le
mènera jusqu'à l'utérus s'il y a fécondation.

Le spermatozoïde
part à la rencontre de l'ovule

Pour qu'il y ait fécondation, il faut qu'intervienne le germe
masculin ou spermatozoïde.

Le spermatozoïde provient des glandes sexuelles de
l'homme, les **testicules**. Comme les ovaires produisent
les ovules et les hormones féminines, les testicules produisent
les spermatozoïdes et l'hormone mâle : la testostérone.
Mais alors que la femme naît avec toute sa réserve d'ovules,
chez l'homme les testicules ne commencent à fabriquer des spermatozoïdes qu'à l'âge
de la puberté. Cette production sera pratiquement ininterrompue jusqu'à la vieillesse.

Les testicules sont des glandes de forme ovoïde. Ils renferment de très nombreux
petits tubes (les tubes séminifères) aussi fins que des fils de soie, enroulés les uns sur les
autres, et dont l'aspect ressemble à celui d'une pelote emmêlée. À l'intérieur, ces tubes
sont tapissés de cellules spéciales qui se développent très
rapidement et qui, par une série de transformations
successives, donnent les spermatozoïdes (voir schéma 4).

Au début arrondies,
ces cellules diminuent de
taille, s'allongent,
leur cytoplasme se réduit,
une petite queue se
dessine qui peu à peu
s'allonge et prend l'aspect
d'un long filament.
Le spermatozoïde arrivé à
maturité est l'une des plus
petites cellules humaines :
50 microns (millièmes de
millimètre) – y compris le
flagelle –, 4 à 5 microns
seulement pour la tête.

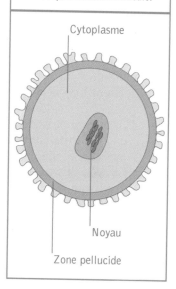

3. L'ovule prêt à la fécondation.
Au centre, le noyau entouré du cytoplasme. Autour, la zone pellucide entourée de quelques cellules qui restent du follicule.

Cytoplasme

Noyau

Zone pellucide

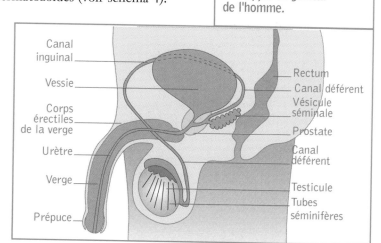

4. L'appareil génital de l'homme.

Canal inguinal

Vessie

Corps érectiles de la verge

Urètre

Verge

Prépuce

Rectum

Canal déférent

Vésicule séminale

Prostate

Canal déférent

Testicule

Tubes séminifères

Le spermatozoïde est une cellule d'un aspect particulier (schéma 5). Elle est formée de deux parties : la tête qui est ovale et qui, de face, ressemble à une poire – c'est elle qui contient le noyau – et la queue très longue qui ressemble à un fouet très fin. La queue (le flagelle) permet au spermatozoïde de se déplacer. C'est une de ses grandes différences avec l'ovule.

Après leur formation, les spermatozoïdes parcourent un long trajet et subissent encore des transformations. Réunis dans un grand canal aux mille replis et détours et qui a plus de 5 mètres de long, l'**épididyme**, ils gagnent le **canal déférent** long de 30 à 40 centimètres. Puis ils se massent dans deux sortes de sacs, les vésicules séminales, situées de part et d'autre de la prostate. Pendant ce trajet le spermatozoïde a acquis deux caractères importants : sa mobilité et son pouvoir fécondant.

Le cycle de formation du spermatozoïde demande 70 à 75 jours. Il faut ajouter 10 à 15 jours de trajet dans l'épididyme et le canal déférent avant de retrouver le spermatozoïde libre dans le sperme au moment de l'éjaculation.

5. Le spermatozoïde.
Voici un spermatozoïde, avec sa tête contenant son noyau et son flagelle qui lui permet de se déplacer. Ici, le spermatozoïde est considérablement grossi par rapport à l'ovule. Les proportions relatives de l'un à l'autre se rapprochent de celles du schéma 7.

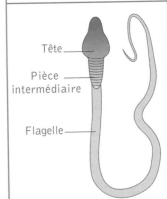

Tête
Pièce intermédiaire
Flagelle

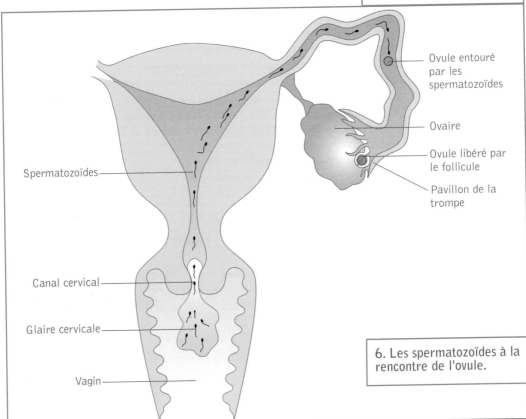

Ovule entouré par les spermatozoïdes

Ovaire

Ovule libéré par le follicule

Pavillon de la trompe

Spermatozoïdes

Canal cervical

Glaire cervicale

Vagin

6. Les spermatozoïdes à la rencontre de l'ovule.

Lors du rapport sexuel, les spermatozoïdes ne sont pas émis seuls mais dilués dans un liquide, le sperme, sécrété par la prostate et les vésicules séminales. Le rôle de ce liquide est de nourrir les spermatozoïdes et d'en faciliter le transport.

Éliminés à l'extérieur, les spermatozoïdes vivent moins de 24 heures. Déposés dans l'organisme de la femme après un rapport sexuel, ils peuvent survivre (et donc attendre l'ovule) plusieurs jours. Stockés chez l'homme et non utilisés, ils meurent en une trentaine de jours et sont remplacés par d'autres.

Une fois déposés dans le fond du vagin, à proximité immédiate du col, et avant de rencontrer l'ovule, les spermatozoïdes ont un long chemin à faire (20 à 25 centimètres, soit 4 000 à 5 000 fois leur longueur). Par le col de l'utérus, et grâce à la glaire que sécrète le canal cervical, ils pénètrent dans l'utérus, le traversent, puis s'engagent dans les trompes. S'ils rencontrent un ovule, cet ovule pourra être fécondé ; cette fécondation se passera dans la trompe (schéma 6).

Les spermatozoïdes cheminent grâce aux mouvements de godille et de vrille de leur queue, à la vitesse de 2 à 3 millimètres par minute. Ils atteignent le lieu de la fécondation en 1 h 30 à 2 heures. Au contact des sécrétions de l'utérus et de la trompe, ils acquièrent définitivement leur pouvoir fécondant.

Au cours de ce périple beaucoup de spermatozoïdes s'épuisent et meurent. Sur les millions de spermatozoïdes qui ont été émis lors de l'éjaculation, seuls quelques milliers arrivent au contact de l'ovule. Bientôt vont se trouver en contact ces deux cellules si différentes, mais chargées toutes les deux de la même mission. D'une part, l'ovule, cellule plus volumineuse et d'autre part, le spermatozoïde, cellule beaucoup plus petite, mais qui, très mobile, se meut à la rencontre de l'ovule.

Un spermatozoïde pénètre dans l'ovule : un œuf est né

Dans la trompe, voici l'ovule. Les spermatozoïdes l'entourent, comme attirés par un aimant ; frétillant, agitant leur flagelle, ils se collent contre l'ovule. Un seul va le pénétrer. C'est celui-là qui nous intéresse.

Il réussit à percer la membrane qui entoure l'ovule – la zone pellucide – en sécrétant des substances qui détruisent les tissus qu'il trouve devant lui. Quand il a pénétré dans l'ovule, le spermatozoïde perd son flagelle. Il ne reste plus que la tête qui gonfle et augmente de volume (schéma 7).

Dès ce moment, aucun des autres spermatozoïdes qui se trouvaient autour de l'ovule ne peut y pénétrer. Ils meurent progressivement sur place. Mais on verra plus loin (page 155) que parfois deux spermatozoïdes fécondent deux ovules, ce qui donne naissance à des jumeaux.

Pour sa part, l'ovule réagit à la pénétration du spermatozoïde. Il se rétracte en même temps que son noyau augmente de volume. Les deux noyaux vont à la rencontre l'un de l'autre.

7. Ovule et spermatozoïdes.

Dans l'ovule entouré par les spermatozoïdes, un spermatozoïde vient de pénétrer. Il perd son flagelle. Son noyau – contenu dans sa tête – va augmenter de volume puis fusionner avec le noyau de l'ovule.

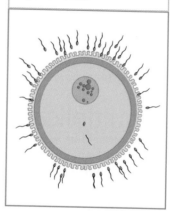

Cette rencontre se fait dans la région centrale de l'ovule. L'instant est décisif : les deux noyaux s'approchent, ils se touchent, ils fusionnent. L'œuf est formé, la première cellule d'un nouvel être humain est née. C'est le début de la vie.

Le voyage de l'œuf

La fécondation accomplie dans la trompe, l'œuf est entraîné lentement vers l'utérus où il va être accueilli, protégé, nourri. Il va faire en somme, en sens inverse, une partie du chemin parcouru par les spermatozoïdes (schéma 8).
Cette migration est assurée par un liquide sécrété par la trompe, par des cils vibratiles, qui poussent l'œuf dans la bonne direction ; enfin par les contractions de la trompe.
Ce voyage dure 3 à 4 jours.
Arrivé dans l'utérus, l'œuf ne se nide pas immédiatement, car il n'a pas encore atteint le stade de développement nécessaire, et la muqueuse utérine, le nid, n'est pas encore prête à l'accueillir. L'œuf va donc rester libre dans la cavité utérine pendant 3 jours, durant lesquels il subira d'importantes modifications, que vous verrez plus loin. La nidation n'aura lieu qu'au 7e jour après la fécondation, c'est-à-dire 21 ou 22 jours après le début des dernières règles. Pendant cette période, l'œuf survivra grâce aux réserves accumulées dans l'ovule et surtout grâce aux sécrétions de la trompe et de l'utérus.
Ce voyage de l'œuf est parfois interrompu en cours de route. L'œuf se fixe alors en dehors de l'utérus, dans la trompe elle-même, c'est une grossesse extra-utérine qui ne pourra pas évoluer.

> 8. Le voyage de l'œuf.
> 1- Follicule rompu. Ébauche de formation du corps jaune
> 2- Ovule entouré des cellules folliculeuses.
> 3- Ovule fécondé par un spermatozoïde. Les cellules folliculeuses sont éliminées.
> 4- Début de la division de l'œuf. Stade à 2 cellules.
> 5- Stades à 8 cellules.
> 6- Stade à 16 cellules (morula).
> 7- L'œuf se creuse d'une cavité.
> 8- Implantation dans la muqueuse utérine ou nidation.

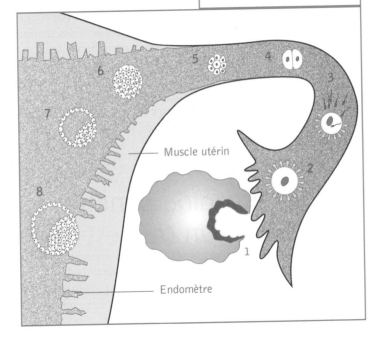

Muscle utérin

Endomètre

La multiplication des cellules

Pendant ces 7 jours de liberté, l'œuf se modifie considérablement.
La cellule initiale, née de l'union de l'ovule et du spermatozoïde, se divise en deux à la 30e heure. Ces deux cellules en produisent 4 à la 50e heure, puis 8 à la 60e heure, et ainsi de suite suivant une **progression géométrique**.

À son arrivée dans l'utérus, l'œuf en est au stade de 16 cellules. Vu au microscope, il a l'aspect d'une masse arrondie ressemblant à une mûre, d'où son nom de **morula** (mûre en latin). Ces cellules sont de plus en plus petites car le volume total de l'œuf reste le même qu'au début. Ce n'est qu'après la sixième division cellulaire (64 cellules) que l'œuf commence à augmenter de volume.

Pendant les 3 jours de vie libre à l'intérieur de l'utérus, va se produire un phénomène très important pour la suite des événements. La division cellulaire se poursuit, mais alors que jusque-là toutes les cellules étaient semblables, elles commencent à se différencier. À la période de simple division (ou segmentation), va maintenant succéder la période d'organisation. Elle va durer jusqu'à la huitième semaine. Voici comment elle commence.

À l'intérieur de l'œuf, les cellules du centre deviennent beaucoup plus grosses, elles se réunissent en une petite masse que l'on appelle le **bouton embryonnaire** parce que c'est lui qui va devenir embryon, nom que portera le futur bébé jusqu'à 2 mois révolus (après, jusqu'à la naissance, on parlera de fœtus). Les cellules les plus externes s'aplatissent, et sont refoulées à la périphérie de l'œuf. Un vide sépare le bouton embryonnaire de la couche extérieure sauf en un point où les deux parties restent soudées. Le vide va bientôt s'agrandir et former une cavité remplie de liquide.

Le plan du futur édifice est définitivement tracé ; il ne changera plus. Du bouton embryonnaire naîtra l'embryon ; des cellules extérieures, l'enveloppe qui entourera et protégera cet embryon. Cette enveloppe, c'est le **trophoblaste**. Une partie de ce trophoblaste contribuera à former le placenta grâce auquel l'enfant pourra se nourrir et se développer.

À ce stade, l'œuf mesure 250 millièmes de millimètre. Il est maintenant capable de se nider. Mais voyons d'abord comment le nid s'est préparé à l'accueillir.

La nidation se prépare

Après l'ovulation, le follicule qui contenait l'ovule s'est transformé en **corps jaune**, ainsi appelé parce qu'il contient des matières graisseuses de couleur jaune. Ce corps jaune va jouer un rôle fondamental. Il va continuer de fabriquer des œstrogènes (comme avant l'ovulation), mais aussi une autre hormone, la **progestérone**, dont on a dit qu'elle était « l'hormone de la grossesse ». C'est la progestérone qui, associée aux œstrogènes, permet le développement du tissu qui tapisse l'intérieur de l'utérus ; ce tissu, c'est la muqueuse utérine ou **endomètre**. Très mince avant l'ovulation, la muqueuse s'épaissit considérablement dans la deuxième moitié du cycle, passant de 1 millimètre à 1 centimètre. Elle se creuse de nombreux replis. Ses vaisseaux sanguins sont beaucoup plus nombreux ; et les glandes qu'elle contient fabriquent en grande quantité un sucre, le glycogène, dont le rôle nutritif est important.

Cette muqueuse, désormais appelée caduque, est maintenant prête à recevoir et nourrir l'œuf.

Si l'ovule n'a pas été fécondé, il dégénère. S'il a été fécondé mais que l'embryon arrête de se diviser, car son matériel génétique n'est pas adéquat, il ne peut y avoir de nidation, donc pas de grossesse. Le corps jaune régresse, la quantité d'hormones diminue, l'utérus se contracte, la muqueuse se détache de la paroi utérine dont les petits vaisseaux sanguins se rompent et saignent. L'ensemble s'évacue à travers l'utérus, dans le vagin, ce sont les règles. Aussitôt, la nature persévérante amorce un nouveau cycle de 28 jours.

Tout s'enchaîne désormais. Entre les règles et la grossesse, le lien apparaît : les règles signifient qu'il n'y a pas eu de grossesse, ou du moins, malgré la fécondation, l'embryon n'avait pas toutes les qualités pour se nider et se développer. Seulement 25 % des ovulations donnent lieu à une fécondation réussie, c'est-à-dire à une grossesse. Dans les 75 % restant, soit l'ovule n'a pas été fécondé, soit l'embryon n'avait pas d'avenir et donc la nidation ne s'est pas faite. Au contraire, l'arrêt des règles signifie qu'il y a une grossesse.

Pendant ce temps, que s'est-il passé dans l'ovaire depuis l'ovulation ?

Le corps jaune, qui s'est édifié sur la cicatrice laissée après le départ de l'ovule, s'est rapidement développé. Produisant une quantité considérable de progestérone, le corps jaune est le grand protecteur des premiers jours de

9. L'œuf s'est implanté
La muqueuse utérine est devenue la caduque. L'utérus, de triangulaire, s'arrondit pendant la grossesse.

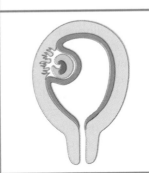

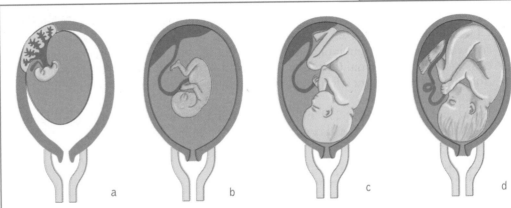

a   b   c   d

l'œuf. C'est en effet la progestérone qui a empêché l'utérus de se contracter comme il le fait au moment des règles, ce qui aurait eu pour résultat d'expulser l'œuf qui vient de se nider. C'est la même hormone qui a subvenu en partie à la nutrition de l'œuf. Vers 2 mois, lorsque le corps jaune aura terminé son temps, le relais sera pris par le placenta, vous le verrez plus loin.

Une conclusion s'impose : le corps jaune de l'ovaire est indispensable à la survie de l'œuf. Il y a d'ailleurs entre eux échange de bons procédés, car c'est à cause de l'implantation de l'œuf dans l'utérus que le corps jaune ne dégénère pas comme il le fait au cours d'un cycle normal. Pour maintenir en activité le corps jaune, le trophoblaste sécrète en effet une hormone appelée **gonadotrophine chorionique** au moins pendant les premières semaines de grossesse. C'est la présence de cette hormone dans les urines et dans le sang, qui rend positifs les tests de grossesse.

10. De l'œuf à l'enfant.
Sur ces quatre dessins, nous pouvons suivre la croissance de cet œuf que nous avons vu se nider en schéma 8. Le voici d'abord embryon à 6 semaines (a). Puis fœtus à 3 mois (b), 6 mois (c) et 9 mois (d). L'enfant est toujours représenté dans la même position. En réalité, il bouge fréquemment. Mais à 9 mois, à la veille de l'accouchement, il se présente, dans la majorité des cas, la tête en bas.

L'œuf se nide

C'est donc au 7e jour après la fécondation que l'œuf est prêt à se nider et que la muqueuse utérine est prête à le recevoir. L'œuf se pose sur la muqueuse utérine, puis il y adhère fortement, comme une ventouse. À ce moment entre en jeu le trophoblaste ; il sécrète des ferments qui détruisent les cellules tapissant la cavité de l'utérus et creuse une sorte de nid dans la muqueuse. On peut dire alors que l'œuf « fait son nid ». Il s'engage dans le trou ainsi creusé et se loge de plus en plus profondément dans l'épaisseur de la muqueuse. Au-dessus de lui, les tissus se rejoignent, la brèche se referme.

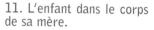

11. L'enfant dans le corps de sa mère.
Vous pouvez voir de plus près la manière dont l'enfant se tient dans le corps de sa mère, et comment il est relié au placenta par le cordon ombilical.

À la fin du 9e jour, l'œuf est logé, entièrement entouré par la muqueuse utérine dans laquelle il s'est enfoui. On appelle cette muqueuse caduque, car, après l'accouchement, elle sera éliminée avec le placenta.

Il faut maintenant que l'œuf se nourrisse. Le trophoblaste – qui prend alors le nom de *chorion* – projette de petits filaments qui s'enfoncent avidement dans la muqueuse utérine comme une plante envoie ses racines dans une bonne terre. Ces filaments rompent les petits vaisseaux sanguins, détruisent les cellules, se gorgent de cette manne et l'envoient à l'embryon dont les besoins s'accroissent sans cesse, car sans cesse de nouvelles cellules se développent à un rythme de plus en plus accéléré.

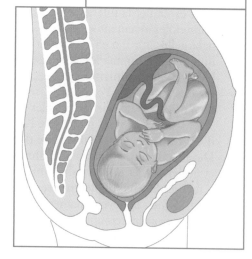

L'œuf est maintenant fixé comme une greffe à l'organisme maternel (schéma 9). C'est là qu'il va se développer neuf mois durant.

La grossesse ne commence véritablement qu'au jour de la nidation, celui où pour la première fois la mère protège et nourrit son enfant.

Au centre de l'œuf, l'embryon va croître à un rythme vertigineux. Mais cette croissance ne sera possible que parce que tout un système va se développer : ce système comprendra ce qu'on appelle les organes annexes, c'est-à-dire les enveloppes, le placenta et le cordon.

L'œuf, une greffe très spéciale

Sauf quand elle a lieu entre de vrais jumeaux, toute greffe d'organe est normalement rejetée en quelques jours. En effet, l'organisme receveur met en jeu un système de défense, appelé système immunitaire, qui a pour but d'éliminer ce corps étranger qu'est la greffe. Pour ce faire il fabrique d'une part ce qu'on appelle des anticorps ; d'autre part il « arme » des cellules (principalement des globules blancs) destinées à détruire les cellules du corps étranger (la greffe) et appelées, pour cette raison, cellules « tueuses ». L'ensemble de ce mécanisme de défense est sous la dépendance de substances situées dans toutes les cellules de l'organisme. On les appelle groupes tissulaires ou encore, chez l'homme, système H.L.A. Ce système est spécifique à chaque individu. Seuls les vrais jumeaux ont le même système H.L.A., ce qui explique qu'il n'y a pas de rejet de greffe entre eux. Chez tous les autres individus, les médecins sont obligés, pour qu'une greffe d'organe réussisse, d'avoir recours à des procédés très complexes pour diminuer ou abolir, au moins temporairement, le système naturel de défense du receveur et le mettre en « immuno-dépression ».

Or, pour l'organisme maternel, l'œuf peut être considéré comme une greffe étrangère puisqu'il contient, pour moitié, des cellules qui proviennent du père. L'œuf devrait donc être rejeté, d'autant qu'il se nide au plus intime des tissus maternels, et aucune grossesse ne devrait être possible. Il n'en est rien évidemment. Mieux encore, l'organisme maternel offre à l'œuf les meilleures conditions de protection et de développement. Pourquoi ?

Pendant longtemps, on en a été réduit à des hypothèses pour expliquer ce paradoxe. La première était que la grossesse annihile le système de défense maternel et rend ainsi impossible le rejet de l'œuf. Or, s'il est vrai qu'il existe une certaine diminution des défenses immunitaires chez la femme enceinte, cette diminution n'est jamais suffisante pour expliquer la tolérance de l'œuf. On a pensé aussi que l'œuf était immunologiquement « neutre », échappant ainsi aux réactions immunitaires habituelles. Or il n'en est rien et l'on sait maintenant que l'œuf possède un système immunitaire comme les autres cellules de l'organisme. On s'est demandé enfin si l'utérus ne constituait pas un lieu immunologique privilégié comme il en existe quelques-uns dans l'organisme, telles la chambre oculaire (qui abrite l'œil) ou les méninges, qui ne rejettent pas les greffes. Or, cette hypothèse est également fausse.

Ce sont les progrès récents de l'immunologie qui permettent d'y voir plus clair et d'affirmer que, dans la tolérance de l'œuf, le rôle fondamental est joué par le placenta. Dès la nidation, l'organisme maternel reconnaît le corps étranger qu'est l'œuf et déclenche les processus habituels de défense : fabrication d'anticorps et de cellules « tueuses ». Mais le placenta réagit immédiatement en fabriquant des substances qui vont bloquer le développement de ces cellules et les empêcher d'agir. Mieux, il utilise pour son propre compte et son propre développement les produits qui sont nécessaires à la croissance des cellules « tueuses » maternelles.

Quand, pour des raisons encore inconnues, le placenta n'est pas capable de jouer ce rôle, les cellules « tueuses » se multiplient, envahissent le placenta et tuent l'embryon. L'avortement se produit. On parle alors d'*avortement d'origine immunitaire* comparable en tous points au rejet d'une greffe.

Lorsque la fécondation ne peut pas se faire naturellement : la fécondation *in vitro*

La fécondation *in vitro* a connu en quinze ans un extraordinaire développement. D'abord destinée aux femmes n'ayant plus de trompes ou des trompes définitivement bouchées, son application s'est progressivement étendue : elle remplace de plus en plus souvent la chirurgie des trompes, et l'on y a même recours dans d'autres causes de stérilité du couple, qu'elles soient féminines (endométriose, stérilité inexpliquée, troubles de l'ovulation), ou masculines (trop faible quantité ou trop faible mobilité des spermatozoïdes). A cet égard, les indications de fécondation *in vitro* pour anomalies masculines ont récemment dépassé les indications pour anomalies féminines. La fécondation *in vitro* consiste à stimuler les ovaires avec certaines hormones de façon à provoquer la maturation de plusieurs ovules. Ceux-ci sont alors recueillis par ponction directe de l'ovaire, sous échographie, avec anesthésie. Le plus souvent, l'anesthésie est générale pour éviter l'inconfort ou la douleur liés aux multiples ponctions nécessaires pour recueillir tous les ovules. Les ovules ainsi prélevés sont déposés, chacun séparément, dans une petite éprouvette et mis en contact avec les spermatozoïdes. L'ensemble est conservé à 37 ° pendant 3 jours au moins. Au bout de 17 à 18 heures, la fécondation a lieu et, en règle générale, on replace dans l'utérus 2 à 3 œufs. Les chances de succès sont en effet plus grandes si l'on replace 2 à 3 œufs dans l'utérus. Si plus d'œufs ont été produits, ceux qui n'ont pas été utilisés sont conservés par congélation, à condition qu'ils soient de bonne qualité. Ils pourront être utilisés lors de cycles ultérieurs en cas d'échec de la première tentative. Mais l'avenir de ces embryons non utilisés et congelés pose des problèmes moraux ; c'est un de ceux sur lesquels se penche la Commission d'éthique. Une autre technique, qui s'adresse surtout aux stérilités masculines, consiste à injecter directement un seul spermatozoïde dans l'ovule. Cette technique est appelée ICSI (Intra Cytoplasmic Sperm Injection).

L'insémination artificielle n'a rien à voir avec la fécondation in vitro. Elle consiste à déposer avec une seringue et un tube fin, sur le col de l'utérus, ou dans l'utérus lui-même, soit les spermatozoïdes du conjoint (quand par exemple un rapport sexuel naturel est impossible), soit les spermatozoïdes d'un donneur quand le conjoint est stérile. Par contre, la fécondation se fait de façon naturelle.

Ainsi schématisée, la méthode paraît simple. Elle nécessite toutefois une équipe très entraînée de médecins et de biologistes. Le taux de succès, c'est-à-dire l'obtention d'un enfant, se situe entre 15 à 20 % par tentative. Actuellement, plusieurs dizaines de milliers d'enfants sont nés dans le monde à partir de cette méthode. Mais il faut savoir que certaines complications sont plus fréquentes qu'après une fécondation spontanée, et ces complications ne sont d'ailleurs pas toujours faciles à expliquer. Le taux plus important de fausses couches est certainement en rapport avec l'âge maternel, plus élevé que la moyenne. Il en est de même de la fréquence des hypertensions et des toxémies pendant la grossesse, probablement pour les mêmes raisons. Les grossesses extra-utérines sont également plus nombreuses. Les grossesses multiples (20 à 25 % de grossesses gémellaires, 4 à 5 % de grossesses triples) expliquent la plus grande fréquence des accouchements prématurés et la mortalité néonatale qui en découle. Tout ceci conduit à considérer les grossesses après fécondation *in vitro* comme des grossesses à risques. Elles se terminent souvent par une césarienne. Par contre les malformations fœtales ne sont pas plus nombreuses. Aucune anomalie n'a pu être mise en évidence par rapport aux enfants conçus naturellement. Il en est de même pour les grossesses obtenues avec des embryons congelés.

Malgré le succès que la fécondation *in vitro* rencontre dans le grand public car on en parle de plus en plus, elle n'est pas la panacée. Il ne faudrait pas croire qu'on peut y recourir simplement par impatience pour hâter la venue d'une grossesse qui tarde à survenir. Pour bénéficier d'une fécondation *in vitro* (une des rares procédures médicales soumises à une législation) il faut réunir plusieurs conditions :
– être mariée ou faire la preuve d'une vie commune depuis plus de 2 ans ;
– être en âge de procréer ;
– et surtout souffrir d'une stérilité dûment constatée.
La fécondation *in vitro* ne peut avoir lieu que dans des centres agréés, et doit être pratiquée par des médecins et biologistes également agréés par le ministère de la Santé.

Dans les pages qui précèdent, vous avez assisté à la rencontre des deux cellules. Nous allons maintenant suivre mois par mois le développement de l'enfant. Ensuite, nous verrons comment il se nourrit grâce au placenta et au cordon ombilical, et comment il est protégé par les enveloppes qui l'entourent.

●●

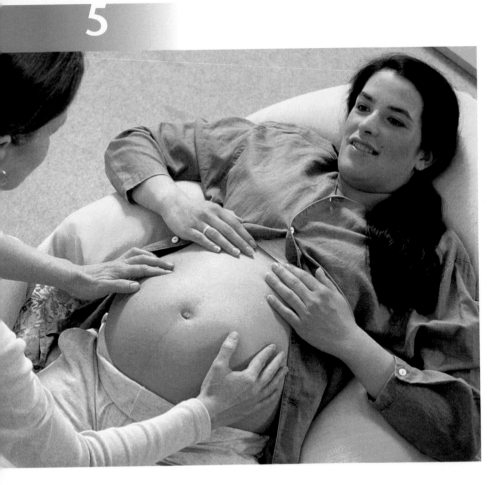

•Mois par mois
l'histoire de votre enfant

Un jour, vers la 18ᵉ semaine de sa grossesse, la future mère perçoit les mouvements de son enfant. Certaines disent qu'elles le sentent bouger ; d'autres parlent de caresses. C'est soudain une vie intense qui se révèle. Certes, la mère savait bien que le cœur de son enfant battait déjà. Elle le savait et elle l'avait peut-être déjà entendu grâce au stéthoscope à ultrasons, ou vu sur l'écran de l'échographe. Mais ce sont vraiment les mouvements qui font prendre conscience à la mère de la présence de cet enfant. Ce sont également ces mouvements qui constituent un nouveau lien entre le père et son enfant, après les images vues à l'échographie.

Pourtant c'est bien avant qu'a commencé l'étonnante histoire de l'enfant pendant les neuf mois de sa vie intra-utérine. Période à nulle autre pareille car, à aucun moment de sa vie, un être humain ne subit de telles transformations. Cette histoire, la voici.

Le premier mois

• Jusqu'à 6 semaines 1/2.

Quelques semaines avant d'avoir un visage, un cœur, des membres, l'embryon est un disque, un disque minuscule. Diamètre : deux dixièmes de millimètre. Ce disque se trouve au centre des grosses cellules de l'œuf qui ont formé le bouton embryonnaire.

Les cellules qui forment ce disque vont se répartir en trois couches d'où vont naître tous les organes de l'enfant : la couche supérieure – ou *ectoderme* – donnera naissance à la peau, aux poils, aux ongles, et au système nerveux, cerveau, moelle épinière, nerfs. La couche moyenne – ou *mésoderme* – donnera les muscles, le squelette, l'appareil urinaire et génital, le cœur et les vaisseaux, et les différents organes qui fabriquent le sang. La couche inférieure – ou *endoderme* – fournira les muqueuses (le revêtement intérieur de la plupart des organes), les poumons, le tube digestif et les glandes qui s'y rattachent.

En même temps apparaît au-dessus de l'ectoderme une petite cavité qui va s'agrandir progressivement et qui occupera ultérieurement tout le volume de l'œuf : c'est la cavité amniotique où, dans quelque temps, flottera véritablement l'embryon.

Vers le 15ᵉ jour, le disque change de forme. Il était circulaire, il s'allonge et devient ovale, plus large en arrière qu'en avant, resserré au milieu ; d'avant en arrière apparaît un renflement, la *chorde*, avec de chaque côté, de petites saillies cubiques : les *somites*. Une, puis deux, puis trois, dans quelques semaines, elles seront une quarantaine et donneront naissance aux vertèbres, aux côtes, aux muscles du tronc et aux membres.

Parallèle à la chorde, apparaît un sillon formant bientôt une sorte de gouttière d'où dérivera tout le système nerveux. À l'intérieur de l'embryon se dessine l'intestin primitif, ébauche de l'appareil digestif.

Dès le 20ᵉ jour apparaît le tube cardiaque (ébauche du futur cœur). Ce tube est formé par la fusion de deux vaisseaux sanguins ; s'il n'a pas encore la forme du cœur, il est déjà animé de contractions spasmodiques : il bat. Une circulation s'ébauche, elle est visible à l'échographie.

À la fin de la 3ᵉ semaine, l'embryon a fait du chemin. Il mesure environ 2 millimètres.

Mois et semaines.

Dans ce récit de la vie de l'enfant avant la naissance, je vous donne deux séries de dates : en *mois* et en *semaines*. Je ne voudrais pas que cela vous perturbe, mais il est difficile de faire autrement, car il s'agit de deux calculs différents. Le médecin, la sage-femme, vous parleront de semaines d'aménorrhée (SA), c'est-à-dire du nombre de semaines s'étant écoulées depuis le premier jour des dernières règles. Vous, vos amis, vous parlez du premier mois du bébé, du deuxième mois, et son âge est alors calculé à partir du jour où il a été conçu. Or, entre ces deux dates - premier jour des dernières règles et jour de la conception – il s'est écoulé 15 jours. C'est cela qui explique la différence de calcul. D'ailleurs, reportez-vous au tableau page 265, vous visualiserez mieux la différence.

à 18 jours   à 25 jours   à 30 jours   à 60 jours

12. Voici la taille réelle de l'embryon.

Il a multiplié son diamètre par 100 et son volume par un million, ce qui signifie qu'il a doublé en moyenne chaque jour. Mais surtout il commence à prendre forme : le disque s'enroule sur lui-même, prend la forme d'un tube, puis les deux extrémités se rapprochent l'une de l'autre. À l'une des extrémités se dessine un renflement : c'est la future tête où va s'installer un rudimentaire cerveau. À l'autre bout, un deuxième renflement plus petit : le *bourgeon caudal*, sorte de petite queue correspondant au coccyx. Enfin, à la partie postérieure de l'embryon apparaissent les premières cellules sexuelles.

Premier mois, premier bilan. L'embryon mesure 5 millimètres. Il n'a pas encore figure humaine, il ressemblerait plutôt à une virgule allongée. En avant, le renflement de la future tête fait un angle droit avec la partie dorsale. La place des yeux et des oreilles n'est encore marquée que par de simples épaississements. Sur le dos, on note l'alignement régulier des somites. La partie ventrale est partagée entre la volumineuse saillie de l'ébauche du cœur et la zone ombilicale par où l'embryon communique avec l'organisme maternel. En arrière on voit un petit appendice en forme de queue. Mais dans ce minuscule embryon, le cœur bat déjà.

Le deuxième mois

De 6 semaines 1/2 à 10 semaines 1/2.

Il ne reste que 4 semaines à l'embryon pour constituer l'ébauche de tous les organes qui lui manquent encore.

Au début du 2e mois apparaissent les membres, les bras, puis les jambes. Mais ces membres ne sont encore que de petites pousses, de petits bourgeons. Puis le visage se dessine, d'abord ce ne sont que des emplacements : deux petites saillies pour les yeux, deux fossettes pour les oreilles, une seule ouverture pour la bouche et le nez.

Pendant ce temps, le système nerveux se développe. La gouttière de la moelle épinière se ferme complètement. En avant, trois vésicules ébauchent le futur cerveau. L'appareil urinaire commence son développement. Le cœur et la circulation poursuivent le leur. À la partie postérieure de l'embryon, l'appareil urinaire et l'intestin débouchent dans un orifice unique, appelé du nom peu élégant de cloaque.

La 5e semaine de grossesse s'achève. L'embryon a toujours la tête repliée en avant vers la grosse saillie que forme le cœur au milieu du ventre. Plus bas, pour la première fois, on voit le cordon ombilical. Le bourgeon caudal s'est développé. Le long de la ligne médiane, les somites sont maintenant au complet (une quarantaine). L'embryon mesure 7 à 8 millimètres.

Huit jours plus tard, il double sa taille : il mesure 15 millimètres. Mais il ne met pas sa taille en valeur car il est toujours replié sur lui-même. La tête a augmenté de volume plus rapidement que le reste du corps. La queue s'est encore allongée et recourbée. À aucun moment de son évolution l'embryon ne ressemblera davantage à un tout petit animal endormi. Mais son visage dément cette comparaison car l'ébauche amorcée plus tôt se précise : l'embryon prend figure humaine quoique ses éléments soient très disproportionnés. Les yeux qui étaient très écartés l'un de l'autre, presque sur les côtés de la tête, se rapprochent ; ils paraissent immenses car ils n'ont pas de paupières. Le front est bombé. Le nez est aplati. La bouche est énorme, mais les lèvres se dessinent. Dans les gencives naissent les germes des dents de lait.

En même temps l'embryon modifie son allure. La tête se redresse sur le tronc,

la queue disparaît. Mais surtout les membres se développent. Ils s'allongent, ils s'élargissent, on peut les reconnaître. À leur extrémité, mains et pieds apparaissent comme de petites palettes où se dessinent cinq rayons, les futurs doigts et orteils. Les lignes de la paume des mains, de la plante des pieds sont déjà dessinées.
Les membres, qui ont toujours l'air de gros bourgeons, s'allongent et s'élargissent. Les bras sont aussi longs que les jambes. On devine maintenant les plis du coude et du genou. Sur le ventre apparaît une deuxième saillie, celle du foie. Bientôt foie et cœur ne formeront qu'une seule protubérance.

À l'intérieur de l'organisme, les transformations ne sont pas moins importantes. L'estomac et l'intestin prennent leur forme et leur disposition définitives. Le cloaque se cloisonne en deux orifices différents pour le rectum et l'appareil génito-urinaire. L'appareil respiratoire se développe, mais il reste encore à ce stade sans activité. Le cœur prend sa forme définitive et la circulation embryonnaire se complète. Le cerveau ressemble maintenant à celui de l'adulte avec ses sillons et ses saillies (les circonvolutions). Dans tout le corps, des muscles se développent.

À la fin de cette **7e semaine** de grossesse, un événement important se produit : l'ossification du squelette commence. Elle se poursuivra pendant des années et ne sera complètement achevée qu'à l'âge adulte.

L'embryon se redresse, son tronc devient plus droit, sa tête se lève. Il a atteint 2 centimètres. Il tient ses mains appuyées sur le ventre, ses jambes pliées genoux en dehors, ses pieds se rejoignant comme s'il allait nager.

La **8e semaine** de grossesse s'achève. L'embryon mesure 3 centimètres. Il pèse 11 grammes, moins qu'une lettre, et pourtant, dans ce minuscule corps dont la future mère ne soupçonne peut-être même pas encore l'existence, l'ébauche de tous les organes est formée. En deux mois, l'embryon a acquis tout ce qui lui donne sa qualité d'être humain. L'enfant va consacrer les sept mois qu'il a devant lui à fignoler le travail énorme qui vient de s'accomplir.

Deux mois pour le gros œuvre, sept mois pour le perfectionnement des ébauches, voilà pourquoi nous avons tant insisté pour que vous ayez le plus tôt possible la certitude que vous étiez enceinte : cette période de deux mois – celle de l'embryogenèse – est particulièrement importante. En effet, c'est celle où l'embryon est spécialement sensible aux agressions (infectieuses ou médicamenteuses par exemple), puisqu'elles risquent de perturber les processus normaux de formation des différents organes, et donc d'entraîner des malformations. Ces agressions restent d'ailleurs dangereuses jusqu'à la fin du 3e mois, au cours duquel certains organes achèvent leur formation.

Les mois suivants vont être employés à parfaire le travail commencé. Mais en même temps, et bien qu'entièrement dépendant de l'organisme maternel pour son développement, l'enfant va acquérir une certaine autonomie.

Le mécanisme du développement

En lisant la description du développement de votre enfant semaine après semaine, depuis le jour où il a été conçu, vous vous demandez peut-être comment on a su que les événements se passaient ainsi, comment on a pu les suivre et les observer. Les embryologistes ont abouti aux conclusions que vous venez de lire, d'une part en examinant les œufs humains disponibles, d'autre part en faisant des hypothèses fondées sur l'observation provenant d'œufs d'espèces animales dont le développement est très proche de celui de l'homme.

Question plus importante et plus intéressante encore : comment tout cela est-il possible ? Il est prodigieux en effet qu'à partir d'une cellule unique – l'œuf – mais porteuse dans ses chromosomes de toutes les caractéristiques de l'espèce, se forme un individu complet avec tous ses organes, et que cette fabrication se fasse le plus souvent sans erreur. Ceci tient à deux propriétés des cellules embryonnaires : elles peuvent se multiplier et elles peuvent se différencier les unes des autres.

La multiplication des cellules est indispensable pour passer de la cellule unique de l'œuf aux milliards de cellules du nouveau-né. Cette multiplication est particulièrement rapide et intense pendant la vie intra-utérine ; elle se poursuivra toute la vie, mais à un rythme beaucoup plus lent, exception faite des cellules nerveuses qui, elles, ne se renouvellent jamais.

Mais très vite les cellules embryonnaires ne vont plus se contenter de se multiplier, elles vont aussi se différencier les unes des autres, voici comment. Alors qu'à un stade très précoce du développement, chaque cellule est encore capable d'engendrer un organisme viable et normalement constitué (c'est ainsi que naissent les vrais jumeaux), plus ou moins rapidement, selon les régions de l'embryon, les cellules vont se spécialiser dans leur aspect et dans leur fonction pour devenir par exemple, une cellule osseuse, ou glandulaire, ou musculaire, etc. Il existe ainsi environ 350 familles cellulaires dans un organisme humain adulte ; et chaque cellule conserve dans ses chromosomes la totalité du programme génétique. C'est grâce à ce programme que s'exécutent les ordres. Mais une partie plus ou moins importante du programme ne s'exprime plus (on dit qu'elle est « réprimée ») pour ne laisser place qu'au message correspondant à un travail bien précis et déterminé. La cellule capable de tout faire au départ est devenue hyperspécialisée.

Cette spécialisation explique déjà la formation des trois feuillets (ectoderme, endoderme, mésoderme) dont je vous ai parlé page 111. Rapidement, ces feuillets vont se courber, se plisser, s'enrouler les uns autour des autres. Des plages entières de cellules vont glisser les unes sur les autres, s'accoler ou, au contraire, se séparer. Des groupes cellulaires entiers peuvent migrer très loin de leur lieu de naissance.

En même temps les cellules se reconnaissent, elles s'organisent pour former un tissu : les cellules osseuses forment de l'os, les cellules musculaires du muscle, etc. L'organisation se poursuit, et à leur tour les tissus fabriquent des organes : l'estomac, par exemple, formé de plusieurs tissus différents.

Enfin, les organes s'associent pour constituer un appareil ou système : le système nerveux par exemple, qui comprend cerveau, moelle épinière, nerfs.

Ainsi tout au long du développement, les cellules s'influencent les unes les autres, communiquent entre elles par le biais de substances capables de ralentir ou d'accélérer, de favoriser ou d'inhiber le développement à tel ou tel endroit de l'embryon.

En fait, les agents de toutes ces transformations nécessaires au développement sont les gènes contenus dans les chromosomes (voir page 172) ; les gènes sont également chargés de la transmission des caractères héréditaires. Certains d'entre eux, appelés *homéogènes* (ou gènes homéotiques), interviennent partout et à toutes les étapes du développement. Ce sont eux qui déterminent l'axe de l'embryon, de la tête à la queue, qui guident les cellules dans les futurs membres, qui font que les différents organes sont à la bonne place, qui ralentissent ou accélèrent le développement cellulaire, etc. Ce sont en quelque sorte les gènes «architectes» qui donnent des ordres aux gènes «ouvriers».

D'autres gènes, appelés oncogènes, jouent également un rôle important dans la multiplication des cellules. Il est intéressant de noter que, normalement inactivés chez l'adulte, ces gènes oncogènes peuvent parfois se réveiller, et déterminer l'apparition de tumeurs cancéreuses soulignant ainsi la parenté entre le développement normal de l'embryon, et la multiplication cellulaire anarchique qui caractérise les cancers.

Le troisième mois

• De 10 semaines 1/2 à 15 semaines.

Fille ou garçon ? Tout se joue au moment où les noyaux de l'ovule et du spermatozoïde se rapprochent, fusionnent et forment un œuf. À ce moment-là, le sexe du futur enfant est fixé : il dépend du patrimoine génétique du spermatozoïde. Cela veut dire que dès la fécondation, l'œuf est programmé pour être un garçon ou une fille. Mais au cœur du noyau, le secret est bien gardé, à l'extérieur rien ne se voit. Fille ou garçon, tout semble pareil. Ce n'est qu'au début du 3ᵉ mois que les organes sexuels se différencient, et que l'appareil génital devient celui d'une femme ou celui d'un homme.

C'est également au cours du 3ᵉ mois qu'apparaissent les cordes vocales. Elles ne fonctionnent pas pour autant et ne donnent pas de la voix au fœtus. Il ne poussera son premier cri qu'après la naissance, à l'air libre. Pendant ces six mois, les cordes vocales acquerront la consistance qui leur permettra de vibrer.

Progressivement, le visage devient plus humain. Les yeux se rapprochent de plus en plus. Les paupières poussent, mais elles recouvrent entièrement l'œil, pour protéger le globe oculaire qui se développe. Les lèvres sont bien dessinées. La bouche se rétrécit, mais le front reste proéminent et les narines très écartées. Les oreilles ressemblent à deux petites fentes.

Les bras s'allongent, plus vite d'ailleurs que les jambes. On distingue nettement l'avant-bras, le coude, les doigts dont l'extrémité se durcit pour former les ongles. À l'intérieur de l'organisme, le foie s'est considérablement développé. Le rein définitif apparaît. L'intestin s'allonge et s'enroule. L'ossification du squelette se poursuit par celle de la colonne vertébrale. Les premiers poils apparaissent au-dessus de la lèvre supérieure et des yeux. Les muscles et articulations se développent. Le fœtus se met à bouger, oh ! bien faiblement, si peu même que sa mère ne s'en rend pas compte ; mais déjà il agite légèrement bras et jambes, serre les poings, tourne la tête, ouvre la bouche, avale, et s'exerce même à pratiquer les mouvements de la tétée !

Pour le médecin, l'auscultation des bruits du cœur est un examen de routine. Pour la mère, pour le père, c'est entendre pour la première fois battre le cœur de son enfant, c'est vraiment la première certitude d'une présence, l'enfant commence à prendre une réalité. C'est vers la 12ᵉ semaine que, grâce au stéthoscope à ultrasons, on peut entendre battre le cœur. C'est en général à cette période que l'on pratique la première échographie.

Pour tous les parents, cette première échographie a une signification particulière.

Elle révèle enfin leur enfant, c'est un moment de grande émotion. Cet enfant on l'imagine, on entend son cœur et tout d'un coup on le « voit », et peut-être plus frappant, plus troublant, on le voit bouger. À ce propos vient à l'esprit le slogan bien connu d'un hebdomadaire : « Le poids des mots, le choc des photos. »

En réalité les échographies ne sont pas des photos, mais elles sont souvent perçues comme telles par les futurs parents. À tel point qu'aujourd'hui l'album de bébé débute généralement par des documents échographiques.

Quant aux mots, ils ont ici une place particulière.

Ce que dit, ou ne dit pas l'échographiste, aura tendance à être interprété par les parents et pas toujours dans un bon sens.

« Il est petit », est entendu comme « il est trop petit ». « Il a une grosse tête » sera perçu comme « il a une anomalie ». Et si l'échographiste fait la grimace, simplement parce qu'il a de la peine à régler son appareil, ou à fixer un détail, les parents sont persuadés que cette grimace est en relation avec la santé de leur bébé. Les parents ne savent pas que l'appareil – l'échographe – est délicat à régler, et que, suivant la manière dont se présente l'enfant, il est parfois difficile de bien voir.

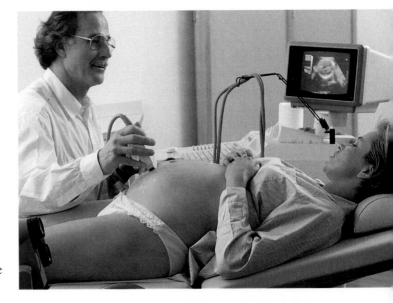

Le résultat c'est que l'échographiste met souvent un certain temps à fixer l'image, et plus il met de temps, plus l'inquiétude grandit. Comme le dit un spécialiste de l'échographie, le docteur Roger Bessis : « Il est très difficile de gérer simultanément et convenablement ses mains, ses yeux, son écoute, sa parole et sa réflexion technique. » Il est préférable que les futurs parents en soient avertis pour ne pas s'angoisser inutilement, et lorsqu'ils ont une inquiétude, qu'ils n'hésitent pas à l'exprimer.

Les parents sont éblouis et émus de voir leur bébé, de « le surprendre dans son petit monde intérieur, secret et paisible », comme me l'a écrit une lectrice. Voir le bébé installé calmement, confortablement, lui donne une réalité alors que le ventre de la maman s'est à peine arrondi et que les mouvements du bébé ne sont pas encore perceptibles. Les pères assistent en général à l'examen, il les rassure, eux qui ne ressentent pas dans leur corps la présence réconfortante de leur bébé.

À la fin de ce 3e mois, le fœtus mesure près de 10 centimètres et pèse 45 grammes. Il a fait un bond en avant : en quatre semaines, sa taille a triplé, son poids quadruplé. Au cours des mois qui vont suivre, ce sont ses os qui subiront les modifications les plus importantes. Tout en se développant considérablement, le fœtus changera peu dans son aspect extérieur.

A la fin du 3e mois, l'embryon change de nom et devient fœtus.

La vie avant la naissance

Au cours du quatrième mois

•De 15 semaines à 19 semaines 1/2.

Au cours du quatrième mois, il ne se passe pas grand-chose. Les risques de fausses couches ont pratiquement disparu. C'est une des périodes calmes de la grossesse.

L'enfant prend peu à peu des proportions nouvelles. L'abdomen s'étant considérablement développé, la tête a l'air moins disproportionnée par rapport au reste du corps.

La peau semble très rouge, car elle est si fine qu'elle laisse transparaître les petits vaisseaux dans lesquels le sang circule à un rythme accéléré. Elle est entièrement recouverte d'un fin duvet, le *lanugo*. Les glandes sébacées et sudoripares commencent à fonctionner.

Le cœur bat très vite, deux fois plus vite que chez l'adulte. Le foie commence à fonctionner. Les autres éléments du tube digestif également -- vésicule, estomac – et dans l'intestin s'accumule une substance verte, le méconium, principalement formée par la bile que rejette la vésicule. Le rein fonctionne aussi, les urines se déversent dans le liquide amniotique. Sur la tête poussent les premiers cheveux.

C'est à cette période de la grossesse que peut être réalisée une amniocentèse, si nécessaire (voyez page 187).

Le cinquième mois

•De 19 semaines 1/2 à 23 semaines 1/2.

Le 5e mois a pour les parents une signification particulière. Pour la mère tout d'abord car elle sent enfin **bouger son enfant** ; ces mouvements qu'elle attendait avec impatience, curiosité, ou même appréhension, ces mouvements que l'enfant fait depuis deux mois mais si doucement qu'ils n'étaient perceptibles que par l'échographie, la mère les ressent enfin. (Au début du 5e mois pour un premier enfant, au cours du 4 e mois pour un deuxième.)

Et pour le père, posant la main sur le ventre de sa femme, c'est le premier contact physique, charnel, avec son enfant. Pour beaucoup de pères, la perception des mouvements du bébé est une étape importante dans la découverte de cet enfant et dans l'attachement qui peu à peu va le lier à lui. Le papa perçoit, en général, les mouvements de son enfant un mois après la maman.

L'enfant commence par donner une petite bourrade bien timide. Puis il s'enhardit, surtout lorsque sa mère est au repos, lançant bras et jambes. Au début ces mouvements ne sont pas du tout coordonnés, mais progressivement ils le deviennent. Et lorsque sa mère bouge, le bébé se recroqueville sur lui-même.

Peu à peu ces mouvements sont si fréquents que lorsqu'ils cessent, la mère le remarque, comme si quelque chose manquait en elle. Le remarquer est d'ailleurs utile car les mouvements de l'enfant sont témoins d'une bonne vitalité.

Au 5ᵉ mois, pour entendre battre le cœur, le médecin ou la sage-femme n'ont plus besoin d'un stéthoscope à ultrasons, un stéthoscope ordinaire suffit.

La vie d'un enfant avant la naissance est d'ailleurs suivie tout au long de la grossesse. D'abord avec les moyens classiques : vous avez vu comment on peut écouter battre le cœur. Puis, en mesurant la hauteur de l'utérus, le médecin connaît le volume qu'occupe l'enfant ; si la progression de la hauteur de l'utérus est régulière, c'est bon signe. C'est à cette période également que l'on pratique la **deuxième échographie** pour s'assurer que le développement de l'enfant se poursuit de façon harmonieuse.

Au 5ᵉ mois, la peau de l'enfant est toujours fripée, car aucune graisse n'est encore là pour la remplir, mais elle perd son aspect rougeâtre. Sur le crâne, les cheveux sont plus abondants. Au bout des doigts, les ongles sont là.

Le fœtus s'exerce au mouvement de déglutition en absorbant du liquide amniotique qui l'entoure. On le sait car si l'on a besoin d'injecter un produit colorant dans le liquide amniotique, on le retrouve dans l'intestin quelques heures plus tard.

De leur côté les poumons poursuivent leur développement ; l'échographie a permis de constater dès le 3ᵉ mois des mouvements respiratoires ; d'abord irréguliers, ils deviennent réguliers à partir de 8 mois environ. Mais bien sûr, il ne s'agit pas d'une respiration identique à la nôtre, qui n'est possible qu'à l'air libre. Alors comment expliquer les mouvements respiratoires du fœtus ? On suppose (mais ce n'est qu'une hypothèse) qu'il s'agit d'un entraînement à la vie aérienne.

Le fœtus mesure maintenant 25 centimètres, 100 fois plus qu'à 4 semaines. Mais la grande période de croissance est terminée. Sa taille ne va que doubler jusqu'à la naissance. En revanche, dans le même temps, le poids va sextupler, puisqu'il passera des 500 grammes actuels aux 3 kilos que pèse en général le bébé à terme.

Le sixième mois

• De 23 semaines 1/2 à 28 semaines.

Le 6ᵉ mois est vraiment celui du mouvement, comme si le bébé exerçait ses forces. Il fait en moyenne 20 à 60 mouvements (bras, jambes, torsion du buste, etc.) par 1/2 heure. Il y a des variations au cours de la journée : la majorité semble remuer plus le soir quand la mère se repose. Les calmes bougent moins de 20 fois par 1/2 heure. D'autres au contraire, plus agités, remuent plus de 80 à 100 fois, toujours par 1/2 heure. Et rien ne permet actuellement d'établir un rapport entre la fréquence des mouvements avant la naissance et le « caractère » ultérieur de l'enfant après la naissance. Un fœtus « agité » ne sera pas forcément un enfant « nerveux ».

La fréquence des mouvements varie aussi avec l'âge de la grossesse. Elle est plus élevée entre la 22ᵉ et la 38ᵉ semaine ; elle a tendance à diminuer 2 à 4 semaines avant l'accouchement, en partie parce que l'enfant a moins de place. La fréquence des mouvements change aussi avec l'état physique de la mère ; elle diminue nettement quand la mère a de la fièvre ; elle est également influencée par son état psychologique. On a pu constater qu'une forte émotion, qui provoquait une brusque décharge d'hormones, faisait aussitôt réagir le fœtus.

À quoi cela sert-il d'étudier les mouvements de l'enfant ? À se rendre compte de sa vitalité : des mouvements actifs sont rassurants, toute diminution nette et prolongée peut inquiéter. A *fortiori*, un arrêt total pendant 24 à 48 heures doit conduire à consulter le médecin.

Et depuis peu, on se sert de l'observation des mouvements pour évaluer l'influence de la consommation de tabac et d'alcool par la mère. Il semble qu'une consommation excessive de l'un comme de l'autre agite le fœtus et accélère les battements de son cœur.

Le cerveau, quant à lui, continue à se développer, c'est-à-dire à se compliquer. Le visage s'affine, les sourcils sont bien apparents, le dessin du nez plus ferme, les oreilles plus grandes, le cou plus dégagé. L'enfant dort et s'éveille. Mais comment sait-on qu'un fœtus dort ou qu'il est réveillé ? Précisément en observant ses mouvements, et puis en vérifiant le comportement de l'enfant à l'échographie.

Et on voit que lorsque l'enfant dort – ce qu'il fait 16 à 20 heures par jour – , il a déjà la position qu'il aura dans son berceau : le menton contre la poitrine ou la tête rejetée en arrière.

L'échographie a également montré que le fœtus avait deux sortes de sommeil : le sommeil calme et profond où le fœtus ne bouge pas ; le sommeil léger (qui correspond chez l'enfant et l'adulte à la période des rêves) et qui est encore appelé paradoxal car on observe alors des mouvements des bras et des jambes, et des mouvements rapides des globes oculaires. Le diaphragme lui-même s'agite avec des mouvements un peu brusques et sporadiques donnant à la mère l'impression que l'enfant a le hoquet. Au début, ce phénomène, qui apparaît vers 6 mois, inquiète souvent la future mère. Lorsque le fœtus dort profondément, il est difficile de le réveiller, que ce soit par le bruit ou par la palpation de l'abdomen maternel.

À la fin du 6e mois l'enfant se tient les bras repliés sur la poitrine, et les genoux remontés sur le ventre. Il mesure 31 centimètres et pèse 1 000 grammes. Il a maintenant tout ce qu'il faut pour naître. S'il naissait à cet âge, il serait considéré comme viable. Toutefois, il resterait un grand prématuré et ses chances de survie seraient encore minces malgré les grands progrès de la médecine néonatale.

Le septième mois : l'éveil des sens

De 28 semaines à 32 semaines 1/2.

Jusqu'ici, nous avons parlé muscles et os, nous avons vu un visage se dessiner, des cheveux pousser, nous avons pesé ce bébé, nous l'avons mesuré. Au 7e mois, c'est un autre éveil, c'est « l'aube des sens ».

Ces dernières années, l'intérêt accru pour la vie avant la naissance, la mise au point de différents appareils ont permis de se rendre compte des perceptions sensorielles du fœtus. Les découvertes, les observations de ces travaux remplissent déjà plusieurs livres.

Ces découvertes ne surprendront pas vraiment les mères : depuis toujours elles savaient que l'enfant qu'elles attendaient avait des sensations, qu'il

L'Aube des sens.
Dès sa première édition, le livre d'Etienne Herbinet et de Marie-Claire Busnel a fait grand bruit. Il révélait que les sens de l'enfant s'éveillaient dès la vie intra-utérine, et se développaient après la naissance plus rapidement qu'on ne l'avait imaginé. *L'Aube des sens* (éditions Stock) est devenu un grand classique régulièrement réédité.

réagissait à des bruits, à la musique, à certains de leurs comportements, mais ces croyances, n'étant pas étayées par la science, restaient du domaine féminin.

Mais comment ne pas croire cette jeune femme qui, se trouvant dans une discothèque bruyante, au bout d'un moment a été obligée de sortir : « Il bougeait tellement… Ce n'était pas moi qui me sentais mal, c'était lui. » Quant aux berceuses, selon Françoise Loux, si elles plaisent c'est peut-être parce que le « nouveau-né retrouve la voix qu'il percevait avant la naissance… Ce n'est pas une voix qui parle, qui s'adresse à quelqu'un de façon consciente ; c'est en quelque sorte une voix extérieure, celle que l'enfant entendait avant sa naissance » (*L'Aube des sens*).

Aujourd'hui ces intuitions des mères, ces impressions sont devenues des certitudes scientifiques ; on sait maintenant que le fœtus entend. Mais les chercheurs ne sont pas tous d'accord sur l'âge : pour certains (dont l'école japonaise) c'est 5 mois 1/2, pour les autres, la majorité, c'est 7 mois.

Cette constatation des perceptions sensorielles du bébé, si elle n'a pas vraiment surpris la mère, a été pour le père un nouveau moyen d'entrer en relation avec le bébé. Beaucoup de pères parlent à leur enfant, lui chantent des chansons, cela leur permet de communiquer avec lui avant la naissance.

Qu'entend donc le fœtus avant la naissance ? Toute une gamme de bruits et de sons. La voix humaine, mais laquelle ? Pour les uns celle du père, pour les autres, celle de la mère. Le docteur Feijoo, qui s'est spécialisé dans des recherches sur l'audition, n'a pas d'hésitation : pour lui, l'enfant avant la naissance entend surtout les sons graves, donc plus facilement la voix de son père. Ce chercheur s'est aussi rendu compte que non seulement l'enfant pouvait entendre, mais qu'il pouvait aussi reconnaître des sons : il a choisi un enregistrement de la phrase musicale jouée au basson – soit des sons graves – dans *Pierre et le loup* de Prokoviev ; il a constaté que l'enfant, une fois né, reconnaissait la phrase : ses pleurs cessaient si on lui faisait entendre la musique (voir *L'Aube des sens*).

D'autres chercheurs (J.-P. Lecanuet, C. Granier-Deferre, M.-C. Busnel) sont plus nuancés. Certes, disent-ils, l'utérus est plein de sons graves, mais parviennent-ils jusqu'au fœtus ? C'est encore un mystère. En effet, les travaux de ces chercheurs montrent que le fœtus réagit plus et mieux à un son aigu (5 000 Hz) qu'à un son grave (2 500 Hz). Conclusion : l'enfant entend peut-être la voix de son père, mais en tout cas il entend mieux la voix de sa mère qui, en plus, lui vient de l'intérieur.

On comprend les parents pressés de savoir si leur bébé les entend. On comprend les chercheurs pressés de pouvoir leur donner une réponse. Mais cette réponse est difficile. Les recherches se poursuivent et réservent probablement d'autres découvertes.

Quant à T. B. Brazelton, il a observé avec son équipe, qu'un fœtus de 6-7 mois, non seulement réagissait à différents sons, mais était capable de se détourner des *stimuli* négatifs, et de faire attention aux *stimuli* positifs : une sonnerie de réveil le fait sursauter, mais si on la lui fait entendre plusieurs fois, il s'en détourne et ne réagit plus ; le son d'une crécelle le fait se tourner vers ce bruit comme s'il attendait le prochain signal.

Points forts
Cet ouvrage de T. Berry Brazelton est consacré aux moments essentiels du développement de l'enfant (Éditions Stock).

Bien évidemment, le fœtus n'entend pas comme nous, les bruits lui arrivent assourdis, filtrés par le milieu aquatique dans lequel il baigne ; en plus il est entouré de tout un environnement sonore : cœur de sa mère, bruits de son intestin qui répondent à cet étrange mot de borborygmes, et aussi le battement de son propre cordon.

Comment sait-on que le fœtus entend ? Grâce au stéthoscope, par les mains posées sur le ventre et par l'échographie, on observe qu'à l'écoute de ces différents bruits, le cœur du bébé bat plus vite, que l'enfant sursaute, qu'il s'agite, qu'il change de position. Aussi dans certaines maternités, pour calmer les prématurés et les réconforter, leur fait-on entendre les battements du cœur de leur mère, enregistrés et amplifiés : le bébé, reconnaissant ce bruit, se calme.

Ce qu'on a du mal à croire c'est que le fœtus puisse être sensible à une impression visuelle. Pourtant c'est ce que rapporte T.B. Brazelton : si après avoir repéré la tête de l'enfant par échographie, on dirige une forte lumière sur le ventre de la mère, que fait le bébé ? Il sursaute.

Avant la naissance, les autres sens de l'enfant s'exercent aussi, par exemple le goût. « Un obstétricien anglais a été extrêmement surpris par l'odeur de curry que dégageait un bébé indien à sa naissance » (*L'Aube des sens*), ce qui montre que le liquide amniotique peut avoir différentes saveurs auxquelles le fœtus s'habitue peu à peu. C'est ce qui explique d'ailleurs que, après la naissance, l'enfant n'est pas dérouté par les différents goûts que peut avoir le lait suivant les aliments que mange sa mère. Il semble donc inutile de dire « pas de chou, pas d'ail, etc. Cela donne un goût fort au lait ». *In utero*, le bébé a déjà été habitué à différentes saveurs.

L'échographie montre bien la continuité entre la vie avant la naissance et la vie après la naissance. Dans le ventre maternel, le bébé s'exerce à différents gestes : resserrer le pouce et l'index, bouger les mains et les orteils, toucher le cordon. Si on a la chance d'être là au bon moment, on peut voir le bébé sucer son pouce. Et bien des nouveau-nés arrivent au monde avec un pouce tout irrité d'avoir été sucé.

À sept mois, le fœtus pèse 1 700 grammes et mesure 40 centimètres. S'il naissait, il aurait maintenant de grandes chances de survivre, mais parfois avec des problèmes. L'enfant de cet âge est certes viable – et bien des prématurés le prouvent – mais il est encore fragile : il n'a pas encore le poids et surtout la maturité nécessaires pour s'adapter facilement et rapidement au monde extérieur. Cette maturité, il va l'acquérir au cours des deux derniers mois. Plus l'enfant est proche du terme, plus il est prêt à s'adapter à sa nouvelle vie.

C'est à la fin de ce mois (vers 32 semaines d'aménorrhée) qu'est en général pratiquée la troisième échographie

En France, les parents n'ont pas l'habitude de rencontrer le pédiatre avant la naissance de leur bébé sauf si l'obstétricien soupçonne une difficulté, et demande l'avis de son confrère. Aux États-Unis, il est fréquent que parents et pédiatre fassent connaissance avant la naissance. T.B. Brazelton a l'habitude de voir les parents au 7ᵉ mois de la grossesse, cela lui permet de parler du bébé, de son comportement, de ses besoins, d'aborder les questions qui préoccupent beaucoup les parents telles que sein ou biberon, reprise rapide du travail ou non, etc. Ce premier lien avec le pédiatre semble n'avoir que des avantages.

Le huitième mois : il se fait une beauté

• De 32 semaines 1/2 à 36 semaines 1/2.

Les principaux organes sont maintenant au point. Certains fonctionnent déjà comme ils le feront après la naissance, en particulier l'estomac, l'intestin, les reins. D'autres ne sont pas encore tout à fait prêts : le foie et surtout le poumon. C'est seulement vers le 8ᵉ mois que s'achève la maturation du poumon.

Le poumon est formé de multiples petites alvéoles où circule l'air que nous respirons. Chez le fœtus au 8ᵉ mois, ces alvéoles, entourées de tout un réseau de vaisseaux, sont prêtes à fonctionner. Mais c'est à cette époque qu'apparaît une substance graisseuse (appelée surfactant) qui enduit chacune de ces alvéoles et empêche le poumon de se rétracter complètement après chaque inspiration. En l'absence de surfactant, le fœtus a de quoi respirer, mais pas parfaitement, et ceci d'autant plus qu'on est loin du terme de la grossesse. Ceci explique les problèmes de certains prématurés.

Le cœur continue de battre à un rythme élevé, 120 à 140 battements par minute. Il a sa forme et son aspect définitifs mais la circulation ne s'y fait pas encore tout à fait comme après la naissance, notamment parce que le sang fœtal ne s'oxygène pas au niveau des poumons, mais grâce à l'oxygène que lui apporte le cordon ombilical. Certaines communications existent encore (par exemple entre les parties droite et gauche du cœur), elles ne se fermeront qu'après la naissance.

La naissance approche, l'enfant se fait une beauté. La graisse tend la peau ; les rides disparaissent ; les contours s'arrondissent, la peau, de rougeâtre, devient rose clair ; le fin duvet qui la recouvrait disparaît, peu à peu, il est remplacé par un enduit, le *vernix caseosa*.

C'est généralement au cours du 8ᵉ mois (mais parfois avant) que l'enfant prend sa position définitive pour l'accouchement. L'utérus ayant

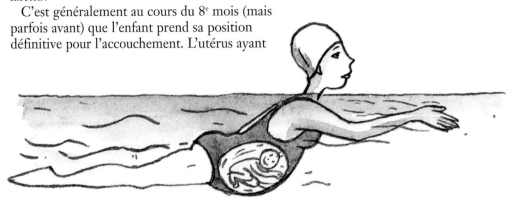

la forme d'une poire renversée, l'enfant cherche à s'adapter le mieux possible à l'espace dont il dispose. C'est pourquoi, dans la plupart des cas (95 % au moins) il va se placer de façon que la partie la plus volumineuse de son corps, c'est-à-dire le siège, se retrouve dans le fond de l'utérus. L'enfant sera donc tête en bas, et le dos plus souvent à gauche qu'à droite. Ainsi, lors de la naissance, c'est la tête qui va se présenter la première. On dit qu'il s'agit d'une *présentation céphalique*, mais dans certains cas, notamment lorsque l'utérus est malformé et manque d'ampleur, c'est la tête qui se cale dans le fond de l'utérus. C'est alors le siège qui sort le premier lors de l'accouchement. C'est une *présentation du siège*. Très rarement enfin, le bébé se met complètement en travers : c'est une *présentation transversale* qui n'est pas compatible avec un accouchement normal, elle nécessite le recours à la césarienne (voir les schémas pages 309 et 310).

À la fin du 8e mois, l'enfant pèse en moyenne 2 400 grammes et mesure 45 centimètres.

Le neuvième mois : le jour se lève

• De 36 semaines 1/2 à 41 semaines.

L'enfant va consacrer les dernières semaines à prendre des forces et du poids, 20 à 30 grammes par jour, et à grandir. Il remue encore beaucoup au début du mois, mais il n'est pas rare que ces mouvements soient moins perceptibles dans les semaines qui précèdent la naissance, tout simplement par manque de place. Mais malgré cela le bébé continue à bouger, comme le sent la maman.

Le fin duvet qui recouvrait le fœtus est maintenant presque entièrement tombé, mais il peut persister après la naissance, notamment sur la nuque et les épaules. La peau est maintenant blanc rosâtre. L'enduit sébacé qui la recouvrait est également en train de disparaître.

Le crâne n'est pas entièrement ossifié. Entre les os persistent des espaces fibreux que l'on appelle les fontanelles. Il en existe deux : l'une en forme de losange, en avant, au-dessus du front, l'autre triangulaire, en arrière, au niveau de l'occiput. Ces fontanelles permettent à l'accoucheur de reconnaître la position de la tête lors de l'accouchement. Elles ne se fermeront que plusieurs mois après la naissance.

À la fin du 9e mois, l'enfant est prêt à naître, le plus souvent tête en bas, bras et jambes repliés sur le ventre. En moyenne, il pèse 3 000 à 3 300 grammes, et mesure 50 centimètres. Il est maintenant prêt à aborder le monde extérieur.

C'est au chapitre 16 que vous verrez les premières réactions, l'aspect et le développement du nouveau-né. En venant au monde, des modifications importantes s'opèrent en quelques heures dans l'organisme de l'enfant pour qu'il puisse s'adapter au milieu dans lequel il est brusquement plongé.

Images de la vie
avant
la naissance

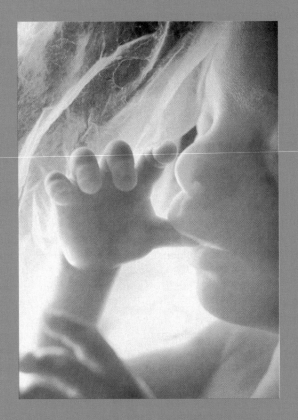

Le fœtus suce son pouce. Ce document extraordinaire a fait le tour du monde.

124

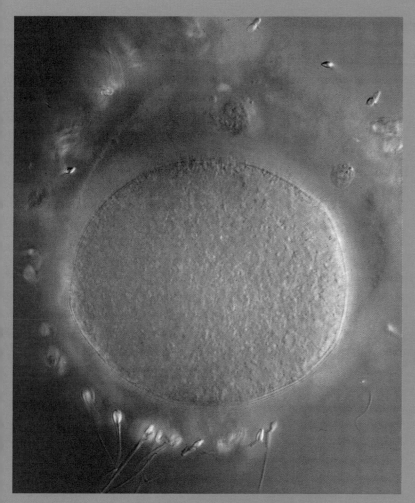

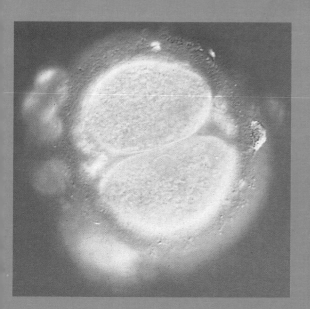

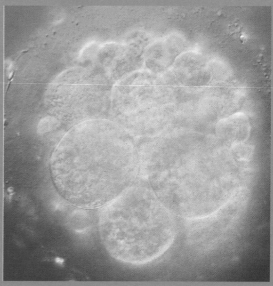

Ci-contre
L'ovule est entouré de
spermatozoïdes qui
cherchent à pénétrer pour
assurer la fécondation.

Ci-dessous à gauche
après la fécondation,
rapidement l'œuf se divise
en 2 cellules, qui, à leur
tour, vont continuer à se
diviser.

Ci-dessous à droite
à partir de 16 cellules, l'œuf
porte le nom de morula.

Dans ces images de la vie
avant la naissance, l'âge du
bébé est indiqué en
semaines d'aménorrhée,
puis en mois de grossesse.
A ce propos, voyez la
légende *Mois et semaines*
de la page 111.

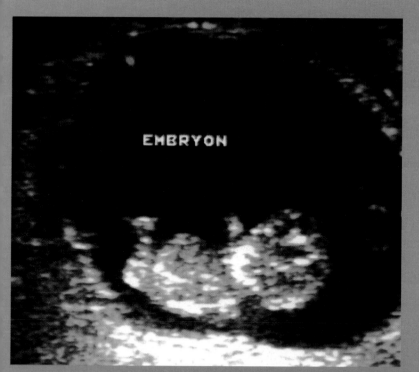

Sur la page de gauche :
vous pouvez voir
un embryon de 6 semaines.
Il est relié au placenta (situé
dans la partie supérieure de
l'image) par le cordon
ombilical. On voit
nettement l'ébauche de l'œil
et des membranes.

Sur la page de droite :
(échographie du haut),
l'embryon à 8 semaines.
Sur le document du bas, il
a 2 semaines de plus, on
voit que les membres se
sont développés.

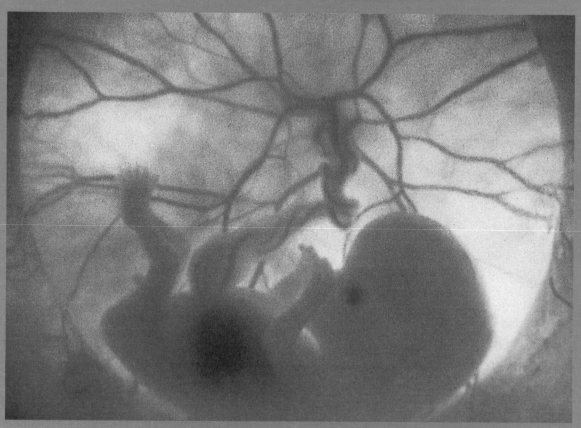

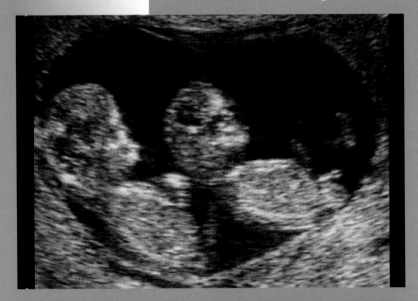

Page de gauche, de haut en bas :
une grossesse gémellaire de 12 semaines. Les deux embryons sont dans la même poche. Ce sont de vrais jumeaux (monozygotes), donc du même sexe.

En dessous :
une grossesse gémellaire de 9 semaines, mais les embryons sont dans des poches distinctes. Ce sont des faux jumeaux (dizygotes).

En bas :
une grossesse triple de 7 semaines ; chaque embryon est dans une poche séparée.

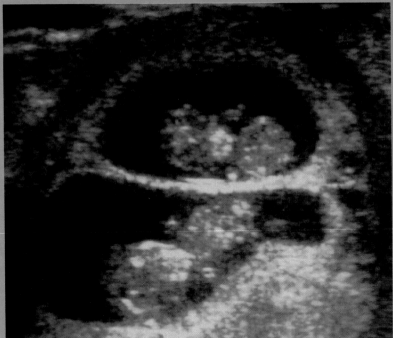

Page de droite :
sur les 2 images, le fœtus a 20 semaines.
Il est complètement terminé. Tout est là : les doigts, les ongles, les yeux. Mais il n'est pas encore capable de vivre tout seul.

Sur l'échographie du haut on distingue bien les mains et les jambes repliées.

Sur le document du bas, on voit nettement le cordon ombilical, organe vital pour l'enfant puisqu'il lui apporte tout ce dont il a besoin.

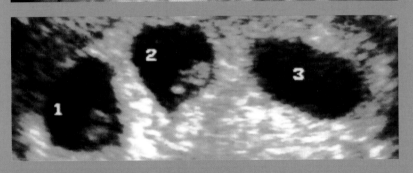

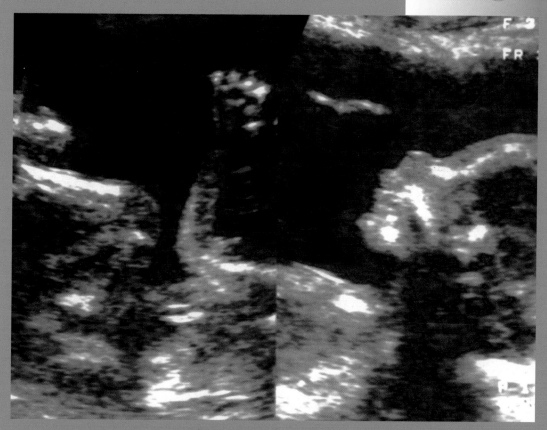

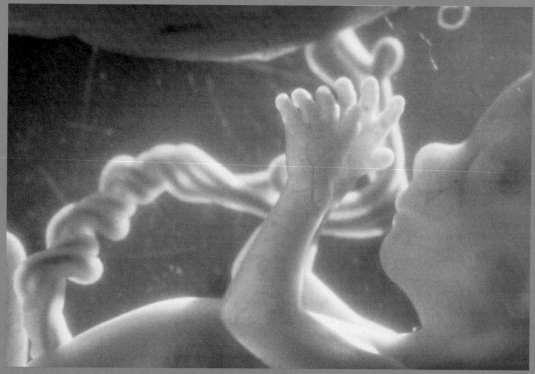

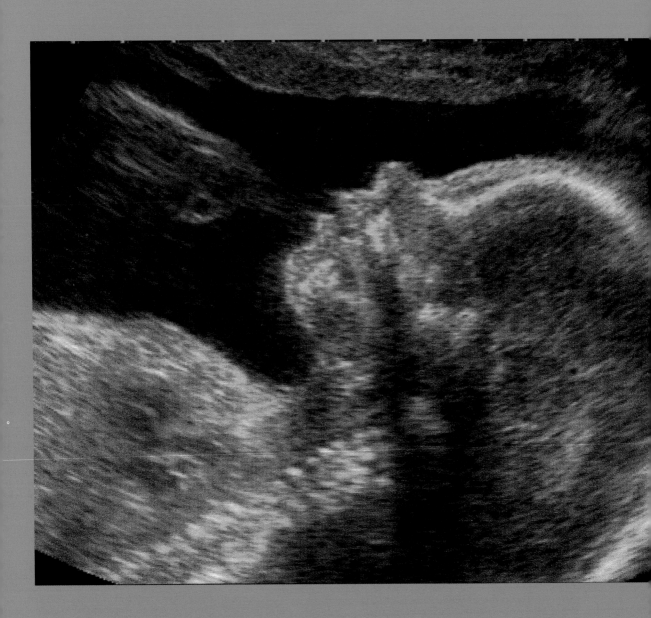

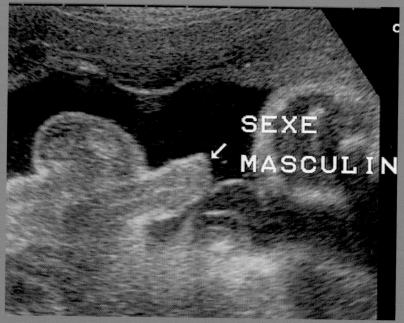

SEXE
MASCULIN

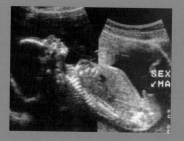

Sur la page de gauche :
voici le profil bien dessiné
d'un fœtus de 22 semaines.

À cet âge, le sexe est
parfaitement identifiable, et
sans risque d'erreur si la
technique est correcte.

Ci-dessus et ci-contre :
le sexe d'un petit garçon
(plan général et gros plan).

En bas :
le sexe d'une petite fille.

Ces images montrent
nettement le sexe de
l'enfant à naître.
Mais celui-ci n'est pas
toujours aussi visible, cela
dépend de la manière dont
se tient le bébé. De toute
façon, si vous souhaitez
attendre le jour de la
naissance pour avoir le
plaisir de la découverte du
sexe de votre enfant, pensez
à le dire au médecin.

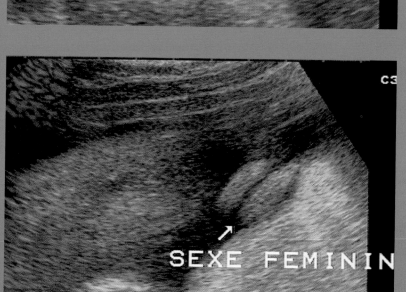

SEXE FEMININ

L'aube des sens

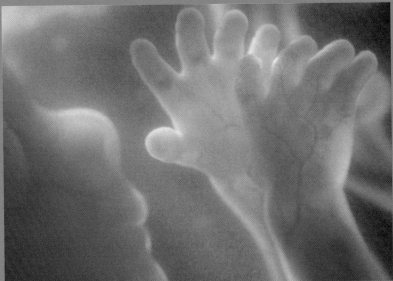

Page de gauche :
sur le document du haut,
le bébé a 14 semaines,
ses mains sont formées,
mais la peau est encore bien
mince et laisse voir les
vaisseaux.
Quelques semaines plus tard
(18 semaines),
sur l'échographie du bas,
les phalanges sont
distinctes.

Page de droite :
le bébé a maintenant près
de 5 mois.
Malgré les paupières encore
soudées, le regard se
devine.

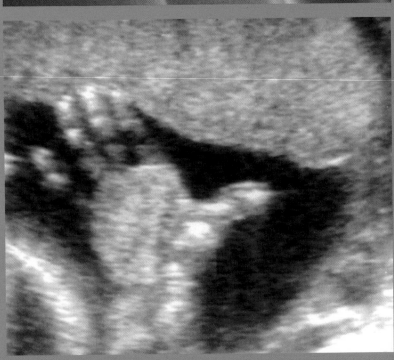

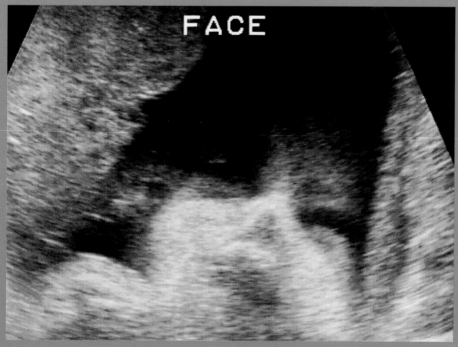

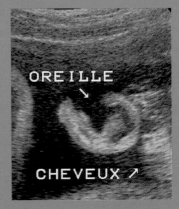

OREILLE
CHEVEUX ↗

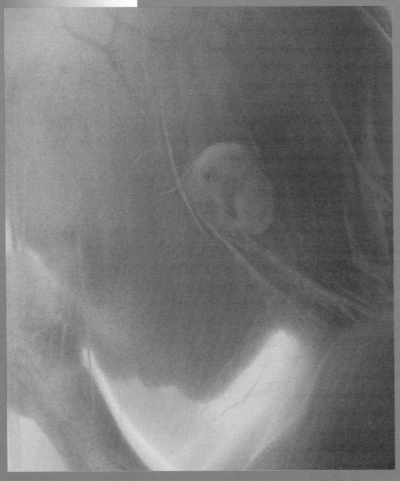

Sur l'échographie ci-dessus,
l'oreille est celle d'un fœtus
de 32 semaines.

Sur le document ci-contre,
l'oreille externe est bien
formée. Mais il faudra encore
quelques semaines pour que
l'enfant perçoive les sons
extérieurs.

Sur le document de gauche et
l'échographie de droite.
Voici les pieds,
à 32 semaines.
Enfin, en haut à droite,
le document montre à
5 mois et demi le dessin déjà
bien précis des lèvres et des
narines.

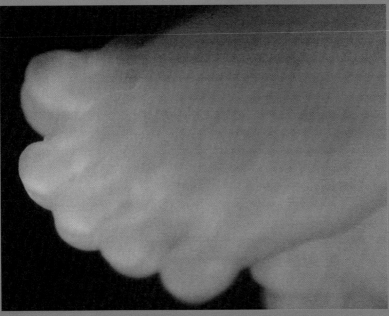

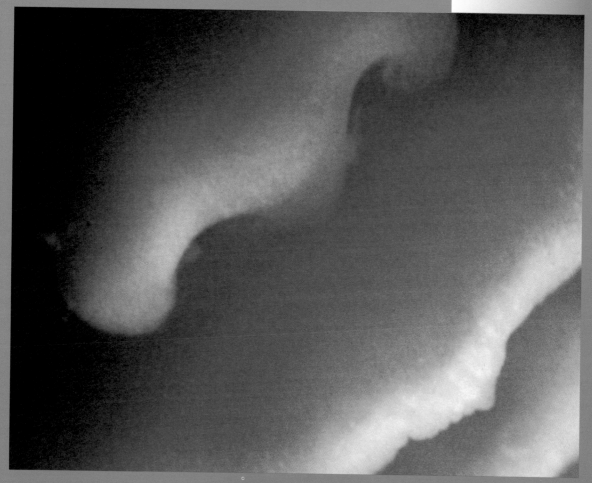

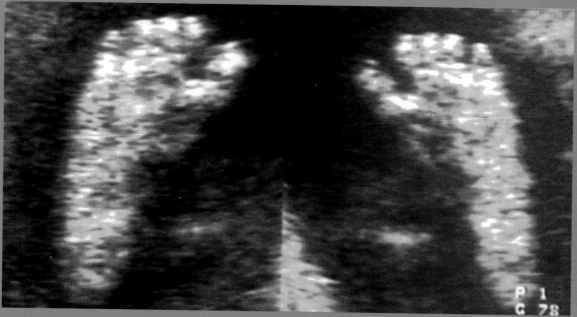

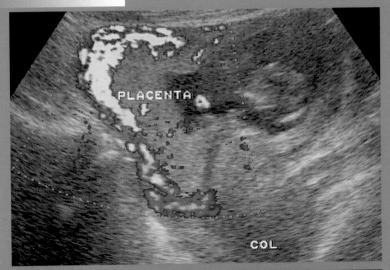

Les dopplers

L'échographe est un appareil qui utilise différentes techniques d'imagerie. Parmi ces techniques, il y a les dopplers. Il existe différents types de dopplers : énergie couleur, code couleur, pulsé, etc.

<u>Sur les deux documents du haut</u>
Il sagit d'un doppler énergie couleur : c'est une technique qui permet de voir et de mesurer la quantité de sang qui circule dans un organe. Grace au doppler énergie couleur, on peut vérifier si le placenta est bien "accroché" ou si au contraire un décollement ou une baisse du flux sanguin menace la grossesse.

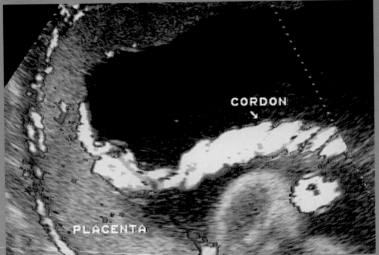

<u>Sur le document du bas</u>
Il sagit d'un doppler pulsé qui permet "d'ausculter" l'endroit choisi par le médecin, et ainsi d'écouter le cœur du bébé et de prendre son rythme.
Dans le cas d'une grossesse multiple (jumeaux, triplés) il est ainsi possible d'écouter le cœur de chacun des bébés séparément.

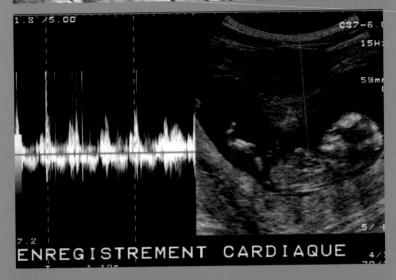

Comment votre enfant vit en vous

Nous mangeons par la bouche, nous respirons par le nez et les poumons.
Pour des raisons évidentes, le fœtus ne peut en faire autant. Il devra attendre de naître
pour s'alimenter et respirer à notre manière. Pour le moment, c'est de sa mère
qu'il reçoit la nourriture et l'oxygène dont il a besoin pour se développer. Ces échanges
mère-enfant sont possibles grâce à un système relativement complexe que l'on appelle
les « annexes » de l'œuf. Ces organes annexes sont transitoires. Ils n'existent que
pendant la grossesse, ils seront éliminés après la naissance.

Ces annexes comprennent le *placenta*, le *cordon ombilical*, les *membranes de l'œuf*.

Placenta et cordon se complètent, mais chacun a son rôle bien précis. Le premier
puise dans le sang maternel les matières premières et l'oxygène nécessaires au fœtus,
le deuxième les lui apporte. Après la naissance, le placenta est expulsé, c'est la
délivrance. Quant aux membranes, ce sont elles qui forment le sac à l'intérieur duquel
se trouvent l'œuf et le liquide amniotique.

Pour mieux vous faire comprendre ce que sont les annexes, il est nécessaire de faire
un bref retour en arrière.

Lors de la nidation, vous l'avez vu, l'œuf a complètement pénétré dans la muqueuse
utérine. Celle-ci prend alors le nom de caduque car elle sera éliminée après
l'accouchement. Sur les schémas de la page suivante vous pouvez voir que la caduque

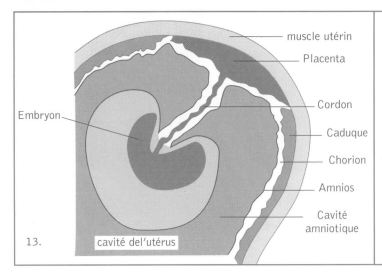

muscle utérin

Placenta

Cordon

Embryon

Caduque

Chorion

Amnios

Cavité amniotique

13.

cavité del'utérus

13. Le *trophoblaste* va former le placenta en profondeur, et dans l'épaisseur de la paroi utérine. À la périphérie de l'œuf, il va prendre le nom de *chorion*. La cavité amniotique, où « flotte » l'embryon, va occuper peu à peu toute la cavité de l'utérus.

tapisse toute la cavité utérine, y compris la zone où va se nider l'œuf.

Au niveau de la zone où l'œuf s'est implanté, le trophoblaste (voir plus haut) comprend deux régions distinctes. L'une profonde, qui, pénétrant dans la muqueuse utérine et érodant ses vaisseaux, établit un contact avec la circulation maternelle pour y puiser les aliments nécessaires au développement de l'embryon. C'est l'ébauche du placenta. L'autre partie du trophoblaste (schéma 13) se trouve à la périphérie de l'œuf et prend le nom de *chorion*. L'œuf qui, en se développant, fait de plus en plus saillie dans la cavité de l'utérus, se trouve alors recouvert de deux couches de tissus : la caduque et le chorion.

Parallèlement est apparue dans le bouton embryonnaire une cavité remplie d'un peu de liquide : la cavité amniotique qui est limitée par une membrane appelée *amnios*.

Rapidement, cette cavité va se remplir de liquide. Elle va augmenter de volume et prendre une place de plus en plus grande dans la cavité utérine qu'elle va finir par occuper complètement vers la 10e semaine. La membrane qui la limite, l'amnios, va donc s'accoler au chorion et à la caduque. Ils vont former ce que l'on appelle les membranes de l'œuf.

En même temps, l'embryon, qui augmente de volume, s'est écarté de la zone d'implantation. Il s'éloigne progressivement de la paroi utérine et ne lui reste attaché, au niveau du placenta, que par un pédicule entouré par l'amnios : c'est le futur cordon ombilical.

Entrons maintenant dans le détail.

Le placenta

En latin, placenta veut dire « gâteau ». À la fin de la grossesse le placenta ressemble en effet à un gros gâteau spongieux dont le diamètre est de 20 centimètres en moyenne, et de 2 à 3 centimètres d'épaisseur.

Voici comment se constitue le placenta. Lorsque l'œuf se nide, le trophoblaste s'insinue dans la muqueuse utérine et détruit la paroi des vaisseaux maternels où il peut puiser les aliments dont l'œuf a besoin pour se développer.

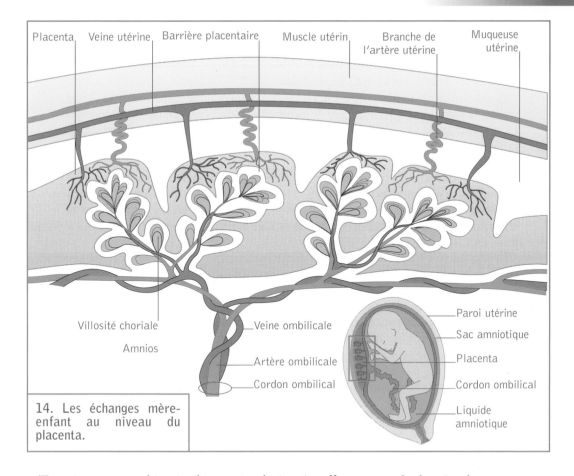

Placenta   Veine utérine   Barrière placentaire   Muscle utérin   Branche de l'artère utérine   Muqueuse utérine

Villosité choriale   Veine ombilicale   Paroi utérine

Amnios   Sac amniotique

Artère ombilicale   Placenta

Cordon ombilical   Cordon ombilical

Liquide amniotique

14. Les échanges mère-enfant au niveau du placenta.

Très vite, cette machinerie élémentaire devient insuffisante pour les besoins de l'embryon qui se développe à grande vitesse. L'organisme maternel et l'œuf se mettent alors à édifier une petite centrale : le placenta. Le trophoblaste envoie de multiples petits filaments dans la muqueuse.

En quelques semaines ces filaments grossissent, s'organisent, et forment ce que l'on appelle les villosités du placenta. Vous pouvez les imaginer comme des arbres dont le tronc se divise en branches principales, elles-mêmes divisées en branches secondaires. Celles-ci se hérissent de bourgeons multiples où les villosités se terminent comme des touffes au nombre de plusieurs dizaines. Il existe ainsi 15 à 33 gros troncs qui, par divisions successives, vont aboutir à des milliers de villosités terminales. C'est au niveau de ces dernières que vont se faire les échanges entre la mère et l'enfant.

Ces villosités baignent, au niveau de l'utérus, dans une sorte de petit lac sanguin qui représente la partie maternelle du placenta. Dans ce lac sanguin circule le sang de la mère. Dans les villosités circule le sang de l'enfant, apporté par le cordon ombilical.

Ainsi le sang de la mère et celui de l'enfant se rencontrent au niveau du placenta, mais ils sont séparés par la paroi de la villosité à travers laquelle vont se faire les échanges mère-enfant. Cette paroi est d'ailleurs de plus en plus mince au cours de la grossesse, comme pour favoriser les échanges au fur et à mesure que les besoins du fœtus augmentent. Récemment encore, on considérait comme impossible le « mélange », du sang maternel et du sang fœtal. Mais maintenant on a la certitude que des cellules fœtales passent dans la circulation maternelle (on en retrouve environ 500 000 après trois mois de grossesse) et peuvent y rester plus de vingt ans. De même, des cellules maternelles passent dans la circulation fœtale. Pour autant, on ne peut pas dire que les deux sangs se mélangent vraiment.

Le premier rôle du placenta est donc celui d'une véritable usine nutritive. C'est à travers la membrane qui limite les villosités que le sang fœtal puise son oxygène. Le placenta est le véritable poumon fœtal. En ce qui concerne l'eau, elle passe facilement à travers le placenta (3,5 litres à l'heure à 35 semaines) ainsi que la plupart des sels minéraux. En ce qui concerne les matières premières, c'est-à-dire les aliments, les choses sont plus complexes. Glucides, lipides, protides passent facilement. Les autres, le placenta doit d'abord les transformer avant de les assimiler. C'est là qu'on retrouve la notion d'usine, usine d'ailleurs prévoyante : dès qu'il y a abondance de nourriture, elle fait des stocks. L'usine se double alors d'un magasin dans lequel le fœtus puise en cas de besoin.

Le second rôle du placenta est celui d'une barrière qui arrête certains éléments et en laisse passer d'autres. C'est un rôle protecteur quand il s'agit de barrer la route à des agents agresseurs. Ainsi, la plupart des microbes ne peuvent traverser le placenta. Il n'en est malheureusement pas toujours ainsi puisque peuvent passer par exemple : des microbes comme le colibacille, ou le tréponème de la syphilis qui peut passer à partir de la 19e semaine ; des parasites comme le toxoplasme ; la plupart des virus, en raison de leur petite taille, passent également sans difficulté, ce qui explique par exemple les malformations fœtales dues à la rubéole lorsqu'elle est contractée en début de grossesse.

Les anticorps maternels traversent également le placenta. Ce sont des substances fabriquées pour lutter contre une agression, une infection par exemple. C'est le plus souvent un bien pour le fœtus : passant dans son sang, les anticorps maternels le protégeront contre les maladies infectieuses correspondantes pendant les six premiers mois de sa vie environ. C'est parfois un mal : c'est le cas de la mère rhésus négatif enceinte d'un enfant rhésus positif. Si elle a fabriqué des agglutinines antirhésus, ceux-ci passent dans le sang de l'enfant et risquent d'y détruire les globules rouges.

De nombreux médicaments passent la barrière placentaire. Là encore ce peut être un bien : tel antibiotique va protéger l'enfant contre l'action du toxoplasme, tel autre va lutter contre la syphilis. Ce peut être aussi un mal, puisque certains médicaments peuvent avoir une action néfaste sur l'enfant.

L'alcool absorbé par la mère traverse facilement le placenta, de même que les drogues, notamment la morphine et ses dérivés.

Le placenta représente donc, en général, une bonne barrière protectrice, mais celle-ci n'est pas toujours imperméable.

Filtre, usine, magasin, le placenta a encore une autre fonction : il fabrique des hormones. Ces hormones sont de deux types et certaines sont propres à la grossesse, telles *l'hormone gonadotrophine chorionique*, et *l'hormone lactogène placentaire*.

L'hormone gonadotrophine chorionique, produite dès les premiers jours par le placenta, a déjà joué un rôle dans votre grossesse : c'est peut-être grâce à elle que vous avez su que vous étiez enceinte, car c'est sur sa présence dans le sang ou les urines que sont basés les tests faits en laboratoire ou vendus dans le commerce. La production d'hormone gonadotrophine chorionique augmente rapidement jusque vers la 10e-12e semaine ; ses taux sont un bon témoin de la vitalité de la grossesse, puis les taux diminuent jusqu'au 4e mois et après restent stables. Le rôle essentiel de l'hormone gonadotrophine chorionique est de maintenir en activité le corps jaune de l'ovaire indispensable à la survie de la grossesse.

La seconde hormone, l'hormone lactogène placentaire, est de découverte plus récente. Son rôle est encore mal défini, mais on sait que son dosage constitue un bon indice du fonctionnement correct du placenta.

Ces deux hormones ne traversent jamais le placenta vers l'enfant.

Le placenta fabrique aussi d'autres hormones qui vous sont déjà connues : les œstrogènes et la progestérone. Au début de la grossesse, ces hormones sont produites par le corps jaune. À la 7e-8e semaine, le placenta prend le relais. Il va en fabriquer des quantités de plus en plus importantes jusqu'à la fin de la grossesse : à terme, on trouve dans les urines d'une femme enceinte mille fois plus d'œstrogènes qu'au cours du cycle menstruel. Ces hormones sont indispensables au maintien de la grossesse, ainsi qu'à la croissance et au développement du fœtus.

Enfin, c'est le placenta qui semble jouer le rôle le plus important dans la « tolérance » de l'œuf par l'organisme maternel (voir page 108).

Placenta, rites et symboles

Dans les sociétés primitives, ou chez nous il n'y a pas si longtemps, les coutumes faisaient une place à part aux organes éliminés lors de l'accouchement. Alors que le cordon ombilical et les membranes amniotiques étaient précieusement conservés – généralement après séchage – pour accompagner l'enfant comme porte-bonheur, le placenta était éliminé, caché, ou transformé pour servir ailleurs. On l'enterrait pour fertiliser le sol, on le jetait à l'eau pour nourrir les poissons (comme en Allemagne au xvie siècle) ; dans les pays nordiques, on le brûlait et sa cendre était considérée comme médicament ou poison, selon les cas.

Parfois, on gardait le placenta tel quel et, placé sous le lit d'un couple stérile, ou trempé dans le bain d'une femme stérile, il était censé rompre la malédiction. Mais dans la plupart des cas, on l'écartait de l'enfant et presque toujours, c'était pour le dissoudre, le disséminer. Un peu comme si l'on avait cherché à l'oublier.

Pourquoi ce rejet, s'est demandé le psychanalyste Bernard This, pour qui les rites et les traditions sont des voies qui permettent à notre inconscient de s'exprimer ? Le placenta serait-il un « gêneur » ? Cette interprétation contredirait ce que l'on appelle le « fantasme unitaire », notre désir de retourner à un état mythique où nous ne faisions qu'un avec le corps maternel, « union » que la naissance aurait brutalement interrompue, provoquant comme une déchirure entre la mère et cette « partie d'elle-même » que nous aurions été alors. La présence du placenta vient troubler ce tableau : dans la réalité cette membrane, bien avant la naissance, nous séparait déjà du corps de la mère en nous donnant un espace propre. Est-ce pour cela qu'il faut l'oublier ?

Si vous voulez en savoir plus sur le placenta.
Un livre lui est consacré : « Délivrances, ou le placenta dévoilé », *Cahiers du nouveau-né*, n° 8, sous la direction d'Anne Bouchart, Danielle Rapoport et Bernard This (Éditions Stock).

Le cordon ombilical

Le placenta est relié au fœtus par le cordon ombilical. Ce cordon est une sorte de tige gélatineuse, arrondie, blanchâtre, luisante, qui unit le fœtus au placenta. Il mesure 50 à 60 centimètres, mais il existe des cordons plus courts ou plus longs, mesurant jusqu'à 1,50 m. L'épaisseur du cordon est de 1,5 à 2 centimètres.

Le cordon ombilical est formé en grande partie par les cellules de l'amnios, l'une des membranes qui recouvre l'enfant. À chaque extrémité du cordon, l'amnios, qui forme la gaine (ou la paroi) du cordon, se confond du côté fœtal avec la peau de l'abdomen, et du côté placentaire avec l'amnios qui recouvre le placenta. Le cordon est un vrai pipe-line. Il contient une veine et deux artères ; la veine amène au fœtus de la nourriture et l'oxygène prélevés et transformés par le placenta dans le sang maternel. Les artères ramènent les déchets (gaz carbonique, urée, etc.) au placenta, lequel les déverse dans la circulation générale maternelle.

Le cordon est solide et élastique (il supporte des tractions de l'ordre de 5 à 6 kg) et il se laisse difficilement comprimer, heureusement, car sinon le transport sanguin risquerait d'être perturbé.

Le cordon est très souple, ce qui permet au fœtus tous les mouvements possibles.

Après la naissance de l'enfant, la section du cordon (qui est indolore pour la mère et pour l'enfant) rompt définitivement les liens entre la circulation maternelle et celle de l'enfant qui devient complètement autonome. Mais il est intéressant de signaler que la circulation dans le cordon s'interrompt d'elle-même car les artères se contractent ; ainsi, au bout de peu de temps, même si on coupait le cordon sans le lier, il ne saignerait pas. Ce n'est pas la section du cordon qui interrompt les échanges, c'est le cordon lui-même qui arrête de fonctionner.

Ce qui reste du cordon au niveau de l'abdomen de l'enfant tombe quelques jours après la naissance, et laisse une cicatrice indélébile qui persistera toute la vie : le nombril ou ombilic.

« Il n'a pas coupé le cordon. » « Elle se regarde le nombril. » « Il se prend pour le nombril du monde. » Comme le placenta, le cordon – et le nombril – sont devenus des symboles au-delà du rôle qu'ils ont joué pendant la grossesse.

Le liquide amniotique et les enveloppes de l'œuf

Nourri par le placenta, ravitaillé par le cordon ombilical, le fœtus est protégé par ses enveloppes : au milieu, il flotte dans le liquide amniotique comme un poisson dans l'eau.

Des enveloppes, appelées aussi membranes (le chorion, la caduque, l'amnios) je ne reparlerai pas, vous avez vu en détail comment elles s'étaient constituées et leur place respective apparaît sur le schéma en page suivante.

Du liquide amniotique, il y a peu et beaucoup à dire. Sur ses origines, on sait peu de choses, mais on pense qu'il a plusieurs sources. Tout d'abord, le fœtus lui-même qui le sécrète par la peau (jusqu'à 20 semaines), par le cordon (à partir de 18 semaines), par les poumons, enfin et surtout par la vessie. Une autre partie du liquide semble venir de l'organisme maternel en passant à travers les membranes de l'œuf, ces dernières en sécrètent d'ailleurs elles-mêmes.

La quantité de liquide amniotique varie : 20 centimètres cubes à la 7e semaine, 300 à 400 centimètres cubes à la 20e semaine, un litre en moyenne à terme (sauf en cas d'*hydramnios*). Quand la grossesse dépasse le terme, la quantité de liquide diminue progressivement.

Le liquide amniotique est clair, transparent, blanchâtre, d'odeur fade. Il est composé d'eau, à 97 %. Il contient toutes les substances que l'on trouve dans le sang. On y trouve aussi des cellules éliminées par la peau et les muqueuses du fœtus, des poils et des fragments de matière sébacée qui forment des grumeaux.

Le liquide amniotique n'est pas une eau stagnante, comme celle d'une mare. Il est perpétuellement renouvelé et, à la fin de la grossesse, il l'est toutes les 3 heures. Ceci veut dire que non seulement du liquide est sécrété en permanence, mais

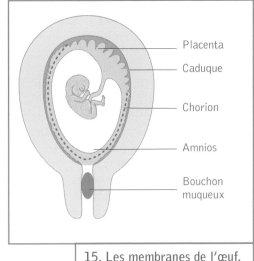

Placenta

Caduque

Chorion

Amnios

Bouchon muqueux

15. Les membranes de l'œuf.

également qu'en permanence il est absorbé pour être remplacé. Le fœtus absorbe du liquide par la peau, il en avale beaucoup : au voisinage du terme, en moyenne 450 à 500 centimètres cubes par jour. Une partie de ce liquide filtre à travers les reins et reforme de l'urine fœtale que le bébé rejette régulièrement. Une autre partie est absorbée par l'intestin, gagne la circulation fœtale et, par l'intermédiaire du placenta, retourne à l'organisme maternel.

À quoi sert le liquide amniotique ? D'abord, il protège le fœtus contre les traumatismes extérieurs en formant autour de lui une sorte de matelas. Il lui permet de se mouvoir facilement à l'intérieur de l'utérus et maintient une température égale. Enfin, il apporte chaque jour au fœtus une certaine quantité d'eau et de sels minéraux. À la fin de la grossesse, il facilite ce que l'on appelle l'accommodation ; l'enfant cherche à trouver sa meilleure position pour que l'accouchement se déroule le plus facilement possible. Au cours de l'accouchement, le liquide amniotique s'accumule au pôle inférieur de l'œuf pour former la poche des eaux qui aide le col à se dilater (voir les schémas page 287). Après la rupture des membranes (qu'elle soit spontanée – c'est la perte des eaux – ou provoquée par la sage-femme), le liquide amniotique s'écoule à l'extérieur et sert à lubrifier les voies génitales, donc à faciliter l'accouchement.

En fait, pour important qu'il soit, le rôle mécanique du liquide n'est certainement pas le seul. Mais nos connaissances dans ce domaine ne sont pas encore très grandes. Ainsi, on pense que le liquide contient des substances utiles à la croissance fœtale, d'autres seraient susceptibles de tuer certains microbes, d'autres encore agiraient sur les contractions utérines.

Ce qui est certain, c'est que le liquide amniotique est un lieu bien vivant, une zone permanente d'échanges entre la mère et l'enfant. Enfin, et ce n'est pas son moindre intérêt, le liquide amniotique permet des examens dont le rôle va croissant dans la surveillance médicale de certaines grossesses : il s'agit essentiellement de *l'amniocentèse* et de *l'amnioscopie* (voir page 227).

L'hydramnios
est caractérisé par un excès de volume du liquide amniotique. Il peut être d'origine maternelle (diabète, incompatibilité sanguine) ou fœtale (malformation, grossesse gémellaire). Il peut être aigu, obligeant à interrompre la grossesse, ou chronique : le risque est alors celui d'un accouchement prématuré.

Le fœtus et son environnement

Comme vous l'avez vu, c'est dans un environnement particulier que se développe le fœtus : il est bien à l'abri dans l'organisme de sa mère, il est protégé contre les chocs et les traumatismes par la double enveloppe de l'utérus maternel et du liquide amniotique. Pour combler ses besoins qui sont considérables puisque sa croissance se fait à un rythme qui ne sera plus jamais atteint au cours de sa vie, l'usine placentaire travaille pour lui en permanence en filtrant, en transformant, en stockant les aliments indispensables. Ces aliments le fœtus les reçoit, de même que l'oxygène, par l'intermédiaire de ce véritable pipe-line qu'est le cordon ombilical. C'est également le placenta qui forme une barrière protectrice (malheureusement incomplète) contre certaines agressions chimiques et infectieuses.

Courbe de poids du bébé avant la naissance.
L'augmentation moyenne quotidienne du poids est de 5 g à la 2e semaine, 10 g à la 21e, 20 g à la 29e et 35 g à la 37e semaine.

Est-ce à dire que le fœtus est un être totalement passif, subissant sa croissance sans y participer activement ? C'est ce que l'on a cru pendant longtemps. Or nous savons maintenant qu'il n'en est rien, et que le fœtus est capable de « traiter » lui-même un certain nombre de matériaux fournis par la mère. Il le fait selon un programme de développement génétique très précis, en s'équipant progressivement d'un certain nombre de substances nécessaires.

C'est le cas des *enzymes*. Ce sont des substances chimiques (plus exactement des protéines) qui sont chargées de provoquer, de permettre ou d'entretenir les milliers de réactions chimiques qui se produisent dans l'organisme et sans lesquelles la vie ne pourrait se poursuivre. À chaque réaction correspond un enzyme particulier. Et les milliers d'enzymes nécessaires, le fœtus va les produire lui-même et les utiliser au fur et à mesure de ses besoins.

C'est ainsi, par exemple, grâce à ses propres enzymes que le fœtus va utiliser le sucre (le glucose) que lui fournit le placenta à partir de la circulation maternelle. Ce sucre constitue sa nourriture essentielle, mais il va s'en servir un peu différemment de ce que fait un adulte. Il n'a pas à dépenser d'énergie pour maintenir sa température constante : la « thermorégulation » est assurée par la circulation fœto-placentaire. D'autre part, toujours au contraire de l'adulte, le fœtus a des dépenses musculaires réduites (il fait peu d'efforts et il dépense peu d'énergie puisque ses mouvements se font dans l'eau) ; aussi, la majeure partie du sucre, le fœtus va l'utiliser de deux façons : transformation en protéines dont le besoin est très grand pour la croissance ; stockage en fin de grossesse pour constituer les réserves qui serviront, après la naissance, pendant la période d'adaptation à l'alimentation.

De même qu'il a ses propres enzymes, le fœtus a ses propres hormones, ces substances fabriquées par des glandes (dites glandes endocrines). Elles transmettent des ordres à certains organes (différents selon l'hormone) possédant des récepteurs sensibles à l'hormone en question et chargés d'exécuter les ordres transmis. Par exemple, l'hypophyse sécrète des hormones qui commandent l'activité de l'ovaire.

Chez le fœtus, un certain nombre d'hormones semble jouer un rôle dans la croissance. Ce sont : l'hormone de croissance sécrétée par l'hypophyse, les hormones sécrétées par la glande thyroïde et celles fabriquées par la glande surrénale qui est particulièrement volumineuse au cours de la vie intra-utérine (d'ailleurs cette glande surrénale fœtale paraît jouer un rôle important dans le déclenchement de l'accouchement). De même, c'est grâce à l'insuline fabriquée par le pancréas fœtal que le glucose peut être transformé en graisse. Les parathyroïdes président au métabolisme du calcium, important pour l'ossification du squelette.

Enfin, même s'il est encore vulnérable, comme en témoignent les agressions dont il peut être victime, qu'elles soient chimiques ou infectieuses, le fœtus commence à élaborer ses moyens de défense, son « système immunitaire ».

Pour résumer, produisant ses enzymes et ses propres hormones, transformant du sucre en protéines et le stockant en partie pour l'après-naissance, élaborant son système immunitaire, voici le « travail » propre au fœtus.

Avant de conclure, je voudrais vous faire remarquer les difficultés évidentes qu'il y a à étudier les différents métabolismes du fœtus dans l'espèce humaine. Dans ce complexe qui associe mère-enfant-placenta, il est souvent difficile de préciser ce qui revient à l'un ou aux autres. Ceci explique que nous sachions encore peu de choses dans ce domaine. Pourtant, nous en savons suffisamment pour affirmer que le fœtus ne subit pas sa croissance de façon passive. Parler d'autonomie serait exagéré, le fœtus est étroitement dépendant de sa mère pour l'apport de tous les matériaux nécessaires, et les difficultés rencontrées par certains prématurés prouvent que l'indépendance se paie cher quand elle survient trop tôt. En revanche, dire que le fœtus collabore à sa propre croissance selon un programme précis est tout à fait conforme à la réalité.

Nous venons de voir le cas le plus fréquent, celui où un spermatozoïde féconde un ovule, et où, de la fusion de leur noyau, résulte un œuf humain, première cellule d'un homme ou d'une femme. Mais parfois il arrive que deux ou plusieurs enfants se développent ensemble dans l'utérus. Au sujet des jumeaux et des naissances multiples, reportez-vous au chapitre 6.

● Comment votre corps devient maternel

Vous avez vu par quelles étapes un point invisible à l'œil nu devenait en neuf mois un enfant de plus de trois kilos. Vous allez lire maintenant comment, pendant ce temps, le corps de sa mère se transforme jour après jour.

Pour une femme, voir son ventre se tendre et se gonfler, et sentir sous sa main cette vie qui naît est émouvant. Mais découvrir ce qui se passe en elle est aussi impressionnant.

D'abord se produit ce phénomène étonnant : non seulement la mère ne rejette pas cet œuf, mais elle va le protéger, le nourrir, fournir tous les matériaux nécessaires à son développement. Puis elle va organiser la vie à deux, faire face à la nécessité d'alimenter deux cœurs, etc.

Pour remplir ces tâches, le corps maternel subit des modifications : anatomiques, physiologiques ou chimiques, visibles et invisibles, majeures ou mineures. La grossesse a une répercussion sur tous les organes, toutes les fonctions, tous les tissus de la mère, sans parler des répercussions sur son état psychologique et sur son moral.

Cette adaptation de l'organisme se fait selon quatre grands axes :

▪ Tout d'abord l'enfant grandit, d'où augmentation du volume de l'utérus avec ses conséquences.

▪ En même temps les seins se développent : ils se préparent pour l'allaitement.

▪ La future mère assurant pendant la grossesse la nutrition de deux êtres, elle-même et le bébé, la plupart de ses fonctions physiologiques en sont modifiées.

▪ Puis, surtout en fin de grossesse, l'organisme maternel se prépare pour l'accouchement.

Augmentation du volume de l'utérus

Avant la conception, l'utérus, qu'on peut comparer à une figue fraîche, pèse 50 grammes, mesure 65 millimètres de haut, 45 millimètres de large et a une capacité de 2 à 3 centimètres cubes.

Dès le début de la grossesse, l'utérus commence à augmenter de volume, mais cette augmentation ne devient visible de l'extérieur qu'entre le 4e et le 5e mois, selon les femmes. Au 2e mois, l'utérus a la grosseur d'une orange. Au 3e mois, on peut le sentir au-dessus du pubis. Au 4e mois, sa hauteur atteint le milieu de la distance qui sépare l'ombilic (ou nombril) du pubis. Au 5e mois et demi, il atteint l'ombilic. Au 7e mois, il le dépasse de 4 ou 5 centimètres et monte de plus en plus dans la cavité abdominale. Au 8e mois, il est situé entre la pointe du sternum et l'ombilic (voir schéma ci-dessous).

L'utérus atteint son point culminant à terme. Parfois, cependant, vous pourrez avoir l'impression, deux à trois semaines avant l'accouchement, que l'utérus se met à redescendre. La pression abdominale est diminuée, la respiration plus facile, vous vous sentez comme allégée. C'est le signe que l'enfant « descend » et que la naissance approche.

À terme, l'utérus pèse 1 200 à 1 500 grammes. Il a une capacité de 4 à 5 litres. Sa hauteur est de 32 à 33 centimètres et sa largeur de 24 à 25 centimètres. Ces chiffres sont évidemment des chiffres moyens qui peuvent varier suivant les femmes, et d'une grossesse à l'autre chez une même femme. Cependant ils servent de points de repère pour apprécier l'âge d'une grossesse et surveiller son évolution.

La place qu'il lui faut, l'utérus la gagne sur l'extérieur, comme c'est visible, mais en même temps sur l'intérieur, où, en augmentant de volume, il refoule et comprime les organes qui l'entourent : estomac, intestins, vessie, etc.

En général, l'augmentation du volume de l'utérus se poursuit sans inconvénient grâce à l'élasticité des parois abdominales qui se laissent distendre, et les organes s'adaptent bien à leur nouvelle situation. On a cru longtemps que beaucoup de troubles de la grossesse (difficulté à respirer, constipation, nausées et varices) étaient dus à la compression. Celle-ci n'explique pas tout car beaucoup de ces troubles apparaissent dès le début de la grossesse alors que l'utérus est encore peu développé. Aussi pense-t-on aujourd'hui que ces troubles sont dus, en grande partie, à l'action des hormones de grossesse sur certains organes. Il faut mettre à part les envies fréquentes d'uriner (surtout à la fin de la grossesse) qui paraissent bien en rapport avec une compression de la vessie. De même, les malaises de type syncope qu'éprouvent certaines femmes quand elles se couchent sur le dos sont en rapport avec une compression de la veine cave. Il suffit alors de s'étendre sur le côté gauche (la veine cave est à droite) pour que le malaise disparaisse.

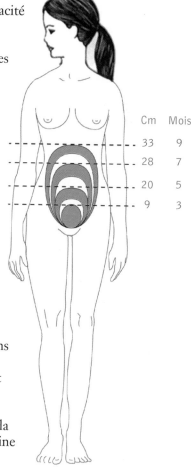

Hauteur de l'utérus suivant l'âge de la grossesse.

Cm	Mois
33	9
28	7
20	5
9	3

L'attitude de la future mère se modifie au fur et à mesure que l'utérus augmente de volume : ses reins se creusent, sa taille se cambre. Elle a tendance à se rejeter en arrière pour contrebalancer le poids qui la tire en avant. Sa silhouette est d'ailleurs différente suivant l'état de sa paroi abdominale : si ses muscles sont fermes, ils forment une bonne sangle qui soutient l'utérus et l'empêche de tomber en avant. Si au contraire ses muscles sont relâchés, la paroi abdominale distendue n'offre qu'une faible résistance à la pression de l'utérus qui tombe en avant. Vous avez certainement rencontré de ces femmes : on dit qu'elles portent leur enfant « en avant ». On peut lutter contre cette tendance en basculant le bassin (voir l'exercice page 336) de façon à se tenir le moins cambrée possible. Cela soulagera les muscles abdominaux qui seront moins distendus ; cela soulagera aussi le dos à la hauteur des reins (lire aussi page 89).

Préparation à l'allaitement

Tout au long de la grossesse, les seins se préparent à remplir leur fonction, qui est de sécréter le lait dont se nourrira le nouveau-né. Dès le premier mois, les seins se mettent à gonfler, ils augmentent de volume et deviennent plus lourds. Ils sont parfois le siège de picotements et d'élancements douloureux. Quelques semaines plus tard, le mamelon devient plus saillant : la région pigmentée qui l'entoure – l'aréole primitive –, plus foncée, est bombée comme un verre de montre. Sur cette aréole apparaissent, vers la 8e semaine, de petites saillies : les tubercules de Montgomery. Ce sont des glandes sébacées qui s'hypertrophient et constituent des glandes mammaires rudimentaires. Ces modifications des seins permettent d'étayer un diagnostic de grossesse.

À partir du 4e mois, on pourrait faire jaillir du mamelon un liquide jaunâtre et visqueux, précurseur du lait, le *colostrum*. Vers le 5e mois, autour de l'aréole primitive apparaissent quelquefois des taches brunes qui forment une aréole secondaire. À l'intérieur des seins, les glandes qui fabriquent le lait, qui sont presque inexistantes en dehors de la grossesse, se multiplient et augmentent de volume, de même que le réseau des canaux qui conduiront le lait des glandes vers le mamelon. Pour alimenter cette région en pleine activité, les vaisseaux sanguins s'élargissent : c'est pourquoi les veines sont parfois très apparentes au cours de la grossesse.

En même temps, les mamelons augmentent de volume. À terme les seins sont prêts à allaiter. La sécrétion lactée commence en général trois jours après l'accouchement, sous l'action d'une hormone hypophysaire : la *prolactine*. Les deux premiers jours, les seins sécrètent encore du colostrum qui fait le plus grand bien à l'enfant.

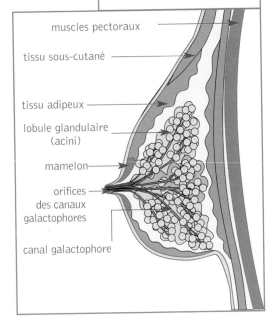

1. Le lait est fabriqué dans les acini glandulaires.
2. Le lait est évacué par les canaux galactophores.

muscles pectoraux

tissu sous-cutané

tissu adipeux

lobule glandulaire (acini)

mamelon

orifices des canaux galactophores

canal galactophore

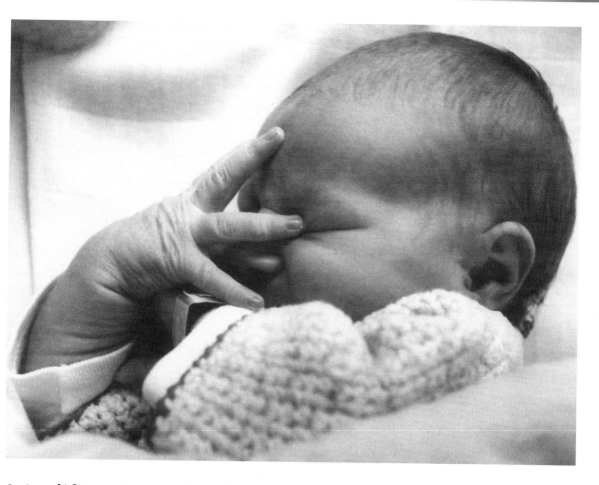

Modifications des fonctions de l'organisme

L'augmentation de volume de l'utérus et des seins est la modification la plus visible de l'organisme durant la grossesse. Il y en a d'autres qui, pour n'être pas aussi évidentes, n'en sont pas moins importantes. Ce sont celles qui concernent les fonctions essentielles de l'organisme : digestion, circulation, respiration.

Ces modifications sont dues à deux causes : pour former son squelette, sa peau, ses muscles, l'enfant puise dans le sang de sa mère les matériaux qui lui sont nécessaires : calcium, fer, sucre, graisse, sel, etc. C'est également dans le sang de sa mère que l'enfant rejette ses déchets. En même temps, comme on l'a vu, certaines parties du corps de la mère se développent, principalement l'utérus et les seins. L'édification de ces tissus nouveaux nécessite un apport supplémentaire de matières premières.

C'est pour faire face à ces besoins que tous les mécanismes du corps vont s'intensifier. C'est comme un moteur qui, soumis à un effort plus grand, consomme davantage et tourne plus vite.

Le cœur et la circulation sont les premiers concernés. Ils doivent faire face au travail supplémentaire créé par l'apparition de la circulation mère-enfant au niveau du placenta ; il y a ainsi une augmentation de 40 % de la quantité totale de sang circulant ;

le cœur bat plus vite (15 pulsations en moyenne de plus par minute) ; il débite davantage : presque 5, 5 litres au lieu de 4 par minute. En un mot, le cœur travaille plus. Ceci explique que la grossesse puisse être moins bien supportée quand existe une maladie cardiaque, car un cœur malade a plus de peine à fournir l'effort supplémentaire qui lui est demandé.

Une femme enceinte ne respire pas plus vite qu'une autre mais elle fait passer, à chaque respiration, une quantité plus importante d'air dans ses poumons et elle consomme plus d'oxygène (10 à 15 %). Ceci, joint au déplacement du diaphragme, qui est repoussé progressivement vers le haut par l'utérus, peut expliquer la sensation d'essoufflement que ressentent certaines femmes à la fin de la grossesse.

Les reins, dont le rôle est de filtrer le sang pour en éliminer dans les urines les éléments inutiles et certains déchets, voient leur travail s'accroître puisque la quantité de sang circulant chez la femme enceinte est notablement augmentée (voyez plus haut).

Par contre, les hormones de grossesse - notamment la progestérone- ont pour effet de ralentir certaines fonctions, ce qui est bénéfique au niveau de l'utérus, puisqu'ainsi elles l'empêchent de se contracter. C'est moins bénéfique quand il s'agit de l'appareil digestif, estomac, intestin, vésicule, mais cela explique des troubles fréquents : lenteurs et difficultés de digestion, constipation, etc. Il se passe la même chose au niveau de la vessie et des uretères, qui conduisent l'urine des reins à la vessie, ce qui explique en partie la relative fréquence des infections urinaires.

Le corps se prépare à l'accouchement

Pour que l'enfant puisse naître, il faudra que l'utérus, qui est un muscle, se contracte, et que l'enfant franchisse successivement le col de l'utérus qui, en temps normal, est un canal filiforme plus étroit qu'une paille à soda, puis le vagin.

Ce chemin que suivra le bébé pour naître traverse le bassin de part en part, bassin constitué par des os en apparence inextensibles.

Vous lirez d'ailleurs au chapitre 10 le mécanisme de l'accouchement. Tout au long de la grossesse ces différents organes vont se préparer à l'accouchement.

▪ Le bassin.
Les articulations qui relient les os entre eux se relâchent, ce qui élargit le bassin de quelques millimètres ; cela peut être douloureux en fin de grossesse. Voir les dessins du bassin pages 289 et suivantes.

▪ L'utérus.
Ses fibres deviennent quinze à vingt fois plus longues. En même temps, elles deviennent plus larges. Ces modifications rendront l'utérus plus élastique, elles lui permettront de se contracter plus facilement et donc de mieux jouer son rôle de « moteur » pour ouvrir le col et pousser l'enfant en avant. La circulation sanguine au niveau de l'utérus augmente considérablement. Le col de l'utérus, qui, avant la grossesse, était dur et fibreux, s'amollit et devient souple. À terme on dit qu'il est « mûr ». Il pourra ainsi s'ouvrir sans difficultés.

▪ Le vagin.
Au cours de la grossesse, il se transforme complètement ; et à la fin de la grossesse, il n'a rien à voir avec un vagin de femme qui n'est pas enceinte. Il s'allonge, s'élargit, ses parois deviennent de plus en plus souples et extensibles, plissées comme un accordéon. En fin de grossesse, le vagin est prêt à laisser passer la tête de l'enfant, alors

qu'il n'en serait pas question neuf mois plus tôt. C'est un point important à signaler, il faut le répéter souvent, presque toutes les femmes craignent que la tête et le corps de l'enfant ne puissent pas passer par le vagin « qui est trop petit ». Cette inquiétude est bien normale.

En même temps, les sécrétions vaginales sont nettement augmentées ainsi que l'acidité du vagin. Les sécrétions favorisent le développement des champignons responsables de fréquentes vaginites chez la femme enceinte, mais cette hyperacidité représente un excellent barrage contre de nombreux microbes. Le bouchon muqueux qui apparaît en fin de grossesse au niveau du col en forme un second, les membranes de l'œuf un troisième.

Le rôle des hormones

L'évolution de la grossesse est dominée par l'action des hormones qui, pendant neuf mois, ont une activité intense. Après avoir, comme chaque mois, provoqué l'ovulation et préparé l'utérus à accueillir l'œuf, les hormones ovariennes vont permettre le transport de l'œuf et son implantation ; elles empêcheront aussi l'utérus de l'expulser lorsqu'il sera nidé.

Au début de la grossesse, les hormones sont produites par le corps jaune. Ensuite, lorsque des quantités de plus en plus importantes deviennent nécessaires, elles sont fabriquées par le placenta, véritable usine hormonale de la grossesse, qui va la prendre en charge jusqu'à son terme.

Ce ne sont pas seulement les glandes endocrines sexuelles qui ont une activité accrue durant la grossesse : les autres, le pancréas, la thyroïde, les surrénales fonctionnent également davantage.

Enfin, au cours de la grossesse, de nouvelles hormones apparaissent : l'ocytocine, qui joue un rôle dans le déclenchement de l'accouchement, et la prolactine qui déterminera la lactation.

L'action conjuguée de ces différentes hormones, ordonnatrices des grands événements de la grossesse, règle la plupart des changements qui surviennent pendant ces neuf mois. En particulier, elles stimulent l'édification des tissus de l'utérus en pleine croissance, elles président à la mobilisation des réserves de la mère auxquelles fait appel le fœtus, elles règlent la délicate chimie des échanges nutritifs si importants pour la croissance de l'enfant, elles sont responsables de l'augmentation du poids de la mère, elles permettent aux glandes mammaires de se développer, etc. Et c'est pourquoi l'un des moyens de surveiller le bon déroulement de la grossesse est de doser les hormones.

Si vous attendez des jumeaux

« Est-ce que j'attends des jumeaux, Docteur ? » C'est une des questions que la future mère pose au médecin dès la première échographie car elle sait que l'écran peut donner la réponse.

Lorsque les futurs parents apprennent qu'ils auront des jumeaux, est-ce pour eux une joie ou une déception ? Cela dépend de leur désir. Pour les couples qui souffraient de stérilité, la nouvelle est en général bien accueillie ; ils voulaient un enfant, ils ont tout fait pour l'avoir, leur désir est plus que comblé. Et le cas est assez fréquent. Voyez ces chiffres : entre 1995 et 1998, la fréquence des jumeaux est passée de 2,4% à 3,4%. On sait que cette augmentation est due à l'Aide médicale à la Procréation (AMP), c'est à dire aux traitement de lutte contre la stérilité.

De tous temps, les jumeaux ont été l'objet d'une curiosité particulière. Leur relative rareté a suscité des réactions diverses : pour les uns, ils étaient un don du Ciel ; pour les autres, la colère des Dieux, « le mauvais présage » disait-on ! Dans certaines tribus primitives, les jumeaux (et parfois même leurs mères) étaient sacrifiés. Dans d'autres civilisations, on leur attribuait des dons surnaturels. Chez les Aztèques, la Déesse de la fertilité était la mère de jumeaux. Si Romus et Romulus, Castor et Pollux, n'avaient pas été des jumeaux, ils seraient peut-être moins célèbres aujourd'hui.

De nombreux spécialistes continuent à s'intéresser particulièrement aux jumeaux (biologistes, généticiens, psychologues), surtout aux vrais jumeaux : puisqu'ils ont la même hérédité, ils représentent un terrain privilégié pour étudier ce qui, chez l'homme, relève de l'environnement ou provient du patrimoine génétique.

Vrais jumeaux.
Un spermatozoïde féconde un ovule, cet œuf unique se partage en deux. C'est ainsi que sont conçus les vrais jumeaux, toujours du même sexe, soit deux garçons, soit deux filles, d'une extraordinaire ressemblance.

La conception des jumeaux

Bien que la réalité soit plus complexe, on peut dire schématiquement qu'il existe deux grandes variétés de jumeaux.

Les faux jumeaux

Ceux que l'on appelle les faux jumeaux proviennent de la fécondation de deux ovules différents par deux spermatozoïdes différents au cours d'un même cycle et habituellement au cours du même rapport sexuel. Exceptionnellement, deux ovules ont pu être fécondés par deux spermatozoïdes provenant d'hommes différents : on cite l'exemple classique de la femme blanche, mettant au monde un premier enfant blanc, fils d'un homme de race blanche ; et quelques heures plus tard un enfant métis, fils d'un homme de race noire.

A propos des faux jumeaux, on parle de grossesse gémellaire *dizygote* (*di* parce qu'il y a deux œufs). De nombreux facteurs, aussi bien génétiques que liés à l'environnement, peuvent être à l'origine des faux jumeaux.

Les voici :

▪ la fréquence croît avec l'âge maternel mais décroît rapidement après 38 ans. Au-delà de 40 ans, la gémellité est plus rare.

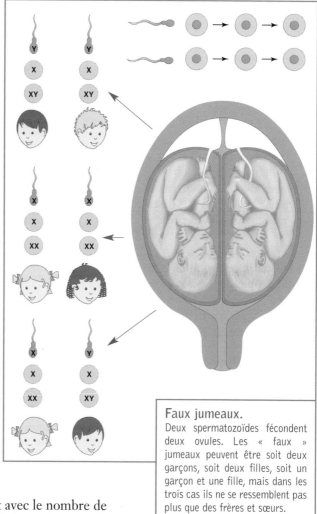

Faux jumeaux.
Deux spermatozoïdes fécondent deux ovules. Les « faux » jumeaux peuvent être soit deux garçons, soit deux filles, soit un garçon et une fille, mais dans les trois cas ils ne se ressemblent pas plus que des frères et sœurs.

▪ La fréquence augmente également avec le nombre de grossesses, et cela indépendamment de l'âge de la mère.

▪ Les jumelles ont deux fois plus de jumeaux que la population générale. On sait, de tout temps, que les jumeaux sont plus fréquents dans certaines familles que dans d'autres.

▪ L'origine ethnique joue un rôle. La gémellité est rare en Asie : 0,15 % chez les Chinois, 0,27 % chez les Japonais, 0,10 % en Asie du Sud. Au contraire, la gémellité est plus fréquente dans la population africaine : 2 %. Sur 2,8 millions de jmeaux nés dans le monde en 1999, 41 % sont nés en Afrique.

▪ En période de malnutrition, le taux des faux jumeaux décroît tandis que celui des vrais jumeaux reste stable.

▪ Les saisons ont certainement une influence, avec un pic en juillet/août et une baisse en janvier : l'ensoleillement joue probablement un rôle dans la sécrétion de l'hormone FSH, responsable de la maturation de l'ovule. C'est d'ailleurs vrai pour toutes les conceptions, simples comme gémellaires.

■ De même, le climat et les conditions de vie semblent jouer un rôle. En Europe, il y a plus de jumeaux au Nord qu'au Sud : 1,5 % en Scandinavie ; 0,5 % sur le pourtour du Bassin Méditerranéen.

■ Enfin et surtout, comme nous l'avons dit plus haut, le développement des traitements de la stérilité est responsable d'une très forte augmentation des grossesses multiples. Il s'agit presque toujours de faux jumeaux. En

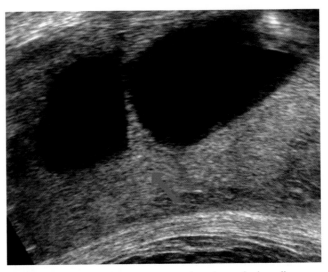

Le signe du lamdba
Lors de l'échographie de la douzième semaine, le signe du lambda permet d'affirmer que ce sont des faux jumeaux : on voit nettement (flèche rouge) un signe en forme de la lettre grecque lambda : λ.

effet, ces traitements sont basés, le plus souvent, sur la maturation simultanée de plusieurs ovules. On comprend alors que deux ou trois ovules puissent être fécondés par des spermatozoïdes.

La nidation des grossesses gémellaires dizygotes ne diffère pas de ce qu'elle est pour une grossesse unique. Chaque œuf a ses propres annexes. Les membranes (annexes et chorion) et le placenta sont distincts. Il n'y a pas de communication entre les deux fœtus. Chacun a sa propre circulation. Les faux jumeaux vont ainsi se développer ensemble, mais séparément.

A la naissance, les deux bébés peuvent se ressembler mais pas plus que les frères et sœurs habituels. Ils peuvent être de sexe différent. Ceci est tout à fait normal puisque ces faux jumeaux, issus de deux œufs distincts, ont reçu un patrimoine héréditaire (leur héritage chromosomique) aussi différent que celui de frères et sœurs nés à plusieurs années d'écart.

Il existe une particularité parmi les grossesses dizygotes (faux jumeaux), c'est ce que l'on appelle la *grossesse hétérotopique*. L'un des embryons s'est nidé dans l'utérus, l'autre dans la trompe. Il s'agit alors de l'association d'une grossesse intra-utérine et d'une grossesse extra-utérine ; cette dernière ne pourra pas se développer sans complication, elle devra être opérée, comme toute grossesse extra-utérine (voir page 237). La grossesse intra-utérine se poursuivra sans problèmes. Cette éventualité n'est pas exceptionnelle depuis le développement de l'aide médicale à la procréation.

Les vrais jumeaux

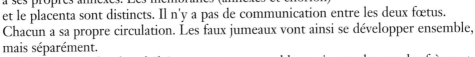

En ce qui concerne les vrais jumeaux, le processus est totalement différent. Un seul ovule est fécondé par un seul spermatozoïde donnant un œuf unique. Cet œuf unique va se diviser ensuite en deux œufs qui vont se développer donnant deux fœtus génétiquement identiques : mêmes

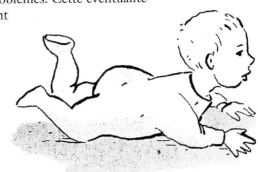

chromosomes, mêmes gènes. A la naissance, ces vrais jumeaux seront donc des sosies, toujours de même sexe, réplique exacte l'un de l'autre, ou encore, selon la formule classique, « le même individu tiré à deux exemplaires ».

Leurs empreintes digitales, à quelques détails près, seront identiques. D'ailleurs, souvent cette extraordinaire ressemblance ne s'arrête pas à l'aspect physique, mais porte également sur certains traits intellectuels et psychologiques, et sur la prédisposition à certaines maladies.

A propos des vrais jumeaux, on parle de grossesse gémellaire *monozygote* (*mono* parce qu'il y a un seul œuf).

Pourquoi un œuf va-t-il ainsi se diviser en deux œufs distincts ? Ce phénomène semble lié à un vieillissement de l'ovule : dans ce cas, la femme présente un cycle prolongé, avec une ovulation retardée et une fécondation tardive. Cette particularité de cycles plutôt longs et irréguliers ne se retrouve pas chez les femmes attendant des faux jumeaux.

La fréquence des vrais jumeaux est remarquablement stable : 0,3 à 0,5 % des naissances. Elle ne varie ni avec l'origine ethnique, ni avec le nombre d'enfants. L'hérédité est sans influence dans la gémellité monozygote, bien que l'on ait observé plus de grossesses de ce type chez les vrais jumelles. La fréquence augmente avec l'âge : 0,3 % à 25 ans, 0,45 % après 40 ans.

En ce qui concerne la nidation et les annexes, la disposition varie selon que l'œuf initial s'est divisé plus ou moins tôt ;
▪ dans plus de 70 % des cas, chaque fœtus a ses annexes propres, son propre amnios, mais un seul placenta pour les deux ;
▪ dans près de 30 % des cas, chaque fœtus a ses annexes propres, son propre amnios et son placenta : c'est la même situation que pour les faux jumeaux ;
▪ enfin, dans 1 à 2 % des cas , il y a un seul amnios et un seul placenta : les deux fœtus sont dans le même sac amniotique, aucune membrane ne les sépare.

Dans ce dernier cas, et uniquement dans celui-là, il peut y avoir une communication entre les deux circulations placentaires. Ceci est parfois cause d'un déséquilibre, un des deux jumeaux recevant davantage de sang que l'autre. Le premier (dit « jumeau transfusé ») risque de souffrir de cet apport trop important de sang. L'autre (dit « jumeau transfuseur ») risque, au contraire, de souffrir d'un manque de sang. Dans le premier cas il existe une possibilité d'insuffisance cardiaque par excès de masse sanguine (le cœur à un travail trop important à accomplir). Dans le second, le risque est celui d'une anémie ou d'une insuffisance de développement (hypotrophie ou retard de croissance) par manque d'apport sanguin.

J'attends des jumeaux

Vous venez d'apprendre que vous attendez des jumeaux. Selon votre situation, cette nouvelle est une surprise… attendue ou une réelle surprise.
▪ Si vous avez bénéficié d'un traitement contre la stérilité, vous aviez été prévenue de la fréquence des grossesses gémellaires. L'aide médicale à la procréation est en effet à l'origine des 2/3 des grossesses gémellaires.

Dans ce cas, l'échographie a lieu un mois après l'intervention (fécondation in vitro, ou insémination intra-utérine, ou stimulation ovarienne), c'est-à-dire 15 jours au plus tard après le retard des règles.

A cette période, la future maman sait qu'elle est enceinte. Des dosages hormonaux (BHCG) ont été faits et ont confirmé la grossesse, mais elle ne peut savoir s'il s'agit de jumeaux. Néanmoins, il peut arriver qu'un taux de BHCG particulièrement élevé mette sur la voie de ce que l'écran va révéler. On voit alors nettement deux cavités bien distinctes, bien séparées. Chacune contient un embryon d'environ 8-10 mm dont on perçoit déjà l'activité circulatoire sous forme de battements.

▪ Dans le cas d'une grossesse gémellaire « spontanée », pourrait-on dire, la surprise est totale pour les futurs parents, mais des petits signes évocateurs ont pu apparaître amenant à s'interroger. Les malaises et indispositions sont plus fréquents, en particulier les nausées, vraisemblablement liés à la sécrétion accrue de BHCG par le placenta des jumeaux. De même, l'utérus augmentant plus rapidement de volume, des « troubles mécaniques » dus à la compression de l'utérus, telle l'envie d'uriner, apparaissent plus tôt ; cette fréquence des mictions est également plus marquée. Il en est de même pour les seins qui paraissent rapidement plus volumineux. Mais c'est la première échographie de 11/12 semaines qui va faire le diagnostic des jumeaux (voir p. 215). Chaque embryon sera alors visualisé, observé et mesuré. A ce stade de développement, les dimensions de chaque fœtus sont toujours égales, alors que plus tard il pourra y avoir des différences.

Quelques particularités de la grossesse gémellaire

▪ Pour la maman, la prise de poids est en moyenne de 30 % plus importante que dans une grossesse unique. Ceci est dû à l'augmentation de l'eau totale du corps liée à une rétention accrue de sel ; et à l'importance du volume intra-utérin : le volume total de l'utérus à 7 mois est à peu près celui d'une grossesse unique à terme ; de 5 litres à 7 mois, l'utérus peut atteindre 10 litres à terme.

Pendant quelques mois, une prise quotidienne de fer sera prescrite à la future maman car les deux bébés puisent dans ses réserves de fer et de folates. Et, il est recommandé à la maman d'augmenter sa ration calorique car les deux bébés consomment beaucoup d'énergie pour se développer et assurer leur croissance.

Certains malaises courants peuvent être plus prononcés que dans une grossesse unique, mais là non plus ils n'ont pas de caractère de gravité.

Ainsi le pouls est généralement plus rapide car le débit cardiaque est augmenté. En passant de la position accroupie à la position debout, la future maman peut éprouver une sensation de malaise fugace, comme une sorte de voile devant les yeux. Cette baisse de tension (hypotension) est due à une moins bonne circulation du sang dans les membres inférieurs. Les varices peuvent être plus fréquentes et plus prononcées. Enfin, la future maman peut se sentir essoufflée, ceci est dû à une augmentation des mouvements respiratoires.

▪ Pour les fœtus : en cas de gémellité, certaines particularités de leur développement sont encore mal connues. Mais on sait que leur maturité est en avance d'environ 15 jours par rapport à un fœtus unique, notamment la maturité de leurs poumons. Comme si la nature avait prévu que les jumeaux allaient naître un peu plus tôt...

La surveillance médicale

Dès que vous saurez que vous attendez des jumeaux, choisissez le gynécologue-obstétricien qui va vous suivre, en collaboration avec votre médecin traitant, ou avec une sage-femme.

Bien surveillée, une grossesse gémellaire a toutes les chances de se développer aussi bien qu'une grossesse simple, avec seulement un peu plus de fatigue au troisième trimestre. Cette surveillance est importante car certaines complications sont plus fréquentes lorsqu'on attend des jumeaux, notamment la prématurité, la toxémie gravidique et le retard de croissance ; c'est pourquoi la grossesse gémellaire est considérée par les médecins comme une grossesse à risques. Je vais vous parler de ces différents risques, mais aussi des moyens de les prévenir. Si vous attendez des jumeaux, ne vous faites donc pas un double souci, soyez seulement deux fois plus attentive aux recommandations qui vous seront faites par le médecin.

La prématurité

La durée d'une grossesse gémellaire est plus courte que celle d'une grossesse simple, de 15 jours à 3 semaines en moyenne. Mais la prématurité peut aussi être plus grande : dans 10 % des cas, elle est de 6 semaines ; la future maman accouche à 34 semaines, parfois même avant.

Pour que votre grossesse se poursuive le plus longtemps possible, le médecin vous fera un certain nombre de recommandations, surtout après le 6e mois. A partir de cette

période, il pourra vous prescrire un arrêt de travail supplémentaire,en fonction de votre activité et du type de gémellité : la grossesse gémellaire est surveillée plus attentivement lorsqu'il s'agit de vrais jumeaux, en particulier à cause de l'éventualité transfuseur-transfusé ; et lorsqu'il s'agit d'une première grossesse, car c'est la première fois que l'utérus est soumis à un tel développement.

A partir du 6ᵉ mois, vous serez probablement examinée plus souvent, tous les quinze jours, par votre médecin ou la sage-femme. Une échographie du col permettra de vérifier la bonne tenue de celui-ci : elle pourra être répétée à intervalles réguliers.

De même, il conviendra de mener, toujours après le 6ᵉ mois, une vie la plus calme possible, avec des périodes de repos de plus en plus longues, au cours de la journée, au fur et à mesure que la date du terme se rapprochera. En cas de gros risque d'accouchement prématuré, notamment si le col se raccourcit, une hospitalisation de quelques jours pourra être nécessaire avec mise en place d'une perfusion contenant des produits destinés à calmer les contractions de l'utérus. Lorsque l'alerte sera passée, vous pourrez être suivie à domicile par une sage-femme de secteur. Sur la prématurité lisez également les pages 268 et suivantes.

Diverses mesures sociales sont à votre disposition. Renseignez-vous auprès de la PMI de votre Conseil général. Prévenez votre employeur que vous cesserez probablement votre activité professionnelle plus tôt que ce qui est normalement prévu.

La toxémie gravidique

Elle est presque 3 à 5 fois plus fréquente en cas de grossesse gémellaire que lors d'une grossesse unique C'est la surdimension de l'utérus qui semble être responsable de la plus grande fréquence de ce syndrome qui associe : prise de poids rapide et excessive, œdème, albuminurie et élévation de la tension artérielle. C'est pourquoi il est important de surveiller les urines, le poids et la tension artérielle : voyez page 238.

Le retard de croissance intra-utérin

Ce peut être une complication de la toxémie gravidique, mais aussi une conséquence du syndrome transfuseur-transfusé (voir page 157) ou même parfois de l'existence d'une malformation.Une harmonie de croissance, et donc du poids, des deux fœtus est rare : le plus souvent un des deux jumeaux est moins gros que l'autre, c'est-à-dire qu'il a un retard de croissance par rapport à l'autre. Seuls de gros écarts sont pris en considération et c'est l'échographie répétée avec doppler qui permet de prendre la décision de provoquer la naissance, par césarienne le plus souvent.

Si vous attendez des jumeaux

La naissance des jumeaux

Dans la majorité des cas, l'accouchement aura lieu dans la maternité où exerce votre gynécologue obstétricien. Si l'accouchement est trop prématuré, votre médecin vous dirigera alors vers une maternité à laquelle est associée une unité de néonatalogie.

L'accouchement des jumeaux présente quelques particularités. Il est souvent, nous l'avons déjà dit, prématuré. Il est rare qu'une grossesse gémellaire atteigne le terme. En général, les naissances ont lieu vers 37-38 semaines.

Certains médecins préfèrent d'ailleurs déclencher l'accouchement à ce terme pour qu'il ait lieu de jour, lorsque toute l'équipe est présente. En plus, comme les 2/3 des grossesses gémellaires sont issues de procréation médicalement assistée, les médecins, qui ont traité leur patiente, aiment bien les suivre jusqu'à l'accouchement et être présents le jour de la naissance des bébés.

L'accouchement des jumeaux est un peu plus long qu'en cas de naissance unique car la surdistension de l'utérus rend les contractions moins efficaces, et la dilatation du col est plus lente. La position du premier jumeau qui se présente est importante. S'il est en siège, et que le deuxième est tête en bas, la plupart des médecins préfèrent programmer une césarienne pour éviter que les bébés « s'accrochent » entre eux. Si par contre le deuxième est aussi en siège, ce risque est exclu et l'accouchement peut se faire normalement, par les voies naturelles. Il en est de même lorsque le premier bébé est tête en bas, quelle que soit la position du deuxième.

En cas d'accouchement par voie basse (c'est-à-dire par les voies naturelles), l'enregistrement du cœur des bébés est fait par deux appareils distincts ou parfois par un seul appareil qui peut enregistrer les deux cœurs en même temps.

La naissance du premier jumeau est pratiquement la même que celle d'un bébé unique. Immédiatement après le médecin vérifie la position du deuxième bébé.

Si la tête est en bas, le médecin rompt la deuxième poche des eaux (si elle existe), et le deuxième bébé naît aussitôt après car la route est déjà tracée. Il en est de même si le deuxième bébé se présente par le siège.Par contre, en cas de présentation transversale, le médecin doit, par des manœuvres intra-utérines, tourner le bébé et le mettre en bonne position.

Il s'écoule, en général, moins de 10 minutes entre la naissance des deux enfants. La délivrance survient en règle générale très rapidement après la naissance du deuxième bébé car cette délivrance est provoquée par l'injection d'ocytocique. Il n'est pas rare, néanmoins, qu'elle soit relativement hémorragique car l'utérus, surdistendu au cours de la grossesse, se contracte et se rétracte moins bien. Ceci conduit à pratiquer souvent une délivrance artificielle, ou même une révision utérine (voir ces mots dans l'index).

Ces différentes interventions nécessitent théoriquement une anesthésie. Ceci rend souhaitable, pour ne pas dire indispensable, le recours à l'anesthésie péridurale, ou à tout le moins la présence, pendant toute la durée de l'accouchement, d'un anesthésiste capable d'endormir immédiatement la maman si nécessaire.

Une remarque pour terminer : contrairement à l'opinion courante, l'aîné des jumeaux est celui qui naît le premier.

Après la naissance

Mettra-t-on vos nouveau-nés dans une couveuse ? Beaucoup de mamans posent la question. On met presque toujours les jumeaux dans une couveuse, ne fût-ce que quelques heures, mais ce n'est pas un signe de gravité. Il s'agit la plupart du temps d'une simple précaution liée à la naissance avant terme des bébés, et à leur poids en général inférieur à la moyenne. Le but est d'éviter le refroidissement et les troubles qui l'accompagnent (hypoglycémie, gêne respiratoire). Les grands prématurés, eux, bénéficient d'un traitement particulier (voyez le chapitre 11).

Après l'inquiétude au sujet de l'accouchement, ce qui préoccupe les mères, c'est l'organisation de la maison au retour de la maternité. C'est normal, mais des professionnels pourront vous aider. Dès maintenant renseignez-vous auprès de votre Caisse d'allocations familiales, et auprès d'une association « Naissances multiples » proche de votre domicile. Encore plus que pour une naissance simple, votre mari, une amie, une sœur, votre mère seront les bienvenus, au moins quelques heures dans la journée, pour que vous puissiez vous détendre, l'esprit tranquille.

Et, en attendant, profitez du séjour à la maternité pour vous reposer et vous sentir bien à l'aise dans les soins à donner à vos bébés. Vous ferez d'ailleurs une découverte charmante, c'est que très vite les enfants sont capables de comprendre que « c'est chacun son tour ».

Je sais que des mamans attendant des jumeaux se demandent s'il est possible d'allaiter deux bébés. C'est tout-à-fait envisageable. Au début, les bébés tètent l'un après l'autre. Puis, lorsque l'allaitement a bien démarré, la maman peut nourrir les deux enfants à la fois.

Triplés, quadruplés, quintuplés

Il y a bien des années (c'était en 1934 !) une certaine madame Dionne mettait au monde cinq filles. C'étaient les premières quintuplées recensées dans l'histoire. Ce fut un événement international ; il fit la une de tous les journaux.

En effet, la probabilité d'une grossesse quintuple spontanée est de 1 pour 40 000 000.

Aujourd'hui, les grossesses multiples ne sont plus exceptionnelles. Elles sont la conséquence possible des traitements dont je vous ai parlé plus haut (voir chapitre 5).

Ainsi, après une induction de l'ovulation, c'est-à-dire une ovulation provoquée, ou une fécondation *in vitro*, on compte 3 % de grossesses triples (alors que, spontanément, il ne s'en produit que 1 pour 10 000). La fréquence des grossesses quadruples (1 pour 100 000 normalement) et, *a fortiori*, quintuples, tend à diminuer car il est de plus en plus rare de réimplanter plus de trois embryons.

Les grossesses multiples sont considérées par les médecins comme à très hauts risques, d'autant plus que le nombre d'embryons est plus élevé. Ainsi l'accord est quasi unanime sur les risques des grossesses quadruples (ou davantage), et sur l'opportunité de proposer alors aux parents une réduction embryonnaire.

La réduction embryonnaire consiste en une interruption sélective de l'évolution d'un (ou de plusieurs) embryon. Elle se fait en général vers 8 semaines, parfois un peu plus tard, sous anesthésie locale, par ponction guidée par l'échographie. Elle représente une décision difficile à prendre, supposant une information aussi complète que possible des futurs parents. On peut heureusement penser que la maîtrise plus grande des techniques de procréation médicalement assistée rendra de plus en plus rare la nécessité d'envisager une telle pratique.

Les grossesses triples elles-mêmes peuvent poser des problèmes. Le risque majeur est celui de l'accouchement prématuré. Aussi la nécessité de précautions particulières (repos, régime riche en calories et riche en protéines, prise de fer, de folates et de vitamines) et d'une surveillance médicale stricte (avec une échographie chaque mois) s'imposent-elles encore plus que pour les grossesses gémellaires.

Pour l'accouchement, de nombreux médecins préfèrent la césarienne systématique à 35-36 semaines. Il est indispensable que l'accouchement ait lieu dans un établissement entraîné à ce type de naissance, c'est-à-dire une maternité de niveau 3.

Certains couples supportent mal psychologiquement les grossesses multiples (« deux c'est un succès, trois c'est un échec »). Les parents peuvent s'adresser à une association « Naissances multiples » (voyez la légende ci-contre) et y trouver les conseils pratiques et le soutien psychologique qui pourraient leur être nécessaires.

Pour les parents de jumeaux et de triplés,
voici une adresse à connaître :
Fédération nationale jumeaux et plus,
28, place Saint-Georges, 75009 Paris,
Tel. : 01 44 53 06 03,
 Fax : 01 44 53 06 23,
infos@jumeaux-et-plus.asso.fr

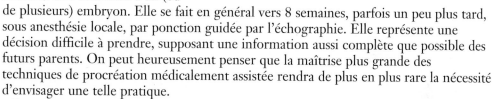

7

Les trois. questions que vous vous posez

•*Fille* ou garçon **?**

En vingt ans, l'image de la femme a beaucoup évolué. Mais il y a un domaine où rien n'a changé : comme hier, comme toujours, les parents veulent un garçon d'abord, à une large majorité. Posez vous-même la question, vous verrez la réponse.

De plus, s'il naît une fille alors qu'on espérait un garçon, il arrive, même encore aujourd'hui, qu'on en rende responsable la mère ; or, c'est une injustice, car le sexe de l'enfant dépend du père. Pourquoi ? Pour le comprendre, il est nécessaire de faire une incursion dans le domaine de l'infiniment petit et de donner quelques explications un peu techniques.

•La cellule.

L'organisme est composé de différents tissus eux-mêmes faits de cellules. Chaque être humain en possède une dizaine de milliards environ. La cellule est l'élément de base de tout être vivant.

Nos cellules sont très différentes les unes des autres suivant le rôle qu'elles jouent : un globule rouge du sang est une cellule qui a la forme d'un disque, celle de la peau a plutôt la forme d'un cube, celle de l'os la forme d'une étoile, etc.

● Le noyau de la cellule.

Chaque cellule comprend, entre autres, une partie plus dense que l'on appelle le noyau et qui est la plus importante,
on serait tenté de dire : la plus noble.

● Les chromosomes.

Ce noyau est fait d'une substance appelée *chromatine* parce qu'elle a la faculté d'absorber certaines matières colorantes (du grec *chromos* : couleur). Quand les cellules se divisent pour se multiplier et se renouveler, la chromatine du noyau prend un aspect particulier. Elle se fragmente en corpuscules appelés chromosomes. L'aspect et le nombre des chromosomes varient selon les espèces animales. Dans l'espèce humaine, il y a 46 chromosomes par cellule. Ils sont groupés en 23 paires ; dans chaque paire l'un des chromosomes est hérité du père et l'autre de la mère.

● X et Y.

22 paires de chromosomes sont identiques dans l'un et l'autre sexe. La 23ᵉ, au contraire, est différente chez l'homme et chez la femme. Il s'agit de la paire de chromosomes sexuels.

Chez la femme, cette paire est faite de 2 chromosomes semblables appelés chromosomes X. Chez l'homme, les 2 chromosomes sont différents : l'un est appelé X et l'autre Y. Dans le sexe féminin, les cellules sont donc composées de 22 paires + 1 paire XX. Dans le sexe masculin les cellules comportent 22 paires + 1 paire XY.

● La division des cellules.

À l'exception des cellules nerveuses, toutes les cellules de l'organisme se renouvellent : la durée de vie d'une cellule est en effet limitée et va de 4 jours à 4 mois. Cette reproduction se fait par simple division. Chaque cellule se divise en deux cellules filles contenant le même nombre de chromosomes que la cellule mère dont elles sont issues (soit 46 dans l'espèce humaine).

● Les cellules sexuelles.

Cependant, les cellules sexuelles échappent à cette règle de la division. Lors de la fabrication des ovules chez la femme et des spermatozoïdes chez l'homme, la division des cellules prend un caractère un peu particulier et les cellules sexuelles adultes (ovule ou spermatozoïde) qui vont assurer la fécondation, ne contiennent plus que la moitié des chromosomes soit 23 au lieu de 46. Ainsi, lors de la fusion du spermatozoïde et de l'ovule, sera reconstituée une cellule (l'œuf) qui comportera 46 chromosomes, nombre caractéristique de l'espèce humaine.

Il est facile de comprendre que, s'il n'en était pas ainsi, l'œuf aurait 46 + 46 soit 92 chromosomes, ce qui n'est pas le nombre caractéristique des individus normaux. Vous verrez d'ailleurs plus loin que certains œufs ont un nombre anormal de chromosomes. Cela conduit soit à un avortement, soit à la naissance d'un enfant qui peut être anormal.

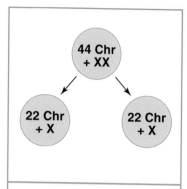

Chez la femme, tous les chromosomes sexuels sont X.

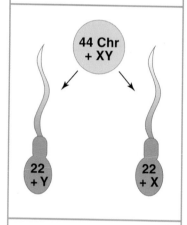

Chez l'homme, les chromosomes sexuels sont tantôt X, tantôt Y.

Pourquoi garçon ? Pourquoi fille ?

Jusqu'à nouvel ordre, il faut admettre qu'il s'agit là d'un pur hasard mais qui mérite une explication.

Lors de la fabrication des ovules dans l'ovaire, les deux chromosomes sexuels étant identiques chez la femme (X et X) tous les ovules recevront 22 chromosomes ordinaires + 1 chromosome X. Cela équivaut à dire que tous les ovules auront une formule chromosomique identique.

Chez l'homme, au contraire, la cellule mère qui donne naissance aux spermatozoïdes comprend 44 chromosomes + 2 chromosomes sexuels différents X et Y. Lors de la division, 50 % des spermatozoïdes recevront 22 chromosomes ordinaires + 1 chromosome X alors que 50 % recevront 22 chromosomes ordinaires + 1 chromosome Y. Cela revient par conséquent à dire que tous les spermatozoïdes n'ont pas la même formule chromosomique. Lors de la fécondation, c'est-à-dire lors de l'union d'un ovule et d'un spermatozoïde, deux possibilités apparaissent donc.

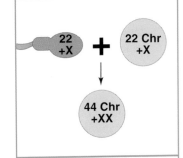

Ce sera une fille :
un ovule est fécondé par un spermatozoïde à chromosome X.

La fille.

L'ovule est fécondé par un spermatozoïde à chromosome X : il va en résulter, par réunion des chromosomes, un œuf contenant 44 chromosomes + X + X (soit XX). Cette formule est celle du sexe féminin.

Cet œuf donnera naissance à une fille.

Le garçon.

L'ovule est fécondé par un spermatozoïde à chromosome Y : la reconstitution du capital chromosomique aboutira à la formule : 44 chromosomes + X + Y (soit XY).

Cette formule est celle du sexe masculin.

Cet œuf donnera naissance à un garçon.

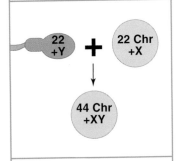

Ce sera un garçon :
un ovule est fécondé par un spermatozoïde à chromosome Y.

Il apparaît donc que c'est la formule chromosomique du spermatozoïde fécondant qui détermine la survenue d'une fille ou d'un garçon. C'est dans ce sens que l'on peut dire que c'est le père qui est « responsable » du sexe de l'enfant.

Il ne faut évidemment pas prendre l'expression au pied de la lettre : la responsabilité du père, au sens habituel du terme, n'est pas engagée, c'est le hasard qui fait que la fécondation sera assurée par tel ou tel spermatozoïde.

Pas seulement le hasard.

Certaines notions échappent d'ailleurs encore à nos connaissances dans ce domaine. En effet, si le hasard seul intervenait, comme dans le jeu de pile ou face, il devrait y avoir statistiquement, autant de naissances de filles que de garçons. Or, il naît un peu plus de garçons que de filles (104 à 106 contre 100). D'autre part, dans certaines familles, on observe de façon frappante un bien plus grand nombre d'enfants de l'un ou l'autre sexe et l'on a pu parler de familles à filles et de familles à garçons. On a cité le cas d'une famille où, en trois générations, sont apparues soixante-douze filles sur soixante-douze grossesses. L'explication de tels phénomènes reste encore actuellement du domaine de l'hypothèse. Au fil des années cependant, de nombreux travaux faits dans le monde entier permettent de cerner de mieux en mieux la réalité.

On sait, par exemple, que les spermatozoïdes X et Y présentent des différences : les seconds ont une tête plus petite et se déplacent plus vite que les premiers. Il semble d'autre part que certaines anomalies du sperme se fassent surtout au détriment des spermatozoïdes X ou au contraire des spermatozoïdes Y. Cela expliquerait pourquoi certains hommes donnent naissance à plus de filles que de garçons par exemple.

Il reste vrai toutefois que de nombreuses inconnues persistent en ce domaine.

Peut-on choisir le sexe de l'enfant ?

Avoir à volonté une fille ou un garçon est un rêve vieux comme l'humanité. Comme la prédiction du sexe, il a donné lieu à des conseils et des remèdes tous plus fantaisistes et surtout inefficaces les uns que les autres. Depuis quelques années de nombreux travaux sont faits dans le monde entier sur ce sujet, non pas pour satisfaire le désir des parents d'avoir une fille ou un garçon, que pour venir en aide aux familles dans lesquelles se transmet une maladie héréditaire liée au sexe. Comme vous le verrez plus loin (page 184) certaines maladies n'affectent que les filles ou que les garçons. Où en sont actuellement les recherches ?

Une première série de travaux concerne la possibilité de séparer, en laboratoire, les spermatozoïdes Y– qui donnent les garçons – et les spermatozoïdes X - qui donnent des filles. Différentes techniques ont été proposées. Elles donnent des résultats variables, mais qui ne dépassent pas 80 % de succès. Ces techniques nécessitent bien sûr de recueillir le sperme puis, pour assurer la fécondation, de procéder à une insémination artificielle.

D'autres recherches essaient d'exploiter les différences qui semblent exister entre les spermatozoïdes Y et X : les premiers seraient plus petits et rapides, mais moins résistants. On peut donc penser que tout ce qui empêche une union rapide du spermatozoïde et de l'ovule favorise, dans un sperme donné, une prédominance des spermatozoïdes X sur les Y, c'est-à-dire la naissance de filles. Et inversement.

Si ces théories étaient exactes, on augmenterait les chances d'avoir un garçon :

▪ en ayant un rapport unique le plus près possible de l'ovulation dont la date habituelle peut être déterminée par l'établissement d'une courbe de température ;
▪ en diminuant l'acidité hormonale du vagin plus néfaste pour les spermatozoïdes Y qui sont moins résistants.

Au contraire, la naissance d'une fille serait favorisée par :

▪ des rapports plus fréquents et suffisamment à distance de l'ovulation ;
▪ un renforcement de l'acidité vaginale pour essayer de détruire le maximum de spermatozoïdes Y.

A dire vrai toutes ces méthodes sont extrêmement décevantes, et il n'existe pas encore de méthode simple et fiable pour choisir le sexe de l'enfant à naître. J'aurais tendance à dire " Heureusement ! " Si le choix était possible, il y aurait probablement plus de garçons que de filles. Cela entraînerait un déséquilibre entre les sexes, et une chute de la démographie, car pour le moment ce sont les femmes qui enfantent et accouchent...

Connaître le sexe de l'enfant avant la naissance

Depuis les temps les plus anciens, on a cherché à connaître le sexe de l'enfant avant la naissance. Pour trouver une réponse, les Grecs, avec Hippocrate, tenaient compte de la coloration du visage ou de l'importance du développement utérin.

Au fil des siècles, on a tenté d'accorder une valeur :
- au rythme cardiaque de l'enfant : certaines femmes restent persuadées que le cœur bat plus ou moins vite selon qu'il s'agit d'un garçon ou d'une fille. Les enregistrements électroniques du cœur fœtal ont montré qu'il n'en était rien ;
- au déroulement de la grossesse et à l'importance des malaises ressentis ;
- à la manière de porter son enfant : on croyait que si l'enfant « montait » très haut ce serait un garçon, ou « descendait » très bas ce serait une fille ;
- à la date du rapport fécondant par rapport à l'ovulation, car les spermatozoïdes X et Y n'auraient pas la même durée de survie.

Aujourd'hui, c'est au cours de deux circonstances bien différentes que l'on peut connaître le sexe de l'enfant avant la naissance.
- La première, c'est lors de l'échographie de 21/22 semaines (voir page 216). A ce moment-là, il est possible de voir le sexe sans se tromper. La marge d'erreur est très faible. Il peut néanmoins exister des cas où la position du bébé gêne la vision de son anatomie. Dans cette hypothèse, l'échographiste donnera une réponse avec réserve. Pour avoir une certitude, il faudra attendre la prochaine échographie, vers la 31/32e semaine. On peut aussi décider d'attendre 7 semaines de plus, c'est-à-dire la naissance du bébé…

A ce propos, il faut signaler que les échographistes sont plutôt réticents à donner spontanément le sexe de l'enfant qu'ils examinent, à moins bien sûr que les parents ne le demandent expressément.
- On peut aussi connaître le sexe de l'enfant avant la naissance à l'occasion d'un diagnostic prénatal génétique. Cet examen est beaucoup moins fréquent que l'échographie car il se fait dans des circonstances précises, celles où on a besoin d'étudier les chromosomes de l'enfant. Cette étude se fait selon deux méthodes : par prélèvement des villosités du placenta, vers la 10/11e semaine, c'est la biopsie du throphoblaste (voir page 188) ; ou par l'examen du liquide amniotique, vers la 16/17e semaine, c'est l'amniocentèse (voir page 187).

Avec ces deux techniques, on peut étudier les chromosomes sexuels et savoir s'il s'agit d'un garçon ou d'une fille. La méthode est sûre mais on ne l'utilise jamais pour connaître uniquement le sexe de l'enfant, sauf cas exceptionnel.

Les parents souhaitent-ils tous connaître le sexe de l'enfant avant la naissance ?

Pour certains, la réponse est oui, sans hésiter : cela permet de parler de l'enfant avec le prénom choisi, de faire des projets plus personnalisés, d'acheter une layette en conséquence.

D'autres parents souhaitent connaître le sexe du bébé à naître, mais, et c'est nouveau d'après notre enquête, ils ne veulent pas l'annoncer à l'entourage ; ils gardent le secret pour eux et réservent la surprise aux autres.

Il y a aussi des parents qui veulent se réserver jusqu'au bout le plaisir de la découverte. Et puis, comme me l'a dit une maman : « Je voulais une fille, car j'avais déjà deux garçons. J'ai eu un garçon. J'étais déçue, mais il était si mignon, si attendrissant qu'il est arrivé à me faire oublier ma déception. Si j'avais su le sexe avant

la naissance, Thomas n'aurait pas été là pour me consoler. »

Si vous faites partie de ces parents qui n'ont pas envie de connaître le sexe de l'enfant à naître, dites-le tout simplement avant chaque échographie.

J'insiste sur ce point, non pas pour vous pousser à ne pas connaître le sexe de votre bébé ; mais, si c'est votre souhait, pour vous aider à exprimer votre désir.

●●

7

À qui

ressemblera

votre enfant?

Vous avez sûrement envie de savoir si votre enfant héritera des cheveux blonds et des yeux noirs de sa grand-mère, ou bien du nez droit et de la grande taille de son père. Et vous espérez aussi qu'il n'aura pas le caractère difficile de son grand-père, mais plutôt votre don musical. En un mot, vous vous demandez comment, d'une génération à l'autre, se transmettent les dons et caractéristiques physiques et intellectuels.

Les agents de transmission de l'hérédité, ce sont les chromosomes et surtout les gènes. La science qui les étudie – la génétique – est en pleine évolution, et il n'y a pas de jour qui n'apporte de nouvelles découvertes dans ce domaine. Voici ce que l'on peut en dire aujourd'hui de manière succincte.

Les gènes.

Vous avez vu plus haut que le noyau des cellules était fait d'une substance appelée chromatine qui, au moment de la division cellulaire, se fragmentait en 46 chromosomes. Le reste du temps, la chromatine forme dans le noyau un long ruban ou filament, enroulé et pelotonné de façon très serrée, comme un peloton de laine. Déroulé, ce ruban mesurerait 1m 50. Et mis bout à bout, les filaments de chromatine de toutes nos cellules auraient une longueur représentant la distance de la terre à la lune.

Ce filament de chromatine, c'est ce que les biologistes appellent une molécule *d'acide désoxyribonucléique* (en abrégé A.D.N.). Comme la bande d'un magnétophone ou d'un magnétoscope, le rôle de l'A.D.N. est de contenir de l'information, des ordres en quelque sorte, un programme diraient les informaticiens. Malgré la petite taille de

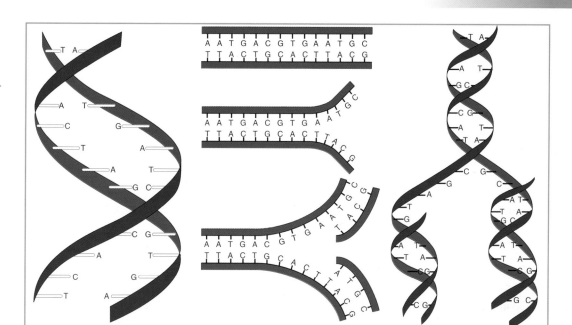

(schéma 1)   (schéma 2)   (schéma 3)

chaque cellule, ce programme est énorme puisqu'il contient autant d'informations que 1 000 volumes d'encyclopédie de 1 000 pages chacun. Ce programme c'est la clé de la vie puisqu'il contient tous les ordres nécessaires à la formation d'un être humain (voir page 114), puis à son fonctionnement harmonieux. Chaque noyau de chaque cellule contient ce programme : on l'appelle le génome.

Si l'on examine ce filament d'A.D.N. de plus près, on s'aperçoit qu'il ressemble à une échelle dont les barreaux sont composés de quatre substances – *Cytosine, Guanine, Adénine, Thymine* – ; ces substances, qu'on désigne par leurs initiales – C, G, A, T – sont liées deux à deux, toujours de la même façon : C ne va qu'avec G et A qu'avec T (voir le schéma 1). Cette échelle est enroulée, torsadée sur elle-même : c'est la double hélice décrite en 1953 par Crick et Watson, ce qui leur a valu le prix Nobel. Cette échelle a 3,5 milliards de barreaux. Quand la cellule se divise, et que les chromosomes s'individualisent, chaque chromosome correspond à des millions de barreaux – de 80 à 300 millions – les chromosomes n'ayant pas tous la même taille.

En examinant ce filament d'A.D.N. d'encore plus près, on s'aperçoit que la succession des substances C G A T sur l'échelle de l'A.D.N. forme des segments longs de milliers de barreaux : ce sont les gènes. Ce sont les gènes qui vont permettre au programme de s'exprimer. Les gènes se comportent comme les mots dans notre vocabulaire, ces mots étant formés à partir des quatre lettres C, G, A, T.
Chaque gène apparaît donc comme une unité d'information occupant une place précise et fixe, et qui va déterminer l'expression d'un caractère.

C'est en effet des ordres précis d'un gène précis que va dépendre la fabrication de ce que l'on appelle les *protéines*, éléments constitutifs élémentaires des êtres vivants (comme la brique ou la pierre pour une maison). Ainsi, par exemple, la couleur des yeux

Lors de la division cellulaire, l'échelle d'A.D.N. va s'ouvrir comme une fermeture éclair (schéma 2). Chaque demi-échelle va reconstituer de son côté une nouvelle double hélice assurant ainsi la transmission du programme dans chacune des deux cellules filles (schéma 3).

ou des cheveux va-t-elle dépendre de l'action d'une ou de plusieurs protéines. Les généticiens disent que le gène « code » (c'est-à-dire commande) une protéine, d'où le terme de code génétique : il faut des dizaines de milliers de protéines pour assurer le fonctionnement harmonieux de l'organisme.

Recherches et avancées en génétique

Plus on avance dans les découvertes, plus les choses se compliquent. On a récemment parlé du «séquençage du génome». Cette expression un peu technique ne veut pas dire (certains l'ont cru) que l'on ait découvert la place de chaque gène sur le long ruban d'A.D.N. (ou génome) ; cela signifie que pour 90 % du ruban (et très certainement 100 % dans les deux ans à venir) nous connaissons l'ordre dans lequel sont réparties les lettres C.G.A.T., l'ordre dans lequel elles se suivent (séquence veut dire suite). Ainsi, nous connaissons l'alignement des 3,5 milliards de lettres qui forment le code génétique, mais sans savoir comment elles sont rassemblées dans ces mots que sont les gènes. C'est comme si nous nous trouvions devant la page d'un livre imprimée sans aucune ponctuation (points, virgules, etc.) et où tous les mots seraient accrochés les uns aux autres, sans espace entre eux et le tout écrit dans une langue étrangère. On comprend qu'un biologiste ait dit que «nous ne sommes même pas à la fin du commencement».

Il reste en effet (si l'on peut dire) à trouver le bon découpage de ces mots que sont les gènes, à trouver le début et la fin de chacun d'entre eux, puis à en comprendre la signification. La tâche est d'autant plus difficile que seuls 5 % environ du long ruban d'A.D.N. correspondent à des gènes au sens habituel du terme. Le reste (on parle d'A.D.N. «non codant» ou «muet» ; les Américains disent «junk» : fouillis, bric-à-brac) n'a aucun rôle actuellement connu.

La complexité du génome et du code génétique est donc bien plus grande que nous le croyions. Ainsi, il est tout à fait probable qu'un gène commande (ou «code») la fabrication de plusieurs protéines et pas d'une seule ; qu'à l'inverse, une protéine dépend de plusieurs gènes ; qu'un gène a plusieurs fonctions ; que les gènes interagissent les uns sur les autres ; qu'ils sont sensibles à des facteurs extérieurs (stress, alimentation, modes de vie) ; qu'ils peuvent jouer des rôles différents à différents âges de la vie (embryon, adolescent, adulte, etc.) ou selon qu'ils ont été hérités du père ou de la mère ; qu'ils peuvent varier d'un individu à un autre (au moins pour 0,1 % du génome) ; qu'un même gène peut coder pour des protéines différentes selon sa place dans l'organisme (cœur, cerveau...), que certains enfin ne jouent que le rôle de la ponctuation dans notre écriture...

Beaucoup reste donc à faire, mais nous avons de bonnes raisons d'espérer. Ainsi nous connaissons actuellement 8 000 gènes environ (contre 64 en 1973 et 1600 en 1985). Nous connaissons les séquences des gènes sur les chromosomes 21 et 22, et sur certaines parties d'autres chromosomes. Nous savons que, quand certains gènes sont défectueux, ils peuvent entraîner l'apparition d'une maladie héréditaire (myopathie, mucoviscidose), et que de nombreuses maladies sont liées à la défaillance de plusieurs protéines et de plusieurs gènes : elles sont dites polygéniques (maladies cardio-vasculaires, diabète, etc.).

Nous sommes capables de savoir si une personne a une prédisposition au cancer du sein, ou si elle risque de transmettre certaines maladies, la myopathie par exemple. Nous savons introduire le gène de l'insuline (médicament antidiabétique) dans le génome d'une bactérie, et lui faire sécréter de l'insuline.

De multiples recherches sont actuellement en cours dans des domaines très divers justifiant les espoirs mis dans la génétique, même si certains demanderont encore plusieurs années pour se voir réaliser.

Et ces découvertes vont déboucher à leur tour sur des enjeux économiques si importants que des laboratoires veulent déjà breveter les gènes qu'ils ont pu localiser. Aujourd'hui, la communauté scientifique, et les différents États, que ce soit en Europe ou en Amérique du Nord, sont partagés entre partisans des brevets, et ceux qui estiment que le patrimoine génétique appartient à tous.

Les ressemblances physiques

Ce qui précède permet de comprendre que, lors de la fécondation, l'union des chromosomes maternels et paternels, et la combinaison des gènes entre eux, apportent au futur enfant des caractères physiques et psychologiques qu'il tiendra pour partie de son père, et pour partie de sa mère.

En ce qui concerne les caractères physiques, on pourrait logiquement s'attendre à ce que l'enfant ressemble pour moitié à son père et pour moitié à sa mère : avoir, par exemple, la couleur des yeux de l'un et la forme du nez de l'autre. Cela n'est pas le plus fréquent, l'enfant n'apparaît pas habituellement comme composé d'une mosaïque dont les éléments reproduiraient fidèlement pour moitié les traits du père et pour moitié ceux de la mère.

Ces faits s'expliquent par ce que l'on appelle les lois de l'hérédité, infiniment complexes, et dont je vous donnerai ici les grandes lignes.

Un demi-héritage seulement.

Vous avez vu (page 167) que lorsque se forment les cellules sexuelles, seuls 23 chromosomes (sur les 46 que comprend la cellule mère) passaient dans le spermatozoïde ou dans l'ovule. Lors de la fécondation, l'œuf ne reçoit donc que la moitié de l'héritage du père, et la moitié de celui de la mère, et non la totalité de ces héritages.

Plus important encore : quand les 23 paires de chromosomes se séparent en deux, cette séparation se fait complètement au hasard, chaque chromosome d'une paire pouvant aller dans l'une ou l'autre des 2 cellules filles. Un simple calcul montre que ceci représente 2 puissance 23, c'est-à-dire 8 388 608 possibilités.

Ceci veut dire que du point de vue de l'hérédité, un homme peut fabriquer 8 338 608 sortes de spermatozoïdes différents, dont le message héréditaire ne sera pas le même. Il en est de même pour les ovules de la femme.

Enfin, avant de se séparer, les chromosomes d'une même paire vont s'échanger des morceaux équivalents de leur substance, recombinant ainsi l'héritage génétique ; les généticiens parlent de *crossing over*. Si l'on tient compte de ce phénomène, ce ne sont plus 8 millions de possibilités qui existent, mais 10 puissance 40, c'est-à-dire beaucoup plus que le nombre d'êtres humains ayant jamais existé…

Ainsi s'explique que, bien que nés de la même mère et du même père, des frères et sœurs puissent n'avoir entre eux qu'un air de famille et que la ressemblance n'aille souvent pas plus loin. On peut dire qu'à l'exception des vrais jumeaux, chaque nouvel œuf va donner un individu nouveau, différent de ses parents et de ses frères et sœurs. Chaque nouvel embryon est dans l'histoire de l'humanité un individu unique, différent de ceux qui l'ont précédé, et différent de ceux qui le suivront.

• Dominants et récessifs.

Lors de sa conception, l'enfant va recevoir, pour chaque caractère physique, un gène de son père et un gène de sa mère. Prenons, par exemple, la couleur des yeux et supposons qu'il hérite sur le gène paternel de la couleur marron, et sur le gène maternel de la couleur bleue. Ses yeux ne seront pas moitié marron et moitié bleu, mais marron, car cette couleur l'emporte sur le bleu. On dit que le gène qui porte la couleur marron est « dominant » et que l'autre est « récessif ». On dit aussi que ce dernier est « réprimé » car empêché de transmettre son message, la couleur bleue.

Voici quelques exemples de caractères dominants : les longs cils, les narines larges, les grandes oreilles, les taches de rousseur ; et de caractères récessifs : les yeux bridés, les cheveux clairs, la myopie.

Mais il faut savoir également que cet enfant aux yeux marron garde dans son capital héréditaire, sur un gène de ses chromosomes, le caractère, yeux bleus, bien que celui-ci n'apparaisse pas chez lui puisque dominé par le caractère yeux marron.

Imaginons maintenant cet enfant aux yeux marron devenu adulte. Il peut transmettre à sa propre descendance le caractère yeux bleus puisqu'il l'a gardé sur un de ses gènes. S'il en est de même pour sa femme, leur enfant pourra avoir les yeux bleus bien que son père et sa mère aient les yeux marron.

Ainsi, bien que tenant de ses parents tout son patrimoine, un enfant peut parfaitement ne pas leur ressembler. En revanche, il tient forcément tous ses caractères des générations précédentes.

Les caractères physiques sont donc héréditaires et un individu ne peut posséder que ceux qu'avaient déjà les générations qui l'ont précédé.

Il existe toutefois des exceptions à ces lois générales.

• L'environnement.

La première exception est représentée par l'influence éventuelle d'éléments extérieurs à l'hérédité. En voici quelques exemples.

▪ Le poids : la prédisposition à prendre du poids est héréditaire. Mais il est évident que le poids d'un individu dépendra aussi de ses conditions d'alimentation : abondance ou famine.

▪ La taille : on a constaté que les descendants des Asiatiques émigrés aux États-Unis (Chinois et Japonais généralement de petite taille) avaient une taille moyenne supérieure à celle de leurs ancêtres. On ne voit pas d'autre explication à ce phénomène que l'action du mode de vie et plus particulièrement de l'alimentation.

▪ La couleur de la peau : elle est aussi déterminée par l'hérédité ; toutefois la peau sera plus ou moins foncée selon que l'on sera souvent ou jamais exposé au soleil.

Cette action de l'environnement est toutefois limitée : un Noir qui ne s'exposera jamais au soleil n'en aura pas pour autant la peau blanche ; un albinos qui se mettra au soleil ne brunira pas. Mais il y a sans cesse une interaction, comme un jeu entre l'inné, ce que l'hérédité apporte, et l'acquis, ce qui provient de l'environnement.

• Les mutations.

Elles représentent la seconde exception aux lois de l'hérédité. Ce mot « mutation » fait peur. Il fait penser à la science-fiction et à ses personnages inquiétants. En fait, en génétique, une mutation c'est simplement une faute d'orthographe dans le vocabulaire des gènes. Une lettre (T par exemple) en remplace une autre (C par exemple). Il y a en quelque sorte une erreur de recopiage lors de la reproduction de l'A.D.N. dans les cellules, malgré un mécanisme de vérification et de correction très sophistiqué. Il n'y a d'ailleurs pas plus d'une erreur sur dix milliards de copies.

Beaucoup de mutations sont acceptables et l'on sait que certaines fautes d'orthographe du génome n'aboutissent qu'à des variations qui font le charme et la diversité de la vie, telles que la physionomie ou la couleur des cheveux.

Souvent les mutations sont « neutres », c'est-à-dire qu'elles se produisent et passent totalement inaperçues parce que le gène qui a muté est récessif, ou parce que, bien que dominant, sa fonction n'est pas assez perturbée par la mutation pour entraîner des manifestations ou des

troubles que l'on puisse remarquer. D'ailleurs, en règle générale, une mutation, à elle seule, ne peut provoquer un changement brutal et immédiat dans l'aspect de l'individu. Il faut de nombreuses mutations, combinées avec la reproduction de nombreux individus, et prolongées sur une longue période de temps, pour obtenir des différences appréciables. On pourrait dire, en quelque sorte, que la mutation agit plus au niveau d'un ensemble que d'un individu.

Il arrive aussi que la mutation aille dans le sens d'une amélioration, d'un progrès. On connaît mal chez l'homme les mutations de ce type alors qu'elles sont très nombreuses dans les espèces végétales ou animales. Toutefois, on a retrouvé chez certains individus une hémoglobine mutée (l'hémoglobine est le pigment qui donne au sang sa couleur rouge) qui fixe l'oxygène deux fois mieux que l'hémoglobine normale ; on a également découvert chez certains hommes des gènes, responsables de la fabrication des sucres, qui « travaillent » quatre fois mieux que les gènes habituels.

D'ailleurs, certains chercheurs se sont demandés si les sujets considérés comme des surdoués n'étaient pas les bénéficiaires de plusieurs mutations capables d'expliquer leurs performances exceptionnelles.

Parfois malheureusement la mutation a des conséquences néfastes (voir page 183).

Bon nombre de mutations surviennent vraisemblablement spontanément, par hasard. D'autres sont la conséquence d'agents dits mutagènes : les rayons X, la radioactivité, les rayons cosmiques, de nombreux produits chimiques peuvent être mutagènes. Il est bien évidemment impossible de connaître le nombre de mutations dans l'espèce humaine.

Disons pour terminer que, dans la théorie de l'évolution, qui tente d'expliquer scientifiquement l'apparition de l'homme sur la Terre, de nombreux chercheurs pensent que c'est par une suite d'innombrables mutations s'étendant sur des milliards d'années, que s'est faite l'évolution qui va de l'apparition de la première cellule vivante jusqu'aux hommes que nous sommes aujourd'hui.

Les ressemblances psychologiques ou intellectuelles

Si vous voulez en savoir plus sur l'hérédité, je vous conseille : *La logique du vivant, une histoire de l'hérédité*, par François Jacob, éditions Gallimard. Et : *La saga des gènes racontée aux jeunes*, de Pierre Douzou (Éditions Odile Jacob) ; ce livre très illustré intéressera également les adultes.

Les caractères physiques ne sont pas les seuls à se transmettre selon les lois de l'hérédité. Il en est de même de certains traits intellectuels ou psychologiques. La transmission héréditaire se fait de la même façon que pour les caractères physiques ; mais, dans la pratique, ses conséquences paraissent souvent moins apparentes. En effet, tout ce qui va constituer la structure intellectuelle et surtout psychologique d'un individu est soumis à des influences multiples : mode de vie et comportement de ses ascendants, mode d'éducation, appartenance sociale, etc. C'est d'ailleurs un des mérites de la psychologie d'aujourd'hui que d'avoir mis en évidence l'influence de l'entourage sur la structure psychologique d'un être. Ainsi, bien que l'enfant tienne de ses parents certains traits psychologiques et intellectuels, sa personnalité sera plus ou moins fortement modifiée par les influences extérieures. C'est d'ailleurs ce qu'a spontanément retenu la sagesse populaire en deux proverbes apparemment contradictoires mais qui contiennent chacun un fond de vérité : « Tel père, tel fils » et « À père avare, fils prodigue ».

Vous voyez que si votre enfant a des chances de vous ressembler, ou de ressembler à son père, il pourra tout aussi bien avoir la couleur des yeux de sa grand-mère ou la nature des cheveux de son arrière-grand-père. Mais en tous cas c'est vous qui aurez été le maillon indispensable dans la chaîne de l'hérédité.

Quant à son caractère et à ses goûts, l'enfant pourra certes hériter sur ses chromosomes de vos dispositions pour un art : la musique par exemple. Il pourra surtout aimer la musique parce que vous lui en aurez donné le goût. Il pourra aussi, par réaction, l'avoir en horreur.

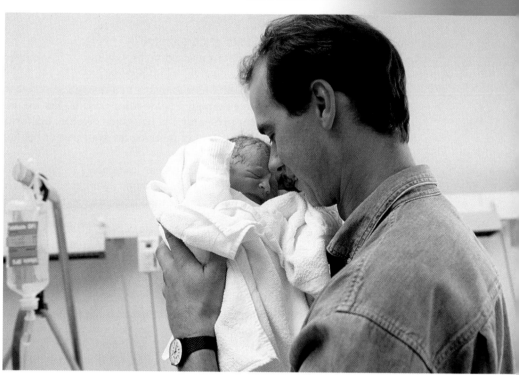

Mon enfant sera-t-il normal ?

Mon enfant sera-t-il normal ? Parmi les questions que vous vous posez, c'est certainement celle qui vous tient le plus à cœur.

Nous pourrions vous répondre que le pourcentage d'enfants présentant une anomalie ne dépasse pas 3 %. Et qu'un grand nombre de ces anomalies sont mineures et le plus souvent sans conséquences.

Nous pourrions vous dire aussi que la nature fait elle-même sa sélection. Vous pouvez voir au chapitre des avortements que 70 % des avortements précoces, ceux qui surviennent dans les 6 premières semaines de la grossesse, sont en rapport avec une anomalie des chromosomes. Cela veut dire que la plupart des œufs malformés sont rapidement éliminés. Nous y reviendrons plus loin. Mais sans doute demandez-vous autre chose à ce chapitre. Vous voulez être informés de tout ce qui peut causer une déficience ou une malformation, et vous voulez savoir ce que de futurs parents doivent faire pour mettre toutes les chances de leur côté. Nous allons essayer de répondre à vos interrogations. Nous disons « essayer », car bien des points restent encore obscurs dans ce domaine.

Auparavant, je voudrais répondre à quelques questions fréquemment posées.

• Quelle est la différence entre héréditaire et congénital ?

Au sens strict, ces deux termes ne sont pas synonymes, bien que la confusion soit fréquente.

On appelle *congénitale* une maladie (ou une malformation) qui se révèle à la naissance, mais dont l'origine remonte généralement à la vie intra-utérine. Par exemple, un enfant dont la mère a eu la rubéole peut présenter à la naissance diverses malformations. Elles sont congénitales mais non héréditaires : sa mère ne les avait pas, et l'enfant ne les transmettra pas à sa descendance.

On appelle *héréditaire* une maladie transmise par les gènes. Les parents l'ont dans leur patrimoine génétique et la transmettent à leurs enfants ; par exemple : l'hémophilie. La maladie héréditaire peut n'être pas apparente à la naissance, et ne se manifester que beaucoup plus tard.

D'autre part, s'il est vrai qu'une affection qui apparaît à plusieurs reprises dans une même famille a de grandes chances d'être héréditaire, il n'en est pas toujours ainsi. Elle peut être en rapport avec l'environnement. Par exemple : le goître par manque d'iode.

• Les maladies héréditaires sont-elles toujours graves et incurables ?

Ce n'est pas aussi tranché. Un certain nombre de maladies héréditaires ne s'accompagnent pas de malformations et sont compatibles avec une vie normale. Certaines d'entre elles peuvent actuellement être traitées. En revanche, il est évident que l'on ne peut empêcher le sujet de rester porteur du gène responsable d'une maladie héréditaire et de le transmettre à sa descendance (voir plus loin : la consultation de génétique).

Et maintenant je vais essayer de répondre à la question que les futurs parents se posent si souvent.

Pourquoi tel enfant n'est-il pas normal ?

Pourquoi certains enfants naissent-ils « différents », avec un handicap physique ou intellectuel ? Devant un nouveau-né présentant un handicap, les médecins sont encore dans la plupart des cas incapables de trouver une explication. Lorsqu'il y a une explication, trois causes sont possibles : une agression pendant la grossesse, une anomalie chromosomique, une anomalie génique.

Dans le premier cas, l'œuf a souffert de l'environnement. Dans les autres il a souffert de son hérédité.

• Victime de l'environnement.

L'œuf peut souffrir, pendant son développement dans l'utérus, d'une atteinte qui peut être infectieuse, chimique ou physique. Vous verrez aux chapitres 9 et 10 qu'un certain nombre de facteurs peuvent perturber le développement normal de l'œuf, et produire des malformations.

C'est le cas de certaines maladies infectieuses maternelles comme la rubéole ou la toxoplasmose. Presque toutes les maladies infectieuses et parasitaires ont d'ailleurs été mises en cause mais, pour beaucoup d'entre elles, on ne possède aucune preuve de leur action néfaste. Selon la date de contamination de l'œuf, les conséquences seront différentes : au cours des trois premiers mois, période de formation de l'œuf, le risque est celui d'une malformation (plus ou moins grave selon l'organe qu'elle affecte), plus tard celui d'une maladie qui se révélera à la naissance (maladie congénitale), mais le risque de malformations aura disparu.

L'agression peut être chimique. Le plus souvent il s'agit de traitements administrés malencontreusement à la mère pendant la grossesse (voir page 221). Mais il peut aussi s'agir de catastrophes écologiques : intoxications par le mercure comme celle qui s'est produite à Minamata au Japon, ou par la dioxine, il y a quelques années à Seveso, en Italie. Ce peut être enfin l'action de certaines radiations ou produits radioactifs, comme l'ont montré les accidents de la centrale de Tchernobyl.

Dans les chapitres 9 et 10, nous vous parlerons des précautions à prendre pour éviter, autant que faire se peut, de tels accidents.

Victime de l'hérédité.

Ici l'œuf n'a pas souffert d'une agression, mais d'une anomalie qui porte sur les chromosomes ou sur les gènes. Ce sont ces anomalies que nous allons détailler dans les pages suivantes.

Les anomalies portant sur les chromosomes

Ces anomalies, ou aberrations chromosomiques, peuvent porter sur le nombre ou la structure des chromosomes.

Les aberrations de nombre

sont dues le plus souvent à une erreur lors de la fabrication des spermatozoïdes ou des ovules : au lieu que chacun des deux spermatozoïdes nés de la cellule mère reçoive 23 chromosomes, l'un en reçoit un de plus, l'autre un de moins. Si ces spermatozoïdes « anormaux » assurent la fécondation, l'œuf aura dans le premier cas un chromosome de plus (soit 47) : on parle alors de trisomie. Dans le second cas, il aura un chromosome de moins (soit 45) : on parle de monosomie. Le même raisonnement vaut évidemment pour l'ovule. Ainsi, on sait que, dans la trisomie 21, c'est l'ovule qui est anormal dans 95 % des cas.

La trisomie 21 fut la première aberration chromosomique décrite (en 1959) : on l'appelle ainsi car la 21e paire de chromosomes (vous verrez page suivante qu'elles sont toutes numérotées) comporte trois chromosomes au lieu de deux. La trisomie 21 est responsable du mongolisme. Ces deux mots (trisomie 21) ont d'ailleurs remplacé celui de mongolisme.

Beaucoup plus rarement, les chromosomes ne se séparent pas. Le spermatozoïde (ou l'ovule) garde 46 chromosomes. Lors de la fécondation, il aboutira à un œuf de 46 + 23 = 69 chromosomes. On parle de triploïdie, source de très graves malformations incompatibles avec la vie.

Les aberrations de structure.

Les chromosomes sont relativement fragiles et, notamment lors de la fabrication des ovules ou des spermatozoïdes, ils peuvent se casser (on dit « se fracturer ») en un ou plusieurs fragments. Selon les cas, ces fragments vont se recoller sur place, ou se recoller sur un autre chromosome, ou même se perdre avec des conséquences de gravité à chaque fois croissante.

Les conséquences des aberrations chromosomiques.

Elles sont très variables, l'important étant de conserver dans son caryotype deux gènes identiques, ayant les mêmes fonctions, l'un d'origine maternelle et l'autre d'origine paternelle.

1. C'est ce qui se produit, quand après une fracture, le fragment de chromosome n'est pas perdu, même s'il se recolle sur un autre chromosome que son chromosome d'origine. Il n'y a pas de perte de matériel héréditaire.

On dit que *le caryotype est équilibré*. Dans ce cas, il n'y a habituellement aucune conséquence pour le porteur de l'aberration. On pense que c'est le cas d'un individu sur 600 environ. Le sujet est en parfaite santé et il est porteur de l'anomalie sans le savoir. Par contre il peut donner naissance à des enfants anormaux. Ainsi 2 à 3 % des mongolismes ne sont pas accidentels, mais dus à une anomalie « équilibrée » du caryotype paternel ou maternel. C'est dire qu'une telle anomalie n'est généralement découverte que si l'on établit le caryotype des parents après la naissance d'un enfant anormal.

2. *Le déséquilibre du caryotype* (exemple : perte d'un fragment de chromosome, un ou plusieurs chromosomes en plus ou en moins) a des conséquences variées. La première conséquence, pour de nombreuses aberrations, est de bouleverser le développement embryologique de façon très précoce et d'aboutir à un avortement dans les premières semaines. L'embryon présente des malformations importantes ou même, il n'y a pas d'embryon du tout (œuf clair). On sait maintenant que les aberrations chromosomiques sont la cause de la plupart des avortements spontanés précoces : ces aberrations représentent 90 % des avortements des cinq premières semaines et 60 à 70 % des avortements qui se produisent dans les trois premiers mois. C'est une des raisons pour lesquelles on ne traite plus les menaces de fausses couches précoces.

Lorsque la nature ne procède pas à cette sélection naturelle et que l'œuf est viable, les conséquences de l'aberration sont variables selon qu'elle concerne un des 44 chromosomes autosomes (non sexuels) ou l'un des deux chromosomes sexuels.

Les anomalies des autosomes sont les plus graves. Elles s'accompagnent pratiquement toujours de malformations diverses, d'une diminution de la longévité et d'un déficit intellectuel profond. On peut citer en exemple, outre la trisomie 21, les autres trisomies (18, 13).

Les anomalies des chromosomes sexuels sont généralement moins graves. La longévité est normale, les malformations plus discrètes ou absentes. Il n'y a pas toujours de déficit intellectuel. Par contre la stérilité est fréquente.

Les anomalies les plus courantes portent sur le

Le caryotype.
C'est la carte d'identité des chromosomes. Pour établir le caryotype, on recueille quelques cellules (habituellement en prélevant quelques gouttes de sang) et, grâce à des techniques complexes, on peut voir les chromosomes au microscope, les photographier et les classer. On s'est mis d'accord pour classer les chromosomes (par paires et par taille décroissante), en leur donnant des numéros. Sur cette carte d'identité apparaîtront d'éventuelles anomalies susceptibles d'être transmises aux descendants.

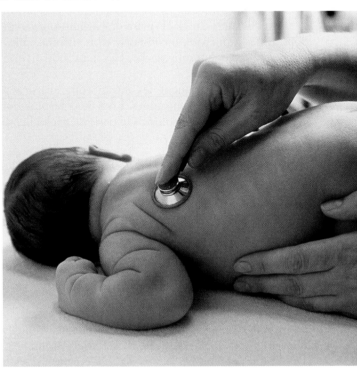

nombre des chromosomes (un seul chromosome X, trois ou quatre chromosomes X, deux chromosomes Y associés à un chromosome X, etc.).

Les causes de ces aberrations chromosomiques sont pour la plupart actuellement inconnues. L'âge maternel semble jouer un rôle dans certaines d'entre elles. C'est évident pour la trisomie 21 (voir page 184). On se demande également si certaines radiations et certains virus ne pourraient pas être à l'origine de ces anomalies chromosomiques.

Les anomalies géniques

Ici, l'anomalie est plus localisée que dans le cas précédent puisqu'elle ne concerne qu'un gène, c'est-à-dire un fragment de chromosome. Ceci ne veut d'ailleurs pas dire que les conséquences soient forcément moins graves.

Alors que les anomalies (ou aberrations) chromosomiques sont décelables au microscope, les anomalies géniques sont impossibles à détecter de cette façon puisque même les microscopes les plus perfectionnés ne peuvent « voir » les gènes.

Nous avons vu qu'une mutation pouvait être neutre, voire favorable. Mais il arrive aussi qu'elle ait des conséquences néfastes aboutissant à une anomalie de structure (malformation) ou de fonctionnement (maladie) chez un individu ou dans une famille. C'est à la suite d'une mutation spontanée ou provoquée (rayons, produits chimiques, infection) que le gène normal devient gène « muté ». Ceci veut dire qu'au lieu d'envoyer dans la cellule l'ordre normal concernant le travail qu'il doit commander, le gène se met à envoyer une information

Les enzymes
sont des substances qui facilitent ou autorisent certaines réactions chimiques. Leur déficit peut entraîner certaines maladies.

différente… Et la cellule, au lieu de fabriquer telle protéine, va en fabriquer une autre qui ne convient pas. Or, le rôle des protéines est fondamental tant dans la structure des cellules que dans la constitution de très nombreuses substances indispensables à la vie normale de l'organisme. Quand les ordres ne sont plus les bons, on assiste à des déviations du travail cellulaire dont on peut donner de nombreux exemples : la cellule osseuse va fabriquer trop d'os ou pas assez ; la cellule musculaire trop peu de muscle ; les cellules qui fabriquent l'hémoglobine vont fabriquer une hémoglobine de mauvaise qualité ayant du mal à transporter normalement l'oxygène ; les cellules qui fabriquent tel ou tel enzyme vont cesser de la fabriquer, d'où perturbation dans le métabolisme des sucres, des protéines ou des graisses, etc.

Actuellement on connaît plus de 4 000 maladies géniques, appelées encore *maladies métaboliques héréditaires*. Elles peuvent être bénignes : c'est par exemple le cas du daltonisme (impossibilité de distinguer le rouge du vert). Elles peuvent au contraire être graves : myopathies, phénylcétonurie, mucoviscidose, etc.

La cartographie des gènes.
Pour mieux connaître, dépister et éventuellement traiter les maladies géniques, on a entrepris de dresser la cartographie des gènes, l'ordre dans lequel ils sont placés sur la molécule d'A.D.N., c'est-à-dire sur les chromosomes. Il s'agit évidemment d'un travail de longue haleine. Actuellement, on a localisé 1 000 gènes environ sur 30 à 40 000 dénombrés et les chercheurs n'espèrent pas avoir identifié la totalité du génome humain avant dix ou vingt ans. On pourra lire, sur ce sujet, du professeur Daniel Cohen *Les gènes de l'espoir*, Éditions Laffont.

La transmission de l'anomalie génique.

Elle se fait, comme celle des caractères normaux, selon les lois de l'hérédité. Le risque est évidemment plus ou moins grand pour la descendance selon que le gène défaillant est dominant ou récessif, et selon qu'il est situé sur un chromosome autosome (non sexuel) ou sur un chromosome sexuel. Je ne peux entrer ici dans le détail. Sachez seulement qu'en cas de gène récessif, un sujet peut être porteur du gène sans être malade. Mais il peut par contre le transmettre à sa descendance : on dit qu'il est « conducteur » du gène ou « porteur sain ».

L'exemple classique est celui de l'hémophilie, cette maladie du sang qui empêche sa coagulation ; elle a ceci de particulier qu'elle est transmise par les femmes, mais ne peut donner de troubles que chez les hommes ; autrement dit, la femme n'a pas la maladie, mais elle peut la transmettre à ses fils.

Quel est le risque d'avoir un enfant anormal ?

Quels que soient les progrès de la médecine et de l'échographie, la peur d'avoir un enfant anormal reste présente à l'esprit des parents. Cependant, nous l'avons vu plus haut, le risque d'avoir un enfant présentant une anomalie est l'exception. En effet, environ 97 % des grossesses qui évoluent favorablement au-delà du troisième mois aboutiront à la naissance d'un enfant en bonne santé.

Voyons comment les choses peuvent se présenter :

● **Le risque est connu avant la grossesse.**

Il existe des situations qui évoquent un risque particulier et conduisent à mettre en œuvre un certain nombre d'examens complémentaires pendant la grossesse. Par exemple :

▪ **L'existence d'une maladie héréditaire.** Que ce soit dans votre famille ou dans celle de votre mari, l'existence d'une maladie héréditaire augmente les risques d'avoir un enfant anormal. Mais cela ne veut certainement pas dire qu'il est impossible d'avoir un enfant normal.

▪ **Les antécédents.** Il y a un risque lorsque certains événements se sont produits lors d'une grossesse précédente : la naissance d'un enfant porteur d'une anomalie ; une interruption médicale de grossesse (IMG) ; une fausse couche tardive, avec un enfant porteur d'une malformation.

▪ **L'âge des parents.**

L'âge de la mère intervient sur la qualité de ses ovules, et plus la mère avance en âge, plus le risque d'aberrations chromosomiques augmente. En particulier pour la trisomie 21 dont voici la fréquence : 1/1 500 à 20 ans – 1/1 350 à 25 ans – 1/900 à 30 ans – 1/380 à 35 ans – 1/187 à 38 ans – 1/111 à 40 ans – 1/64 à 42 ans.

Il y a d'autres aberrations chromosomiques (trisomie 18, trisomie 13) responsables également de malformations diverses, mais elles sont, comme la précédente, dépistables par l'amniocentèse.

En ce qui concerne le père, on commence à penser que l'âge peut aussi avoir chez lui une influence sur la qualité des cellules reproductrices. Des études récentes montrent en effet une très légère augmentation du risque de malformations avec l'âge du père. D'ailleurs, il n'est pas possible pour un homme de faire don de sperme au-delà de 40 ans car les CECOS (Centre d'Étude et de Conservation du Sperme) ont fixé en France, la limite du don à cet âge-là.

▪ **Les mariages consanguins.** Ce sont les mariages dans lesquels les partenaires ont un ancêtre commun.

Supposons qu'existe dans une famille le gène d'une anomalie et que ce gène soit récessif. Autrement dit, certains membres de cette famille sont porteurs d'un gène anormal : celui de la surdité précoce par exemple. Malgré cela tout le monde est parfaitement normal. C'est parce que, chez chaque individu, le gène anormal est masqué par son homologue normal (celui de l'ouïe normale), qui est dominant. Deux membres de cette famille se marient entre eux, des cousins germains par exemple. Tous deux sont porteurs, sans le savoir, du gène anormal. Chacun court donc le risque, comme à pile ou face, de transmettre à son enfant le gène récessif porteur de la surdité. Si l'un des enfants hérite des deux côtés le gène récessif, cet enfant sera atteint de surdité. En somme, la consanguinité ne crée pas l'anomalie, mais elle augmente les risques pour un enfant de voir apparaître cette anomalie jusque-là cachée parce que récessive.

Dans tous ces cas (existence d'une maladie héréditaire, antécédents, etc.), il sera fait appel à la consultation de génétique. Nous en parlerons page suivante.

Le risque est découvert pendant la grossesse.

C'est à l'occasion des marqueurs sériques (voir page 187), ou d'une des trois échographies habituellement réalisée au cours de la grossesse, qu'une anomalie est découverte.

Dans ce dernier cas, le médecin ne pourra donner sur le champ un diagnostic. Il aura besoin de temps pour comprendre et interpréter ce qu'il a observé. Le plus souvent, il demandera un nouveau contrôle une à deux semaines plus tard, et si besoin, auprès d'un centre échographique très spécialisé. Si l'échographiste n'est pas le médecin qui suit votre grossesse, il en référera à celui-ci, et avec votre accord, il demandera conseil au Centre Pluridisciplinaire de Diagnostic Prénatal (CPDPN). Il s'agit d'une structure officielle, mise en place par décret, et siégeant de façon collégiale, le plus souvent au sein d'un Centre Hospitalier Universitaire. Cette structure réunit en son sein toutes les compétences médicales aptes à fournir à la future maman et à son médecin les éventuelles possibilités de prise en charge thérapeutique.

Et, comme le précisent les textes, " lorsqu'il apparaît que l'enfant est atteint d'une affection grave reconnue comme incurable au moment du diagnostic ", la femme peut demander une interruption médicale de grossesse dont les modalités sont précisées par la loi.

Mais, quel que soit le choix des parents, quel que soit l'état de santé du bébé à naître, l'équipe médicale est là pour les accompagner. Cette présence montrera aux parents qu'ils ne sont pas abandonnés dans un moment si difficile.

La consultation de génétique

Je vous signale l'existence d'un centre d'information sur les maladies génétiques : numéro Azur 08 10 63 19 20, numéro pour les DOM TOM : 01 56 53 81 36.

Les généticiens sont des médecins en charge des problèmes d'hérédité. On fait appel à un généticien lorsqu'il existe un risque ou un doute que l'enfant soit anormal. Il y a des consultations de génétique dans la plupart des grandes villes de France. Renseignez-vous auprès de votre médecin habituel.

● **A qui la consultation de génétique est-elle utile ?**

▪ Tout d'abord aux cas que nous venons d'évoquer (antécédents dans la famille, antécédents d'enfant porteur d'une anomalie, âge des parents, etc.)

▪ Aux femmes qui ont déjà eu plusieurs avortements successifs, au moins trois ou plus. En effet, si la plupart de ces avortements sont accidentels, quelques-uns (2 à 10 % selon les statistiques) peuvent résulter d'une anomalie chromosomique des parents et donc se reproduire.

▪ Aux sujets porteurs d'une maladie ou malformation, qui veulent se marier et souhaitent savoir s'ils risquent de transmettre l'anomalie à leurs enfants.

▪ Aux candidats à un mariage consanguin.

● **Que va faire le généticien ?**

Il va réunir le maximum d'informations sur les parents, établir éventuellement une généalogie ; et le plus souvent, il va faire réaliser un caryotype des parents (voir page 182) pour repérer d'éventuelles anomalies susceptibles d'être transmises aux descendants. Le médecin tiendra compte également :

- du caractère héréditaire ou non de la maladie que l'on redoute,
- de son caractère dominant ou récessif,
- de sa transmission par les chromosomes ordinaires, ou par les chromosomes sexuels. Munis de ces renseignements, les médecins tenteront de vous éclairer. Je dis qu'ils tenteront, car la consultation de génétique a malheureusement ses limites.

Tout d'abord, on ne peut vous donner que des probabilités et non une certitude pour l'enfant à naître. Par exemple, quand il s'agit d'une maladie bien connue dans son mode de transmission, on pourra vous dire que vous courez un risque sur deux, ou un risque sur quatre, d'avoir un enfant anormal. Dans d'autres cas, vos chances se répartiront entre la naissance d'enfants normaux, celle d'enfants normaux mais porteurs de l'anomalie (conducteurs), enfin celle d'enfants anormaux. Ailleurs, on pourra vous prédire que l'enfant sera normal ou non selon son sexe.

Un autre exemple : si des parents ont un enfant trisomique, le risque d'en avoir un autre est très faible car la trisomie 21 est le plus souvent un accident. En revanche, il existe de rares cas où il est en rapport avec une aberration chromosomique des parents. Il devient alors une maladie héréditaire et peut se reproduire.

Dans d'autres cas, on ne peut vous donner que des renseignements beaucoup plus vagues, soit parce que le mode de transmission de la maladie est mal connu, soit parce que son caractère héréditaire n'est pas évident.

N'attendez donc pas du généticien une autorisation ou une interdiction (de vous marier, d'avoir un autre enfant…). Souvent, il ne pourra pas le faire et ce n'est d'ailleurs pas son rôle.

Nous venons de voir les différentes causes qui peuvent provoquer des anomalies chez l'enfant à naître. Voici maintenant les différentes méthodes permettant de dépister ces anomalies pendant la grossesse, c'est-à-dire en faisant le diagnostic prénatal.

Le diagnostic prénatal : les différentes méthodes

L'échographie

━━━━━━━━ Elle occupe la première place. Je vous en parle en détail page 214 car elle fait partie des examens dont bénéficient toutes les femmes enceintes.

Pour en savoir plus.
Voici un livre récent : *Le diagnostic prénatal*, par le professeur Jean-François Mattei, (collection Dominos-Flammarion) : après avoir détaillé les outils du diagnostic prénatal, l'auteur prend position contre la dérive eugénique de notre société.

Les marqueurs sériques

━━━━━━━━ Il n'est pas possible de faire une amniocentèse systématiquement à toutes les femmes enceintes (voir plus loin). On a donc cherché un moyen de dépister les femmes ayant un risque d'anomalies chromosomiques. Comme on a remarqué que certaines de ces anomalies, notamment la trisomie 21, semblaient s'accompagner d'un taux anormalement élevé d'une hormone de grossesse (la Bêta H.C.G.), on propose le dosage de cette hormone aux futures mamans.

Ce dosage est habituellement couplé à celui d'une autre hormone, fabriquée elle par le fœtus, l'alpha-fœto-protéine, et dont les taux anormaux doivent faire soupçonner la possibilité d'anomalies neurologiques. Ces deux hormones se trouvent dans le sang. C'est pourquoi on parle à leur propos de "marqueurs sériques maternels". Les médecins doivent informer toutes les femmes des possibilités offertes par le dosage de ces marqueurs sériques. Cet examen n'est pas obligatoire. Une prise de sang faite entre 15 et 17 semaines d'aménorrhée permet de distinguer les taux normaux de ceux qui ne le sont pas.

Dans ce dernier cas, la future mère est considérée comme « à risques ». Elle peut alors faire pratiquer une amniocentèse. Cet examen sera remboursé par la sécurité sociale quel que soit l'âge de la future maman (jusqu'alors, l'amniocentèse n'était remboursée avant 38 ans que dans certains cas bien précis).

Nous insistons bien sur deux points :
- la technique des marqueurs sériques n'est pas d'une très grande fiabilité. Un enfant ayant une trisomie sur trois n'est pas dépisté par cette méthode;
- un résultat positif ne signifie pas pour autant que l'enfant a une trisomie. Seule l'amniocentèse permettra de donner une réponse fiable. En effet, environ 7 % des femmes présentent un résultat positif. Parmi ces 7 %, l'amniocentèse ne révèlera une trisomie 21 que chez 1,5 %. Ne soyez donc pas affolée par un résultat positif aux marqueurs sériques.

L'amniocentèse

━━━━━━━━ Elle se fait habituellement entre la 15ᵉ et la 17ᵉ semaine d'aménorrhée ; avant, il n'y a pas suffisamment de liquide amniotique pour un examen convenable et les risques de complications sont un peu plus importants.

11 %
des femmes ayant accouché en 1998 ont eu une amniocentèse

L'amniocentèse consiste à prélever 10 à 20 centimètres cubes de liquide amniotique dans lequel baigne l'enfant, par une piqûre faite à travers la paroi abdominale maternelle, entre l'ombilic et le pubis. Pour guider l'aiguille, ce prélèvement se fait sous contrôle échographique ; il est indolore et ne dure que quelques minutes.

L'amniocentèse ne nécessite pas d'hospitalisation : on peut repartir dès que le prélèvement a été fait.

Chez les femmes enceintes rhésus négatif, on fera, après l'amniocentèse, une injection de gamma-globulines antirhésus.

Le liquide recueilli est confié à un laboratoire spécialisé et les cellules fœtales contenues dans le liquide sont prélevées et mises en culture pour établir le caryotype, cette carte d'identité des chromosomes dont je vous ai parlé plus haut. Selon les cas, d'autres examens biochimiques peuvent également être faits. Les résultats sont obtenus en deux à trois semaines, ce qui peut paraître souvent bien long. Des recherches sont en cours pour que l'on puisse obtenir des résultats dans un délai plus court.

L'amniocentèse va ainsi permettre le diagnostic des anomalies chromosomiques responsables de certaines maladies comme la trisomie 21. L'amniocentèse est également capable de dépister les maladies héréditaires liées au sexe. L'établissement du caryotype permet en effet de connaître le sexe de l'enfant, donc de savoir s'il risque ou non d'être atteint d'une maladie transmise par les chromosomes sexuels, l'hémophilie ou une myopathie par exemple qui ne peuvent atteindre que les garçons.

Enfin, l'amniocentèse peut permettre le dépistage de certaines maladies géniques, notamment celles qui entraînent un déficit enzymatique, mais pour cela il faut faire des microdosages très délicats.

L'amniocentèse se pratique de plus en plus souvent (plus d'une grossesse sur dix) et elle n'est plus réservée aux grands centres hospitaliers. En France, toutes les maternités sont équipées pour effectuer les prélèvements, et avec l'amélioration des techniques sous échographie, et l'expérience des médecins, l'amniocentèse comporte de moins en moins de risques : celui d'une interruption de la grossesse est maintenant inférieur à 1 %.

Mais l'amniocentèse coûte cher (534 Euros environ pour le diagnostic d'une anomalie du caryotype ; 915 à 1 677 Euros pour celui d'une maladie enzymatique). Et le travail de laboratoire qu'elle nécessite est long et complexe. Aujourd'hui, l'amniocentèse est proposée :

▪ aux femmes de 38 ans et plus, en raison du plus grand risque à cet âge d'anomalies chromosomiques et notamment de trisomie 21 ;

Dans les prochaines années une simple prise de sang chez la mère suffira pour identifier la plupart des anomalies chromosomiques affectant le fœtus. En effet, des recherches sont en cours pour permettre d'analyser les cellules fœtales circulant dans le sang maternel.

▪ aux cas où l'échographie révèle des anomalies évoquant une malformation en rapport avec une anomalie chromosomique après avis du CPDPN (voir page 185);

▪ aux femmes «à risque», à la suite du dosage des marqueurs sériques (voir page précédente) ;

▪ à celles qui ont déjà eu un enfant porteur d'une malformation ou à celles qui ont fait plusieurs avortements par suite d'une anomalie chromosomique ;

▪ aux couples dont l'un des conjoints présente une anomalie du caryotype.

La biopsie du trophoblaste (ou choriocentèse)

Il s'agit d'une autre méthode de diagnostic prénatal. Avec un fin cathéter rigide, en passant par le col de l'utérus, ou mieux à travers la paroi abdominale, sous anesthésie locale et sous contrôle échographique, on fait un prélèvement au niveau du chorion ou trophoblaste, qui est le nom du placenta pendant les trois premiers mois de la grossesse. Cette méthode a l'avantage d'être possible dès la 9e semaine (donc beaucoup plus tôt que l'amniocentèse) et de donner des résultats en quelques jours. On peut ainsi, s'il est nécessaire, interrompre la grossesse plus précocement. La biopsie du trophoblaste a des indications communes avec l'amniocentèse. Elle permet en plus de dépister certaines maladies sanguines ou métaboliques (myopathie, mucoviscidose par exemple). Elle a par contre l'inconvénient d'entraîner plus d'interruptions de grossesse que l'amniocentèse.

Le prélèvement de sang fœtal

Il peut se faire à partir de 18-20 semaines et jusqu'à la fin de la grossesse. On le fait au niveau du cordon ombilical avec une aiguille guidée par échographie. Cette technique, qui réclame une grande maîtrise, ne peut s'envisager que dans des maternités disposant d'équipes entraînées. Ce prélèvement permet le diagnostic de certaines maladies sanguines. Il permet également l'étude du caryotype (avec une réponse beaucoup plus rapide que celle de l'amniocentèse) pour confirmer ou non une anomalie découverte à l'échographie. Cette méthode cède toutefois progressivement la place aux techniques de biologie moléculaire après amniocentèse.

La ponction de sang fœtal permet aussi certains traitements du fœtus in utero.

Science et conscience

Le diagnostic prénatal, qui se pratique en France depuis le début des années 80, est devenu un acte médical courant ; en effet, la majorité des femmes enceintes bénéficient du diagnostic prénatal par les trois échographies habituellement pratiquées.

En donnant des informations sur la bonne santé du bébé à naître, le diagnostic prénatal peut ainsi rassurer les parents et les médecins. Le diagnostic prénatal permet aussi aux couples ayant un risque génétique d'avoir un enfant en bonne santé : sans la possibilité de faire un diagnostic, certains couples ne se seraient peut-être jamais autorisés à avoir un enfant.

Enfin, lorsque la malformation dont souffre le bébé à naître peut être soignée (comme une fente labiopalatine ou une hernie du diaphragme), le diagnostic fait avant la naissance permet d'organiser une prise en charge précoce et adaptée.

Mais, dans certains cas, le diagnostic prénatal inquiète, par la répétition des examens complémentaires, ou à cause de la réalisation d'une amniocentèse. Dans ce dernier cas, les progrès de la science croisent souvent la conscience. Lorsque le diagnostic révèle chez le fœtus une anomalie grave, cela pose des problèmes de conscience, aussi bien aux couples qu'aux médecins : va-t-on arrêter la grossesse ?

Envisager une interruption de la grossesse peut heurter les convictions éthiques ou religieuses du couple. En plus, la question de cette interruption se pose en général à un stade avancé de la grossesse, ce qui la rend d'autant plus difficile à envisager et à vivre.

Quant aux médecins, ils se trouvent confrontés aux limites d'une médecine qui ne sait pas soigner les anomalies qu'elle découvre, et qui n'a que l'élimination du malade à proposer. Comme le dit le Professeur Jean-François Mattei : «Il faut bien mesurer tous les enjeux du diagnostic prénatal pour tenter d'assumer cette technique en conscience, en respectant tout à la fois le libre choix de chacun, mais aussi l'idée que l'homme se fait de lui-même et de la société qu'il veut construire.»

8

Les malaises courants

Il y a des femmes qui disent ne jamais si bien se porter que lorsqu'elles attendent un enfant ; elles découvrent qu'elles sont enceintes seulement parce que leurs règles s'arrêtent, et leur grossesse se poursuit sans trouble ni malaise jusqu'à l'accouchement. Mais dans d'autres cas, les modifications que la grossesse impose à l'organisme s'accompagnent d'ennuis ou de malaises divers. Il est préférable d'en être avertie d'avance pour ne pas s'alarmer.

Ces malaises varient en nature et en intensité avec le stade de la grossesse : ils apparaissent surtout au début et à la fin. De ce point de vue, la grossesse se divise en trois trimestres qui correspondent à ceux de l'évolution psychologique.

La première est celle de l'adaptation. Cette période dure les trois premiers mois : la grossesse « s'installe », l'organisme s'adapte. Il réagit plus ou moins vivement. Des troubles peuvent apparaître, qui disparaîtront complètement vers le troisième mois dans la plupart des cas, mais ces troubles rendent parfois le début de la grossesse un peu pénible. Les nausées et les vomissements en sont l'exemple le plus fréquent.

La deuxième période est celle de l'équilibre. Elle s'étend jusqu'au septième mois : les corps de la mère et de l'enfant semblent parfaitement adaptés l'un à l'autre. Les troubles ont généralement cessé. L'utérus n'est pas encore assez volumineux pour être gênant. C'est la période la plus agréable de la grossesse.

La troisième période de la grossesse, qui correspond au troisième trimestre, voit apparaître des troubles dus à deux causes : d'abord au fait que l'enfant en se développant prend de plus en plus de place dans l'utérus, ce qui peut entraîner, par exemple, fatigue et varices ; ensuite au fait que l'organisme se prépare à l'accouchement : ainsi, par exemple, les modifications du bassin sont souvent douloureuses. Cette troisième période est celle de la lassitude, celle où l'on éprouve vraiment le besoin de se reposer. C'est pourquoi, souvent, les six semaines de repos prévues avant l'accouchement sont insuffisantes.

Certaines mères voudraient savoir d'une manière précise à quel moment peuvent commencer et finir les vomissements, les nausées, les crampes, etc. Ces précisions sont impossibles à donner. D'une femme à l'autre tout peut être différent. C'est pourquoi nous n'avons pas voulu fournir un calendrier précis des malaises et maladies. Nous préférons les étudier les uns après les autres. Cela nous semble plus utile pour les lectrices.

Nausées et vomissements

Bien des futures mamans croient que grossesse et nausées sont synonymes. Or, si les nausées, parfois accompagnées de vomissements, sont fréquentes, elles ne se produisent quand même que dans cinquante pour cent des cas. Vous pouvez très bien être enceinte et n'avoir jamais mal au cœur. Les nausées apparaissent en général vers la troisième semaine, elles persistent rarement au-delà du quatrième mois.

Rien n'est plus variable et capricieux que les nausées et vomissements de la grossesse, qu'il s'agisse du moment où ils se produisent ou de la cause qui les provoque. Les nausées surviennent souvent le matin à jeun, et disparaissent après le petit déjeuner ; mais elles peuvent persister pendant la matinée, ou même toute la journée.

Parfois les nausées surviennent sans raison ; parfois, au contraire, elles sont dues à des odeurs précises (tabac ou certains aliments), odeurs qui deviennent insupportables.

Il arrive aussi que certains aliments, sans provoquer de nausées, inspirent seulement du dégoût.

Les nausées s'en vont souvent comme elles sont venues ; dans d'autres cas, elles ne s'arrêtent qu'après un vomissement, qui soulage : vomissement facile, sans effort, fait d'eau, de bile ou d'aliments, suivant l'heure de la journée.

Que faire lorsqu'on a des nausées ? Plusieurs précautions peuvent se révéler efficaces. À l'usage, chaque femme trouvera celle qui lui convient. Comme les nausées et les vomissements surviennent surtout quand l'estomac est vide, il est conseillé :

▪ de faire des repas moins abondants et plus fréquents, mais sans oublier pour ces petits repas les conseils donnés au chapitre 3 ;

▪ si possible de prendre son petit déjeuner au lit, puis de rester allongée un quart d'heure avant de se lever ;

▪ à ce petit déjeuner, de manger un aliment protéiné : œufs, laitages (yaourts ou fromage), etc. ;

▪ d'éviter les aliments difficiles à digérer tels que graisses cuites, chou, chou-fleur. C'est de toute manière une recommandation valable tout au long de la grossesse ;

▪ d'éliminer le beurre et l'huile, même crus ; mais en reconsommer dès que possible ;

▪ d'avoir une alimentation plus solide que liquide ;

▪ de boire de l'eau gazeuse, mais sans excès : car si elle facilite la digestion, elle augmente également l'appétit, et contient du sel, d'où le risque de prendre trop de poids ;

▪ vous pouvez essayer, pendant quelque temps, d'avoir une nourriture de « bébé », comme jambon, purée, coquillettes, etc.

Si, malgré ces précautions, les nausées et vomissements persistent, il faut voir le médecin. Il existe des médicaments efficaces, mais qu'il ne faut pas prendre sans prescription.

Les nausées et vomissements disparaissent spontanément vers la fin du troisième mois. Lorsqu'ils persistent au-delà de cette date, ce n'est pas normal et il faut consulter le médecin : il cherchera alors une cause indépendante de la grossesse.

En fin de grossesse, nausées et vomissements peuvent réapparaître, mais pas plus qu'au début, ils ne doivent vous inquiéter.

Bien que le cas soit exceptionnel, signalons que parfois les vomissements deviennent très fréquents et très abondants, et la future mère ne peut plus avaler aucun aliment, ni solide ni liquide. Son état général s'en ressent évidemment ; elle perd du poids et se déshydrate : elle a la langue et la peau sèches. Il faut consulter le médecin. Parfois, il lui arrive de prescrire une mesure qui surprend la malade ou sa famille : la mise en observation à la maternité.

Cette hospitalisation permet d'appliquer des traitements efficaces, tels que perfusions diverses par voie intraveineuse. Cet isolement a, d'autre part, l'avantage de couper momentanément les ponts avec l'ambiance familiale, qui peut, dans de tels cas, avoir une action nocive, car souvent les vomissements graves ont une cause psychique.

Salivation excessive

Au cours de la grossesse, la salivation est souvent abondante, sans qu'on puisse trouver une explication satisfaisante à ce phénomène. Cette salivation devient parfois si considérable qu'elle atteint un litre, ou même plus, par jour. C'est une véritable maladie qui s'appelle le *ptyalisme* et qui gêne considérablement la femme obligée de déglutir et de cracher sans cesse.

Heureusement, le ptyalisme est beaucoup moins fréquent que les nausées. Si nous en parlons quand même, c'est pour que vous sachiez, le cas échéant, que rien d'anormal ne vous arrive, et qu'il faut prendre votre mal en patience, car, hélas ! la plupart du temps, les traitements prescrits sont inefficaces. Mais sachez que cette salivation exagérée cesse en général vers le quatrième-cinquième mois.

Aérophagie, douleurs et brûlures d'estomac

La grossesse entraîne une certaine paresse de tous les muscles de l'appareil digestif, qu'il s'agisse de l'estomac, de l'intestin ou de la vésicule biliaire. En même temps, les sécrétions de certaines glandes dont le rôle est important dans la digestion (foie et pancréas) sont modifiées. Le résultat, c'est que très souvent la future mère a des digestions lentes et difficiles, qu'elle se sent lourde après les repas, qu'elle a des ballonnements, l'impression d'avoir le tube digestif plein d'air. À ces malaises s'ajoutent souvent des sensations d'aigreurs, de brûlures, de douleurs au niveau de l'estomac.

Tout cela est évidemment peu confortable, souvent même désagréable, mais il y a certaines précautions efficaces à prendre pour atténuer ces différents malaises.

D'abord, il ne faut pas trop manger (très important). Puis, il faut éviter :
▪ les aliments trop riches ;
▪ les aliments acides ;
▪ les aliments qui fermentent (chou-fleur, chou, légumes secs, haricots, asperges, fritures) ;
▪ les aliments difficiles à digérer, comme tous les plats en sauce.

Alors que manger ? Des grillades, des légumes verts bouillis assaisonnés de beurre ou d'huile non cuits, et des fruits. Et faire plusieurs petits repas plutôt que les deux repas traditionnels.

Si ces brûlures d'estomac vous font vraiment souffrir, demandez conseil au médecin qui vous prescrira un médicament approprié.

Il arrive que certaines femmes se plaignent de régurgitations acides, de brûlures qui remontent de l'estomac vers la gorge et la bouche, le long de l'œsophage. Nous vous signalons que, dans ce cas, certaines positions sont défavorables : se pencher en avant ou être complètement allongée. Lorsque vous êtes au lit, mettez deux oreillers supplémentaires, pour dormir presque assise.

Constipation

Au cours de la grossesse, la constipation est très fréquente, même chez les femmes qui n'en ont jamais souffert auparavant. Contrairement à ce qu'on croit en général, elle n'est pas due au fait que l'utérus, en augmentant de volume, comprime l'intestin ; la meilleure preuve en est que la constipation apparaît souvent très tôt, avant que l'utérus ne soit assez développé pour exercer une compression quelconque.

La constipation est vraisemblablement due à une paresse des intestins. Il est nécessaire de lutter contre la constipation : outre l'inconfort qu'elle entraîne, elle expose, en effet, à une infection urinaire.

Il y a plusieurs moyens de la combattre :

▪ d'abord, faire de l'exercice physique. Souvent, une demi-heure de marche par jour suffit à régulariser les fonctions intestinales ;

▪ ensuite, veiller à l'alimentation, manger suffisamment de légumes verts (notamment des salades et des épinards), de fruits (en particulier prunes, raisins et poires), prendre des laitages (tels que fromage blanc et yaourts), manger du pain de son (il y a aussi des biscottes au son vendues en pharmacie), remplacer le sucre par du miel ; les pruneaux crus, ou cuits sans ajouter de sucre, sont aussi très recommandés ;

▪ aller à la selle régulièrement, sans attendre d'en avoir envie.

Ce qui est souvent efficace, c'est simplement de boire le matin au réveil un verre de jus de fruit frais – orange en hiver, raisin en été –, ou simplement un verre d'eau, et un quart d'heure après, de prendre au petit-déjeuner un mélange de café et de chicorée. L'All-Bran, céréale d'avoine, que l'on peut mélanger à du miel, donne souvent d'excellents résultats. Enfin, buvez plusieurs fois par jour de grands verres d'eau : en particulier le matin à jeun, et entre les repas.

Un massage abdominal, accompagné ou précédé de respirations amples et de contractions du périnée, peut être efficace (voir page 387).

Et les médicaments ? Vous pouvez essayer les suppositoires à la glycérine ou le Microlax, également en usage externe, souvent plus efficace que les suppositoires à la glycérine. Quant aux laxatifs, n'en prenez pas sans prescription : certains sont très puissants et risquent d'irriter l'intestin, notamment ceux qui contiennent une plante, la bourdaine.

Le meilleur traitement, c'est d'associer des mucilages (extraits de végétaux vendus en pharmacie), donnés au repas du soir, et une huile minérale (du type paraffine) prise au coucher. Ce traitement, prescrit par le médecin, peut être prolongé autant que nécessaire.

Hémorroïdes

Ce sont des varices des veines du rectum et de l'anus.

Elles forment des excroissances douloureuses, plus ou moins tendues, qui peuvent donner une pénible impression de démangeaison. Elles apparaissent surtout pendant la deuxième moitié de la grossesse. Lors de l'émission des selles, il est possible que les hémorroïdes saignent.

Si vous aviez des hémorroïdes, il faudrait les signaler au médecin : il vous donnerait un traitement simple qui éviterait qu'elles ne s'aggravent. Et si nécessaire, il vous enverrait chez un spécialiste, soit un proctologue, soit un gastro-entérologue.

Ce traitement comprend habituellement :

▪ la lutte contre la constipation qui aggrave les hémorroïdes ;

▪ des soins locaux pouvant comprendre des bains de siège avec un produit désinfectant ;

▪ des applications locales de pommade et des suppositoires à base de rutine, d'héparine et d'hydrocortisone.

Nous vous signalons que, même avec un bon traitement, les hémorroïdes risquent de s'aggraver dans les jours qui suivent l'accouchement. Puis elles disparaissent, du moins en grande partie.

Varices

Les varices sont la conséquence d'une dilatation anormale des parois des veines. Elles apparaissent surtout dans la deuxième moitié de la grossesse, et elles ont, hélas ! tendance à s'aggraver à chaque grossesse.

À l'origine des varices, on retrouve essentiellement trois causes :

■ d'abord, une mauvaise qualité du tissu qui constitue la paroi des veines. Cette mauvaise qualité est souvent héréditaire ;

■ puis, le fait de rester longtemps debout, ce qui est le cas dans certaines professions ;

■ enfin, la grossesse elle-même joue un rôle en distendant anormalement les parois des veines.

Les varices peuvent s'accompagner de troubles variés : sensation de pesanteur, de chaleur, de gonflement, de tension plus ou moins douloureuse des jambes. Parfois, les varices donnent des fourmillements ou des crampes. Ces troubles sont accentués par la station debout, par la fatigue, par la chaleur. Et ils sont évidemment plus importants en fin de journée. Il est très rare que les varices se compliquent au cours de la grossesse. Les modifications de la pigmentation (couleur) de la peau, de même que le classique ulcère variqueux, ne se voient que dans les varices très anciennes et sont exceptionnelles chez les femmes en âge d'être enceintes. La phlébite superficielle, au niveau d'une varice, est également très rare. Elle est caractérisée par l'apparition assez brutale de douleurs et de modifications de la varice (gonflement, rougeur, chaleur).

En règle générale, on peut donc dire que, hormis le souci esthétique immédiat – et plus encore lointain –, les varices n'ont pas de caractère de gravité.

Après l'accouchement, elles disparaissent, au moins en partie. Mais elles ont tendance à réapparaître, et surtout à disparaître moins complètement, lorsqu'il y a d'autres grossesses.

Peut-on prévenir les varices ?

Dans une certaine mesure, on peut prévenir l'apparition des varices en prenant diverses précautions, qui ont toutes le même but : faciliter la circulation du sang dans les veines des jambes.

▪ Évitez de rester debout trop longtemps : certains travaux professionnels et les travaux de ménage sont donc en cause. Avec un certificat médical, il faut que vous obteniez de pouvoir vous asseoir de temps en temps. Chez vous, dans toute la mesure du possible, faites assise les travaux que vous aviez l'habitude de faire debout. Si vous ne pouvez éviter la station debout, il est recommandé de porter, à titre préventif, des collants de maintien.

▪ prenez l'habitude de marcher souvent, bien chaussée, en évitant les talons trop hauts. D'ailleurs, même sans penser au risque de varices, la marche est de toute façon le meilleur exercice pendant la grossesse. La natation est également recommandée ;

▪ évitez ce qui peut comprimer les veines, chaussettes ou bottes trop serrées par exemple ;

▪ dormez les jambes un peu surélevées, en mettant sous les pieds du lit deux cales en bois. Vous pouvez aussi mettre sous les pieds un oreiller ou un coussin ;

▪ évidemment, si vous en avez la possibilité, il est conseillé également de vous étendre dans la journée quand vous avez un moment, avec les jambes surélevées ;

▪ enfin, les massages énergiques des jambes sont contre-indiqués ; de même les douches au jet.

Toutes ces précautions sont destinées à prévenir les varices. Elles deviennent d'autant plus nécessaires si des varices sont déjà apparues. En ce cas, il est recommandé, en plus :

▪ d'éviter de se tenir près d'une source de chaleur, radiateur, poêle ou cheminée, car la chaleur gonfle les veines ; pour la même raison, les bains de soleil sont contre-indiqués ;

▪ d'éviter les bains trop chauds ou trop froids : l'idéal est l'eau à la température du corps (37°) ;

▪ de porter des bas ou collants spéciaux que vous trouverez dans le commerce et qui soulagent bien. Mais il y a deux sortes de bas : les bas dits « de maintien », et les « bas à varices » en gomme et rilsan, qui coûtent d'ailleurs plus cher. Les seconds, assez inesthétiques, ne sont à porter que dans les cas de varices très importantes.

Détail pratique mais qui a son importance : il est recommandé de mettre ses bas – et de les ôter – en étant

Collants de maintien.
Grands magasins, grandes surfaces et pharmacies proposent des collants de maintien à partir de 9,15 Euros et jusqu'à 21,35 Euros, selon la qualité. En outre, en pharmacie, vous trouverez des collants de maintien remboursés partiellement par la Sécurité sociale sur prescription médicale ; ces collants coûtent entre 64,80 et 66,32 Euros. Il existe également des bas et des chaussettes de maintien.

allongée, car dans cette position, les veines sont moins gonflées. Et si vous vous reposez dans la journée, il vaut mieux que vous ôtiez les bas ou collants tant que vous restez étendue.

Et les médicaments ? Ils ont peu d'action sur la constitution des varices elles-mêmes. En revanche, ils peuvent être efficaces contre les troubles entraînés par les varices : pesanteur, chaleur, lourdeur, etc. Ces médicaments sont à base de vitamine P et d'extrait de marron d'Inde.

Quant aux traitements plus actifs, destinés à supprimer les varices (par injections locales ou intervention chirurgicale), il ne saurait en être question pendant la grossesse. D'abord parce que ces traitements risquent d'être dangereux. Ensuite, parce que, spontanément, les varices disparaissent plus ou moins complètement après l'accouchement. C'est à ce moment-là que vous verrez avec le médecin ce qu'il y a lieu de faire. Les interventions se font en général entre trois et six mois après le retour de couches.

Au cours de la grossesse, il n'est pas rare de voir, associées aux varices ou précédant leur venue, des dilatations beaucoup plus fines, rosées, rouges, ou bleu-violet, dues à la dilatation de vaisseaux capillaires. Ces dilatations qui forment, ou un fin réseau, ou même une véritable plaque, disparaîtront au moins en grande partie après l'accouchement.

Varices vulvaires.

Chez certaines femmes, des varices peuvent apparaître au niveau des organes génitaux externes. Souvent très importantes, ces varices vulvaires peuvent être cause de douleurs à la marche ou lors des rapports sexuels. Ces varices disparaissent complètement après l'accouchement sans jamais laisser de séquelles. En attendant, il n'y a pas de traitement à suivre, seuls des soins locaux peuvent apporter un certain soulagement :

- bains de siège froids (sécher en tapotant et sans frotter, puis talquer modérément à sec) ;
- application de crème à l'oxyde de zinc.

Troubles urinaires

Le fonctionnement des reins n'est guère modifié pendant la grossesse, mais la présence de l'enfant leur impose un surcroît de travail. C'est pourquoi une insuffisance rénale ignorée avant la grossesse peut se révéler à ce moment-là. C'est dire combien il est important de faire à intervalles réguliers et répétés des analyses d'urines.

Quant à la vessie, souvent elle manifeste sa présence d'une manière tyrannique, surtout au début et à la fin de la grossesse : la femme enceinte ressent une envie fréquente d'uriner, beaucoup plus souvent qu'en dehors de la grossesse. Ce phénomène s'explique au début parce que la vessie subit l'influence des hormones sécrétées en quantité importante ; à la fin, parce que la tête de l'enfant appuie sur la vessie.

Pour éviter ces envies fréquentes d'uriner, la future mère a tendance à boire moins, surtout le soir pour ne pas être dérangée la nuit. C'est une réaction naturelle, mais en fait il faut boire au moins un litre et demi d'eau (ou de liquide) par jour ; en effet, boire beaucoup est la meilleure prévention des infections urinaires que l'on voit si souvent pendant la grossesse (voir page 248).

Si vraiment l'envie fréquente d'uriner devenait trop gênante, parlez-en au médecin : il vous donnera des médicaments antispasmodiques, souvent efficaces.

•Une incontinence urinaire

apparaît parfois pendant la grossesse. Elle peut être modérée : difficulté à retenir les urines ; ou plus importante : impossibilité de se retenir dès que l'envie survient, ou lors d'une toux, d'un éternuement, d'un effort.

Si cette incontinence apparaît pendant les six premiers mois, une rééducation du périnée, dite rééducation périnéale peut être commencée sans attendre.
Cette rééducation est faite par un kinésithérapeute, une sage-femme ou un médecin. Demandez conseil à l'accoucheur ou à la sage-femme.

Si cette incontinence apparaît pendant les trois derniers mois, c'est simplement que le bébé comprime très fort la vessie, et cela ne veut pas dire que vous aurez nécessairement besoin d'une rééducation. Il vous suffira probablement de faire les exercices recommandés pour raffermir le périnée et le sphincter urinaire (voir pages 335 et 392). L'incontinence urinaire après l'accouchement est traitée en page 387.

Démangeaisons

Certaines femmes souffrent dans la deuxième moitié de la grossesse, et surtout à partir du huitième mois, de démangeaisons. Parfois sur tout le corps, mais plus souvent au niveau de l'abdomen. En général, les démangeaisons ne sont pas accompagnées d'éruptions, mais elles peuvent être très intenses, et entraîner des lésions dues au grattage quand la femme ne peut pas s'empêcher de se gratter. Les démangeaisons sont dues à des modifications du fonctionnement du foie ; si elles sont trop importantes ou si elles sont associées à une éruption de boutons ou de petites bulles, il est vivement conseillé de consulter le médecin qui diagnostiquera un *prurit gravidique*, et prendra les mesures qui s'imposent : il pourra demander un bilan hépatique et renforcer la surveillance de la grossesse. Dans d'autres cas, il peut s'agir d'affections dermatologiques liées à la grossesse pour lesquelles un traitement approprié sera prescrit.

Pertes blanches

La peau est faite de cellules disposées en couches et, sans cesse, tout au long de la vie, les cellules de la surface vieillissent, meurent et sont éliminées puis remplacées par des cellules jeunes. Ce phénomène continu, qu'on appelle la desquamation, n'est pas visible à l'œil nu (sauf, par exemple, après un coup de soleil).

La muqueuse du vagin est faite comme la peau : sans cesse, des cellules se détachent et sont éliminées. Mais pendant la grossesse, sous l'influence des hormones sécrétées en grande quantité par les ovaires et le placenta, la desquamation des cellules devient beaucoup plus importante. Elles forment un enduit blanchâtre, sans odeur déplaisante, grumeleux, qui est tout à fait normal, et ne doit donc pas vous inquiéter.

Ces pertes blanches banales, ou sécrétions vaginales, ne doivent pas être confondues avec les pertes généralement plus abondantes, souvent de couleur différente (jaunâtres ou verdâtres), et accompagnées de démangeaisons ou de brûlures locales : celles-ci sont les témoins d'une infection (*vaginite ou vulvo-vaginite*). Le diagnostic sera fait par le médecin qui s'aidera parfois d'un prélèvement. Celui-ci montrera habituellement la présence d'un champignon (*Candida albicans*) ou d'un parasite (*Trichomonas* ou

Gardnerella). Le traitement de ces vaginites, assez fréquentes et sans gravité, est essentiellement local (ovules ou comprimés gynécologiques). Les récidives ne sont malheureusement pas rares au cours de la grossesse.

L'infection vaginale à streptocoque B est d'un tout autre ordre, car elle peut être source de complications (méningite-septicémie) pour le nouveau-né qui risque d'être contaminé au moment de l'accouchement. Le diagnostic est difficile à faire car cette infection ne donne que peu ou pas de symptômes maternels. C'est pourquoi certains médecins proposent de faire des prélèvements systématiques en fin de grossesse. Lorsque ces prélèvements sont positifs, ils conduisent dans un certain nombre de cas à un traitement préventif de la maman et du bébé.

Tendance aux syncopes et aux malaises

La circulation du sang est modifiée pendant la grossesse : la quantité totale de sang augmente, un nouveau circuit est créé pour alimenter le placenta, les battements du cœur s'accélèrent.

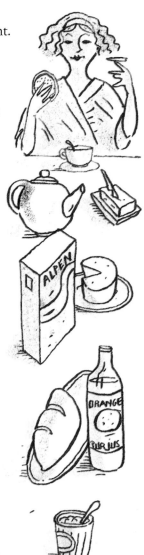

Normalement le cœur fournit sans peine ce travail supplémentaire. Mais il arrive que se produisent certains malaises que les futures mères croient d'origine cardiaque. Cela va de la simple sensation de « tête qui tourne », au grand malaise profond et très désagréable : sensation de perte imminente de connaissance, accompagnée de sueurs froides.

Ces troubles n'ont pas de caractère de gravité. Ils ne sont pas d'origine cardiaque, ils sont d'origine nerveuse, car la grossesse retentit toujours plus ou moins sur l'état du système nerveux. Si vous ressentez un malaise, allongez-vous, les pieds surélevés, de manière que le sang afflue vers la tête.

Pour éviter ce genre de troubles, ne restez pas à jeun le matin, évitez les brusques variations de température, ou le séjour dans un local trop chauffé. Si ces malaises sont fréquents et que vous conduisiez une voiture, arrêtez-vous dès que vous les sentez venir, c'est plus prudent.

À la fin de la grossesse, certaines femmes lorsqu'elles sont couchées sur le dos, se sentent au bord de la syncope. Pour faire disparaître ce malaise impressionnant, mais sans gravité, il suffit de se coucher sur le côté gauche, ou de s'asseoir à moitié en se calant par des oreillers. Ce malaise très particulier est dû à la compression par l'utérus de la veine cave inférieure, gros vaisseau qui ramène au cœur le sang veineux de toute la partie inférieure du corps. On peut aussi placer un coussin sous les genoux : le bassin bascule vers l'arrière, les reins reposent sur le sol, et la veine cave n'est plus comprimée.

Pour désagréables et impressionnants qu'ils soient parfois, ces troubles n'ont aucune conséquence ; mais, s'ils se reproduisent trop souvent, il faut en parler au médecin.

•Le malaise hypoglycémique

survient presque toujours en fin de matinée. Il se traduit par des nausées et une sensation de faim accompagnées de transpiration. Ce malaise se produit si on a pris un petit déjeuner peu consistant : simple tasse de café ou de thé ; ou si on a mangé surtout des sucres à absorption rapide : sucre, confiture, miel. Ces sucres provoquent une sécrétion d'insuline, et cette sécrétion d'insuline va à son tour, environ deux heures plus tard, provoquer une hypoglycémie, c'est-à-dire une diminution du taux de glucose sanguin. Les femmes sensibles à ce malaise ont intérêt à fractionner leurs repas, à prendre au petit déjeuner un peu de pain, un œuf, du fromage maigre ou un peu de viande ; éventuellement à manger vers 10 heures une pomme ou un yaourt. De même, il est bon de manger à nouveau quelque chose vers 16-17 heures.

Les troubles oculaires

Des petits troubles de la vision peuvent apparaître au cours de la grossesse : baisse de l'acuité visuelle, aggravation d'une myopie préexistante. Ils sont en règle générale sans gravité et transitoires. Il n'est pas rare que les lentilles de contact ne soient plus supportées en raison des modifications d'hydratation de la cornée.

L'essoufflement

Souvent dans la deuxième moitié de la grossesse, la future mère est vite essoufflée. Monter un étage est une épreuve. Cette difficulté à respirer s'explique par le fait que l'utérus, en augmentant de volume, repousse la masse abdominale vers le haut et diminue ainsi le volume de la cage thoracique : la future mère a donc moins de place pour respirer. Elle a l'impression d'étouffer. Cette sensation disparaîtra d'ailleurs lorsque l'enfant descendra pour s'engager dans le bassin.

Si vous avez la sensation d'étouffer, voici un bon exercice à faire : couchée sur le dos, jambes pliées, inspirez en levant les bras au-dessus de la tête. Ce mouvement amène une extension de la cage thoracique. Puis expirez en ramenant les bras le long du corps. Faites ainsi plusieurs respirations lentes et régulières jusqu'à ce que vous ayez retrouvé votre souffle.

Pour ne pas souffrir de ce malaise, qui s'accentue surtout au cours des deux derniers mois, il faut réduire le plus possible les efforts physiques. Si cette difficulté à respirer devenait trop grande, il faudrait consulter le médecin. Il examinerait votre cœur et vous prescrirait peut-être un calmant qui, par son action sédative, vous permettrait de mieux respirer.

Les douleurs

La grossesse, par les modifications qu'elle entraîne dans tout l'organisme, peut provoquer des douleurs, douleurs se situant à différents niveaux, et se produisant à différents moments suivant le développement de l'enfant. Il est normal que, le corps s'adaptant à la grossesse, puis se préparant à l'accouchement, tout ce travail ne puisse se faire en silence, et que vous en ressentiez parfois les effets.

•Parlons d'abord de la région du bassin.

Au début de la grossesse, certaines femmes éprouvent une sensation de tiraillement ou de pesanteur au niveau du bassin et du bas-ventre, sensations qu'elles comparent à celles des règles, et qui sont plus intenses lorsque l'utérus est rétroversé (c'est-à-dire lorsqu'il est basculé en arrière vers le rectum). Ces douleurs inquiètent souvent les femmes parce qu'elles craignent une fausse couche ; en fait, ces douleurs correspondent au début de l'adaptation de l'utérus, à la « mise en place », elles sont très fréquentes.

En revanche, des douleurs très violentes situées dans la même région, et se produisant également au début de la grossesse, peuvent être le signe d'une menace d'avortement ou d'une grossesse extra-utérine : les signaler au médecin aussitôt surtout si elles s'accompagnent de pertes de sang.

Par la suite, le développement de l'utérus peut entraîner des douleurs dues à la distension des ligaments ; elles sont situées au niveau de l'aine (c'est-à-dire à la jonction de la cuisse et du bassin).

À la fin de la grossesse, lorsque le bassin se prépare à l'accouchement, ses articulations se relâchent peu à peu. Ce relâchement est parfois très douloureux. La femme le ressent surtout lorsqu'elle fait des efforts, ou lorsqu'elle marche. La douleur peut s'étendre de façon désagréable jusqu'à la vessie et au rectum. Pour la soulager, il n'y a guère que le repos, ou un sédatif qui sera prescrit par le médecin.

• Parlons maintenant des jambes.

Là, les douleurs sont fréquentes. Elles sont évidemment plus importantes lorsqu'il y a des varices. Parfois, la douleur est ressentie comme une sciatique, c'est-à-dire qu'elle se manifeste à la face postérieure des jambes et des cuisses. Cette douleur est souvent tenace, elle est difficile à soulager. Un traitement à base de vitamine B et aussi de magnésium est parfois efficace.

▪ des crampes peuvent survenir à partir du cinquième mois, dans les jambes et les cuisses, mais presque exclusivement la nuit. Ces crampes sont parfois si intenses qu'elles réveillent la future mère. Que faire ?

Lorsque vous souffrez d'une crampe, levez-vous et massez votre jambe. Si vous avez quelqu'un auprès de vous, demandez-lui de soulever votre jambe et de la lever assez haut. Vous essaierez de tendre votre pied dans le prolongement de la jambe, pendant que la personne qui vous tient la jambe forcera en sens inverse pour maintenir le pied perpendiculaire à la jambe. La crampe passée, faites quelques pas.

Les crampes sont souvent dues à un manque de vitamine B. Voyez au chapitre 3 quels aliments en contiennent. Le médecin pourra également vous prescrire une préparation à base de magnésium, traitement souvent couronné de succès.

• Passons aux bras.

Là aussi, mais en fin de grossesse, des douleurs peuvent être ressenties : le bras semble lourd et contracté, ou plein de fourmillements.

Ces douleurs apparaissent surtout à la fin de la nuit, lorsqu'on dort les bras sous la tête ou sous l'oreiller. Voici deux mesures efficaces :

▪ la nuit, dormez les épaules surélevées par deux oreillers ;
▪ le jour, évitez les gestes qui tirent sur les épaules, tel que porter des objets très lourds.

Ces douleurs sont la conséquence de compressions nerveuses dues aux modifications de la colonne vertébrale qu'entraîne la grossesse. Un sédatif indiqué par le médecin peut soulager les douleurs trop fortes.

Le syndrome du canal carpien.
Il s'agit des fourmillements de la paume de la main qui surviennent souvent la nuit et peuvent être intenses. Ils sont dus à une compression des nerfs au niveau d'un canal qui se trouve au poignet, et s'arrêtent après l'accouchement. Lorsque ces fourmillements sont trop intenses, le rhumatologue peut faire une injection de corticoïdes dans le canal carpien qui soulage bien.

● Le thorax.

Des douleurs peuvent être ressenties au niveau du thorax : soit en arrière, le long de la colonne vertébrale, soit entre les côtes, comme des névralgies, soit enfin dans la région du foie. Quelle en est la raison ? Une certaine décalcification due à la grossesse, une distension de la cage thoracique ? Rien n'est sûr. Toujours est-il que ces douleurs peuvent être atténuées par un sédatif.

● Mal aux reins.

Enfin, de nombreuses femmes enceintes se plaignent d'avoir « mal aux reins ». En fait, il s'agit de douleurs de la colonne vertébrale qui sont habituellement en rapport avec une exagération de sa courbure normale (vous avez pu remarquer que, surtout à la fin de la grossesse, les femmes enceintes sont très cambrées). Ces douleurs sont plus intenses le soir, ou lorsque la femme est fatiguée, ou, enfin, après une station debout prolongée, d'où leur plus grande fréquence dans certaines professions. Ces douleurs n'ont aucun caractère de gravité ; elles peuvent être améliorées par les exercices indiqués au chapitre 14 (voir page 336) ; également par les activités aquatiques prénatales – en particulier la nage sur le dos – et par l'haptonomie. On peut aussi consulter un kinésithérapeute. Parlez-en quand même au médecin car ces douleurs peuvent être des contractions utérines (dans ce cas, le ventre devient dur).

Troubles du sommeil

Le sommeil peut être perturbé par la grossesse. Au début, la future mère ressent souvent un irrésistible besoin de dormir qui peut même la gêner pendant la journée. À la fin, au contraire, elle perd le sommeil durant la seconde partie de la nuit. Cette insomnie de la fin de la grossesse est due au fait que le bébé remue de plus en plus, et à l'augmentation des crampes et douleurs variées fréquentes à cette époque.

Comment lutter contre cette insomnie qui risque d'accentuer la fatigue ressentie à la fin de la grossesse ? Quelques moyens simples sont souvent efficaces :

▪ faire le soir un repas léger ;
▪ éviter les excitants tels que thé et café ;
▪ prendre un bain tiède avant de se coucher ;
▪ boire au moment de se mettre au lit une tasse de lait sucré ou de tilleul, ou prendre un verre d'eau sucrée auquel vous ajouterez trois cuillerées d'eau de fleur d'oranger ;
▪ vous pouvez essayer aussi des sédatifs légers à base de plantes (comme Passiflorine vendu sans ordonnance).

Si vous dormez mal et si aucun des moyens indiqués ci-dessus n'est efficace, demandez au médecin un médicament pour dormir. Quant aux tranquillisants, dont certains agissent dans les cas de troubles du sommeil, n'en prenez pas sans avis médical, ils ne sont pas tous compatibles avec la grossesse. L'insomnie est parfois due à la crainte de l'accouchement qui s'approche. Parlez-en avec ceux qui vous entourent. Parler c'est toujours bon, garder pour soi ses craintes ne fait que les renforcer. Alors que la tranquillité d'esprit, le calme, c'est ce qui permet d'arriver détendue à l'accouchement.

Changements d'humeur

De nombreuses femmes voient leur caractère changer pendant la grossesse : elles deviennent irritables, anxieuses ou très émotives. Même lorsqu'elles sont heureuses d'attendre un enfant, elles ont parfois des idées moroses qui les étonnent. Il peut y avoir de nombreuses raisons à ces

modifications du caractère : peur des changements qu'entraîne dans toute famille une naissance, angoisse d'avoir un enfant anormal, peur de l'accouchement.

Sachez, si vous éprouvez de telles craintes, qu'elles sont compréhensibles, surtout si c'est la première fois que vous attendez un enfant. Tout est encore inconnu pour vous, tout vous semble mystérieux dans ce qui se passe et dans votre corps et dans votre esprit.

Parlez-en avec votre mari, ensemble vous surmonterez vos craintes. On ne se rend pas toujours compte du bienfait d'une conversation, surtout avec quelqu'un qui vous est proche. Si votre mari n'est pas là, vous parlerez à une amie ou une sœur, et vous découvrirez d'ailleurs avec soulagement que vos craintes ont été les leurs.

De toute façon, si vous vous sentez nerveuse et irritable au début de votre grossesse, dès que vous sentirez remuer cet enfant, dès que sa présence se manifestera, vous serez apaisée, vous verrez.

Voici terminée la liste des malaises courants que peut provoquer une grossesse. Cette liste vous semblera peut-être longue, mais rien ne dit que vous éprouviez un ou plusieurs de ces troubles. Il y a des femmes qui traversent leur grossesse sans la moindre gêne, pendant que d'autres vont de vomissements en nausées, et de nausées en douleurs variées. Ces différences correspondent d'ailleurs souvent à des différences de tempérament.

Quoi qu'il en soit, avertie de ce qui peut vous arriver, vous saurez au moins dans quels cas le médecin peut vous soulager, et dans quels cas il n'y a rien d'autre à faire que d'attendre que le temps passe.

Je ne dis pas cela pour vous pousser à la résignation ou au fatalisme, mais vous l'avez vu dans les pages qui précèdent, certains troubles sont liés à un certain stade de la grossesse et disparaissent sans autre intervention lorsque ce stade est dépassé.

J'ajouterai une remarque plus générale. Nombre de ces malaises peuvent être réduits simplement par une meilleure manière de vivre. Vous avez peut-être vu d'ailleurs tout au long de ce chapitre que je vous suggère une nourriture bien adaptée aux circonstances, des exercices réguliers, un sommeil suffisant. Pensez-y avant de demander un médicament pour la digestion, un autre pour la circulation, etc.

Une dernière remarque intéressera celles qui ont déjà été enceintes : les malaises éprouvés lors d'une grossesse précédente ne se reproduisent pas nécessairement. Chaque grossesse est différente.

●●

chapitre 9

La
surveillance
médicale
de la
grossesse

La grossesse est un événement naturel dans la vie d'une femme. Mais que la nature ait prévu que l'ovule rencontre un spermatozoïde, qu'un œuf en naisse, et qu'au bout de neuf mois l'enfant paraisse, cela ne veut pas dire que ce processus naturel se déroule toujours sans heurt ; la nature n'est pas toujours bonne, elle fait parfois des erreurs : une fausse couche, un enfant qui souffre, une naissance prématurée, une naissance qui tarde. Le rôle du médecin c'est précisément de surveiller la nature.

Aujourd'hui on connaît de mieux en mieux les différentes étapes du développement de l'enfant avant la naissance ; la recherche dans ce domaine est très active ; on connaît, non pas toutes, mais un grand nombre des causes qui peuvent affecter ce développement ; on sait quelles sont les maladies de la mère qui peuvent lui faire du tort ; on connaît les moyens d'apprécier la vitalité de l'enfant pendant ces neuf mois.

Les examens que fait régulièrement le médecin ou la sage-femme ont pour but de s'assurer que la santé de la mère est satisfaisante et que l'enfant se développe bien. Parfois, ils noteront un petit symptôme auquel la mère n'aura attaché aucune importance et dont surtout elle n'aura pas prévu qu'il puisse avoir une conséquence pour l'enfant, par exemple une infection urinaire. Parfois la future mère aura une tension trop élevée et cela, elle ne peut s'en rendre compte toute seule, or c'est dangereux pour l'avenir de la grossesse. Quant à la béance du col, elle peut être ignorée à quatre mois et nécessiter un cerclage à cinq.

Il est vrai qu'aller à une consultation c'est inévitablement poser la question : « Est-ce que tout va bien ? » Et donc envisager par là même que la réponse puisse être, sinon négative, du moins ambiguë ; c'est être impressionnée par la blouse blanche (certains médecins n'en portent plus pour dédramatiser l'acte, mais en fait cela ne change rien) ; c'est se préparer à poser beaucoup de questions et en abandonner la moitié par… timidité ; c'est se trouver devant quelqu'un pour qui attendre un enfant est un événement habituel, alors qu'on le considère soi-même comme exceptionnel ; c'est aussi subir un examen intime que l'on appréhende souvent. Je me souviens des propos de cette jeune femme, très impressionnée par sa première visite à l'hôpital : une salle d'attente, toute une série de portes. Cette jeune femme entend : « Madame X, cabine 5. » Et dans la cabine, elle lit un écriteau péremptoire : « Déshabillez-vous ! » Je comprends que cette future mère ne soit pas dans un grand état de décontraction. Et peut-on être détendue lorsque dans certains hôpitaux, votre nom disparaît au profit de votre numéro de dossier : « Madame 63, c'est à vous » ?

C'est vrai que parfois les médecins n'ont pas assez de temps à vous consacrer, qu'ils peuvent être maladroits en paroles, qu'ils sont parfois plus des techniciens que des personnes avec qui on peut établir une relation chaleureuse. Mais il y a de plus en plus de médecins et de sages-femmes avec lesquels les rapports sont faciles. Et si le contact ne s'établit pas, il est en général possible de changer d'interlocuteur.

Qui va suivre votre grossesse ?

Qui va suivre votre grossesse ? Un médecin (gynécologue, obstétricien, généraliste) ou une sage-femme ? Tous les deux sont habilités à suivre une grossesse, mais sachez que :
▪ le premier examen prénatal, au cours duquel la déclaration de grossesse est effectuée, doit obligatoirement être réalisé par un médecin.
▪ Les deux derniers examens prénataux des 8ème et 9ème mois doivent être effectués par le médecin ou l'équipe qui sera en charge de l'accouchement.

● Où auront lieu les consultations ?

Cela dépend de l'endroit où vous souhaitez accoucher. Il est d'ailleurs important que dès la première visite prénatale vous décidiez, avec le médecin, du lieu de l'accouchement : n'hésitez pas à lui en parler s'il oubliait de le faire. C'est important car s'il y avait un problème pendant la grossesse et que votre médecin soit absent, vous devez savoir vers quelle maternité vous diriger en cas d'urgence.

En général, les consultations prénatales ont lieu au cabinet du médecin, qu'il soit spécialiste ou généraliste. Elles peuvent avoir lieu dans la maternité que vous aurez choisie, cela dépend de leur mode de fonctionnement.

Les maternités publiques ont toutes un service de consultation sur place, assuré par un médecin ou une sage-femme. Il est d'ailleurs possible que ce ne soit pas toujours la même personne qui vous consulte. Certaines maternités privées ont un service de consultations sur place, comme les maternités publiques. En général, c'est toujours la même personne qui vous consultera.

En cas d'urgence, la nuit, le week-end et les jours fériés, présentez-vous à la maternité où votre accouchement est prévu. Il y a toujours un médecin spécialiste ou une sage-femme de garde pour vous accueillir.

● Les sages-femmes.

Il y a en France 14 400 sages-femmes (12 500 salariées et 1 900 libérales). Mais leur rôle n'est pas toujours bien connu, c'est pourquoi nous souhaitons vous dire quelques mots sur leur travail.

Les sages-femmes exercent une profession médicale. Leur rôle comporte : le diagnostic, la surveillance de la grossesse et la préparation à l'accouchement ; la surveillance de l'accouchement ; les soins postnatals de la mère et de l'enfant. Tant que tout est normal, les sages-femmes peuvent suivre du début à la fin la grossesse, l'accouchement et ses suites. Si un problème se pose, elles font appel à un médecin.

Au cours d'une grossesse, les occasions d'être en contact avec une sage-femme sont nombreuses, les voici : en consultations, à l'échographie, en surveillance anténatale, à domicile pour le suivi d'une grossesse à problèmes (sur prescription d'un médecin), pour la préparation à la naissance, en gymnastique aquatique, en suite de couches, au planning familial, pour les soins des nourrissons et pour la rééducation périnéale. Et surtout lors de l'accouchement : les sages-femmes assurent seules près de 70 % des accouchements. Si ce n'est pas elles-mêmes qui assurent l'accouchement, elles veillent sur la mère et sur le bébé, avant et après l'intervention de l'accoucheur. En conclusion, que les sages-femmes soient salariées ou qu'elles soient installées à leur compte, vous serez à un moment ou à un autre en contact avec ces « professionnelles » de la naissance.

Voyons maintenant en quoi consistent pratiquement les examens prénatals. Je vous parlerai d'abord de la surveillance habituelle de la future mère. Ensuite, nous envisagerons les cas particuliers où des examens spéciaux sont nécessaires.

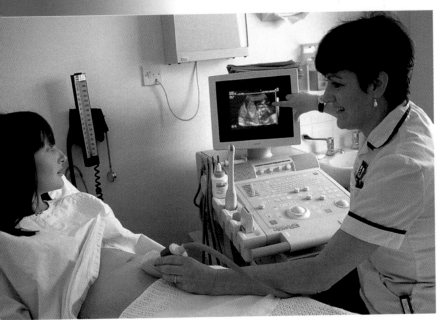

• La surveillance
habituelle
de la femme enceinte

En France, il y a maintenant sept examens médicaux obligatoires. Le premier se situe avant la fin du troisième mois de grossesse. Les autres sont passés chaque mois à partir du quatrième, et jusqu'à l'accouchement. (Voir les détails pratiques chapitre 18.)

En présence d'un symptôme anormal apparaissant entre les examens, vous aurez intérêt à consulter le médecin sans attendre la prochaine consultation obligatoire.

La surveillance prénatale s'est bien améliorée : les trois quarts des femmes enceintes passent pratiquement une visite par mois. Et le nombre de femmes ayant consulté l'équipe responsable de l'accouchement a nettement augmenté (Enquête INSERM).

Le premier examen

Il doit être fait par un médecin, alors que les autres examens prénataux peuvent être faits par une sage-femme.
Ce premier examen a pour but :
- de confirmer l'existence de la grossesse comme nous l'avons vu dans le premier chapitre ;
- de préciser son début et le terme probable ;

▪ d'en vérifier le caractère normal à son début (absence de douleurs et de pertes de sang, développement normal de l'utérus) ;

▪ de tenter de prévoir, autant que faire se peut, le déroulement futur de la grossesse.

▪ d'évaluer les facteurs de risques.

Aussi le médecin commencera-t-il par vous interroger pour recueillir un certain nombre de renseignements.

• L'âge d'une femme enceinte n'est pas sans importance.

Il existe un âge optimum pour être enceinte. Cet âge, on peut le situer approximativement entre 20 et 35 ans. Les très jeunes femmes (au-dessous de 18 ans) semblent plus exposées que d'autres à certains accidents tel l'accouchement prématuré. À partir de 38 ans, certains risques augmentent, notamment les risques de malformations de l'enfant, d'anomalie chromosomique, d'hypertension, de toxémie. Heureusement, les techniques modernes de surveillance et les informations qu'elles peuvent apporter sur l'enfant permettent à la future mère de cet âge d'être plus détendue que celle d'hier.

• Les antécédents généraux sont également importants à préciser.

N'omettez pas de signaler au médecin toutes les maladies que vous avez eues, surtout si elles ont été graves ou si vous êtes encore sous traitement. Signalez également l'existence des maladies héréditaires familiales. Enfin, signalez au médecin, le cas échéant, que votre mère a pris du distilbène pendant sa grossesse (voyez page 225) Ils pourront également, dans certains cas, inciter à une surveillance plus attentive de la grossesse. Ainsi, n'hésitez pas à dire si vous avez eu un avortement, et à quel stade de la grossesse il a eu lieu. Le médecin sera particulièrement attentif en cas d'avortement tardif ou d'accouchement prématuré.

Si votre couple a été longtemps stérile, et cette stérilité traitée, il est évident que cette grossesse est particulièrement précieuse.

La survenue d'accidents et de complications lors des grossesses ou accouchements précédents peut conduire à une surveillance et à des examens particuliers (voir plus loin « Les grossesses à risques »). En revanche, si vos grossesses et accouchements ont été normaux, tout permet de penser qu'il en sera de même pour cette nouvelle grossesse. Il faut quand même par prudence que vous soyez bien suivie, surtout à partir du quatrième enfant (voir page 225).

• Les conditions sociales et économiques

jouent indiscutablement un rôle dans l'évolution de la grossesse. Les conditions de travail (fonction, horaires), l'éloignement du domicile, le mode de transport devront être précisés. Même si vous ne travaillez pas à l'extérieur, la présence de plusieurs enfants à votre foyer, l'absence d'aide domestique peuvent être source importante de fatigue.

• Les habitudes de vie.

Le médecin vous posera des questions sur vos habitudes alimentaires, quantité de cigarettes fumées chaque jour, etc. Il est probable d'ailleurs qu'il vous conseillera de cesser de fumer.

Puis succéderont :

▪ un examen général qui comprend la mesure de la taille, du poids, de la tension artérielle ; l'auscultation du cœur, etc.

▪ un examen gynécologique.

▪ Il est également nécessaire de faire pratiquer différents examens de laboratoire : *examen d'urine* pour y rechercher la présence de sucre et d'albumine, *prise de sang* qui va permettre : de vérifier l'absence de syphilis ; de préciser le groupe sanguin : même lorsque celui-ci est déjà connu, il est prévu de le vérifier. Deux déterminations de groupe sanguin sont en effet obligatoires.

Si vous êtes du groupe rhésus négatif, il est nécessaire de connaître le groupe sanguin de votre mari et de rechercher dans votre sang la présence d'agglutinines antirhésus (voir page 259) ;

▪ de savoir si vous êtes ou non immunisée contre la rubéole et la toxoplasmose (voir page 244 et suivantes) ; le dépistage de la varicelle et de l'infection à cytomegalovirus ne se fait pas encore systématiquement ;

▪ de vérifier l'absence de sida (recherche d'anticorps anti HIV). Cet examen est indispensable quand la femme se situe dans un groupe à risques (toxicomanes, femmes transfusées avant 1991). Chez les autres femmes, l'examen est simplement recommandé (cependant accepté la plupart du temps) mais ne peut être fait sans leur accord.

▪ La recherche des anticorps antihépatite se fait plutôt entre 24 et 28 semaines (voir page 248). Le dépistage de l'hépatite est réservé aux femmes présentant un risque (voir plus haut).

▪ La première échographie est en général pratiquée vers 12 semaines d'aménorrhée (voir page 215).

Habituellement, au cours de cette première consultation, le médecin vous donnera :

▪ certaines informations générales sur l'évolution normale de la grossesse ;

▪ des conseils sur les précautions à prendre en ce qui concerne votre vie quotidienne et votre alimentation ;

▪ un traitement si vous avez l'un des petits troubles si fréquents en début de grossesse.

Il est souhaitable également (bien que non obligatoire) de subir un examen dentaire.

▪ Enfin, vous ferez avec le médecin le choix de la maternité où vous accoucherez. Le médecin terminera sa consultation en signant les feuillets de la déclaration de grossesse qui seront à remettre à votre centre de Sécurité Sociale et à votre Caisse d'Allocations familiales (voyez le dernier chapitre).

L'examen du futur père.
Il n'est pas obligatoire mais il est recommandé. Il comporte un examen clinique et des examens sanguins destinés à dépister une anomalie (incompatibilité Rhésus) ou une maladie (tuberculose, sida, etc.) susceptible de retentir sur l'évolution de la grossesse ou l'état de l'enfant.

À l'issue de cette consultation, le médecin aura recueilli, par ses questions et par l'examen qu'il aura fait, un certain nombre de renseignements. Ils vont lui permettre, dans une certaine mesure, de prévoir si votre grossesse nécessitera ou non une surveillance particulière. Dans la plupart des cas (neuf fois sur dix au moins) tout est favorable. Vous êtes en bonne santé et votre grossesse commence normalement. Tout permet de penser qu'elle se déroulera sans histoire pour se terminer par un accouchement normal. Sa surveillance ne nécessitera pas de mesure particulière. Une fois sur dix environ, la grossesse nécessite des mesures spéciales dont nous vous parlerons plus loin : ce sont les « grossesses à risques ».

Les examens du deuxième trimestre

Ces examens, qui peuvent être faits par une sage-femme, se déroulent selon le même schéma que l'examen précédent.

L'examen gynécologique vérifie :

▪ que le col de l'utérus a sa longueur normale et reste bien fermé ;

▪ que l'utérus est normalement développé. Pour cela, on mesure la hauteur de l'utérus et on la compare aux chiffres habituels. Je vous signale que mesurer la hauteur de l'utérus, ce n'est pas mesurer la taille du fœtus, ce qui serait d'ailleurs impossible puisqu'il est tout ramassé sur lui-même, mais plutôt son volume (c'est-à-dire la place qu'il prend). Cette mesure permet de vérifier s'il a bien le développement correspondant à l'âge théorique de la grossesse ;

▪ que l'on entend bien les bruits du cœur. Cette auscultation peut se faire soit avec un stéthoscope ordinaire, soit avec un appareil spécial (stéthoscope à ultrasons), grâce auquel vous pourrez vous-même entendre battre le cœur de votre enfant.

L'examen général a essentiellement pour but la surveillance de la tension artérielle, du poids, des urines.

Au cours du deuxième trimestre on fait une deuxième échographie, entre 20 et 22 semaines (voir plus loin).

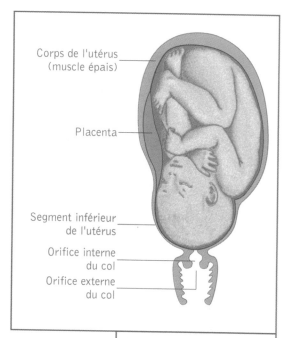

Corps de l'utérus
(muscle épais)

Placenta

Segment inférieur
de l'utérus

Orifice interne
du col

Orifice externe
du col

Les examens du troisième trimestre

Ces examens ont plus spécialement pour objet de prévoir, autant que faire se peut, la façon dont se déroulera l'accouchement : appréciation du volume du fœtus ; appréciation de la manière dont se présentera l'enfant : par la tête – c'est la présentation habituelle –, par le siège, etc. ; caractéristiques du bassin. L'examen du bassin se fait dans les dernières semaines, car c'est alors seulement qu'il élargit ses dimensions pour faciliter l'accouchement.

Si le médecin soupçonne une anomalie, ou si votre bébé se présente par le siège, il vous demandera de faire faire une radiopelvimétrie ou un scanner du bassin . Tout ceci est sans risque pour votre enfant.

Au cours du dernier trimestre, sont particulièrement nécessaires :

▪ la surveillance du poids, la recherche d'albumine tous les 10 jours, la mesure de la tension artérielle, car la toxémie apparaît surtout dans les trois derniers mois ;

Voici la situation de l'enfant au dernier mois de la grossesse.

Vous voyez sur ce schéma :

▪ que le col de l'utérus a deux orifices : celui qui est vers le vagin (orifice externe) et celui qui est vers le bébé (orifice interne). En fin de grossesse, il est normal chez une femme qui a déjà eu un ou plusieurs enfants, que l'orifice externe s'ouvre. Ce qui compte, c'est que l'orifice interne soit fermé.

▪ Vous voyez aussi ce qu'est le segment inférieur de l'utérus, qui se moule autour de la tête du bébé en fin de grossesse, et que le médecin ou la sage-femme sent lors du toucher vaginal.

▪ À noter : en cas de césarienne, l'incision se fait au niveau du segment inférieur (alors qu'autrefois, elle se faisait au niveau du corps utérin). Ainsi la cicatrice est plus solide.

la surveillance de la hauteur utérine et du col utérin, car c'est la période des accouchements prématurés.

C'est au cours d'une de ces consultations que vous pourrez avoir une conversation préparatoire à l'accouchement. Vous évoquerez certainement la question de la péridurale – possible ou non – ; vous pourrez parler de l'épisiotomie – se fait-elle systématiquement, peut-on l'éviter ? etc.

Vous voudrez peut-être aussi savoir si vous pourrez garder votre bébé près de vous après la naissance – dans certains établissements on met d'office le bébé dans une couveuse pendant deux heures ; vous aurez peut-être également envie de savoir si une sage-femme restera près de vous pendant le travail. Enfin vous pourrez aussi demander, si vous ne l'avez déjà fait, qui vous assistera lors de votre l'accouchement : le médecin ou la sage-femme ayant suivi votre grossesse, ou bien un praticien de garde.

L'échographie

Les trois échographies dont bénéficient les futures mères tiennent une place privilégiée et indispensable dans la surveillance médicale de la grossesse. En permettant de visualiser, dès les premiers stades, l'embryon, puis le fœtus, puis l'enfant, l'échographie a transformé l'exercice de l'obstétrique ; elle a également modifié le " regard " de la maman sur l'enfant qu'elle porte en elle. Avant, elle le sentait, elle le touchait, elle pouvait écouter son cœur ; avec l'échographie, elle le " voit ". Et pour le père, c'est la grande découverte.

● Qu'est-ce que l'échographie ?

Vous le savez peut-être, on appelle ultrasons des sons qui ne peuvent pas être perçus par l'oreille humaine. Ils ont la propriété, lorsqu'ils sont émis par une source quelconque, de se réfléchir sur un obstacle, et de revenir à la source comme un écho. D'où le nom de cette méthode, l'échographie. Elle était utilisée à l'origine pour détecter les fonds ou les sous-marins, voire les bancs de poissons, car les ultrasons se propagent facilement dans l'eau. Le fœtus évoluant lui aussi dans un milieu liquide, il n'est pas étonnant de constater que c'est en obstétrique que les ultrasons ont eu leurs premières applications médicales, dans les années 60/70.

Voici comment les ultrasons sont utilisés en médecine. Lorsqu'un cristal de quartz est soumis à des impulsions électriques, il vibre et envoie des ultrasons qui sont captés à leur retour, puis transformés par des systèmes informatiques ; ces systèmes reconstruisent point par point, sur un écran, l'image du fœtus et de ses organes. Ces images peuvent être enregistrées sur une cassette vidéo, si le médecin le juge nécessaire. En général, ces images sont photographiées, et mises, avec le compte rendu de l'examen, dans le dossier de la future mère ; cela permet des comparaisons d'un examen à l'autre.

Les échographistes sont souvent réticents à enregistrer des images à la demande des parents. L'échographie est un acte médical à haute responsabilité et non une séance photo, vidéo pour l'album de famille. C'est d'ailleurs une notion que les parents comprennent très bien lorsqu'elle leur est expliquée.

En pratique

▪ L'échographie peut être réalisée soit par le gynécologue-obstétricien, soit par un échographiste, indiqué par le médecin. Prenez votre rendez-vous à temps, car le moment des échographies au cours de la grossesse est important : elles ont lieu habituellement à 12, 22 et 32 semaines d'aménorrhée (voyez plus loin).

▪ Ne mettez aucune crème, huile, gel sur le ventre pendant toute la semaine qui précède l'examen.

▪ Tenez-vous en aux instructions du secrétariat d'échographie en ce qui concerne l'absorption d'eau avant l'examen ; le plus souvent, elle est inutile.

▪ Pour obtenir de bonnes images, le médecin met du gel sur la peau, puis il passe sur le ventre une sonde émettrice/réceptrice d'ultrasons qui se présente sous forme d'une large barrette courbe.

▪ Pour la première échographie, le médecin utilise parfois une sonde vaginale, recouverte d'une sorte de préservatif à usage unique, rempli de gel. Cet examen n'est ni douloureux ni dangereux pour la grossesse.

▪ Trois échographies sont pratiquées au cours d'une grossesse normale, et remboursées. Au-delà, il est nécessaire de demander une entente préalable auprès de la sécurité sociale. Le médecin se charge de remplir le formulaire.

▪ Cet examen nécessite de la part de l'échographiste un maximum de concentration et de vigilance. Ne soyez pas surprise de son éventuel mutisme. Il sera plus à même de vous faire part de ses conclusions lorsque l'examen sera terminé. De plus, venez seule ou en couple, mais pas avec une amie ou des enfants.

La première échographie

est faite habituellement vers 11-12 semaines d'aménorrhée. Elle permet d'apprécier la vitalité de l'enfant et de faire un éventuel diagnostic de jumeaux. Grâce à la mesure de la longueur de l'embryon, cette échographie est capable de préciser l'âge exact de la grossesse, et donc d'évaluer le terme théorique à 4 jours près.

Certaines situations peuvent conduire le médecin à pratiquer une échographie plus tôt, notamment chez les femmes très mal réglées, ou en cas de saignement, ou si la grossesse fait suite à une procréation médicalement assistée. Cette échographie précoce confirmera la bonne évolution de la grossesse, ou montrera l'arrêt de celle-ci. La fausse couche est alors prévisible à plus ou moins brève échéance. Cette échographie permet également de diagnostiquer une grossesse extra-utérine.

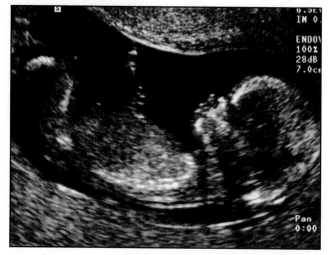

Échographie à 12 semaines.
On voit le bébé en entier.

● La deuxième échographie est faite entre 20 et 22 semaines d'aménorrhée. A cette période, le fœtus est complètement formé. On peut donc l'observer en détail et déceler d'éventuels troubles de la croissance. C'est lors de cette échographie que l'on peut faire le diagnostic du sexe de l'enfant, bien évidemment si la position du fœtus le permet.

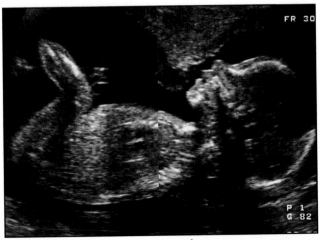

Échographie à 22 semaines.

● La troisième échographie, faite vers 32 semaines d'aménorrhée, permet de vérifier si tout se présente normalement en vue de l'accouchement (position et volume de l'enfant, insertion du placenta par exemple). Cette échographie permet également de confirmer la bonne santé de l'enfant et sa croissance.

Entrons maintenant dans le détail de ces échographies. Chaque examen échographique comporte quatre parties dont l'importance varie selon l'âge de la grossesse.

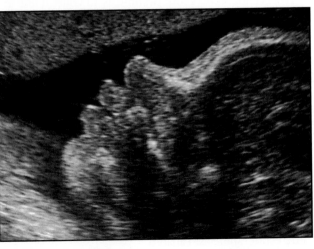

Échographie à 32 semaines.
On voit le profil de la tête du bébé.

■ L'examen général du bébé et de ses organes : c'est l'examen morphologique. Des organes, ou parties d'organes, sont connus pour leur utilité dans le dépistage de certaines pathologies. C'est ainsi que la mesure de la clarté nucale, c'est-à-dire de l'épaisseur de la nuque, représente un point particulier de la première échographie, celle de 12 semaines. Cette mesure représente un des moyens de dépistage de la trisomie 21. Il s'agit là de l'évaluation du risque, mais non d'une certitude, que seule pourra donner l'amniocentèse.

■ La mesure de certaines parties du bébé, c'est l'étude biométrique. Les mesures du crâne, de la longueur du fémur, du diamètre de l'abdomen, permettront de surveiller la croissance.

■ On appréciera aussi la vitalité de l'enfant : activité cardiaque, mouvements des membres, mouvements "respiratoires", déglutition.

■ Enfin on observera le milieu dans lequel vit le bébé : quantité de liquide amniotique, étude et localisation du placenta (voir page 241).

La surveillance médicale de la grossesse

Dans certains cas, le médecin peut décider de faire une écho-doppler (voir pages 136 et 226). Cet examen permet d'analyser la circulation dans les vaisseaux de la mère (artère utérine) et de l'enfant (vaisseaux du cordon ombilical, artère cérébrale), et d'examiner plus précisément certains mouvements du fœtus, comme la déglutition.

La réunion de tous ces éléments, au cours des trois échographies, constitue un bilan de santé de l'enfant. Ce bilan est impossible à faire par une autre méthode. Il renseigne sur l'état immédiat, mais aussi sur des pathologies pouvant se manifester plus tard.

Le compte rendu d'examen.

A l'issue de chaque échographie, le médecin remet aux parents un compte rendu de l'examen qu'il a réalisé. Ce document comporte, en règle générale, une description de l'enfant, ainsi que les différentes mesures des organes examinés. Ces mesures sont reportées sur des courbes de référence pour chaque période de la grossesse, ce qui permet d'en déterminer la normalité.

Le médecin joint à ce document les photos les plus significatives sur le plan médical. Enfin, il termine son compte rendu par une conclusion signifiant qu'au cours de son examen il n'a pas été noté d'anomalie particulière. Les dispositions juridiques actuelles ne lui permettent pas de s'engager plus sur la " normalité " de l'enfant.

Vous le voyez, l'échographie n'échappe pas à la finalité de tout examen médical qui est de rechercher les causes d'éventuelles anomalies. Les parents, eux, ont une autre attente, une autre vision de l'échographie : celle-ci est pour eux une façon de découvrir leur bébé, de le voir grandir et se développer. C'est sous ce double regard, l'un médical et objectif, l'autre attendri et ému, que se déroulent les échographies.

Ce que vous pouvez faire

Dans la surveillance médicale de la grossesse, ce qu'observe et ressent la future mère est aussi très important. C'est elle, en effet, qui est le mieux placée pour en apprécier le déroulement et pour noter l'apparition d'un symptôme d'alerte : perte de sang, douleurs, fièvre, etc. En plus, tout au long de ces neuf mois, deux éléments importants serviront de guide à la future mère : les contractions utérines et la fatigue.

Suivi médical de la grossesse. En général, la surveillance de la grossesse et de l'accouchement est assurée par la même personne, médecin ou sage-femme. Mais de toute manière, le dossier médical contenu dans le guide de surveillance assure le suivi de la grossesse puisqu'il est rempli à chaque consultation. Si pour une raison ou une autre, vous changiez de consultation, de médecin ou de sage-femme, ceux-ci trouveraient dans votre dossier tous les renseignements dont ils pourraient avoir besoin.

Le travail de l'accouchement se fait essentiellement par les contractions de l'utérus qui poussent l'enfant et lui permettent de sortir ; nous vous parlerons de tout cela en détail au moment de l'accouchement. Mais déjà pendant la grossesse, ce muscle, l'utérus, se contracte un peu tous les jours ; on pourrait dire que c'est l'occasion pour lui de s'exercer, de « faire du sport » : quand l'utérus se durcit, la femme sent son ventre qui devient dur. Ces contractions peuvent être indolores ; mais parfois elles s'accompagnent d'une légère douleur au niveau du ventre ou au niveau des reins. Ce signe, il faut que vous en teniez compte et que vous vous reposiez. Si, malgré cela, les contractions deviennent trop nombreuses, elles peuvent représenter un risque d'accouchement prématuré. Il faut alors consulter le médecin qui appréciera la longueur et l'ouverture du col de l'utérus, en s'aidant si besoin d'une échographie. En effet, seule l'échographie permet d'apprécier réellement la longueur du col et le degré d'ouverture de l'orifice interne.

▪ La fatigue est un autre élément à prendre en considération. Par exemple, on dit : la marche est conseillée pendant la grossesse ; mais la future mère aimerait bien des précisions : tous les jours ? Combien de temps chaque jour ? C'est vraiment à elle de se rendre compte et de savoir s'arrêter à temps. La quantité d'activité physique que peut faire une femme est individuelle. C'est elle qui peut apprécier si elle a besoin de repos en ne craignant pas d'être à « l'écoute de son corps ». Être à l'écoute de son corps, c'est en particulier tenir compte de la fatigue qu'il s'agisse d'un sport, mais aussi de la fatigue dans la vie quotidienne. Et si vous vous sentez vraiment fatiguée, n'attendez pas la prochaine consultation prévue, allez voir l'accoucheur ou la sage-femme.

▪ Aux environs de 4 mois, vous percevrez les mouvements actifs de l'enfant. Vous savez qu'ils représentent un bon reflet de sa vitalité. Au cours du dernier trimestre, la diminution et, *a fortiori*, la disparition des mouvements pendant plusieurs heures doivent vous conduire à consulter. On a proposé que, dans les grossesses dites « à risques » (voir page 224), la femme compte elle-même plusieurs fois par jour les mouvements du fœtus pour pouvoir alerter le médecin suffisamment tôt en cas d'anomalie. Mais, à juste titre, de nombreux médecins considèrent que cette méthode provoque trop d'inquiétude chez les futures mères.

▪ L'analyse des urines pour rechercher le taux de sucre et d'albumine est indispensable. Elle est faite régulièrement à la maternité à l'occasion des consultations. Sinon, comme on vous l'indiquera, vous pourrez faire cette recherche vous-même, à l'aide de papiers-index colorés (vendus en pharmacie). Certains de ces papiers-index permettent également le dépistage des infections urinaires. On conseille de faire cette recherche toutes les trois semaines jusqu'à six mois, puis tous les dix jours ensuite. S'il existe de l'albumine, ne serait-ce qu'à l'état de traces, recommencez l'examen le lendemain après une toilette soigneuse ; s'il y a encore des traces, allez à la consultation, ou allez voir le médecin. La présence d'albumine peut être le premier signe d'une toxémie gravidique qui se révèle souvent de façon très brutale (voir page 238).

▪ La surveillance du poids n'est pas moins indispensable. Pesez-vous toutes les semaines. Si l'on note une prise de poids anormale – surtout si elle est brutale – il sera nécessaire de consulter le médecin ou la sage-femme. Il y a des femmes qui prennent peu de poids pendant leur grossesse, d'autres qui en prennent beaucoup, mais les deux ont des courbes régulières. Ce qui doit alerter c'est une cassure de la courbe.

▪ Avant d'aller à la consultation, je vous suggère de faire une liste des questions, petites ou grandes, que vous voulez poser, pour ne pas les oublier. Et n'ayez pas peur de paraître ridicule, dites au médecin tout ce qui vous paraît anormal ou vous pose des problèmes.

Je sais que bien des mamans n'osent pas parler de ce qui les préoccupent : « Quelle frustration d'arriver à ces rendez-vous mensuels tant attendus, la tête pleine de questions, et de repartir un quart d'heure plus tard avec les mêmes interrogations, une vague image échographique et une ordonnance pour une nouvelle prise de sang », m'a écrit Caroline.

Enceinte après 40 ans

On pense souvent qu'attendre un enfant après 38-40 ans est caractéristique de notre époque. En fait, les « grossesses tardives » ont toujours existé, ce sont plutôt les circonstances qui ont changé.

Autrefois, attendre un enfant à cet âge était souvent subi avec une certaine fatalité, et parfois même avec crainte, car les mères connaissaient les risques de malformations et de mortalité. Et ce nouvel enfant, s'annonçait souvent après plusieurs frères et sœurs.

Aujourd'hui, ces grossesses sont désirées, espérées. Certaines femmes pensent d'abord à organiser leur vie professionnelle et à assurer leur indépendance. Puis elles souhaitent avoir un enfant avant qu'il ne soit trop tard. Pour d'autres femmes, l'enfant des 40 ans naît quelquefois le second, de 15 ou 20 ans le puîné du premier : c'est l'enfant de la maturité, de l'épanouissement. Enfin, l'enfant peut être celui d'un nouveau couple, d'un nouvel amour, avec lequel on espère que tout peut recommencer.

Dans les années 60, avec la libération de la contraception, les grossesses après 40 ans avaient fortement baissé. Le slogan d'alors était : « Un enfant quand je veux. ». Puis, à partir de 1980, ces naissances ont progressivement et fortement augmenté, puisqu'en 20 ans elles ont doublé. Aujourd'hui, le pourcentage de grossesses après 40 ans est de 3 % et ce chiffre continue à croître.

On dit les mères de 40 ans moins possessives, plus détendues avec leur enfant. Mais en l'attendant, souvent elles s'inquiètent. Y a-t-il des précautions particulières à prendre pour que « tout se passe bien » ?

Il est généralement admis qu'après 38 ans les femmes sont plus que d'autres menacées par certains risques. Certains sont incontestables, d'autres le sont moins, parce qu'évitables, ou pouvant bénéficier d'un traitement.

Les vrais risques

Les avortements du premier trimestre sont plus fréquents et dépassent 30 % après 40 ans. Ces avortements, qui sont le plus souvent dus à des anomalies chromosomiques, ou constitutionnelles, de l'embryon, se manifestent en général avant le 3e mois. Grâce aux échographies précoces, et notamment celle de la 12e semaine, la future maman peut être rapidement informée que la grossesse n'évolue pas favorablement.

Les malformations, et en particulier la trisomie 21, révélées soit par échographie, soit après amniocentèse, augmentent à mesure que l'âge de la maman augmente. De ce fait, les interruptions médicales de grossesse (IMG) sont plus fréquentes avec des implications psychologiques souvent douloureuses, surtout si c'était le premier et très probablement le dernier enfant. La césarienne est fréquente notamment lorsqu'il s'agit d'un premier enfant.

Les risques évitables

Il est bien évident que si une pathologie préexistait à la grossesse, hypertension ou diabète par exemple, l'âge sera important, le corps ne réagit pas de la même façon à 40 ans qu'à 20 ans. Et la toxémie gravidique, le retard de croissance intra-utérin, le diabète sont plus fréquents chez une femme qui attend un enfant après 38-40 ans.

Mais, en réalité, les grossesses à cet âge ne se passent pas si mal que cela, d'autant que ces grossesses sont mieux et plus fréquemment surveillées, et que si traitement il doit y avoir, il est plus précocément et plus rapidement instauré. Finalement, grâce à toutes les précautions prises (diagnostic anténatal, surveillance rigoureuse), il est possible pour la femme de 40 ans d'aborder avec sérénité la grossesse et l'accouchement, et de profiter pleinement de la venue de son enfant dont elle sait intimement qu'il sera le dernier, un cadeau de la vie.

Médicaments, vaccins, radios

Au cours de la surveillance de la grossesse, il est bien rare qu'une femme n'interroge pas le médecin sur les risques éventuels, pour l'enfant, des médicaments, des vaccinations et des examens radiologiques. La peur d'avoir un enfant malformé est en effet fréquente. Le drame de la thalidomide, bien que très ancien, est encore dans les mémoires ; il a sensibilisé les femmes enceintes au risque pour l'enfant d'un traitement administré pendant la grossesse. Poussée à son paroxysme, cette crainte empêche des futures mères d'absorber tout médicament, même le plus anodin et même après avis médical.

D'une façon schématique, on peut dire que :
- le risque maximal se situe entre le 15ᵉ jour et la fin du 3ᵉ mois de grossesse ;
- dans les quinze premiers jours, l'agent nocif extérieur, un médicament, par exemple, reste sans effet ou provoque la mort de l'œuf ;
- après le 3ᵉ mois, les malformations deviennent rarissimes.

Les médicaments

Il ne saurait être question de passer en revue les centaines de médicaments vendus sous une forme ou sous une autre, mais quelques grands principes doivent cependant être connus ou respectés pour éviter tout souci.

▪ Pas d'automédication, surtout en début et en fin de grossesse. Ouvrir sa pharmacie et choisir un médicament en fonction des maux dont on souffre est peut-être facile, mais peut ne pas être dénué de conséquences.

▪ D'une façon générale, et surtout dans les premiers mois de la grossesse, tout médicament qui n'est pas indiqué est contre-indiqué. C'est le médecin qui vous prescrira les médicaments dont vous avez besoin. D'ailleurs, lorsque vous lisez l'information contenue dans les boîtes de vos médicaments, vous constaterez le plus souvent qu'il est précisé : " médicaments contre-indiqués pendant la grossesse ou l'allaitement ". Ceci ne veut pas dire pour autant que prendre ce médicament entraîne un risque particulier pour votre enfant. C'est seulement une précaution que prennent les laboratoires pour dégager leurs responsabilités en cas de problèmes. C'est le fameux " principe de précaution " qui est appliqué ici, et qui est valable dans d'autres domaines de la vie courante.

▪ Cela étant, certains médicaments d'usage courant, prescrits depuis de très nombreuses années et dont l'innocuité est prouvée, peuvent être utilisés sans risque pour soulager les petits maux. Par exemple le Primperan®, le Vogalène® pour les nausées, le Doliprane® ou l'Efferalgan® pour les courbatures et autres petits malaises passagers tels que la rhinopharyngite, le Spasfon® en cas de douleurs abdominales. De même, l'homéopathie peut apporter des soulagements sans risque particulier.

▪ Peu de médicaments sont susceptibles d'entraîner un risque de malformation qui justifierait une interruption thérapeutique de la grossesse, mis à part le Roaccutane® (qui est un médicament à visée dermatologique). Quant aux antiépileptiques, dont on sait qu'ils peuvent provoquer des malformations, leurs risques seront évalués par le médecin.

Il peut arriver qu'une maladie chronique (diabète, par exemple) préexiste à la grossesse et nécessite un traitement, qu'il faudra poursuivre pendant que vous êtes enceinte. Par ailleurs, une maladie aiguë peut survenir à un moment quelconque de la grossesse (grippe, par exemple) ou une autre maladie infectieuse. Là aussi, faites confiance au médecin qui connaît les médicaments contre-indiqués pendant la grossesse.

Des lectrices m'ont interrogée sur les médicaments pris par leur mari. Le risque est nul pour les médicaments pris *après* le début de la grossesse. Pour des traitements suivis avant cette date, la plupart des médicaments sont sans effets néfastes.

Les vaccinations

Les risques des vaccinations au cours de la grossesse sont souvent mal connus et semblent variables avec chaque type de vaccination. On peut ainsi distinguer :

Les vaccinations recommandées

▪ *La vaccination antitétanique* n'entraîne aucun risque au cours de la grossesse. Elle est même conseillée pour les femmes qui sont particulièrement exposées (celles qui vivent en milieu rural). D'autre part, les anticorps sont transmis au nouveau-né, et celui-ci est ainsi protégé contre le tétanos néo-natal, forme exceptionnelle, mais particulièrement redoutable de cette maladie. De même, s'il est nécessaire, un éventuel rappel tétanos-poliomyélite est tout à fait possible pendant la grossesse.

▪ *La vaccination antigrippale* a, elle aussi, l'avantage de protéger le nouveau-né pendant les premiers mois de sa vie.

▪ *La vaccination contre la polyomyélite* injectable est sans danger.

▪ *La vaccination contre l'hépatite B* également.

▪ Le vaccin « curatif » contre la *rage* est indispensable après une morsure de chien. Par contre, le vaccin « préventif » proposé dans certaines professions (vétérinaire par exemple) est déconseillé.

Les vaccins déconseillés

▪ *Le vaccin antipolyomyélite* administré par voie orale – sur un morceau de sucre – n'est pas sans risque d'avortement, et a d'autant moins d'intérêt que le vaccin injectable est, lui, sans danger.

▪ *Le vaccin contre la rubéole* est déconseillé. Toutefois aucune malformation n'a été décrite chez les enfants nés de mères vaccinées en début de grossesse.

▪ Il en est de même des *vaccins contre la rougeole et contre les oreillons*.

▪ *La vaccination contre la fièvre jaune* est à déconseiller et n'est d'ailleurs en cause que pour certaines destinations lointaines peu recommandées pendant une grossesse. Toutefois si la vaccination est absolument nécessaire, il semble préférable de choisir le deuxième trimestre de la grossesse.

▪ *Le vaccin contre le choléra* n'a pas d'indication en Europe parce que la maladie ne s'y développe pas.

▪ *Les vaccins contre le pneumocoque et le méningocoque* doivent être réservés aux femmes spécialement exposées à la contagion (personnel hospitalier par exemple).

Toutes ces vaccinations sont plutôt déconseillées. Ceci veut dire que sans avoir de certitudes absolues, il est vraisemblable qu'elles n'ont pas d'action véritablement néfaste. En pratique, lorsqu'une femme subit l'une d'entre elles par mégarde en début de grossesse, il est exceptionnel qu'il faille envisager une interruption de grossesse.

Les vaccins interdits

Certaines vaccinations ne doivent pas être pratiquées pendant la grossesse.

▪ *La vaccination contre la varicelle* (qui d'ailleurs n'est pas disponible en France) est formellement contre-indiquée.

■ *Le vaccin DTAB* (diphtérie, thyphoïde et parathyphoïde) est progressivement abandonné et était de toute façon contre-indiqué en raison des fortes réactions générales et locales qu'il entraînait souvent. Le nouveau vaccin antityphoïde (Typhium V.I.) est bien toléré mais on manque encore de recul pour connaître ses effets chez la femme enceinte.

■ *Le vaccin anticoqueluche* est contre-indiqué.

■ Quant à la *vaccination antivariolique*, elle ne se pratique plus car la maladie a été éradiquée (elle était de toute façon contre-indiquée).

Radios et radiations

Les radiations ont été accusées de provoquer des mutations (voir au chapitre 7), d'entraîner l'apparition chez l'enfant de processus néoplasiques, c'est-à-dire cancéreux (leucémie, cancer de la thyroïde notamment), enfin de favoriser l'apparition de malformations.

L'existence de ces différents risques paraît incontestable après des irradiations massives. C'est ce qu'ont prouvé les observations faites après les explosions atomiques. Par contre, leur réalité apparaît beaucoup plus discutable pour les rayons X employés comme moyen de diagnostic, au moins si l'on prend certaines précautions.

D'autant plus qu'aujourd'hui, avec le développement de l'imagerie par échographie, il est devenu exceptionnel de prescrire un examen radiographique à une femme enceinte. Toutefois si l'examen était nécessaire — par exemple à la suite d'un accident de la circulation, ou pour une radio du thorax, ou même pour chercher un calcul dans les voies urinaires — des précautions particulières seraient prises par le radiologue (port d'un tablier de plomb par la future maman) pour éviter toute irradiation du bébé.

Il peut arriver qu'une radio de l'abdomen, ou même une urographie intraveineuse, soit pratiquée chez une jeune femme en début de grossesse, alors qu'elle ignore encore qu'elle est enceinte. Il a été prouvé que c'est sans conséquence, ne serait-ce que parce que l'irradiation émise par ces radios est peu différente de l'irradiation en montagne, à une certaine altitude.

Sachez qu'une radiopelvimétrie peut être demandée en fin de grossesse pour apprécier si nécessaire les dimensions du bassin. Cet examen ne comporte pas de danger pour l'enfant ; il a d'ailleurs tendance à être remplacé de plus en plus fréquemment par un scanner, qui émet moins de rayonnement.

Enfin, dans certaines situations plutôt exceptionnelles, un examen par IRM (Imagerie par résonance magnétique) peut être demandé afin de préciser certaines anomalies détectées lors des échographies habituelles sur le bébé. Cet examen est sans danger car il ne fait pas appel aux rayons X.

Les femmes enceintes qui travaillent dans un cabinet de radiologie.
Elles sont particulièrement bien surveillées. En effet il existe des dispositions réglementaires qui concernent aussi bien les professions de l'industrie atomique que le corps médical ou le personnel des services de radiologie : toute femme enceinte, dès qu'elle aura connaissance de sa grossesse, doit en informer le médecin. Ce médecin sera le médecin du service de médecine préventive pour le personnel employé dans un établissement public, le médecin du travail dans les établissements privés. Les femmes pourront obtenir un changement de poste pour toute la durée de la grossesse, ou pour un temps seulement.

9

Les grossesses à risques

Si votre grossesse était appelée ainsi, l'expression ne devrait pas vous inquiéter. Elle ne signifie pas que vous-même ou votre enfant couriez un risque considérable pendant la grossesse. L'expression a été adoptée par les médecins pour faire la différence entre les grossesses qui évoluent de la façon la plus normale – on serait tenté de dire la plus banale – et celles qui, pour une raison ou une autre, doivent faire l'objet d'une surveillance plus attentive et parfois d'examens spéciaux.

Pourquoi une grossesse est-elle dite « à risques » ?

Les raisons qui peuvent faire classer une grossesse dans cette catégorie sont très diverses.

Les grossesses gémellaires
constituent le facteur de risque le plus important. Voyez le chapitre 6 consacré à ce sujet. Ces grossesses multiples résultent le plus souvent d'un traitement de la stérilité, mais si après un tel traitement, la grossesse obtenue est unique, elle ne présente pas plus de risques qu'une grossesse survenue naturellement.

● Les accidents des grossesses antérieures.

Il est évident que si des accidents sont survenus lors des grossesses ou accouchements antérieurs, le médecin effectuera une surveillance plus grande. Il en est ainsi des avortements à répétition ou des accouchements prématurés, des complications pendant la grossesse (toxémie, hémorragies par exemple), des accouchements difficiles ou terminés par une césarienne, des enfants mort-nés ou malformés, et également des enfants nés avec un retard de croissance intra-utérin, c'est-à-dire avec un poids de naissance inférieur à la normale.

● L'âge de la femme enceinte.

C'est un élément important à considérer.

Après 38/40 ans, la grossesse implique une surveillance particulière. Je vous en ai parlé page 219. Les très jeunes femmes, au-dessous de 18 ans, voient certains risques augmenter par rapport aux femmes plus âgées qu'elles.

● Les grossesses après Distilbène.

Entre les années 50 et 70, le Distilbène (qui est une hormone) a été prescrit à un certain nombre de femmes enceintes comme traitement préventif des fausses couches spontanées. On sait maintenant que ce traitement était non seulement inefficace, mais dangereux, car susceptible de provoquer des malformations de l'appareil génital chez les fœtus féminins. On estime qu'il y a aujourd'hui en France 80 000 femmes dont les mères ont pris du Distilbène. Heureusement, le plus souvent le traitement n'a eu aucune conséquence néfaste sur les enfants qui sont nés. Mais chez certaines femmes (dont les mères avaient pris du distilbène), il existe un risque de fausses couches, de grossesses extra-utérines, d'accouchements prématurés ou de difficultés lors de l'accouchement.

Ainsi une surveillance particulièrement stricte s'impose. La nécessité d'un cerclage du col, d'une réduction de l'activité, voire d'un repos au lit, peut se discuter.

Voici l'adresse de l'association s'occupant des femmes dont les mères ont pris du Distilbène : Réseau DES France, 44 rue Popincourt, 75011 Paris, tél/fax 01 40 21 95 13.

● Les maladies associées à la grossesse.

Ces maladies nécessitent une surveillance et parfois des traitements particuliers (diabète, par exemple, ou hypertension artérielle), se reporter au chapitre 10.

● Les conditions socio-économiques.

Elles jouent un rôle incontestable : la mortalité périnatale est deux fois plus élevée dans les classes sociales les plus défavorisées. De nombreux facteurs se conjuguent pour expliquer ce que nous montrent les statistiques. Ainsi, un budget familial modeste peut contraindre une femme à poursuivre pendant sa grossesse un travail pénible ou nécessitant de longs trajets par les transports en commun. Si cette femme a déjà des enfants, les travaux ménagers seront une fatigue supplémentaire. Enfin, pour de simples raisons financières, il pourra lui être difficile de suivre un régime alimentaire correct : les régimes à base de viande, poissons et légumes frais sont chers.

Pour toutes ces raisons, les complications au cours de la grossesse (toxémie, anémie) sont plus fréquentes, de même que les accouchements prématurés.

Enfin certaines raisons familiales ou personnelles peuvent inciter une femme à cacher sa grossesse le plus longtemps possible et en conséquence à moins aller aux consultations prénatales. La fréquence des accidents est alors 10 à 15 % supérieure à la moyenne.

● Le nombre des grossesses précédentes.

Avoir eu plusieurs enfants peut également vous faire classer dans les grossesses à surveiller spécialement. À partir du quatrième accouchement, il y a risque de présentations anormales et d'accouchement plus difficile, car l'utérus peut avoir perdu une partie de son tonus et de sa contractilité. De même, les hémorragies de la délivrance sont plus fréquentes. À ces risques peuvent s'ajouter ceux dus à un âge relativement plus élevé. Enfin, et surtout si ses précédentes grossesses se sont déroulées normalement, la future mère qui attend son quatrième ou cinquième enfant a tendance à être moins attentive dans ses précautions d'hygiène de vie et dans la surveillance de sa grossesse.

• Les anomalies du bassin.

Elles peuvent être constitutionnelles (par suite d'une malformation du bassin, ou, plus simplement, femmes petites mesurant moins de 1,50 m) ou conséquences d'un accident (fracture du bassin). En effet un bassin anormal peut gêner le déroulement normal de l'accouchement.

Vous voyez que les causes qui peuvent faire entrer une grossesse dans le groupe des grossesses « à risques » sont diverses. Les risques peuvent s'associer chez une même femme, par exemple une femme de 40 ans attendant son premier enfant après des avortements à répétition ou une longue stérilité. L'appréciation du risque est d'ailleurs difficile et varie selon les équipes médicales. Enfin, une complication peut survenir inopinément au cours d'une grossesse normale qui devient alors une grossesse à risques.

La surveillance de la grossesse à risques

Sur le plan pratique, qu'implique une grossesse dite à risques ? Tout d'abord une surveillance médicale plus étroite, avec des examens plus fréquents que dans la moyenne des cas. Si vous êtes suivie par un médecin généraliste, celui-ci vous adressera probablement à un gynécologue-obstétricien, ou bien à la maternité où vous avez prévu d'accoucher. Selon les cas, le généraliste pourra surveiller votre grossesse, en collaboration avec le spécialiste.

D'une façon générale, une grossesse à risques implique plus de consultations et plus d'échographies. Il est vraisemblable que le nombre de consultations augmentera, notamment à partir du troisième trimestre de la grossesse : vous serez vue par exemple tous les quinze jours, parfois même toutes les semaines. Le médecin pourra vous adresser à une sage-femme pour une surveillance régulière à votre domicile, si vous ne pouvez vous déplacer ou si le déplacement est contre-indiqué ; dans ce cas, la sage-femme le tiendra informé de l'évolution de la grossesse. Enfin le médecin peut vous conseiller un court séjour dans une maternité pour des examens complémentaires.

Voici en quoi consistent la plupart de ces examens.

• L'échographie.

Cet examen est devenu si courant que nous en avons déjà parlé dans la surveillance habituelle au début de ce chapitre. Toutefois, dans les grossesses à risques, on est amené à faire des échographies plus fréquentes que dans les grossesses normales.

• Le doppler,

couplé à l'échographie, permet de mesurer le flux sanguin dans les vaisseaux (voir page 136). On peut ainsi apprécier si la quantité qui passe dans les artères utérines, les

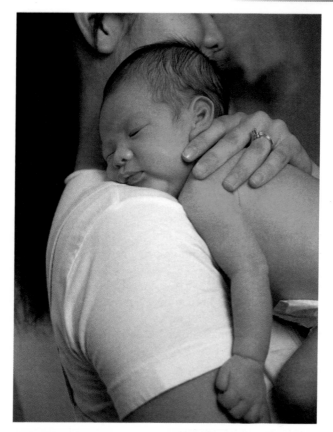

vaisseaux du cordon et les artères cérébrales du fœtus est normale ou insuffisante. On utilise le doppler dans diverses circonstances :

▪ le plus souvent au cours d'une grossesse à risques quand on soupçonne, quelle qu'en soit la cause, soit un retard de croissance *in utero*, soit une souffrance fœtale. L'examen permet alors d'en confirmer l'existence et d'en préciser la gravité, donc de prendre une décision thérapeutique : interrompre la grossesse avant terme par exemple ;

▪ plus rarement, l'examen est fait au cours d'une grossesse normale en apparence mais qui a été précédée d'une ou, *a fortiori*, de plusieurs grossesses anormales. L'examen est pratiqué de façon systématique à partir de la 22ᵉ semaine, puis répété en fonction des données ou de l'examen clinique.

● L'enregistrement du rythme cardiaque du fœtus ou monitoring.
(ou encore monitorage). Cet enregistrement est possible grâce à un appareil qui permet d'apprécier le caractère normal ou non de l'activité cardiaque du fœtus. C'est un peu comme lorsqu'on fait un électrocardiogramme à un adulte.

Au cours de la grossesse, les enregistrements ont pour but de dépister une souffrance fœtale, qui se traduit par des altérations diverses du tracé. Pendant l'accouchement, l'enregistrement permet de surveiller le retentissement des contractions utérines sur l'état de l'enfant.

● Les examens du liquide amniotique : l'amniocentèse, l'amnioscopie.
L'examen du liquide amniotique peut apporter de précieux renseignements.

▪ Le prélèvement qui s'appelle l'*amniocentèse* consiste, après repérage du placenta et du fœtus par échographie, à ponctionner, à travers la paroi abdominale de la future mère, une certaine quantité de liquide contenu dans l'œuf. Sur le liquide prélevé, on peut faire divers examens, et surtout établir le caryotype de l'enfant (voir page 187).

▪ Toute différente est l'*amnioscopie*. Elle aussi consiste à examiner le liquide amniotique, mais sans ponction, à

On parle de souffrance fœtale quand le bébé va moins bien et ne reçoit plus les quantités normales d'aliments et/ou d'oxygène. On distingue la *souffrance fœtale chronique* qui survient pendant la grossesse (et est généralement la conséquence d'une maladie maternelle : diabète, toxémie, etc.) et la *souffrance fœtale aiguë* qui peut apparaître au cours d'un accident de la grossesse (hématome rétroplacentaire par exemple), mais plus souvent au cours de l'accouchement.

l'observer, en introduisant simplement un tube dans le col de l'utérus. Elle n'est indiquée que près du terme pour voir, selon l'aspect du liquide vu à travers les membranes de l'œuf, si le bébé souffre ou non d'une prolongation anormale de la grossesse. Mais l'amnioscopie est aujourd'hui de moins en moins pratiquée.

● **Les dosages hormonaux.**

La grossesse ne peut se poursuivre normalement que si elle est entretenue par une sécrétion hormonale normale des ovaires et du placenta. On peut donc en surveiller l'évolution en dosant ces hormones dans les urines ou dans le sang, en particulier la gonadotrophine chorionique. Ces dosages ne sont demandés qu'en début de grossesse, lorsqu'il y a un saignement, ou que l'on hésite entre un risque de fausse couche ou une grossesse extra-utérine.

Avant de terminer, je voudrais vous dire quelques mots de certains examens dont vous avez peut-être entendu parler mais qui sont réservés à des cas très particuliers de grossesses à risques, et qui ne peuvent être faits que dans des centres de diagnostic spécialement équipés.

● **La ponction du cordon ombilical**

est parfois utilisée. On introduit, sous contrôle échographique, une aiguille très fine pour ponctionner le sang du cordon. Cette ponction permet de faire quelques diagnostics de certaines maladies sanguines (maladies de l'hémoglobine, troubles de la coagulation par exemple).

● **La fœtoscopie.**

se pratique entre 20 et 24 semaines. On introduit dans l'œuf, à travers la paroi abdominale, un tube très fin qui permet :

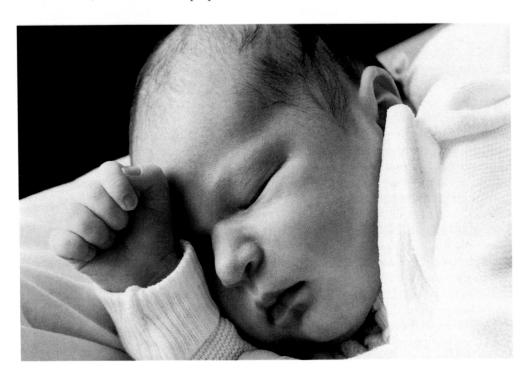

La surveillance médicale de la grossesse

▪ de voir directement le fœtus pour dépister une malformation, notamment en ce qui concerne la face et les extrémités (mains et pieds) ;

▪ de faire des prélèvements de différents tissus fœtaux ;

▪ de prélever le sang du fœtus au niveau du placenta, notamment pour le diagnostic de certaines maladies sanguines ou infectieuses.

La fœtoscopie est de moins en moins pratiquée.

● **L'échographie en 3D (ou 3 dimensions)**
est un examen qui va probablement prendre une place particulière dans les années à venir. Cette technique, qui consiste à traiter des images échographiques par ordinateur, permet une appréciation plus exacte du bébé (notamment en ce qui concerne le visage). Cet examen est sans risque.

Vous venez de lire ce chapitre des grossesses à risques, et peut-être vous demandez-vous si vous ne devez pas vous classer dans cette catégorie. Le médecin vous indiquera si votre cas nécessite une surveillance spéciale et des examens particuliers.

Ce chapitre n'est pas fait pour vous inquiéter inutilement, mais pour vous informer et pour que vous sachiez qu'une surveillance médicale est d'autant plus nécessaire que la grossesse s'écarte de la normale pour telle ou telle raison.

● ●

10

Et si une complication survient

Dans la grande majorité des cas, la grossesse est un événement naturel, qui se déroule sans problème, et se termine de façon heureuse par la naissance, à terme, d'un enfant en bonne santé. Cependant, dans un petit nombre de cas, surgissent des complications qui peuvent avoir un retentissement sur la santé de la mère ou sur celle de l'enfant.

En vous décrivant ces complications, notre but n'est pas de vous alarmer inutilement, mais seulement de vous alerter pour qu'en présence de tel ou tel symptôme vous pensiez à prévenir aussitôt le médecin qui pourra prendre les mesures qui s'imposent. Prenons un exemple. En fin de grossesse, une femme grossit beaucoup, elle ne s'inquiète pas : ne doit-on pas grossir quand on est enceinte ? Elle ne sait pas qu'en cas de prise de poids excessive et subite, il faut aussitôt faire vérifier la tension et doser l'albumine dans les urines. Ce manque d'information risque d'entraîner une crise d'éclampsie aux redoutables conséquences, et pour la mère, et pour le bébé. Au contraire, la femme avertie voit aussitôt le médecin qui prend la tension, fait faire des analyses, et prend les dispositions urgentes qui s'imposent (le plus souvent, c'est l'hospitalisation en maternité).

Si vous n'avez pas le temps, ou l'envie, de lire dès maintenant ce chapitre, reportez-vous à la page 261 et lisez-la avec soin. Vous y trouverez la liste des symptômes à signaler au médecin dès leur apparition, car ceux-ci sont des signaux d'alerte, des signes avant-coureurs de complications qui peuvent survenir. Autrement dit : signaler ces symptômes au médecin, cela ne veut pas dire lors de votre prochaine visite, mais aussitôt que vous les aurez remarqués.

En schématisant, on peut distinguer trois groupes de complications. Dans le premier, on classe les complications dues au fait même de la grossesse. Exemple : l'avortement spontané ou fausse couche ; évidemment seule une femme enceinte risque cet accident. Dans le deuxième groupe, on classe les complications qui peuvent résulter de maladies survenant au cours de la grossesse. Exemples : la rubéole ou la toxoplasmose. Le troisième groupe comprend les complications qui sont la conséquence d'une maladie que la future mère avait avant d'être enceinte, sans s'en douter parfois. Il y a, en effet, des maladies qui entrent en conflit avec la grossesse, par exemple le sida ou le diabète.

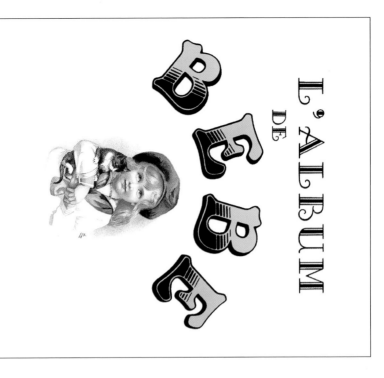

L'ALBUM DE BÉBÉ

Horay

Un vol. relié 248 p. 24 × 32, 380 illus. noires et couleurs

L'album de Bébé

*Le journal des premières
années de votre enfant,
que vous ferez vous-mêmes
grâce à de nombreuses
questions, et pour que
devenu grand,
il sache qui il a été.*

PIERRE HORAY ÉDITEUR

J'apprends à lire

Mon premier alphabet.

Les jeux

Jour d'hiver   Jeux d'été

Au bord de la mer

Mon premier livre

PIERRE HORAY ÉDITEUR

22 bis, passage Dauphine 75006 Paris
Tél. : 01 43 54 53 90 - Fax : 01 43 54 63 50
e-mail : editions@horay-editeur.fr – http://www.horay-editeur.fr
Diffusion Flammarion

Les complications tenant à la grossesse elle-même

Ces complications sont très différentes selon qu'elles surviennent au début ou à la fin de la grossesse. Les complications du début sont essentiellement l'avortement spontané, la grossesse extra-utérine et la môle hydatiforme.

Les avortements spontanés ou fausses couches

Dans le langage courant, on emploie en général le mot *fausse couche* (« Elle a fait une fausse couche ») pour l'interruption spontanée de la grossesse. Dans le langage médical, c'est plutôt le mot *avortement spontané* qui est utilisé. C'est pourquoi j'emploierai l'un ou l'autre mot avec quand même une préférence pour fausse couche car c'est le mot le plus fréquemment utilisé par les femmes.

On parle d'avortement spontané jusqu'à la fin du sixième mois de la grossesse ; après, il s'agit d'un accouchement prématuré. En fait c'est pendant les trois premiers mois que les fausses couches sont les plus fréquentes.

Comment se manifeste une menace de fausse couche ?

Votre grossesse semblait débuter normalement et vous observez soudain quelques pertes de sang, parfois accompagnées de douleurs au bas-ventre.

Avant de vous affoler, demandez-vous d'abord si vous n'êtes pas à la date théorique de vos règles. Il arrive en effet qu'une femme enceinte perde un peu de sang à cette période, pendant les deux ou trois premiers mois de la grossesse. Ces pertes n'ont aucun caractère de gravité.

Hormis ce cas, toute perte de sang doit être considérée comme un signal d'alarme et vous conduire chez le médecin sans tarder. Lui seul pourra, en vous examinant, essayer de trouver la signification de cette perte de sang. C'est souvent difficile dans l'immédiat et, dans la plupart des cas, le médecin demandera un dosage sanguin de l'hormone de grossesse (appelée Bêta HCG) ainsi qu'une échographie. En fonction des résultats de ces deux examens, il sera possible de préciser si la grossesse évolue favorablement ou non.

Que faut-il faire ?

Une menace de fausse couche est généralement imprévisible dans l'immédiat. Que faire en attendant ? Il n'y a pas grand-chose d'autre à faire que… d'attendre, pour voir comment les événements vont tourner : fausse couche ou non. Et cette situation inconfortable peut durer quelques jours, le temps de refaire une échographie.

Il y a quelques années, en présence d'une menace de fausse couche, on prescrivait automatiquement à la future mère un traitement hormonal. Cette attitude est maintenant abandonnée, car on a constaté que les traitements hormonaux ne servaient à rien, sauf parfois à prolonger la rétention dans l'utérus d'un œuf qui ne se développait plus. En cas de pertes de sang, et tant qu'un diagnostic précis n'est pas posé, il est préférable d'interrompre son activité, et d'aller voir le médecin au rythme qu'il jugera nécessaire pour faire face à la situation.

En revanche, si la menace d'interruption de la grossesse est en rapport avec une cause connue, une malformation utérine, une béance du col par exemple, un traitement peut être justifié.

Que va-t-il se passer ?

Dans certains cas, tout se déroule favorablement. Les pertes de sang diminuent, le col reste fermé, l'utérus continue de se développer. L'échographie confirme que l'évolution de la grossesse se poursuit.

Ces cas correspondent habituellement à des difficultés d'adhérence de l'œuf à l'utérus, appelées souvent décollement placentaire partiel. Ce décollement guérit habituellement sans traitement. (Parfois, au contraire, il s'aggrave progressivement et aboutit à une fausse couche spontanée).

Vous ne pourrez cependant reprendre vos activités habituelles que lorsque le médecin jugera que la menace d'avortement est écartée.

Bien des femmes ont alors, après cette menace de fausse couche, la crainte de mettre au monde un enfant malformé. Cette crainte est injustifiée car, si l'avortement ne se produit pas et si la grossesse se poursuit, elle a autant de chances d'aboutir à une naissance normale qu'une autre grossesse.

Dans d'autres cas, la menace se précise peu à peu : les pertes de sang augmentent progressivement, l'utérus ne se développe plus, l'échographie confirme l'interruption de la grossesse qui se traduit par des pertes de sang assez abondantes accompagnées de

« coliques » ressenties dans le bas-ventre : ce sont les contractions de l'utérus qui expulsent l'œuf et qui peuvent être douloureuses.

▪ S'il n'y a pas d'hémorragie violente, vous n'êtes pas obligée de vous rendre aussitôt à l'hôpital ou à la clinique : une fausse couche ne nécessite pas automatiquement une intervention médicale. Mais, bien sûr, mettez-vous rapidement en rapport avec le médecin ou l'équipe de garde de la maternité où vous avez prévu d'accoucher.

Que faire de ce qui aura été rejeté ? Avant, on recommandait à la femme de le garder pour que le médecin vérifie qu'aucune partie de l'œuf ne soit restée dans l'utérus, ce qui aurait pu causer une infection. Aujourd'hui, c'est inutile, car la vérification est faite par échographie. Normalement, cette vérification sera faite dans les jours qui suivent la fausse couche. Si par hasard elle n'était pas prévue, parlez-en au médecin. Si l'échographie révèle qu'il reste effectivement dans l'utérus une partie de l'œuf, on l'évacue par une aspiration, complétée éventuellement par un curetage. Cette intervention se fait sous anesthésie et nécessite une courte hospitalisation.

▪ S'il y a une hémorragie importante, faites-vous transporter d'urgence à la maternité.

• Dans les jours qui suivent.

Combien de temps faut-il se reposer après une fausse couche ? Normalement en quelques jours vous serez remise sur pied.

Si vous êtes d'un groupe sanguin rhésus négatif, le médecin vous fera faire une *vaccination antirhésus +*. Vous comprendrez pourquoi en lisant ce qui concerne le facteur Rhésus page 259.

Après une fausse couche, il est très fréquent d'avoir un moment de dépression qui peut durer plus ou moins longtemps. Cette dépression s'explique physiquement (comme après l'accouchement) par le bouleversement hormonal qui suit l'arrêt d'une grossesse ; elle s'explique aussi psychologiquement. Beaucoup de femmes sont en effet très éprouvées après une fausse-couche. Les médecins, la famille, ont tendance à banaliser l'événement : (« Ce n'est pas grave», « C'est très fréquent », « Tu auras d'autres enfants. ») L'entourage ne comprend pas toujours qu'on puisse être très affecté par la perte d'un bébé qui n'avait pas vraiment vécu. Alors que la femme ressent en général une profonde tristesse, et qu'elle éprouve un véritable sentiment de perte. Souvent, elle se sent coupable de ce qui vient d'arriver : « Je ne me suis pas assez reposée », « J'étais trop stressée », « Je ne désirais pas suffisamment ce bébé. »

Plutôt que de se sentir pressée d'oublier, la femme a besoin de compréhension et de respect pour son chagrin ; elle doit pouvoir parler aux soignants de cet enfant, et sentir l'affection, le soutien de son entourage. Il faut lui laisser le temps de se remettre moralement, de faire le deuil de cet enfant perdu.

• Pourquoi cette fausse couche ?

Après une fausse couche, vous vous posez des questions pour l'avenir. Vous voudriez en connaître la cause et les mesures à prendre pour éviter qu'elle ne se renouvelle à la grossesse suivante.

D'abord, un point important : le plus souvent la fausse couche est accidentelle ; après, la femme mène à bien ses autres grossesses.

▪ Dans la majorité des cas, ces avortements spontanés précoces sont dus à une **anomalie chromosomique**. Vous avez vu au chapitre 7 la définition des chromosomes. Une anomalie du nombre, de la forme ou de la répartition des chromosomes aboutit à un œuf défectueux qui, le plus souvent, n'a pas d'avenir. L'arrêt de la grossesse provient en quelque sorte d'une erreur de la nature qu'elle corrige elle-même en expulsant l'œuf. Parmi ces œufs défectueux, on trouve souvent ce que l'on appelle un *œuf clair* où n'existe pas (ou plus) d'embryon. Seule s'est développée la partie destinée à former les annexes de l'œuf (voir page 137). Sauf exception, un avortement par anomalie chromosomique ne doit pas faire craindre pour les grossesses ultérieures.

▪ Il arrive aussi qu'une infection maternelle locale (vagin, col) ou générale (grippe) provoque une fausse couche qui, elle non plus, n'a aucune raison de se répéter à partir du moment où l'infection responsable est guérie.

Dans d'autres cas, au contraire, il y a à l'origine de l'avortement une cause permanente qui, faute d'être reconnue et traitée, risque de provoquer des avortements à répétition.

● **Les avortements à répétition.**

Parmi les nombreuses causes pouvant provoquer des avortements à répétition, on peut distinguer plusieurs groupes : les causes locales qui siègent au niveau de l'utérus ; les maladies maternelles ; les causes immunitaires ; les insuffisances hormonales, de plus en plus discutées.

▪ Les causes locales utérines sont parmi les plus fréquentes.

Ainsi l'*utérus* peut être déformé par un fibrome, malformé de façon congénitale, insuffisamment développé (utérus infantile – comme on peut en voir chez les femmes dont la mère a pris du distilbène, voyez page 225)

La *muqueuse* ou *endomètre* peut être le siège de cicatrices (après curetage), ou d'une infection qui peuvent agir en perturbant la nidation, en compromettant la nutrition correcte de l'œuf, ou en empêchant sa croissance normale.

La *partie supérieure du col*, celle qui touche l'utérus, est normalement fermée pendant toute la durée de la grossesse. Ainsi, l'œuf ne peut pas être rejeté à l'extérieur sous l'influence de la pesanteur. Mais il arrive que «l'isthme» – c'est le nom de cette partie du col – ne joue plus son rôle de verrou et qu'il s'ouvre plus ou moins. Cette «béance» peut être congénitale, ou elle peut être la conséquence d'un traumatisme : accouchement difficile, avortement provoqué, curetage.

▪ Les *maladies maternelles*. Il est rare qu'une infection soit à l'origine d'avortements à répétition.

▪ Les *causes immunitaires* (voir page 108). Il arrive que les mécanismes permettant normalement à cette «greffe» très particulière de prendre et à l'œuf de se développer, ne se mettent pas en place et provoquent ainsi un avortement. Le diagnostic en est malheureusement difficile et les traitements aléatoires.

▪ Les *insuffisances hormonales*. On pense aujourd'hui que leur rôle est le plus souvent nul ; en effet, lorsqu'une grossesse semble s'interrompre, la chute des taux hormonaux est certainement la conséquence et non la cause de cette interruption. C'est pourquoi les traitements hormonaux sont actuellement abandonnés, à l'exception de quelques cas d'insuffisance hormonale qui préexistaient à la survenue de la grossesse.

● **L'avenir.**

Vous le voyez, un avortement spontané peut être dû à des causes variées. Après une première fausse couche, le médecin fera éventuellement pratiquer quelques examens simples, comme l'étude de la courbe de température, ou des dosages hormonaux car s'il est vrai que les insuffisances hormonales au cours de la grossesse sont exceptionnelles, il est certain qu'un bon équilibre hormonal avant la grossesse est nécessaire pour que celle-ci débute et se poursuive normalement.

S'il s'agit au contraire de plusieurs fausses couches successives, à répétition, le médecin fera faire d'autres examens plus sophistiqués : échographie, radiographie de

> **Fréquence des avortements spontanés.**
> Elle est difficile à évaluer ; en effet, il semble que 50 % environ des œufs soient éliminés avant même leur implantation dans l'utérus, c'est-à-dire avant le véritable début de la grossesse. Une fois la nidation faite et la grossesse installée, la fréquence des avortements spontanés est estimée à environ 15 %. Cette fréquence augmente avec l'âge.

l'utérus, hystéroscopie pour rechercher une anomalie locale (utérine) ; spermogramme pour rechercher d'éventuelles anomalies ; examens de sang à la recherche d'une infection ou d'une parasitose ; bilan hormonal complet, caryotype des parents, etc.

Ce bilan, pour complet qu'il soit, ne donne pas toujours les résultats escomptés. En effet, dans 20 à 25 % des cas, aucune cause n'est retrouvée.

Quelques semaines seront nécessaires pour faire ces examens. Il faudra également du temps pour pratiquer un traitement médical ou chirurgical, suivant la cause que ces examens auront éventuellement permis de dépister. Ne vous impatientez donc pas si vous êtes pressée d'être à nouveau enceinte. Il est, de toute façon, recommandé, après une fausse couche, d'éviter une nouvelle grossesse dans les deux à trois mois qui suivent. Ce temps est en effet nécessaire pour retrouver un équilibre physique et psychologique.

La grossesse extra-utérine (G.E.U.)

Au lieu de se nider dans l'utérus, l'œuf peut se fixer, de façon anormale, dans une trompe (voyez le schéma page 104). N'ayant pas la place de se développer il meurt, en général avant le troisième mois. Mais avant, il va, peu à peu, éroder la paroi de la trompe, et la fissurer, voire même la faire éclater, réalisant alors un accident très grave. Il est donc indispensable de faire le plus tôt possible le diagnostic de la grossesse extra-utérine pour pouvoir aussitôt pratiquer une intervention chirurgicale. En effet, il n'y a pas d'autre solution : une grossesse extra-utérine ne peut pas évoluer. Sa fréquence est de 1 à 2 %.

Dans la pratique, une grossesse extra-utérine se signale par des pertes de sang noirâtres qui peuvent même survenir avant la date prévue pour les règles, et induire la femme en erreur. Plus ou moins rapidement, surviennent également des douleurs dans le bas-ventre, parfois très intenses. Deux examens orientent le diagnostic : le dosage de Bêta HCG (qui montre l'existence d'une grossesse), et l'échographie qui montre que l'utérus est vide et qu'il existe une image anormale dans une trompe. Un examen confirme ce diagnostic : la *cœlioscopie* ; on introduit, sous anesthésie générale, par une petite incision au niveau de la paroi abdominale, un tube muni d'un système d'éclairage et d'une minicaméra. On peut ainsi filmer l'intérieur de l'abdomen et confirmer l'existence d'une grossesse extra-utérine. Ce dispositif permet aussi d'opérer la trompe atteinte : soit on l'incise et l'on enlève l'œuf, soit on enlève la trompe si elle est trop lésée.

Après une grossesse extra-utérine.
Il est possible de mener à bien ensuite une ou plusieurs grossesses. Il est vrai cependant que cette affection a tendance à se reproduire. Si vous avez déjà eu une grossesse extra-utérine, n'hésitez donc pas à consulter rapidement dès le moindre retard de règles et, de même, lorsque vous aurez la certitude d'être enceinte, au moindre symptôme anormal.

La plupart des grossesses extra-utérines sont opérées maintenant par cœlioscopie. Seuls les cas d'extrême urgence (ceux où le diagnostic est fait tardivement), avec rupture de la trompe et hémorragie interne, relèvent d'une intervention classique.

Vous comprenez donc qu'il est nécessaire de faire le diagnostic aussi vite que possible. Si au début de votre grossesse vous avez des pertes de sang accompagnées de douleurs, il est très important de consulter le médecin sans tarder, *a fortiori* si vous avez déjà fait une grossesse extra-utérine (car la tendance à la récidive est indiscutable) ou si vous portez un stérilet (que l'on a accusé de favoriser la G.E.U.).

Après une grossesse extra-utérine, comme après une fausse couche (voyez page 235), la femme peut se sentir déprimée : « Outre l'inquiétude pour l'avenir (pourrai-je à nouveau être enceinte ?), je me sens atteinte physiquement et moralement. Mon corps est vide et inutile. Je suis tellement fragile que j'ai été obligée de cacher votre livre car sa vue me faisait pleurer », m'a écrit Delphine.

La môle hydatiforme

Cette complication est rare sous nos climats (1 pour 2 000 grossesses) alors qu'elle est beaucoup plus fréquente dans d'autres régions (1 % en Asie du Sud-Est). Due à une anomalie chromosomique, elle est caractérisée par une dégénérescence kystique du placenta avec, 9 fois sur 10, un œuf sans embryon. Elle se traduit par des pertes de sang apparaissant dès le début de la grossesse, un utérus plus gros que la normale et surtout une élévation tout à fait anormale de l'hormone de grossesse (Bêta HCG). Elle n'évolue jamais normalement et, dès le diagnostic fait, on procède aussitôt à une aspiration du contenu de l'utérus et à un curetage.

Une surveillance est nécessaire ensuite car 10 à 20 % des môles évoluent vers une tumeur maligne appelée chorio-carcinome. Cette surveillance repose essentiellement sur des dosages répétés de Bêta HCG En cas d'évolution maligne, une chimiothérapie s'impose.

La grossesse extra-utérine, l'avortement spontané, la môle hydatiforme, ces trois complications interrompent la grossesse. Mais les complications dont je vais vous parler maintenant, lorsqu'elles sont bien traitées, permettent à la grossesse de se poursuivre et d'évoluer habituellement d'une manière satisfaisante.

La toxémie gravidique

Comme son nom l'indique, la toxémie gravidique est une maladie particulière à la grossesse. En effet, gravidique vient du mot *gravis* qui signifie lourd en latin : or la femme enceinte est lourde de son enfant. On l'appelle aussi hypertension gravidique ou hypertension provoquée par la grossesse ou même prééclampsie. C'est une des rares complications que vous pouvez, au moins en partie, dépister vous-même. La toxémie gravidique se caractérise en effet par la présence d'albumine dans les urines, par l'élévation de la tension artérielle et par des œdèmes d'apparition rapide.

• La présence d'albumine dans les urines :
cette présence n'est jamais normale et peut témoigner, au cours de la grossesse, soit d'une infection urinaire, soit d'une toxémie débutante. C'est pourquoi il est nécessaire de surveiller régulièrement les urines par des analyses : toutes les trois semaines jusqu'à six mois, puis tous les *dix* jours ensuite. J'insiste sur cette fréquence car de nombreuses

femmes croient qu'un contrôle mensuel est suffisant. Les analyses doivent être plus fréquentes en cas d'albuminurie constatée.

Comme vous l'avez vu (page 218), vous pouvez facilement faire vous-même cet examen à l'aide de papiers index colorés qui changent de couleur quand il y a présence d'albumine dans les urines. Quand la réponse atteint, ou dépasse ++ (deux croix) il faut garder les urines 24 heures pour doser la quantité d'albumine ; il faut également prévenir le médecin.

- Une élévation anormale de la tension artérielle :

c'est le médecin qui la constate lors d'une consultation. On considère comme anormaux des chiffres dépassant 14/9.

- Des œdèmes :

les chevilles gonflent, les doigts deviennent « boudinés», avec impossibilité de retirer ses bagues, le visage lui-même peut enfler.

Ces œdèmes ne traduisent pas toujours l'apparition d'une toxémie. C'est ainsi que les chevilles peuvent gonfler même au cours d'une grossesse normale, par exemple quand il fait très chaud. Mais si les œdèmes apparaissent brutalement et augmentent rapidement, ou s'ils s'accompagnent d'une prise brutale et excessive de poids, vous devez les considérer comme un symptôme d'alarme et consulter sans tarder votre médecin.

L'apparition de ces anomalies amènera à faire un bilan qui sera plus facile à réaliser au cours d'une hospitalisation de quelques jours, afin de préciser au mieux le retentissement éventuel de ces troubles sur la santé de la mère et de l'enfant. Ce bilan comprend différents examens de sang, une échographie avec Doppler et l'enregistrement régulier du rythme cardiaque fœtal (monitoring).

Avec cette surveillance et un traitement adéquat, on obtient généralement une amélioration et une stabilisation : baisse des chiffres de la tension, disparition de l'albuminurie, persistance d'une croissance fœtale satisfaisante. Par ailleurs, la prise quotidienne de petites quantités d'aspirine entre la 15ème et la 35ème semaine de la grossesse joue un rôle préventif certain.

Malheureusement, il arrive que l'on ne puisse éviter l'apparition de complications d'autant plus qu'elles peuvent survenir brutalement et être le signe du début de la maladie. Ces complications peuvent être maternelles : crises d'éclampsie, décollement du placenta (hématome rétroplacentaire) ; et/ou fœtales : retard de croissance, souffrance fœtale, mort in utero. Ces différentes complications peuvent se présenter comme de véritables urgences obstétricales justifiant l'interruption de la grossesse et l'extraction rapide de l'enfant par césarienne.

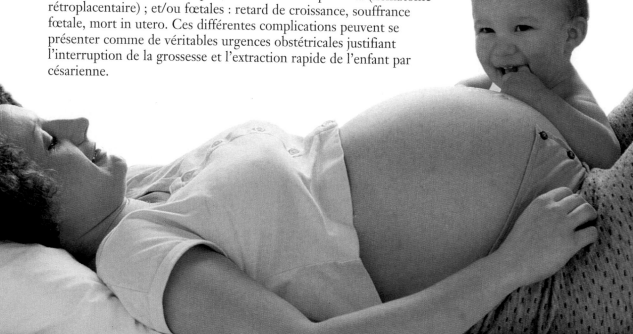

En dehors de ces complications, le traitement de l'hypertension elle-même comporte le repos complet en position couchée du côté gauche, et la prise de médicaments hypotenseurs. Quand l'hypertension était déjà connue et traitée avant la grossesse, il importe de faire vérifier par le médecin que les médicaments prescrits ne sont pas incompatibles avec la grossesse.

Il est donc essentiel pour une femme enceinte de surveiller ses urines et son poids. Cette surveillance est encore plus importante dans certains cas où la toxémie risque d'être plus fréquente :

▪ avant 18 ans et après 40 ans ;
▪ dans le dernier trimestre de la grossesse, pour une première grossesse ou une grossesse gémellaire ;
▪ en automne et en hiver (le froid humide favorise la toxémie),
▪ chez les obèses et les diabétiques ;
▪ chez les femmes présentant déjà une hypertension ou une maladie rénale avant la grossesse ;
▪ chez les femmes ayant déjà présenté lors d'une précédente grossesse une toxémie gravidique ou un retard de croissance intra-utérin.

Après l'accouchement, il est indispensable de faire le point de la situation. En effet, plus de la moitié de ces femmes risquent d'avoir de nouvelles complications au cours d'une nouvelle grossesse, et 20 à 25 % resteront, ou deviendront un jour ou l'autre, des hypertendues permanentes soumises à un traitement.

Le retard de croissance intra-utérin (R.C.I.U.) et l'hypotrophie fœtale

Il arrive que le bébé ne se développe pas suffisamment au cours de la grossesse. On dit qu'il est hypotrophique, ce qui signifie insuffisamment nourri (les Anglo-Saxons disent : *light for date*, léger pour son âge). Ce poids au-dessous de la moyenne peut être normal. En effet, les examens successifs montrent que, même avec des chiffres inférieurs à la moyenne, la croissance se poursuit régulièrement. À la naissance, le bébé aura simplement un poids (et parfois une taille) inférieur à la moyenne. C'est un problème génétique. Il y a des familles à enfants petits, et d'autres à enfants gros.

Mais le vrai retard de croissance est anormal. Plusieurs causes peuvent intervenir :
▪ elles peuvent venir de la mère : hypertension artérielle et toxémie ; malnutrition sévère et prolongée et surmenage ; intoxications chroniques (tabagisme, alcoolisme) ;
▪ elles peuvent venir de l'œuf ou du fœtus : anomalie du cordon ombilical ; malformations fœtales.

Mais dans 30 % des cas, aucune cause n'est retrouvée. Parfois le retard de croissance intra-utérin est passager : même avant de naître, les enfants ne grossissent pas tous à la même vitesse.

Le diagnostic de l'insuffisance de développement du bébé dans l'utérus est fait plus ou moins tôt au cours de la grossesse et il est confirmé par l'échographie. Une surveillance très stricte du fœtus s'impose alors (examens cliniques, échographie, doppler, enregistrement du rythme cardiaque fœtal) car l'évolution du retard de croissance intra-utérin peut être grave.

Dans les meilleurs cas l'enfant naît à terme et pèse simplement moins que la moyenne. Il ne pose généralement pas de problèmes particuliers.

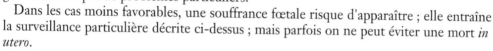

Dans les cas moins favorables, une souffrance fœtale risque d'apparaître ; elle entraîne la surveillance particulière décrite ci-dessus ; mais parfois on ne peut éviter une mort *in utero*.

Le traitement comprend bien sûr celui de la cause quand elle est connue (traitement de la toxémie, arrêt du tabagisme par exemple). Le repos sera le plus absolu possible (avec parfois hospitalisation) sur le côté gauche, car cela permet une meilleure irrigation du placenta. De nombreux médecins y ajoutent de petites quantités quotidiennes d'aspirine. Les cas très graves de souffrance fœtale peuvent conduire à interrompre la grossesse, généralement par césarienne.

L'insertion basse du placenta

Normalement, l'œuf se nide dans le fond de l'utérus. Mais il arrive parfois qu'il s'insère à la partie basse de l'utérus, plus ou moins près du col qu'il peut même recouvrir complètement (placenta dit recouvrant). C'est ce qu'on appelle le placenta *prævia* (étymologiquement, ce mot veut dire « sur le chemin » : *præ-via*).

Habituellement, cette insertion anormale ne gêne pas le développement de l'enfant. Par contre, sous l'influence notamment des contractions de fin de grossesse, elle peut aboutir à un décollement partiel du placenta. Ce décollement provoque des hémorragies d'abondance variable, mais qui peuvent se répéter, et surtout s'aggraver brutalement.

En cas d'hémorragie en fin de grossesse, il faut voir immédiatement le médecin et se conformer à ses instructions. Il fera faire une échographie qui permettra de préciser l'insertion exacte du placenta.

Le repos absolu, en milieu hospitalier le plus souvent, est indispensable jusqu'à l'accouchement. Celui-ci pourra nécessiter une césarienne si le placenta recouvre totalement le col, ou si l'hémorragie est importante.

L'hématome rétroplacentaire

L'hématome rétroplacentaire se produit lorsque le placenta se décolle de l'utérus *avant* la délivrance. On ne connaît pas la raison de ce décollement prématuré. On pense qu'il peut s'agir d'un défaut de vascularisation du placenta. Il semblerait que le décollement soit plus fréquent lorsque le placenta est bas inséré.

L'hématome rétroplacentaire survient presque uniquement au cours des trois derniers mois de la grossesse. Et cette complication se produit plus facilement en cas de toxémie gravidique, d'hypertension artérielle, si la mère a déjà eu plusieurs enfants, si elle est âgée de plus de 38-40 ans. Dans le cas où une femme a déjà eu un hématome rétroplacentaire lors d'une précédente grossesse, elle est alors particulièrement suivie (échographies et doppler répétés).

Le diagnostic est en général rapide : c'est l'association d'une hémorragie à une douleur liée à la contraction de l'utérus qui donne l'alerte. L'hospitalisation en urgence est indispensable car les risques de souffrance fœtale sont grands. La césarienne est le traitement le plus souvent mis en œuvre, à moins que le décollement ne soit très discret et n'ait pas de retentissement sur l'enfant.

Les anémies

Les besoins en fer sont nettement augmentés au cours de la grossesse. Une partie du fer nécessaire est fournie par l'alimentation (c'est pourquoi, au chapitre 3, je vous ai donné la liste des aliments riches en fer), une autre est puisée dans les réserves de l'organisme maternel. Si ces réserves sont insuffisantes (ce qui peut être le cas dans certaines grossesses rapprochées), le déficit en fer va entraîner une anémie. Celle-ci peut se traduire par des symptômes tels que fatigue anormale, essoufflement, pâleur, mais l'anémie peut aussi être entièrement cachée et révélée seulement par un examen du sang. Ces anémies sont d'un bon pronostic lorsqu'elles sont traitées par du fer que certains médecins préconisent d'ailleurs systématiquement. Elles n'ont pas de retentissement sur l'enfant. Aujourd'hui la recherche d'anémie (c'est-à-dire la numération globulaire) fait partie des examens obligatoires. ●●

Quand une maladie survient

La survenue d'une maladie pendant la grossesse inquiète : les maladies ont alors mauvaise presse. En effet, s'il n'est pas douteux que, dans la majorité des cas, ces maladies soient sans conséquences particulières, il reste vrai qu'elles peuvent parfois entraîner des complications graves : avortement, accouchement prématuré, malformations fœtales. Il n'est pas question de passer en revue toutes les maladies, nous ne vous parlerons que de celles qui risquent d'être dangereuses pour le bébé. Quoi qu'il en soit, même si vous ne constatez aucun autre symptôme, le seul fait d'avoir de la fièvre, même passagère, doit vous conduire à consulter le médecin.

La rubéole

La rubéole est une maladie contagieuse extrêmement fréquente qui survient surtout au printemps et atteint essentiellement les enfants. Les symptômes (taches rosées, ganglions, fièvre) sont parfois si discrets qu'une fois sur deux la maladie passe inaperçue. En soi, la rubéole est une maladie bénigne, sauf lorsqu'elle survient en début de grossesse. Une femme enceinte atteinte de rubéole peut en effet transmettre la maladie à l'enfant qu'elle porte.

La rubéole est-elle fréquente au cours de la grossesse ?

Non, en France tout au moins où nous sommes privilégiés : 90 % des femmes en âge d'être enceintes ont déjà eu la rubéole et sont par conséquent immunisées contre elle. Mais certaines professions sont plus exposées que d'autres à la contagion : enseignantes, institutrices, infirmières, puéricultrices.

Le vaccin contre la rubéole

Le chiffre ci-dessus s'améliorera encore puisque les enfants sont maintenant vaccinés systématiquement. Toutefois, on ne connaît pas exactement la durée de l'immunité que confère le vaccin. Aussi, avant d'envisager une grossesse, est-il conseillé de faire un sérodiagnostic (d'ailleurs obligatoire lors de l'examen prénuptial). Un sérodiagnostic négatif doit conduire à une vaccination, d'ailleurs très simple (une seule injection). Il est préférable de ne pas être enceinte pendant les trois mois suivants, car on ne connaît pas très bien les effets du vaccin sur une grossesse débutante ; il est donc conseillé de prendre la pilule pendant ce temps puisque c'est le seul contraceptif efficace à 100 %.

Les risques de la rubéole.
Ces risques diminuent en fréquence et en gravité avec l'âge de la grossesse. Les malformations (cœur, oreille, œil, système nerveux) sont le fait des atteintes précoces (85 % dans le premier mois, 40 % dans le deuxième, 20 % dans le troisième). Passé le troisième mois, il n'y a plus qu'un risque de 10 % d'anomalies généralement minimes.

Comment savoir si l'on est immunisé contre la rubéole ?

En faisant précisément un sérodiagnostic, c'est-à-dire en recherchant dans le sang la présence d'anticorps antirubéoleux. Si les anticorps sont présents (sérodiagnostic positif), cela signifie que vous êtes protégée et que vous n'avez rien à redouter. S'ils sont absents (sérodiagnostic négatif), cela montre que vous n'êtes pas immunisée ; si vous n'êtes pas enceinte, il faut vous faire vacciner ; si vous l'êtes, il faut tout faire pour vous tenir à l'abri de la contagion.

J'ai été en contact avec une personne ayant la rubéole. Que faire ?

La question ne se pose que si vous avez un sérodiagnostic négatif. Dans ce cas, on vous fera faire deux sérodiagnostics à 15 jours d'intervalle pour voir si vous avez attrapé la rubéole : des anticorps vont apparaître dans votre sang et confirmer la contagion. Le problème est alors celui d'une atteinte éventuelle de l'enfant que l'on recherchera par l'échographie et surtout par l'amniocentèse. La découverte d'anomalies fœtales peut conduire à discuter une interruption thérapeutique de grossesse.

La toxoplasmose

La toxoplasmose, maladie due à un parasite, le toxoplasme, est très répandue en France parce que les Français aiment la viande saignante. En effet, le toxoplasme – qui est tué dans une viande bien cuite – est très fréquent dans les viandes de mouton (50 % de nos moutons en contiennent) et de porc (30 %). Le bœuf et le veau sont sans doute moins souvent infestés.

Comme ceux de la rubéole, les symptômes de la toxoplasmose peuvent être très discrets : ganglions de la tête et du cou enflés, fièvre légère, fatigue, douleurs musculaires ou articulaires.

C'est pourquoi bien des Françaises ont eu la toxoplasmose sans même s'en apercevoir : selon les régions 60 à 75 % des futures mères sont ainsi immunisées naturellement ; les autres risquent évidemment d'attraper la maladie pendant la grossesse. Parmi elles, quelques-unes risquent de contaminer leur bébé. Or, cette contamination peut avoir de sérieuses conséquences, soit pour la vie du bébé, soit pour sa santé.

● **Comment savoir si je suis immunisée contre la toxoplasmose ?**

En faisant faire un sérodiagnostic. Ce sérodiagnostic a pu être fait lors de l'examen prénuptial (il fait partie des examens obligatoires) ; sinon, ne vous inquiétez pas, il sera fait en début de grossesse (il fait partie des examens qui accompagnent automatiquement la déclaration de grossesse). Le sérodiagnostic consiste à chercher si votre sang contient des anticorps contre la maladie. S'il en contient un taux suffisant, vous êtes immunisée. Dans les cas douteux – taux très faible –, on vous fera faire un contrôle deux à trois semaines plus tard.

Si le taux d'anticorps reste trop faible, on considère que le sérodiagnostic est négatif, et que vous n'êtes pas immunisée. Dans le cas contraire – sérodiagnostic positif –, vous ne courez aucun risque au cours de la grossesse.

● **Je ne suis pas immunisée, quelles précautions dois-je prendre ?**

D'abord faire faire un sérodiagnostic toutes les 4 semaines pour détecter immédiatement une infection éventuelle et envisager d'urgence un traitement. Bien entendu, en cas de ganglions enflés, de fatigue anormale, faites faire l'examen sans attendre. Puis, vous éviterez de manger de la viande crue (« steack tartare »), et de la viande saignante (surtout du mouton). Ces précautions ne valent pas pour la viande congelée, le parasite ayant été tué par la congélation industrielle. Vous prendrez aussi une autre précaution : vous ne mangerez la salade, les légumes et les fruits que très soigneusement lavés. En effet, on a découvert que le chat, souvent contaminé puisqu'il mange de la viande, abritait le toxoplasme dans ses intestins et le rejetait avec ses excréments : un chat peut donc avoir souillé de la salade ou des fruits tombés à terre, le cas n'est pas rare. Le chat peut également avoir souillé la terre, prudence si vous faites du jardinage : faites-le avec des gants et lavez-vous bien les mains après avoir manipulé la terre.. Pour la même raison, si vous n'êtes pas immunisée, et si vous avez un chat, prenez les précautions indiquées page 50.

● **Je ne suis pas immunisée, quels sont les risques ?**

Il n'y a de risque que si vous contractez la toxoplasmose pendant votre grossesse. Mais, d'abord, il n'y a que 4 à 5 % des femmes à sérodiagnostic négatif qui contractent la toxoplasmose pendant qu'elles sont enceintes.

Ensuite, même dans ce cas de toxoplasmose maternelle pendant la grossesse, il y a seulement 40 % de risques que l'enfant soit atteint. La gravité du risque dépend de deux facteurs : l'« âge» de la grossesse et la mise en œuvre rapide d'un traitement.

▪ Âge de la grossesse : au premier trimestre, il est rare que le toxoplasme traverse le placenta. Mais lorsqu'il y arrive, l'atteinte de l'œuf est généralement grave ; elle peut même aboutir à sa mort et à l'avortement.

Au second trimestre, et notamment à partir du cinquième

mois, le placenta devient plus facile à traverser ; l'enfant est donc plus souvent atteint, et l'atteinte fœtale est souvent grave (lésions cérébrales et oculaires) si la mère n'est pas traitée.

Au cours du troisième trimestre, la contamination est encore plus fréquente, mais les conséquences sont beaucoup moins graves : 4 fois sur 5 l'enfant naît apparemment indemne et la maladie n'est décelée que par les examens de laboratoire.

▎ En cas de toxoplasmose survenant au cours de la grossesse, il faut d'emblée commencer un traitement antibiotique (rovamycine). En même temps, on essaie de préciser l'importance du risque fœtal par l'échographie et surtout par l'amniocentèse, qui peut montrer l'existence du parasite dans le liquide amniotique. Dans ce cas, il faut ajouter d'autres médicaments au précédent (pyramétamine, sulfadiazine et acide folique), et poursuivre le traitement jusqu'à l'accouchement. Le nouveau-né atteint doit être traité pendant un an.

Le vaccin contre la toxoplasmose n'existe pas pour le moment.

La listériose

Comme la rubéole et la toxoplasmose, la listériose est une maladie bénigne ou même inapparente chez la mère, alors qu'elle est souvent redoutable pour le fœtus.

Elle est transmise par les animaux domestiques (chiens, chats) ou d'élevage (vache, mouton, chèvre, lapin, volaille). Pour cette raison, elle est plus fréquente dans les milieux ruraux et dans certains milieux professionnels, mais elle peut atteindre n'importe quelle femme enceinte soit par les aliments d'origine animale (viande, œufs, lait, fromage), soit par contact avec un animal infecté, soit enfin si des aliments ont pu être, d'une manière ou d'une autre, en contact avec des sécrétions ou excréments animaux. Le bacille responsable traverse le placenta et atteint l'enfant. Celui-ci peut mourir dans l'utérus. Mais le plus souvent la maladie provoque un accouchement prématuré donnant naissance à un enfant qui mourra en quelques jours dans plus de la moitié des cas.

Il est important de dépister la maladie chez la femme enceinte, car le bacille est très sensible aux antibiotiques. Malheureusement, ce dépistage est difficile car l'affection se cache souvent sous le masque d'une maladie banale : grippe, infection urinaire, etc. Chez une femme enceinte, tout épisode de fièvre qui ne peut être rapidement rattaché à une cause évidente doit faire rechercher le bacille dans le sang, la gorge et les pertes vaginales. C'est le seul moyen de faire le diagnostic et d'instaurer un traitement. Si celui-ci est suffisamment précoce, l'enfant sera indemne.

La prévention la plus efficace consiste à s'abstenir de manger des aliments qui peuvent être dangereux : fromages au lait cru, fromage vendu râpé, mais aussi poissons fumés, coquillages crus, surimi, tarama. Evitez les rillettes, pâtés, foie gras, aliments en gelée. Pour le jambon, préférez les produits préemballés. Enlevez la croûte des fromages. Les plats cuisinés et restes alimentaires seront bien réchauffés avant d'être consommés. Les légumes consommés crus et les herbes aromatiques doivent être soigneusement lavés. Viandes et poissons doivent être suffisamment cuits.

Il est également nécessaire de nettoyer fréquemment le réfrigérateur, de le désinfecter ensuite à l'eau de javel, et de surveiller la température qui doit être en permanence entre 3 et 7° maximum.

Les autres maladies infectieuses

Une future mère n'est pas à l'abri des autres maladies infectieuses, surtout s'il y a de jeunes enfants dans la famille. La question est de savoir, pour les plus fréquentes (rougeole, varicelle, grippe, scarlatine), si elles peuvent atteindre l'enfant à naître.

▪ **La rougeole** ne semble pas susceptible de donner de malformation. Par contre, quand elle est contractée dans les jours précédant l'accouchement, l'enfant peut naître avec une rougeole congénitale capable de donner des complications pulmonaires graves. Aussi, toute femme enceinte non immunisée contre la maladie doit recevoir des gamma-globulines dans les soixante-douze heures suivant le contact suspect.

▪ **La varicelle** survient rarement au cours de la grossesse (presque toutes les futures mères l'ayant eue pendant l'enfance), mais sa fréquence tend à augmenter (3 à 7 pour 10 000). Le risque éventuel pour la maman est celui d'une pneumonie grave. Pour le bébé, les risques sont ceux d'une varicelle congénitale avec possibilité de malformations (neurologiques, oculaires, squelettiques) et de mort in-utero ; ou, si la maladie est contractée en fin de grossesse, de varicelle néonatale parfois très grave.

En cas de contage suspect, on fait faire à la future maman deux sérodiagnostics à la recherche d'anticorps ; au moindre doute, on lui administre des immoglobulines spécifiques antivirus varicelle-zona. En cas de varicelle maternelle confirmée, il faut rechercher par échographie et par amniocentèse une atteinte du bébé. Enfin l'enfant peut présenter un zona au cours de la première année.

▪ **La grippe** n'a généralement pas de conséquences sauf exceptionnellement au cours d'épidémies de grippe particulièrement sévères. Il est malgré tout conseillé aux femmes enceintes de se faire vacciner, surtout en période épidémique.

▪ **La scarlatine** ne présente pas de gravité pour l'enfant si elle est précocement et correctement traitée chez la mère.

▪ **L'infection à cytomégalovirus** est due à un virus proche de celui de l'herpès. 40 à 50 % des femmes enceintes ne sont pas immunisées naturellement, et 1 à 3 % d'entre elles pourront être infectées au cours de la grossesse. C'est la plus fréquente des infections congénitales. En France, 500 enfants en moyenne présentent chaque année des séquelles neurosensorielles plus ou moins graves.

Pour l'instant, les médecins sont malheureusement assez démunis devant cette maladie. Le diagnostic d'infection maternelle pendant la grossesse est difficile car les formes inapparentes sont les plus fréquentes. L'accord n'est pas fait sur l'utilité d'un dépistage systématique, comme on le fait pour la toxoplasmose. Actuellement, on a tendance à réserver ce dépistage aux femmes à risques, celles qui sont au contact de jeunes enfants : mères d'enfants allant à la crèche, personnels des crèches (puéricultrices, infirmières et médecins), institutrices de maternelles, etc. En effet la contamination se fait par la salive, les larmes, les urines et les selles des jeunes enfants.

Quand on a pu faire le diagnostic de la maladie en cours de grossesse, on juge de l'état du fœtus grâce à l'amniocentèse, à la ponction de sang fœtal, à l'échographie et à l'IRM. Et, après la naissance, on peut déceler la présence du virus chez l'enfant.

Aujourd'hui, on ne peut proposer que des mesures préventives concernant essentiellement l'hygiène : ne pas partager les mêmes couverts que les enfants, ne pas « finir » leur assiette, sucer leur cuillère ou goûter le biberon ; éviter d'embrasser l'enfant sur la bouche, éviter le contact avec les larmes et le nez qui coule ; penser à se laver les mains après la manipulation des jouets, après le change des couches, avoir du linge de toilette séparé, etc.

Il n'existe aucune vaccination préventive pour les femmes. Pour l'enfant, après la naissance, on dispose d'un médicament efficace mais très toxique ; le médecin décidera de son utilisation éventuelle au cas par cas.

▪ Le zona est rare au cours de la grossesse. Il n'a en général aucune conséquence ni pour la mère, ni pour l'enfant.

Les infections urinaires

En dehors des troubles urinaires « mécaniques » dont vous avez vu la fréquence (voir page 198), il est possible que la future mère éprouve, outre des envies fréquentes d'uriner, des douleurs à la vessie et lorsqu'elle urine, une sensation de brûlure. Parfois, les douleurs se situent plus haut que la vessie, à la hauteur de l'abdomen ou des reins. Certaines femmes prennent même ces douleurs pour des contractions de l'utérus. La cause de cette cystite est une infection urinaire. Elle peut s'accompagner d'urines anormalement troubles, parfois teintées de sang. Bien entendu il faut consulter le médecin qui demandera un examen cytobactériologique des urines (E.C.B.U.). Celui-ci montrera la présence de microbes, en général de la famille du colibacille ou de l'entérocoque. Il existe des bandelettes vous permettant de dépister vous-même ces infections urinaires. Traitées rapidement, ces infections guérissent facilement mais elles ont souvent tendance à réapparaître. Aussi, après une infection urinaire, faut-il exercer une surveillance plus attentive des urines car, non ou insuffisamment traitées, ces infections risquent de s'étendre aux reins (pyélonéphrites), mais surtout semblent pouvoir retentir sur l'évolution de la grossesse et déterminer une hypotrophie de l'enfant et un accouchement prématuré (voir page 268).

L'hépatite virale

Cette maladie se manifeste par une jaunisse accompagnée de démangeaisons intenses sur tout le corps mais elle peut aussi s'accompagner d'un minimum de symptômes, voire passer complètement inaperçue. Il existe plusieurs sortes d'hépatites virales. L'hépatite A survient surtout après ingestion d'aliments porteurs du virus (les crustacés et coquillages en particulier). L'hépatite B s'attrape surtout par voie sanguine.

L'hépatite peut avoir des conséquences sérieuses si elle survient au cours de la deuxième moitié de la grossesse car, dans 50 % des cas, elle entraîne un accouchement prématuré. L'enfant lui-même peut avoir une hépatite soit par passage du virus à travers le placenta, soit par contamination maternelle directe à la naissance.

Depuis peu, on sait qu'une hépatite maternelle, même guérie depuis longtemps, risque d'être dangereuse pour l'enfant, notamment pour l'hépatite B. En effet, dans 10 % des cas, même après guérisson apparente, le virus reste dans le sang. Cette situation concernerait environ 1 % des femmes enceintes. Il existe alors un risque de contamination de l'enfant au moment de la naissance. Mais ce risque est annulé par l'injection à l'enfant, immédiatement après la naissance, de gamma-globulines antihépatite et par une vaccination.

C'est la raison pour laquelle, la recherche dans le sang maternel d'anticorps antihépatite (dits antigènes Hbs et Hbe) se fait systématiquement entre 24 et 28 semaines. En cas de réaction positive, il faudra traiter l'enfant après la naissance.

Il existe d'autres hépatites. L'hépatite D n'existe qu'associée à une hépatite B dont elle partage les caractéristiques et la prévention. L'hépatite E est exceptionnelle en France. L'hépatite C se transmet par voie sanguine. Les transfusions n'en sont plus responsables depuis 1991 en raison d'un dépistage systématique. L'hépatite C concerne donc essentiellement les toxicomanes. Son risque de transmission à l'enfant est très faible, sauf si elle est associée au sida.

Les traumatismes

Interventions chirurgicales
Peut-on se faire opérer quand on est enceinte ? Oui, c'est possible, et l'anesthésie ne comporte aucun risque pour l'enfant. Par contre, pendant la grossesse, on ne pratique une intervention que si cela est nécessaire, une appendicite aiguë par exemple.

Les conséquences des traumatismes sont évidemment variables selon l'intensité du choc et l'âge de la grossesse.

Dans les 4 premiers mois, l'utérus est encore protégé dans le bassin. Au contraire d'une idée reçue, les avortements après traumatisme sont exceptionnels. L'utérus devient beaucoup plus vulnérable en se développant : décollement du placenta, accouchement prématuré, et même mort *in utero* peuvent se voir.

Les chutes simples sont fréquentes : 80 % surviennent après la 32ème semaine car le développement de l'utérus entraîne un déplacement du centre de gravité du corps. Mais les lésions les plus graves surviennent après les accidents de la circulation, d'où l'importance de la ceinture de sécurité.

Quoi qu'il en soit, après une chute ou un accident, allez immédiatement consulter le médecin.

Et le stress ?

Pendant longtemps, on a cru que le stress ne pouvait avoir d'action néfaste sur la grossesse ; des travaux récents semblent prouver le contraire. Ainsi, l'anxiété maternelle chronique, ou un stress important (généralement en rapport avec un choc affectif comme celui qu'entraîne la perte d'un proche) seraient susceptibles de provoquer des fausses couches, des naissances prématurées. Dans d'autres cas, les enfants risquent d'être hyperactifs et irritables.

Il est difficile d'oublier ses soucis, ses chagrins, et d'effacer les causes du stress. Si vous ne trouvez pas d'aide dans votre entourage, ne restez pas seule, envahie par vos difficultés : parlez-en à votre médecin, il vous indiquera, si nécessaire, un spécialiste avec qui vous pourriez vous entretenir de vos inquiétudes, qui vous soutiendra psychologiquement. Quant aux médicaments contre le stress, l'anxiété, il ne faut pas en prendre sans avis médical.

10

●Si vous étiez
malade avant
d'être enceinte

●Chez une femme atteinte d'une maladie, la survenue d'une grossesse peut poser certains problèmes. En effet, dans certains cas, maladie et grossesse font mauvais ménage.

Il arrive que, sous l'influence de l'effort supplémentaire que la grossesse demande à l'organisme, la maladie se complique et s'aggrave.

À l'inverse, il arrive que la maladie menace la grossesse dans son évolution, perturbe l'accouchement et retentisse sur l'état de l'enfant.

Pour illustrer les problèmes que peut poser la coexistence d'une maladie antérieure à la grossesse et la grossesse présente, voici quelques exemples choisis parmi les plus courants.

Le diabète

Cette maladie du métabolisme (transformation) des sucres se traduit uniquement, au moins au début, par un taux anormal de sucre dans le sang, et par la présence de sucre dans les urines. Autrefois, le diabète rendait la grossesse très dangereuse et pour la mère et pour l'enfant. Aujourd'hui, les progrès de la médecine ont considérablement réduit les risques. La mortalité périnatale a beaucoup chuté depuis quelques années pour se rapprocher des chiffres observés dans la population générale.

Certaines complications restent cependant plus fréquentes : l'hypertension artérielle, l'hydramnios et des signes de souffrance fœtale en fin de grossesse.

D'autres complications risquent de survenir si le diabète est mal contrôlé : fréquence accrue des fausses couches, des malformations fœtales, voire même des morts fœtales dans les dernières semaines de la grossesse.

Quand le diabète est connu avant la grossesse, celle-ci peut se dérouler sans encombre à condition :

▪ d'avoir « préparé » la grossesse avec le diabétologue : il vous proposera un régime rigoureux, un fractionnement des doses quotidiennes d'insuline en trois injections au minimum, ainsi que des examens d'auto-surveillance glycémique très fréquents (6 fois par jour) car c'est dans les toutes premières semaines de la vie embryonnaire que se produisent les malformations fœtales qui peuvent être le tribut d'un mauvais équilibre du diabète de la mère ; on compte seulement 1,2 % d'anomalies congénitales chez les femmes « préparées » contre 11 % chez les autres ;

▪ de suivre très strictement le traitement et le régime qui auront été prescrits ;

▪ d'être surveillée très régulièrement (toutes les deux semaines) par le diabétologue et l'accoucheur ;

▪ d'accepter, si elle est nécessaire, une hospitalisation avant la conception ou en début de grossesse, pour équilibrer le diabète si ça n'a pas été fait auparavant ; plus rarement en fin de grossesse si apparaît la moindre complication.

Grâce à cette surveillance attentive tout au long de la grossesse, le pronostic s'est considérablement amélioré. L'accouchement s'effectue le plus souvent à terme, mais il n'est pas rare qu'on le déclenche à 38-39 semaines.

La césarienne n'est pas obligatoire, mais reste plus fréquente que chez les non-diabétiques. Le nouveau-né – qui est souvent gros – doit être surveillé pendant les premiers jours de sa vie, car il est souvent hypoglycémique. Un apport de sucre – par voie intraveineuse ou par l'alimentation plus ou moins continue – est donc nécessaire le plus souvent.

Le diabète peut aussi être découvert durant la grossesse. Parfois, ce diabète préexistait à la grossesse, mais n'était pas connu, et il lui survivra. Mais le plus souvent, il s'agit d'un « diabète gestationnel » qui est dû aux modifications hormonales de la grossesse et qui disparaîtra à l'accouchement. Le diabète gestationnel doit être traité avec le même sérieux qu'un diabète habituel. Le régime permettra parfois à lui seul d'obtenir un contrôle parfait de la glycémie mais le plus souvent il faudra lui adjoindre un traitement insulinique. Une courte hospitalisation sera nécessaire pour la mise en route de l'insuline et l'apprentissage technique (injections, auto-contrôle glycémique, adaptation des doses) qui permettra d'acquérir une autonomie complète pour les soins quotidiens. Dans ce cas le traitement par l'insuline sera arrêté tout de suite après l'accouchement. Il sera cependant utile de vérifier ultérieurement la glycémie, en particulier en cas de contraception œstro-progestative (à éviter dans la mesure du possible) ou de nouvelle grossesse. Bien souvent, chez des femmes obèses, un amaigrissement volontaire par un régime hypocalorique approprié, réduira le risque de réapparition du diabète.

Certaines femmes risquent plus que d'autres de développer un diabète gestationnel :

▪ celles qui ont un surpoids important ;

▪ celles qui ont des diabétiques dans leur proche famille (parents, fratrie) ;

▪ celles qui ont déjà mis au monde de gros enfants, ou des enfants mort-nés ;
▪ celles qui ont déjà eu des glycémies un peu élevées lorsqu'elles prenaient la pilule.
Ces cas sont à signaler au médecin.

Reste enfin le problème qui inquiète beaucoup de femmes : au cours d'un examen d'urines fait pendant la grossesse, vous découvrez la présence de sucre. Ne vous inquiétez pas pour autant. Il s'agit au moins neuf fois sur dix d'une simple anomalie de filtration au niveau du rein en rapport avec la grossesse. Signalez cependant le fait au médecin pour qu'il vérifie votre glycémie dont seule l'élévation définit le diabète sucré.

L'hypertension artérielle

L'association hypertension artérielle et grossesse n'est pas rare (10 % environ). Il est fréquent que ces deux états ne fassent pas bon ménage et aboutissent à une grossesse à risques. L'hypertension peut rester isolée, mais elle s'associe souvent à une albuminurie et à des œdèmes provoquant une toxémie gravidique (page 238). C'est la complication la plus fréquente, mais il existe aussi malheureusement d'autres accidents possibles : avortement, retard de croissance *in-utero*, souffrance fœtale, accouchement prématuré.

Les maladies cardiaques

Toutes les maladies cardiaques n'ont pas la même gravité, mais toutes imposent les mêmes mesures de prudence en raison du travail supplémentaire que la grossesse impose au cœur : repos le plus complet possible, régime pauvre en sel, vie calme sans émotions ni fatigue, surveillance médicale régulière et fréquente. Tous les traitements habituels sont autorisés, y compris les interventions de chirurgie cardiaque.

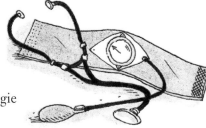

L'obésité

On apprécie l'existence et l'importance d'un surpoids en calculant ce que l'on appelle l'indice de masse corporelle (poids divisé par le carré de la taille exprimée en mètres). La normale se situe entre 18 et 25. De 25 à 30 on parle de surpoids. Au-dessus de 30, il s'agit d'obésité ; vous trouverez des exemples dans la légende de la page ci-contre.

Les femmes qui ont un surpoids et, *a fortiori* les femmes obèses, ont tendance à avoir plus de complications : hypertension artérielle, diabète gestationnel, toxémie, accouchement prématuré, morts fœtales. C'est dire la nécessité d'une surveillance médicale régulière.

Par ailleurs, les femmes déjà obèses avant d'être enceinte ont tendance à prendre plus de poids que les autres pendant la grossesse. C'est une raison de plus pour suivre un régime alimentaire strict. Mais la ration quotidienne ne doit pas être inférieure à 1 500-1 800 calories car il faut assurer la croissance de l'enfant. La restriction doit porter principalement sur les graisses (pas plus de 30 g par jour apportés surtout sous forme de beurre frais). Les glucides – les sucres – doivent être absorbés en quantité modérée.

L'alimentation sera composée surtout de protides (viandes grillées, œufs, poissons), de légumes verts, de fromage non gras, de laitages et de fruits. Plus le régime est pauvre en calories, plus il est indispensable de prendre, en supplément, du fer, des vitamines, du calcium.

Certaines études montrent également que le surpoids peut rendre difficile l'allaitement maternel. En revanche, celui-ci favorise la perte de poids due à la grossesse. Les enfants sont souvent (comme ceux des femmes diabétiques) de poids élevé, d'où des difficultés possibles au moment de l'accouchement et un nombre plus élevé de césariennes.

Pour bien faire, il faudrait qu'une femme obèse désirant un enfant fasse un traitement pour perdre du poids avant le début de sa grossesse.

> **Poids normal, surpoids, obésité.**
> Une femme de 1,60 m pèse 55 kg. Pour trouver l'indice de masse corporelle, il faut diviser le poids (55 dans l'exemple choisi) par le carré de la taille (1,60 x 1,60 = 2,56). Ce qui donne 21,48. Cette femme a un indice de masse corporelle normal. Si une femme de 1,60 m pèse 70 kgs, l'indice de masse corporelle est de 27,34, il est donc trop important, il y a surpoids. Si une femme de 1,60 pèse 80 kgs, l'indice de masse corporelle est de 31,25, il y a obésité.

La tuberculose

La tuberculose, qui était en voie de disparition, a malheureusement tendance à refaire surface, en France comme dans de nombreux autres pays. En cas de tuberculose extrapulmonaire (ganglionnaire ou osseuse par exemple), l'évolution de la grossesse et de l'accouchement est généralement normale. En cas de tuberculose pulmonaire, la prématurité et les complications respiratoires pour le nouveau-né sont plus fréquentes. La contamination *in utero* est exceptionnelle (tuberculose congénitale). En revanche, si cruel que cela puisse paraître, l'enfant devra être séparé de sa mère si celle-ci est, ou risque d'être, encore contagieuse. En ce qui concerne l'allaitement maternel, la plupart des médecins le déconseillent. Le nouveau-né sera vacciné par le B.C.G. dès la première semaine.

Les allergies

On estime que l'allergie touche 10 à 15 % de la population. Elle n'est donc pas exceptionnelle au cours de la grossesse. Elle se traduit surtout par des manifestations respiratoires et cutanées.

- **L'asthme**

  représente le trouble respiratoire le plus fréquent au cours de la grossesse. Il est aggravé dans un tiers des cas, amélioré dans un tiers des cas et stable dans le troisième tiers. Presque tous les médicaments utilisés habituellement sont autorisés pendant la grossesse, y compris les dérivés de la cortisone. Il est en revanche déconseillé de commencer une désensibilisation en cours de grossesse.

- **La rhinite allergique**

  est relativement fréquente. Elle se traduit par une sensation de " nez bouché " et par des écoulements. Le traitement local à base de pulvérisations donne habituellement de bons résultats. Il est rare que l'on soit obligé d'avoir recours à une électrocoagulation (sous anesthésie locale).

- **Les troubles dermatologiques**

  (urticaire, eczéma, etc.) peuvent être traités comme d'habitude. Toutefois il faut se méfier des médicaments dits antihistaminiques et ne les prendre que sur indication médicale.

• **L'allergie à l'arachide**

L'arachide est reconnue aujourd'hui comme un allergène alimentaire très fréquent. L'arachide est bien sûr contenue dans l'huile du même nom, et dans les cacahuètes, mais aussi dans de nombreux aliments fabriqués industriellement (pains, gâteaux, confiseries, etc.). Il existe une prédisposition familiale à l'allergie et la sensibilisation peut survenir très tôt dans la vie intra-utérine. Aussi est-il conseillé aux femmes ayant une allergie (ou des antécédents familiaux), de s'abstenir de ces aliments, surtout dans le dernier trimestre de la grossesse et pendant l'allaitement.

Fibromes et kystes

• **Fibromes utérins et grossesse**

Les fibromes, ou myomes, sont des tumeurs bénignes développées dans le muscle utérin. Leur association à la grossesse n'est pas très fréquente (2 à 3 %) et concerne surtout les femmes de plus de 30 ans, et les femmes de race noire. Ces fibromes sont souvent bien tolérés, mais il arrive parfois qu'ils entraînent : avortements précoces, retard de croissance intra-utérin, présentation anormale du bébé ou placenta praevia (provoquant une césarienne), et hémorragies de la délivrance. Beaucoup plus rarement, le fibrome se complique (augmentation importante de volume par exemple) et peut nécessiter une ablation chirurgicale pendant la grossesse.

• **Kystes ovariens et grossesse**

L'échographie systématique en début de grossesse a montré que les kystes ovariens étaient plus fréquents qu'on ne le croyait (1 à 5 %). Il s'agit le plus souvent de kystes dits « fonctionnels » qui disparaissent spontanément avant la fin du 3e mois. Les autres kystes (dits « organiques ») ne disparaissent pas mais sont habituellement sans conséquence pour la grossesse. Il arrive cependant qu'ils se compliquent (hémorragie intrakystique, rupture, torsion) obligeant à une intervention d'urgence.

L'épilepsie

Chaque année, 2 000 enfants naissent en France de mère épileptique (0,3 à 0,5 % des naissances). Ces grossesses posent le double problème de l'aggravation éventuelle de l'épilepsie, et du rôle malformatif possible de certains médicaments anti-épileptiques. Pour donner à ces grossesses le maximum de chances d'évoluer favorablement (c'est heureusement ce qui se produit dans 90 % des cas) certaines précautions doivent être prises :
– essayer, dans les deux mois précédant la grossesse, d'équilibrer l'épilepsie avec un seul médicament, et prescrire de l'acide folique dont la prise sera poursuivie au moins jusqu'à 12-14 semaines de grossesse ;
– prise de vitamine D pendant toute la grossesse, et de vitamine K pendant le 9e mois ;
– surveillance échographique régulière pour dépister une éventuelle malformation avec recours éventuel à l'amniocentèse.

Les maladies sexuellement transmissibles

Le sida

On sait maintenant qu'à côté des malades présentant un sida déclaré et en évolution, un certain nombre de personnes, bien que ne présentant aucun signe de la maladie, sont porteuses du virus du sida (Syndrome d'immuno-déficience acquise). On trouve dans leur sang des anticorps anti-sida ou, pour être plus précis, des anticorps anti-L.A.V. ou anti-H.I.V. Par contre, on ignore encore pourquoi certaines de ces personnes, dites séropositives, développent un jour un véritable sida alors que d'autres ne le font pas. Il semble toutefois que les contacts répétés avec le virus soient un facteur aggravant.

Une femme enceinte peut évidemment être séropositive. Le pourcentage de femmes enceintes séropositives s'établit entre 0,35 et 0,50 % selon les différentes enquêtes, soit 1 200 à 1 500 cas par an en France.

40 % au moins des femmes ignorent leur séropositivité et ne la découvrent qu'au moment de la grossesse. Aussi, la loi de 1993 oblige-t-elle les médecins à proposer (la femme peut refuser) un dépistage systématique. En France, ce dépistage concerne 90 % des femmes enceintes (contre 20 % seulement en Angleterre).

Les risques de l'association sida et grossesse concernent à la fois la femme et l'enfant.

Pour la femme, en cas de simple séropositivité sans aucun trouble, il semble bien que la grossesse n'ait aucune conséquence. Dans les autres cas (sida déclaré) il y a des risques de voir s'accélérer l'évolution de la maladie et apparaître une poussée évolutive grave, parfois mortelle surtout à la fin de la grossesse et après l'accouchement.

Pour l'enfant, la majorité des enfants contaminés le sont en fin de grossesse et notamment lors de l'accouchement. L'importance du risque varie selon plusieurs facteurs :
– la gravité de l'atteinte maternelle (14 % de risque lorsque la mère est séropositive contre plus de 50 % au stade de sida déclaré et avancé) ;
– l'âge maternel (16 % de risque au-dessous de 25 ans et 30 % après 35 ans) ;
– la présence dans le sang maternel d'un antigène appelé P 24 (40 % de risque contre 19 %).

L'accouchement prématuré, la rupture prématurée des membranes et certains actes médicaux (amniocentèse ou cerclage du col par exemple) peuvent avoir un rôle néfaste. Cependant, le pronostic fœtal s'est considérablement amélioré : quand on donne à la femme pendant la grossesse et l'accouchement, puis au nouveau-né après la naissance, un médicament appelé A.Z.T. (ou Zivudine ou Rétrovir) le nombre de contamination mère-enfant passe de 15-20 % à 5-6 %. L'association à ce traitement d'une césarienne faite avant la rupture des membranes semble capable d'abaisser ces chiffres au-dessous de 1 %. Un essai utilisant deux ou trois médicaments est actuellement en cours en France.

Tous les enfants nés de mère séropositive sont séropositifs à la naissance car les anticorps antisida maternels traversent le placenta. Ceci ne signifie pas que tous ces enfants soient infectés. On dispose maintenant de tests permettant de savoir rapidement si l'enfant est lui-même infecté, alors qu'il fallait attendre auparavant 12 à 18 mois. (C'est le temps que mettent les anticorps d'origine maternelle à s'éliminer.)

Le sida est plus grave chez les bébés que chez l'adulte. Un tiers environ des nouveau-nés infectés présente un déficit immunitaire grave, avec un délai de survie ne

255

dépassant pas 3 à 4 ans. Pour les deux autres tiers, l'évolution sera plus lente avec un taux de sida déclaré de 5 % par an. Les enfants qui restent séropositifs doivent être constamment suivis pendant les premières années de la vie.

L'allaitement maternel est tout à fait déconseillé car il multiplie par deux le risque de transmission.

Certains problèmes se posent aux couples dits sérodiscordants :

• **La femme est séropositive et le conjoint séronégatif**

Le risque est celui de la contamination du conjoint lors des rapports non protégés nécessaires pour qu'une grossesse survienne (risque évalué de 10 à 15 %). La méthode la plus sûre est pour la femme de s'auto-inséminer à la seringue avec le sperme recueilli dans le préservatif après un rapport protégé. Quand le couple refuse cette méthode,

Si vous vous posez d'autres questions sur le sida, adressez-vous à Sida-info service. Tél : 0 800 840 800

il faut essayer de limiter les rapports non protégés à 1 ou 2 par cycle au maximum, en essayant de déterminer au mieux la période de fécondité de la femme.

• **Le mari est séropositif et la femme séronégative.**

Le risque est relativement faible s'il s'agit d'une simple séropositivité et des rapports non protégés (voir ci-dessus) peuvent être autorisés. On propose également des techniques de préparation du sperme qui donnent des résultat satisfaisants. L'insémination artificielle avec sperme de donneur peut aussi être envisagée, mais elle est refusée par de nombreuses banques de sperme (CECOS).

Actuellement, les techniques de procréation médicalement assistée sont refusées aux couples en cas de séropositivité de l'un des deux conjoints.

En somme, tous les problèmes concernant la grossesse et le sida sont loin d'être résolus et les couples concernés doivent réfléchir longuement avant d'envisager d'attendre un enfant.

L'herpès

L'herpès est une maladie virale qui concerne environ 10 millions de personnes en France. C'est une maladie contagieuse, sexuellement transmissible et qui a tendance à récidiver car le virus de l'herpès reste à vie dans l'organisme.

Cette maladie se traduit par l'apparition de petites vésicules, comme celles de la varicelle, groupées sur une plaque rouge. L'herpès peut se situer au niveau du visage, surtout sur les lèvres, ou au niveau de l'appareil génital (vulve, vagin et col). Au cours de la grossesse, seul l'herpès génital est dangereux pour l'enfant : celui-ci peut être contaminé au passage des voies génitales lors de l'accouchement, et risque une encéphalite d'une très grande gravité. Aussi quand existe une poussée d'herpès génital au moment de l'accouchement, la césarienne s'impose absolument. Ainsi l'enfant sera indemne. Mais, alors que l'herpès vulvaire est facilement visible, celui du col est impossible à diagnostiquer cliniquement. Aussi peut-on proposer dans ce cas une recherche de cellules herpétiques au niveau du col au cours du mois qui précède l'accouchement. Si cette recherche est positive, la césarienne peut s'imposer.

Si vous, ou votre mari, avez déjà fait des poussées d'herpès, il est indispensable de n'avoir, pendant la grossesse, que des rapports protégés (préservatifs).

Après la naissance, et quelle que soit la localisation de l'herpès, des précautions très strictes d'hygiène sont nécessaires pour ne pas contaminer le nouveau-né qui a de la peine à se défendre contre les infections virales ; en cas d'herpès labial, il est malheureusement déconseillé d'embrasser le bébé.

Et si une complication survient

Gonococcie et infections à « chlamydiæ»

La gonococcie (ou blennorragie) entraîne habituellement des pertes et une irritation vulvo-vaginale importantes. Le risque est, d'une part, l'infection des membranes de l'œuf avec rupture prématurée de la poche des eaux ; d'autre part, la contamination de l'enfant au moment de l'accouchement (avec notamment des conjonctivites parfois graves). Des pertes ou une irritation doivent conduire à consulter sans attendre.

Les infections à *chlamydiæ* sont très fréquentes et passent volontiers inaperçues (simples pertes blanches avec irritation locale peu importante) au point que certains médecins ont proposé leur dépistage systématique au cours de la grossesse. Le risque pour l'enfant est, là encore, celui d'une infection des membranes avec accouchement prématuré ; d'autre part celui d'une infection par contact direct avec le col et le vagin au cours de l'accouchement. Cette infection peut provoquer conjonctivites et pneumonies. Là aussi, devant de tels symptômes, il faudra consulter sans attendre.

> Les condylomes vénériens, appelés encore crêtes de coq, sont des sortes de petites verrues qui se situent au niveau de la vulve. Ces verrues guérissent habituellement par de simples applications de différentes crèmes ou pommades, mais lorsqu'elles sont très nombreuses, il peut être nécessaire de les enlever par électrocoagulation.

La syphilis

Cette maladie vénérienne existe encore. Mais comme nous l'avons vu au chapitre 7, c'est la syphilis maternelle qui est importante. Une syphilis paternelle ne peut intervenir que comme source de contamination éventuelle de la mère.

Contrairement à la tuberculose, c'est à partir du cinquième mois que la syphilis peut se transmettre à l'enfant dans l'utérus. C'est pourquoi il est essentiel de faire un dépistage en début de grossesse. Ce test est obligatoire, il est automatiquement fait (prise de sang) au moment de la déclaration de grossesse.

Si le test est négatif, il est important de ne prendre aucun risque de contamination après.

Si le test est positif, la future maman est soignée (surtout avec de la pénicilline), et l'enfant vient au monde en bonne santé. L'important est donc d'être soignée à temps, c'est-à-dire avant le cinquième mois. Non soignée, une femme n'a que 35 % de chances de mettre au monde un enfant normal et sain.

De toute manière, lorsque la mère a été malade, on fait par prudence, à la naissance, des analyses du sang du bébé, pour savoir s'il n'a pas été atteint, et s'il est nécessaire ou non de lui faire un traitement.

Et l'alcool ? Et la drogue ?

Alcoolisme et grossesse.

C'est un sujet qu'on ne peut éviter dans un pays qui détient de tristes records mondiaux de consommation d'alcool, y compris chez les femmes : selon les régions, 1 à 5 nouveau-nés pour 1 000 subissent les conséquences de l'alcoolisme maternel.

À la naissance, l'enfant a un aspect particulier. Sa taille, son poids, son périmètre crânien sont inférieurs à la normale. Le front est bombé, le menton fuyant, le nez écrasé. À ce faciès bien particulier peuvent s'ajouter des malformations, notamment cardiaques. C'est le syndrome de l'alcoolisme fœtal.

Le nouveau-né est particulièrement agité dans les jours qui suivent la naissance. Ultérieurement, ce handicap de départ n'a pas tendance à s'améliorer. Il existe un retard du développement physique et intellectuel s'accompagnant de troubles caractériels.

Cette description dramatique est celle d'un enfant dont la mère a bu régulièrement deux litres de vin par jour, ce qui hélas n'est pas rare dans certains milieux et régions ; ou plusieurs litres de bière ; ou encore six whiskies.

Le rôle de l'alcool semble double. D'une part il traverse directement le placenta et se retrouve dans la circulation de l'enfant. Là, il perturbe le métabolisme et le développement des cellules embryonnaires, d'autant que le foie de l'embryon – ou du fœtus – n'est pas aussi bien équipé que celui de l'adulte pour détruire l'alcool. D'autre part, l'alcool entraîne des carences et une malnutrition maternelles qui perturbent les échanges avec l'enfant. Même en quantité modérée, l'alcool favorise la prématurité et le risque de faible poids à la naissance.

L'alcoolisme n'est pas héréditaire. Si une femme, même alcoolique chronique, cesse de boire avant le début de la grossesse, son enfant sera aussi normal que n'importe quel autre.

Est-ce à dire que la future mère est condamnée au régime sec pendant neuf mois ? Pas tout à fait, mais presque. Pour plus de détails, voir page 55.

Drogue et grossesse.

Les conséquences de l'usage de la drogue pendant la grossesse sont diverses selon le type d'intoxication.

▪ Les opiacés (morphine et surtout héroïne qui est plus souvent utilisée) sont responsables d'une augmentation des infections maternelles de tout genre, et de toutes les complications qui peuvent surgir au cours de l'évolution d'une grossesse. Il n'y a pas plus d'enfants malformés ; en revanche le nouveau-né est de poids inférieur à la normale ; il est souvent prématuré, il peut présenter un syndrome de manque, parfois mortel. C'est parmi les utilisatrices de ces drogues dures que l'on trouve le plus de cas de sida associé à la grossesse.

▪ Les substances hallucinogènes, comme le LSD., sont peu utilisées en France. Elles provoquent des avortements – la fréquence est multipliée par 2 – et des malformations congénitales – la fréquence est multipliée par 3.

▪ La cocaïne. Quelle que soit la forme sous laquelle elle est absorbée, la cocaïne est source d'avortements, de retard de croissance intra-utérin, d'hématome rétroplacentaire, d'accouchements prématurés et de malformations diverses.

▪ Les extraits du chanvre indien ou cannabis (haschich, marijuana, kif) ont longtemps été considérés comme sans action néfaste sur la grossesse. Mais les études les plus récentes semblent montrer la possibilité d'un retentissement : retard de croissance intra-utérin, accouchement prématuré, troubles neuro-sensoriels transitoires chez le nouveau-né.

▪ Les problèmes posés par la consommation de drogue (surtout lorsqu'il s'agit d'une drogue dure) sont en général aggravés par : l'usage de drogues multiples ; l'association au tabagisme ou à l'alcoolisme ; les conditions socio-économiques défavorables qui provoquent une marginalisation sociale et qui sont source d'une mauvaise prise en charge de la grossesse.

Tabac et grossesse.

Dans le chapitre sur la vie quotidienne (voir page 54), nous avons déjà parlé des cigarettes. Mais, ici, après l'alcoolisme et la drogue, nous ne pouvons pas ne pas en redire un mot. En France, malgré les recommandations, il y a de plus en plus de femmes qui fument, et elles commencent de plus en plus tôt.

La grossesse est peut-être le meilleur moment pour s'arrêter, lorsqu'on sait combien le tabac peut nuire au bébé.

●●

Le facteur Rhésus

Peu de domaines de l'obstétrique ont évolué aussi rapidement que le facteur Rhésus. En l'espace de quarante ans, on a découvert son existence, décrit les accidents qu'il pouvait occasionner, et trouvé un traitement non seulement pour guérir, mais aussi pour prévenir ces accidents. Aujourd'hui, comme vous allez le voir, l'avenir se présente sous un jour très favorable. Mais les futures mères redoutent encore ces accidents, sans savoir en général ce qui peut les provoquer. C'est pourquoi voici quelques explications.

Les groupes sanguins.

Chacun d'entre nous appartient à un groupe sanguin désigné par les lettres A, B, O, AB. À ces quatre groupes dits « classiques» parce que les plus anciennement connus, sont venus s'ajouter d'autres groupes tout aussi importants : ainsi le facteur Rhésus. 85 % des humains possèdent ce facteur dans leur sang et sont dits *Rhésus positif*; les 15 % restant ne le possèdent pas et sont dits *Rhésus négatif*. Lors des transfusions la compatibilité entre le sang du receveur et celui du donneur doit être respectée, faute de quoi peuvent survenir des accidents plus ou moins graves. Ainsi quand le sang d'un sujet rhésus négatif entre en contact avec du sang rhésus positif, il réagit en fabriquant des anticorps (ou agglutinines) antirhésus. On dit que le sujet rhésus négatif *s'immunise*. Le seul cas où des accidents du facteur Rhésus peuvent survenir en cours de grossesse est celui d'une femme rhésus négatif mariée à un homme rhésus positif (et non l'inverse).

> **Recherche des groupes sanguins.**
>
> Au moment de la déclaration de grossesse il est obligatoire de rechercher le groupe sanguin auquel appartient la future maman : A, B, AB ou 0, le groupe Rhésus et le groupe Kell (qui est un autre groupe) ; en effet des transfusions sanguines non compatibles dans le système Kell pourraient donner des accidents fœtaux analogues à ceux observés dans le système Rhésus.

Comment une femme rhésus négatif peut-elle s'immuniser ?

▪ soit en recevant, par erreur, une transfusion de sang rhésus positif. Cette erreur est devenue aujourd'hui impossible ;

▪ soit, au cours d'une grossesse, en attendant un enfant rhésus positif. Les globules rouges rhésus positif du fœtus peuvent (ceci n'est ni obligatoire, ni constant) passer dans l'organisme maternel. Au contact de ces globules rhésus positif la femme va développer des agglutinines antirhésus. Celles-ci peuvent, à leur tour, passer à travers le placenta et détruire les globules rouges du fœtus, provoquant alors des accidents plus ou moins graves. En fait, ce passage des globules rouges fœtaux vers le sang maternel se fait essentiellement au moment de l'accouchement et de la délivrance. Les agglutinines maternelles ne peuvent donc plus être néfastes pour l'enfant qui vient de naître. Par contre, restant dans le sang de la mère, elles pourraient l'être pour le ou les enfants suivants. Ceci n'est en principe plus vrai aujourd'hui puisque l'on vaccine systématiquement après l'accouchement et que cette vaccination empêche les agglutinines maternelles de se développer.

Quels sont les risques pour une femme rhésus négatif d'être enceinte d'un enfant rhésus positif ?

Cela dépend du père. S'il est rhésus négatif, l'enfant le sera également, donc pas de risque. Si le père est rhésus positif, il y a une chance sur deux que l'enfant soit rhésus négatif, donc une possibilité sur deux seulement pour qu'il soit rhésus positif et qu'il coure un risque. Même dans ce cas, les accidents paraissent beaucoup moins fréquents qu'on ne devrait s'y attendre. Ainsi, nombre de couples paraissent protégés par des mécanismes dont la plupart sont encore inconnus.

Que faire si vous êtes facteur Rhésus négatif ?

Le premier geste de prévention consiste à dépister les femmes rhésus négatif, donc susceptibles de s'immuniser. La Sécurité sociale prévoit d'ailleurs la détermination du groupe sanguin dans les trois premiers mois de la grossesse, avec un contrôle au cours du neuvième mois.

Une fois que vous savez que vous êtes rhésus négatif, il est fondamental de connaître le groupe du père. S'il est rhésus négatif, vous ne courez aucun risque puisque vos enfants seront obligatoirement rhésus négatif. Si le père est rhésus positif, c'est-à-dire si vous êtes dans les conditions de l'immunisation, il est intéressant de connaître son groupe (A, B, O ou AB). Il semble en effet que l'incompatibilité dans ce système (vous êtes du groupe A et le père du groupe B, par exemple) protège dans une certaine mesure contre la survenue des accidents d'immunisation.

La surveillance de la grossesse doit évidemment être attentive et les examens suffisamment fréquents. La recherche et le dosage des agglutinines seront pratiqués chaque mois. Cette recherche sera faite même si la femme a déjà bénéficié d'un traitement préventif lors d'une grossesse précédente (voir ci-dessous). On est en train de mettre au point une technique qui consiste à rechercher dans le sang maternel l'ADN fœtal (c'est la matière composant les chromosomes) et de déterminer le Rhésus fœtal. Si l'enfant est Rhésus négatif comme sa mère, aucune surveillance n'est plus nécessaire, pas plus que la « vaccination » maternelle après l'accouchement.

S'il n'apparaît pas d'agglutinines au cours de la grossesse, il n'y aura aucun problème et l'enfant naîtra indemne.

Si l'enfant est rhésus positif, on vous fera des gamma-globulines antirhésus et, pour une prochaine grossesse, seules seront à prendre les mêmes précautions que pour la précédente. Cette évolution heureuse est devenue la plus fréquente actuellement.

La prévention des accidents.

Tout permet de penser que, dans quelques années, les accidents dus au facteur Rhésus ne seront plus qu'un mauvais souvenir. En effet, une nouvelle méthode a vu le jour. Elle repose sur un principe simple : détruire les globules rouges du fœtus passés dans la circulation de la mère rhésus négatif avant que celle-ci n'ait eu le temps de fabriquer des agglutinines.

On injecte à la mère dans les soixante-douze heures qui suivent l'accouchement, des gamma-globulines préparées spécialement pour détruire les globules rhésus positif. C'est ce qu'on appelle la vaccination antirhésus +. Ce traitement est répété après chaque accouchement. Mais il n'est pas applicable aux femmes qui ont déjà fabriqué des agglutinines.

La vaccination antirhésus se fait chaque fois qu'il y a un risque de passage de globules rouges du bébé dans la circulation maternelle ; elle sera pratiquée après un avortement spontané ou une IVG, une grossesse extra-utérine, et pendant la grossesse en cas d'amniocentèse, de cerclage, de traumatisme sur le ventre, de biopsie de trophoblaste, de ponction de sang fœtal, de placenta prævia et même après une intervention non gynécologique (pour une appendicite par exemple). C'est cette prévention des accidents qui permet aujourd'hui à une femme rhésus négatif, mariée à un homme rhésus positif, de mener à bien autant de grossesses qu'elle le souhaite.

Attention danger

Voici les symptômes que vous devez signaler au médecin dès leur apparition. Ils ne traduisent pas forcément la survenue d'une complication grave, mais seul le médecin pourra les interpréter (1).

Symptômes	Complications possibles
Vous avez des pertes de sang, même légères (surtout si elles se répètent), avec ou sans douleur	Au début: menace de fausse couche, grossesse extra-utérine. À la fin : menace d'accouchement prématuré, placenta *prævia*, hématome rétroplacentaire
Vous avez pris trop de poids trop vite (plus de 400 g par semaine). Vos pieds, vos chevilles, vos mains enflent. Il y a de l'albumine dans vos urines.	Toxémie gravidique. Infection urinaire.
Vous avez des troubles de la vue (taches devant les yeux, vue brouillée), surtout si ces troubles s'accompagnent d'une barre au creux de l'estomac et de maux de tête.	Prééclampsie Éclampsie.
Vous urinez fréquemment, avec des brûlures en urinant, accompagnées parfois de douleurs dans le ventre et les reins, et de fièvre.	Infection urinaire.
Vous avez de la fièvre, qu'elle soit ou non accompagnée d'un autre symptôme. Vous sentez des ganglions au niveau du cou. Vous avez une éruption en un point quelconque du corps.	Maladie infectieuse. Toxoplasmose. Listériose.
À partir du 6ᵉ mois, vous avez des contractions utérines répétées, régulières et/ou douloureuses.	Menace d'accouchement prématuré.
Vous avez une perte d'eau par le vagin (assurez-vous qu'il ne s'agit pas d'une émission involontaire d'urine, ce que vous reconnaîtrez à l'odeur).	Rupture des membranes. Risque d'accouchement prématuré.
Vous êtes anormalement fatiguée, essoufflée, avec tendance à perdre connaissance.	Anémie.
Vous vous grattez sur tout le corps.	Prurit gravidique. Hépatite.
Vous avez subi un traumatisme important (chute, accident de la voie publique ou de la route).	Risque d'accouchement prématuré. Hématome rétroplacentaire.
Dans les deux derniers mois, vous notez une très nette et durable diminution de l'intensité et de la vivacité des mouvements du bébé.	Souffrance fœtale.
1. Ces symptômes et les complications qui peuvent s'ensuivre sont traités dans ce chapitre.	

Quand
accoucherai-je ?

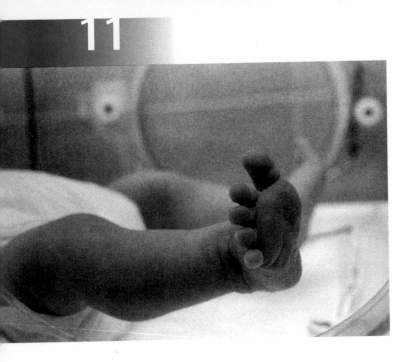

La date prévue

Maintenant que vous êtes enceinte, vous souhaitez des précisions sur la durée de la grossesse : est-ce 9 mois tout juste, et à partir de quelle date faut-il faire le calcul ?

Il serait facile de répondre à cette question si l'on connaissait avec précision la date de la conception – c'est-à-dire celle du premier jour de la grossesse – et la durée exacte de la grossesse. Malheureusement ces deux éléments sont variables.

La date de la conception.

Elle correspond à celle de l'ovulation puisque l'ovule ne vit que quelques heures s'il n'est pas fécondé. Or, pour une femme régulièrement réglée tous les 28 jours, l'ovulation se situe entre le 13ᵉ et le 15ᵉ jour du cycle, avec un maximum de fréquence au 14ᵉ jour.

Dans d'autres cas, la date de la conception fait encore moins de doute :
▪ soit que la femme ait pris sa température au cours du cycle où elle est devenue enceinte (voir page 25) ;
▪ soit que la grossesse survienne après un rapport unique ;
▪ soit qu'elle arrive après une insémination artificielle, une fécondation *in vitro* ou une induction d'ovulation.

Dans tous ces cas où la date de la conception ne fait guère de doute, il suffit de lui ajouter 9 mois du calendrier pour connaître la date théorique de l'accouchement (par exemple : date des dernières règles : 1ᵉʳ janvier. conception : 14 janvier ; accouchement : 14 octobre).

Mais les choses sont moins claires dans de nombreux cas :

▮ quand les cycles ne sont pas de 28 jours : avec un cycle inférieur à 28 jours, l'ovulation survient avant le 14ᵉ jour ; c'est le contraire avec un cycle plus long. Quand les cycles sont franchement irréguliers, l'imprécision est encore plus grande ;

▮ quand surviennent certains facteurs pouvant modifier dans un sens ou dans l'autre la date de l'ovulation : changement de climat – vous l'avez peut-être remarqué en vacances –, choc affectif, maladies, etc. ;

▮ quand la future mère a complètement oublié la date de ses dernières règles ;

▮ quand la grossesse survient immédiatement après l'arrêt de la pilule (la date de l'ovulation qui suit est habituellement retardée) ou après un accouchement récent sans même que soit survenu le retour de couches.

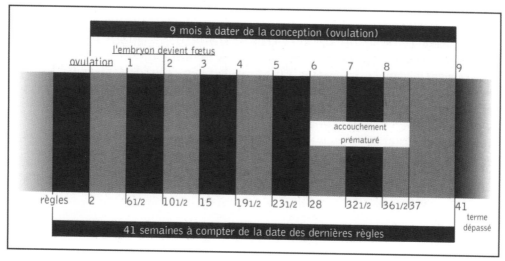

Pour tenter de pallier ces fréquentes difficultés, on a décidé pour calculer la date de l'accouchement, de partir d'une date généralement mieux connue que celle de la conception : le premier jour des dernières règles. On compte alors la grossesse en semaines d'aménorrhée (absence de règles) et non plus en mois. C'est d'ailleurs la manière de compter des médecins. Ainsi vous entendrez fréquemment le médecin ou la sage-femme parler de tel examen qui se fait « à 15 semaines d'aménorrhée », en abréviation 15 SA.

Avec cette façon de compter, la date théorique de l'accouchement se situe 41 semaines après le 1ᵉʳ jour des dernières règles. Vous vous étonnerez peut-être de ce chiffre, pensant que 9 mois de grossesse devraient faire 36 semaines. En fait voici comment est fait le calcul. Deux semaines supplémentaires sont comptées (ce sont celles entre le 1ᵉʳ jour des règles et le 14ᵉ jour, celui de l'ovulation) et les mois du calendrier n'ont pas 4 semaines pile mais, selon les mois, 4 semaines plus 2 ou 3 jours (sauf février).

Voici un schéma de correspondance mois-semaines.

La durée de la grossesse.

Même s'il était possible de connaître toujours avec précision la date de la conception – et vous venez de voir que c'est loin d'être le cas –, il serait impossible de prévoir exactement la date de l'accouchement. Pourquoi ? Parce que la grossesse n'a pas une durée fixe mais une durée statistique moyenne de 280 à 287 jours.

D'ailleurs l'expérience montre que :

- 50 à 60 % des femmes accouchent (à quelques jours près) à la date prévue ;
- 20 à 25 % 10 à 15 jours avant ;
- 20 à 25 % 4 à 8 jours après.

En résumé, vous voyez qu'il est difficile de fixer avec précision la date théorique de l'accouchement. En pratique, les deux moyens les plus sûrs sont :

- soit d'ajouter 9 mois du calendrier à la date de la conception ;
- soit d'ajouter 41 semaines à la date des dernières règles ; c'est ce qu'indique le tableau de la page suivante.

La lune a-t-elle une influence sur le moment de la naissance ? Cette croyance populaire est le sujet d'une étude scientifique parue dans une revue très sérieuse, Le *Journal de gynécologie-obstétrique et de biologie de la reproduction*. Voici ses conclusions : on observe en effet un plus grand nombre de naissances pendant les périodes comprises entre le dernier quartier et la nouvelle lune, et moins d'accouchements autour du premier quartier. Cette étude a également mis en évidence deux rythmes : l'un est hebdomadaire, caractérisé par un nombre de naissances minimum le dimanche et maximum le mardi ; l'autre est annuel, avec un pic de naissances en mai et un creux en septembre-octobre.

D'après les observations de Monique Bydlowski, qui a collaboré avec de nombreux obstétriciens, cette date prévue pour la naissance peut être commémorative d'un événement du passé : événements douloureux, comme la perte d'un enfant avant la naissance, ou le décès d'un être proche ; ou encore d'événements heureux : l'anniversaire de la mère elle-même, ou celui d'un être aimé. Ce calcul inconscient de la date de naissance fait partie des observations rapportées dans le livre cité page 31.

Durée légale de la grossesse.

Cette durée a été fixée en France à 300 jours. Le Code civil dispose en effet que « la légitimité d'un enfant né à 300 jours après la dissolution du mariage pourra être contestée ». La durée légale la plus longue est prévue par la loi américaine : 317 jours.

Vous venez de voir que, si la durée statistique moyenne d'une grossesse est de 40 à 41 semaines (soit 280 à 287 jours), des variations de quelques jours dans un sens ou dans l'autre étaient néanmoins fréquentes. Elles ne peuvent être considérées comme des complications mais seulement comme des écarts statistiques sans signification. Toutes différentes sont les anomalies franches de durée de la grossesse dont je voudrais vous parler maintenant.

Ainsi l'accouchement peut se produire plusieurs semaines avant la date prévue : c'est l'accouchement prématuré. D'autres fois, la grossesse se prolonge anormalement sans qu'aucun signe précurseur d'accouchement ne se manifeste : c'est la grossesse prolongée.

●●

Le calendrier de votre attente

JANVIER	OCTOBRE	FÉVRIER	NOVEMBRE	MARS	DÉCEMBRE	AVRIL	JANVIER	MAI	FÉVRIER	JUIN	MARS	JUILLET	AVRIL	AOÛT	MAI	SEPTEMBRE	JUIN	OCTOBRE	JUILLET	NOVEMBRE	AOÛT	DÉCEMBRE	SEPTEMBRE
1	14	1	14	1	12	1	12	1	11	1	14	1	13	1	14	1	14	1	14	1	14	1	13
2	15	2	15	2	13	2	13	2	12	2	15	2	14	2	15	2	15	2	15	2	15	2	14
3	16	3	16	3	14	3	14	3	13	3	16	3	15	3	16	3	16	3	16	3	16	3	15
4	17	4	17	4	15	4	15	4	14	4	17	4	16	4	17	4	17	4	17	4	17	4	16
5	18	5	18	5	16	5	16	5	15	5	18	5	17	5	18	5	18	5	18	5	18	5	17
6	19	6	19	6	17	6	17	6	16	6	19	6	18	6	19	6	19	6	19	6	19	6	18
7	20	7	20	7	18	7	18	7	17	7	20	7	19	7	20	7	20	7	20	7	20	7	19
8	21	8	21	8	19	8	19	8	18	8	21	8	20	8	21	8	21	8	21	8	21	8	20
9	22	9	22	9	20	9	20	9	19	9	22	9	21	9	22	9	22	9	22	9	22	9	21
10	23	10	23	10	21	10	21	10	20	10	23	10	22	10	23	10	23	10	23	10	23	10	22
11	24	11	24	11	22	11	22	11	21	11	24	11	23	11	24	11	24	11	24	11	24	11	23
12	25	12	25	12	23	12	23	12	22	12	25	12	24	12	25	12	25	12	25	12	25	12	24
13	26	13	26	13	24	13	24	13	23	13	26	13	25	13	26	13	26	13	26	13	26	13	25
14	27	14	27	14	25	14	25	14	24	14	27	14	26	14	27	14	27	14	27	14	27	14	26
15	28	15	28	15	26	15	26	15	25	15	28	15	27	15	28	15	28	15	28	15	28	15	27
16	29	16	29	16	27	16	27	16	26	16	29	16	28	16	29	16	29	16	29	16	29	16	28
17	30	17	30	17	28	17	28	17	27	17	30	17	29	17	30	17	30	17	30	17	30	17	29
18	31	18	1	18	29	18	29	18	28	18	31	18	30	18	31	18	1	18	31	18	31	18	30
19	1	19	2	19	30	19	30	19	1	19	1	19	1	19	1	19	2	19	1	19	1	19	1
20	2	20	3	20	31	20	31	20	2	20	2	20	2	20	2	20	3	20	2	20	2	20	2
21	3	21	4	21	1	21	1	21	3	21	3	21	3	21	3	21	4	21	3	21	3	21	3
22	4	22	5	22	2	22	2	22	4	22	4	22	4	22	4	22	5	22	4	22	4	22	4
23	5	23	6	23	3	23	3	23	5	23	5	23	5	23	5	23	6	23	5	23	5	23	5
24	6	24	7	24	4	24	4	24	6	24	6	24	6	24	6	24	7	24	6	24	6	24	6
25	7	25	8	25	5	25	5	25	7	25	7	25	7	25	7	25	8	25	7	25	7	25	7
26	8	26	9	26	6	26	6	26	8	26	8	26	8	26	8	26	9	26	8	26	8	26	8
27	9	27	10	27	7	27	7	27	9	27	9	27	9	27	9	27	10	27	9	27	9	27	9
28	10	28	11	28	8	28	8	28	10	28	10	28	10	28	10	28	11	28	10	28	10	28	10
29	11			29	9	29	9	29	11	29	11	29	11	29	11	29	12	29	11	29	11	29	11
30	12			30	10	30	10	30	12	30	12	30	12	30	12	30	13	30	12	30	12	30	12
31	13			31	11			31	13			31	13	31	13			31	13			31	13

Bas du tableau (mois correspondant à la partie inférieure des colonnes blanches ou beiges) :
JANVIER / NOVEMBRE — FÉVRIER / DÉCEMBRE — MARS / JANVIER — AVRIL / FÉVRIER — MAI / MARS — JUIN / AVRIL — JUILLET / MAI — AOÛT / JUIN — SEPTEMBRE / JUILLET — OCTOBRE / AOÛT — NOVEMBRE / SEPTEMBRE — DÉCEMBRE / OCTOBRE

Voici comment lire ce tableau :
partez d'une colonne bleue correspondant au premier jour des dernières règles, et lisez à droite (colonne blanche ou beige) le chiffre correspondant à la date probable de l'accouchement.

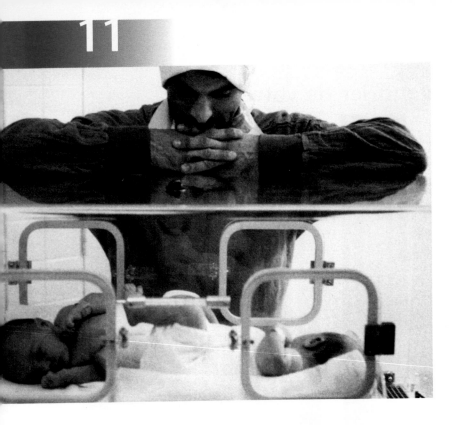

Plus tôt :
l'accouchement
prématuré

En France, la prématurité a nettement augmenté ces dernières années : elle est passée de 5,4 % à 6,2 % entre 1995 et 1998. Ces chiffres en hausse sont dus, en grande partie, à l'augmentation du nombre des jumeaux qui sont, le plus souvent, des bébés prématurés.

Il y a quelques années, on classait systématiquement les prématurés d'après leur poids à la naissance : tout enfant de moins de 2,5 kg était dit prématuré. Or il existe un certain nombre d'enfants de moins de 2,5 kg qui naissent à terme. Ce sont les enfants hypotrophiques. Nous en avons parlé page 244.

Aujourd'hui, on appelle prématuré un enfant né à moins de 37 semaines de grossesse comptées à partir du premier jour des dernières règles. Quant au poids, il dépend de « l'âge » du prématuré : plus l'enfant est né tôt, plus son poids est petit.

Pourquoi l'accouchement a-t-il lieu prématurément ?

De nombreuses causes peuvent être à l'origine de l'accouchement prématuré. Certaines sont d'ailleurs communes aux accouchements prématurés et aux avortements spontanés (voir page 233 et suivantes).

- **Les causes peuvent être accidentelles.**

  ▪ Les infections du col et du vagin peuvent provoquer une fragilisation des membranes et entraîner l'ouverture de la « poche des eaux ». Cette rupture des membranes est une des causes les plus fréquentes de l'accouchement prématuré.

  ▪ L'insertion anormale du placenta ou placenta *prævia* (voir page 241) est également cause d'accouchement prématuré.

  ▪ Il en est de même de la distension anormale de l'utérus. Habituellement, elle est la conséquence, soit d'une grossesse gémellaire (20 à 30 % des prématurés sont des jumeaux), soit d'un excès de liquide amniotique.

  ▪ Toutes les maladies infectieuses aiguës contractées dans le dernier tiers de la grossesse peuvent entraîner un accouchement prématuré, en particulier l'infection urinaire qui est souvent inapparente. C'est pourquoi, au moindre doute, le médecin fait faire un examen cytobactériologique (E.C.B.U.).

  ▪ Un traumatisme (accident de la route par exemple), surtout s'il est violent et s'il porte sur l'abdomen, peut entraîner un accouchement avant terme. On peut en rapprocher les opérations chirurgicales (une appendicite, par exemple), qui sont capables de provoquer l'accouchement dans les jours qui suivent l'intervention.

- **D'autres causes sont permanentes.**

  Elles sont locales ou générales. Les causes locales sont représentées par les malformations utérines ou par l'insuffisance de fermeture du col (encore appelée béance de l'isthme) qui ne joue plus son rôle normal de verrou et laisse « échapper » l'enfant.

  Les causes générales sont les maladies maternelles (toxémie, diabète par exemple). Dans ces cas, la maladie peut entraîner un déclenchement spontané du travail avant terme. Mais il arrive aussi que le médecin prenne la décision d'interrompre la grossesse avant la date prévue pour l'accouchement quand l'enfant souffre d'une maladie de la mère, comme le diabète et la toxémie par exemple. Cette décision est difficile à prendre, puisque l'on oscille entre les risques de la prématurité et ceux de souffrance de l'enfant *in utero*. On dispose actuellement de moyens (échographie, doppler, enregistrement du rythme cardiaque de l'enfant, etc.) qui permettent d'apprécier le degré de la souffrance *in utero*.

  Enfin, une autre cause joue un rôle de mieux en mieux connu : le tabagisme, qui multiplie par 2 à 3 le risque de prématurité.

- **À côté de ces causes « médicales », les facteurs socio-économiques jouent un rôle incontestable.**
  Il est certain que la fatigue de la femme enceinte augmente le risque d'un accouchement prématuré (mais il est rare qu'il s'agisse alors d'une grande prématurité). C'est dire le rôle des conditions de travail, lorsque celui-ci est pénible physiquement, et des travaux ménagers fatigants. Toutes les statistiques prouvent que l'accouchement prématuré est d'autant plus fréquent que le niveau socio-économique de la femme est moins élevé. C'est pourquoi le repos légal de 6 semaines avant l'accouchement doit être respecté. En cas de travail pénible, le médecin pourra conseiller un repos plus long.

Avant d'en terminer sur ce chapitre des causes, je voudrais vous préciser deux choses. Tout d'abord, si toutes les causes envisagées peuvent déclencher l'accouchement prématurément, il n'en est pas toujours ainsi. Ne vous inquiétez donc pas si vous êtes dans un de ces cas. Il est tout à fait possible que votre grossesse aille à son terme. D'autre part, toutes les causes d'accouchement prématuré ne sont pas connues. Elles nous échappent dans 30 % des cas au moins. Il n'est donc pas possible, dans près d'un tiers des cas, de prévenir un accouchement prématuré.

Enfin rappelez-vous ceci : 94 % de femmes accouchent à terme et seulement 6 % accouchent prématurément. Pour être plus sereine, essayez de penser surtout à la première éventualité, qui concerne la très grande majorité des femmes.

La menace d'accouchement prématuré

Pour la future mère, la menace d'accouchement prématuré se traduit essentiellement par l'apparition anormale de contractions utérines. Elle sent son ventre « se durcir » et cette contraction peut être douloureuse.

Si c'est votre cas, mettez-vous immédiatement au repos, placez (si vous en avez) un suppositoire d'antispasmodique et prévenez le médecin aussitôt, ou rendez-vous à l'hôpital sans tarder.

Le médecin recherchera si votre col s'est modifié, en particulier s'il a raccourci, ou s'il a tendance à s'ouvrir. Actuellement, on utilise de plus en plus souvent l'échographie du col qui montre bien sa longueur, ainsi que l'ouverture de l'orifice interne. Cet examen échographique du col peut être répété, ce qui permet de se rendre compte d'une éventuelle modification..

Le raccourcissement et le début d'ouverture du col sont en effet les deux signes qui traduisent que l'accouchement risque d'avoir lieu plus tôt que prévu.

Dans ce cas, le médecin prescrira :

▪ le repos complet au lit jusqu'à l'accouchement, ou au moins jusqu'à ce que l'enfant ne risque pas une trop grande prématurité ;

▪ l'administration de médicaments destinés à mettre l'utérus au repos et à stopper les contractions utérines ;

▪ une analyse d'urines pour dépister une éventuelle infection et pouvoir la traiter si elle existe ;

▪ il est possible qu'une hospitalisation soit nécessaire si le risque d'accouchement semble sérieux ; elle permet une meilleure surveillance et un traitement plus intensif.

Dans certains cas malheureusement ces mesures n'empêchent pas la survenue de l'accouchement prématuré.

Les risques de l'accouchement prématuré pour l'enfant

Un enfant qui naît prématurément n'a pas le même aspect qu'un enfant qui naît à terme. En général, il a la peau plus rouge et plus fine. Ses veines sont très visibles. Le duvet est encore abondant ; en revanche, les cheveux sont rares, les ongles peu développés, les fontanelles larges et peu tendues.

Mais ce qui différencie surtout le prématuré de l'enfant né à terme, c'est qu'il n'a pas atteint le même degré de développement ; on le constate dans toutes les fonctions de son organisme ; et c'est d'ailleurs là que réside la difficulté de son « élevage ».

Un prématuré peut se développer très bien, mais il peut aussi souffrir gravement d'être né avant terme.

On peut classer les prématurés en deux catégories.

● **Le prématuré de 35 et 36 semaines,**

qui est généralement peu exposé. Dans un grand nombre de cas, il est simplement fragile, et soigné dans un service de néonatologie.

● **Le prématuré né à moins de 35 semaines,**

et qui pèse, en général, moins de 2 kg, doit bénéficier de soins particuliers dans un service de réanimation.

▪ Il a de la peine à respirer, ce qui peut avoir des conséquences graves pour son cerveau qui ne sera pas approvisionné en oxygène (c'est l'anoxie).

▪ Il est incapable de régler sa température, et donc peut se refroidir. C'est pourquoi, dans l'incubateur, la température est constamment surveillée.

▪ Il est souvent incapable de téter et son estomac a de petites capacités. On est fréquemment obligé de le nourrir par sonde ou par perfusion. Il ne digère pas bien certains aliments, les graisses en particulier (d'où l'importance du lait maternel).

▪ Il est sensible aux infections.

▪ Il est incapable de fabriquer suffisamment de sang, d'où la nécessité parfois de le transfuser.

▪ Il manque de vitamines et de fer.

▪ Il ne transpire pas car il n'a pas les glandes nécessaires.

Il faut donc le mettre dans une atmosphère humide.

> **Sur la prématurité**
> Vous pouvez lire *Une si longue naissance, les premiers mois d'un enfant prématuré*, de Françoise Loux (Éditions Stock). L'auteur raconte au jour le jour la longue naissance de son bébé. Elle parle aussi des échanges qu'elle continue à avoir avec d'autres parents d'enfants prématurés.

Que faut-il faire...

● **... si l'on redoute un accouchement prématuré ?**

La première chose, c'est de demander conseil à la personne qui vous suit, médecin ou sage-femme. Et, selon sa réponse, n'hésitez pas à changer vos projets. Il est possible qu'on vous recommande d'accoucher dans une maternité qui possède un centre de néonatologie, ou même un centre de réanimation néo-natale, si le risque d'accouchement prématuré survient à moins de 32 semaines.

Si le déplacement n'est pas possible, et que vous accouchiez dans la maternité initialement prévue, c'est à la naissance que le médecin décidera si l'enfant peut rester dans cet établissement, ou s'il doit être transféré dans un centre de prématurés.

Le médecin prendra cette décision en présence d'un grand prématuré : celui-ci nécessite en effet une surveillance intensive, et des soins particuliers, notamment d'alimentation. Selon son état initial, l'enfant restera dans ce centre quelques jours ou quelques semaines. Heureusement, aujourd'hui, ce séjour forcé ne signifie pas une coupure avec les parents. Les parents sont engagés à venir régulièrement voir leur bébé, le toucher, lui parler, et qu'ainsi, et pour lui et pour eux, le lien ne soit pas rompu. Lors de la naissance d'un enfant prématuré, les parents se sentent toujours plus ou moins responsables. Garder un contact avec l'enfant, lui rendre visite, cela aide à surmonter cette culpabilité.

A propos des très grands prématurés (nés à moins de 32 semaines) : dans ces cas, rares il est vrai (environ 1 % des accouchements), il est préférable que la maman accouche dans une maternité possédant un centre de réanimation néo-natale (maternité de niveau 3, voir page 276), plutôt que de transférer l'enfant après la naissance dans un tel centre. C'est ce qu'on appelle le «transfert in utero». En effet, le transport est source de refroidissement et donc de fragilisation du bébé.

Peut-on éviter l'accouchement prématuré ?

Prévenir l'accouchement prématuré reste aujourd'hui un des grands soucis des médecins. En effet, la grande prématurité est responsable de la majorité des morts qui surviennent pendant l'accouchement, ou dans les jours qui suivent. Il en est de même pour les handicaps.

Certes, la médecine a fait de grands progrès, et les soins donnés dans les centres de néo-natologie permettent la survie, sans handicap, d'enfants qui autrefois étaient condamnés. Toutefois, les gains ne sont pas aussi importants qu'on pourrait l'espérer. C'est pourquoi le meilleur traitement de la prématurité consiste encore actuellement dans la poursuite de la grossesse le plus longtemps possible près du terme : le meilleur incubateur pour le bébé, c'est sa mère. Grâce à une meilleure surveillance de la grossesse, il est possible d'espérer améliorer la situation.

Comme vous l'avez vu plus haut, aujourd'hui la prématurité est directement liée à l'augmentation des grossesses gémellaires qui proviennent elles-mêmes de l'aide médicale à la procréation. C'est pourquoi les médecins tentent d'éviter le plus possible les grossesses multiples.

Il y a aussi des cas précis où l'on peut prévenir l'accouchement prématuré par une intervention ; par exemple une malformation utérine que l'on corrige par la chirurgie ; et la béance du col qui, elle, est corrigée par un cerclage.

Le cerclage du col. Il est pratiqué entre deux mois et demi et trois mois, et consiste à fermer l'ouverture du col en passant un fil solide, comme pour fermer une bourse. Le cerclage est fait sous anesthésie générale. Il nécessite une hospitalisation de quelques jours. Malgré le cerclage, il est nécessaire de prendre des précautions jusqu'à la fin de la grossesse, essentiellement en se reposant. Quelques jours avant le terme, ou au début de l'accouchement lui-même, le médecin ôte le fil. Le cerclage du col garde ses partisans, mais il est moins pratiqué aujourd'hui qu'il y a quelques années.

Cela dit, puisque dans 30 % des cas on ne sait pas pourquoi un enfant naît prématurément, vous n'avez pas de raison de vous culpabiliser si votre enfant naissait plus tôt que prévu, et si vous avez fait ce qui était raisonnable pour l'éviter. ●●

Plus tard :
la grossesse prolongée

C'est une complication plus rare que la précédente (2 à 3 % des cas), mais elle peut aussi être grave et poser des problèmes délicats. En effet, l'enfant risque de souffrir – et même de mourir *in utero* – quand la grossesse se prolonge anormalement. Le placenta, véritable usine d'échanges entre la mère et l'enfant, fournit jusqu'à terme au fœtus les aliments et surtout l'oxygène qui lui sont nécessaires. Le terme dépassé, le placenta vieillit et fonctionne moins bien ; les apports au fœtus deviennent insuffisants, d'où le risque de souffrance fœtale.

Sur le plan pratique, il est difficile de savoir si une grossesse est véritablement prolongée. Vous avez vu au début de ce chapitre qu'il était presque impossible de calculer le terme exact avec précision, et que des variations de quelques jours étaient courantes dans un sens ou dans l'autre. En vérité, la situation ne devient préoccupante que si la grossesse se prolonge de 8 à 10 jours au-delà de 42 semaines d'aménorrhée, ou 294 jours.

Le dépassement de terme peut se traduire, pour vous, par une nette diminution des mouvements actifs du bébé. Le médecin, lui, cherchera à savoir si l'enfant souffre par l'examen du rythme cardiaque fœtal (ou monitoring) fait tous les jours ou, au maximum, tous les 2 jours. L'amnioscopie, qui n'est possible que si le col est suffisamment ouvert, montre des modifications du liquide qui devient vert quand l'enfant souffre.

L'échographie, pratiquée tous les deux jours environ, peut montrer une diminution du volume du liquide amniotique, ce qui indique un début de souffrance fœtale.

Muni de ces renseignements, le médecin pourra alors prendre la décision de déclencher l'accouchement. À la naissance, l'enfant (que l'on qualifie alors de « postmature ») a souvent un aspect un peu particulier : sa peau est plus fripée que chez l'enfant né à terme et elle ne porte plus aucune trace de couche graisseuse (appelée « vernix »). Elle élimine ses couches superficielles : on dit qu'elle desquame. Enfin, les ongles sont très longs. Mais habituellement, l'enfant postmature ne nécessite pas de soins particuliers.

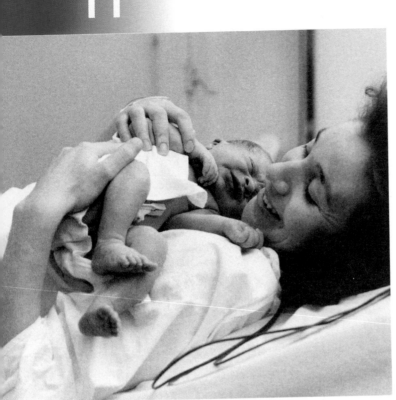

Peut-on programmer la date de l'accouchement ?

Oui, c'est possible de déclencher artificiellement le travail avant la date prévue pour l'accouchement. Pour cela on fait des perfusions d'ocytocine, associées éventuellement à des prostaglandines sous forme de gel (vous verrez leur rôle dans le déclenchement naturel de l'accouchement). Certaines futures mères sont tentées par l'accouchement « programmé », pour des raisons personnelles ou professionnelles. Certains médecins y sont favorables aussi pour une meilleure organisation du travail : ils pensent qu'il vaut mieux que les accouchements aient lieu de jour, lorsque toute l'équipe est présente et fraîche, plutôt que la nuit.

Tout déclenchement artificiel du travail implique l'acceptation de certains risques :

▪ celui de se solder par un échec si les conditions locales

Le déclenchement de l'accouchement.
Toutes causes confondues, le nombre de déclenchements est resté stable entre 1995 et 1998 : il est de 20 % (enquête INSERM).

nécessaires ne sont pas réunies, notamment le col doit être suffisamment ramolli et déjà entrouvert ;

‣ le risque, bien qu'ayant déclenché le travail, de provoquer un accouchement plus long, plus difficile, donc plus traumatisant pour l'enfant et pour la mère. Il arrive même que l'on soit amené à des situations dont la seule issue est la césarienne, intervention dont on aurait pu se dispenser.

Quant au risque de faire naître un enfant prématuré, il a pratiquement disparu aujourd'hui grâce à l'échographie précoce qui permet de dater le début de la grossesse. Le médecin ne déclenchera pas un accouchement s'il n'est pas sûr du terme.

Il est donc possible de programmer la date de l'accouchement. Faut-il le faire pour autant ?

Certaines fois, la question ne se pose même pas. Ce sont les cas où l'enfant risque de souffrir d'un séjour trop long dans l'utérus maternel. Ceci peut se voir par exemple dans certains cas d'hypertension artérielle, de diabète, de retard de croissance intra-utérin ou de dépassement de terme. Il peut alors devenir impératif de provoquer l'accouchement.

En dehors de ces raisons médicales (heureusement rares) certaines circonstances personnelles paraîtront peut-être suffisamment importantes à la future mère pour justifier un déclenchement : départ, voyage, obligation professionnelle impérieuse, etc. Il semble raisonnable toutefois de n'envisager cet accouchement avant terme que si un minimum de conditions sont réunies : choix d'une date suffisamment proche du terme théorique, accord du médecin, qui jugera (notamment d'après l'état du col) des chances plus ou moins grandes de succès du déclenchement de l'accouchement, possibilité d'avoir une anesthésie péridurale qui augmente ces chances. Faute de ces précautions, on court les risques (accouchement plus long, césarienne) évoqués plus haut.

Aussi vaut-il mieux le plus souvent laisser le bébé choisir l'heure, le jour et le quartier de lune qui lui plairont le plus. Pourquoi ne pas laisser agir la nature, ce que font, d'ailleurs, la plupart d'entre vous ?

●●

Comment choisir la
maternité?

Lorsque se pose la question du choix d'une maternité, ce qui préoccupe avant tout les parents, c'est la sécurité. Et on les comprend. Cette préoccupation a toujours existé mais jusqu'à maintenant, dans les faits, les établissements ne correspondaient pas tous à ce besoin essentiel.

Une nouvelle organisation des maternités.

Au cours de ces dernières années, des normes ont été établies concernant la qualité des soins, l'équipement médical, la compétence du personnel, ce qui a obligé à fermer certaines maternités qui n'avaient pas les critères de sécurité requis. Et une réforme récente et importante a finalement classé les maternités en trois niveaux selon leur équipement pédiatrique, c'est-à-dire unité de néonatologie et unité de réanimation néonatale.

▪ Les maternités de niveau 1 disposent d'une unité obstétrique et pratiquent les actes pédiatriques courants. Ces maternités prennent en charge les femmes ayant une grossesse que l'on considère sans facteur de risque particulier, c'est-à-dire 90 % des grossesses.

▪ Les maternités de niveau 2 accueillent les femmes dont les enfants auront vraissemblablement besoin d'une surveillance particulière. Ces maternités disposent à cet effet d'une unité de néonatologie.

▪ Les maternités de niveau 3 disposent, en plus d'une unité d'obstétrique et d'une unité de néonatalogie, d'une unité de réanimation néonatale. Ces maternités accueillent les femmes chez lesquelles de grandes difficultés sont redoutées ; elles peuvent prendre en charge, en particulier des nouveau-nés très prématurés, de moins de 32 semaines, ou présentant un risque important, et notamment une prise en charge chirurgicale en cas de malformation décelée. Ces maternités sont généralement situées dans les CHU (Centres Hospitaliers Universitaires).

Des critères personnels.

Rassurés sur la question de la sécurité, vous avez peut-être des désirs personnels dans le choix de la maternité. Voici quelques questions que vous pouvez avoir envie de poser au moment de votre inscription : quel type de préparation à la naissance fait-on ? Peut-on, si on le désire, accoucher sans péridurale ? Le nouveau-né reste-t-il dans la chambre de sa mère ? Comment est accueilli le père : peut-il être présent à l'accouchement ? Peut-il être là en cas de césarienne ? Au cours des premiers soins pour le bébé ? Peut-il rester dormir s'il le désire ? Comment sont organisées les visites : les aînés peuvent-ils venir ? Combien de jours reste-t-on après la naissance ? Si la maman désire allaiter, l'allaitement au sein est-il encouragé ? etc.

Vous aurez peut-être envie de poser des questions concernant directement l'accouchement : pendant la dilatation, peut-on aller et venir ? Y-a-t-il une baignoire permettant, si on le souhaite, de se relaxer ? L'expulsion se passe-t-elle nécessairement en position gynécologique ou peut-on choisir sa position ? etc

En pratique.

Avec ces différents éléments, comment choisir pratiquement une maternité ?

▪ Vous êtes suivie par un médecin. C'est lui qui vous conseillera les maternités où vous pourrez accoucher. Vous en discuterez et vous choisirez ensemble l'établissement qui vous convient le mieux, selon votre état de santé et selon vos désirs personnels. De même, si vous êtes suivie par une sage-femme.

▪ Vous désirez accoucher dans une maternité précise ; dans ce cas, inscrivez-vous le plus rapidement possible. Selon l'équipement technique de cette maternité, et selon la manière dont votre grossesse évoluera, vous serez suivie dans cet établissement, ou bien l'équipe médicale vous dirigera vers un autre établissement, une maternité de niveau 2 ou 3, si votre état de santé ou celui du bébé le justifient.

Reste la question budget

Pensez-y au moment de votre inscription car il peut y avoir de grandes différences dans les frais à régler à la sortie :

▪ à l'hôpital ou dans une clinique conventionnée, vous pouvez accoucher sans avoir rien à débourser;

▪ dans une clinique non conventionnée, la somme peut être plus ou moins importante (voir tous les détails page 430)

Qu'emporter à la maternité pour vous-même et pour votre bébé ? Vous trouverez page 419 et suivantes une liste de suggestions.

Au moment de votre inscription, il est donc nécessaire de bien vous renseigner. Demandez ce que vous aurez exactement à régler ; si les honoraires du médecin accoucheur et de l'anesthésiste sont compris dans le prix qui vous sera indiqué (car cela dépend des cas), etc. Cette précaution vous permettra d'établir votre budget et vous épargnera la surprise d'une note plus élevée que prévue. Et pensez que pourront s'ajouter à cette note tous les suppléments (boissons, communications téléphoniques, télévision, chambre seule, etc.). Certaines cliniques luxueuses ont des tarifs élevés, il vaut mieux les connaître avant de s'inscrire. Mais il y a des mutuelles qui, après entente préalable, peuvent couvrir une partie des frais. Renseignez-vous avant l'accouchement.

Préparez votre retour à la maison

La tendance est au retour précoce à la maison, mais ce retour a besoin d'être préparé, car s'il est inattendu, il peut être éprouvant pour vous et pour toute la famille. Aussi je vous conseille de vous renseigner bien avant la naissance auprès de la maternité, pour connaître les habitudes de l'établissement , et notamment la possibilité d'un suivi à domicile, soit par une sage-femme libérale, soit par une sage-femme de PMI, soit dans le cadre de l'hospitalisation à domicile. Vous pouvez peut-être bénéficier des services d'une travailleuse familiale, voyez le service social de la mairie. En ayant organisé votre retour à la maison, vous pourrez bien profiter de vos premiers jours avec bébé.

chapitre

12

L'accouchement

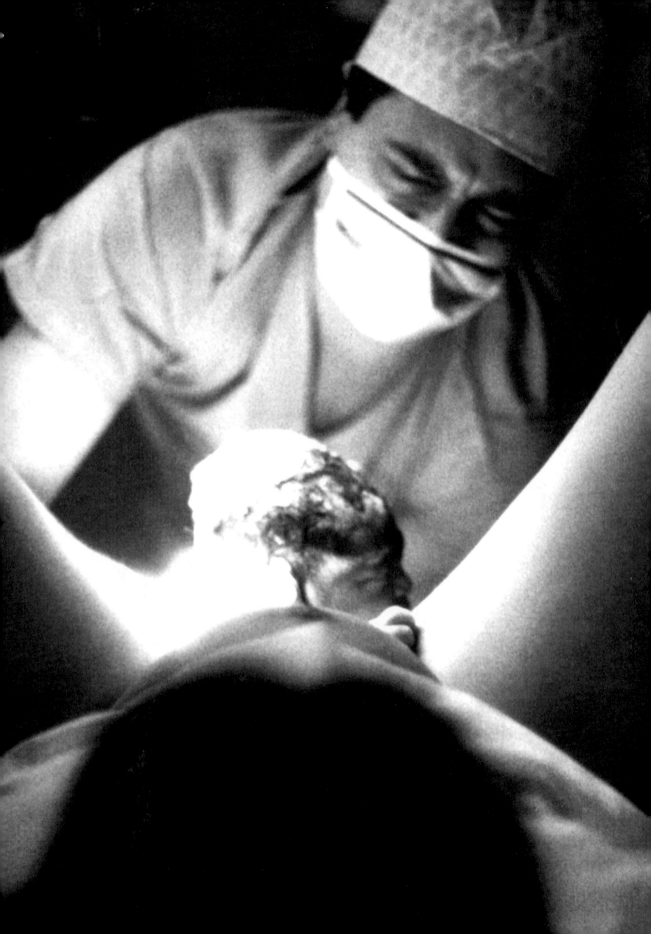

L'accouchement et la naissance

Vous êtes peut-être surprise de voir deux mots pour un même événement. Cet événement a deux faces : vécu par la mère, c'est l'accouchement, vécu par l'enfant, c'est la naissance. C'est pourquoi nous avons tenu à rapprocher ces deux mots en tête de ce chapitre. On parle d'ailleurs pour la mère d' « accouchement sans douleur », et à propos du bébé de « naissance sans violence ».

Depuis plusieurs années déjà, tout ce qui entoure la naissance fascine. L'accouchement sans douleur est à l'origine de cette curiosité et de cet intérêt, puisque les femmes apprenaient enfin de la naissance tant de choses qu'elles ignoraient jusqu'alors. Puis est venue l'éducation sexuelle, qui a familiarisé le grand public avec un vocabulaire et des mots longtemps réservés à la médecine et à la science.

Les journaux et les magazines ont été peu à peu envahis de photos de femmes mettant au monde leur bébé, et de nombreux films sur la naissance ont été proposés au grand public.

Ainsi, l'accouchement s'est-il peu à peu dépouillé de son côté à la fois mystérieux et inquiétant, pour le plus grand bien des futurs parents.

Il n'empêche que la femme qui attend un enfant, et surtout lorsque c'est le premier, même si les images vues lui ont déjà rendu l'événement plus familier, veut tout savoir de l'accouchement : comment il s'annonce, comment il débute, quand il faut partir pour la maternité, combien de temps dure l'accouchement, s'il fera souffrir, etc. Ce chapitre va s'efforcer de répondre à toutes ces questions.

Un accouchement peut se raconter de deux manières :
▪ on peut en décrire le mécanisme, expliquer les phénomènes physiologiques qui se produisent, et voir ainsi comment la route de la naissance s'ouvre devant le bébé ;
▪ mais on peut aussi raconter l'accouchement tel qu'il est vécu par la mère : comment être sûre que l'accouchement a bien commencé, quelles sont les sensations qu'on peut éprouver, est-il facile de reconnaître les différentes phases du travail ? etc.

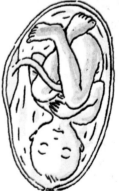

De ces deux aspects, l'un plutôt technique, l'autre plus personnel et plus pratique, c'est assurément le second qui vous intéresse avant tout. C'est celui-là que nous décrirons le plus longuement dans ce chapitre.

Il est néanmoins nécessaire de parler tout d'abord des phénomènes mécaniques qui se produisent lors d'un accouchement.

●D'abord quelques
explications

●
Voyez, ci-contre, la situation de l'enfant à la veille de la naissance. À l'intérieur de l'utérus, l'enfant est entouré comme dans un sac par deux fines membranes : l'amnios et le chorion. À l'intérieur de ce sac, le liquide amniotique est représenté par la partie bleutée qui entoure l'enfant.

À la partie inférieure de l'utérus se trouve le col qui, pendant toute la durée de la grossesse, reste fermé comme un verrou. L'accouchement sera la sortie de l'enfant hors de l'utérus, hors des voies génitales de la mère. Cette sortie ne peut se faire sans un moteur qui pousse l'enfant en avant. Ce moteur, ce sont les contractions de l'utérus qui vont avoir deux effets :

ı elles vont ouvrir le col de l'utérus ;
ı la porte une fois ouverte, les contractions vont faire franchir à l'enfant le tunnel formé par le bassin et les parties molles du périnée et de la vulve, qui est l'ouverture du vagin.

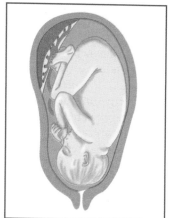

On peut considérer l'accouchement comme la résultante de deux forces opposées : l'une active, c'est la contraction utérine qui cherche à pousser l'enfant dehors, l'autre passive, c'est le tunnel qui résiste à cette poussée.

Voyons de plus près, page suivante, les forces en présence : le moteur utérin, l'enfant, puis le tunnel à franchir.

Le moteur : l'utérus

•Ce qu'il est, comment il fonctionne.

L'utérus est un muscle, comme le biceps par exemple. Mais c'est un muscle creux qui forme comme une poche à l'intérieur de laquelle se trouve l'enfant. Et comme tous les muscles, l'utérus est fait de fibres qui ont le pouvoir de se contracter.

Les contractions de l'utérus sont autonomes, automatiques, c'est-à-dire qu'elles échappent à la volonté : vous ne pouvez ni les diminuer ni les augmenter ; cela ne veut pas dire pour autant que vous allez rester passive pendant votre accouchement, je vous en reparlerai. Les contractions peuvent apparaître dans la deuxième moitié de la grossesse, mais c'est seulement au moment de l'accouchement qu'elles « entrent en scène », qu'elles agissent pour de bon.

•Un jour le moteur se met en marche.

Qu'est-ce qui, un beau jour, déclenche les contractions ?
Pour l'instant, il est impossible de répondre d'une manière précise à cette question, mais il est vraisemblable que plusieurs facteurs entrent en jeu.

Les uns sont purement mécaniques : *la distension utérine*, qui existe en fin de grossesse, agit sur le col pour le forcer progressivement à s'ouvrir. Elle peut aussi agir sur le muscle utérin pour lui faire sécréter des substances actives sur la contraction : les prostaglandines. Fabriquées par l'utérus, le taux des prostaglandines augmente nettement en fin de grossesse.

Des *facteurs nerveux* interviennent également – comme des réflexes – dont le point de départ serait le col utérin. Il est fréquent que le simple toucher vaginal d'une femme à terme déclenche l'accouchement dans les 24 heures qui suivent. On ignore toutefois la nature exacte de ces réflexes.

La *glande surrénale* du fœtus paraît aussi jouer un rôle important : dans les jours et heures qui précèdent l'accouchement, elle devient hyperactive. Mais nous ne savons pas comment s'exerce cette influence. Une autre hormone est connue pour déclencher et entretenir les contractions : c'est l'*ocytocine* sécrétée par l'hypophyse. C'est elle que l'on emploie en perfusion intraveineuse au cours de l'accouchement pour renforcer et régulariser les contractions. À la fin de la grossesse, elle est sécrétée à la fois par l'hypophyse de la mère et par celle du fœtus.

En conclusion, on peut dire qu'aucun de ces différents facteurs ne paraît suffisant à lui seul pour déclencher l'accouchement. Mais il est possible qu'ils s'associent selon un mécanisme qui nous est encore inconnu, pour provoquer, puis entretenir et renforcer les contractions.

•Effet des contractions.

L'utérus commence donc à se contracter. Les contractions vont exercer leur force de haut en bas, c'est-à-dire du fond de l'utérus vers le col. Ce faisant, elles vont avoir une action sur le col : en effet, à chaque contraction, les parois de l'utérus tirent le col vers le haut : voyez le dessin ci-contre.

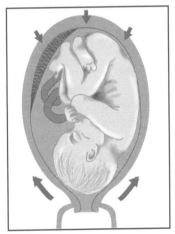

Effet des contractions utérines.

Les contractions tendent à diminuer la longueur de l'utérus. Un muscle, quand il est contracté – biceps, par exemple — se ramasse sur lui-même : c'est ce qu'indiquent les flèches. Le fond de l'utérus est poussé du haut vers le bas, le col est tiré du bas peu à peu vers le haut. Ainsi le col est-il amené à s'ouvrir, et l'enfant à sortir.

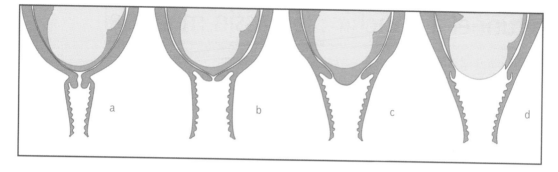

Et c'est ainsi que peu à peu le col va s'ouvrir. Il est en effet indispensable, pour que l'enfant puisse sortir de l'utérus, que s'ouvre le col comme vous pouvez vous en rendre compte sur les schémas a, b, c, d, ci-dessus. Certes, au cours de la grossesse, le col a subi un ramollissement progressif qui rend son ouverture plus aisée, mais *il ne peut s'ouvrir que grâce à l'action des contractions utérines.*

... Dilater le col.

Dans un premier temps, le col se raccourcit progressivement jusqu'à disparaître et se confondre avec le reste de l'utérus. On dit qu'il *s'efface*. Mais au début, il est encore fermé (schéma b). C'est dans un second temps que le col s'ouvre, et toujours sous l'influence des contractions. On dit alors qu'il *se dilate* (schéma c).

Cette dilatation est exprimée en centimètres. La dilatation complète du col correspond à une ouverture de 10 centimètres de diamètre. Les modifications du col s'évaluent par le toucher vaginal, pratiqué régulièrement au cours de la dilatation.

Au cours du premier accouchement, chez la primipare – la femme qui met au monde son premier enfant –, l'effacement et la dilatation du col constituent deux phénomènes bien distincts qui se suivent dans le temps. Chez la multipare – la femme qui a déjà eu des enfants – ils vont souvent de pair : le col s'efface et se dilate en même temps. L'enfant ne peut sortir de l'utérus tant que la dilatation du col n'est pas complète, et ce sont les contractions utérines seules qui produisent cette dilatation.

... Pousser l'enfant en avant.

Les contractions agissent sur le col pour l'ouvrir, mais elles agissent également sur l'enfant : elles le poussent peu à peu vers le bas : voyez les schémas ci-dessus. Cette descente progressive de l'enfant se fait simultanément à la dilatation du col.

L'enfant ne pourra donc sortir de l'utérus que lorsque la dilatation sera complète, mais il faudra auparavant que les membranes qui l'entourent se rompent devant lui pour le laisser passer.

Toujours sous l'effet des contractions, une partie des membranes s'insinue dans l'ouverture du col. C'est à cette portion de membranes et au liquide amniotique qu'elle contient qu'on donne le nom de *poche des eaux* (schéma c).

Les contractions, après avoir ouvert le col, vont faire franchir à l'enfant le bassin maternel qui forme comme un tunnel.

Ces quatre schémas montrent l'effacement et la dilatation du col.

On voit, dessinés schématiquement, la tête de l'enfant, le liquide amniotique (en bleu), les membranes de l'œuf (trait sombre), le tout à l'intérieur de l'utérus dont le col, en bas, s'ouvre dans le vagin.

(a) – Au début de l'accouchement, le col de l'utérus est fermé.

(b) – Peu à peu, sous l'effet des contractions, le col perd sa longueur : on dit qu'il s'est effacé. Mais il reste encore fermé.

(c) – Le col en train de s'ouvrir : il se dilate. Les membranes de l'œuf font saillie, poussées par le liquide amniotique : c'est la poche des eaux.

(d) – Col ouvert, poche rompue, la tête de l'enfant va maintenant s'engager pour sortir de l'utérus. Puis elle va traverser le vagin et la vulve dilatés au maximum.

Le tunnel à franchir : le bassin maternel

Le tunnel à franchir, vous le voyez sur les schémas page 285. Il constitue ce qu'on appelle la *filière pelvi-génitale*. C'est en la traversant que l'enfant rencontrera sur sa route divers obstacles.

Cette filière est d'abord formée par le *bassin osseux*. Ce bassin est constitué par quatre os : le sacrum et le coccyx en arrière, les os iliaques droit et gauche sur les côtés et en avant, là où ces deux os se rejoignent pour former le pubis (ou *symphyse pubienne*).

Pendant la grossesse, l'enfant est situé au-dessus du pubis. Au cours de l'accouchement, il va devoir entrer dans le bassin, le traverser, puis en sortir. L'orifice d'entrée du bassin, par où entre l'enfant, est encore appelé *détroit supérieur*. Il a un peu la forme d'un cœur de carte à jouer. L'orifice de sortie du bassin est appelé *détroit inférieur*. Des muscles ferment en bas le bassin.

Ils sont eux-mêmes recouverts par les parties molles du périnée et de la vulve, dont l'ensemble forme ce que l'on appelle parfois le *bassin mou*, par opposition au *bassin osseux*. L'enfant, au cours de l'accouchement, devra franchir ces obstacles successifs.

Le *périnée* mérite une description un peu plus détaillée puisqu'il est le plancher du petit bassin et, de ce fait, va être soumis pendant l'accouchement à des tensions considérables. Ce muscle tendu comme un hamac entre le pubis et le coccyx (voir le schéma ci-contre) est traversé en trois endroits : le canal urinaire, le vagin et le rectum. J'aurai l'occasion de vous reparler du périnée, en particulier pages 335 et 392.

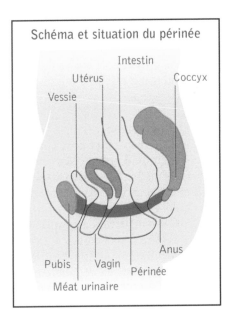

Schéma et situation du périnée

Intestin · Utérus · Coccyx · Vessie · Anus · Pubis · Vagin · Périnée · Méat urinaire

L'enfant

Au terme de la grossesse, au moment où va se déclencher l'accouchement, l'enfant est prêt à effectuer sa sortie. Vous l'avez vu, il est habituellement en position verticale, tête en bas, siège en haut, c'est-à-dire dans le fond de l'utérus, entouré par les membranes et par le liquide amniotique, qui le protègent.

Pour franchir les différents obstacles que nous venons de voir, l'enfant va effectuer toute une série d'évolutions qui vont lui permettre de s'adapter aux formes et aux dimensions du tunnel.

La tête commence par franchir l'orifice supérieur du bassin, ou détroit supérieur. On dit qu'elle s'engage.

En même temps qu'elle s'engage, la tête s'oriente obliquement : c'est que l'orifice supérieur du bassin lui offre plus de place pour passer en oblique ; disons qu'il est plus facile d'entrer dans le bassin la tête tournée du côté droit ou du côté gauche, et fléchie vers le bas, que la tête droite ; c'est pourquoi l'enfant fait ce double mouvement : rotation oblique et flexion vers le bas. L'exemple classique pour comprendre ce

L'accouchement

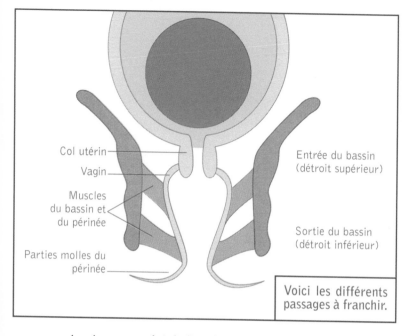

Col utérin
Vagin
Muscles du bassin et du périnée
Parties molles du périnée

Entrée du bassin (détroit supérieur)

Sortie du bassin (détroit inférieur)

Voici les différents passages à franchir.

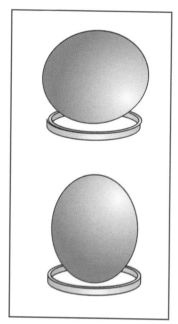

mécanisme est celui de l'œuf que l'on doit faire passer dans un anneau : l'œuf présenté dans son grand axe vertical franchit l'anneau ; présenté dans l'axe transversal, il ne peut pas passer. Voyez les schémas ci-dessus à droite.

Cet engagement, surtout pour un premier enfant, peut se produire à la fin de la grossesse dans les semaines qui précèdent l'accouchement. (Il est parfois ressenti douloureusement par la future mère.)

Une fois le détroit supérieur franchi, la tête de l'enfant descend progressivement dans le bassin. En même temps, elle effectue une seconde rotation qui va l'amener dans un grand axe antéro-postérieur. En effet, au niveau de l'orifice de sortie du bassin, ou détroit inférieur, l'ouverture la plus grande est, non plus dans un diamètre oblique, comme au niveau de l'orifice supérieur, mais dans le sens antéro-postérieur. Là encore, la tête s'oriente pour profiter au mieux des dimensions maximales de l'orifice. Ainsi, au cours de la traversée du bassin, l'enfant aura modifié deux fois l'orientation de sa tête, ce que vous pourrez constater sur les dessins de la page suivante. En d'autres termes, l'enfant est entré dans le bassin en regardant son épaule (la droite ou la gauche), et il sort en regardant le sol.

Après avoir franchi l'orifice de sortie du bassin osseux, la tête de l'enfant rencontre un nouvel obstacle, les muscles du périnée sur lesquels elle va buter un certain temps. Elle force, elle appuie sur eux ; périnée et vagin se dilatent progressivement.

Ils le peuvent grâce à leur élasticité. C'est ce qu'on appelle la période d'*expulsion*.

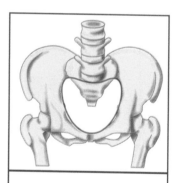

Voici vu d'en haut le bassin osseux de la femme.
Nous voyons le détroit supérieur, les vertèbres lombaires, les os iliaques droit et gauche (larges surfaces), la symphyse du pubis (devant), le sacrum (bas de la colonne vertébrale) et le coccyx (bout du sacrum).

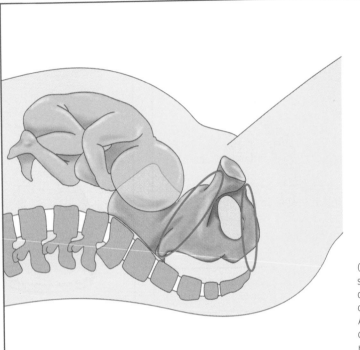

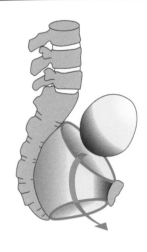

Comme vous le voyez sur ces schémas du canal osseux, l'enfant qui naît ne sort pas « tout droit » : il change deux fois d'orientation. A gauche, la femme est représentée couchée, ci-dessus le schéma la représente debout.

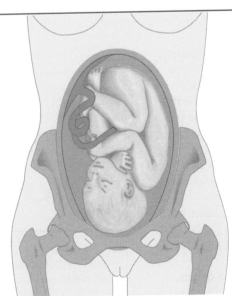

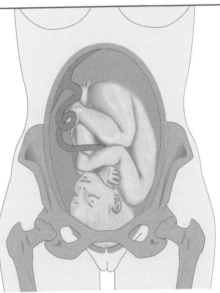

Prélude à l'accouchement.

Dans quelques heures, cet enfant sera né. Les images ci-dessus le montrent au moment où sa vie fœtale s'achève. Sur l'image de gauche, on voit la position de l'enfant et la place qu'il occupe dans le corps maternel. Sur l'image de droite, bien que l'utérus soit fermé, la tête de l'enfant s'est engagée dans le bassin. C'est le prélude à l'accouchement - ressenti par la mère comme un poids au bas du ventre - quelques jours, parfois quelques heures avant les premières contractions.

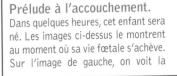

● L'enfant est aidé.

La descente progressive de la tête, cette traversée du tunnel, est facilitée par trois éléments.

▪ Les os du bassin sont soudés entre eux par des articulations. Or, à la fin de la grossesse – et c'est parfois assez douloureux – ces articulations se relâchent, relâchement qui élargit le bassin de quelques millimètres.

▪ Les os du crâne de l'enfant ne sont pas complètement soudés, leur soudure ne sera définitive que plusieurs mois après la naissance. Ainsi le crâne de l'enfant garde-t-il une certaine malléabilité qui lui permet de se façonner à la taille du passage étroit qu'il doit franchir.

▪ Enfin, les parties molles – vagin et périnée – ont une élasticité naturelle.

Pour terminer, deux remarques.

▪ Nous avons constamment parlé de la tête comme si elle seule importait : c'est ce qui se passe en pratique, car elle représente la partie la plus volumineuse de l'enfant. Quand la tête a franchi un obstacle, le reste du corps suit sans difficulté.

▪ Les différents mouvements effectués par l'enfant au cours de l'accouchement ne sont pas des phénomènes actifs. L'enfant n'a pas de manœuvre volontaire à accomplir. Tout est la conséquence des contractions de l'utérus.

En résumé, il est important de comprendre que la contraction utérine constitue le moteur essentiel de l'accouchement. C'est elle qui permet la dilatation progressive du col et la descente de l'enfant, phénomènes qui se déroulent simultanément. Il n'y a pas d'accouchement normal sans contractions utérines régulières et efficaces.

L'accouchement comprend donc deux phases successives, et de durée inégale : la première (c'est la plus longue), la *dilatation* du col de l'utérus, la deuxième (beaucoup plus courte), l'*expulsion* de l'enfant. Vous retrouverez ces deux phases dans le film de l'accouchement que je vais maintenant vous décrire, comme vous allez le vivre vous-même.

Après la naissance de l'enfant, une troisième phase terminera l'accouchement, phase au cours de laquelle sera rejeté le placenta, et qu'on appelle la *délivrance*.

●●

Le chemin du bébé

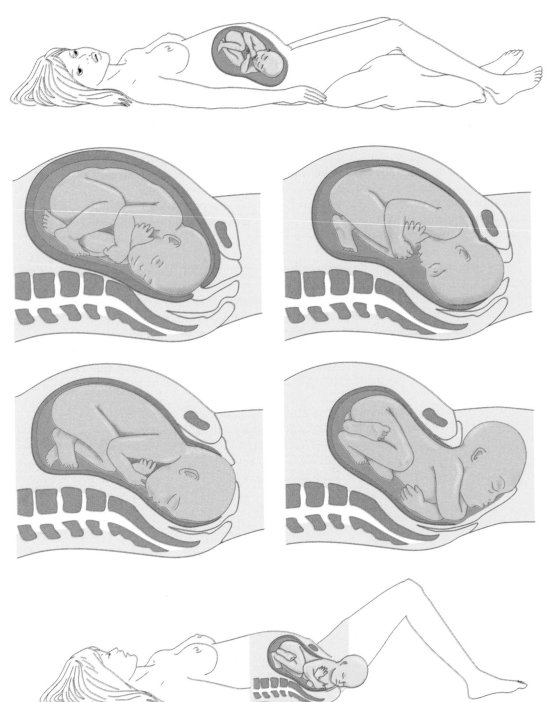

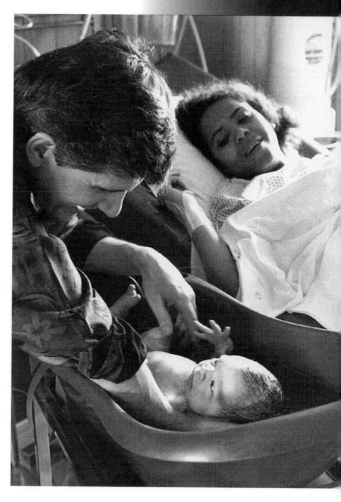

Le film
de l'accouchement

Comment débute un accouchement

L'accouchement ne débute pas toujours de façon nette, précise et stéréotypée, et il vous arrivera peut-être, surtout si vous accouchez pour la première fois, de vous demander si le moment est venu de partir pour la maternité.

Au moins en théorie, le début de l'accouchement est marqué par l'expulsion du bouchon muqueux et l'apparition de contractions utérines douloureuses.

Le bouchon muqueux,

qui est constitué de sécrétions glaireuses, bouche le col de l'utérus pendant la grossesse. C'est pourquoi, lorsqu'il est expulsé, la future mère pense qu'il faut partir aussitôt à la maternité. Ce n'est pas le premier signe qui doit vous déterminer, car cette expulsion peut précéder l'accouchement de 24 ou 48 heures, voire plus. Elle peut aussi passer inaperçue. Cette expulsion est le signe que le col de l'utérus commence à se modifier.

Ce qui va vraiment marquer le début de l'accouchement, c'est l'apparition de contractions utérines douloureuses.

• L'apparition de contractions utérines douloureuses.

Des contractions peuvent apparaître dans les derniers mois et surtout dans les dernières semaines de la grossesse. Vous pouvez les percevoir en plaçant la main sur le ventre : vous le sentez durcir de temps en temps. Mais ces contractions n'ont pas de rythme précis, pas de périodicité : elles sont anarchiques et en général peu douloureuses. Elles ne traduisent pas le début de l'accouchement.

Il en est de même de certaines douleurs, perçues tantôt comme une sensation de pesanteur, tantôt comme celle d'une distension osseuse et qui peuvent correspondre à l'engagement de la tête ou aux modifications du bassin. Mais ces douleurs ne s'accompagnent pas de contractions.

Ces contractions non douloureuses, ces douleurs sans contractions n'indiquent pas le début de l'accouchement. C'est l'association douleur et contractions de plus en plus fortes et régulières qui signe vraiment le début de l'accouchement.

Les premières contractions sont habituellement ressenties dans le ventre, mais elles peuvent aussi être ressenties au niveau des reins.

Au début, les contractions sont peu intenses, pas toujours faciles à percevoir, se manifestant comme un simple pincement, ou comme la douleur qui accompagne souvent les règles.

Lorsque ces pincements sont si discrets qu'on n'est pas sûre qu'ils correspondent bien à des contractions, il y a un moyen simple de s'en assurer : il faut poser la main sur le ventre ; s'il durcit, c'est bien que l'utérus se contracte.

Si c'est le fait de ressentir les contractions qui vous a donné l'alerte, peu à peu vous remarquerez que ces contractions auront d'autres caractéristiques qui achèveront de lever le doute :

▪ les contractions sont régulières, elles reviennent selon un rythme précis, vous pouvez d'ailleurs noter le temps qui s'écoule entre deux contractions ;

▪ elles sont de plus en plus rapprochées ;

▪ elles sont de plus en plus longues ;

▪ elles sont de plus en plus intenses, de plus en plus douloureuses.

Vous aurez l'impression qu'elles montent comme une vague, qu'elles vous envahissent, se propagent comme une onde qui naît au milieu du dos, se divise en deux branches qui entourent les hanches, et se rejoignent dans le ventre en enserrant le corps comme une ceinture.

Lorsque vous aurez constaté que les faibles contractions du début, les petits pincements qui vous ont donné l'alerte sont finalement devenus ces contractions bien rythmées, de plus en plus rapprochées, de plus en plus longues, de plus en plus intenses, de plus en plus douloureuses, vous saurez que c'est vraiment la naissance de votre enfant qu'elles préparent.

En attendant de partir pour la maternité.
Si la mère a envie de prendre un bain — et qu'elle n'a pas perdu les eaux — le père pourra l'aider à s'installer et à bien se relaxer.

Je vous parlerai au chapitre 13 de la douleur, mais sachez d'ores et déjà qu'elle est plus ou moins forte selon les femmes. Et surtout, une fois que vous saurez reconnaître l'approche, la montée d'une contraction, votre attitude, à partir de ce moment-là, pourra, dans une certaine mesure, diminuer ou amplifier la douleur.

● Comment être sûre que l'accouchement a bien commencé ?

Si vous hésitez encore, c'est possible, alors faites ceci : mettez à dix minutes d'intervalle deux suppositoires d'un antispasmodique que vous aura peut-être prescrit le médecin. S'il s'agit d'un faux début de travail, les contractions s'estomperont et disparaîtront. S'il s'agit bien du début de l'accouchement, les suppositoires n'auront aucune action, les contractions continueront. Un bain chaud permet de la même manière de savoir s'il s'agit d'un vrai ou d'un faux début de travail.

Pour le cas où vous n'auriez pas de suppositoire antispasmodique, ou pas de possibilité de prendre un bain chaud, ce seront les caractéristiques des contractions que nous avons décrites plus haut qui vous donneront une réponse. Et si, au contraire, les contractions restent irrégulières, n'augmentent ni en fréquence, ni en durée, ni en intensité, il y a de fortes chances pour qu'elles n'indiquent qu'un faux début de travail. Au bout de quelques heures, ces contractions disparaîtront comme elles sont venues. Et l'accouchement ne s'annoncera peut-être que quelques jours, ou même quelques semaines plus tard.

Les fausses alertes sont-elles fréquentes ? Elles se produisent dix à quinze fois sur cent, et le plus fréquemment au moment de l'engagement de la tête de l'enfant dans le bassin.

Dès que vous serez sûre que l'accouchement a bien commencé, ne buvez plus et ne mangez plus : boire ou manger pendant l'accouchement peut provoquer des vomissements et au cas où une anesthésie serait nécessaire, il est préférable d'avoir l'estomac vide.

Avant de partir, vous pouvez faire un mini-lavement (Microlax par exemple, ou suppositoire de glycérine). Cela vous évitera, quelques heures plus tard, lorsque vous aurez des envies de pousser et en même temps des fausses envies d'aller à la selle, de vous crisper pour vous retenir. Vous pourrez calmement laisser votre périnée se relaxer, sans crainte d'avoir envie d'aller à la selle sur la table d'accouchement. Mais si le suppositoire ne faisait pas d'effet, ne soyez pas gênée en cas d'émission de selles ou d'urines lors de l'expulsion. C'est fréquent puisque le bébé appuie sur le rectum, c'est banal pour l'obstétricien ou la sage-femme. Quant au papa, placé à la tête du lit, il ne sera pas confronté directement à l'incident.

● La perte des eaux.

Certaines femmes pensent que le premier signe de l'accouchement est la perte des eaux. En fait, celle-ci peut avoir lieu à des moments variables.

Elle peut se produire avant même que l'accouchement ait commencé vraiment (voir page 293, « Un cas particulier »).

La perte des eaux a généralement lieu pendant la dilatation. Si la rupture de la poche des eaux ne se fait pas spontanément, le médecin ou la sage-femme décide en général de la rompre lorsque le col est ouvert de 4 ou 5 centimètres, afin d'accélérer la dilatation.

Autrefois, on ne provoquait pas artificiellement cette rupture, et lorsqu'elle avait lieu à dilatation complète, l'enfant naissait la tête recouverte de ses membranes, d'où l'expression « né coiffé » ; c'était considéré comme un signe de chance.

Quand partir pour la maternité ?

Faut-il partir dès les premières contractions ? À la perte du bouchon muqueux ?
À la perte des eaux ? Faut-il attendre d'avoir une quasi-certitude que l'accouchement a
bien commencé ?

Cela dépend si vous attendez votre premier enfant, si c'est le deuxième ou,
a fortiori, le troisième. Le premier accouchement est le plus long (voir page 302 :
« la durée de l'accouchement »). Entre les premières contractions et la dilatation complète
(dont je vous parle page 295), il s'écoule plusieurs heures, vous avez donc le temps de voir
venir. Pour vous donner quand même une indication plus précise, je vous dirai ceci : notez
le rythme de vos contractions, vous n'aurez pas besoin de partir avant qu'elles se
reproduisent toutes les 10 minutes environ et qu'elles durent au moins 40 secondes.

Si vous attendez votre deuxième enfant, la dilatation sera plus rapide, vous partirez
dès que les contractions seront régulières et bien rythmées, quel que soit l'intervalle.

Cela dit, pour décider du moment du départ, vous tiendrez évidemment compte
d'autres facteurs : jour ou nuit, distance de la maternité, quartiers à traverser, etc.
Il est évident que pour un premier enfant s'annonçant la nuit, il est moins urgent
de partir que pour un troisième s'annonçant à midi et en
pleine ville.

Mais j'ajoute ceci : si vous hésitez
encore à partir, allez à la maternité
où la sage-femme vous examinera et,
selon les cas, vous gardera ou
vous renverra chez vous s'il
s'agit d'une fausse alerte.
N'ayez pas peur d'être
ridicule. Mieux vaut vous
déranger inutilement que
partir trop tard en
catastrophe. Cela est
valable même si vous devez
être accouchée par un
médecin de votre choix. Ne
pensez pas qu'il suffira de
l'appeler au téléphone pour
avoir son avis : il ne pourra pas
vous le donner sans examen.

Une des angoisses de bien des futures mères, c'est de se retrouver seules en pleine
nuit, au moment de partir pour la maternité (par exemple si, du fait de sa profession ,
leur mari se déplace souvent).

Le plus rassurant, c'est de prévoir des solutions de rechange – amis, voisins,
ambulance –, d'inscrire soigneusement leur numéro de téléphone. Plusieurs lectrices
m'ont signalé que certains taxis ne voulaient pas assurer le transport d'une femme sur le
point d'accoucher. C'est pourquoi il est important d'avoir le numéro d'une ambulance.
La recommandation peut paraître superflue, mais j'ai noté plus d'une fois que la future
mère n'y avait pas pensé. En cas d'extrême urgence, n'oubliez pas qu'il y a toujours le
SAMU ou les pompiers.

Un cas particulier. Normalement, vous perdrez les eaux pendant l'accouchement, c'est-à-dire lorsque vous serez déjà à la maternité. Mais il peut arriver que cette perte survienne avant le début du travail, quand vous êtes encore chez vous. Vous vous en rendrez sûrement compte car le liquide amniotique, clair comme de l'eau, est abondant (1 litre environ). Même si la perte vous paraît plus minime (il peut s'agir d'une simple fissure de la poche des eaux) et même en l'absence de tout autre signe faisant penser que l'accouchement va commencer, vous partirez aussitôt pour la maternité. Si possible, vous partirez en voiture en position allongée ou semi-allongée (et non pas à pied). N'hésitez pas à demander une ambulance, même pour un court trajet. Tout se passera bien sans doute ; mais, lorsque la poche des eaux est rompue, il y a quand même des risques d'éventuelles complications, notamment de procidence du cordon, c'est-à-dire la sortie du cordon hors de l'utérus. Soyez prudente, rendez-vous à la maternité rapidement.

L'arrivée à la maternité

Le moment de partir est venu. Vos deux valises, la vôtre et celle du bébé, sont déjà prêtes. (Au sujet de votre valise, et de celle du bébé, voyez *Qu'emporter à la maternité* page 419.) Ce n'est pas le moment de regarder si rien n'y manque. Votre mari ou votre mère auront toujours le temps de vous apporter ce que vous aurez oublié. Ne demandez pas à la personne qui vous conduit d'aller vite. Encore une fois, vous avez tout le temps.

Dans les taxis de New York, il y a un petit écriteau : « Seat back and relax », c'est-à-dire : « Installez-vous dans le fond et détendez-vous. » Imaginez que vous avez ce petit écriteau devant les yeux.

Vous arrivez à la maternité. Une infirmière vous conduit dans votre chambre ou dans une petite salle réservée aux premiers examens.

La sage-femme de garde vous examine, comme lors des autres consultations prénatales : poids, tension, urines, mesure de la hauteur utérine, bruits du cœur du bébé et monitorage (c'est-à-dire enregistrement du rythme cardiaque fœtal et des contractions utérines).

Alors, de deux choses l'une :

■ ou c'est une fausse alerte, cela arrive : le travail n'a pas encore commencé et vous n'avez plus qu'à rentrer chez vous ;

■ ou la sage-femme constate que le travail a effectivement commencé. Elle le verra en examinant le col de l'utérus. S'il a commencé à se dilater, c'est bien le début de l'accouchement : la première phase, la dilatation.

La sage-femme pourra même vous dire à quel stade en est cette dilatation. Vous avez vu que celle-ci passe par différents stades que l'on évalue en centimètres. Par exemple, la sage-femme vous dira : « Vous en êtes à 3 centimètres. » Vous serez alors installée dans une salle dite de « prétravail » , ou directement en salle de naissance si la dilatation est plus avancée.

Maintenant que vous avez passé le stade du doute, que vous êtes entre les mains expertes de la sage-femme, que vous savez qu'elle va s'occuper de vous régulièrement, vous n'avez qu'une chose à faire : vous détendre, et vous rappeler ce que vous devez faire pendant la dilatation — on vous l'a expliqué, si vous avez suivi des séances de préparation à l'accouchement. Et vous le retrouverez en détail à la page suivante. Peut-être, d'ailleurs, la sage-femme qui vous a préparée sera-t-elle à vos côtés pour vous le redire.

Il est également possible que ce soit votre mari qui reste près de vous.

À son arrivée, le plus souvent, la future mère est accueillie chaleureusement par le personnel de la maternité. Mais la vérité oblige à dire que cela ne se passe pas toujours ainsi. Les responsables médicaux et administratifs n'aiment pas qu'on le dise, mais pourtant les faits sont là et je pense qu'il vaut mieux en parler pour obtenir un changement. On croit, et c'est normal, que tout le monde ouvrira grandes les portes et vous accueillera comme une princesse. Or parfois l'accueil est bien différent ! C'est : « Donnez-moi vos papiers de Sécurité sociale, la sage-femme va venir, en attendant mettez-vous là ! », avec à peine un regard. S'il y a beaucoup d'admissions en même temps, on comprend que l'accueil ne soit pas le même que si la femme est seule à arriver. Il n'empêche que parfois, on tombe de haut, et la froideur de l'accueil, par l'énervement qu'elle produit, peut en quelques secondes détruire la préparation à l'accouchement qui cherche d'abord à vous détendre. Tout le monde est d'accord, il faut humaniser les maternités. Voilà une occasion à ne pas manquer.

La dilatation

Cette première phase de l'accouchement, la dilatation, qui a commencé lorsque vous étiez chez vous et que vous avez senti les premières contractions, va maintenant se poursuivre.

Il n'est pas possible de vous dire combien de temps va durer la dilatation. Cela dépendra de plusieurs facteurs ; sur ce point, lisez la page 302.

Pendant cette période, vous serez régulièrement surveillée par la sage-femme ou par le médecin. Ces examens sont nécessaires pour apprécier :

▪ l'efficacité des contractions utérines ;
▪ le caractère progressif et régulier de la dilatation du col ;
▪ la progression de la tête dans le tunnel du bassin ;
▪ l'état de l'enfant par l'auscultation des bruits du cœur.

Vous pouvez également, au cours de la dilatation, voir pratiquer un certain nombre de gestes dont il ne faudra pas vous étonner et encore moins vous alarmer.

▪ Il peut être ainsi nécessaire de vous administrer différents médicaments par voie intramusculaire, c'est-à-dire en piqûre. Ils sont destinés à régulariser la marche de l'accouchement et à éviter qu'il ne dure trop longtemps. On vous fera aussi probablement une perfusion par voie intraveineuse qui vous apportera de l'eau et du glucose.

▪ De même, si vous n'avez pas perdu les eaux spontanément, la sage-femme ou l'accoucheur rompront les membranes au cours du travail. Ce geste est indolore, vous n'aurez que la sensation du liquide chaud qui s'écoule.

▪ Il est également probable que les contractions et le rythme cardiaque de l'enfant seront surveillés par le monitoring.

Quand votre col sera complètement dilaté, commencera une nouvelle phase de l'accouchement qui correspond à la sortie de l'enfant. On appelle cette phase l'expulsion. C'est un terme médical que je suis bien obligée d'employer, mais je ne l'aime pas : une mère n'expulse pas son enfant, elle le met au monde.

Si vous devez être accouchée par un médecin de votre choix, la sage-femme le tiendra régulièrement au courant des progrès du travail, et lui-même jugera quand il devra venir.

Ce que vous devez faire pendant la dilatation.

Les contractions, vous allez vite vous en rendre compte vous-même, sont involontaires : vous ne pouvez ni les augmenter, ni les diminuer, ni en modifier le rythme. Pour vous donner une idée de leur fréquence et de leur durée, je peux vous signaler qu'en plein travail elles reviennent toutes les 3 à 5 minutes et durent de 40 à 60 secondes.

Mais vous ne resterez pas passive pour autant. Votre attitude, votre comportement peuvent avoir une grande influence sur le déroulement de l'accouchement : il sera d'autant plus rapide que vous serez calme et détendue.

C'est le moment de mettre en pratique ce que vous avez appris en préparant votre accouchement ; il y a deux choses importantes à faire : bien respirer, bien vous détendre. Vous allez comprendre pourquoi.

Respirer.

Lorsqu'un muscle se contracte, c'est-à-dire travaille, il consomme de l'oxygène. Et plus il se contracte, plus il en consomme. Or, votre utérus est en train précisément de fournir un travail intense. Il a donc particulièrement besoin d'oxygène. Vous devez aussi continuer à en envoyer à votre enfant. Pour cela, le meilleur moyen : respirer bien régulièrement.

Vous détendre.

Les contractions de l'utérus sont involontaires. Mais si vous ne pouvez les provoquer, vous pouvez les rendre plus ou moins douloureuses. En effet, que fait votre utérus ? Comme vous l'avez vu, il se contracte régulièrement pour ouvrir peu à peu le col.

Dans des conditions normales, le col s'ouvre graduellement jusqu'à la dilatation complète. Mais lorsque la mère est contractée, le col de l'utérus, qui a déjà tendance à résister à la dilatation, résiste encore plus. Il en résulte une douleur.

Pour expliquer cette douleur, un célèbre accoucheur, le docteur Read, dont je vous parlerai plus loin, faisait une comparaison avec la vessie : comme l'utérus, la vessie est fermée par un col. Au repos, celui-ci demeure contracté et empêche l'urine de s'écouler. Lorsque la vessie a besoin de se vider, le col qui la ferme se relâche, les parois de la vessie se contractent et expulsent l'urine. Mais si, à ce moment, vous êtes obligée de vous retenir, vous vous contractez pour vous opposer à l'ouverture du col qui ferme la vessie. Cet effort, d'inconfortable devient rapidement douloureux, ou même intenable s'il se prolonge. La douleur ne disparaît que lorsque vous laissez la vessie dilater son col et se vider.

Pendant la dilatation, il faut donc, pour ne pas contrarier la nature, que vous restiez bien détendue. Pour y parvenir, recherchez d'abord une bonne position.

Quelle est la meilleure position à adopter pendant la dilatation ?

Souvent c'est de se mettre sur le côté, mais vous trouverez vous-même la position dans laquelle vous serez la plus détendue : debout, assise, couchée, rien d'ailleurs ne vous empêche de marcher si vous vous sentez mieux ainsi.

Si vous êtes encore chez vous, je vous signale qu'il peut être agréable de prendre un bain tiède et de vous relaxer longuement, ce qui aide le col à se dilater grâce à la détente que procure le bain. Une seule condition : n'avoir pas perdu les eaux.

Et si vous êtes déjà à la maternité, pourquoi ne pas demander de prendre ce bain sur place, certaines maternités sont équipées de baignoires où l'on peut se relaxer pendant le travail.

Une fois que vous serez bien installée, détendez-vous complètement en relâchant tous vos muscles. Ensuite, au moment où vous sentirez la contraction monter, évitez de vous crisper, de résister. Une sorte de réflexe de défense tend à vous raidir contre la contraction. Il faut lutter contre ce réflexe et, au contraire, vous détendre. Le boxeur se recroqueville, il se couvre pour parer le coup. Vous devez faire le contraire : vous détendre, vous « ouvrir » pour que le coup passe bien. C'est ainsi que la dilatation se fera sans encombre et en vous faisant le moins souffrir. Read dit : « À femme contractée, col contracté. À femme détendue, col relâché. » Rappelez-vous bien cette formule, elle vous sera précieuse. Vous trouverez page 338 et suivantes des exercices qui vous apprendront à vous détendre complètement.

Ce sont, entre autres, des exercices respiratoires. Voici comment les utiliser pendant la dilatation.

Quand faut-il respirer ? Quand faut-il se détendre ?

Dès qu'une contraction approche (vous savez maintenant comment elle s'annonce), je vous propose de souffler l'air contenu dans la poitrine, puis d'inspirer en gonflant le ventre pour faire une respiration profonde. Puis vous expirerez à nouveau en rentrant le ventre (voir page 332). Vous recommencerez cette respiration profonde 3 à 4 fois de suite selon la durée de la contraction.

Dès que vous aurez senti que la contraction est passée, vous reprendrez votre respiration habituelle, vous vous détendrez le plus possible, c'est cela qui vous permettra de bien maîtriser la contraction suivante. Et, à chaque nouvelle contraction, vous recommencerez le cycle : expiration, puis enchaînement de 3 à 4 respirations profondes.

Tout au long du travail, et plus particulièrement à la fin de la période de dilatation, surtout si la tête est déjà bien engagée, il est possible que vous ressentiez au cours des contractions le besoin de « pousser ».

À ce stade, en poussant, vous n'aideriez pas le travail, vous le rendriez seulement plus douloureux. De plus, cela aboutirait, non à un gain, mais à une perte de temps. Pousser sur un col incomplètement dilaté gêne la dilatation, et prolonge la durée de l'accouchement. D'autre part, ces efforts prématurés de poussée risquent de vous fatiguer et de vous faire arriver en moins bonne forme au moment où, au contraire, vous devrez participer activement à la naissance de votre enfant et dépenser toute l'énergie musculaire dont vous disposez. Le moment venu, la sage-femme vous indiquera quand vous pourrez pousser.

En attendant, faites soit des respirations superficielles, soit des respirations haletantes (voir page 333) qui vous empêcheront de pousser.

Pourquoi ces respirations légères pendant la contraction ? Pour éviter que le diaphragme n'appuie sur l'utérus, ce qui pousserait trop fortement le bébé vers le bas.

Le diaphragme est le muscle qui se trouve entre le thorax et l'abdomen (la poitrine et le ventre). Lorsqu'on respire, il se contracte et s'abaisse. Ainsi, plus la respiration est profonde, plus le diaphragme s'abaisse. Et lorsque la respiration est superficielle et légère, le diaphragme bouge à peine.

Il arrive parfois au cours du travail que se produisent dans les bras et les jambes des fourmillements accompagnés de crampes et d'une certaine sensation de malaise général. Tout ceci disparaît très vite avec une injection intraveineuse de calcium.

L'expulsion : la mise au monde

Lorsque la dilatation sera complète, va commencer la deuxième phase de l'accouchement qui sera d'ailleurs plus courte : elle durera 20 à 30 minutes pour une première naissance, beaucoup moins pour les suivantes.

À ce stade, les contractions deviennent plus rapprochées et durent plus longtemps.

La tête de l'enfant appuie sur les muscles du périnée et cet appui vous donne le besoin de pousser. Il est alors important que vos efforts de poussée soient bien dirigés.

Suivez les conseils de la sage-femme ou du médecin.

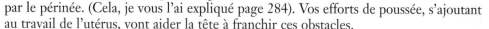

Autrement dit, au moment de la dilatation, vous avez essentiellement à supporter les contractions, à les laisser faire seules leur travail, en restant détendue. Maintenant au contraire, vous allez participer activement à la naissance de votre enfant, vous allez aider l'utérus à faire son travail pour pousser l'enfant en avant. L'enfant sort du tunnel osseux du bassin, il va franchir le tunnel plus souple formé par le vagin et par le périnée. (Cela, je vous l'ai expliqué page 284). Vos efforts de poussée, s'ajoutant au travail de l'utérus, vont aider la tête à franchir ces obstacles.

Ce que vous devez faire pendant l'expulsion.

Que faut-il faire pour aider l'utérus dans son travail à ce stade ? Abaisser le diaphragme et contracter les abdominaux. Ainsi, l'utérus comprimé de haut en bas par le diaphragme, d'avant en arrière par les abdominaux, accentuera sa pression sur l'enfant. Mais l'important c'est que vos efforts de poussée coïncident avec les contractions.

Pour y arriver, voici comment procéder.

- **La contraction s'annonce.**

Mettez-vous dans la position d'expulsion : dos relevé, cuisses écartées, pieds dans les étriers. Ou peut-être : les jambes posées sur des sortes de demi-gouttières rembourrées sur lesquelles genoux et mollets prennent appui, ceci est la position classique d'accouchement. En fait, certains accoucheurs reviennent à des positions traditionnelles, assise ou accroupie, voir page 309. Dans cette position, relâchez bien le périnée. Faites une bonne respiration profonde (voir page 332).

- **La contraction est là.**

Bouche fermée, inspirez profondément, c'est ainsi que vous abaisserez au maximum le diaphragme. Arrivée au sommet de l'inspiration, bloquez votre souffle. Puis, contractez fortement vos muscles abdominaux à partir du creux de l'estomac pour appuyer le plus possible sur l'enfant et le pousser vers le bas, tout en vous efforçant de garder le périnée bien relâché.

C'est le traditionnel « inspirez, bloquez, poussez ». Pour vous aider à pousser, saisissez des deux mains les barres soutenant les étriers, et tirez sur vos mains. Dans l'effort, vos épaules se soulèvent du lit : c'est bien, faites le dos rond ; inclinez la tête sur la poitrine.

Ne vous inquiétez pas si vous n'arrivez pas à bloquer votre souffle aussi longtemps que dure la contraction, c'est difficile à faire. Pour vous aider, rejetez par la bouche l'air que vous avez dans les poumons, reprenez rapidement une bouffée d'air, bloquez de nouveau votre souffle et continuez à pousser jusqu'à la fin de la contraction.

● La contraction est passée.

Vous venez de fournir un violent effort ; maintenant faites une respiration profonde en inspirant et en expirant largement.

● Entre deux contractions.

Relâchement musculaire pour récupérer vos forces et respiration normale.

Sauf indication du médecin, ne poussez pas entre les contractions.

En lisant ce qui précède, vous vous demandez peut-être si vous saurez bien distinguer les moments où il faut pousser, ceux où il faut vous détendre. Ne vous faites pas de souci, le médecin ou la sage-femme, à côté de vous, suivront la progression de l'enfant et vous guideront.

Contrairement à ce que les femmes redoutent souvent, cette phase de l'expulsion n'est pas la plus pénible de l'accouchement, parce que si elles poussent de toutes leurs forces à ce moment-là, elles ne sentent plus la douleur de la contraction utérine. La douleur est enfouie sous l'effort, si l'on peut dire. Certaines femmes ne poussent pas parce qu'elles ont peur que la tête de l'enfant n'ait pas la place de passer. Elles se représentent le vagin comme il est en dehors de la grossesse. Or, en fait, il est très différent, il s'est préparé pour le passage de l'enfant (voir page 150).

Grâce à vos efforts, la tête de l'enfant commence à apparaître dans l'ouverture de la vulve et l'on peut voir les cheveux. À chaque contraction, la vulve se dilate davantage et une plus grande partie de la tête apparaît. À un certain moment, on vous demandera de ne plus pousser. C'est en effet alors au médecin ou à la sage-femme de dégager lentement et progressivement la tête hors de la vulve. À ce stade, ne soulevez pas la tête, laissez-la bien sur le lit, cela vous évitera de pousser ; et pour vous aider, faites la respiration haletante, comme à la fin de la dilatation (voir page 333).

Vous verrez qu'il est impossible de respirer de la sorte et de pousser en même temps. Et lâchez les barres que vous teniez : vous n'avez plus d'effort à fournir, au contraire. Un effort de poussée risquerait de faire sortir brutalement la tête et de provoquer une déchirure plus ou moins importante du périnée.

● Différentes manières de pousser :

«Inspirez, bloquez, poussez » : c'est la base de la préparation classique, la technique de poussée le plus souvent recommandée pendant toute l'expulsion. C'est ce que je viens de vous décrire.

Depuis quelque temps, une autre proposition est faite au sujet de la poussée, qui, d'après leurs auteurs, protège mieux le périnée et évite les prolapsus. C'est en particulier la proposition du docteur Bernadette de Gasquet (voir page 333) ; elle parle de *poussée en expiration freinée*, voici sa méthode (1).

1. Vous trouverez le détail de cette méthode dans le livre de B. de Gasquet *Bien-être et maternité*, éditions Implexe

« Lorsque le réflexe de poussée se manifeste, les abdominaux se resserrent spontanément sur le bébé et le poussent en avant. À ce moment-là, la mère n'a pas à pousser en force le bébé vers le bas (ce qui forcerait également sur la vessie) : elle « se retire » de l'enfant, le laissant glisser à travers le périnée qui s'ouvre devant lui.

« La poussée en expiration freinée se fait mieux lorsque la mère est accroupie ou assise et que, dans cette position, elle peut s'étirer : par exemple en s'accrochant au cou de son mari, ou à une barre, ou en étant soutenue sous les aisselles. Cet étirement accentue le serrage abdominal et relâche le périnée. Sinon on peut aménager la position gynécologique classique : allongée sur le dos les genoux étant ramenés sur la poitrine, la mère les repousse de ses mains ; en faisant ce geste, elle augmente la pression abdominale. »

Ces différences dans la manière de respirer, de pousser, peuvent paraître un peu compliquées, mais je vous en parle pour que vous ne soyez pas prise au dépourvu si ce que la personne qui est à vos côtés vous demande est différent de ce que je vous ai décrit dans ce livre. De toute façon, vous ne serez pas seule, vous aurez une sage-femme près de vous ; au fur et à mesure du déroulement de l'accouchement, elle sera là pour vous guider, pour vous aider.

L'épisiotomie

Le dégagement de la tête hors de la vulve peut être plus délicat dans certaines conditions : gros enfant, vulve très étroite, périnée très résistant ou anormalement fragile. Cette fragilité du périnée peut être constitutionnelle, ou acquise (prise de poids très importante au cours de la grossesse avec infiltration des tissus). Le médecin est alors amené, afin d'éviter une déchirure, à pratiquer une incision du périnée : c'est l'épisiotomie qui est généralement faite latéralement.

Certains accoucheurs pensent en plus que pratiquer une épisiotomie permet de prévenir l'incontinence urinaire : en effet, cette incision diminue la tension qui s'exerce au niveau de la vulve et de l'urètre (c'est-à-dire le canal urinaire et le muscle sphincter qui le ferme).

Les femmes redoutent l'épisiotomie, c'est compréhensible, elles ont peur que cela fasse mal. En réalité, l'épisiotomie est en général faite sous anesthésie locale, elle est donc indolore ; sinon elle est pratiquée au moment d'une poussée, ce qui diminue la sensation de douleur. Et si la mère a une péridurale, elle ne sentira pas l'épisiotomie. Sur ce sujet, voir également page 386.

Le premier cri

La tête une fois sortie de la vulve, le médecin ou la sage-femme dégage une épaule, puis l'autre. Le reste du corps de l'enfant suit sans difficulté.

Votre enfant est né : ses narines se dilatent, son visage se plisse, sa poitrine se soulève, sa bouche s'entrouvre. Pour la première fois de sa vie, il respire. Il pousse un cri, peut-être de douleur, car l'air s'engouffre dans ses poumons et les dilate violemment.

La sensation que vous éprouverez en entendant ce premier cri est difficile à décrire : satisfaction intense mêlée de fierté ; une certaine peine à réaliser que cet enfant que vous venez de porter neuf mois en vous est maintenant à côté de vous ; lassitude à cause de l'effort intense que vous venez de fournir. Ces sentiments seront riches, multiples, envahissants. D'ailleurs, vous ne chercherez pas à les analyser, ce qui comptera d'abord pour vous ce sera de contempler, d'admirer avec émotion cet enfant que vous venez de mettre au monde, cet enfant qui est probablement déjà dans vos bras : en effet, dès la minute de la naissance, on pose l'enfant sur le ventre de sa mère, ainsi le contact mère-enfant est aussitôt établi, ou plutôt rétabli. La mère peut mieux sentir l'enfant, le toucher, mieux percevoir la réalité de son corps. Et lorsque le père est témoin de la naissance, cette soudaine réalisation du triangle est bouleversante, tous ceux qui l'ont vécu en témoignent.

Hier encore, quand un enfant naissait et qu'il n'avait pas poussé son premier cri, on s'inquiétait et on faisait tout pour le provoquer, car ce cri était considéré comme le signe même de la vitalité du bébé. Aujourd'hui, on s'est rendu compte que l'enfant pouvait ne pas crier tout en étant en pleine forme. Je vous dis cela car vous ne devez pas vous inquiéter si votre enfant ne crie pas en naissant.

L'examen du nouveau-né

Il y a maintenant dans la salle de naissance une personne de plus. En ce moment, c'est le nouveau-né qui a besoin de soins, pendant que l'utérus se repose avant d'entreprendre la dernière partie de son travail, la délivrance.

Le médecin met deux pinces sur le cordon ombilical et coupe entre ces pinces. De toute manière la circulation s'interrompt spontanément dans le cordon et, au bout d'un certain temps, on pourrait le couper sans qu'il saigne. Cette section du cordon est indolore et pour la mère et pour l'enfant. Ce geste marque le début de l'autonomie de l'enfant.

L'enfant est alors posé sur une table chauffante, équipée d'un matériel de désobstruction, car il n'est pas rare qu'il ait absorbé quelques mucosités dont il faut le débarrasser. Un système d'oxygénation peut être également mis en œuvre, si nécessaire.

Pendant que la dernière phase de l'accouchement se termine, la sage-femme, ou la puéricultrice, fait la toilette du nouveau-né : elle débarrasse le bébé de l'enduit qui recouvre son visage, soit avec de l'huile tiède, soit avec de l'eau et du savon. Elle le lave et le pèse ; elle instille dans les yeux de l'enfant un collyre pour prévenir toute infection. Elle met à son poignet un petit bracelet d'identité ; ainsi il n'y aura aucun risque de confondre le nouveau-né avec un autre.

Le médecin ou la sage-femme, par un examen rapide – le test d'Apgar – contrôle alors que tout est normal chez le nouveau-né :
- coloration de la peau ;
- rythme respiratoire et cardiaque ;
- motricité spontanée ;
- organes génitaux externes ;
- perméabilité du nez, de l'œsophage et de l'anus au moyen de petites sondes.

Un nouvel examen plus complet et plus méthodique sera fait dans les jours qui suivront. Cet examen comprendra en particulier la recherche du signe du ressaut pour dépister une éventuelle tendance à la luxation de la hanche, et un examen neurologique avec étude des réflexes du nouveau-né :
- recherche de la marche automatique (l'enfant, étant maintenu debout sur le plan dur de la table, ébauche quelques pas) ;
- *grasping* de la main et du pied (il referme les doigts si on lui touche la paume de la main et la plante du pied) ;
- réflexe de succion, etc.

Ces réflexes témoignent du bon état du système nerveux. En outre, avant la sortie de la maternité, on prélèvera quelques gouttes de sang au talon du bébé pour le dépistage systématique de certaines maladies : phénylcétonurie, hypothyroïdie, hyperplasie des surrénales, drépanocytose et mucoviscidose.

Si vous souhaitez que votre enfant soit suivi par un pédiatre de votre choix, celui-ci peut venir l'examiner à la maternité.

La délivrance

Tout n'est pas encore tout à fait terminé pour vous. Dans les minutes qui suivront la naissance de l'enfant, vous ressentirez encore quelques contractions utérines, mais beaucoup moins intenses que celles de l'accouchement. Elles ont pour résultat de décoller le placenta qui adhérait à l'utérus. Quand le placenta est décollé, le médecin appuie sur l'utérus, et le placenta est alors expulsé. C'est ce qu'on appelle la délivrance. Et lorsque la mère pousse comme pour l'expulsion, en serrant bien le ventre, le placenta sort tout seul, sans que cela fasse mal. Le placenta est examiné par le médecin ou la sage-femme. S'il en manque un fragment, on procède à une révision utérine (voir page 315). Si la mère souhaite allaiter, l'enfant est généralement mis au sein tout de suite après la délivrance.

L'accouchement est maintenant tout à fait terminé. Certains médecins font faire alors, dans la perfusion, une injection qui aide l'utérus à bien se rétracter. C'est en effet cette rétraction des fibres musculaires utérines qui assure la fermeture des vaisseaux qui faisaient communiquer l'utérus et le placenta, et qui sont restés béants après le décollement de ce dernier. Ainsi sont évitées les hémorragies.

Si l'on a été amené à faire une épisiotomie, celle-ci est alors recousue sous anesthésie locale, ou sous anesthésie péridurale, si vous en avez eu une pour l'accouchement. Ce petit acte chirurgical est donc indolore.

Enfin, après une toilette locale, vous resterez sous surveillance pendant environ deux heures, puis vous serez reconduite dans votre chambre.

La durée de l'accouchement

Il est impossible de vous dire : « un accouchement dure tant d'heures », car trop de facteurs peuvent faire varier cette durée.

Les statistiques permettent cependant de donner un ordre de grandeur : une femme, pour mettre au monde son premier enfant, a besoin en moyenne de huit à neuf heures, pour le deuxième de cinq à six, c'est-à-dire, près de trois heures de moins.

L'accouchement d'un deuxième enfant dure moins longtemps parce que le col de l'utérus et le vagin, ayant déjà été dilatés, offrent moins de résistance à une nouvelle dilatation.

Mais ces chiffres ne sont que des moyennes établies sur quelques milliers d'accouchements, et votre accouchement pourra être plus rapide ou plus lent. Une chose est certaine : aujourd'hui, on ne laisse plus traîner un accouchement en longueur ; on dispose de moyens efficaces pour en régulariser le déroulement et en réduire la durée. La dilatation du col est la phase la plus longue. Elle représente près des neuf dixièmes de la durée totale, c'est-à-dire sept à huit heures pour un premier enfant, quatre à cinq pour un deuxième.

L'expulsion, par contre, ne dure en général que vingt à vingt-cinq minutes dans le premier cas, et moins de vingt minutes dans le second. Parfois même pour un deuxième enfant, l'expulsion suit immédiatement la dilatation complète.

Voici quelques-uns des facteurs qui peuvent écourter, ou au contraire, prolonger l'accouchement :

- le poids de l'enfant : habituellement, plus un enfant est gros, plus l'accouchement est long ;
- la présentation : l'accouchement d'un « siège » est un peu plus long que celui d'un « sommet » ;
- la puissance et la fréquence des contractions qui varient beaucoup selon les femmes.

Qui sera là ?

Certaines lectrices m'ont demandé de parler des personnes qui seront présentes lors de l'accouchement. Je comprends leur souhait, mais c'est difficile d'être précis car cela dépend vraiment de l'organisation de la maternité et de l'heure de l'accouchement. Cela peut aller d'une personne – la sage-femme est toujours là – à deux, trois, ou plus : l'accoucheur, un anesthésiste, une puéricultrice, etc. Il peut y avoir aussi l'élève sage-femme ou l'élève puéricultrice qui effectuent leur formation.

Du côté de la famille, cela dépend du désir des parents. Cela dépend aussi de la maternité. Souvent, le père est là, j'en reparlerai plus loin. S'il ne peut venir, ou s'il ne le souhaite pas, la mère peut désirer avoir quelqu'un d'autre près d'elle (sa mère, sa sœur, une amie) ; elle verra avec la maternité si cela est possible.

Et que penser de la présence des enfants que certains parents souhaitent ? Aucun des arguments que j'ai entendus jusqu'ici ne m'a convaincue de l'opportunité de cette présence. L'argument principal des parents est de dire : « Le bébé sera mieux accepté par ses frères et sœurs. » Autrement dit, les parents se mettent à la place des enfants, sans pouvoir imaginer le choc que pourrait produire tout de suite, et plus tard, l'image de la naissance. Un accouchement peut être émouvant, merveilleux, mais aussi très violent. De quel droit imposer à un enfant une scène aussi impressionnante, aussi chargée d'émotions ? Et même si l'enfant ne dit rien, ce n'est pas sûr qu'il ne soit très fortement marqué.

Le père

On a commencé à parler de la présence du père dans la salle d'accouchement il y a une trentaine d'années. Avant la question ne se posait pas, la porte de la salle lui était fermée, c'était le territoire et le domaine exclusifs de l'accoucheur. Le père était prié d'aller fumer sa cigarette dans le couloir. Puis l'accouchement sans douleur est arrivé ; on a proposé à l'homme de faire faire à sa femme des respirations pour bien accoucher. On ne pouvait faire moins que de l'inviter aussi à la naissance. Et on a dit au père : « Venez, n'ayez pas peur d'entrer. » La naissance sans violence a confirmé l'invitation. Aujourd'hui, pour certains, il ne s'agit pas d'une invitation mais d'une obligation. Bernard Fonty, gynécologue-accoucheur, regrette l'attitude de certaines équipes médicales qui, lorsque le père n'est pas présent à l'accouchement, se posent aussitôt des questions sur la « qualité » du couple.

On ne se rend pas toujours compte de ce que cette présence signifie vraiment pour l'homme : c'est faire face à des images qu'il gardait enfouies dans ses rêves ou ses fantasmes, c'est libérer des frustrations et des ressentiments, c'est être confronté à un ensemble de sensations fortes et complexes, dont il a peine sur le moment à mesurer les conséquences. L'événement va certainement laisser des traces dans l'inconscient du père ; seront-elles toujours positives ?

C'est pourquoi, l'homme hésite parfois : être ou ne pas être là.

Être là...

L'homme peut donc être invité, encouragé, ou seulement admis. Vient-il ? D'après une enquête que nous avons faite, près de huit pères sur dix viennent, mais leurs motivations sont variées.

Certains pères sont là pour assister à un documentaire sur l'accouchement : « Ce n'est pas tous les jours qu'on peut voir une chose pareille. » Mais ces pères ne sont pas les plus nombreux.

La plupart viennent et comme mari (pour être aux côtés de leur femme) et comme père (être là pour le grand moment). « Bien sûr je vais assister à l'accouchement, cela va de soi. J'étais là pour la naissance de notre premier enfant, on se sent très forts, très proches. Je sais que ma femme trouve dans ma présence à la fois du calme et de l'énergie. » « J'ai voulu être là pour l'accueillir, j'ai pu le prendre dans mes bras, il avait à peine dix minutes. »

On trouve aussi des différences entre les pères, selon le temps de présence à l'accouchement : à côté de celui qui ne quitte pas sa femme, il y a le père présent seulement pendant une partie de l'accouchement, et qui s'en va fumer la cigarette traditionnelle pendant la sortie du bébé.

D'autres fois au contraire, le père demande à la sage-femme de le prévenir au moment de la naissance, car il trouve trop long le temps du travail. Il arrive enfin que le père qui avait décidé d'être là ait, au dernier moment, un empêchement. Vrai ? Ou fuite ?

Et où se met le père quand il est dans la salle d'accouchement ? Souvent, impuissant à faire quoi que ce soit qui puisse aider sa femme à mieux supporter la violence de ce qu'elle vit, et se sentant désemparé, le père se met dans un coin de la pièce. Il se fait le plus discret possible, dans une position assez inconfortable où il se sent un peu inutile, spectateur exclu de l'action. Il reste là jusqu'au moment où l'enfant naît ; alors le père retrouve une place, où il peut vivre le plaisir d'accueillir son enfant, et la joie de partager ce moment particulièrement fort avec la femme qu'il aime.

Mais le père peut aider sa femme pendant le travail : par sa présence, par sa proximité, par son contact physique, par sa main sur le ventre, près du bébé, par son bras autour du cou de sa femme. Si le père sent qu'il peut aider, sa main rassurera. Il peut par exemple donner le brumisateur d'eau, installer les oreillers ou passer le masque à oxygène. Ce sont de petits gestes qui apportent chaleur et réconfort.

Au sujet de la place du père dans la salle d'accouchement, une amie sage-femme m'a demandé de rappeler à celui-ci qu'en fait il n'est bon ni pour lui ni pour sa femme qu'il se mette exactement en face d'elle pendant la naissance (et encore moins de filmer cet instant). Sa vraie place, sa bonne place, c'est d'être à côté d'elle.

... Ou ne pas être là.

Mais pourquoi certains pères n'assistent-ils pas à l'accouchement ? (Ce mot « assister » fait d'ailleurs frémir les inconditionnels de la participation, pour qui il ne s'agit pas d'être là, de regarder, mais d'aider sa femme, quasiment à la place du médecin, jusqu'à sortir l'enfant avec lui, et à couper le cordon.)

Parfois les réticences viennent de la mère, et d'autres fois du père. Du côté de la mère, les réticences peuvent être diverses et souvent emmêlées :

▪ désir de vivre seules ce moment si important de leur vie de femme, de se prouver qu'elles sont capables de mener à bien leur accouchement sans aide, mais aussi désir de vivre cet accouchement comme elles le veulent avec le droit de crier si elles en ont envie ;

▪ peur d'offrir à l'homme qu'elles aiment un spectacle peu flatteur et que ce spectacle compromette leurs relations sexuelles futures, peur de la peur du mari, surtout si une intervention est nécessaire et qu'il risque de s'évanouir. En cas d'intervention, certains médecins font sortir le père, d'autres acceptent qu'il reste.

Et d'ailleurs, lorsqu'un homme ne vient pas, c'est essentiellement l'angoisse qui le retient : angoisse de voir, en vrai, la scène imaginée cent fois et de ne pas la supporter ; impuissance devant la douleur de sa femme, peur des actes médicaux, ; crainte, comme sa femme, que leurs relations sexuelles en pâtissent.

Mais lorsqu'un accouchement précédent s'est mal passé, le père hésite à venir : « Il a fallu utiliser les forceps et on m'a demandé de sortir. J'ai entendu le bébé pleurer, on m'a dit de revenir, et quel choc : ma femme avait les pieds dans les étriers, une paire de ciseaux qui pendait de la région vaginale, il y avait du sang partout, les forceps par terre, j'étais bouleversé. »

On a si souvent dit au père que sa place était dans la salle d'accouchement qu'il promet en général de venir, mais, s'il change d'avis, il se croit obligé comme un mauvais élève d'inventer une excuse : « J'avais un rendez-vous urgent », ou « J'ai raté le train. »

Si c'est l'angoisse qui le retient d'être auprès de sa femme, il vaut en effet mieux qu'il s'abstienne ; rien n'est plus contagieux que la peur. Or une femme, à ce moment-là, a besoin de calme avant tout. Mais comme l'a dit une mère : « Qu'il n'aille pas trop loin. S'il est dans le couloir à portée de voix, c'est déjà rassurant. »

Pour un homme, décider d'assister ou non à la naissance de son enfant, est vraiment un choix qui doit être libre (comme doit l'être, par exemple, pour la mère, la décision d'allaiter). Les attitudes qui entourent la naissance sont plus que de simples gestes, elles ont des prolongements psychologiques et affectifs, une signification profonde. Elles ne doivent être dictées ni par l'entourage, ni par la mode. C'est au père et à la mère de voir ensemble ce que profondément ils souhaitent, ils prendront alors leur décision.

Et, comme le dit le docteur Albert Goldberg, l'équipe médicale a un rôle à jouer pour accueillir et soutenir les pères, qu'ils soient présents ou non en salle de naissance.

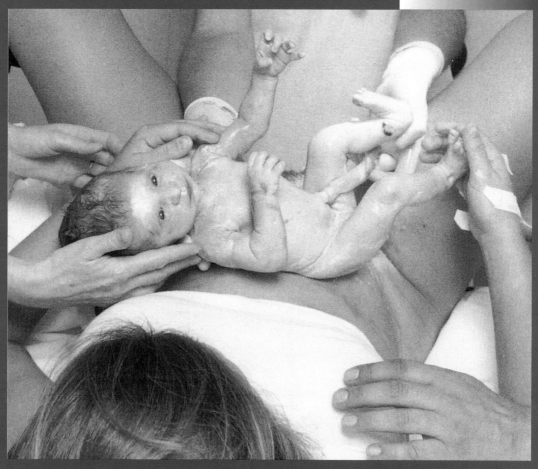

C'est une fille : elle s'appelle Meryl

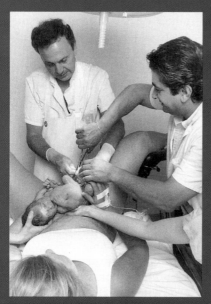

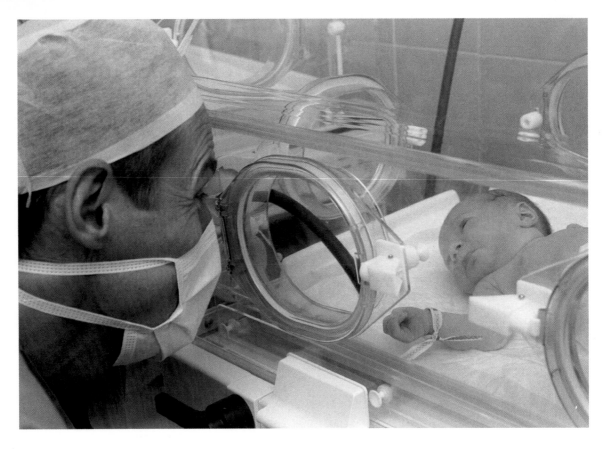

Le monitoring

Le monitoring, appelé aussi monitorage, ou R.C.F. (rythme cardiaque fœtal), désigne des techniques modernes dues aux progrès faits par l'électronique, qui permettent une surveillance intensive du comportement de l'enfant au cours de l'accouchement. Certes, on a toujours surveillé l'état de l'enfant du début à la fin du travail, notamment par l'auscultation des bruits du cœur. Mais les médecins estiment que, au moins dans certains cas, cette surveillance traditionnelle est insuffisante.

Au cours de ces dernières années, on a mis au point des appareils électroniques qui permettent deux sortes de mesures.

La technique la plus courante consiste à enregistrer d'une manière permanente les contractions de l'utérus (intensité, rythme, durée), et en même temps les battements du cœur de l'enfant. Pour cela, des capteurs sont posés sur le ventre de la mère et reliés à un appareil enregistreur. Ainsi on peut voir se dessiner l'amplitude des contractions de la mère et celle des battements du cœur de l'enfant.

Une autre technique, pratiquée exceptionnellement, permet, par ponction directe sur le cuir chevelu de l'enfant, d'apprécier certaines constantes de son sang.

Grâce au monitoring tout au long de l'accouchement, on peut dépister une anomalie traduisant une souffrance de l'enfant. Cela peut amener à interrompre le rythme spontané de l'accouchement et à le terminer par une césarienne.

Ce matériel de surveillance est de plus en plus répandu et le monitoring de plus en plus courant, même pour les accouchements les plus normaux. Ne soyez donc pas inquiète si vous voyez la sage-femme installer un monitoring, c'est presque systématique.

Accoucher assise ?

Selon les pays, les civilisations, les époques, la manière d'accoucher a varié : les femmes étaient assises, accroupies, debout, allongées, etc.

Aujourd'hui, pendant toute la dilatation, la femme peut rester couchée, si cela lui convient le mieux ; ou aller, venir, marcher, en un mot être libre de ses mouvements.

Pendant le temps de l'expulsion, la position la plus répandue est la position classique : la mère est sur le dos – allongée ou en position semi-assise –, jambes relevées, cuisses écartées. Pour l'accoucheur et pour la sage-femme, c'est la position qui favorise le mieux leur travail au moment du dégagement de l'enfant.

Le docteur Gasquet – dont je vous ai parlé page 299 – propose, elle, que la femme, si elle le désire, puisse bouger, même pendant cette période de l'expulsion. Il n'est pas logique, dit-elle, que le bassin de la femme reste immobile, alors que l'enfant, en descendant, accomplit rotations, changements d'axe, etc. ; par exemple, le seul fait que la mère s'asseye ou change de côté peut débloquer un cordon comprimé.

En haptonomie, la position de naissance préconisée est plutôt la position assise. Et, dans tous les cas, l'important est que le père soit physiquement très proche de la mère.

Pour la sortie même de l'enfant, certains médecins proposent aux femmes, si elles se sentent ainsi plus à l'aise, d'accoucher accroupie ou assise. Il y a même quelques hôpitaux qui sont équipés de chaises obstétricales.

> **Sur les positions au moment de la naissance.**
> Vous pouvez lire le numéro 4 des *Cahiers du nouveau-né*, « Corps de mère, corps d'enfant », ouvrage collectif publié sous la direction de Danielle Rapoport (Éditions Stock).

Les différentes « présentations »

Le plus souvent – 95 fois sur 100 – l'enfant a la tête en bas au moment de l'accouchement. On appelle *présentation* la partie de l'enfant qui pénètre (qui s'engage) la première dans le bassin. Habituellement, la tête s'engage complètement fléchie, le menton sur le thorax, et présente le sommet du crâne (l'occiput) à l'entrée du bassin.

• **La présentation du sommet**

est la plus fréquente, c'est celle qui correspond à ce que vous venez de lire dans la description de l'accouchement.

Mais quelquefois, l'enfant ne se présente pas par le sommet.

• **La présentation de la face.**

Dans ce cas, la tête est complètement défléchie, rejetée en arrière. L'accouchement naturel est possible, mais il est souvent difficile, surtout chez la femme qui a son premier enfant. On a le plus souvent recours à une césarienne.

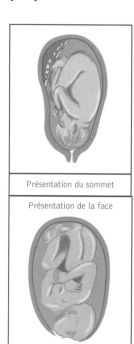

Présentation du sommet

Présentation de la face

• **La présentation du front.**

> La tête est en position intermédiaire entre la face et le sommet. L'accouchement par la voie naturelle est impossible (la tête présente à l'engagement un diamètre trop grand).
> La césarienne est nécessaire.

• **La présentation transversale**

> (encore appelée présentation de l'épaule). L'enfant se présente horizontalement, dos en haut ou en bas.
> La césarienne s'impose.

• **La présentation du siège.**

> Ici l'enfant se présente le siège en bas, la tête se situant dans le fond de l'utérus. Ce sont soit les fesses (2/3 des cas), soit les pieds (1/3 des cas) – voir les schémas – qui se présentent en premier.
>
> Le diagnostic de la présentation se fait en fin de grossesse, en palpant l'abdomen vers 7 mois 1/2-8 mois ; ce n'est en effet qu'au cours de cette période que l'enfant prend sa position définitive dans l'utérus. On peut confirmer le diagnostic par une échographie.
>
> Si votre enfant se présente par le siège, ne vous étonnez pas de voir le médecin prendre certaines précautions. En effet, la difficulté, au moment de l'accouchement peut tenir au fait que la tête - qui sort la dernière du bassin - peut, selon son orientation et son volume, se bloquer dans le bassin, situation dangereuse pour le bébé. Aussi faut-il distinguer :
> ▪ les sièges de femmes ayant déjà accouché d'enfant

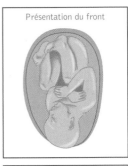

Présentation du front

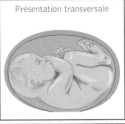

Présentation transversale

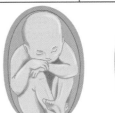

Présentation du siège

de poids normal (ou *a fortiori* élevé) dont le bassin est normal. L'accouchement ici ne diffère guère de celui d'un accouchement habituel ;
▪ les sièges de femmes ayant leur premier enfant et pour lesquelles il est indispensable de réunir le maximum d'éléments de pronostic avant l'accouchement ; il faudra en particulier préciser le volume du fœtus par une échographie et les dimensions du bassin par une radiopelvimétrie. S'ils ont un doute, la plupart des médecins préfèrent pratiquer une césarienne.

Quand l'enfant est encore en présentation du siège deux à trois semaines avant l'accouchement, le médecin peut essayer de le tourner (c'est-à-dire de lui mettre la tête en bas) en palpant l'abdomen maternel, sous contrôle échographique. C'est ce que l'on appelle une *version par manœuvres externes* qui réussit plus souvent chez la femme qui a déjà eu des enfants (multipare).

En cas d'accouchement par la voie naturelle, comme la poussée est plus longue, l'anesthésie péridurale est fréquemment proposée dès le début de la dilatation. Enfin, il est possible que la présentation du siège soit associée à une luxation de la hanche. Elle sera recherchée dès la naissance par l'examen du bébé. Au moindre doute, une radiographie sera pratiquée.

●●

Les accouchements
avec
intervention

Dans la grande majorité des cas, l'accouchement se déroule tout naturellement. Mais il peut arriver que le mécanisme normal de l'accouchement soit troublé, soit que l'enfant se présente mal, soit que le bassin soit trop étroit pour que l'enfant puisse évoluer aisément, soit que les parties molles (le périnée et la vulve) soient particulièrement résistantes. Il est alors nécessaire, pour éviter que la mère et l'enfant ne souffrent, d'intervenir en faisant une application de forceps ou une césarienne.

Le forceps et la ventouse

Le forceps est un instrument composé de deux sortes de « cuillères », destiné à saisir la tête de l'enfant pour l'aider à descendre et à sortir.

Le forceps a encore mauvaise réputation. Cela vient du temps où l'on s'en servait alors que l'enfant était encore très haut dans le bassin et que la tête n'était pas engagée. Mais on n'avait pas le choix à l'époque. Aujourd'hui, ce n'est plus le cas ; si la tête n'avance plus et n'est pas engagée, on ne cherche pas à franchir l'obstacle, on le contourne, et c'est la césarienne. Dans ces conditions, on ne fait plus de forceps traumatisant.

Le forceps peut se poser sous péridurale s'il y en a une en cours, sous anesthésie générale si nécessaire, mais aussi dans certains cas simplement sous anesthésie locale.

Si une application de forceps est nécessaire lors de votre accouchement, vous n'aurez donc rien à redouter, ni pour vous-même, ni pour l'avenir de votre enfant.

▪ La ventouse (ou *vacuum extractor*) est un instrument en matière souple qui permet d'attirer l'enfant vers l'extérieur. Au moment d'une contraction, et donc en même temps qu'une poussée, on tire doucement l'enfant, ce qui accentue la flexion de la tête et facilite son passage. Les indications de la ventouse sont les mêmes que celles du forceps.

A noter que l'application du forceps peut laisser des traces sur les joues du bébé, mais elles sont passagères. Il en est de même pour la ventouse, où une petite bosse se dessine au sommet de la tête à l'endroit où la ventouse a été appliquée. La trace disparaît en moins de 24 heures.

La césarienne

La césarienne est une opération couramment pratiquée. Vous allez voir dans quels cas on la prescrit, comment on réalise l'intervention, et ce qui se passe après.

● La césarienne, quand ?

De nombreuses causes peuvent nécessiter le recours à une césarienne, et il est impossible de les citer toutes ici. Je ne vous parlerai que des plus fréquentes que l'on peut grouper sous trois rubriques.

– Impossibilité d'un accouchement par voie basse, c'est-à-dire par les voies naturelles, pouvant tenir :

▪ aux dimensions insuffisantes du bassin de la mère ;

▪ au volume trop important de l'enfant ou à sa présentation en mauvaise position : présentation du front, présentation transversale, voire présentation du siège où l'on a de plus en plus tendance à « jouer la prudence », surtout chez la primipare (voir page 310) ;

▪ à l'existence d'un obstacle à la sortie de l'enfant : fibrome par exemple ou encore placenta *prævia* (voir page 241).

– Obligation d'interrompre la grossesse avant terme si la poursuite en est dangereuse pour l'enfant : certains cas de diabète ou de toxémie par exemple.

– Nécessité de terminer l'accouchement rapidement :

▪ parce que le col ne se dilate pas suffisamment ou parce que la tête de l'enfant ne s'engage pas dans le bassin ;

▪ parfois même pour sauver la vie de la mère, mais beaucoup plus souvent celle de l'enfant, qui peut être menacée par une hémorragie ou surtout par une souffrance apparue au cours du travail. La souffrance fœtale est maintenant de mieux en mieux dépistée grâce au monitoring.

Selon le cas, la césarienne peut être prévue à l'avance dès la fin de la grossesse, ou s'avérer nécessaire, de façon plus ou moins impromptue, au cours de l'accouchement. Lorsqu'elle est prévue à l'avance, on « programme » la césarienne une dizaine de jours environ avant la date théorique de l'accouchement. Lorsqu'elle est décidée au cours de l'accouchement, il est évident que si la mère est déjà sous anesthésie péridurale, aucune autre anesthésie ne sera nécessaire.

Actuellement on pratique de plus en plus de césariennes (près de 18 % des naissances). Cette augmentation s'explique, au moins en partie, par :

▪ les progrès des techniques chirurgicales et d'anesthésie qui font de la césarienne une intervention simple ;

▪ la meilleure connaissance des risques pour l'enfant de certains accouchements par voie basse : très gros enfants ou, au contraire, enfants de très petits poids ; certaines présentations du siège ; certains prématurés ;

▪ le meilleur diagnostic de la souffrance fœtale en cours de travail grâce au monitoring ;

▪ l'indiscutable augmentation des grossesses à risques, notamment les grossesses gémellaires ;

▪ l'inquiétude des médecins face aux revendications de plus en plus fréquentes des patientes qui mettent en cause leur responsabilité lorsqu'il y a un problème.

● La césarienne : comment ?

La césarienne est une intervention chirurgicale qui se déroule non pas en salle d'accouchement, mais au bloc opératoire.

On rase les poils du pubis, on place une sonde dans la vessie (pour que le chirurgien ne soit pas gêné par une vessie pleine pendant l'opération) ; la peau de l'abdomen est ensuite largement désinfectée et l'on place des sortes de draps (appelés champs opératoires) pour protéger la zone de l'opération. Celle-ci peut alors véritablement commencer. Le médecin incise d'abord la peau, puis les muscles de la paroi abdominale pour parvenir jusqu'à la cavité abdominale. Après que l'on a incisé l'utérus, le bébé est extrait par l'ouverture ainsi pratiquée. Le placenta est retiré immédiatement après.

Alors commence le deuxième temps de l'opération ; les différents tissus qui ont été incisés sont recousus : l'utérus d'abord, puis la paroi abdominale ; enfin la peau sur laquelle on met des fils ou des agrafes qui seront retirés 5 à 7 jours plus tard. L'intervention dure, au total, 1 heure à 1 h 30.

Pendant longtemps la césarienne n'a été faite que sous anesthésie générale, mais l'anesthésie péridurale gagne de plus en plus de terrain. Pratiquement, on ne fait plus d'anesthésie générale que dans les cas d'extrême urgence car l'anesthésie péridurale demande une quinzaine de minutes pour agir alors que l'anesthésie générale agit immédiatement. Mais dans tous les autres cas c'est l'anesthésie péridurale que l'on préfère. Elle a en effet l'avantage de permettre à la femme de voir et d'entendre son bébé immédiatement à la naissance comme au cours d'un accouchement normal, et surtout elle améliore très nettement le confort postopératoire.

● **Dans les jours qui suivent.**

Par rapport à un accouchement normal, peu de choses changeront pour vous dans les suites de l'intervention. Celles-ci sont habituellement simples, mais la fatigue est parfois plus grande les premiers jours.

Les deux premiers jours, les contractions de l'après-naissance, ou **tranchées**, sont plus douloureuses car elles se font sur un utérus cicatriciel plus sensible. De plus, elles peuvent être accompagnées de douleurs abdominales liées à la reprise du transit intestinal. Durant cette période, le jeûne ou un régime adapté sont recommandés.

Il est possible qu'il y ait, au bout de 48 heures, un petit drain à enlever au niveau de la cicatrice (tous les chirurgiens n'en mettent pas).

Vous vous lèverez dès le lendemain de l'intervention. Alors que vous n'aurez fait que quelques pas, ce premier lever pourra vous sembler difficile, peut-être même épuisant. Mais ne vous découragez pas, dès le deuxième ou troisième jour, vous pourrez aller et venir facilement. En attendant, le personnel de la maternité prendra en charge les soins de votre nouveau-né (changes, bains, etc.), et vous vous occuperez de lui pour les repas. Une césarienne n'empêche pas d'allaiter quand la maman le souhaite. La montée de lait peut être simplement plus tardive (4ᵉ-5ᵉ jour au lieu du 2ᵉ-3ᵉ jour), compte tenu de la plus grande fatigue.

Je ne saurais trop vous recommander le plus grand repos ces premiers jours (demandez à vos amis d'attendre un peu pour vous rendre visite). D'autant plus que votre séjour sera un peu plus long que pour un accouchement normal par voie basse (sortie au 7ᵉ jour en moyenne) et qu'il vous sera plus agréable de profiter de vos visiteurs en fin de séjour. Vous pourrez prendre une douche dès le 2ᵉ-3ᵉ jour. Les fils ou les agrafes seront enlevés le jour de la sortie.

J'ajoute que le préjudice esthétique est quasiment nul puisque l'intervention est presque toujours pratiquée par une incision basse, transversale, cachée dans les poils du pubis. Dans les semaines qui suivent, la cicatrice peut devenir rouge, saillante, et provoquer des démangeaisons. C'est transitoire. La cicatrice n'aura son aspect définitif qu'environ 8 mois après l'accouchement. Mais il ne faut surtout pas l'exposer au soleil avant un an.

Quand vous serez rentrée chez vous, on vous conseillera de reprendre une vie normale un peu moins rapidement qu'après un accouchement par les voies naturelles, mais au bout de 4 semaines environ vous aurez oublié que vous avez eu une césarienne.

En un mot, l'opération est devenue, comme disent les médecins, très banale. Aussi lorsqu'elle s'impose, il ne faut vraiment pas la redouter.

● **La césarienne : et après ?**

Un préjugé veut qu'à une césarienne ne puisse succéder qu'une nouvelle césarienne. Ce n'est vrai qu'en partie.

Il est évident que si la césarienne a été nécessitée par une cause permanente, un bassin trop étroit par exemple, une nouvelle césarienne sera nécessaire lors d'un prochain accouchement.

En revanche, si l'opération a été motivée par une cause accidentelle (hémorragie, souffrance fœtale, etc.), *a priori*, il n'y a pas lieu d'envisager une nouvelle césarienne. Mais il faut que tout se présente normalement en fin de grossesse, que l'accouchement lui-même se déroule facilement et rapidement ; et que l'on soit prêt à intervenir à la moindre complication pour faire, si nécessaire, une nouvelle césarienne : aussi faut-il que l'accouchement ait lieu à proximité immédiate d'une salle d'opération, car sous l'effet des contractions utérines de l'accouchement, la cicatrice de la première césarienne située sur l'utérus peut se rompre, exposant la mère et l'enfant à de très sérieuses complications que l'on prévient en intervenant en extrême urgence.

Dans ce cas, il est juste de dire qu'une césarienne précédente augmente le risque d'avoir une nouvelle césarienne pour l'accouchement suivant.

Certaines femmes croient qu'on ne peut pas avoir plus de trois césariennes successives. Ce n'est pas une règle. C'est plus par excès de prudence que pour des raisons parfaitement démontrées par les faits qu'il est habituel de proposer une stérilisation par ligature des trompes lors de la troisième césarienne. Je connais des accoucheurs ayant pratiqué quatre et même cinq césariennes chez des femmes qui souhaitaient avoir plusieurs enfants.

La délivrance artificielle

Vous avez vu (page 301) qu'habituellement le placenta se décollait tout seul, grâce aux contractions utérines qui réapparaissent dans les minutes suivant la naissance de l'enfant. Il arrive, pour des causes diverses (manque ou mauvaise qualité de ces contractions, adhérence anormale du placenta), que le placenta ne se décolle pas. Le risque est alors l'hémorragie. Pour l'éviter, le médecin doit introduire la main dans l'utérus afin de décoller artificiellement le placenta. Cette intervention se fait grâce à l'anesthésie de la péridurale. Elle se fait sous anesthésie générale, s'il n'y a pas eu de péridurale.

La révision utérine

Il arrive qu'une hémorragie apparaisse après l'accouchement et la délivrance. Le médecin doit alors en chercher la cause. Elle est en général due à un fragment de placenta ou de membrane resté dans l'utérus. Pour l'extraire, le médecin fait le même geste que celui de la délivrance artificielle (introduction de la main dans l'utérus).

●●

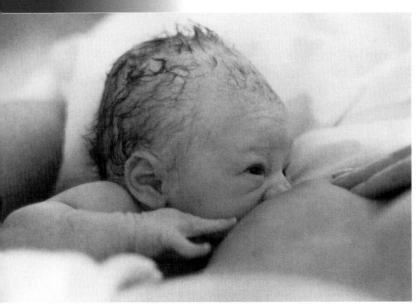

L'accouchement
à la maison

Accoucher à la maison fait rêver certains couples : ceux qui ont entendu parler d'une naissance à domicile qui s'était passée d'une manière parfaite ; ceux qui ont été choqués par des photos d'accouchements très médicalisés, entourés de nombreux appareils ; celles qui ont envie de vivre un accouchement à leur rythme : marcher, être libre de leurs mouvements, prendre un bain ; enfin les couples qui souhaitent que leur enfant naisse dans une ambiance familiale, au milieu des leurs.

En fait, peu de couples choisissent cette naissance à la maison : selon les statistiques du ministère de la Santé, il y a de 1000 à 2000 accouchements à domicile par an (sur 740 000 naissances).

On ne peut envisager une naissance à la maison qu'avec un médecin ou une sage-femme très expérimentés, en qui on a une confiance totale, qui n'acceptera de faire l'accouchement que si toutes les conditions d'un bon déroulement sont requises ; et qui, le cas échéant, saura prendre la décision de diriger la femme vers une maternité avec laquelle le médecin ou la sage-femme sera en contact.

Et puisque la raison principale du désir d'accoucher à la maison est d'être entourée au moment de la naissance d'une atmosphère chaleureuse, familiale et tendre, une des solutions est d'essayer d'obtenir partout que l'accueil soit amélioré.

Dans ce but, certains accoucheurs, certaines sages-femmes, essaient de changer le décor, en mettant des couleurs et des lumières différentes pour donner au cadre austère de l'hôpital un aspect plus familier, en organisant des lieux de rencontre et d'échange entre les mères et les couples. Il faut espérer que ces exemples de maternités conviviales se multiplieront, car, outre un cadre plus chaleureux, ce qu'apprécient les parents dans de tels lieux, c'est aussi le contact avec les autres : « On échangeait nos impressions, nos ennuis… Les échanges entre femmes, sans oublier les pères, je pense que cela fait partie de l'accouchement », comme le dit une mère. Les pères eux aussi ont besoin d'être mieux accueillis, et non pas seulement tolérés comme cela arrive parfois encore.

On pourrait enfin souhaiter que partout, comme cela commence à se faire dans certaines villes, les mères qui rentrent chez elles au bout de deux ou trois jours, soient suivies par une sage-femme ou une puéricultrice. Ce serait une autre manière d'humaniser la naissance.

Il y aurait aussi une autre solution : l'accouchement ambulatoire.

L'accouchement ambulatoire

est traditionnellement pratiqué aux Pays-Bas. Aujourd'hui, il est également répandu aux États-Unis, mais en raison du coût très élevé de l'hospitalisation.

Voici comment se déroule l'accouchement ambulatoire. Lorsque les premières fortes contractions se font sentir, la future mère téléphone à la sage-femme qui l'a suivie pendant sa grossesse pour qu'elle vienne voir où en est le travail. En attendant que la dilatation se fasse, la maman marche, prend un bain, se détend en écoutant de la musique. Quand la sage-femme estime que le moment est venu, c'est le départ pour la maternité où la maman accouchera, assistée par la sage-femme. Si tout va bien, quelques heures après la naissance, parents, bébé et sage-femme reviennent à la maison. Et les jours suivants la sage-femme passe tous les matins, et une aide familiale vient plusieurs heures par jour pour aider aux tâches ménagères et aux soins du bébé.

Nous avons reçu des lettres enthousiastes de mères ayant accouché de cette façon. En France, quelques maternités mettent à la disposition de sages-femmes leur « plateau technique », leurs équipements, afin que celles-ci puissent venir accoucher leurs patientes à l'hôpital. Ce peut être une bonne manière de concilier la sécurité technique de l'hôpital et l'atmosphère chaleureuse de la maison.

Les maisons de naissance

pourraient être une autre alternative à l'accouchement à domicile. Ces maisons existent chez nos voisins suisses, anglais, allemands. Il s'agit d'une maison, ou d'un local, géré par des sages-femmes. Elles y accueillent les futurs parents pour les consultations, la préparation à la naissance. Les femmes peuvent y accoucher à condition de n'avoir aucune pathologie médicale. Ces maisons sont en liaison avec une maternité à laquelle il serait fait appel si un problème se présentait. En France, ça et là, quelques projets voient le jour, ils sont encore rares.

L'accouchement ambulatoire, demain peut-être les maisons de naissance, ont aussi l'avantage de reconnaître et d'élargir le rôle de la sage-femme, ce qui est un facteur important dans l'humanisation de la naissance.

Si vous souhaitez
entrer en contact avec une sage-femme pratiquant des accouchements à domicile, vous pouvez vous adresser à : l'ANSFL (Association Nationale des Sages-femmes libérales) BP 56, 07600 Vals-les-Bains, tél. : 04 75 88 90 80.

La naissance sans violence

L'accueil de l'enfant qui vient de naître devrait, cela semble évident, se faire en douceur dans un climat qui respecte le mieux possible le passage de la vie intra-utérine à notre monde aérien. Dans la réalité quotidienne des salles de travail, cette attention et ce respect du nouveau-né ne sont pas encore présents partout dans les gestes et les attitudes. Pourtant, depuis l'époque de la « naissance sans violence », de sérieux progrès ont déjà été faits dans ce domaine. Vous le raconter oblige à jeter un petit regard en arrière.

En 1974, Frédérik Leboyer (ancien chef de clinique en chirurgie et en obstétrique de la faculté de médecine de Paris) publiait un livre, *Pour une naissance sans violence* (Editions du Seuil), qui fit scandale car il remettait en cause des rites bien établis.

Pourquoi un accoucheur prenait-il ainsi le risque de choquer ? Parce qu'il était bouleversé par les cris de l'enfant qui vient de naître. Le premier de ces cris est accueilli avec bonheur : il est symbole de vie ; mais pourquoi ce premier cri est-il si souvent suivi des hurlements d'un enfant crispé comme s'il souffrait ?

« Se peut-il que naître soit douloureux pour l'enfant, autant qu'accoucher l'était jadis pour la mère ? » C'est ce que se demandait F. Leboyer, et pour lui la réponse ne faisait pas de doute : l'enfant souffre pour naître mais, dans une certaine mesure, on peut lui éviter cette douleur, on peut l'aider à entrer dans le monde avec plus de sérénité, par quelques gestes simples et un nouvel accueil.

Pour trouver ces gestes, il suffit de réaliser la difficulté de l'arrivée au monde : sortant de son abri obscur, douillet, bien clos, l'enfant se trouve soudain projeté dans le bruit, la lumière vive, l'agitation et les manipulations de toutes sortes.

Pour assurer au nouveau-né une certaine continuité avec le monde qu'il vient de quitter, il faut le traiter avec plus de douceur, disait le docteur Leboyer, faire si possible la pénombre et, surtout, ne pas aveugler l'enfant, éviter tout bruit violent, tout geste brutal. Puis poser l'enfant sur le ventre de sa mère, où il retrouve le bruit du cœur et le mouvement de la respiration qui ont accompagné sa vie durant neuf mois. Sous la main de sa mère qui le caresse, l'enfant alors se déplie, se détend.

Le cordon n'est coupé que lorsqu'il cesse de battre, pour laisser aux poumons le temps de prendre le relais (bien sûr, si aucune indication d'urgence ne se présente). Puis l'enfant est doucement plongé dans un bain à la température du corps, non pour le laver mais pour qu'il retrouve le milieu aquatique dans lequel il a vécu. Alors il ouvre des yeux sereins, apaisés, confiants…

Ce n'est qu'après le bain que l'enfant est pris en charge par la puéricultrice qui lui donne ses soins, le pèse et l'habille, après que les examens ont été pratiqués.

Voici l'essentiel des propositions de F. Leboyer. Même si elles ont plus de vingt ans aujourd'hui, ce qui doit retenir l'attention dans ces propositions, plus que tel ou tel détail pratique, c'est cette manière d'accueillir l'enfant, cette attention à ses besoins, à ses réactions, le souci constant du respect, de la douceur, de la patience. « L'enfant est entre deux mondes. Sur le seuil, il hésite. Ne le brusquez pas. »

Ces propositions ont d'ailleurs eu des conséquences bien au-delà de l'accueil du bébé lui-même ; elles ont encouragé le père à participer à la naissance : en soutenant sa femme par sa présence et par ses gestes, en coupant parfois le cordon ou en donnant le bain du bébé. La naissance sans violence a eu aussi une heureuse influence sur l'allaitement précoce : le bébé, mis sur le ventre de sa mère, cherche le sein (c'est le *réflexe de fouissement*) et commence à téter.

Même si les propositions de F. Leboyer ne sont pas appliquées à la lettre, ni partout, elles ont changé l'atmosphère de nombreuses maternités où, désormais, une attention nouvelle est portée à l'enfant. C'est aux parents maintenant de demander aux accoucheurs et aux sages-femmes que les salles de travail deviennent des salles de naissance et des lieux d'accueil. Et leur intervention est souvent efficace. Ainsi, dans une maternité de la région parisienne, ce sont des parents qui ont eu l'idée d'apporter une petite baignoire. Le comportement du nouveau-né, qui y a pris son premier bain, a tellement émerveillé le personnel que la baignoire est restée dans la maternité. Et avec elle, tout l'état d'esprit qui s'y rattachait. Grâce à cette initiative de parents, il y a aujourd'hui une baignoire ou un large lavabo dans presque toutes les maternités. Mais il faut bien reconnaître que les conditions de travail, la succession imprévisible des accouchements et l'insuffisance de formation dans le domaine relationnel, rendent souvent délicate l'harmonie entre les souhaits des parents et ceux des professionnels.

Pour ceux qui voudraient en savoir plus sur la naissance sans violence, je recommande l'article du docteur Etienne Herbinet : « Violence, accouchement et naissance », et celui de Danielle Rapoport : « Accueillir », parus dans le premier numéro des *Cahiers du nouveau-né* (« Naître… et ensuite », Éditions Stock) car, en quelques pages, ces articles résument bien le véritable esprit de la naissance sans violence.

●●

13

La douleur et l'accouchement

L'histoire des rapports entre l'accouchement et la douleur peut s'écrire en plusieurs épisodes.

Le premier est dominé par la sentence de la Bible : « Tu enfanteras dans la douleur. » Obligation ou constatation, personne ne songe à discuter, mais tout le monde subit.

Pendant des siècles, on propose des moyens de fortune pour lutter contre la douleur, puis un jour on a recours à des médicaments ; et ils deviennent de plus en plus sophistiqués.

Dans les années 50, c'est la « révolution » de l'accouchement sans douleur, et d'une affirmation audacieuse : on peut accoucher sans souffrir, il suffit de se préparer. Peu à peu, différentes préparations sont mises au point, proposées pour lutter contre la douleur et vivre différemment son accouchement.

Et dans le domaine des médicaments, apparaît une grande nouveauté, l'analgésie péridurale qui très vite va se répandre et va complètement transformer ce lancinant problème de la douleur.

Mais parlons d'abord plus en détail de cette douleur que les femmes ne ressentent pas toutes de la même manière.

Un accouchement est-il toujours douloureux ?

Lorsque l'utérus se contracte pour commencer le travail, ses contractions ne sont pas indolores, c'est même le caractère douloureux des contractions qui, avec leur régularité, indique que le travail a commencé. Si la mère ne *sentait* pas son utérus se contracter, tous les enfants naîtraient dans des taxis.

Donc un premier point : la douleur obstétricale existe *mais*, et ce « mais » est très important, cette douleur est éminemment variable. Il y a des femmes qui mettent leur enfant au monde presque sans souffrir et sans l'aide de médicaments, alors que d'autres souffrent ; comme il y a des femmes qui ont leurs règles pendant trente ans sans jamais rien sentir, alors que d'autres sont vraiment très fatiguées par des règles douloureuses. Entre ces deux extrêmes, il y a des femmes qui souffrent, mais d'une manière très supportable ; il y en a qui ressentent la douleur tout au long de l'accouchement, tandis que d'autres ne s'en plaignent que vers la fin.

La douleur est donc variable : suivant qu'elle est plus ou moins sensible, plus ou moins nerveuse, plus ou moins fatiguée, la femme ressentira plus ou moins la douleur provoquée par la contraction. À douleur apparemment égale (on est obligé de dire apparemment, car la douleur n'est pas mesurable), telle femme fera simplement la grimace, telle autre serrera plus fort la main de la sage-femme, telle autre dira : « C'est trop, faites-moi une anesthésie. »

On peut aussi ajouter que la variabilité de la douleur peut s'expliquer par deux types de facteurs, souvent d'ailleurs imbriqués.

Dans certaines familles, le climat est serein, on parle de l'accouchement comme d'un événement qui va se passer naturellement. Le résultat est que, dans ces familles, les femmes abordent la naissance plus détendues. C'est une constatation que les accoucheurs et les sages-femmes font régulièrement.

La douleur peut aussi être provoquée par des facteurs organiques, anatomiques. Dans certains cas, la tête du bébé est orientée de telle manière dans le bassin qu'elle provoque des douleurs lombaires plus difficiles à supporter que les douleurs ordinaires (c'est ce qu'on appelle « accoucher par les reins »).

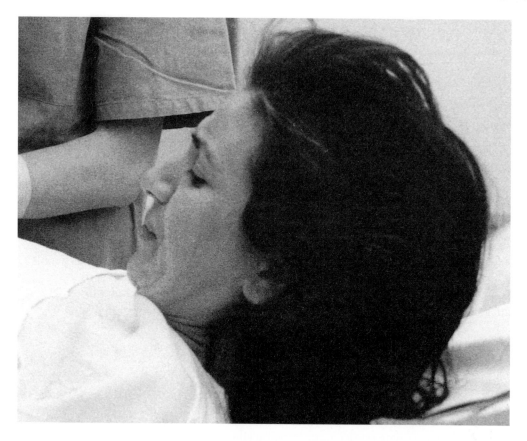

En fait, il est bien difficile de savoir comment la douleur est ressentie. Certaines femmes appelent leur mère, jurent qu'elles souffrent le martyre et que jamais plus elles n'accoucheront, mais elles déclarent plus tard qu'en fait elles n'ont pas tellement souffert, et qu'elles seraient ravies d'avoir un autre enfant. D'autres, qui n'avaient rien dit pendant l'accouchement, se plaignent le lendemain d'avoir horriblement souffert.

Et certaines auraient voulu pouvoir crier ; elles n'ont pas osé le faire. Il est vrai que cela peut faire peur à une autre future mère près d'accoucher ; cela peut aussi dérouter l'équipe médicale. Alors que le cri n'est pas nécessairement l'expression d'une grande douleur ; ce peut être aussi le moyen de soulager une tension trop forte.

Mais cette douleur, violente ou supportable, comment la diminuer ou même la supprimer ? A cette question il y a deux réponses : l'une propose des médicaments, les anesthésiques ; l'autre consiste à préparer son accouchement, c'est la méthode dite de " l'accouchement sans douleur ". Ces deux approches sont parfois présentées comme incompatibles. Elles sont pourtant complémentaires. Nous en reparlerons au chapitre 14 consacré à la préparation à la naissance et au chapitre 15 qui traite des techniques médicales d'analgésie.

Je voudrais d'abord vous raconter brièvement l'histoire de la naissance de l'accouchement sans crainte et sans douleur. C'est une histoire déjà ancienne, qui commence à peu près au même moment, dans des villes éloignées les unes des autres : Londres, Leningrad (aujourd'hui Saint-Pétersbourg), puis Paris. Mais cette histoire est riche d'enseignements, même pour la femme d'aujourd'hui.

L'accouchement sans douleur

À Londres, le docteur Read

La première histoire est touchante, c'est celle d'une héroïne obscure qui, par une simple phrase, rendit un homme célèbre.

Il fait froid, c'est l'hiver dans une masure de Whitechapel, le quartier le plus pauvre de Londres. Une jeune femme est étendue sur un lit à même le sol. Dans la nuit, un jeune médecin accoucheur se hâte à bicyclette pour venir l'assister.

En entrant, il est frappé par l'atmosphère de paix qui contraste avec la pauvreté de cette scène à la Dickens.

« Dans les délais normaux, l'enfant était né. Il n'y eut ni bruit ni embarras. Tout semblait avoir été conduit suivant un plan prévu. Il n'y eut qu'un léger incident : je tentais de persuader ma cliente de me laisser lui donner quelques bouffées de chloroforme quand la tête apparut et que le dégagement commença. La femme sembla froissée de ma suggestion, et fermement, quoique gentiment, refusa mon secours. C'était la première fois dans ma courte carrière que j'essuyais un refus en offrant le chloroforme. Comme je me préparais à prendre congé, je lui demandai pourquoi elle avait refusé le masque, timidement elle me dit : Cela ne faisait pas mal. Cela ne devait pas, n'est-ce pas, docteur ? »

Depuis le jour où Read entendit poser cette question simple, il lui chercha une explication. Pourquoi n'avait-elle pas souffert ? Il chercha jusqu'au jour où, dit-il, « à travers mon esprit orthodoxe et conservateur, la lumière se fit : les femmes qui souffrent le moins sont aussi les plus détendues. Or, se dit-il, si la femme est détendue, c'est qu'elle n'a pas *peur* ».

Ce mot fut la trouvaille du docteur Read et la base de sa méthode, l'accouchement sans crainte.

Pour vaincre la douleur, il faut donc vaincre la peur. Comment ? En expliquant à la femme ce qui se passe en elle, comment vit le bébé, comment il va naître.

En lui apprenant à détendre ses muscles, ses nerfs, son esprit. En lui faisant faire des exercices physiques et respiratoires qui la prépareront à son accouchement. En un mot en l'informant.

En 1945, Grantly Dick Read fait paraître un livre qui connaît un immense succès en Angleterre, puis aux États-Unis, *Childbirth without fear* : « l'accouchement sans crainte » est né. Lentement l'idée se fait jour que si l'on veut lutter contre la douleur il faut supprimer la peur.

À Leningrad, le docteur Velvoski

À quelques années de là et à quelques milliers de kilomètres, un médecin soviétique, le docteur Velvoski, fait une découverte qui rejoint celle du docteur Read, mais par une approche bien différente, très scientifique, qui contraste avec la démarche plus spontanée du médecin anglais.

La femme souffre parce qu'elle est conditionnée à la douleur, raisonne le docteur Velvoski, d'abord par le langage. On ne dit pas : « Quand vous ressentirez les premières contractions », mais « Quand vous ressentirez les premières douleurs. » Si bien que dans l'esprit de la femme, déjà bien avant la grossesse, il se crée une association entre ces deux mots : contraction et douleur. Pour supprimer cette équation accouchement = douleur, il faut avant tout débarrasser la femme de sa peur ancestrale. Pour y arriver, le docteur Velvoski explique en détail à la future mère le mécanisme de l'accouchement et recommande à l'entourage de ne pas effrayer la future mère. « Ce faisant, affirmait-il, je « n'endors » pas la femme, je ne la berce pas d'illusion, au contraire je la rends plus lucide. » Puis, ayant ainsi agi sur le cerveau pour lutter contre les réflexes néfastes, Velvoski agit sur le corps pour créer des réflexes utiles : il éduque les nerfs et les muscles qui doivent entrer en jeu au cours de l'accouchement. L'ensemble de cette préparation forme la méthode psychoprophylactique, essentiellement basée sur la théorie des réflexes conditionnés exposée par Pavlov.

À Paris, le docteur Lamaze

Un jour, un accoucheur français, le docteur Lamaze, en voyage en U.R.S.S., voit à l'hôpital de Leningrad une femme mettre son enfant au monde avec le sourire, en pleine lucidité, sans anesthésie. « Je ne perdais pas de vue cette femme, raconta-t-il. Je palpais ses jambes, ses bras ; tous ses muscles étaient relâchés ; il n'y avait que son muscle utérin qui semblait travailler au milieu d'un corps complètement détendu, décontracté, comme indifférent à l'acte d'enfantement. Pas la moindre goutte de sueur ne perlait sur son front, pas une seule contraction du visage. Le moment venu, elle a fait les efforts de poussée dans un calme absolu. » À la différence de l'accouchée de Whitechapel, celle de Leningrad avait été scientifiquement préparée selon la méthode du docteur Velvoski.

Le docteur Lamaze est enthousiaste. De retour en France, il développe la *méthode psychoprophylactique*, c'est-à-dire la prévention de la douleur par une action sur le psychisme, en raccourci P.P.O. (psychoprophylaxie obstétricale).

En quelques années, l'enseignement de Read et celui de Lamaze se répandent et se confondent ; les médecins continuent à parler de P.P.O. mais le grand public a trouvé un nom plus attractif : *accouchement sans douleur*.

Bien au-delà des mots, c'est une vraie révolution qui vient de se passer. L'accouchement sans douleur a montré qu'un accouchement peut se préparer, qu'il ne doit pas rester un événement subi et mystérieux, que s'il est connu, il deviendra plus familier, qu'on peut s'entraîner à le maîtriser, et ainsi peu à peu changer le climat de la naissance. C'est le grand acquis de ce que, au départ, on a appelé l'accouchement sans douleur, et que peu à peu on a appelé plus simplement et plus justement : préparation à la naissance. Aujourd'hui, plusieurs préparations à la naissance sont proposées. La plupart du temps, elles sont issues de la P.P.O. Dans ce chapitre, je vais vous en donner les principes.

Dans le chapitre suivant, vous trouverez plus en détail les exercices à faire. Vous y trouverez également toutes les autres méthodes proposées actuellement (yoga, haptonomie, etc.)

La préparation à la naissance

Le but de la préparation à la naissance est d'aider la femme à mettre au monde son enfant dans les meilleures conditions possibles. Au cours des séances, la future mère apprend à mieux connaître son corps, ses modifications pendant la grossesse et l'accouchement. Elle découvre comment elle peut s'adapter physiquement et psychologiquement à ces transformations. Le père est invité à participer aux séances pour pouvoir accompagner et aider sa femme.

La préparation à la naissance peut être animée par une sage-femme ou un médecin – le plus souvent, c'est une sage-femme qui s'en charge. Dans la préparation, il y a une partie d'information sur la grossesse, l'accouchement, le nouveau-né, les premières relations parent-bébé, et une part importante est donnée aux activités corporelles, aux respirations, à la relaxation. Le chapitre 14 est consacré à ces exercices.

La préparation peut être faite individuellement ou en groupe. Le nombre des participants est variable. Il est plus agréable, et plus efficace de se trouver dans un petit groupe. Au delà de 12 futures mères, il s'agit plus d'information que de vraie préparation.

La préparation se fait en 8 séances ; ces séances sont remboursées à 100 % à partir de 5 mois révolus.

Souvent les séances de préparation sont complétées par des entretiens entre les femmes qui vont accoucher, par des entretiens avec des mères et des pères qui viennent d'avoir leur enfant, par la projection d'un film sur l'accouchement. La sage-femme chargée de la préparation cherche peu à peu à installer un climat de confiance. Cette confiance réciproque est un des éléments importants de la préparation.

Nombre de femmes préparant leur accouchement.
Pour un premier accouchement, les femmes enceintes sont aujourd'hui 69,7 % à le préparer (Enquête INSERM).

Dans certaines maternités, des médecins et sages-femmes animent des séances de « dynamique de groupe ».

Dans ces groupes les femmes peuvent s'exprimer librement et notamment parler de leurs angoisses et de leurs peurs.

Et pour une future mère, pouvoir parler de ce qui la préoccupe est sûrement un élément important de détente. Il existe aussi des groupes destinés aux seuls futurs pères.

Enfin, dans le cadre des séances de préparation à la naissance, une visite de la maternité peut être organisée par la sage-femme. Les femmes apprécient de se familiariser avec ces lieux un peu mystérieux, de voir de près, dans la salle d'accouchement, les différents appareils (monitoring par exemple).

L'intérêt d'une préparation est grand, les futures mères sont plus détendues, elles le disent, les futures pères le confirment. Il faut évidemment que la préparation soit bien faite. Mais de l'avis de certains, ce n'est pas toujours le cas : séances trop peu nombreuses, commencées trop tard, se limitant parfois à quelques exercices de gymnastique ou à quelques explications sur un tableau noir, des diapositives ou un film. En effet, aujourd'hui, la préparation est parfois moins valorisée que l'aspect technique de l'obstétrique (par exemple échographie, anesthésie péridurale).

Enfin, la préparation ne suffit pas à garantir un bon accouchement, encore faut-il que la future mère soit bien accueillie à son arrivée à la maternité et bien accompagnée pendant le travail ; ces deux éléments sont déterminants pour créer un climat de détente et de confiance.

Heureusement il y a d'excellentes préparations, faites par des sages-femmes motivées et passionnées, qui ont, en outre, suivi un travail particulier de formation.

Alors, si vous avez envie de suivre une préparation, comment savoir si elle est bien faite ? Avant de s'inscrire, les futures mères se renseignent sur l'organisation de la maternité (possibilité de péridurale, présence du père, etc.). Je vous suggère de vous renseigner également sur la préparation à l'accouchement, par exemple en en parlant à des futures mères ayant suivi la préparation ou ayant accouché dans cette maternité.

Est-il conseillé de faire la préparation dans la maternité où l'on va accoucher ?

C'est mieux car cela vous permettra, en principe, de connaître quelques sages-femmes, de visiter les locaux et de recevoir des informations spécifiques à cette maternité (faut-il apporter les vêtements et les couches pour le bébé, où est la porte d'entrée la nuit… et mille autres détails utiles).

Mais ce n'est pas une obligation, et si vous avez l'impression que la maternité n'est pas bien organisée pour ces séances, ou si les horaires ne vous conviennent pas, ou pour toute autre raison, vous pouvez faire la préparation en ville, une sage-femme peut même venir à domicile si vous êtes au repos.

Cette question du lieu de votre préparation ne se posera peut-être pas. Aujourd'hui, certaines maternités ne font plus de préparation, pour des questions d'organisation. Dans ce cas, on vous donnera des adresses de sages-femmes libérales, qui reçoivent à leur cabinet.

N'attendez pas trop pour vous renseigner et choisir la solution qui vous convient le mieux.

Comment préparer son accouchement

Comment préparer votre accouchement ? Tout ce livre est fait pour vous préparer à accueillir votre enfant, pour que vous l'aidiez à venir au monde.

D'abord, bien sûr, en vous racontant comment se passe un accouchement. Au premier surtout, on connaît peu les détails. Un long chapitre en parle, lisez-le plusieurs fois, tout n'est pas toujours évident. Une lecture répétée, attentive, vous familiarisera avec l'inconnu. C'est ainsi, je crois, que vous éviterez l'engrenage infernal : l'ignorance qui crée la peur — la peur qui rend malade (d'où l'expression bien connue et si souvent vérifiée : malade de peur) — la peur qui noue les nerfs et contracte les muscles (ce qu'a si bien montré Grantly Dick Read avec l'accouchement sans crainte, voir page 324). En d'autres termes : si vous n'êtes pas informée vous aurez peur, cela vous rendra malade, vous serez nerveuse et contractée.

Se préparer à accueillir un enfant, c'est aussi faire sa connaissance peu à peu au cours des neuf mois. Après avoir lu le chapitre 5, je pense que cet enfant n'est plus un inconnu pour vous. D'ailleurs vous ne l'êtes pas non plus pour lui. Vous le verrez lorsqu'il reconnaîtra votre voix et celle de son père.

Il me reste maintenant à vous parler des exercices physiques. Ils ne constituent pas l'essentiel de la préparation comme on le croit parfois, mais ils en sont le complément indispensable pour être en forme pendant la grossesse, pour aborder l'accouchement en connaissance de cause, pour prendre l'habitude de la relaxation, ce qui est utile, car même si l'on sait ce qui va se passer, il est normal d'être légèrement tendue.

Se préparer physiquement

Les exercices conseillés sont de trois sortes : les uns respiratoires, les autres destinés à assouplir les muscles qui joueront un rôle important au cours de l'accouchement ; les troisièmes vous apprendront le relâchement musculaire, la relaxation.

N'attendez pas le sixième mois pour les commencer. Ces exercices sont autant destinés à préparer votre accouchement qu'à faciliter votre grossesse, et à vous permettre de retrouver rapidement votre ligne, parce que vous aurez, par un entraînement régulier, conservé à vos muscles leur tonus et leur élasticité.

Ces exercices veulent aussi vous aider à vous sentir mieux dans votre corps : apprendre à vous relaxer, à vous déplacer, à vivre ces mois d'attente avec sérénité.

Au début, ne faites chaque mouvement qu'une ou deux fois par jour. Votre entraînement doit être progressif et régulier : il vaut mieux faire dix minutes de gymnastique par jour que vingt minutes tous les deux jours. Enfin, faites les exercices lentement, calmement.

Alternez les exercices respiratoires avec les exercices musculaires. Faites les mouvements dans une pièce bien aérée et, si le temps le permet, ouvrez toute grande la fenêtre.

Choisissez, pour faire vos exercices, le moment qui vous convient le mieux, mais ne les faites pas pendant la digestion. Si vous n'avez pas le temps de faire tous les mouvements indiqués, contentez-vous des exercices respiratoires et de la relaxation. Ce sont les plus importants, et pour votre grossesse, et pour votre accouchement.

Et s'il vous a été impossible de faire les exercices ? Écoutez encore le docteur Read dont je vous ai parlé au chapitre précédent : " Le principal avantage des exercices, c'est qu'ils permettent à la femme de rester en bonne forme physique pendant sa grossesse et de lui apprendre à bien respirer et à se détendre convenablement. Toutefois, une femme qui n'aura pu faire aucun exercice, mais qui aura bien appris comment se passe un accouchement, mettra son enfant plus facilement au monde que celle qui a un corps d'athlète et qui ignore tout de l'accouchement."

Avec ces exercices vous allez pouvoir préparer votre accouchement. Si vous suivez des séances de préparation, ces exercices qui sont, à de petites variantes près, ceux qu'on vous indiquera, vous permettront de les refaire plus facilement chez vous, ou bien de les commencer à votre convenance.

Exercices respiratoires

Ces exercices vont être utilisés pendant le travail (phases de dilatation et d'expulsion). Vous pouvez les pratiquer dès le quatrième mois et jusqu'à l'accouchement pour vous entraîner. Ils vous apporteront en plus bien-être et détente.

Je vous conseille de les faire couchée, jambes pliées, ou jambes légèrement écartées posées sur une chaise, ou, si cela vous est plus facile au début, assise en tailleur (voyez les *figures 1, 2, 3,* et *7*).

> Dans cette édition 2003, nous avons simplifié les exercices respiratoires pour que les futures mamans puissent plus facilement s'entraîner.

Lorsqu'on respire sans faire d'effort particulier, j'allais dire spontanément, on ne fait pas attention à la manière dont l'air rentre dans l'organisme : la poitrine se soulève légèrement, le ventre un peu, ou les deux ensemble ; si l'on n'est pas enrhumée on respire la bouche fermée.

Voici comment vous allez prendre conscience de la manière dont vous respirez : installez-vous bien, couchée ou assise ; mettez une main sur la poitrine, l'autre sur le ventre, et voyez si, quand vous respirez spontanément vous soulevez plutôt le ventre ou la poitrine ; autrement dit si votre respiration spontanée est thoracique, ou abdominale, ou les deux (*figure 5*).

• La respiration profonde

Quand vous aurez bien pris conscience de la manière dont vous respirez, expirez à fond. Puis inspirez profondément par le nez, en gonflant le ventre. Aidez-vous en posant les mains sur le ventre, vous sentirez comment il se gonfle (*figure 2*). Maintenant, soufflez par la bouche, en rentrant le ventre au maximum. Faites cela très lentement. Recommencez plusieurs fois de suite.

Au début, vous éprouverez peut-être une sensation de blocage au niveau des côtes. Petit à petit, cette sensation disparaîtra.

Au bout de quelques jours, votre respiration sera de plus en plus facile, à la fois plus lente et plus profonde. A ce moment-là, vous commencerez à faire l'exercice dans d'autres positions : en marchant, en montant les escaliers.

Ainsi, dès les premières contractions, vous pourrez faire ces respirations profondes tout en continuant à bouger, à vous déplacer : cela sera plus agréable pour vous, et cela favorisera la dilatation du col et la descente du bébé.

La respiration profonde sera aussi un bon entraînement pour les abdominaux dont la pression sera importante au moment de la sortie de l'enfant.

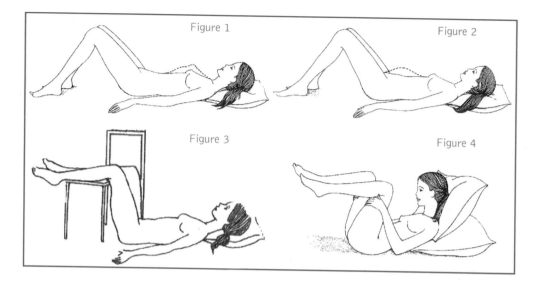

Figure 1

Figure 2

Figure 3

Figure 4

La respiration superficielle

Inspirez, puis expirez légèrement et rapidement sans faire de bruit. Seule la partie supérieure de la poitrine doit bouger ; le ventre reste presque immobile (*figure* 1). Cette respiration doit être rythmée. Il ne s'agit pas de respirer de plus en plus fort, mais de plus en plus longtemps sur le même rythme rapide et régulier : environ une respiration (inspiration et expiration) par deux secondes. Vous y arriverez probablement mieux en fermant les yeux.

Selon les sages-femmes, il est conseillé de faire cette respiration bouche fermée (c'est la respiration superficielle), ou bouche ouverte (on l'appelle alors la respiration haletante). Vous verrez ce qui est le plus facile pour vous.

Cette respiration vous servira pendant les fortes contractions de la dilatation. Elle servira également lorsque vous aurez peut-être envie de pousser et où il faudra vous en empêcher : à la fin de la dilatation (page 296) et à la fin de l'expulsion (page 299).

Vous pouvez vous entraîner tous les jours, pendant quelques minutes. Cette respiration faisant entrer un maximum d'air dans les poumons, elle peut parfois provoquer des sensations de vertiges et de fourmillements dans les mains : c'est une crise de tétanie. Cette crise est désagréable parce qu'elle est angoissante, mais elle n'est pas grave. Elle disparaîtra en quelques secondes à l'arrêt de l'exercice.

La respiration au moment de la poussée

Cette respiration concerne la dernière phase de l'accouchement : la descente de l'enfant jusqu'à sa sortie. Il en existe deux variantes.

▪ La respiration bloquée. Cette technique est celle du traditionnel " inspirez, bloquez, poussez " (voir page 298). Pour vous y entraîner, je vous propose l'exercice suivant : inspirez à fond ; arrivée au sommet de l'inspiration, retenez votre souffle, comptez mentalement jusqu'à 5, puis rejetez l'air par la bouche. Peu à peu vous arriverez à compter jusqu'à 10, 20 ou même 30, c'est-à-dire retenir votre souffle une demi-minute.

▪ L'expiration freinée. C'est une autre technique qui se développe aujourd'hui (voir page 299). Après une inspiration abdominale profonde, faite en gonflant le ventre, l'air est expiré très doucement par la bouche, en rentrant le ventre ; les abdominaux sont

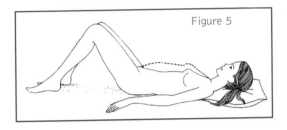

Figure 5

contractés le plus possible. C'est le même principe que la respiration profonde, mais on insiste sur la contraction des abdominaux pour aider le bébé à sortir. Pour vous entraîner, vous pouvez, par exemple, souffler dans un ballon de baudruche. Mais ne faites pas cet exercice avant le neuvième mois afin de ne pas forcer sur le col de l'utérus.

Le moment venu, il vous sera possible d'utiliser la première technique, la respiration bloquée, ou la seconde technique, l'expiration freinée, selon ce que vous ressentirez, selon ce que vous indiquera la sage-femme et ce qui sera le plus efficace. Dans l'un et l'autre cas, la poussée sera facilitée par une bonne position du bassin : installez les jambes sur les étriers, remontez les genoux sur la poitrine, votre dos sera bien à plat. Les mains peuvent être placées sous les genoux (*voir figure* 4) ou à l'intérieur des genoux, coudes relevés vers l'extérieur. Si vous avez une péridurale, vous pouvez avoir des difficultés à vous placer ainsi. Demandez à votre mari de vous aider.

En conclusion, vous avez pu constater que les différentes respirations correspondent aux différentes phases de l'accouchement :
- La respiration profonde va accompagner les premières contractions qui signalent que le travail a commencé.
- A la fin de la dilatation, quand les contractions seront devenues très fortes, et qu'il ne faudra pas pousser, vous utiliserez la respiration superficielle.
- Au moment de la poussée et de la sortie du bébé, vous ferez soit la respiration bloquée, soit l'expiration freinée.

Ces différentes manières de respirer correspondent d'ailleurs aux moments clés de l'accouchement :
- Bébé annonce qu'il se met en route ;
- Bébé descend ;
- Bébé veut sortir.
A la première lecture, vous aurez peut-être de la peine à faire la différence entre ces respirations et leur efficacité selon les événements. Mais vous allez vite vous familiariser avec elles. Et, lors de votre accouchement, vous serez de toute façon guidée par la sage-femme, qui sera à vos côtés.

Exercices musculaires

Ces exercices sont à faire du quatrième au septième mois.
• Élongation des cuisses et souplesse des articulations du bassin.
▪ *Figure 6* : accroupissez-vous comme l'indique la figure. Au début, vous aurez du mal à garder les pieds à plat sur le sol. Vous sentirez les muscles de vos mollets et de vos cuisses se tendre douloureusement. N'insistez pas trop : il suffira de quelques jours pour que vous fassiez l'exercice sans peine. Habituez-vous à prendre cette position chaque fois que vous avez à vous baisser, au lieu de vous pencher en avant. Apprenez à remonter genoux écartés, dos bien droit et surtout évitez de vous cambrer. Pour vous

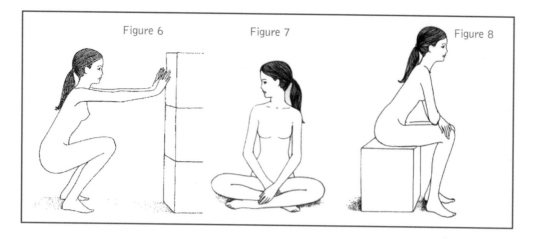

Figure 6   Figure 7   Figure 8

aider, faites une respiration profonde et redressez-vous sur l'expiration.

▪ *Figure* 7 : asseyez-vous en tailleur comme indiqué sur la figure, talons sous les fesses, genoux décollés du sol. Gardez le dos bien droit. Au début, vous vous fatiguerez vite. Pour vous délasser, allongez les jambes devant vous. Quand vous aurez pris l'habitude de cette position, qui aide à l'élongation des cuisses et à la souplesse des articulations du bassin, adoptez-la pour lire, regarder la télévision, etc. Si cette position est difficile pour vous, placez un petit cousin sous les fesses.

● **Élasticité du périnée.**

Le périnée est cet ensemble de muscles qui va être soumis à de fortes tensions pendant l'accouchement (voir page 284). Il faut, dans un premier temps, prendre conscience de la situation exacte du périnée ; dans un deuxième temps, faire des exercices pour le renforcer et l'assouplir.

Voici comment vous prendrez conscience de votre périnée : lorsque votre vessie éprouve le besoin de se vider, faites la contraction qui contrarie ce besoin. De même quand vous avez envie d'aller à la selle. Les muscles que vous avez contractés en avant et en arrière forment le périnée. Ce sont ces muscles que vous devez assouplir. Pour cela, il faut donc contracter en même temps les muscles qui ferment le canal urinaire et ceux qui ferment le rectum.

Et voici l'exercice à faire pour renforcer et assouplir le périnée :

▪ *Figure 8* : assise, légèrement penchée en avant, les genoux écartés l'un de l'autre, les avant-bras et les coudes posés sur les cuisses : vous contractez lentement et avec douceur le périnée, vous maintenez la contraction quelques secondes, puis vous la relâchez le double de temps.

Cet exercice peut être fait aussi bien assise que debout, vous pourrez le répéter une douzaine de fois, deux ou trois fois par jour. Vous pourrez sans inconvénient faire le mouvement jusqu'à l'accouchement.

Massages du périnée
Certaines sages-femmes les conseillent aux futures mamans en fin de grossesse pour assouplir le périnée et pour diminuer le risque de déchirure ; la sage-femme vous indiquera comment pratiquer ces massages avec une pommade grasse, type Calendula (en pharmacie).

Pour bien muscler le périnée, l'exercice doit être fait avec une certaine force, et tenu cinq secondes au moins à chaque fois. S'il y a déjà eu des petites « fuites », l'exercice sera fait en douceur, sans à-coups.

Cet exercice peut sembler fastidieux, mais cela vaut la peine de le faire car il est très utile : avec un périnée souple, l'accouchement est plus facile, et surtout par la suite, les problèmes urinaires (« fuites », incontinence) sont moins fréquents. C'est pourquoi cet exercice est aussi très recommandé après l'accouchement.

• Les « abdominaux ».

On déconseille les exercices abdominaux classiques qui mobilisent les jambes et le tronc, car ils risquent de distendre la paroi abdominale, de favoriser les prolapsus et l'apparition d'une incontinence.

En revanche, les exercices de *rentré de ventre* entretiennent la musculature des abdominaux, favorisent la poussée, et accélèrent la récupération d'un ventre plat après l'accouchement.

Ces exercices diminuent aussi les sensations de pesanteur dans le bas du ventre, et améliorent les problèmes de constipation. Il n'y a pas de risque de déclencher des contractions.

Voici comment faire l'exercice : inspirez profondément, puis en soufflant, rentrez le ventre pendant 10 secondes environ, détendez-vous, puis recommencez. Vous pouvez faire cet exercice plusieurs fois par jour.

• Contre les « maux de reins » : mouvement de bascule du bassin.

À mesure qu'il augmente, le poids de l'enfant vous incite à vous cambrer de plus en plus, et maintient une tension permanente sur la région lombaire. C'est la principale cause du mal au dos et « aux reins » dont se plaignent toutes les femmes enceintes. Pour vous soulager, il faut que vous fassiez le mouvement inverse de la cambrure, en basculant le bassin.

▪ *1er temps* : debout comme indiqué *figure 9*, reins creusés, ventre en avant, placez la main gauche sur le ventre, la droite sur les fesses. Inspirez.

▪ *2e temps, figure 10* : contractez lentement et progressivement les muscles abdominaux, serrez les fesses en les poussant en avant et vers le bas. Expirez. Pour vous aider à bien faire le mouvement, poussez, en l'appuyant, votre main droite vers le bas, et votre main gauche vers le haut ; vous forcerez ainsi votre bassin à basculer. Lorsque vous serez parvenue à faire correctement l'exercice, vous n'aurez plus besoin de l'aide de vos mains.

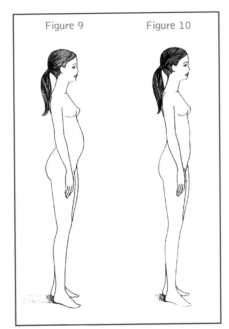

Figure 9   Figure 10

Faites maintenant le même mouvement de bascule du bassin, mais en vous mettant à quatre pattes : bras bien tendus et verticaux, mains à 30 centimètres l'une de l'autre, cuisses également verticales et genoux à 20 centimètres l'un de l'autre.

▪ *1er temps, figure 11* : creusez le dos légèrement, redressez la tête, relevez les fesses aussi haut que possible. Inspirez en faisant le mouvement et en relâchant le ventre.

▪ *2e temps, figure 12* : arrondissez le dos comme un petit chat, contractez le ventre, serrez les fesses au maximum en les abaissant vers le sol, baissez légèrement la tête entre les bras. Expirez en faisant le mouvement.

Figure 11

Figure 12

Figure 13

Figure 14

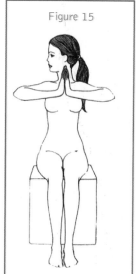

Figure 15

La bascule du bassin peut aussi être faite en position allongée (*figures 13* et *14*) : couchée sur le dos, jambes en crochet, faites de petits mouvements alternatifs du bassin pour coller et décoller la région lombaire du sol (contrôlez éventuellement en glissant une main sous les reins). Il est important de rechercher la fluidité du mouvement et la sensation des muscles qui travaillent plutôt que la contraction en force.

Ce mouvement de bascule du bassin est très important : non seulement il vous permettra de porter sans fatigue et avec grâce votre enfant, mais aussi il assouplira l'articulation colonne vertébrale-bassin, et évitera de distendre vos abdominaux. Faites cet exercice lentement, six fois debout, six fois à quatre pattes et six fois allongée.

● **Pour garder une belle poitrine,**

avant tout, tenez-vous bien droite, en maintenant les épaules en arrière. Puis faites travailler régulièrement les muscles qui soutiennent les seins.

▪ *1er exercice : figure 15*. Coudes levés à la hauteur des épaules, doigts écartés, les mains se touchant par les premières phalanges : appuyez aussi fort que possible les mains l'une contre l'autre. Cessez d'appuyer, mais sans écarter les mains, baissez les coudes, puis recommencez. (Dix fois.)

▪ *2e exercice* : levez les bras à l'horizontale, puis rejetez-les en arrière en allant le plus loin possible. Ramenez-les le long du corps. (Dix fois.)

▪ *3e exercice* : décrivez avec les bras bien tendus à l'horizontale des cercles complets, aussi amples que possible. (Dix fois.)

La relaxation

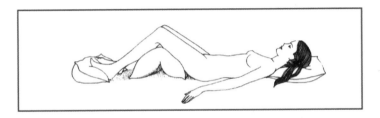

Ces exercices sont à
commencer à partir du
quatrième mois, et à
continuer jusqu'à
l'accouchement.

Arriver à se relaxer, c'est-à-dire se détendre complètement physiquement et
mentalement, n'est pas un exercice facile. Pour le réussir, au début il faut le pratiquer
dans de bonnes conditions de calme et de tranquillité. Puis, quand vous serez bien
entraînée, vous arriverez à vous détendre, même dans un environnement moins
favorable.

Donc, au début, fermez les portes et les fenêtres de votre chambre pour être loin du
bruit. Puis tirez les rideaux : une lumière trop vive empêche la relaxation. Prenez soin
de vider votre vessie, sinon vous n'arriverez pas à détendre convenablement les muscles
du périnée. Ôtez vos lunettes si vous en portez.

Puis étendez-vous sur votre lit si le matelas n'est pas trop mou, sinon par terre sur
une couverture. Prenez soin de placer les coussins comme indiqué ci-dessus
(un sous la tête, l'autre sous les genoux, le troisième servant d'appui aux pieds) de
manière que toutes les parties du corps soient bien soutenues et n'aient pas d'effort à
faire pour rester dans la position indiquée.

L'exercice que vous allez faire a pour but d'obtenir la décontraction de tous les
muscles de l'organisme en même temps. Pour y parvenir, il faut d'abord que vous vous
rendiez compte de la différence qu'il y a entre contraction musculaire et décontraction.
Pour cela, vous allez contracter, puis relâcher l'un après l'autre les différents muscles de
votre corps. Concentrez-vous sur ce que vous devez faire, et effectuez très lentement
chaque mouvement. Commencez par la main droite : serrez le poing, mais sans vous
crisper ; maintenez la tension quelques secondes, relâchez-la progressivement.
Puis contractez maintenant le bras lentement ; maintenez la tension quelques secondes ;
relâchez-la doucement. Faites la même chose avec la main et le bras gauches.
Ensuite passez aux jambes. Contractez et relâchez successivement les doigts de pieds,
les muscles du mollet, des cuisses. Maintenez chaque fois la contraction quelques
secondes pour vous habituer à bien distinguer contraction musculaire et relâchement.

Inspirez toujours en contractant, expirez en relâchant la tension. Des membres,
passez maintenant au reste du corps : contractez les muscles des fesses, ceux de
l'abdomen, du périnée, etc. Vous finirez par le visage. Vous aurez au début beaucoup de
peine à le détendre complètement, car le visage possède près de soixante muscles.
Essayez d'abord de les contracter tous à la fois : fermez bien les yeux et la bouche,
contractez les mâchoires, n'oubliez pas le front. Restez ainsi quelques secondes.
Relâchez-vous complètement. Répétez l'exercice trois ou quatre fois.

Vous pourrez consacrer votre première séance de relaxation à cette prise de
conscience de tous vos muscles. Puis les séances suivantes à la décontraction de chaque
partie du corps prise séparément, un jour les bras, le lendemain les jambes, le troisième
jour le visage, etc. Ce n'est que lorsque vous serez parvenue à vous décontracter par
petites zones que vous arriverez à la relaxation totale. Car, pour cela, il faut que vous
ayez le contrôle de tous vos muscles. Le test suivant vous permettra de vous assurer que
vous y êtes arrivée : détendez parfaitement votre bras, puis demandez à quelqu'un de le

soulever. Si la personne y parvient sans rencontrer aucune résistance, et si, lorsqu'elle lâche le bras, il retombe absolument inerte, la détente était parfaite. Faites le même essai avec un pied ou une jambe.

Essayez maintenant d'obtenir le relâchement de tous les muscles de l'organisme à la fois. Respirez profondément trois ou quatre fois. Puis, en inspirant, contractez tous vos muscles, ceux des bras, des jambes, du ventre, du périnée, du visage. Restez ainsi trois ou quatre secondes. Puis relâchez-vous complètement en expirant. Au bout de quelques instants, vous aurez l'impression que votre corps est complètement flasque et qu'il s'enfonce dans le lit. Si vous êtes parfaitement détendue, vous devez avoir les paupières mi-closes, la bouche légèrement entrouverte, la mâchoire un peu pendante.

Peu à peu, un grand sentiment de bien-être va vous envahir. Votre respiration sera régulière et paisible. Restez ainsi dix à quinze minutes.

Ne vous levez pas brusquement après votre séance de relaxation, la tête risquerait de vous tourner. Faites auparavant deux ou trois respirations profondes, étirez bras et jambes, asseyez-vous, puis enfin levez-vous doucement.

Il vous faudra certainement plusieurs jours pour parvenir à vous détendre parfaitement. Ne vous découragez donc pas si au début l'exercice vous semble difficile.

Une détente totale ne pouvant être obtenue sans un réel effort de concentration, au début n'y consacrez que cinq minutes par jour ; sinon vous vous fatigueriez au lieu de vous détendre. Au bout de quelque temps, vous ne pourrez plus vous passer de votre séance quotidienne de relaxation, tant elle vous reposera, particulièrement si vous êtes un peu nerveuse du fait de votre grossesse.

Enfin, ne vous dites pas, si l'exercice de relaxation vous semble les premières fois ennuyeux, que vous le remplacerez avantageusement par un quart d'heure de sommeil supplémentaire. Sommeil ne signifie pas détente complète de l'esprit et du corps : en dormant, vous remuez bras et jambes, vous changez de position, vous êtes tracassée par vos soucis, vous rêvez. C'est pourquoi d'ailleurs, pour avoir une nuit calme, nous vous conseillons de faire votre séance de relaxation le soir avant de vous endormir. La relaxation est la meilleure préparation au sommeil. Sinon, consacrez-lui un quart d'heure après avoir fait vos exercices ou après votre petit déjeuner.

Vers le sixième ou le septième mois, lorsqu'en se développant votre enfant deviendra plus pesant et plus encombrant, vous serez mal à votre aise couchée sur le dos, car vous aurez de la peine à respirer. À partir de ce moment-là, faites votre exercice couchée sur le côté, le poids du bébé reposant sur le lit.

●●

● Les autres préparations

●

  C'est la préparation issue de la psychoprophylaxie obstétricale qui est la plus souvent proposée (voir page 326). Mais d'autres préparations existent. Elles rejoignent les principes de la préparation classique pour les connaissances que l'on veut apporter aux futurs parents : anatomie et physiologie de la grossesse et de l'accouchement, vie avant la naissance, accueil de l'enfant, etc. En ce qui concerne la douleur, ces préparations cherchent toutes à la diminuer, tout au moins à permettre à la femme de l'affronter et de la supporter.

  Les différences entre les préparations offertes – yoga, sophrologie, haptonomie, préparation en piscine – concernent surtout la manière de parvenir à la relaxation et la manière de préparer son corps à l'accouchement.

  Voici ces différentes propositions.

Le yoga

  Yoga, en sanscrit (la plus ancienne langue indo-européenne), veut dire « union ». Un des buts de cette philosophie est la maîtrise de l'esprit et de la matière, l'union du corps et de l'âme. Et lorsqu'il s'agit de naissance, cette union est celle d'un homme et d'une femme pour donner la vie, union avec l'enfant à naître, union dans l'effort de la naissance.

Nous avons demandé au docteur de Gasquet, qui a une longue expérience de préparation à l'accouchement par le yoga, de nous en parler.

« Ce yoga n'est ni acrobatique, ni mystique, ni ésotérique. Il s'agit d'une écoute du corps, de ce nouveau corps « habité ». Le connaître pour lui donner les meilleures chances de remplir sa mission : faire d'une femme une mère, d'un embryon un enfant. Ainsi les séances ne sont pas centrées uniquement sur l'accouchement, mais elles permettent une continuité corporelle avant, pendant, après la naissance. »

Le yoga demande un travail personnalisé : en fonction de la morphologie de la mère, de la position de l'enfant. Par exemple une femme mesurant 1, 45 m a la même hauteur utérine qu'une femme de 1, 75 m. Certaines postures seront bien pour l'une et pas pour l'autre. Certains bébés ont le dos à droite dans l'utérus. En général, dans ce cas, les mères ne peuvent rester allongées sur le dos. Il leur faudra des postures adaptées.

Les exercices sont toujours mis en relation avec la vie quotidienne — par exemple pour se baisser, pour se relever d'un fauteuil. Ils s'accompagnent d'une information notamment anatomique, d'explications des différents problèmes physiques d'une grossesse. Les exercices sont fonction de la demande des futures mères.

Les thèmes qui reviennent régulièrement sont les suivants : fatigue, insomnie, nausée, angoisse (surtout au début ou à la fin de la grossesse), douleurs dans le dos, problèmes circulatoires, digestifs, etc.

Autour de ces thèmes, les exercices proposés apportent des soulagements souvent immédiats, mais surtout ils constituent une recherche par les futures mères sur elles-mêmes, sur leur propre corps, sur leur manière de le faire bouger, de le ménager. L'objectif est une véritable « éducation » à partir de l'analyse des mauvais mouvements, des sources de tension, des compensations personnelles… Aucun exercice n'est donné comme un modèle à reproduire, c'est une proposition à essayer, à ressentir, à aménager en fonction de soi. Le tout est toujours rythmé par la respiration, la détente du ventre, l'écoute du bébé.

Des adresses de yoga :
Pour avoir des adresses de professeurs, adressez-vous à la Fédération nationale des enseignants de yoga, 3, rue Aubriot, 75004 - Paris.
Tél. : 01 42 78 03 05

Le père est convié aux séances. Sa présence permet tout un travail à deux beaucoup plus motivant.

Une préparation spéciale est en général proposée sur le périnée, toujours dans la double perspective de la tonification et de l'élasticité.

En ce qui concerne l'accouchement, l'apprentissage porte essentiellement sur la respiration, les positions de la mère, la concentration, l' « état d'esprit ».

La respiration est lente et profonde pendant la dilatation.

Les positions dépendent de la présentation de l'enfant et du moment. Il n'y a pas une seule possibilité pour soulager la femme, mais plusieurs (un enfant situé haut dans l'utérus provoque chez la mère l'envie d'être verticale, de marcher).

Quant à la poussée, elle se fait sans blocage, sur l'expiration. Cela suppose un apprentissage, une bonne connaissance et une maîtrise du diaphragme, du périnée, des abdominaux. Moins violente, cette poussée est tout aussi efficace si elle est faite au bon moment (cela suppose que la femme sache reconnaître le moment où elle doit pousser).

Quant à « l'état d'esprit », il résulte de la confiance en soi, de la sécurité et d'éléments de concentration que l'enseignant doit favoriser.

« Après l'accouchement, conclut Bernadette de Gasquet, les mères peuvent revenir – avec ou sans leur bébé – pour connaître les exercices à faire après la naissance. »

L'haptonomie périnatale

Depuis une dizaine d'années, le nombre de personnes intéressées par l'haptonomie a considérablement augmenté. Nombreux sont les couples qui souhaitent un tel accompagnement avant et après la naissance. J'emploie à dessein le terme de « couple », car la présence du père est indispensable dans ces rencontres.

Des lectrices et des lecteurs nous ont demandé de leur donner plus de détails sur l'haptonomie. Voici ce qu'en disent Albert Goldberg et André Soler. Comme Catherine Dolto-Tolitch, ils ont été formés par Frans Veldman, le fondateur de l'haptonomie. En outre, les docteurs Dolto-Tolitch et Goldberg sont responsables de formation en haptonomie périnatale.

Pour avoir une idée de ce qui est spécifique à la rencontre haptonomique, il suffit de faire une comparaison entre le visage d'une mère en présence d'un praticien (sage-femme, obstétricien…) qui cherche à percevoir à travers la paroi abdominale les contours et la position d'un "fœtus" ; à l'expression d'une mère en contact psychotactile affectif avec le bébé, tendrement entourée par son compagnon, tous deux étant guidés par un accompagnant en haptonomie. On comprendra qu'il ne suffit pas de caresser un giron maternel pour qu'il y ait rencontre affective avec le bébé.

L'haptonomie : où la pratique-t-on ?

Les lieux où l'haptonomie est pratiquée ne sont pas encore très nombreux. Vous pouvez vous procurer la liste des praticiens en écrivant au C.I.R.D.H. Mas del Ore, 66400 CERET, et en joignant une enveloppe timbrée à votre adresse.

• Qu'est-ce que l'haptonomie ?

« C'est, dit Frans Veldman, "la science du contact psychotactile, c'est-à-dire de l'affectivité". Il ne s'agit pas ici d'un toucher objectif, tel qu'il est pratiqué, par exemple, dans la palpation médicale, ou dans des techniques de massage corporel, ou même la poignée de mains des contacts sociaux, amicaux, ou encore des caresses érotiques. Il s'agit d'une façon d'être ensemble qui s'adresse à la personne dans son intégralité. Dans cette forme de contact, il y a une réelle rencontre affective.

• Qu'est-ce que l'haptonomie périnatale ?

L'approche haptonomique périnatale vise à accompagner, dès le début de la vie intra-utérine, la parentalité en développement d'un couple qui découvre la présence de son enfant. Découverte qui crée et entretient des liens affectifs réciproques. Autrement dit, l'accompagnement périnatal haptonomique est centré sur la rencontre affective de la mère, du père et de l'enfant (ou des enfants si ce sont des jumeaux), et sur leur plaisir à être ensemble.

Voici les grandes étapes de l'accompagnement des parents et du bébé, guidés par un spécialiste formé en haptonomie.

L'accompagnement compte une huitaine de séances environ. Il s'agit toujours d'un travail personnalisé, dans une relation de tendresse affective avec un couple dont il faut préserver l'intimité, ce qui exclut le travail en groupe. Il se trouve toutefois des cas particuliers où des séances sont réalisées avec une femme seule, sans son compagnon, lorsque, pour des raisons de force majeure, celui-ci ne peut être présent, ou encore, s'il y a des difficultés chez l'un ou l'autre des conjoints.

Les effets psycho-corporels de la relation de tendresse qui s'instaure retentissent sur la mère et sur le père. C'est pourquoi il est intéressant d'entreprendre les séances dès le début de la grossesse. Néanmoins, le plus souvent, l'accompagnement commence dès que la maman perçoit la vitalité autonome de l'enfant, vers quatre mois et demi. Les parents découvrent alors le véritable émerveillement qu'il y a à établir une relation affective avec le bébé qui, lui aussi, se manifeste.

À partir de cette proximité affective, les parents peuvent inviter leur enfant à des contacts affectifs et à des bercements dans le giron. Ils peuvent ainsi prendre conscience de leur capacité à inviter le bébé à ces "jeux", "de l'intérieur" pour la maman, "de l'extérieur" pour le papa. Cette capacité, ils seront invités à la mettre en œuvre chez eux, au cours de leurs rencontres à trois.

Pendant les séances suivantes, l'accompagnant aide le couple à intégrer des "gestes d'invitation" destinés à favoriser le confort du bébé et de sa maman, ce qui peut éviter les fréquentes douleurs lombaires et les tensions diverses pendant la grossesse. La qualité affective qui imprègne ces gestes procure à la maman un sentiment de sécurité et un bien-être qui fondent la sécurité de base du bébé.

À partir du huitième mois, l'accompagnant aide le couple à développer sa propre capacité à vivre ensemble les temps de travail (contractions utérines) et la mise au monde du bébé.
– Avoir été sensibilisée au parcours du bébé pendant sa descente (engagement) et sa naissance,
– avoir découvert combien le contact psychotactile permet de dépasser ensemble les difficultés (contractions, douleurs) et d'augmenter sa propre capacité à faire face aux situations difficiles,

Ce sont deux facteurs qui, le moment venu, permettront à la maman d'ouvrir son chemin au bébé, en maintenant une présence affective.

Les deux dernières séances sont consacrées à l'accouchement à proprement parler : la maman, à partir de la position d'accouchement qu'elle a choisie, apprend à ressentir, entre autres découvertes, la différence entre ce que l'on nomme d'ordinaire "une poussée" et le fait de conduire le bébé vers la vie aérienne.

Enfin, l'accompagnant sensibilise les parents à la façon de porter le bébé lorsqu'il sera né, de sorte qu'il ne soit pas manipulé, mais soutenu, invité tendrement à participer.

Au moment de la naissance, le père accueillera son enfant, après avoir coupé le cordon ombilical. Soutenant convenablement le bébé à partir de sa base, il lui permet d'éprouver sa capacité à se maintenir au monde dans la verticalité. Le papa présente ensuite l'enfant à sa maman, puis le repose sur son giron, le bébé retrouve la chaleur de sa mère, le rythme de son cœur, la sonorité de sa voix... Il peut jouir ainsi de cette intimité dans la sécurité, la tranquillité et la tendresse.

L'observation des enfants ainsi accompagnés témoigne du développement d'une ouverture au monde pleine de confiance et de quiétude.

> **Haptonomie : si vous voulez en savoir plus.**
> Vous pouvez lire de Frans Veldman, *L'Haptonomie, science de l'affectivité,* (P.U.F). Cet ouvrage a été récemment réédité et mis à jour, avec ce sous-titre : *Redécouvrir l'humain*

La sophrologie

La sophrologie regroupe un ensemble de techniques de relaxation dont certaines sont apparentées à l'hypnose et utilisent la suggestion. J'ai demandé au docteur Odile Cotelle-Bernède, qui fait de la préparation sophrologique, de nous en parler.

« La séance commence toujours par un temps de relaxation avec le sophrologue qui facilite, de sa voix monocorde, monotone, cet état de conscience particulier que l'on nomme état sophronique.

« Dans cet état, la mère, concentrée sur ses sensations intérieures, apprend à éliminer ce qui, de l'extérieur, la dérange. Elle peut ensuite modifier la perception de ses sensations. Par exemple, sentir ses contractions comme très lointaines ou « dans du coton », ou faire un travail sur son imaginaire et se sentir plongée dans un bain…
Cela s'appelle la *sophro-substitution sensorielle*.

« Un autre travail est la *sophro-acceptation progressive* ; pendant la séance, le sophrologue évoque en détails les situations qui vont se présenter : le départ pour la maternité, la période de dilatation avec un vécu imaginé en temps presque réel des contractions et des périodes de repos, et les attitudes qui peuvent rendre la dilatation plus confortable ; enfin la poussée et la naissance du bébé et l'après-naissance. Cette expérience familiarise la future mère avec les différentes étapes de l'accouchement et diminue l'anxiété.

« Le sophrologue doit avoir suffisamment de talent pour que la future mère soit plongée dans la situation et la vive vraiment par anticipation dans son imaginaire ; le sophrologue doit aussi pouvoir, toujours dans ce but de préparation, évoquer toutes les situations possibles : un accouchement rapide, ou au contraire qui dure, un accouchement de nuit, des péripéties techniques, etc.

« Dès le 3e ou 4e mois, la future mère s'entraînera quelques minutes par jour.

« Le jour de l'accouchement, la mère se plonge en état de relaxation profonde au début de chaque contraction ; cela diminue leur intensité, mais n'empêche pas la communication avec la sage-femme ou l'entourage. Cette technique s'appelle la *sophropédagogie obstétricale*, elle a été mise au point en Espagne par le professeur A. Aguirre de Carcer. Comme le yoga et l'haptonomie, la sophrologie ne consiste pas uniquement en l'apprentissage de quelques gestes, il s'agit en même temps d'une aventure personnelle physique et psychologique. »

Sophrologie : où s'adresser ?
Pour tous renseignements, vous pouvez vous adresser à la Société française de sophrologie, 39, bd Garibaldi, 75015 - Paris. Tel. : 01 40 56 94 95

La préparation en piscine

Cette préparation, faite par des sages-femmes et des maîtres nageurs, a plusieurs avantages :
■ une bonne relaxation, que la future maman peut faire agréablement, allongée sur des tapis mousse, ou calée par des flotteurs ;
■ un bon entraînement musculaire : les mouvements se font aisément grâce à la diminution de l'action de la pesanteur, la femme dans l'eau se sent à nouveau légère ;
■ enfin, la respiration et le souffle se travaillent facilement dans l'eau avec des exercices d'apnée et d'expiration freinée.

Cette préparation aurait aussi un effet favorable sur certains troubles dont se plaignent beaucoup de femmes enceintes : douleurs du dos et du bassin, constipation, varices par exemple. Après l'accouchement, les mouvements en piscine permettraient également une meilleure récupération musculaire et physique.

Les responsables des préparations en piscine constatent aussi combien les femmes apprécient de se retrouver, de faire ensemble des jeux collectifs, des marches dans l'eau.

La méthode Vittoz
est une méthode de relaxation psycho-corporelle. Elle souhaite aider à trouver un équilibre entre ce qui est senti (le corps) et ce qui est pensé (le mental). Si vous souhaitez des renseignements, voici où vous adresser : Vittoz IRDC, 39 rue Lantiez 75017 Paris, tél. : 01 42 63 66 44.

Il faut enfin signaler que la piscine est en général plus chauffée quand elle est réservée aux femmes enceintes.

Pour être efficace, il est important que le groupe de futures mamans soit restreint ; qu'une sage femme donne des informations sur la grossesse, la naissance, et explique l'intérêt des exercices et des respirations pour l'accouchement. Au-delà de douze futures mamans, ces séances en piscine peuvent être une façon agréable de faire de l'exercice, mais il ne s'agit pas de préparation à la naissance.

Pour répondre à quelques lectrices, j'ajouterai que si dans certaines maternités la dilatation se fait dans une baignoire d'eau à température du corps, il y a vraiment très peu d'accoucheurs qui pensent que la naissance elle-même puisse se faire dans l'eau.

Préparation en piscine : où s'adresser ?
Pour Paris seulement.
Préparation aquatique à l'accouchement et à la maternité (P.A.M.A.), 18, rue Tiquetonne, 75002 - Paris.
Tel. : 01 42 58 76 57
Pour toute la France :
Fédération des activités aquatiques d'éveil et de loisirs,
5, cité Griset, 75011 - Paris (joindre un timbre).
Tél. : 01 43 55 98 76
www.fael.asso.fr

Le chant prénatal

Enfin, dernière proposition : vous pouvez aussi préparer votre accouchement en chantant, c'est la méthode dite du chant prénatal. Les futures mamans qui ont suivi cette méthode s'en sont déclarées satisfaites.

En effet, le chant augmente la capacité respiratoire, il muscle les abdominaux. Il oblige à avoir une bonne position, ce qui atténue les douleurs dorsales. Et la future maman qui chante est détendue. Les séances se font en groupe. Les pères peuvent y participer.

Renseignez-vous auprès de la maternité pour savoir s'il existe des séances de chant prénatal.

Une préparation de qualité

Il y a donc plusieurs manières de préparer son accouchement : préparation classique, yoga, sophrologie, haptonomie, etc. Avant de vous décider, faites attention de vous adresser à des gens compétents, dans chacune de ces professions, ayant les diplômes officiels requis (médecins ou sages-femmes). Et d'ailleurs ce sont les seuls qui vous permettront d'avoir le remboursement de la Sécurité sociale.

Dans le domaine de la préparation à la naissance, comme dans d'autres qui concernent les femmes, leur beauté et leur corps, il y a une exploitation commerciale des inquiétudes et des désirs ; aux femmes qui veulent effacer leurs rides, on conseille des crèmes miracle, aux femmes qui ont peur de l'accouchement, on propose des préparations au rabais, pas sérieuses.

La préparation à la naissance ne se borne pas à quelques mouvements de respiration ou de détente dans une piscine ; c'est aussi des connaissances sur la grossesse, sur l'accouchement ; c'est aussi la visite de la maternité, la rencontre du personnel médical, etc.

Donc, avant de choisir, renseignez-vous suffisamment sur la qualité de la préparation et sur la compétence des gens qui la proposent.

L'accouchement
avec
anesthésie

La préparation à l'accouchement vise à diminuer, ou au moins à dominer la douleur ; elle y arrive dans une proportion variable selon les femmes, et d'ailleurs difficile à évaluer.

Mais certaines femmes refusent d'affronter la douleur quelle que soit son intensité, soit parce qu'elles trouvent inutile de souffrir, soit parce qu'elles sont particulièrement angoissées et que l'accouchement leur paraît une épreuve insurmontable, soit enfin parce qu'elles gardent d'une précédente naissance un souvenir trop pénible.

Dans ce désir des femmes il y a des nuances.

▪ Certaines, mais elles sont de moins en moins nombreuses, souhaitent ne rien sentir et ne rien voir, s'endormir pour l'accouchement, et se réveiller pour découvrir près d'elles leur bébé : elles demandent une anesthésie générale.

▪ D'autres souhaitent ne rien sentir de la douleur tout en restant conscientes pour voir naître leur bébé : elles auront recours à la péridurale.

▪ Les dernières enfin désirent vivre leur accouchement du début à la fin et ne veulent pas d'anesthésie pour pouvoir tout sentir et tout voir, ce qui n'exclut pas pour elles d'être soulagées par quelque médicament, le cas échéant, si la douleur est trop forte.

En face de ces demandes, examinons de plus près les différentes possibilités de soulager la douleur.

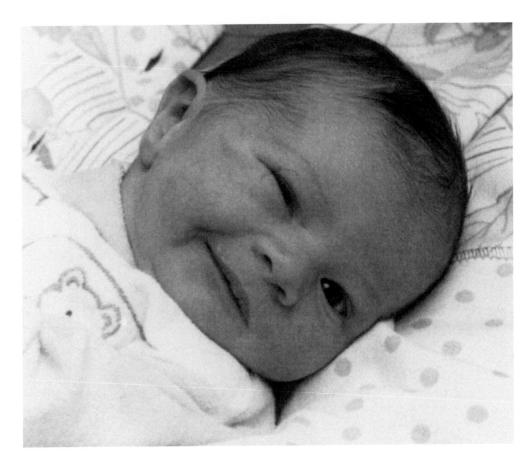

L'accouchement avec anesthésie

L'anesthésie péridurale

L'anesthésie péridurale a été une révolution car elle est un extraordinaire progrès dans le domaine de la lutte contre la douleur ; elle est actuellement la seule vraie réponse à la question que l'on se posait depuis toujours : est-il possible de voir naître son enfant sans souffrir ?

L'anesthésie péridurale n'insensibilise que la partie inférieure du corps (celle qui souffre) tandis que la conscience reste éveillée. En un mot, elle a l'avantage de l'anesthésie générale sans en avoir les inconvénients. C'est pourquoi elle a eu rapidement autant de succès auprès des femmes.

Pour insensibiliser toute la moitié inférieure du corps, on injecte entre deux vertèbres lombaires un produit anesthésique qui se répand autour des enveloppes de la moelle épinière (dont l'une est appelée *dure-mère*, d'où le nom de cette anesthésie) et qui agit sur les nerfs qui en partent. La moelle épinière baigne elle-même dans un liquide appelé liquide céphalo-rachidien (voir le schéma ci-dessous).

Cette injection indolore – car on fait d'abord une anesthésie locale – peut être faite en une seule fois comme n'importe quelle piqûre. Souvent elle est faite par l'intermédiaire d'un petit cathéter qui est laissé en place, ce qui permet, en cas de besoin, de réinjecter du produit anesthésique sans faire de nouvelle piqûre. Dix minutes après l'injection du produit, la douleur disparaît.

Auparavant, on a placé une perfusion intraveineuse : elle permet de contrôler et de traiter rapidement d'éventuelles modifications de la tension artérielle que peut entraîner la péridurale. Mais la perfusion a surtout pour but d'administrer des médicaments (ocytociques) qui permettent de régulariser et de renforcer les contractions.

Il faut signaler qu'avec une péridurale la femme ressent moins le besoin de pousser au moment de l'expulsion, ce qui peut conduire à faire plus souvent un forceps ou une ventouse. Et le fait que la femme ressente moins ce besoin doit encore plus l'inciter à

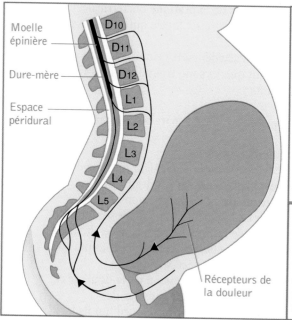

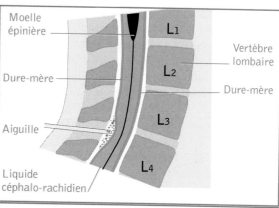

L'espace péridural est celui où l'on injecte le produit anesthésique pour réaliser l'anesthésie péridurale. L'injection se fait entre deux vertèbres lombaires, à un endroit où il n'y a plus de moelle épinière proprement dite. La zone pointillée représente le liquide anesthésique en train de se répandre derrière la dure-mère. La péridurale est laissée en place une à deux heures après l'accouchement pour le cas où une complication surviendrait.

faire des séances de préparation à l'accouchement ; ainsi, le moment venu, lorsqu'on lui conseillera de pousser, la femme le fera de mémoire, pourrait-on dire. En d'autres termes, la péridurale n'empêche pas de pousser, mais on ne sent pas qu'on le fait.

Après l'accouchement, la femme ne peut se lever qu'au bout de 6 heures, au début soutenue et aidée pour tester ses réactions.

Ceci est le principe général de la péridurale. Et voici des réponses aux questions que se posent les femmes, surtout celles qui accouchent pour la première fois.

Anesthésie : les chiffres les plus récents.
D'après la plus récente enquête de l'INSERM, le pourcentage de péridurales est passé de 49 % en 1995 à 58 % en 1998. Quant aux anesthésies générales, elles ne concernent plus que 2,6 % des femmes.

• Une consultation avec l'anesthésiste

est désormais obligatoire au cours du dernier trimestre de la grossesse. Le médecin vérifiera que l'anesthésie n'a pas de contre-indication chez vous au cas où une anesthésie péridurale ou générale serait nécessaire.

Un bilan sanguin, appréciant notamment la coagulation sanguine, sera fait ultérieurement, dans les jours ou les heures précédant l'accouchement.

• Peut-on faire une péridurale à n'importe quel moment de l'accouchement ?

Non. Faite trop tôt, la péridurale risque de bloquer les contractions et de retarder le travail. Trop tard, au moment de l'expulsion, elle n'a plus le temps d'agir. L'idéal est de la faire lorsque la dilatation du col est entre 2 et 6 centimètres.

• Y a-t-il des contre-indications ?

Oui, quelques-unes. Certaines sont connues avant l'accouchement : infections de la peau, déformation importante de la colonne vertébrale, allergie aux anesthésiques utilisés, affections neurologiques, troubles de la coagulation sanguine.

D'autres n'apparaissent qu'au moment de l'accouchement ou pendant le travail : souffrance aigüe de l'enfant, hémorragies, modifications de la tension. L'anesthésie péridurale est également contre-indiquée si la mère a de la fièvre.

• La péridurale est-elle dangereuse pour la mère ou pour l'enfant ?

La péridurale est devenue un des gestes les plus courants de la pratique obstétricale.

L'enfant ne court aucun risque puisqu'il s'agit d'une anesthésie locale qui ne diffuse que très peu dans le sang maternel.

Pour la femme, on doit parler d'incidents plus que d'accidents. Il peut s'agir :

▪ de vertiges et de maux de tête, qui ne se produisent que lorsque l'aiguille d'injection est allée trop loin. Ils régressent en deux à trois jours ;

▪ de douleurs lombaires ;

▪ de sensations de décharges électriques dans les jambes. Elles disparaissent en quelques heures.

• La péridurale influence-t-elle le déroulement de l'accouchement ?

En règle générale elle en diminue la durée et le rend plus « facile ». L'enfant lui-même en bénéficie. En effet lorsque les femmes sont tellement angoissées que le travail n'avance plus, on constate que, sous péridurale, le col se dilate mieux, et les contractions se régularisent. On évite ainsi un accouchement traînant en longueur et un enfant souffrant d'un travail prolongé. D'autre part, si survient au cours de l'accouchement la nécessité d'un geste quelconque : application de forceps, délivrance artificielle, suture de l'épisiotomie ou même césarienne, aucune anesthésie supplémentaire n'est alors nécessaire.

Mais pour être efficace, c'est-à-dire aboutir vraiment à la suppression de la douleur et pour ne pas se solder par des complications, la péridurale doit être faite par des anesthésistes compétents et entraînés à cette technique particulière ; aujourd'hui ils le sont, heureusement, presque tous.

Cela dit, lorsque l'anesthésie péridurale est bien faite et bien supportée, elle apporte à la mère un confort et une sérénité que les mères qui l'ont expérimentée apprécient : « Je n'accoucherai plus jamais autrement », disent-elles souvent. D'ailleurs le succès de la péridurale se confirme de jour en jour et les accouchements faits sous péridurale augmentent d'année en année.

Toutes les femmes peuvent-elles avoir une anesthésie péridurale ?

Aujourd'hui, toutes les femmes qui le désirent peuvent bénéficier d'une péridurale, à condition, bien évidemment, qu'il n'y ait pas de contre-indication médicale. Il n'y a plus de distinction entre le simple confort et la nécessité médicale, et la péridurale sera remboursée dans tous les cas.

Cette nouvelle est excellente mais, en pratique, la possibilité d'une péridurale dépend beaucoup de l'organisation de la maternité. En 1998, près de 60 % des Françaises ont pu en bénéficier avec de très grandes différences d'un établissement à un autre. Dans certains, on comptabilise 90 % de péridurales, dans beaucoup d'autres moins de 30 %. Pour autant, est-il souhaitable que chaque accouchement ait lieu sous péridurale, comme cela se passe dans certaines maternités, même si la femme ne l'a pas demandé ? Je ne le crois pas.

D'abord cela accentuerait la médicalisation de l'accouchement si souvent critiquée.

Ensuite les femmes ne demandent pas toutes une anesthésie. Elles veulent se rendre compte qu'elles peuvent supporter la douleur, la dominer, et ont d'ailleurs envie de voir comment elles y arriveront, même si elles doivent en souffrir. Peut-être est-ce pour cette raison qu'en Amérique, où tout accouchement se faisait sous péridurale, on fait actuellement marche arrière ; les femmes reviennent à la préparation classique ; la « Lamaze Method » y est toujours populaire.

Enfin, le seul fait de savoir qu'elle peut avoir une péridurale détend souvent la mère, à tel point que, parfois, elle ne le demande pas, étonnée de constater qu'elle supporte très bien la douleur de la contraction.

Les femmes ont obtenu ce qu'elles voulaient, la péridurale pour toutes, et remboursée. Mais elles doivent garder un droit encore plus précieux : pouvoir faire respecter leur choix.

Comme je vous l'ai dit souvent, il s'agit de votre grossesse, de votre accouchement, c'est donc bien normal que ce soit votre désir qui l'emporte. C'est à vous, après y avoir réfléchi, en avoir parlé avec votre mari, vos amies, dans les groupes de préparation, avec la sage-femme, avec le médecin, de prendre *votre* décision.

Parler à son médecin, n'est pas toujours facile ; le pouvoir médical est une réalité à laquelle se heurte tout le monde. Pourtant il est important de pouvoir dire non, sous peine de renoncer à ses goûts, ses désirs. Il faut pouvoir dire non si on ne veut pas connaître le sexe du bébé avant la naissance, non si on ne veut pas d'anesthésie péridurale, non à un déclenchement de l'accouchement (sauf pathologie bien sûr) si on veut attendre le terme. Lorsqu'on attend un enfant, on est parfois en état de moindre résistance, comme à la merci de l'avis des autres et on n'ose pas donner le sien. C'est votre grossesse, votre enfant, un grand moment de votre vie, n'hésitez pas à dire ce que vous désirez vraiment.

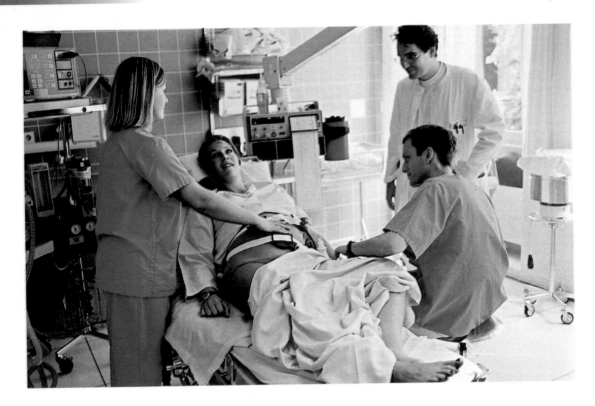

15

La rachi-anesthésie

C'est, comme la péridurale, une anesthésie dite loco-régionale qui insensibilise la moitié inférieure du corps .

La piqûre se fait au même endroit, entre deux vertèbres lombaires, cependant on injecte l'anesthésique non pas autour des méninges, mais à l'intérieur de celles-ci (comme lorsqu'on fait une ponction lombaire).

Techniquement, la rachi-anesthésie est plus facile à faire que la péridurale et demande moins d'anesthésique ; et son action est quasi immédiate, alors qu'il faut 10 à 15 minutes à la péridurale pour agir. Par contre, elle entraîne plus d'accidents d'hypotension ; on ne peut renouveler l'injection et l'inconfort (maux de tête, vertiges, etc.) est plus grand après l'accouchement. La rachi-anesthésie est en général pratiquée pour les césariennes programmées à l'avance.

L'anesthésie locale

On injecte dans les muscles du périnée, ou un peu plus profondément, un produit anesthésique (de la xylocaïne par exemple). L'anesthésie locale permet, sans douleur pour la femme, de faire ou de recoudre une épisiotomie, d'appliquer un forceps, mais elle n'atténue pas la douleur de la contraction utérine.

L'anesthésie générale

L'anesthésie générale est celle qui endort complètement comme pour une opération. Avant la péridurale, elle était pratiquée comme une anesthésie de confort chez les femmes qui refusaient la douleur. Actuellement elle n'est plus pratiquée que lorsqu'existe une contre-indication à la péridurale, ou quand une anesthésie est nécessaire de façon urgente à la fin du travail la péridurale n'a alors plus le temps d'agir.

L'anesthésie générale a l'inconvénient pour la mère de ne pas lui permettre d'assister à la naissance, ni d'entendre le cri de son enfant venant au monde. Aussi, n'ayant ni senti ni vu naître son enfant, la femme qui a été complètement endormie, souvent longtemps après l'accouchement, essaie de reconstituer cet événement qui s'est passé comme en dehors d'elle, auquel elle a l'impression de ne pas avoir participé. Cet événement, elle y a pensé pendant 9 mois, elle l'a attendu avec impatience même si elle le redoutait, elle s'est imaginée cent fois la scène ; il est normal que si tout cela se déroule sans elle, elle se sente frustrée et essaie de combler le manque. Je vous signale cette réaction pour que vous ne soyez pas déçue si vous la ressentiez.

L'acupuncture et la réflexothérapie lombaire

(dont le mécanisme est proche de celui de l'acupuncture) : ces deux méthodes ont été utilisées à une certaine époque, mais aujourd'hui elles ne sont que très rarement pratiquées.

Préparation ou anesthésie : à l'heure du choix

Après avoir lu les chapitres sur les différentes possibilités de diminuer ou de supprimer la douleur de l'accouchement, vous vous demandez peut-être que choisir, que décider ?

Il m'est difficile de vous répondre, c'est un choix trop personnel, il dépend de votre manière de vivre, de vos désirs, de votre façon de supporter la douleur, des expériences que vous avez déjà vécues, des possibilités que vous offre la maternité où vous accoucherez, de l'endroit où vous habitez…

Mais je vous fais une suggestion : que vous ayez fait votre choix ou non, préparez votre accouchement ; s'il n'y a pas de possibilités près de chez vous, lisez le chapitre qui précède, il vous indique de bons exercices à faire. Bien préparée, vous serez en meilleure forme pour la naissance. Et même si vous avez choisi une anesthésie, pouvoir faire des exercices respiratoires vous aidera à supporter les contractions en attendant qu'on puisse faire la péridurale. Par ailleurs, si une contre-indication de dernière minute empêchait cette anesthésie, avoir fait la préparation vous sera précieux.

Je vous signale enfin qu'il y a des femmes avec qui la préparation ne réussit pas du tout. Alors, quel que soit le désir de la future mère, quelle que soit la qualité de la préparation suivie, la péridurale reste la seule solution efficace.

16

Votre enfant est né

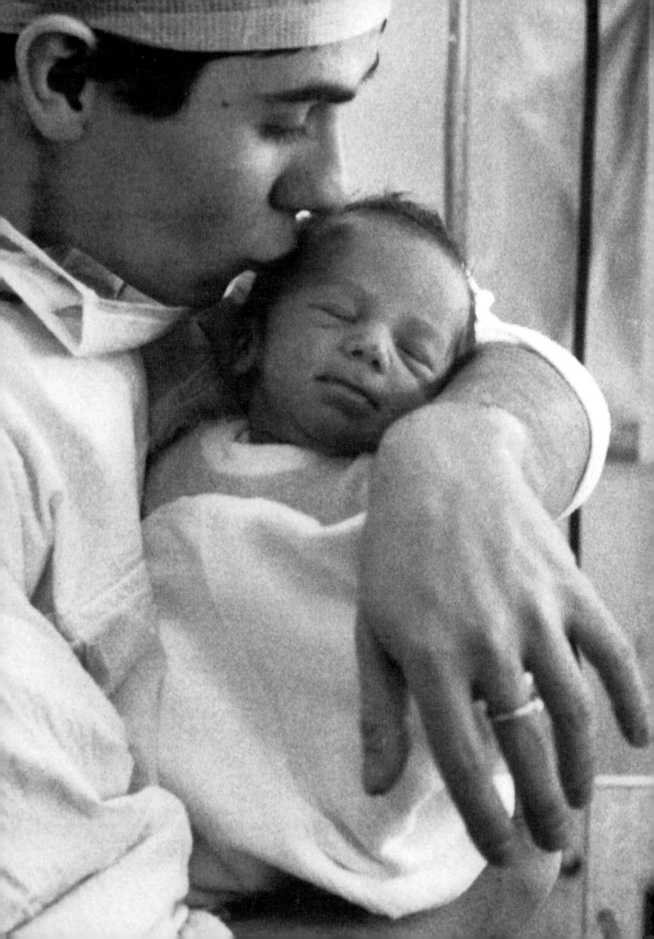

16

Le
face-à-face

La tension qui accompagne plus ou moins l'accouchement et qui peut durer des heures, l'impatience, l'effort du travail et la fatigue, parfois l'énervement ou l'inquiétude font que la première réaction des parents à l'apparition du bébé c'est, après l'émotion, le soulagement, l'infini soulagement de le voir enfin, cet enfant tant attendu : ils en pleurent, en rient, en pâlissent, en deviennent tout rouges d'émotion et de joie.

Les parents veulent d'urgence vérifier que le bébé est bien normal, et même si le médecin les a rassurés, ils n'en finissent pas de le contrôler. Cela leur semble même parfois plus urgent à savoir que le sexe de l'enfant. (D'autant que, le plus souvent, ils le connaissent déjà.)

Ce qui est également fréquent, c'est l'étonnement des parents, la surprise : ils trouvent le bébé différent de l'image qu'ils s'en faisaient ; surtout la mère, elle a de la peine à identifier ce bébé soudain dans ses bras avec celui qu'elle portait dans son ventre.

La première émotion passée, la mère éprouve souvent une autre surprise : alors qu'elle attendait depuis des mois que cet enfant se sépare d'elle, maintenant qu'il vient de la quitter, elle sent en elle comme un grand vide. Comme me l'a écrit une lectrice : « J'avais l'impression de m'ennuyer de mon ventre. »

Pour certaines mères, ce sentiment de vide est fugitif, rapidement il se transforme en une impression de plénitude, d'accomplissement : c'est son bébé, elle est sa mère, l'évidence la rassure.

Parfois ,au contraire, la rupture déroute la mère, la sensation d'étrangeté s'accentue : devant ce berceau, elle ne sent pas monter en elle l'amour maternel qu'elle s'attendait peut-être à éprouver tout de suite. Et l'inquiétude surgit ; comme un flot l'envahit le sentiment de sa responsabilité : « Il a besoin de moi, saurai-je m'en occuper ? » L'inquiétude peut venir de l'inexpérience si l'enfant est un premier-né, mais elle est renforcée par la fatigue qui suit toujours l'accouchement.

Ces surprises, ces sensations, que la mère les perçoive distinctement ou qu'elles restent confuses, vont heureusement s'effacer lorsqu'elle aura son enfant dans ses bras ; en le touchant, en le caressant, en le nourrissant, elle renouera avec son enfant un lien physique qui la rassurera. Et ce seront les débuts d'une longue histoire d'amour. Cette histoire ne s'écrira pas en un jour, l'amour maternel n'est pas toujours un coup de foudre, il se développe souvent au contact de l'enfant, lentement, et grandit avec lui. Nous aurons bientôt l'occasion d'en reparler.

Quant aux pères, leur émotion après l'accouchement s'exprime de façons diverses. Certains sont si bouleversés qu'ils peuvent juste dire : « C'est trop beau, comme je suis heureux. » D'autres sont plus affectifs et s'adressent déjà au nouveau-né : « Ma jolie, te voici enfin. » Certains pères, peut-être pour se protéger de cette émotion qui les envahit, essaient de prendre un peu de distance, s'exprimant de manière parfois inattendue : « J'ai dit : qu'il est laid ! En fait il était fripé et il avait déjà des poches sous les yeux, à cet âge-là ! » Un autre raconte : « J'étais fasciné par ses pieds ; je me suis dit : celle-là, ça sera une basketteuse ! »

En général le grand moment de la vie d'un homme qui devient père, surtout d'un premier enfant, se situe quand, ce nouveau-né, il le prend dans ses bras. La femme, pour devenir mère, a déjà vécu neuf mois de grossesse et un accouchement. Rien de semblable pour le père. Aussi, pour lui, la paternité lui arrive-t-elle souvent comme un choc dans ce geste où, pour la première fois, il tient son enfant dans les mains.

Un autre geste important pour le père peut être la déclaration de l'enfant à la mairie. Il faut avoir assisté à ce qu'on appelle une formalité, mais qui en réalité est un acte important dans la vie d'un homme, pour comprendre tout ce qu'elle représente.

C'est dommage qu'aujourd'hui cette déclaration soit si souvent faite par la maternité ; elle devient alors un geste purement administratif. Je dis souvent car, bien entendu, les pères qui y tiennent peuvent parfaitement aller déclarer eux-mêmes à la mairie la naissance de leur enfant. Il suffit qu'ils préviennent la maternité.

Et le bébé ? Comment va-t-il réagir à vos premiers regards ? Comme quelqu'un qui attend que vous le preniez dans vos bras, que vous lui parliez, que vous le reconnaissiez, que vous l'entouriez. Il a besoin de votre attention, de votre chaleur pour s'éveiller dans ce monde où il vient d'atterrir. Tous les travaux de ces vingt dernières années montrent à quel point, dès la naissance, un enfant est réceptif, attentif à la voix, aux gestes, aux soins de ceux qui l'entourent.

Il suffit de voir la manière dont un nouveau-né réagit quand T. Berry Brazelton s'adresse à lui : il prend délicatement le nouveau-né dans ses mains, lui parle doucement, lui fait suivre du regard un objet qu'il passe devant ses yeux, le fait réagir à un son, etc. Ceux qui ont vu *Le bébé est une personne* ont été fascinés par les mimiques de T. Berry Brazelton, par les réactions surprenantes du bébé et par le dialogue qui s'engage sous leurs yeux.

La précocité de ces réactions va avoir des conséquences rapides et importantes : peu à peu l'enfant s'intéresse à la personne qui le tient, la réciproque est vraie, des liens se nouent.

T. Berry Brazelton.
Pédiatre américain, spécialisé en recherches sur le nouveau-né, T. Berry Brazelton est connu dans le monde entier, particulièrement en France où il a publié dans notre collection « Désir d'enfant » plusieurs livres qui sont devenus des ouvrages de référence. C'est en grande partie grâce aux travaux de T.B. Brazelton (et de son N.B.A.S., voir page 369) que l'on a pu évaluer, apprécier les interactions précoces parents-bébé et la compétence du nouveau-né.

Par une autre voie, ces observations rejoignent celles qui ont été faites il y a déjà longtemps : le nouveau-né arrive au monde avec un besoin vital qu'on l'aime, il a d'abord soif d'affection, après il lui faudra du lait.

Mais allons maintenant le voir ce bébé, le regarder de plus près, sous toutes les coutures, faire le tour de ses possibilités, pour mieux faire connaissance avec lui.

●●

• Le nouveau-né

Lorsque Mme de Sévigné vit pour la première fois sa fille qu'elle venait de mettre au monde, elle s'écria : « Mais elle a l'air d'une guenon ! » Puis, se tournant vers la sage-femme qui l'avait accouchée, elle ajouta : « Je ne l'en aimerai pas moins puisqu'elle est ma fille. » La petite guenon devait d'ailleurs devenir « la plus jolie fille de France », comme l'appelait Bussy-Rabutin.

Vous réagirez peut-être comme Mme de Sévigné lorsque vous verrez votre enfant. Un nouveau-né n'est pas toujours joli. Il est souvent rouge et fripé. Sa tête est parfois déformée, ses cheveux raides et ses mains violettes. Ne vivez donc pas dans l'idée que votre enfant sera un bébé joufflu le jour de sa naissance. Il lui faudra peut-être encore quelques semaines pour être un joli nourrisson.

Dès sa naissance, l'enfant se met à crier et à respirer. Il manifeste ainsi son indépendance vis-à-vis de l'organisme maternel. Jusque-là, en effet, il en était entièrement dépendant, relié à sa mère par le cordon ombilical qui lui amenait les aliments et l'oxygène dont il avait besoin pour vivre et pour se développer.

Ce passage de la vie placentaire à la vie autonome nécessite des transformations importantes de son organisme. Certaines fonctions s'adaptent progressivement, telle la fonction digestive ; d'autres vont devoir le faire brutalement, d'une minute à l'autre, dès la naissance : c'est le cas, par exemple, de la respiration.

L'examen du nouveau-né à la naissance est décrit page 301.

La respiration.

Dès que le nez et la bouche de l'enfant entrent en contact avec l'air ambiant, la première respiration s'instaure ; vous voyez la poitrine se soulever régulièrement, à un rythme d'ailleurs plus rapide que chez l'adulte. Cette respiration, qui est le premier signe de la vie, naît avec l'enfant. Avec une rapidité étonnante, un profond bouleversement s'est produit dans l'organisme du nouveau-né. Quelques secondes avant de naître, le fœtus vivait encore de l'oxygène que sa mère lui fournissait. Son sang, partant du cœur, arrivait au placenta (par les artères ombilicales), se chargeait d'oxygène qu'il puisait dans le sang maternel, et revenait au cœur (par la veine ombilicale). Le placenta jouait donc le rôle de poumon. Les poumons du fœtus ne fonctionnaient pas encore, et entre le cœur et les poumons du bébé, il n'y avait pas de communication.

L'enfant naît. Il est séparé du placenta. Il faut qu'il se procure lui-même son oxygène. Il ouvre la bouche, l'air s'engouffre dans ses poumons, les déplie, les gonfle, relève brutalement les côtes qui s'écartent. La cage thoracique se soulève. Les poumons deviennent roses et spongieux. Le sang venant du cœur se précipite dans les vaisseaux pulmonaires à la recherche de l'oxygène qui vient d'arriver : la circulation cœur-poumon est établie.

Le nouveau-né respire maintenant comme un adulte. Mais pendant un an sa respiration sera irrégulière, tour à tour superficielle ou profonde, rapide ou ralentie. Le cœur bat très vite, de 120 à 130 fois par minute en moyenne, presque deux fois plus vite que chez l'adulte. Le sang ne met que 12 secondes pour accomplir une révolution complète. Chez l'adulte, il en met 32.

Le poids et la taille.

« Combien pèse-t-il ? » C'est une des premières questions que posent les parents à la naissance.

Dans l'esprit du grand public, le chiffre optimal est de 3,5 kg. C'est déjà celui d'un gros bébé. La moyenne est de 3,3 kg (100 g de plus pour les garçons, 100 g de moins pour les filles), et, entre des bébés nés à terme, on peut noter des écarts considérables : certains bébés pèsent 2,5 kg, d'autres 4 kg et même plus. Ce qui concerne l'enfant pesant moins de 2,5 kg est traité au chapitre 10.

Plusieurs facteurs peuvent faire varier le poids du nouveau-né :
▪ d'abord l'hérédité, c'est-à-dire la race, la stature du père et de la mère, la tendance familiale ;
▪ le rang de la naissance : en général chez une même femme, le deuxième enfant pèse un peu plus que le premier, et le troisième plus que le deuxième ;
▪ l'état de santé de la mère : certaines maladies peuvent soit augmenter le poids de l'enfant (diabète, obésité), soit au contraire le diminuer (toxémie) ;
▪ l'activité de la mère pendant la grossesse : une mère trop active a tendance à avoir un enfant de petit poids.

Bébé est né
Premiers gestes, premiers soins

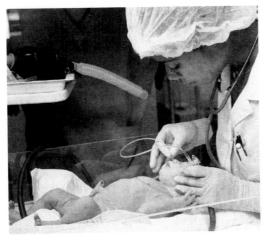

Si nécessaire, on débarasse l'enfant des mucosités

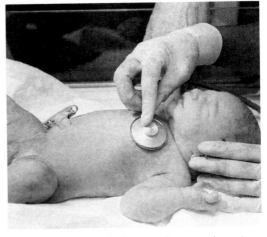

On s'assure que l'enfant respire normalement

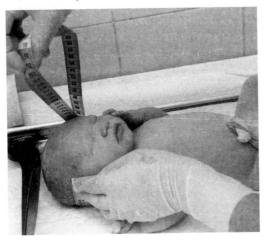

On mesure le périmètre crânien

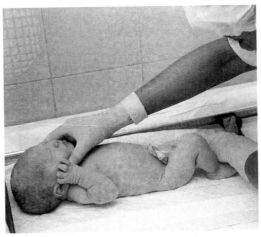

On mesure le bébé

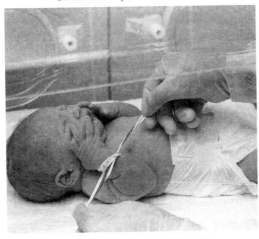

On lui place un bracelet d'identité

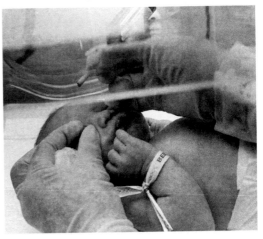

On instille dans ses yeux des gouttes de collyre

Votre enfant est né

Par contre le régime alimentaire ne joue qu'un rôle mineur et indirect sur le poids de l'enfant (à l'exception des grandes dénutritions qui ne se voient pas en France). Ainsi, même avec une restriction importante, vous aurez un gros enfant si votre hérédité vous y prédispose. Et même avec une suralimentation anormale, vous risquez d'avoir non pas un gros bébé, mais un enfant malingre parce que vous risquez alors de faire une toxémie gravidique.

Quoi qu'il en soit, il importe seulement que le poids et la taille de votre enfant se situent dans la moyenne statistique. Un poids élevé n'est pas un signe évident de bonne santé (les enfants nés de mère diabétique pèsent habituellement très lourd et sont des enfants fragiles). À l'inverse, vous aurez presque toujours l'heureuse surprise de voir un enfant de poids peu élevé se développer sans aucun problème.

Dans les jours qui suivront sa naissance, votre enfant perdra environ le dixième de son poids de naissance. Ne vous en inquiétez pas, cette perte est normale. Elle est due en partie au fait que l'enfant évacue les déchets qui occupent encore son intestin. Dès le troisième jour, il commencera à reprendre du poids ; et entre le cinquième et le dixième jour, il aura retrouvé son poids de naissance.

La taille, qui est en moyenne de 50 centimètres à la naissance, ne varie guère de plus de 2 ou 3 centimètres autour de ce chiffre, d'un bébé à l'autre.

• L'aspect général.

Ce qui vous frappera peut-être le plus lorsque vous verrez votre enfant, c'est que les proportions des diverses parties de son corps sont différentes de celles de l'adulte : le nouveau-né n'est pas un adulte en miniature. La tête est très volumineuse. Elle représente à elle seule un quart de la longueur totale, au lieu d'un septième. Le front est immense par rapport au reste du visage. Il en représente les trois quarts au lieu de la moitié. Le tronc est plus long que les membres. L'abdomen est légèrement saillant, les membres sont courts et grêles, et les bras plus longs que les jambes. Les organes génitaux des petits garçons semblent anormalement développés. Mais il suffira de quelques semaines pour que ces proportions changent, et que votre enfant ait un aspect tout différent de celui qu'il avait le jour de sa naissance.

Les premiers mouvements de votre enfant vous paraîtront désordonnés. Ils le sont en effet, car le système nerveux, celui qui dirige les gestes, est imparfaitement développé chez le nouveau-né. Les mouvements ne s'organiseront qu'à mesure que le système nerveux se développera. L'enfant, à l'inverse de tant d'animaux, naît désarmé. Une demi-heure après sa naissance, le petit poulain est sur ses pattes et trottine ; le petit veau aussi. L'enfant devra attendre un an pour pouvoir marcher.

• L'attitude.

Le nouveau-né n'arrive pas à tenir la tête droite car elle est trop lourde pour les muscles de son cou, qui sont encore faibles. Il se tient les premiers jours dans la position qu'il avait avant la naissance : les bras ramenés vers la poitrine et les cuisses vers le ventre. Remarque d'une lectrice qui n'est pas d'accord : « Quand on a posé ma fille sur mon ventre, elle avait la tête redressée et "regardait" autour d'elle comme si elle se demandait dans quel monde elle avait atterri. »

• La tête et le visage.

Ne vous inquiétez pas si votre enfant arrive au monde avec une tête un peu déformée, crâne asymétrique ou en pain de sucre, bosse d'un côté ou de l'autre, etc. (« Il avait la tête cabossée », m'a écrit une lectrice.) Ces petites déformations sont très fréquentes. Elles sont dues aux fortes pressions que la tête subit lors de l'accouchement. En dix ou quinze jours, elles disparaissent, et le crâne s'arrondit.

Si votre enfant est né par *ventouse*, la petite bosse sur le sommet du crâne, souvent importante, disparaîtra sans laisser aucune trace, en un jour ou deux. Il en est de même pour les traces sur le crâne ou sur le visage, dues à la naissance par *forceps*.

Les os du crâne, qui ne sont pas encore soudés, sont séparés par des espaces de tissus fibreux, les *sutures*. En deux points, ces espaces s'élargissent pour former les *fontanelles*. Vous sentirez vous-même ces zones molles en passant votre main sur le crâne du bébé. La plus grande, juste au-dessus du front, a la forme d'un losange. La plus petite se trouve à l'arrière du crâne. Les fontanelles se rétréciront peu à peu jusqu'à se fermer complètement, la plus petite vers 8 mois, la plus grande vers 18 mois.

▪ Les cheveux. Certains bébés naissent avec une chevelure abondante et généralement noire. D'autres sont presque chauves. Consolez-vous si votre bébé fait partie des seconds. Les premiers perdent la plus grande partie de leurs cheveux dans les semaines qui suivent la naissance. Par la suite, les cheveux repoussent plus clairs et plus fins.

▪ Les yeux sont très grands, leur taille a déjà les deux tiers de ceux de l'adulte. Les paupières sont larges, les cils et les sourcils apparents mais très fins. Le nouveau-né pleure sans larmes. Celles-ci n'apparaissent que vers la 4^è semaine, souvent même plus tard. Le nez est court et aplati, l'oreille volumineuse par rapport à la face, mais bien dessinée, quoique son lobule ne soit pas encore formé. La bouche paraît démesurément grande, avec le maxillaire inférieur peu développé. Le cou est très court et donne l'impression que la tête repose directement sur les épaules.

La peau.

À la naissance, la peau est recouverte d'un enduit sébacé blanchâtre dont en général on débarrasse l'enfant à sa première toilette. Certains médecins recommandent cependant de laisser cet enduit, car il joue, disent-ils, le rôle d'un onguent protecteur.

La peau apparaît alors mince et fragile, de couleur rose foncé, parfois presque rouge. Le duvet qui recouvrait tout le corps au 7e mois a presque entièrement disparu.

▪ L'ictère physiologique du nouveau-né. Les premiers jours, l'épiderme du bébé pèle finement, puis il devient plus clair. Mais il arrive aussi très souvent, dans 80 % des cas, que la peau jaunisse le deuxième ou le troisième jour, c'est l'*ictère physiologique* du nouveau-né qui est dû à l'excès d'un pigment jaune, la bilirubine.

Cet ictère inquiète beaucoup de mères parce qu'elles le confondent avec l'ictère par incompatibilité rhésus (ou incompatibilité ABO). Or l'ictère physiologique n'est absolument pas dangereux, à condition que la bilirubine ne dépasse pas un certain taux ; c'est pour cela qu'on surveille ces ictères et qu'au moindre doute, on fait à l'enfant des prélèvements d'une très petite quantité de sang. (Il existe un appareil qui par simple contact permet d'évaluer l'importance de l'ictère. Cela évite au bébé plusieurs piqûres.) Voici ce qui se passe.

Dans l'ictère par incompatibilité rhésus, la jaunisse est due à un excès de destruction des globules rouges qui aboutit à une trop grande quantité de bilirubine.

Dans l'ictère physiologique, la quantité de bilirubine fabriquée est normale, mais il manque au bébé un enzyme hépatique qui permet de transformer cette bilirubine en un produit éliminable. Au bout de quelques jours, le nouveau-né commence à savoir fabriquer cet enzyme et, en attendant, on surveille le taux de bilirubine. Dans certains cas, si le taux augmente un peu trop, on peut être amené à faire de la photothérapie qui permet d'éliminer cette bilirubine.

▪ La photothérapie consiste à mettre le bébé tout nu, bien au chaud, dans une couveuse, les yeux protégés, sous une lampe qui peut, selon les appareils, donner une lumière blanche ou bleue. Je précise bien qu'il s'agit d'une *lumière*, car certaines mamans

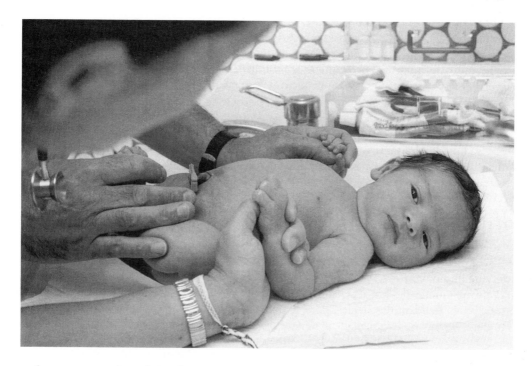

redoutent cette photothérapie un peu comme si c'étaient des *rayons*, des rayons X. Cette lumière ne fait pas du tout mal au bébé. L'inconvénient, c'est qu'il n'est pas à ce moment-là dans les bras de sa mère, mais c'est nécessaire.

Si jamais la bilirubine monte trop et se rapproche du seuil critique, dans certains cas rarissimes, on peut être amené à faire une exsanguino-transfusion pour en faire diminuer le taux, comme dans les incompatibilités rhésus signalées plus haut.

Souvent, on peut remarquer, à la racine du nez, une tache rougeâtre bifurquant en Y entre les deux sourcils. C'est l'aigrette du nouveau-né ; elle persistera quelques mois, puis disparaîtra. Les ongles des mains et des pieds sont bien apparents. Résistez à la tentation de couper des ongles trop longs ; cela risquerait de provoquer une infection.

● **La température.**

Vous vous demandez peut-être pourquoi, dans l'atmosphère surchauffée de la maternité, votre enfant est si couvert. C'est parce que, en naissant, l'enfant a tendance à se refroidir. Il n'est pas encore capable de régler tout seul sa chaleur. Il faut qu'on le fasse pour lui. Il vient de vivre pendant neuf mois dans une température toujours égale de 37° C, la vôtre. Subitement, il se trouve dans une atmosphère de 22° C, celle de la maternité. Malgré ses vêtements, il va se refroidir de 1° C à 2,5° C, et ne reviendra qu'au bout de deux jours environ à une température de 37° C.

● **L'appareil urinaire et digestif.**

Il n'est pas rare d'observer une émission d'urine dans les premières minutes qui suivent la naissance. Cela n'est pas étonnant car l'appareil urinaire fonctionnait déjà avant (comme vous l'avez vu au chapitre 5). De même, l'intestin élimine dans les deux premiers jours une substance verdâtre, presque noire, visqueuse, collante, ayant l'aspect du goudron : c'est le méconium, fait d'un mélange de bile et de mucus. Vers le troisième jour, les selles deviennent plus claires, puis jaune doré et pâteuses, au nombre d'une à quatre par jour pendant les premières semaines.

•Les organes génitaux.

Souvent, les seins des bébés, aussi bien garçons que filles, sont gonflés à la naissance. Si on les pressait, il en sortirait un liquide semblable au lait. C'est parce qu'une petite quantité de l'hormone qui provoquera la montée laiteuse chez la mère est passée à travers le placenta dans le sang du bébé avant la naissance, et a stimulé le fonctionnement des glandes mammaires. Ne vous en inquiétez pas, et surtout n'y touchez pas ; dans quelques jours, les seins seront tout à fait normaux.

De même, si vous remarquiez dans les couches de votre petite fille quelques gouttes de sang, il ne faudrait pas vous affoler. Cette autre activité des glandes génitales, qui apparaît une fois sur vingt, disparaît également en quelques jours. Ces phénomènes caractérisent ce que l'on appelle « la crise génitale du nouveau-né ».

Qu'entend-il ? Que voit-il ? Que sent-il ?

50 centimètres, 3,3 kg, peu de cheveux et la peau fripée, voilà donc comment se présente un nouveau-né. Mais quelles sont ses perceptions, que voit-il en arrivant au monde, qu'entend-il ? Est-il sensible aux multiples stimulations qui l'entourent ?

Pendant des siècles, pour la plupart, la réponse a été catégorique : le nouveau-né ne voit pas et n'entend rien. C'était la fameuse théorie du « bébé tube digestif » qui soutenait que l'enfant, au moins pendant plusieurs semaines, n'était sensible qu'aux sollicitations de son estomac ; il fallait donc essentiellement le nourrir et le changer.

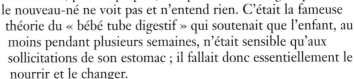

Il est comme une cire vierge, ajoutaient d'autres, cire dans laquelle l'adulte pourra tout graver ; il est comme une feuille blanche sur laquelle l'adulte pourra tout écrire. On disait encore : en arrivant au monde, le nouveau-né est tellement agressé qu'il est dans une confusion totale. En somme, un adulte omnipotent se trouvait devant un nouveau-né entièrement désarmé et sans aucune réaction.

Quand on découvre aujourd'hui ce dont un nouveau-né est capable, quand on admet qu'il devait bien en être ainsi hier et que les mères devaient bien le sentir, j'ai peine à croire que ces mères aient toutes partagé des théories aussi radicales et aussi négatives. Mais peut-être, ces théories étant surtout émises par des hommes, médecins et scientifiques, on peut se demander si des opinions contraires venant de femmes auraient eu des chances d'être entendues.

Aujourd'hui, changement complet : le nouveau-né, dit-on partout, entend, voit, sent, ressent ! Et la liste est longue des perceptions que l'on attribue à l'enfant dès la naissance (et même avant). Les découvertes ne se sont pas faites en un jour ; c'est d'ailleurs rarement le cas, dans aucun domaine elles ne se font du jour au lendemain, elles sont le fruit de longues recherches entreprises par des équipes nombreuses et simultanément dans divers pays.

Depuis vingt ans, trente ans même, on assiste dans le monde entier à une explosion de travaux pour étudier ce que sait un nouveau-né et ce qu'il sent. Ceci vous donnera une idée de l'ampleur des travaux : à un récent congrès qui se réunissait pour faire le point des connaissances actuelles sur le bébé avant, pendant et après la naissance, il y avait 1 500 spécialistes de 20 nationalités différentes ; ils ont fait plus de 500 communications. On mettait les bouchées doubles pour effacer le passé !

Donc, un premier constat : le nouveau-né est beaucoup plus précoce et plus doué qu'on ne le croyait. Dans le domaine de la vision, de l'audition, de l'odorat, les connaissances progressent tous les jours. En résumé, voici ce qu'on peut en dire aujourd'hui.

● La vision.

Dès sa naissance l'enfant voit, mais sa vision n'est pas la nôtre : elle est plus floue. Et l'enfant ne voit que les formes, animées ou inanimées, distantes de ses yeux de 20 à 25 centimètres : il ne peut donc pas accommoder, c'est-à-dire mettre au point suivant la distance. Cela suffit quand même au nouveau-né pour être sensible aux différences de lumière : si tout d'un coup il y en a trop, il est gêné, cligne des yeux, ou les ferme complètement.

Il est sensible à ce qui brille et à la couleur rouge ; ainsi il peut suivre des yeux une boule brillante et rouge. Les chercheurs ont constaté également que dès les premiers jours, le nouveau-né est attiré par une forme ovale, mobile présentant des points brillants et du rouge. Ce n'est pas un rébus, c'est l'ensemble correspondant au visage humain. Le bébé peut suivre ce visage s'il bouge, et si pendant ce temps on lui parle, le bébé cligne des yeux. Ce visage est d'ailleurs précisément à la bonne distance pour lui, environ 25 centimètres.

Vision, audition...
Pour en savoir plus sur les possibilités sensorielles du nouveau-né, vous pouvez lire *L'Aube des sens*, ouvrage collectif sous la direction d'Etienne Herbinet et Marie-Claire Busnel, (Éditions Stock.)

Mais être sensible au visage humain ne veut pas dire pour autant reconnaître telle ou telle personne de son entourage. Cela prendra plus de temps.

Si l'on fait une moyenne entre les résultats obtenus par différents chercheurs, on peut dire, selon les dernières données, que l'enfant reconnaît sa mère par l'odeur à 3 jours, et par les yeux vers 3 mois. Il est évidemment difficile de séparer les perceptions les unes des autres, celles fournies par les yeux de celles qui parviennent à l'oreille ou de celles que recueille le nez, à telle enseigne que, par exemple, pour isoler la perception visuelle, un chercheur a présenté le visage de la mère derrière un miroir sans tain. Mais revenons à notre nouveau-né. On a remarqué qu'il était plus sensible aux images complexes qu'aux simples. Dès les premiers jours, si on lui présente deux feuilles, l'une grise, unie, et l'autre couverte d'un petit damier noir et blanc, l'enfant regarde la seconde. On s'en est rendu compte en observant le bébé à travers un écran percé d'un trou : on voit la feuille quadrillée se refléter dans la cornée du bébé. C'est donc celle-là que l'enfant regarde.

C'est parce qu'il n'a pas eu l'occasion de l'exercer avant la naissance que la vision du nouveau-né n'est pas très développée (bien que certains chercheurs pensent que déjà dans le ventre de sa mère l'enfant est sensible à une forte lumière, l'observation a été signalée page 121). Mais cette vision va faire des progrès rapides. Le bébé cherche à voir même la nuit ; dans le noir il ouvre les yeux, les ferme, regarde d'un côté, de l'autre ; on a pu l'observer grâce à des rayons infrarouges.

Et dans ce domaine de l'activité visuelle, il y a de grandes différences d'un enfant à l'autre. On a l'impression que certains bébés passent leur temps à « regarder », alors que d'autres passent leur temps à dormir. Cette différence de rythme de développement se retrouvera dans tous les domaines tout le long de l'enfance.

Un mot pour finir : les nouveau-nés ont souvent l'air de loucher parce que les muscles de leurs yeux ne sont pas assez développés pour coordonner les mouvements.

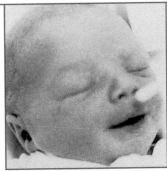

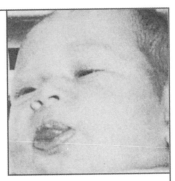

Odeurs et saveurs

Les réactions d'un nouveau-né de quelques heures.

On fait sentir au bébé un coton imbibé d'odeur de banane, il a l'air ravi.

On dépose sur la langue du bébé du sucre, cela lui plaît.

• L'ouïe.

est plus développée que la vision, c'est normal, le nouveau-né a déjà beaucoup entendu durant sa vie fœtale, au moins pendant les deux derniers mois. Il n'est donc pas étonnant de le voir sursauter si une porte claque ou s'il entend un bruit violent ; et son oreille étant déjà exercée, elle lui permet de distinguer des sons très proches les uns des autres. Et même lorsqu'il dort à poings fermés, si on chuchote près de lui, il remue légèrement, sa respiration se modifie, il cligne des yeux. Si l'on continue à parler doucement, il s'agite et finit par se réveiller. Avant la naissance, le bébé entendait déjà la voix de ses parents (voir page 120). À la naissance, ces voix, l'enfant va les reconnaître.

Enfin on remarque que lorsqu'il y a vraiment trop de bruit autour de lui, l'enfant se bouche littéralement les oreilles pour ne pas être agressé, il arrive ainsi à s'isoler. T. B. Brazelton rapporte qu'un enfant à qui l'on faisait un test pénible commença par crier, puis subitement s'arrêta ; malgré les bruits aigus et les lumières brillantes il s'endormit ; le test terminé, les appareils retirés, le nouveau-né s'éveilla aussitôt et se mit à crier.

• Le toucher.

Le nouveau-né est très sensible à la manière dont on le touche, aux manipulations. Certains gestes le calment, d'autres au contraire l'agitent. Cela, les parents le découvrent très vite, mais cette sensibilité de la peau et du contact remonte très loin dans la vie de l'enfant : dans le ventre de la mère, il a réagi aux mains de ses parents se posant sur lui ; il a senti le liquide l'entourer ; il s'est frotté aux parois de l'utérus ; au moment de l'accouchement, ce n'est que par une action violente et répétée des contractions sur son corps que l'enfant a pu sortir du ventre de sa mère. Après la naissance, le bébé ressent avec malaise le vide autour de lui. Le petit berceau bien douillet, l'instinct que nous avons de le prendre contre nous, calment et rassurent l'enfant. Dans les couveuses, on a observé que pour apaiser le bébé, il suffisait de lui caler le dos contre une couverture roulée, ou un oreiller. Si votre bébé est prématuré et que, dans sa couveuse, il n'a pas l'air bien à l'aise, voyez avec la puéricultrice s'il ne serait pas possible de l'installer ainsi.

Certains parents aimeraient bien masser leur bébé, mais ne savent pas trop comment s'y prendre. Parlez-en avec la sage-femme qui saura vous indiquer quelques gestes de base. Pensez à le faire dans une pièce suffisamment chaude.

• L'odorat.

Une expérience est devenue classique : si on présente à un nouveau-né deux compresses, l'une ayant été en contact avec le sein de sa mère et l'autre non, le bébé se

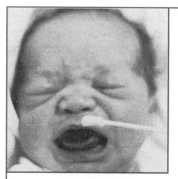

L'odeur de l'œuf pourri le fait hurler.

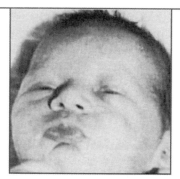

Une goutte de jus de citron lui fait faire la grimace.

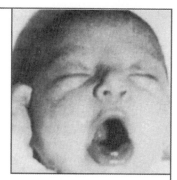

Une goutte de sulfate de quinine (amer) : le bébé proteste vivement.

tourne vers la compresse maternelle. L'expérience a été faite par un auteur américain, Mac Farlane, dès le 10ᵉ jour. Mais le record a été battu par l'équipe d'Hubert Montagner qui a obtenu le même résultat avec des nouveau-nés de 3 jours !

D'ailleurs, c'est grâce à son odorat qu'un bébé reconnaît l'approche du sein maternel.

• Le goût.

Le nouveau-né a 12 heures ; si on met sur ses lèvres un peu d'eau sucrée, il a l'air ravi ; si on y met une goutte de citron, il fait la grimace. Dès la naissance, l'enfant fait la distinction entre le sucré, le salé, l'acide, l'amer. Le sucré le calme, l'amer ou l'acide l'agite. C'est ce qu'illustrent les photos reproduites ci-dessus.

C'est un fait connu depuis longtemps que les bébés sont très tôt sensibles aux goûts. Et depuis toujours les femmes qui allaitent savent que certains aliments donnent bon goût au lait, par exemple le cumin, le fenouil, l'anis vert. Ainsi le bébé tète avec plaisir, et la sécrétion lactée augmente. En comparaison, le bébé nourri au lait industriel a une nourriture bien fade et sans surprise !

Comment a-t-on pu établir si précisément le degré de sensibilité du nouveau-né ? Certaines fois par des moyens très simples, d'autres fois en ayant recours à des moyens plus sophistiqués.

Moyens simples comme l'observation directe de chaque réaction du bébé à une stimulation : tourner la tête ; réagir à un bruit sourd, lointain, léger, ou au contraire cesser de réagir aux mêmes bruits ; crier ou au contraire cesser de crier ; cligner des yeux ; remuer les pieds ; crisper les membres, sursauter ; chaque geste, même le plus discret, chaque mimique ou chaque cri a un sens.

Comme il est difficile de tout noter, de tout remarquer à la fois, les chercheurs prennent des kilomètres de films sur les bébés dans les situations les plus variées, dans les bras de leur père, de leur mère, du pédiatre ; en face d'objets , de formes et de couleurs diverses, en face de lumières d'intensité variée, etc. Puis ils passent ces films au ralenti, arrêtent l'image, reviennent en arrière et notent toutes les réactions de l'enfant. Grâce aux possibilités des films vidéo, aucun détail n'échappe à l'œil de l'observateur.

L'enregistrement du rythme cardiaque du bébé a permis de nombreuses observations. C'est en particulier grâce à lui qu'on a pu constater qu'un bébé était plus sensible à une voix féminine qu'à une voix masculine. Dans le premier cas le rythme cardiaque ralentissait, dans le second il n'y avait pas de changement.

De même, pour savoir plus finement à quels sons réagit un nouveau-né, on fait l'expérience suivante : on lui met dans la bouche une tétine, dans la tétine un capteur qui enregistre le rythme des mouvements de succion. Puis on fait entendre au bébé différents sons ; il réagit par des mouvements de succion : c'est l'accélération ou la diminution du rythme de ces mouvements qui permet de constater que le bébé est plus ou moins sensible aux différents sons présentés.

Puis la miniaturisation de l'électronique a permis, avec des appareils sophistiqués, des recherches plus poussées. Par exemple, c'est un micro minuscule introduit après rupture de la poche des eaux dans le sac amniotique d'une femme sur le point d'accoucher qui a permis de connaître le monde sonore qui entoure le bébé avant la naissance.

Ainsi ce nouveau-né que l'on croyait naguère si démuni, si fermé au monde dans lequel il arrivait, on l'a découvert prêt au contraire à réagir aux nombreuses stimulations de son environnement et de son entourage, programmé biologiquement pour éprouver tout un éventail de sensations.

Ce « on » recouvre l'ensemble de la société. Mais je suis persuadée et l'ai souvent dit, que la mère, elle, depuis toujours sentait que son enfant en savait plus sous ses yeux mi-clos qu'on ne le croyait autour d'elle.

Ce qui change aujourd'hui, c'est le regard que cette société porte sur l'enfant, la manière dont elle le considère, manière qui à son tour va avoir – a déjà – une influence certaine sur l'enfant.

La compétence du nouveau-né

Lorsque la mère caresse son enfant ou le prend dans ses bras, elle sent qu'il réagit à son contact parce que son visage s'apaise : si elle lui parle et qu'il s'arrête de bouger, elle comprend qu'il a perçu ce que sa voix comportait de sollicitation.

L'enfant réagit à son tour par une mimique, puis la mère sourit, et ainsi de suite. Et sans cesse, de l'enfant à la mère, un va-et-vient de questions et de réponses s'établit : ils communiquent.

Lorsqu'une mère voit son bébé gêné par la lumière et la détourne, il rouvre les yeux. À chaque instant passe entre la mère et l'enfant un signal de reconnaissance. Si l'enfant appelle, sollicite à son tour et qu'on lui répond, sa mimique est encore une fois une réponse.

Cette sensibilité du nouveau-né aux stimulations les plus diverses, à la voix, au contact, aux gestes, à la lumière, aux odeurs se traduit donc chez lui par toute une gamme de comportements et d'émotions qui à leur tour provoqueront chez la mère, chez le père ou chez l'adulte qui s'occupe de lui, des réactions.

C'est cela qu'on a appelé la compétence du nouveau-né : la possibilité qu'il a, grâce à son équipement sensoriel et à sa sensibilité émotionnelle, de répondre aux stimulations, et de déclencher dans l'entourage des réactions. Cet enchaînement de stimulations et de réactions constitue des *interactions*. Comme je vous le disais plus haut, T. Berry Brazelton, grâce à ses travaux, a été l'un des tout premiers à montrer ces interactions précoces, cette compétence du nouveau-né.

Un des buts de l'examen qu'il a mis au point, le N.B.A.S. est de montrer aux parents

Sur la compétence du nouveau-né, l'attachement, les relations précoces parents-enfants, vous pouvez lire les ouvrages de T. Berry Brazelton publiés aux Éditions Stock : *La Naissance d'une famille* et *Points forts, les moments essentiels du développement.*

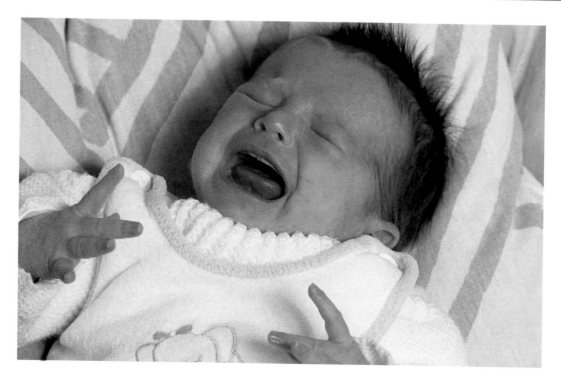

tout ce dont le nouveau-né est capable, de les sensibiliser à la stupéfiante variété des réactions que l'enfant possède déjà. Grâce à cet examen, les parents observent le nouveau-né avec un œil neuf, voient chaque réaction comme pouvant être le langage avec lequel le bébé va communiquer avec eux.

À propos de la compétence du nouveau-né, ajoutons :

▪ d'un enfant à l'autre, il y a de grandes différences ; on peut dire que chaque nouveau-né a sa personnalité : qu'il s'agisse des besoins en sommeil, des pleurs, de ses réactions lorsqu'on le touche, etc., chaque bébé a sa manière de réagir. Le sachant, les parents ne seront pas tentés de comparer sans cesse leur enfant aux autres, mais seront attentifs à sa personnalité, à ses particularités ;

▪ dans la journée, les nouveau-nés ont certes des moments d'éveil et d'échanges, mais ils dorment quand même la plupart du temps et ils ont besoin de calme.

Le N.B.A.S.
(Neonatal Behaviour Assessment Scale, échelle d'évaluation du comportement néonatal) est couramment pratiqué aux États-Unis après la naissance et commence à se faire en Europe.

Échanges et attachement

Chaque parent a sa manière d'entrer en contact avec son enfant. Chaque enfant a sa manière de répondre.

Parlons d'abord des mères.

Pour la plupart d'entre elles, l'échange commence par le regard. « Il m'a semblé, à l'observation de ces moments d'échanges visuels, que le contact œil-à-œil dépassait le simple cadre de la fixation réciproque et constituait le moteur de ces interactions précoces où la mère, attentive et émue, fait connaissance avec l'enfant qu'elle vient de mettre au monde. Le regard du nouveau-né déclenche des conduites de recherche et d'échanges où se mêlent les stimulations verbales, mimiques, tactiles et posturo-kinesthésiques, le tout constituant les modalités de la communication qui vont prendre une importance plus grande ultérieurement » (Monique Robin, *L'Aube des sens*).

Les mères aiment que leur bébé soit éveillé, le voir les yeux fermés les inquiète. « J'ai l'impression qu'il n'est pas vivant, tout change quand ses yeux sont ouverts… J'ai envie de lui parler, j'ai l'impression qu'il est là. » Par leur insistance à le désirer éveillé, certaines mères parviennent même à lui faire ouvrir les yeux.

Lorsqu'une mère regarde son enfant, c'est comme si elle lui parlait ; l'enfant lui répond en clignant de l'œil, en ouvrant la bouche, en bougeant les bras ; tout ceci signifie « message reçu ». À son tour, la mère répond, pas seulement avec les yeux, mais en lui parlant, en le caressant.

Et voilà au départ une source de différence d'un enfant à l'autre : un enfant éveillé recevra plus de stimulations qu'un enfant somnolent, stimulations qui le développeront plus rapidement. Sarah est une enfant très éveillée, les échanges avec l'entourage sont multiples, variés. Sarah très stimulée progresse à grands pas, vocalise et sourit. Sa mère est ravie. David au même âge dort presque toute la journée, il n'a d'échanges qu'au moment des repas et du bain, puis retourne… à ses rêves. Jugement de la mère : « Il n'est vraiment pas vif, quand je pense à sa sœur. »

Pour bien des mères le grand moment de la communication c'est la tétée : côté bébé, toutes les sensations sont réunies, contact, satisfaction d'être nourri, sollicitation du goût, de l'odorat, c'est le bien-être ; et du côté de la mère, sentiment de plénitude, de jouissance physique et de satisfaction de pouvoir nourrir son enfant.

D'autres mères aiment communiquer avec le bébé surtout en le touchant, en le caressant, en le portant ; ce contact est rassurant pour elles et apaisant pour le bébé. « Ce que j'aimais, disait une mère, c'était porter mon bébé. J'ai fait des kilomètres dans les couloirs de la maternité en la serrant dans mes bras, je suis sûre qu'elle retrouvait le balancement qu'elle avait connu dans mon ventre, et je la sentais si bien que ça me faisait vraiment plaisir. »

Les réactions dont l'enfant est capable dans les premiers jours vont avoir une conséquence importante : ces réactions montreront à sa mère – ou à la personne qui s'occupe habituellement de lui – qu'elle est capable de comprendre son enfant et de communiquer avec lui.

Au début une mère en doute, surtout avec son premier enfant, mais lorsqu'elle voit qu'à des stimulations les plus diverses – elle le caresse, elle le porte, elle lui parle – il répond et qu'il en est heureux, cela lui donne confiance dans ses propres capacités ; cela lui montre que visiblement elle apporte à son enfant ce qu'il attend d'elle.

En d'autres termes, la compétence du nouveau-né à entrer en relation avec sa mère, à tisser des liens avec elle, va peu à peu lui donner l'assurance de sa propre compétence. J. de Ajuriaguerra a résumé cette constatation en une phrase devenue célèbre : « C'est l'enfant qui fait la mère », phrase à mettre en réserve dans sa mémoire pour les jours où l'on doute… La théorie de l'innéité de l'instinct et de l'amour maternel est trompeuse ; il faut du temps pour devenir mère…

Pour parler du tissage des liens pendant les premiers jours, et les premières semaines, j'ai parlé d'abord de la mère pour des raisons simples : l'enfant tète et s'endort sur le sein de sa mère. Plusieurs fois par jour, la scène se répète. À la maternité il est près de sa mère, à la maison il passe deux mois en tête à tête avec elle presque toute la journée. Par tous les pores de sa peau, la mère va donc nouer avec son enfant des liens premiers et particuliers, et lui avec elle (comme il le ferait d'ailleurs avec toute personne remplaçant sa mère). C'est si vrai qu'au moindre trouble on se tourne vers la mère pour l'en rendre responsable.

Et du côté du père,

comment se nouent les liens ? Bien sûr, certains pères se sentent au début un peu « extérieurs ». « La mère connaît son bébé d'emblée, alors que moi je n'ai rien senti dans mon corps. Elle comprend les besoins du bébé ; il pleure et aussitôt la mère dit : il a faim, ou il a trop chaud. Moi, il a fallu que j'apprenne cela », nous a dit un père. Ce sentiment peut être accentué si la femme « protège » le bébé et a tendance à exclure le père, ce qui risque de l'empêcher de s'intéresser à son enfant.

Il n'empêche que la plupart se sentent père très tôt : « Il a été tout de suite mon bébé, il n'a que huit jours, il ne voit pas encore bien, mais je sais qu'il me reconnaît. » Et cet autre père : « Dès le deuxième jour, j'ai réalisé et j'ai pensé : c'est une autre vie qui commence, rien ne sera plus comme avant. »
Certains hommes réalisent très vite l'importance que le bébé représente dans leur vie et le plaisir qu'ils ont à s'occuper de lui. Il n'est pas nécessaire de leur rappeler leurs « devoirs » : « J'aime pouponner. Je trouve très plaisant de donner le bain et le biberon. »

La qualité des liens que le père va nouer avec son enfant sera proportionnelle à l'intérêt manifesté, l'intérêt manifesté grandira au fur et à mesure des réponses que le père recevra de son enfant, et leur attachement réciproque grandira aussi avec le temps qui va multiplier les échanges.

Et l'enfant prendra goût aux sensations nouvelles lui venant de son père, mais elles seront différentes de celles qu'il a reçues de sa mère :

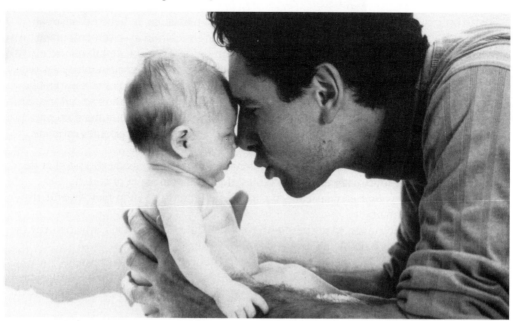

que son père lui donne le biberon, lui parle ou le change, tout en lui est autre : ses gestes, sa voix, ses mains, son contact, son odeur, la manière de le prendre et de le porter. Et c'est ainsi que, peu à peu, l'enfant distinguera son père de sa mère.

T. B. Brazelton a d'ailleurs observé que très tôt, dès la 3ᵉ-4ᵉ semaine, le bébé manifeste un comportement différent envers chacun de ses parents. Avec la mère, les gestes du bébé sont doux, comme s'il savait que l'interaction qu'il allait avoir avec elle serait calme, mesurée ; avec le père, le visage du bébé s'éclaire, son corps se tend, comme s'il savait que son père allait jouer avec lui.

Une fois que le contact s'est établi, que le dialogue s'est engagé entre les parents et l'enfant, tous les moyens sont bons pour communiquer, non seulement par le toucher et les yeux, mais aussi par la parole, les mimiques, les sourires. Et tout devient jeu. Certains parents hésitent à se laisser aller à ce jeu, à cet échange, ils ont peur de bêtifier avec des guili-guili, des areu-areu. Ce langage absolument naturel est tout à fait indispensable aux parents aussi bien qu'à l'enfant dans les premières semaines de la vie. Non seulement l'enfant aime à répondre à ces signes de l'adulte, mais il les attend. Et s'il ne les reçoit pas, il fera tout pour les susciter. Ainsi « quelques enfants présentant une forte activité visuelle ont provoqué des réactions chez leur mère : sous l'effet du regard de son nouveau-né, la mère se penche vers lui et commence à lui parler » (Monique Robin, *L'Aube des sens*).

Dès la naissance, le bébé est désireux d'entrer en relation avec son entourage ; il a besoin qu'on s'occupe de lui, qu'on le reconnaisse. Si le message envoyé est reçu, l'enfant est satisfait, le contact est établi. Si, malgré son insistance et ses efforts, on ne lui répond pas, à la longue il risque d'être frustré et son développement en pâtira, c'est là l'origine de certaines carences affectives.

Au fur et à mesure que l'enfant grandira, il aura d'autres moyens d'expression et de contact : vocalises, sourires et nouveaux gestes, demain la parole et la marche ; les interactions vont évoluer et s'enrichir en nature et en intensité, aussi bien du côté des parents que de l'enfant.

Communiquer, échanger, tisser des liens, c'est peu à peu s'attacher. L'attachement est une œuvre de longue haleine, un acquis de tous les jours.

Cet attachement est fait d'échanges, de contacts quotidiens à travers lesquels vous faites connaissance de votre enfant. Vous le découvrez et il vous montre qu'à son tour il vous reconnaît. Chacun des signes que votre enfant vous envoie vous touche et vous lie plus à lui.

Vous n'en prendrez peut-être pleinement conscience que le jour où pour la première fois vous serez obligés de vous séparer de votre enfant, ou le jour où il sera malade ; c'est souvent l'inquiétude qui révèle la vraie mesure de l'attachement.

Les difficultés de l'attachement

« Il naît,
je le regarde,
il me regarde,
je le caresse,
il est heureux,
je m'attache à lui,
il s'attache à moi. »

Sans oublier qu'elle peut s'étendre sur plusieurs semaines ou mois, et en la simplifiant à l'extrême, c'est ainsi que pourrait se résumer l'histoire de l'attachement. Mais est-elle toujours facile ou même seulement possible ? Certaines circonstances rendent difficiles les échanges avec un bébé.

Les bébés ne sont pas tous du type « il est sage, il est facile et dort bien ». Certains pleurent beaucoup, d'autres refusent de manger, et souvent dès le début. Et si le personnel de la maternité se croit obligé de prévenir : « Avec ce bébé-là, vous n'allez pas vous amuser », cela n'arrange rien.

Et c'est un fait. Le bébé qui pleure sans arrêt inquiète, il doit souffrir, se dit-on, mais pourquoi et que veut-il ? Les parents s'angoissent, leur tension accroît celle du bébé, cercle vicieux apparemment sans issue.

L'enfant qui refuse de téter, qui tète trop, trop vite, ou trop longtemps, qui ne prend pas de poids, qui a des ennuis digestifs inquiète également.

Plusieurs facteurs peuvent entrer en jeu : certaines mères n'ont pas beaucoup de lait, d'autres en ont trop. Écoutez ce qu'a dit une mère à la psychologue d'un service de pédiatrie plusieurs semaines après la naissance de son bébé, une petite fille qui voulait téter tout le temps et ne savait pas s'arrêter : « Elle boit trop mais c'est ma faute, mon lait est trop bon, et puis j'ai du lait pour deux car avant elle… j'ai perdu un bébé. » La mère non plus ne savait pas s'arrêter et, entre les tétées, chaque fois l'enfant régurgitait.

« Il faut manger pour vivre. » La mère qui pense que son premier rôle est de nourrir son enfant, supporte particulièrement mal les troubles alimentaires et les difficultés qui concernent les repas.

Il y a aussi les cas moins connus et pourtant fréquents de bébés hypersensibles qui ne supportent pas qu'on les touche. « Il se tortille comme un ver, disait une mère, je n'aime pas lui donner son bain, c'est une véritable gymnastique. C'est épuisant. »

Certains bébés sont très sensibles de nature. D'autres sont ainsi parce qu'ils ont été manipulés trop brusquement après l'accouchement ou réveillés sans égard, sans douceur, pour être propres et changés avant la tétée.

Évidemment aucune de ces difficultés ne facilite les échanges détendus avec le bébé, ce qui est bien décevant lorsqu'on se faisait une joie de pouponner tranquillement ; les choses vont particulièrement mal lorsque la mère est déprimée, les cris deviennent quasiment insupportables. Dans ce cas, la mère ne doit pas attendre pour se faire aider.

Une jeune mère, que je connais, était très fatiguée après l'accouchement. Et son bébé ne cessait de pleurer. Elle demanda à l'auxiliaire puéricultrice de mettre son bébé à la nurserie. Réponse : « Dans quelques jours vous serez rentrée, il faut bien vous habituer. En plus c'est la mode d'avoir le bébé dans sa chambre. »

De retour chez elle, la mère, épuisée, et son bébé pleurant toujours autant, eut une dépression. Les choses ne commencèrent à s'arranger que le jour où le bébé fut mis à la crèche.

Qu'aurait pu faire cette jeune femme ? En parler autour d'elle. Le médecin ou la psychologue du service auraient probablement pu l'aider. Le personnel n'est pas toujours informé des problèmes psychologiques qui peuvent se présenter. C'est d'ailleurs pourquoi les programmes des écoles d'auxiliaires de puériculture, de puéricultrices et de sages-femmes sont en train d'être modifiés : ils tiennent mieux compte des difficultés psychologiques entourant la naissance. C'est en particulier pour toutes ces professionnelles de la naissance que Françoise Molénat a écrit *Mères vulnérables*, dont nous parlons page 377.

Des cas comme celui de cette jeune femme sont plus courants qu'on ne le croit. Mais heureusement, d'autres fois, le rythme consolation-pleurs arrive à se rétablir plus facilement ; souvent avec l'aide du père lorsqu'il peut prendre en charge le bébé ; avec l'aide aussi du temps et de la maturation de l'enfant.

Et si, après la naissance, une séparation était nécessaire ?

Pour le prématuré, pour le nouveau-né malade soigné dans un centre de néonatologie, les difficultés s'accumulent. Comment tisser des liens avec un enfant qui n'est pas là ? Comment avoir des contacts avec un bébé élevé dans une machine alors qu'on s'attendait à le prendre dans les bras ? Est-ce d'ailleurs raisonnable de s'attacher à un enfant dont l'avenir est incertain ?

Ces réactions sont normales. Et il est vrai que lorsqu'on sépare les parents du bébé, que les parents voient rarement leur enfant, qu'ils s'inquiètent loin de lui, ils ont de la peine à s'attacher, et après une longue séparation, la reprise des liens posera souvent des problèmes.

Heureusement, aujourd'hui, les parents peuvent entrer dans le service de néonatologie, voir leur enfant, le toucher, le caresser, même le sortir de la couveuse de temps en temps, participer aux soins avec le personnel.

Et lorsque les parents constatent que même un prématuré né à 7 mois peut se tourner au son de la voix, réagir à une caresse, ils réalisent à quel point leur présence est précieuse pour l'enfant. Ils se rendent compte du rôle actif qu'ils peuvent jouer dans sa guérison et sont moins désemparés. Le lait maternel peut être un lien supplémentaire avec l'enfant : tirer son lait, l'apporter aide le moral et fait du bien à l'enfant.

En intégrant les parents à l'hôpital, en les aidant à s'habituer à leur bébé, à faire sa connaissance, on a constaté qu'on facilitait les relations parents-enfants au retour à la maison et dans les premiers mois. En outre, cette ouverture des services permet à de véritables liens de se créer entre l'équipe hospitalière et les parents : ceux-ci, qui étaient parfois envahis par un sentiment d'incompétence et de solitude, se sentent alors soutenus et reprennent confiance en eux-mêmes.

Dépression et attachement

Lorsqu'une maman est déprimée, l'attachement entre elle et son bébé a de la peine à s'installer de façon harmonieuse. La maman est silencieuse, passive, elle ne réagit pas aux sourires, aux appels du bébé qui peu à peu ne demande plus rien, ou bien, au contraire, pleure sans cesse. D'autres mamans accablent leur bébé de sollicitations : il va essayer de répondre mais il va être rapidement débordé. C'est l'engrenage : le bébé peut présenter des troubles du sommeil, des troubles digestifs, parfois même un retard de développement. Pour elles, pour leur bébé, il est important que ces mamans se fassent aider sans tarder.

Dans certaines maternités on va même plus loin. Lorsqu'un prématuré de relativement petit poids (entre 2 kg et 2,5 kg) n'est pas malade, ce qui est souvent le cas, on le garde à la maternité, et on ne l'envoie pas dans un service de pédiatrie. Ces enfants ont simplement besoin d'être tenus bien au chaud ; ils peuvent rester près de leur mère ; la relation parents-enfants est alors plus facile. Les médecins qui ont adopté une telle manière de faire se sont aperçus, par l'expérience, que ces enfants se développaient plutôt mieux que ceux qui étaient hospitalisés dans le service de pédiatrie.

Dans certains pays, des tentatives de garder des enfants d'encore plus petit poids au contact de leur mère, contre ses seins pour le réchauffer, ont également donné d'excellents résultats. Les premières tentatives ont été faites à Bogota, et quelques maternités s'y sont mis en France, ce sont les « unités kangourous ». D'autres nouveau-nés n'ont pas toujours la force de téter, ils arrivent juste à laper comme des petits chats. On les appelle les « bébés tasse » à la suite de la maternité de l'hôpital Rothschild qui est la première à les avoir nourris de cette manière.

Et si votre bébé naissait avec un handicap ?

Les personnels de maternité sont aujourd'hui sensibilisés et formés pour que l'annonce d'un handicap à la naissance soit aussitôt associée à un accompagnement particulier des parents et un accueil encore plus individualisé de leur bébé. Si ce n'était pas le cas, n'hésitez pas à faire appel à la puéricultrice ou au pédiatre de l'équipe pour leur demander des entretiens particuliers et obtenir d'être aidés avant la sortie de la maternité. Dans ce domaine, des progrès ont été faits dont je peux témoigner par le courrier des lectrices et des lecteurs, mais j'insiste sur un point car il est important : le père du bébé ne doit pas être le seul à qui on donne les informations, c'est au couple que l'équipe doit s'adresser.

La perte du bébé qu'on attendait

Il arrive que des circonstances tragiques empêchent tout avenir à ce bébé qu'on attendait : parce qu'il est mort avant la date à laquelle il aurait dû naître, ou pendant l'accouchement, ou juste après ; c'est ce qu'on appelle la *mort périnatale*. Plus précisément la mort périnatale désigne les enfants décédés entre la 22e semaine d'aménorrhée, et le 6e jour après la naissance.

« Mais vous n'en parlez jamais ! » m'ont écrit des parents à qui ce malheur était arrivé.

C'est vrai. Peut-être par égard devant leur chagrin ? Peut-être par crainte d'inquiéter les autres ?

Chaque fois, bien sûr, j'ai répondu à ces lecteurs, longuement. Et finalement, leurs lettres m'ont encouragée à parler de la mort périnatale. D'ailleurs je pense que les paroles que j'ai dites à ces parents peuvent être entendues par tous. Car d'une certaine manière, lorsque le malheur arrive, en parler, le regarder en face, le comprendre peut être constructif pour l'avenir ; c'est la conviction que j'ai retirée des conversations que j'ai eues à ce sujet avec le docteur Pierre Rousseau. Ce gynécologue-obstétricien belge, d'une très grande sensibilité, se préoccupe depuis fort longtemps des circonstances et des conséquences proches et lointaines de la mort périnatale ; il fait régulièrement des conférences sur le sujet.

Depuis que ce texte sur «la perte du bébé qu'on attendait» a paru dans ce livre, j'ai reçu beaucoup de courrier. Voici par exemple ce que m'a écrit Aurélie : «Je ne savais pas que j'aurais à lire ces pages. J'ai perdu mon bébé un mois avant la date prévue pour la naissance. Ce que vous avez écrit nous a été d'un grand réconfort à mon mari et à moi-même». Les parents osent aujourd'hui parler de ce sujet douloureux : «Tout allait si bien pourtant. Aujourd'hui, nous sommes dans la peine et le chagrin, la layette est rangée. C'est si injuste».

Avant, il n'y a pas encore très longtemps, on pensait que lorsqu'un enfant mourait *in utero*, ou en naissant, il valait mieux que les parents ne le voient pas, on ne leur indiquait pas toujours le sexe, on souhaitait qu'ils l'oublient vite, et qu'ils attendent un autre enfant le plus tôt possible. C'est ce que Pierre Rousseau appelle la conspiration du silence. En somme, dit-il, on niait que cet enfant mort eût jamais existé. Mais comment, ajoute-t-il, un nouvel enfant pourrait-il remplacer l'autre ? C'est le charger d'un poids trop lourd.

Le docteur Rousseau, et ceux qui le suivent, pensent au contraire que les parents doivent pouvoir faire vraiment le deuil de cet enfant avec lequel ils ont vécu tant de mois, sans quoi ils ne retrouveront pas l'apaisement. Pour cela, ils doivent pouvoir comprendre ce qui s'est passé ; on leur suggère de voir l'enfant, ou bien sa photo, de faire un enterrement, de parler de lui à leurs proches ou avec les soignants qui les ont entourés au moment de l'épreuve. Malgré le chagrin, l'enfant doit garder sa place dans la famille. On doit pouvoir parler de lui en le nommant puisque très souvent le prénom est choisi avant la naissance. La cicatrice restera toujours, mais peu à peu la douleur sera moins vive, et les parents pourront penser à leur bébé avec plus de sérénité. Et à l'avenir.

J'ai rencontré des parents accablés qui, peu à peu, avaient surmonté leur malheur grâce à cette nouvelle attitude des soignants.

J'ai vu aussi des parents qui n'avaient pas supporté la vue de leur enfant mort, et pendant longtemps en avaient eu des cauchemars.

Cette nouvelle manière de réagir au deuil périnatal telle que je l'ai résumée ci-dessus ne peut évidemment se concevoir que traitée avec infiniment de délicatesse, différemment selon les sensibilités des parents concernés, selon leur culture, selon leur personnalité…

Vivre son deuil.
Cette association se propose d'aider les parents qui vivent ces situations si difficiles. Voici son adresse :
7, rue Taylor, 75010 Paris
Tel : 01 42 38 08 08
(écoute téléphonique).
Fédération européenne Vivre son deuil (même adresse)
Tel. : 01 42 08 11 16

Tout doit être proposé, mais jamais imposé comme cela se passe parfois. On s'assurera en particulier que les parents souhaitent vraiment voir l'enfant. Pour certains parents c'est très important : " Nous l'avons senti profondément, nous devions voir notre bébé. Nous avons longuement regardé notre fille, ses longs cils, son petit nez bombé, la bouche de son papa. Ensuite, nous avons pu ouvrir notre cœur et notre esprit à ce que nous disaient les médecins, les sages-femmes, la famille : la vie continue. "

D'autres parents ne souhaitent pas voir leur bébé, il faut s'en rendre compte. Parfois l'image suffit pour matérialiser l'enfant. C'est d'ailleurs pourquoi, de plus en plus souvent, à la maternité, on fait une photo qui restera dans le dossier, et qui sera montrée aux parents s'ils le souhaitent.

Dans les situations évoquées, la présence d'une équipe est particulièrement importante, un pédopsychiatre, une psychologue peuvent faciliter le dialogue avec les parents. Et cette équipe se mobilise pour accompagner le mieux possible les parents dans leur peine et leur chagrin.

Les **fausses couches**, bien qu'elles surviennent plus précocement au cours de la

grossesse, entraînent parfois des réactions de deuil tout aussi pénibles que la mort d'un enfant à la naissance. Vous pouvez relire à ce sujet la page 235. Nous y rapportons des phrases de « consolation » qui souvent heurtent le père et la mère après une fausse couche. Après la mort d'un enfant, on retrouve quasiment les mêmes mots : « Vous êtes jeunes, vous aurez d'autres enfants », « Le bébé était peut-être malade », etc.
Dans l'un et l'autre cas, les parents ont besoin qu'on leur laisse le temps de faire le deuil de leur enfant.

Dans un très beau livre, *Mères vulnérables*, paru aux Éditions Stock, le docteur Françoise Molénat a consacré un chapitre à la mort périnatale, et même si ce livre est d'abord destiné aux professionnels, il peut aussi intéresser de nombreux parents.

La perte du bébé qu'on attendait peut se produire dans d'autres circonstances. Le diagnostic prénatal fait parfois découvrir chez le bébé à naître de graves anomalies incompatibles avec la vie. Cette découverte entraîne des problèmes psychologiques et moraux et conduit parfois les parents à demander une interruption médicale de la grossesse. Chantal Haussaire-Niquet a vécu ce drame et le raconte avec simplicité dans *L'enfant interrompu* (Éditions Flammarion). Ce livre, qui est accompagné d'un texte de Geneviève Delaisi de Parseval et Maryse Dumoulin sur le deuil, périnatal donne à réfléchir et pose beaucoup de questions rarement soulevées : comment sont accompagnés les parents ? Les parents peuvent-ils – doivent-ils – voir le corps de leur enfant ? Comment le deuil se fraye-t-il un chemin au travers du déni social et juridique ? etc.

●●

17

Après la naissance

votre bébé et vous

Sein ou biberon:
comment choisir ?

Pendant les semaines qui suivent la naissance, vous avez un grand programme à remplir, vous vous sentez peut-être un peu dépassée, ou débordée. Avec bébé à vos côtés, votre mari plein d'attentions, et ce livre pour vous aider, vous allez voir, tout va bien se passer.

Tout d'abord, Bébé a faim, et vous allez prendre votre première décision de mère : vaut-il mieux lui donner le sein ou un biberon ? Une autre interrogation va surgir rapidement : comment mon corps va-t-il se transformer, se réadapter ? Et au milieu de ces considérations pratiques, vous vous sentirez peut-être abattue. Un peu ? Beaucoup ? Est-ce le *baby-blues* ? Voici quelques pages à lire à tête reposée pendant que bébé dort.

Parlons d'abord de son alimentation.

Vaut-il mieux pour un bébé qu'il boive le lait de sa mère ou celui d'un biberon ? Avant de vous répondre, je voudrais vous raconter une histoire brève et vraie.

J'avais tellement entendu dire que rien n'était meilleur pour un enfant que le lait de sa mère, que j'avais décidé d'allaiter mon fils aîné. L'expérience fut concluante : il avait des joues fermes et roses. Pour nous deux, c'était une vraie joie, de ces moments dont on a peur qu'ils finissent. Après la tétée et quelques mimiques, il s'endormait, un fin sourire aux lèvres, blotti dans mes bras, l'air parfaitement heureux. Et six fois par jour, nous reprenions notre duo d'amour. Quatre ans plus tard, je recommençai avec mon second fils, avec le même plaisir partagé.

Vous trouverez peut-être que ce tableau idyllique est exagéré ? Vous verrez bien vous-même si j'ai forcé la note.

Forte de mon expérience, dans la première édition de J'attends un enfant, j'écrivais : « Voici pourquoi vous allaiterez votre enfant. » Que n'avais-je dit ! On me reprocha aussitôt d'être trop directive. C'était vrai, mais l'enthousiasme m'avait emportée. Vous auriez peut-être fait la même chose.

Allaiter ou pas ?
Un charmant et utile petit guide peut vous aider à y penser avant la naissance. Il s'intitule *Le Temps d'allaiter*, il est court (20 pages), simple et joliment illustré. À commander (2,29 euros en chèque bancaire, frais de port inclus, tarif dégressif en fonction du nombre d'exemplaires) aux Mutuelles de la Drôme, Service promotion de la Santé, 5, rue Belle Image, B.P. 1 026, 26028 Valence cedex. Tel. : 04 75 82 25 25.

Dans les éditions suivantes, je fus plus modérée, non pas que j'aie changé de conviction, mais je me disais qu'il n'était pas souhaitable qu'en arrivant au monde un enfant donnât à sa mère des complexes si elle ne désirait pas le nourrir.

De plus, j'étais sincèrement convaincue qu'avant tout, ce qui était bon pour un enfant, c'était le libre choix de sa mère.

J'alignais alors « les plus » et « les moins » de chaque manière de faire, sans laisser vraiment percer ma préférence. Eh bien ! voyez-vous, on me reprocha cette fois ma tiédeur. Écrire pour les parents n'est pas facile…

J'ai réfléchi, peut-être avais-je trop mélangé le pratique et l'affectif ? Cet affectif que j'ai tendance à privilégier, comme vous vous en êtes sûrement rendu compte…

C'est vrai, mettons les sentiments à part, cela vous permettra peut-être de prendre plus facilement votre décision.

Pour vous aider à réfléchir, voici les avantages de l'allaitement maternel et ceux de l'allaitement artificiel.

Avantages de l'allaitement maternel

▪ Le lait de chaque espèce est parfaitement adapté au petit de l'espèce correspondante, et tous ces laits sont différents les uns des autres. Le lait maternel humain est adapté à la spécificité du bébé humain et notamment à ce qui le rend très particulier : son cerveau n'a rien à voir avec celui des autres espèces animales.

Si vous désirez allaiter, il est conseillé de préparer les bouts de seins, voir page 88.

▪ Le lait maternel est facile à digérer, presque toujours bien supporté, à l'exception de quelques cas rares d'intolérance au lactose (sucre contenu dans le lait). De plus, il est toujours à la bonne température, celle du corps.

▪ Avec le lait maternel, l'enfant ne risque pas d'allergie aux protéines que contient le lait de vache.

▪ Le fer que le lait maternel contient est bien absorbé.

▪ Le lait maternel protège l'enfant contre certaines infections en lui apportant les anticorps maternels. Il assure ainsi une protection naturelle au cours des premières semaines de la vie et les enfants allaités au sein pendant les premiers mois ont dans l'ensemble moins de rhino-pharyngites, d'otites, de diarrhées, etc. Le lait maternel est par ailleurs aseptique et n'apporte pas de microbes à l'enfant.

▪ C'est pratique : pas de biberons à laver, stériliser, préparer. Et économique.

▪ De plus, l'allaitement maternel est profitable à la mère car il favorise le retour à la normale de l'appareil génital : il y a une connexion étroite entre les glandes mammaires et l'utérus. Lorsque l'enfant tète, il déclenche un réflexe qui provoque des contractions utérines ; celles-ci aident l'utérus à revenir à ses dimensions normales.

Avantages de l'allaitement au biberon

▪ De grands progrès ont été réalisés dans la fabrication des laits industriels. Leur composition peut varier en fonction des besoins et de la nature de chaque enfant.

▪ Le manque d'hygiène dans la préparation des biberons peut évidemment être une source d'infection pour l'enfant. Mais les complications infectieuses du sein (lymphangite, abcès) qui se voient parfois chez les femmes qui allaitent, peuvent également infecter l'enfant.

■ L'allaitement maternel n'est pas toujours facile quand la sécrétion lactée est insuffisante.

■ Si la mère allaite, elle est prise par toutes les tétées, alors que si elle donne le biberon, le mari ou quelqu'un d'autre peut se charger de certains repas.

■ L'allaitement maternel n'est pas toujours compatible avec une reprise rapide de la vie active.

Tout ce qui précède sont des faits objectifs, observables par tous : diététiciens, médecins, parents, faits indiscutables et d'ailleurs indiscutés.

À côté, il y a des arguments affectifs : « Allaiter, c'est le bonheur et la meilleure manière d'établir des liens avec son enfant. »

Mais aussi : « On peut s'attacher à son bébé en lui donnant un biberon et y avoir grand plaisir. » Ce domaine affectif est un autre registre que celui des protéines et du gluten. Chaque expérience est unique, chaque argument personnel. C'est vraiment le souhait, le désir de chacune qui fera la décision.

Mais je voudrais vous donner encore quelques éléments pratiques pour vous aider à choisir : l'allaitement abîme-t-il la poitrine ? Comment allaiter quand on travaille ?

> **« Hôpital ami des bébés »**
> L'Unicef a lancé un label « Hôpital ami des bébés » dont l'objectif est de promouvoir les changements nécessaires pour que les hôpitaux deviennent des lieux favorables à l'allaitement. Plus de 16 000 institutions, dans le monde, ont déjà reçu ce label, notamment tous les hôpitaux de Suède. En France, ce label a été décerné à la maternité de Lons-le-Saunier (Jura) et à la clinique Saint-Jean de Roubaix (Nord).

L'allaitement abîme-t-il la poitrine ?

Beaucoup de mères posent la question. Je vais les décevoir : honnêtement, je ne peux répondre ni oui ni non.

Pour certains médecins, ce n'est pas l'allaitement mais la grossesse qui peut abîmer la poitrine, puisqu'elle provoque une augmentation suivie d'une diminution de volume des glandes mammaires. En empêchant une diminution trop brusque du volume de ces glandes, l'allaitement serait même plutôt bénéfique. Pour la même raison, arrêter la montée de lait sans précautions suffisantes peut abîmer la poitrine.

Ce qui peut également l'abîmer, c'est de trop manger, d'avoir un régime qui fait grossir (pâtisseries, etc.), ce qui est le cas chez beaucoup de femmes qui croient que, plus elles mangeront « riche », plus leur lait sera bon. C'est alors le poids de la graisse qui fait tomber les seins. Mais si l'on porte un soutien-gorge et si l'on a une alimentation équilibrée, on a de bonnes chances de retrouver sa poitrine d'avant la grossesse.

Cela dit, il y a des tissus plus fermes que d'autres. Certaines femmes ont allaité plusieurs enfants et gardent une poitrine parfaite. D'autres ont des seins tombants et vergeturés sans avoir jamais allaité. Et puis il y a la gymnastique faite avant l'accouchement et le sport (la natation en particulier) qui contribuent à la fermeté des muscles soutenant les seins.

En conclusion, il est difficile d'établir un lien de cause à effet entre allaitement et poitrine abîmée, c'est la réponse de tous les spécialistes que j'ai consultés.

Comment la femme qui travaille peut-elle allaiter ?

Les dix semaines de repos prévues ne posent pas de problème. Ensuite comment faire ? Jusqu'ici, bien des médecins prolongeaient le congé de maternité par un arrêt de travail pour que la femme qui le désire puisse continuer à allaiter son bébé. Cette prolongation est devenue aujourd'hui plus difficile à obtenir. Je le regrette bien vivement car les mères qui allaitent ont plus besoin d'être soutenues que découragées.

Plusieurs lectrices m'ont signalé que, tout en ayant repris leur travail, elles ont continué à allaiter au moins jusqu'à ce que l'enfant ait six mois, en supprimant tous les 6 à 8 jours une tétée et en gardant celles du matin et du soir.

Comment choisir ?

Il arrive que le choix soit imposé par des motifs d'ordre médical car il existe des contre-indications à l'allaitement maternel. Certaines tiennent à la mère : maladies générales, aiguës ou chroniques ; prise de certains médicaments ; risque de transmission d'une maladie virale (hépatite, sida). D'autres contre-indications à l'allaitement tiennent à l'enfant : malformations des lèvres ou du palais (bec-de-lièvre).

Dans les autres cas, le choix reste possible entre allaitement maternel et allaitement artificiel, sauf pour le prématuré pour qui le lait maternel est vivement recommandé.

Faut-il se décider d'avance ? On l'entend souvent dire, je n'en suis pas sûre, la vue de l'enfant peut faire basculer en un instant une décision que l'on croyait inébranlable.

Vous ne désirez pas allaiter ? Vous n'êtes pas un cas à part. Il y a des mères qui ont eu une expérience difficile pour un précédent allaitement et qui se sentent incapables de revivre ces moments. Il y en a qui ne sont pas attirées par ce « peau à peau », pour elles le sein a un autre sens (certains maris sont de cet avis). Il y a des femmes qui simplement ne désirent pas allaiter, sans avoir de motivation précise ou consciente.

> **Pour favoriser l'allaitement,** une loi interdit la distribution d'échantillons gratuits de laits industriels dans les maternités. Cette loi surveille la publicité de ces laits et rend obligatoire, sur les boîtes de lait artificiel, la mention « le lait maternel est l'aliment idéal du nourrisson ».

Je vous dis cela pour que, si vous êtes dans ce cas, vous ne vous culpabilisiez pas. Un jour, j'ai reçu une lettre d'une maman qui n'avait pas nourri son premier enfant ; pleine de remords, elle a nourri le second, mais sans en profiter car elle se disait que son aîné avait eu moins de chance que le second. J'ai eu grand-peine à la convaincre qu'elle n'avait pas à se sentir coupable.

Si vraiment vous ne souhaitez pas allaiter, ne vous forcez pas à tout prix. Il ne faut pas que ce soit une corvée. Pour l'enfant, il vaut mieux lui donner un biberon avec affection que le sein à contrecœur : téter est un plaisir pour lui, et ce plaisir, il ne faut pas le lui gâter. Plus encore que l'allaitement, ce qui compte pour le bébé, c'est d'avoir établi avec sa mère un lien étroit dès le départ.

Vous désirez allaiter ? Tant mieux, dites-vous seulement que si vous avez pris cette décision, il faudra vous y tenir, peut-être contre vents et marées, et que si l'on essaie de vous imposer le biberon, ce sera à vous d'imposer la tétée si vous l'avez choisie. Tenez bon.

Comme l'a dit une lectrice, c'est vous qui allaitez votre enfant, ce n'est ni votre amie ni votre mère, ni l'infirmière, vous êtes unique, votre bébé aussi.

Ce ne sera pas toujours facile, on vous entourera de conseils, on vous fera des critiques : « Tu t'y prends mal », « Vous le laissez trop longtemps au sein », « Ton lait n'est pas assez riche », « Êtes-vous sûre d'avoir assez de lait ? »

> **Si vous choisissez d'allaiter,** il est important que ce soit une décision de couple. Vous aurez besoin du soutien de votre mari, aussi bien physiquement que psychologiquement. Ce sera sa façon à lui de participer au bien-être de Bébé.

Tout cela est dur à entendre lorsque les débuts sont difficiles : montée de lait douloureuse, crevasses, bébé qui refuse de téter, qui pleure, etc. Il faut avoir de la volonté pour continuer, mais quel résultat ! « Avoir un enfant, c'est le bonheur. Allaiter son enfant, c'est deux fois ce bonheur », m'écrit une autre lectrice.

Les débuts de l'allaitement exigent donc patience, persévérance et volonté – pas toujours, mais souvent – et parfois les mères se découragent et abandonnent alors que si elles étaient soutenues, elles reprendraient confiance en elles et pourraient allaiter leur enfant. Il existe de nombreuses associations qui aident les mères désirant allaiter. La plus ancienne (et la plus connue) est la *Leche League* qui, dans le monde entier, s'est donnée pour tâche la défense et la promotion de l'allaitement maternel. Je vous signale aussi *Solidarilait* qui a des correspondants dans toute la France. Et renseignez-vous (auprès du médecin, au service social de la mairie, à la P.M.I.) il y a peut-être un *groupe d'aide à l'allaitement* dans votre ville. Dans ces groupes, les mères trouvent encouragement, soutien et conseils. Certaines sages-femmes libérales font également du soutien à l'allaitement.

Vous hésitez ? Allez dans ces groupes de jeunes mères, vous en verrez quelques-unes qui allaitent leur bébé, ce qui n'est plus aujourd'hui un spectacle familier. Écoutez cette jeune femme : « Me croirez-vous si je vous dis qu'à l'âge de 30 ans, de toute ma vie, je n'avais vu que deux fois une femme allaiter ! Incroyable, non ? La première fois, j'avais 9 ans et c'était au Maroc. Je peux vous dire, car je m'en souviens très bien, que j'avais été très choquée. La seconde fois, j'avais une vingtaine d'années, en France cette fois. C'était une amie, allaitant pourtant très naturellement. Cette fois, j'avais été très gênée. »

Si, même après cette lecture, vous avez de la peine à prendre une décision, vous pouvez commencer à allaiter, quitte à vous arrêter par la suite, ce qui est toujours possible. En revanche, si l'on a commencé à donner le biberon, on ne peut pas se mettre à allaiter quinze jours plus tard.

Je ne peux pas m'étendre plus longtemps sur le sujet ici. J'en parle en détail dans *J'élève mon enfant* : manière de donner le sein, débuts difficiles, régime de la maman (alimentation et vie quotidienne), soins des seins pour éviter les crevasses, sevrage.

Et la mère qui n'allaite pas trouvera dans ce livre tout ce qui concerne la préparation des biberons, quel lait choisir, horaire et quantité, etc.

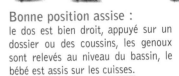

Bonne position assise :
le dos est bien droit, appuyé sur un dossier ou des coussins, les genoux sont relevés au niveau du bassin, le bébé est assis sur les cuisses.

Aide à l'allaitement :
Leche League,
B.P. 18, 78620 L'Étang-la-Ville.
Tél. : 01 39 58 45 84
Solidarilait, Lactarium de Paris,
26, bd Brune, 75014 Paris.
Tel : 01 40 44 70 70
Pour obtenir des adresses, vous pouvez écrire au Courrier interassociation allaitement,
19, rue de Dalhain, 67200 Strasbourg, avec une enveloppe timbrée (2 timbres) à vos nom et adresse, plus 2 timbres pour frais de photocopie. Vous pouvez vous adresser à la Coordination française pour l'allaitement maternel (COFAM) : www.coordination-allaitement.org ; cofam@wanadoo.fr. Et à ADJ+ (Allaitement des jumeaux et plus), Tel : 04 66 51 03 17, E-mail : association@allaitement-jumeaux.com

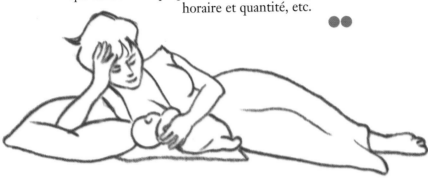

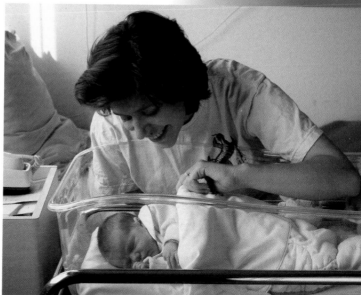

Les suites de couches

Après la naissance, que va-t-il maintenant se passer en vous ? La grossesse et l'accouchement ont apporté de si profondes modifications à votre organisme qu'un délai de plusieurs semaines sera nécessaire pour que ces modifications s'estompent : certaines disparaîtront, d'autres laisseront leur marque. Après avoir porté un enfant, le corps d'une femme est différent, c'est pourquoi un deuxième accouchement ne se passe pas de la même manière que le premier. Les organes vont peu à peu retrouver leur place et leur taille. Ainsi, par exemple, l'utérus qui pesait environ 1 500 grammes à la fin de la grossesse et faisait saillie dans l'abdomen, va, en six semaines, retrouver son poids normal (50 à 60 grammes) et sa situation dans le bassin. Parallèlement, le vagin et la vulve retrouvent leurs dimensions habituelles, les ovaires et les trompes reprennent leur place. Mais bien sûr, cette remise en place des différents organes va se produire peu à peu.

C'est cette période de réadaptation qui dure six à huit semaines que l'on appelle les *suites de couches*. Elle se termine par la réapparition des règles : c'est le *retour de couches*.

Dans cette période des suites de couches, il faut distinguer :
▪ les premiers jours où vous serez à la maternité ;
▪ les semaines suivantes où vous reprendrez peu à peu, chez vous, votre vie d'avant la naissance.

Vous êtes à la maternité

Pendant ces quelques jours que vous passerez à la maternité, une de vos principales préoccupations devrait être de bien vous reposer, de « récupérer ». Car si l'accouchement est un acte naturel, il est cependant fatigant.

Quand vous lèverez-vous ?

On recommande aux mères de se reposer pendant une huitaine de jours, mais en se levant chaque jour un peu plus. Tout en prenant quelques précautions.

▪ Dans les heures qui suivent l'accouchement, ne vous levez pas pour la première fois sans la présence de quelqu'un, parent ou infirmière. Il n'est pas rare à ce moment-là d'avoir des petits vertiges, et sans une aide on risque de tomber.

▪ Dès le lendemain de l'accouchement, vous pourrez bien sûr aller et venir dans la chambre ou dans les couloirs.

Ne forcez pas cependant, et ne cherchez pas à en faire trop.

Rapidement après l'accouchement, on conseille quelques mouvements de gymnastique qui ont également pour but d'activer la circulation et de fortifier les muscles.

Vous trouverez ces exercices plus loin. Si le médecin est d'accord, vous pourrez les commencer dès le deuxième jour. Faites-les progressivement comme indiqué, et continuez-les pendant plusieurs semaines pour retrouver rapidement votre ligne.

Le retour de l'utérus à la normale.

Dans les heures qui suivent l'accouchement, l'utérus commence à reprendre son volume normal. On dit qu'il s'involue. En même temps, il se débarrasse de la muqueuse qui entourait l'œuf : la *caduque*. Les débris de la caduque sont expulsés en même temps que le sang qui s'écoule de l'espace laissé par le placenta en se décollant : l'ensemble forme les *lochies*. D'abord fortement teintées de sang et abondantes, les lochies s'éclaircissent ensuite, et deviennent moins abondantes. L'écoulement dure cependant plusieurs semaines, parfois jusqu'au retour de couches. Il n'est pas rare d'observer un écoulement plus important, vers le douzième jour après l'accouchement : c'est *le petit retour de couches*.

Chez les femmes qui ont déjà eu des enfants, les contractions de l'utérus après l'accouchement sont en général douloureuses pendant quatre à cinq jours, et souvent d'autant plus douloureuses que la femme a eu plus d'enfants. Ces douleurs, que l'on appelle parfois *tranchées*, et qui sont assez semblables aux douleurs des règles, sont souvent plus fortes lorsque le bébé tète à cause de l'étroite connexion qui existe entre les seins et l'utérus. Des calmants seront donnés pendant quelques jours si cela est nécessaire.

Le périnée et l'épisiotomie

Même s'il n'y a pas eu d'épisiotomie, le périnée peut être sensible les jours suivants l'accouchement, du fait de la distension provoquée par le passage du bébé. Il peut aussi être irrité par des éraillures, des petites écorchures, sur la muqueuse (particulièrement à l'occasion des mictions). En deux ou trois jours de patience vous retrouverez votre confort.

Mais si vous avez eu une épisiotomie, celle-ci peut être assez douloureuse ; heureusement cette gêne disparaît peu à peu. Si la douleur est forte, on obtient souvent un soulagement en plaçant, par intermittence, sous le siège de la maman, une simple bouée d'enfant gonflable qui évite au périnée de reposer directement sur le lit.

Si après 3-4 semaines, la cicatrice continuait à être douloureuse ou gênante, il faudrait alors en parler au médecin. Une épisiotomie ou une déchirure ne doivent pas rester douloureuses pendant des mois.

Si malgré malgré tout une certaine gêne persiste, il est possible de « reprendre » une épisiotomie ou une déchirure. Cette petite intervention chirurgicale se fait sous anesthésie locale et dure une demi-heure maximum ; elle peut se faire quelques mois après l'accouchement, ou même quelques années.

Pour différentes raisons, certaines femmes hésitent à parler des douleurs, ou de la gêne qu'elles ressentent localement, autour et à cause de l'épisiotomie, et au moment des relations sexuelles. Je ne saurais trop les encourager à en parler avec le médecin accoucheur.

▪ **Les soins au périnée.** Que vous ayez eu ou non une épisiotomie, voici les soins à effectuer. Les soins locaux seront faits plusieurs fois par jour, aussi souvent et aussi longtemps que nécessaire, car les premiers jours, les pertes de sang sont très abondantes. L'idéal serait qu'après chaque toilette intime (faite de préférence à main nue, avec un savon liquide neutre, non parfumé, rincée à l'eau froide pour éviter des œdèmes), vous restiez un moment les fesses à l'air, allongée sur une serviette de toilette. Cela permettra un séchage naturel, et évitera le frottement sur les serviettes périodiques (les tampons vaginaux sont à proscrire). Si cela est possible, vous pouvez utiliser le sèche-cheveux pour éliminer toute trace d'humidité. Mais attention, il s'agit de sécher, pas de dessécher... Les injections vaginales sont déconseillées.

Pour raffermir le périnée, voyez l'exercice recommandé page 392.

Enfin, dans les jours qui suivent l'accouchement, il est conseillé de rester le plus possible allongée pour éviter l'appui sur le périnée.

● **L'intestin et les urines.**

La constipation est fréquente après l'accouchement. Il est très important de ne pas « forcer » car tout effort excessif de poussée risque de faire apparaître prolapsus ou incontinence urinaire.

Ce qui est efficace, c'est de faire plusieurs fois par jour des exercices de rentré de ventre en soufflant à fond pendant 10 secondes. Cela réalise un massage interne des intestins et facilite leur évacuation. Vous pouvez également vous masser le ventre en suivant le trajet du transit intestinal : à droite, de bas en haut ; puis en haut, de droite à gauche ; puis à gauche de haut en bas. Lentement en appuyant un peu, avec vos mains bien à plat, c'est-à-dire en effectuant comme un grand cercle. Vous pouvez aussi serrer les fesses très fort plusieurs secondes, puis relâcher (à répéter plusieurs fois).

Si la constipation persiste, n'hésitez pas à utiliser des suppositoires à la glycérine, sans craindre de vous y habituer ; un laxatif doux, un petit lavement peuvent aussi être efficaces.

Par ailleurs, la formation d'un bourrelet d'hémorroïdes n'est pas rare. Il sera traité par des soins locaux. Demandez conseil à la sage-femme.

▪ **L'incontinence urinaire.** Dans quelques cas, notamment après une anesthésie péridurale, la maman ne peut vider spontanément sa vessie. Cette rétention d'urines est toujours passagère et disparaît en 24 heures, mais elle peut nécessiter un ou deux sondages.

À l'inverse, certaines femmes (5 % environ) ne peuvent retenir leurs urines surtout lorsqu'elles font un effort (toux, marche, etc.). Cette incontinence urinaire peut se voir après l'accouchement le plus banal mais elle est plus fréquente après les accouchements longs et difficiles (gros enfant, application de forceps par exemple). Il arrive aussi qu'elle survienne avant même l'accouchement, dans les dernières semaines de la grossesse.

Dans la plupart des cas, cette incontinence va régresser rapidement en quelques semaines, sans traitement. Des exercices simples peuvent aider à la guérison, comme contracter les muscles du périnée (comme pour retenir un gaz ou se retenir d'aller à la selle).

Les incontinences persistantes sont beaucoup plus rares. Il importe alors de les signaler au cours de la consultation postnatale (n'attendez pas plusieurs mois pour consulter). On vous conseillera certainement de faire une rééducation de la vessie et du périnée. Celle-ci, remboursée par la Sécurité sociale, est généralement faite par une sage-femme, mais parfois aussi par un kinésithérapeute spécialisé ou un médecin.

La rééducation se fait en 12 à 15 séances, à raison de 1 à 2 par semaine ; elle débute par des exercices musculaires, elle apprend en particulier à contracter les muscles du périnée. La femme peut contrôler elle-même la qualité de ses efforts : une sonde vaginale est reliée à un appareil qui enregistre ses contractions sur une courbe, la femme est ainsi incitée à améliorer sa performance à chaque tentative. Enfin, des séances d'électrostimulation sont généralement associées à cette rééducation.

Une guérison complète est souvent obtenue. Elle dépend de la persévérance (des séances d'entretien sont nécessaires), et surtout de l'intensité des troubles : en cas d'incontinence vraie et importante, une intervention chirurgicale est quand même parfois nécessaire à plus ou moins long terme.

Rééducation périnéale.
Si vous voulez en savoir plus sur le sujet, je vous recommande les livres d'Odile Cotelle-Bernède, *Guide pratique de rééducation uro-gynécologique*, Éditions Ellipses et *L'Eau et les femmes*, O.C.B. Publications.

• La toilette.

Les douches sont possibles dans les heures qui suivent l'accouchement. Les douches chaudes sont même recommandées en cas de forte montée de lait afin de diminuer les tensions au niveau des seins. L'idéal serait de finir la douche par des douches fraîches sur le périnée et les jambes, car l'eau chaude peut provoquer des œdèmes.

Les bains ne sont conseillés qu'à l'arrêt de tout saignement.

• La montée laiteuse.

Pendant que certains organes régressent, d'autres se développent et s'apprêtent à entrer en fonction : ce sont les glandes mammaires. Après la naissance, l'organisme est prêt à nourrir l'enfant pendant quelques mois.

Deux ou trois jours après la naissance de votre enfant, vous sentirez vos seins se gonfler et durcir. Vous aurez l'impression qu'ils sont congestionnés : la peau se tend, les veines paraissent très dilatées. Cette sensation d'inconfort s'accompagnera peut-être d'une légère hausse de température. Ne vous inquiétez pas. Ces manifestations ne sont que les signes extérieurs et sensibles de la montée laiteuse. Vos glandes mammaires s'apprêtent à sécréter le lait.

Pendant la grossesse, ces glandes, sous l'action des ovaires et du placenta, se sont multipliées. De même, les petits canaux qui conduiront le lait au mamelon. L'hypophyse s'est mise à sécréter une nouvelle hormone, la *prolactine*, qui déclenchera la production du lait. Mais cette hormone n'est là qu'en attente. Elle n'agira que lorsqu'il n'y aura plus le placenta. L'accouchement a lieu, le placenta est expulsé. Le sang transporte la prolactine de l'hypophyse aux glandes mammaires. Celles-ci se mettent alors à fonctionner. Les deux ou trois premiers jours, elles sécrètent un liquide jaunâtre, le *colostrum*, riche en albumine et en vitamines. Ce n'est que le troisième ou le quatrième jour qu'apparaîtra le lait.

Si vous ne désirez pas allaiter, signalez-le au médecin ou à la sage-femme. Vous recevrez alors un traitement destiné à éviter la montée laiteuse. On vous conseillera également de ne pas trop boire car l'eau augmente la production du lait.

Mais pour que l'hypophyse continue à produire de la prolactine, il lui faut un stimulant. C'est l'enfant qui, en tétant, stimulera l'hypophyse et assurera une production régulière de lait. C'est pourquoi, quand la maman a décidé d'allaiter, on n'attend pas la montée laiteuse pour mettre l'enfant au sein. En général, on fait téter le bébé pour la première fois dans les heures qui suivent l'accouchement, parfois même en salle d'accouchement. Ce *colostrum* que boit le bébé est d'ailleurs excellent pour lui. Il agit comme un léger purgatif et l'aide à se débarrasser du méconium qui se trouve encore dans ses intestins.

• Le séjour à la maternité.

Il est de plus en plus court : aujourd'hui, bien des femmes sortent dès le 3ᵉ ou 4ᵉ jour, parfois même avant. Certaines apprécient ce séjour, elles voudraient même rester plus longtemps. D'autres aimeraient rentrer très vite chez elles. Les premières trouvent ces journées reposantes, elles aiment qu'on s'occupe d'elles, elles redoutent le travail qu'elles retrouveront à la maison, elles sont contentes d'être en rapport avec d'autres mères. Les secondes sont pressées de rentrer, elles ont parfois laissé des enfants plus grands à la maison, et elles trouvent au contraire que la maternité est bien bruyante : une voisine qui bavarde beaucoup, des bébés qui pleurent, des allées et venues nombreuses.

Que vous vous situiez dans le premier groupe de mamans ou dans le second, il me semble important que vous profitiez de ces quelques jours pour découvrir votre enfant, suivre ses progrès, qui, vous le verrez, seront très rapides. Après chaque tétée, gardez votre bébé un moment près de vous avant de le recoucher : pas de meilleure occasion de faire connaissance que ce moment où le bébé, heureux d'être nourri, sourit s'il est dans les bras de sa mère.

Vous ferez aussi connaissance avec votre enfant en le changeant, en lui faisant sa toilette. De plus en plus souvent, la mère est invitée à s'occuper de son bébé très tôt, dès les premières heures. Ainsi, en rentrant chez elle, elle est déjà experte en puériculture au lieu d'être désemparée comme elle pouvait le craindre.

Si vous n'entreprenez pas de rédiger l'album de bébé, ce que souvent on abandonne très vite, vous pouvez suivre la suggestion de cette lectrice qui est facile à réaliser : gardez les journaux parus au moment de la naissance ; les actualités, la mode, les événements divers seront des souvenirs amusants pour vos enfants.

Pour finir, une petite recommandation. Une amie sage-femme m'a dit : « Les mamans sont si contentes de montrer leurs bébés à leurs amis qu'elles arrivent à la fin de la journée épuisées par trop de visites. Et le bébé l'est également. » Pour votre repos, pour le sien, les premiers jours, essayez de n'avoir pas trop de visites. Si un jour vous avez vraiment envie de vous reposer complètement, dites-le à la sage-femme ou à l'infirmière, elle comprendra et elle fera le barrage.

Si vous vous sentez fatiguée, et que vous ayez envie de rester un peu plus longtemps à la maternité, parlez-en à la surveillante, elle vous dira si c'est possible.

Vous rentrez chez vous

Une fois rentrée chez vous, tâchez de vous reposer encore une bonne dizaine de jours, même un peu plus si vous le pouvez. Mieux vous vous reposerez pendant les suites de couches, plus vite vous pourrez reprendre votre vie active sans fatigue excessive. N'essayez pas de forcer la nature : il faut six semaines à vos organes pour revenir à leur état normal, et quelques mois à l'organisme pour qu'il retrouve complètement ses forces. Pendant cette période, évitez de vous fatiguer, ne montez pas trop d'escaliers, ne portez pas de lourdes charges, faites une bonne sieste après le déjeuner. Ce n'est pas toujours possible à moins que vous ayez près de vous, pendant les deux premières semaines, quelqu'un pour vous aider, mère, belle-mère, amie, aide extérieure, etc. Évidemment, si votre mari pouvait prendre quelques jours de congé supplémentaires, ce serait l'idéal.

Une spécialiste, le docteur Odile Cotelle-Bernède, voit tous les jours des femmes qui ont porté des charges trop lourdes et dont le dos et le périnée ont souffert. C'est pourquoi elle nous demande de faire la recommandation suivante : pendant les mois qui suivent l'accouchement, faites tout pour éviter les poids excessifs ; essayez de vous faire livrer les provisions, beaucoup de magasins s'en chargent. Certains couffins et certaines poussettes sont trop lourds pour être portés seule, faites-le à deux. D'ailleurs, au moment d'acheter une poussette, à qualité égale, choisissez la plus légère. Quand vous portez votre bébé, essayez de ne pas porter d'objets lourds en même temps (par exemple un sac de provisions, une poussette) ; même si cela demande plus de temps, il vaut mieux faire plusieurs voyages. Lorsque Bébé est dans son sac-kangourou, placez-le – presque entre les seins – le plus haut possible et veillez à ce qu'il ne ballotte pas : c'est plus confortable pour lui et mieux pour vous. Enfin, si vous devez soulever quelque chose d'un peu lourd, pensez à contracter en même temps le périnée et le ventre.

• Les relations sexuelles après l'accouchement.

Les rapports sexuels peuvent être difficiles ou douloureux pendant quelque temps. Au début, une mère est plus soucieuse de son bébé que de sa sexualité ; il y a la fatigue, les problèmes matériels nouveaux, « il y a aussi un temps pour retrouver son corps », dit une mère. Ensuite le climat hormonal qui existe pendant les semaines qui suivent l'accouchement entraîne une sécheresse vaginale. Enfin, les rapports peuvent être douloureux s'il y a une cicatrice de déchirure ou d'épisiotomie, ou même simplement quelques « éraillures » ; on conseille dans ce cas un gel pour lubrifier.

Certaines fois, il n'y a pas seulement sécheresse vaginale, mais aussi rétrécissement vaginal, la lubrification peut alors ne pas suffire. En cas de carence extrême, le médecin prescrira des ovules ou des gélules vaginales contenant des œstrogènes.

Parfois aussi le père redoute les premières relations sexuelles : il a peur qu'elles soient douloureuses pour sa femme ; et si elle allaite, le côté nourricier des seins le perturbe souvent. Il peut se sentir exclu du duo mère-enfant. C'est pourquoi, le premier mois n'est pas toujours favorable à la vie sexuelle, ce qui n'empêche pas bien sûr la tendresse. Passées ces premières semaines, les inhibitions sont tombées, le couple a plaisir à se retrouver, la sexualité reprend sa place. Cela dit, comme pour toutes les relations affectives, chaque couple a sa façon à lui de se retrouver.

• La contraception après la naissance.

Le couple a envie de reprendre ses relations amoureuses, mais en même temps il ne souhaite pas avoir trop vite un autre bébé. Et il sait que la contraception dans les semaines qui suivent la naissance pose différentes questions. C'est pourquoi nous avons consacré plusieurs pages à ce sujet, à la fin de ce chapitre.

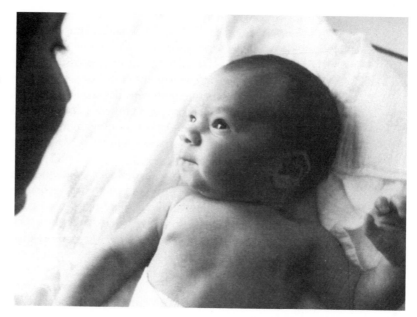

● Le retour de couches.

On appelle ainsi les premières règles qui surviennent après l'accouchement. Habituellement, ces règles sont un peu plus abondantes et plus longues que les règles normales.

La date de ce retour de couches varie selon que la mère allaite ou non son enfant.

Si elle le nourrit, les mécanismes de la lactation bloquent généralement le fonctionnement des ovaires et l'ovulation ; les règles sont donc habituellement absentes, et le retour de couches survient seulement après la fin de l'allaitement, sauf si celui-ci se prolonge pendant plusieurs mois.

En l'absence d'allaitement, le retour de couches se produit entre six et huit semaines après l'accouchement. Puis les cycles habituels reprennent, mais il est possible qu'ils soient légèrement perturbés pendant quelque temps.

● La consultation postnatale.

Quelques semaines se sont passées depuis l'accouchement. C'est le moment de faire un bilan complet. Un examen gynécologique et un examen général sont indispensables pour s'assurer que l'appareil génital et l'organisme tout entier ont retrouvé un état satisfaisant. Certaines femmes se sentent suffisamment bien pour ne pas avoir envie de subir cet examen ; elles sont tout à leur bébé, elles ne veulent pas revenir sur ce qu'elles ont vécu. Pourtant cet examen est important pour faire le point sur l'état de votre périnée, et pour envisager, si nécessaire, une rééducation appropriée.

Enfin, vous pouvez vous trouver confrontée à trois sortes de problèmes :
▪ une aggravation des troubles antérieurs ; par exemple si vous aviez une mauvaise circulation qui avait provoqué des varices et des hémorroïdes ;
▪ la persistance de troubles apparus au cours de la grossesse, comme une incontinence urinaire ;
▪ enfin, l'apparition de nouveaux problèmes : par exemple, certaines femmes souffrent de douleurs abdominales persistantes.

Faites une petite liste pour ne rien oublier lorsque vous irez à la consultation.

Certaines femmes, par pudeur, hésitent à aborder des domaines qui leur semblent trop personnels, par exemple la difficulté de la reprise des rapports sexuels. Difficultés psychologiques, difficultés conjugales ont parfois des causes physiques que le médecin saura traiter.

Votre régime pour retrouver la ligne.

Pour retrouver votre poids d'avant la naissance, vous aurez vraisemblablement à perdre entre 3 et 4 kg, chiffre correspondant à une femme de 1,65 mètre pesant en temps normal 55 kg, ayant pris 10 à 12 kg pendant sa grossesse, et en ayant perdu un peu plus des deux tiers du fait de l'accouchement et des suites de couches. Normalement, un régime alimentaire classique (voir plus bas) vous aidera à perdre l'excédent de poids.

Si vous allaitez, vous ne pourrez pas vraiment faire de régime amaigrissant puisqu'allaiter, c'est dépenser des calories supplémentaires. Attention quand même à ne pas grossir, cela ne faciliterait pas la lactation et vous empêcherait plus tard de retrouver facilement votre poids.

Si vous n'allaitez pas ou si vous n'allaitez plus, voici quelques suggestions pour vous aider à retrouver votre taille et votre poids d'avant la grossesse.

Au début, pour ne pas changer brutalement de régime, gardez la même répartition des repas que celle que vous aviez avant la naissance (trois principaux, deux en-cas). Mais diminuez votre apport quotidien de calories, c'est-à-dire essentiellement les sucres, les pâtisseries, les bonbons. Rationnez également le beurre, les sauces, les graisses animales, la charcuterie, etc. En revanche, veillez à ce que votre alimentation soit riche en viande, œufs, fromages, légumes, fruits, et à ce qu'elle soit très variée. Au chapitre 3, vous avez vu ce qu'on entend par alimentation variée.

La gymnastique et les sports.

L'exercice physique sera un bon moyen pour vous aider à retrouver la ligne : il ne fait pas vraiment maigrir mais il aide à se remuscler; il peut, en plus, par l'équilibre qu'il procure, régulariser l'appétit. Voyez plus loin quelques exercices à faire après l'accouchement.

Quant à une activité sportive, elle ne sera pas reprise avant le retour de couches pour les femmes qui n'allaitent pas. Et celles qui allaitent attendront la fin de l'allaitement pour refaire du sport ; de toute façon, attendez d'avoir passé la visite postnatale pour vous assurer qu'il n'est pas nécessaire de faire une rééducation du périnée. Certains sports (équitation, tennis) seront repris plus tardivement. Parlez-en avec le médecin.

Exercices à faire après l'accouchement

Dès le deuxième jour – sauf avis contraire du médecin – vous pourrez faire dans votre lit les exercices suivants :

Pour raffermir le périnée.

Vous pouvez faire l'exercice indiqué page 335, mais en position allongée, couchée sur le dos, jambes repliées et écartées : pendant quelques secondes contractez les muscles qui ferment la vulve et le vagin en retenant une envie d'uriner. Gardez bien les genoux écartés sur les côtés pendant tout l'exercice, les fesses étant relâchées et posées sur le sol, et le ventre bien souple ; tout en continuant de respirer normalement.

Pour durcir le ventre.

▪ Couchée sur le dos, jambes parallèles repliées, inspirez profondément, puis, en soufflant, rentrez le ventre au maximum, pendant cinq secondes au moins, si possible dix ; puis détendez-vous et recommencez. Cet exercice ne

Le stop-test

consiste à arrêter quelques secondes le jet urinaire vers la fin de la miction (action d'uriner). Aujourd'hui, on pense que ce test ne doit pas être pratiqué quotidiennement comme un exercice, mais de temps à autre pour contrôler l'état du périnée. Vous pouvez par exemple faire le stop-test une fois par semaine jusqu'à la visite prénatale dont un des buts est de vérifier, ou de tester, l'état du périnée.

comporte aucune contre-indication. Il n'est pas spectaculaire et cela peut sembler monotone de ne faire que cela mais il peut suffire pour retrouver un ventre plat. Vous pouvez répéter cet exercice plusieurs fois par jour (au moins 50 fois, réparties dans la journée, pour obtenir un résultat visible).

● Pour activer la circulation dans les jambes.

Couchée sur le dos, jambes allongées :

▪ exercice de rotation des pieds autour de la cheville : décrivez un cercle avec vos pieds dans un sens puis dans l'autre (3 fois) ;

▪ flexion et extension des pieds : repliez le pied sur la jambe, puis étendez-le lentement et au maximum comme si vous vouliez toucher du bout des orteils un objet placé quelques centimètres plus loin (3 fois).

À répéter de nombreuses fois dans la journée, mais à ne pas faire plus de trois fois de suite : sinon les jambes risquent de devenir douloureuses, en provoquant des courbatures.

● Pour garder les seins fermes et bien maintenus.

Lorsque vous n'allaiterez plus, vous pourrez recommencer les exercices indiqués au chapitre 14 pour garder une belle poitrine. Si vous n'allaitez pas, vous pourrez les faire dès le 15e jour.

Sur le remboursement concernant les massages, exercices, rééducation périnéale à faire après l'accouchement, voir page 435.

Les exercices abdominaux classiques
que tout le monde connaît (pédalages, ciseaux) ne peuvent être faits qu'après avis du médecin ou de la sage-femme, car ils créent une trop forte pression à l'intérieur du ventre, pression qui appuie sur le périnée et risque de le distendre.

Le massage
du dos et des jambes peut soulager les sensations de fatigue, de lourdeur ou de douleurs diverses. Il est aussi un élément de bien-être. En revanche, le massage du ventre doit respecter certaines précautions. Un effleurage peut améliorer le transit intestinal, mais il ne faut pas « malaxer » la peau ni les muscles afin de ne pas les étirer et de ne pas les distendre. Ceci nuirait à la récupération progressive d'un ventre plat.

Après la naissance, que faire si votre corps a changé ?

Après un accouchement, certaines femmes sont déroutées de se retrouver avec un autre corps : ce n'est plus celui de la grossesse, dont elles éprouvaient de la fierté, ce n'est pas non plus celui d'avant la naissance. En plus, la transformation brutale de ce « corps plein » en un « corps vide » peut troubler.

Sur le plan esthétique, tant du corps que du visage, la maternité peut avoir des conséquences qui varient avec chaque femme, mais qui ont tendance à augmenter avec le nombre des grossesses.

Certaines femmes pensent qu'il y a un prix à payer pour la naissance d'un enfant, et elles se résignent. Elles oublient leur propre corps, tant elles sont préoccup   du bien-être de leur bébé. D'autres mères sont débordées, elles ont l'impression de n avoir ni le temps, ni l'énergie de s'occuper d'elles-mêmes.

D'autres enfin se posent des questions sur ces changements : vont-ils se maintenir, s'atténuer ou disparaître.

● Les seins.

Après la grossesse, parfois les seins restent trop gros, et surtout ont tendance à tomber. Il est possible de faire appel à la chirurgie esthétique. Une plastie mammaire (on retire la peau excédentaire et on remet la glande mammaire en bonne position) peut arranger les choses. Mais les cicatrices resteront plus ou moins visibles.

Parfois au contraire, les seins risquent d'avoir perdu de leur volume et d'avoir littéralement « fondu ». La mise en place d'une prothèse peut leur redonner le volume souhaité. Mais cette diminution de volume peut être transitoire, aussi attendez quelques mois avant de prendre une décision.

Vous avez peut-être lu dans la presse que la mise en place de ces prothèses était parfois contestée car plus ou moins réussie. C'est vrai qu'il peut y avoir des incidents. C'est surtout arrivé aux États-Unis ; en France, on est plus strict. Mais où que ce soit, si vous désirez faire faire une intervention sur vos seins, il est indispensable de choisir un chirurgien reconnu.

● **Le ventre.**

Le ventre peut rester distendu, les muscles abdominaux ne jouant plus leur rôle de sangle naturelle. La prévention est essentielle : c'est la gymnastique pendant la grossesse (voyez page 334), et après l'accouchement (page 392). Dans ce domaine la persévérance est indispensable car on ne retrouve de bons muscles qu'après plusieurs mois d'exercices physiques réguliers. Un régime alimentaire aidera à éliminer l'excès de graisse. Pour retrouver un ventre plat, les massages ne sont pas efficaces. Quant aux appareils électriques vendus dans le commerce, ce sont vraiment des gadgets.

Si, malgré le régime et la gymnastique, vous gardez un excès de graisse, à condition que votre peau et vos muscles soient redevenus bien toniques, une lipo-aspiration peut être envisagée ; le chirurgien esthétique pratique une petite incision et aspire la graisse au moyen d'une canule. La lipo-aspiration peut aussi être indiquée quand la graisse persiste en excès au niveau des fesses et des cuisses (culotte de cheval).

Lorsque la peau du ventre reste distendue, et plus ou moins « fripée », il est possible d'envisager de la retendre chirurgicalement. Cette intervention permettra d'ôter les vergetures, s'il en existe.

La chirurgie permet également de réduire une hernie de l'ombilic, qui se produit parfois à la suite de l'accouchement.

● **Le poids et la silhouette.**

Il faut compter six mois pour retrouver son poids, et environ un an pour retrouver son tour de taille. Il est important de perdre peu à peu les kilos superflus sous peine de voir s'installer une vraie obésité. Si au bout de ces six mois, vous n'arrivez pas à retrouver votre poids d'avant la naissance, parlez-en au médecin. Il vous conseillera peut-être de consulter un nutritionniste.

● **La peau.**

Le masque de grossesse (voir page 91) disparaît spontanément en quelques mois ; il en est de même de la pigmentation anormale de la ligne médiane abdominale, au-dessous de l'ombilic. Mais, pour cela, il faut s'exposer le moins possible au soleil ; et, ce qui est moins connu, si l'on accouche en hiver, il faut encore faire attention l'été suivant pour que des taches brunes n'apparaissent pas.

De la cicatrice de césarienne, nous parlons page 314.

● **Les varices.**

Elles régressent en général presque complètement après une première grossesse. Ceci sera de moins en moins vrai au fur et à mesure que les grossesses se répéteront.

Les médicaments peuvent agir sur les troubles parfois entraînés par les varices (crampes, sensation de jambes lourdes) mais peu, ou pas, sur les varices elles-mêmes. Aussi, en cas de préjudice esthétique important faut-il s'orienter selon les cas :

■ vers la sclérose (injection de produits dans les veines pour diminuer leur volume) ;

■ ou vers la chirurgie qui consiste à enlever une, ou les deux grosses veines de chaque membre inférieur (intervention appelée stripping).

Le médecin vous indiquera ce qui convient le mieux dans votre cas. De toute manière continuez à suivre les conseils donnés page 197. Quant aux hémorroïdes, comme les varices, elles relèvent, selon leur importance et les troubles qu'elles entraînent, des médicaments, des scléroses ou de la chirurgie.

L'incontinence urinaire : j'ai parlé à différents endroits de cette autre conséquence possible de la maternité (voyez pages 199 et 387).

À propos de la chirurgie esthétique.

J'ai mentionné plusieurs fois le recours possible à la chirurgie esthétique. Je voudrais vous faire à ce sujet quelques remarques.

La chirurgie esthétique ne peut s'envisager au plus tôt qu'un an après l'accouchement. Ce n'est donc pas une décision à prendre rapidement ; il faut laisser du temps au corps pour qu'il retrouve sa silhouette et son aspect d'avant. Cela vous laissera le temps de savoir si vous êtes toujours sûre de désirer une intervention.

Ensuite, pour recourir à la chirurgie esthétique, il vaut mieux attendre d'avoir eu le nombre d'enfants désirés. Bien sûr, on ne peut pas tout programmer dans la vie ! Mais l'expérience montre qu'une nouvelle grossesse risque de remettre en cause les résultats obtenus. Et vous savez probablement que la chirurgie esthétique coûte cher, élément qui aura son importance pour prendre une décision.

Enfin, et ceci est valable pour toutes les interventions, elles doivent être faites par un spécialiste compétent. Demandez à votre médecin s'il connaît des adresses, sinon le conseil de l'ordre des médecins vous renseignera.

J'ai écrit ce petit chapitre à la demande de plusieurs lectrices, mais je ne voudrais pas que sa lecture vous inquiète. Les traces laissées par la maternité sont variables d'une femme à l'autre. Certaines n'ont ni varices ni vergetures. Même après plusieurs naissances, de nombreuses femmes retrouveront un ventre plat, etc. De plus, le « préjudice esthétique » est vécu de façon bien différente selon les femmes. Certaines ne supportent pas leurs seins qu'elles trouvent trop gros, alors que d'autres aiment leur poitrine épanouie.

●●

Si vous souffrez d'acné, et si vous allaitez votre bébé, ne prenez aucun traitement, interne ou externe, sans avis médical.

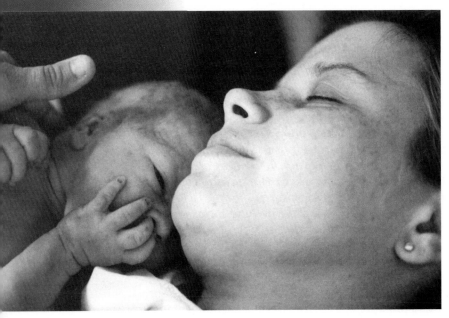

• N'ayez pas peur des
« *idées bleues* »

Vous êtes rentrée chez vous ; vous avez retrouvé votre maison ; votre enfant est installé dans le berceau que vous avez préparé avec amour. Vous avez toutes les raisons d'être heureuse et d'envisager l'avenir avec optimisme. Or il se peut, au contraire, que vous vous sentiez fragile, d'humeur instable, changeante, prête à pleurer à tout moment. Cette réaction est fréquente après l'accouchement. On l'appelle *baby-blues* (les idées bleues). Je suis obligée d'employer un mot anglais, mais c'est celui qui s'est imposé.

Vous venez de subir un bouleversement profond, au physique et au moral. Votre organisme tout entier a participé au travail considérable de l'accouchement. Les modifications hormonales sont particulièrement importantes à ce moment-là, et, vous vous en rendez compte vous-même, les remaniements psychologiques également. Vous avez vécu une attente de neuf mois, dont le terme a été peut-être mêlé d'angoisse et d'énervement. Vous êtes encore fatiguée, et vous vous trouvez tout d'un coup responsable des soins à donner à votre enfant, alors que, pendant votre séjour à la maternité, vous n'aviez pas eu à vous en occuper. En plus, ce petit bébé, vous ne le connaissez pas encore bien, vous ne comprenez pas toutes ses réactions, ni peut-être ses pleurs. C'est pour toutes ces raisons que vous êtes inquiète, énervée, prête à pleurer.

Le *baby-blues* concerne près de la moitié des femmes venant d'accoucher. Il survient le plus souvent autour du 3ème jour après la naissance ; il peut durer un jour ou deux, parfois même plus.

Si ce *baby-blues* survient alors que vous êtes à la maternité – ce qui est fréquent – parlez-en au personnel médical. Les accoucheurs, les sages-femmes, les puéricultrices savent qu'un grand nombre de femmes peuvent vivre un moment difficile, et qu'il faut leur apporter un soutien particulier. Ainsi certaines puéricultrices laissent-elles se reposer les mères qui en ont besoin, et ne leur donnent-elles le bébé que lorsque ces mères le désirent. Et certains hôpitaux ont des psychologues attitrés : les mères peuvent parler, exprimer leurs craintes, et se sentir entourées et comprises. Ces professionnels savent apporter chaleur et réconfort à des femmes qui doutent de leurs capacités maternelles. Lorsque la mère peut trouver une aide à la maternité, il y a des chances pour que sa dépression s'atténue rapidement.

Si cela n'était pas le cas, et que vous continuiez à être déprimée après votre retour à la maison, ne restez pas seule. Voyez avec votre mari, votre compagnon, comment vous pouvez vous organiser pour vous reposer et vous détendre. Peut-être votre mère, une amie, une sœur, peuvent-elles venir vous aider pendant quelques jours. Vous pouvez aussi aller dans un groupe d'aide à l'allaitement (voir les adresses page 388), même si vous n'allaitez pas. Rencontrer d'autres mères, les écouter, leur parler pourra vous redonner confiance. Et tâchez de rester en contact avec le psychologue que vous aurez vu à la maternité.

• **L'amour maternel a souvent besoin de temps pour s'exprimer.**

Cet accouchement, vous l'avez attendu avec quelle impatience ! Et maintenant que cet enfant que vous avez abrité et protégé vous a quittée, vous avez peut-être l'impression d'un vide à la fois physique et moral. C'est normal. Toutes les femmes qui viennent d'accoucher ressentent cette impression, plus ou moins marquée. Dans bien des cas, l'allaitement est une bonne chose dans la mesure où il permet aux liens de se renouer. Mais dans d'autres cas il peut augmenter votre fatigue, surtout si le bébé ne tète pas bien.

Et puis, vous craignez de ne pas savoir vous occuper de cet enfant qui vous paraît si fragile. Dites-vous que votre instinct vous guidera avec une sûreté dont vous serez vous-même étonnée. Sachez aussi que votre enfant est plus solide que vous ne croyez, surtout si vous le laissez vous stimuler. Votre bébé peut vous aider.

Cette mélancolie d'après l'accouchement s'accentue lorsque la mère n'est pas envahie dès le premier jour par l'amour maternel. Si cela vous arrive, ne croyez pas que vous soyez une mauvaise mère. L'amour maternel n'est pas toujours un coup de foudre. Il ne se développe souvent que peu à peu, semaine après semaine.

Prenez chaque jour un moment, après avoir baigné, nourri, changé votre bébé, pour vous asseoir près de lui, lui parler, lui sourire. Ses yeux ne vous voient pas encore bien, mais il est très sensible à votre présence. S'il pleure, ne fermez pas la porte de sa chambre, prenez-le dans vos bras. On vous dira que c'est une mauvaise habitude. Est-ce bien sûr ? Lorsqu'un bébé pleure, ce n'est pas par caprice. C'est qu'il a besoin d'une présence, et qu'on s'occupe de lui. Les pleurs, c'est sa manière d'appeler, son premier langage.

Lorsque votre enfant vous adressera son premier sourire, les moments difficiles que vous avez traversés seront oubliés. Lisez ces quelques lignes de France Quéré qui peut-être vous apaiseront : « Tu es là, et j'aime à te serrer dans mes bras, comme dans un songe. J'aime contenir ton épaule dans le creux de ma main, ton corps dans la courbe de mon bras. Voici : une conversation entre nous commence. Pendant des années nous allons bâtir ensemble le grand rêve exaucé ce matin. Notre imagination sera la reine, ta chambre le vert paradis. Nous rirons ensemble, nous jouerons, nous inventerons des histoires, notre vie sera poésie. Si ce n'est pas le bonheur, cela, qu'on me dise comment ça s'appelle » (*La Femme avenir*, France Quéré, Éditions du Seuil).

17

•Une vraie dépression

Le plus souvent, le *baby-blues* disparaît en quelques jours. Plus rarement, mais quand même dans 10 % des cas, une vraie dépression du post-partum s'installe. Les symptômes sont plus marqués : la maman se sent triste, découragée, anxieuse, elle n'a plus le goût de s'occuper des tâches quotidiennes, parfois même elle n'arrive pas à s'intéresser à son bébé. D'autres troubles peuvent survenir : du sommeil, de l'appétit, de la vie sexuelle. Ces signes sont ceux d'une dépression qui ne disparaîtra pas toute seule. Malgré ces difficultés, certaines mamans hésitent à consulter ; elles pensent que ce qu'elles éprouvent est dû à la fatigue qui accompagne toute naissance ; parfois, elles se sentent coupables de ne pas éprouver la joie attendue, surtout lorsque la grossesse a été désirée. Et pourtant, il est important que la maman voit un médecin sans tarder qui pourra l'aider : accoucheur, généraliste, pédiatre de l'enfant, consultation de PMI, voire la consultation de l'hôpital le plus proche. Des médicaments, un soutien psychothérapeutique aideront la maman à retrouver un équilibre, à se sentir apaisée.

Écoutez ce que m'a écrit Christine : « Je me suis retrouvée devant un véritable gouffre. Je pleurais sans raison, j'étais terrifiée par les sentiments destructeurs et les pensées négatives qui m'envahissaient. J'ai cru que j'allais perdre la raison. J'ai vu un psychiatre qui m'a écoutée, sans me juger. Pourriez-vous dire à vos lectrices qu'une maman peut passer par des moments très difficiles, et s'en sortir ».

Six mois pour un bébé

Si vous avez une activité professionnelle, et que la date de reprise du travail dépend de votre décision, vous vous demandez peut-être quand la reprendre : tout de suite ? Un peu plus tard ? Qu'est-ce qui est meilleur pour l'enfant ? Pour vous-même ?

Il est difficile de donner un avis ; s'il est un domaine où le désir personnel, celui du couple, les possibilités financières interviennent, c'est bien celui-là ; on ne peut interférer dans ces considérations. Les circonstances économiques actuelles et le chômage rendent pour certaines le choix encore plus difficile.

Mais si j'étais ministre de la Famille je prendrais avant toute autre la mesure suivante : donner aux mères la possibilité de rester six mois chez elles après la naissance de leur enfant. L'argent pour ? Je mettrais à contribution les ministres intéressés, c'est-à-dire quasiment tous, je gratterais les fonds de tiroir, je lancerais un emprunt…

Une femme ayant apporté à la société un citoyen de plus a bien droit à quelques égards. Or six mois représentent pour elle la possibilité de se remettre complètement en forme, de souffler, et le temps de faire tranquillement la connaissance de son enfant. La société y trouverait son compte.

Des mères veulent retravailler tout de suite, le pouponnage ne les tente pas. D'autres désirent rester un moment chez elles et pour l'enfant et pour elles-mêmes, et elles le peuvent matériellement. D'autres le voudraient, mais ne le peuvent financièrement.

De plus, les connaissances actuelles sur le développement du tout jeune bébé, sur sa psychologie, sur la précocité des interactions parents-bébé, entraînent chez les mères qui vont reprendre leur travail doute, culpabilité, regret de passer à côté de moments précieux. Tout ceci n'est pas simple à concilier et à aménager. C'est pourquoi six mois de congé donneraient un vrai choix à toutes les mères sans déranger vraiment leur carrière. Ils donneraient à la mère et à l'enfant la possibilité d'un bon départ.

Je n'aime pas les affirmations dramatiques du genre : « tout est joué à… » d'autant que, vous me l'avez peut-être entendu dire, je le répète assez souvent, rien – sauf cas exceptionnels –, rien n'est jamais joué à quelque moment que ce soit. Je dirais pourtant ceci : les six premiers mois de la vie d'un enfant sont importants, il s'y passe des événements à ne pas manquer pour bien connaître son enfant, sa façon de s'exprimer, ses formidables capacités à réagir, mais aussi sa très grande dépendance.

En général, à six mois, l'attachement a des bases solides, et chez la mère et chez le bébé : ils peuvent partir chacun de leur côté, lui à la crèche, elle à son travail.

Un autre bébé ?

Nos lectrices posent souvent la question : « Au point de vue médical, quel est l'intervalle idéal entre deux naissances ? » Bien sûr, il ne peut y avoir de réponse précise. Mais le bon sens dit qu'il est préférable que deux grossesses ne soient pas trop rapprochées. D'autre part, des statistiques américaines montrent que ce sont les bébés conçus entre 18 et 24 mois après la naissance précédente qui ont le moins de risque d'être de petit poids ou de naître prématurément.

D'ailleurs, la psychologie s'accommode bien de cet intervalle. Dans le cas cité plus haut, lorsque le nouveau bébé naîtra, l'aîné aura 2 ans 1/2-3 ans, âge réputé charmant. C'est souvent à ce moment là que les parents se sentent prêts à accueillir un autre enfant.

Mais d'autres éléments pourraient, dans certains cas, modifier ces considérations, notamment l'âge des parents (voir page 24). Au fur et à mesure que passent les années, les chances de devenir enceintes diminuent. Ainsi, il faut deux fois plus de temps pour concevoir un enfant à 35 ans qu'il n'en faut à 25. N'attendez pas trop.

●●

La contraception
après la naissance

Clore un livre sur la naissance par un chapitre sur la contraception peut sembler paradoxal. Et pourtant…

Vous venez d'accoucher et vous êtes tout à la joie de cette naissance. Même si vous avez envie d'avoir d'autres enfants, vous ne souhaitez probablement pas redevenir enceinte trop rapidement. C'est au cours de votre séjour à la maternité ou de la consultation post natale que vous pourrez aborder les problèmes de contraception ; après une naissance, les moyens de contraception ne sont en effet pas tous applicables. Ce n'est qu'après le retour de couches que le choix vous sera véritablement offert entre les différents moyens ou méthodes actuels de contraception. Je vous en parlerai pages 406 et 407.

Mais je voudrais d'abord vous donner quelques précisions sur ces différentes méthodes.

La contraception masculine

Le retrait

La méthode consiste à interrompre le rapport avant l'émission du sperme (ou éjaculation). Elle a l'avantage de ne nécessiter ni préparation, ni recours à un quelconque instrument.

Elle donne satisfaction à certains couples. Mais on peut lui reprocher :
- son efficacité relative : 15 à 20 % d'échecs ;
- sa difficulté d'emploi pour certains hommes qui n'apprécient pas la maîtrise qu'elle réclame. Elle n'est guère à conseiller chez les jeunes, inexpérimentés, et chez ceux qui ont des difficultés sexuelles ;
- son effet parfois sur l'équilibre du couple. Le retrait peut perturber l'harmonie sexuelle et entraîner un sentiment de frustration chez l'un ou l'autre partenaire, surtout chez la femme.

Le préservatif

Les avantages principaux du préservatif sont sa totale innocuité et sa facilité d'emploi au cours du rapport lui-même. Ses inconvénients sont d'être mal acceptés par un certain nombre d'hommes et surtout d'entraîner 5 à 8 % d'échecs. Ceux-ci sont exceptionnellement dus à une rupture du préservatif dont la fabrication est soigneusement contrôlée. Les échecs sont plutôt le fait d'une mauvaise utilisation :
- emploi de préservatifs à la seule période présumée féconde du cycle, celle-ci étant mal calculée ;

▪ mise en place trop tardive juste avant l'émission du sperme ;

▪ retrait trop tardif après l'éjaculation.

Malgré tout, le préservatif reste un bon moyen de contraception, surtout à titre de « dépannage » quand telle ou telle autre méthode, plus séduisante, n'est pas momentanément applicable : pendant la période des suites de couches par exemple (voir page 410). Par ailleurs, on peut augmenter l'efficacité du préservatif par l'utilisation conjointe, par la femme, d'un produit spermicide. De nouveaux matériaux commencent à être utilisés à la place du latex, supprimant ainsi les allergies locales dont se plaignent certains couples. Enfin, à cette période des suites de couches, l'usage de préservatifs autolubrifiants peut faciliter des rapports parfois difficiles.

La contraception féminine

Si l'on excepte la douche vaginale (dont l'efficacité est quasi nulle), il existe plusieurs méthodes de contraception féminine ; ces méthodes, générales ou locales, peuvent être physiques, chimiques ou hormonales.

La méthode de la température

Au premier chapitre vous avez pu voir que la méthode de la température est utilisable pour celles qui désirent un enfant. Elle est également utilisable comme méthode contraceptive. En effet, dans un cas comme dans l'autre, la femme cherche à connaître ses périodes de fécondité et de stérilité.

Vous avez vu au chapitre 1 comment repérer la date de l'ovulation. Celle-ci connue, vous pouvez considérer que vous êtes féconde :

▪ 5 jours avant l'ovulation car les spermatozoïdes peuvent rester vivants plusieurs jours après un rapport ;

▪ 3 jours après l'ovulation. L'ovule meurt certainement au bout de 24 heures, mais on rajoute 48 heures de sécurité.

C'est pendant ces 8 jours qu'il faut s'abstenir de rapport sexuel.

Ce laps de temps ne correspond pas à celui qui est indiqué page 29, il est nettement plus long, mais si l'on veut éviter une grossesse il faut compter plus large.

La température doit être prise de manière régulière et constante. En effet, si quelques courbes font penser que l'ovulation se produit, par exemple, le 14ᵉ jour, on ne peut en conclure qu'il en sera toujours de même à chaque cycle. Un changement de climat, les vacances, un choc affectif, une maladie peuvent avancer ou retarder l'ovulation et aboutir à un échec.

Il faut n'avoir de rapports que dans la période qui suit l'ovulation. (Vous avez vu plus haut que la période fertile commence 5 jours avant l'ovulation.)

Cela laisse supposer que, avant cette date, vous pouvez avoir des rapports sans risques. C'est généralement vrai, mais pas toujours puisque l'ovulation peut parfois être avancée. Si cela doit arriver, il n'y a aucun moyen de le prévoir. La date de l'ovulation ne peut être connue avec certitude que quand elle a eu lieu, pas avant.

Appliquée avec soin (température prise régulièrement, rapports uniquement après l'ovulation) la méthode de la température est d'une efficacité presque absolue. Dans les autres cas, le taux d'échec atteint 10 % au moins.

Les inconvénients de la méthode tiennent :

▪ au refus de certaines femmes de prendre régulièrement leur température, ce qu'elles considèrent comme une servitude ;

▪ à la difficulté d'interpréter correctement certaines courbes (15 % d'entre elles sont ininterprétables) ;

▪ et surtout à la limitation de l'activité sexuelle à une période très courte du cycle. Cette contrainte est souvent mal acceptée et les utilisateurs réguliers de cette méthode ne dépassent pas 2 à 3 %.

La méthode Billings

La méthode Billings se rapproche de la précédente, mais au lieu de tenir compte de la température, la femme doit apprécier les caractères particuliers de la « glaire cervicale », sécrétion du col utérin qui apparaît dans les quatre à cinq jours précédant l'ovulation ; cette sécrétion favorise l'ascension des spermatozoïdes, donc la fécondation.

Après la fin des règles, il y a souvent (mais pas toujours) une période non fertile que la femme reconnaît par une sensation de sécheresse et l'absence d'écoulement de glaire.

La période fertile vient ensuite, en moyenne 4 à 5 jours avant l'ovulation. La glaire prend un caractère particulier (« filante ») et la femme a la sensation d'être de plus en plus mouillée. Le jour où l'on constate la présence de la glaire fertile (filante, élastique ou lubrifiante) est le jour le plus fertile du cycle. Ce jour, appelé « sommet de fertilité », coïncide de près avec l'ovulation, et les rapports ont des chances maximales d'aboutir à une grossesse. Il est important de noter que le sommet ne coïncide pas avec la quantité maximum de glaire ; c'est la qualité de la glaire qui est déterminante pour savoir si on est dans une période féconde. Les femmes se trompent facilement sur ce point.

Quand l'ovulation aura lieu, la glaire deviendra collante, laiteuse, floconneuse, puis sèche pour le reste du cycle. Elle pourra aussi disparaître complètement. C'est la période non fertile.

Cette méthode est basée sur une auto-observation qui doit être bien assimilée (il est préférable qu'elle soit expliquée par un professionnel). Une fois qu'elle est bien comprise, elle est facile d'emploi.

Un autre moyen de connaître la date de l'ovulation,

et donc les jours de fertilité, est aussi proposé en pharmacie. Ce procédé consiste à repérer les jours de l'ovulation au moyen de tests urinaires à faire soi-même. L'efficacité est de 94 % d'après les premiers essais. La boîte de 5 tests pour un cycle coûte de 30 à 45 Euros. Cette méthode n'est valable que pour les femmes ayant des cycles réguliers.

Le diaphragme

C'est un appareil en latex, en forme de petite coupe, que la femme place elle-même dans le vagin avant chaque rapport. Il forme ainsi, devant le col, un obstacle à l'ascension des spermatozoïdes. On le recouvre d'une crème ou d'une gelée spermicide afin de doubler la barrière mécanique d'une protection chimique. L'efficacité de la méthode est bonne. Les échecs sont de l'ordre de 8 %.

Cette méthode de contraception tend à disparaître car le diaphragme est de moins en

---

Un livre sur la méthode Billings

- *Maîtrise de la fécondité par la méthode naturelle du docteur Billings*, de R. et M. Sentis, Médiapaul, 1988. Livret simple et clair, synthèse des principes essentiels de la méthode Billings. Il est complété par un tableau-guide personnel.

Vous pouvez aussi écrire, pour avoir l'adresse d'une monitrice proche de votre domicile, au Centre Billings, allée Bois-Périneau, 78120 Rambouillet. Ou bien envoyer un fax au : 01 30 41 89 97 moins choisi et utilisé par les femmes, ce qui a conduit les laboratoires à en stopper la fabrication.

Les produits spermicides

————————Comme leur nom l'indique, ils ont pour propriété de tuer les spermatozoïdes. Ils se présentent sous des formes diverses.

Les crèmes, gels et mousses sont surtout destinés à être utilisés avec un diaphragme ou comme méthode d'appoint au préservatif masculin pour en améliorer l'efficacité. Ils peuvent être employés seuls (notamment les gels), mais nécessitent alors l'usage d'un applicateur. Les ovules, de mise en place très facile, fondent tout seuls dans le vagin, mais il faut impérativement les renouveler (comme les spermicides) en cas de nouveau rapport. Les tampons ou éponges, eux, sont efficaces pendant 24 heures et permettent ainsi des rapports rapprochés et répétés. Par contre, ils ont l'inconvénient de devoir être retirés après usage.

L'efficacité des spermicides précédents est bonne (95 %) à condition de bien respecter leur mode d'emploi, et surtout d'éviter l'usage du savon et des bains moussants qui annulent purement et simplement leur action. Si l'on veut faire une toilette après le rapport, il est nécessaire d'utiliser des savons ou produits spéciaux faits par les fabricants de spermicides.

L'avantage majeur des produits spermicides réside dans la facilité de leur emploi puisqu'il suffit de les placer dans le vagin immédiatement avant le rapport. Par contre, on les accuse parfois de provoquer des phénomènes d'intolérance locale chez la femme et chez l'homme. Et certaines femmes sont rebutées par les manipulations nécessaires, comme c'est le cas pour les autres moyens locaux de contraception.

Le stérilet

———————— Appelé de plus en plus souvent dispositif intra-utérin (D.I.U.), le stérilet, bien que connu depuis l'antiquité, doit son développement actuel à l'utilisation des matières plastiques : elles ont rendu sont insertion facile et sa tolérance excellente. Il existe actuellement de nombreux modèles de formes très variées. Les stérilets « inertes » (faits seulement de plastique) sont progressivement abandonnés au profit de ceux qui sont recouverts de progestérone ou d'un fil de cuivre dont l'efficacité est plus grande et l'acceptabilité meilleure ; cela permet de ne le changer que tous les 4 à 5 ans. Le stérilet agit en empêchant la nidation de l'œuf.

Un examen gynécologique est indispensable avant la mise en place de l'appareil, afin de dépister les affections locales qui contre-indiquent son emploi : infections du col ou des trompes, polypes, fibromes, etc.

L'insertion du stérilet ne peut être pratiquée que par un médecin ; en revanche, elle ne nécessite ni hospitalisation ni anesthésie, elle est quasiment indolore. Elle se fait, de préférence, à la fin des règles. Au stérilet est attaché un fil qui sort du col et que vous pouvez sentir dans le vagin avec le doigt. Ceci vous permet de contrôler que votre stérilet est bien en place. Même s'il est bien toléré (sinon il faut en faire l'ablation), le stérilet doit être changé régulièrement pour garder son maximum d'efficacité. Celle-ci est excellente puisqu'on ne compte que 4 à 5 % de grossesses avec les stérilets inertes et 1 à 2 % avec les stérilets au cuivre ou à la progestérone.

Un grand avantage du stérilet est de ne nécessiter aucun soin particulier, aucune précaution, et de permettre ainsi à la femme d'oublier qu'elle utilise un moyen de contraception.

Il a toutefois aussi des inconvénients :

▪ dans 10 à 15 % des cas, le stérilet n'est pas supporté. Il est expulsé de l'utérus ou encore entraîne des pertes de sang permanentes qui obligent à le retirer (il faut savoir en revanche que de petites pertes sont fréquentes dans les semaines qui suivent sa mise en place) ;

▪ beaucoup plus rarement, on peut voir se développer une infection au niveau de l'utérus ou des trompes ;

▪ le risque de grossesse extra-utérine est plus fréquent avec un stérilet;

▪ exceptionnellement, on a décrit des perforations de l'utérus.

Malgré leur rareté, l'existence de ces complications pousse un certain nombre de médecins à déconseiller le stérilet, non seulement aux femmes qui n'ont jamais été enceintes, mais aussi à celles qui désirent d'autres enfants.

La pilule

La pilule est composée des deux hormones normalement sécrétées par l'ovaire (l'œstrogène et la progestérone) mais on utilise dans sa fabrication des hormones synthétiques pour abaisser le prix de revient. Il existe en fait plusieurs variétés de pilules. Celle que l'on pourrait appeler « classique » qui contient une dose « normale » d'œstrogène et qui n'est pratiquement plus utilisée - sauf exception - pour la contraception. Elle a fait place à la *minipilule* qui contient des doses plus faibles d'œstrogène (d'où son nom) associées à différents progestatifs, d'où les nombreuses marques de minipilules actuellement existantes. Un autre type de pilule ne contient que de la progestérone (sans œstrogène). C'est la *micropilule*, celle qui est prescrite dans le *post-partum*

Comment agit la pilule ?

Pour empêcher la fécondation, la pilule agit par trois mécanismes distincts : le plus important est le blocage de l'ovulation ; mais la pilule agit aussi sur la muqueuse utérine (endomètre) qui devient mince, atrophique et impropre à la nidation ; enfin, elle modifie la glaire du col à travers laquelle les spermatozoïdes ne peuvent plus se déplacer.

Sur ordonnance seulement.

Vous ne pouvez prendre la pilule sans l'avis et sans ordonnance du médecin. C'est à lui de choisir parmi les différentes sortes de pilule celle qui vous conviendra le mieux.

La plupart des pilules sont présentées en boîtes ou en plaquettes de 21 comprimés. Le premier comprimé se prend le premier jour des règles et pendant 21 jours. Peu importe le moment de la journée, à condition que ce soit régulièrement à peu près à la même heure afin d'éviter les oublis. Lorsque les 21 comprimés ont été pris, le traitement est arrêté pendant 7 jours. Les règles arriveront (quel qu'ait été le cycle auparavant) pendant cette période. Elles seront souvent moins abondantes qu'habituellement. Le 8e jour, vous entamez une nouvelle plaquette et vous recommencez un traitement de 21 jours.

La micropilule se prend différemment, c'est-à-dire chaque jour et sans aucune interruption.

La pilule doit être prise très régulièrement, car si l'oubli d'un comprimé pardonne pratiquement toujours avec la pilule classique, il risque de ne pas pardonner avec la minipilule, et encore moins avec la micropilule. Après deux jours d'oublis consécutifs (et *a fortiori* davantage), il est préférable, quelle que soit la pilule (classique ou mini), de tout arrêter, d'éviter les rapports sexuels et de recommencer une nouvelle plaquette dès les règles suivantes.

Vous pouvez avoir des rapports sans risque dès le premier jour de pilule. Et vous êtes à l'abri d'une grossesse même pendant les 7 jours d'interruption entre deux plaquettes.

Vous pouvez prendre la pilule pendant plusieurs années à condition de faire pratiquer un examen médical de contrôle au moins une fois par an.

• Avantages de la pilule.

De nombreuses femmes apprécient la simplicité et la facilité de ce mode de contraception qui les libère de toute action locale, et permet de dissocier la contraception de l'acte sexuel.

Mais l'avantage majeur de la pilule réside dans son efficacité qui est pratiquement absolue, avantage que ne peut lui disputer aucun autre moyen actuel de contraception. Rappelons cependant que cette efficacité nécessite une grande rigueur dans la prise des comprimés, surtout s'il s'agit d'une minipilule.

Les exceptionnelles grossesses observées sont la conséquence :

▪ soit d'un oubli ;

▪ soit de la diminution d'efficacité de la pilule par la prise simultanée de certains médicaments : barbituriques, anti-épileptiques, antibiotiques, antituberculeux, par exemple ;

▪ soit de l'emploi d'une micropilule dont l'efficacité est moindre que celle de la minipilule (1 % de grossesses environ).

• Les incidents.

Décrits surtout avec les premières pilules, ils sont devenus moins fréquents avec les pilules moins dosées. Il peut s'agir :

▪ de troubles digestifs : nausées, vomissements, qui rappellent beaucoup les symptômes de début d'une grossesse ;

▪ de troubles nerveux : angoisse, nervosité, irritabilité qui apparaissent surtout chez les femmes à tendance dépressive ; ou de troubles de la libido : diminution du plaisir, du désir ;

▪ de gonflement des seins ;

▪ de petites pertes de sang entre les règles.

Aucun de ces troubles n'est grave. Ils disparaissent presque toujours spontanément au bout de 2 ou 3 cycles de traitement. Il est rare qu'ils nécessitent un changement de pilule. D'ailleurs, pour beaucoup d'entre eux, ils semblent moins traduire une intolérance à la pilule qu'un refus inconscient de ce moyen de contraception.

Une prise anormale de poids est particulièrement redoutée par de nombreuses femmes. En fait, les nouvelles pilules faiblement dosées n'ont aucune influence sur le poids, tout au plus la pilule peut-elle être accusée, dans les premiers mois, d'augmenter l'appétit.

Contrairement à ce que l'on a dit, la pilule n'a pas d'action sur la chute des cheveux. Elle a plutôt une action favorable sur l'acné. Elle est parfois responsable de l'apparition d'une pigmentation anormale, identique au masque de la grossesse, qui ne disparaît qu'avec l'arrêt du traitement.

• Les accidents.

On a accusé la pilule de donner le cancer. Or les statistiques sont formelles : on n'observe pas plus de cancers utérins ou de cancers du sein chez les utilisatrices de la pilule que dans la population générale. En revanche, l'existence d'une lésion suspecte est une contre-indication à l'emploi de la pilule.

Le seul véritable risque est vasculaire. C'est d'une part celui de thrombose, c'est-à-dire de formation de caillot dans les veines ou les artères. Ce risque est statistiquement minime (1/50 000 environ) mais il existe. Il en est de même du risque d'infarctus du myocarde qui semble plus fréquent que dans la population générale. Ces risques semblent d'ailleurs plus fréquents chez les femmes de 40 ans et plus, et chez celles qui présentent des anomalies des graisses du sang. C'est pourquoi la surveillance médicale des femmes prenant la pilule doit comprendre au moins une prise de sang lors de la première prescription. Et ces risques semblent particulièrement importants chez les femmes qui fument.

• Que se passe-t-il à l'arrêt de la pilule ?

Le premier cycle qui suit l'arrêt de la pilule est souvent anormalement long avec une ovulation retardée. Si vous ne souhaitez pas être enceinte, prenez d'autres précautions que les précautions habituelles de dates. Vous risqueriez d'être surprise. Ce sont d'ailleurs ces troubles de l'ovulation avec risques de grossesse qui sont à l'origine d'une légende : la femme serait plus féconde après arrêt de la pilule. Ce qui est inexact.

Si vous souhaitez devenir enceinte, n'ayez aucune inquiétude :
▪ la pilule n'a aucune action sur l'enfant à venir. Les enfants malformés ne sont pas plus nombreux que chez les autres femmes ;
▪ La pilule n'a jamais augmenté le nombre de grossesses gémellaires ou multiples. Ce sont les hormones utilisées dans le traitement de certaines stérilités qui en sont responsables.

Il est cependant préférable d'attendre deux cycles pour que l'appareil génital ait retrouvé ses caractéristiques habituelles.

La pilule du lendemain est maintenant commercialisée. Elle ne doit être utilisée que comme contraception « d'urgence » car elle entraîne fréquemment des troubles digestifs et des pertes de sang. Elle se présente en paquet de 4 comprimés qui doivent être pris deux par deux à 12 heures d'intervalle. Son efficacité est d'autant plus grande que la prise est faite tôt après le rapport sexuel. Elle n'a plus d'action après 72 heures.

L'Implant

Un nouveau moyen de contraception est aujourd'hui disponible en France. Il s'agit, comme la pilule, d'une contraception hormonale destinée à bloquer l'ovulation, mais avec deux différences fondamentales :
- au contraire de la plupart des pilules, on n'utilise qu'une seule hormone (la progestérone) ;
- il ne s'agit pas de comprimés mais d'un bâtonnet (une petite allumette) que l'on implante sous la peau du bras. Cette intervention très simple se fait sous anesthésie locale et ne demande que quelques minutes.

L'implant reste actif pendant trois ans. Son avantage majeur, outre son efficacité à 100 %, est d'éviter la contrainte de penser chaque jour à prendre une pilule. Son inconvénient réside dans la possibilité (10 à 20 %) de saignements irréguliers et intempestifs. L'implant vaut 138,15 Euros, remboursés à 65 %.

Le choix d'un moyen de contraception

Après l'accouchement, pour plusieurs raisons, le choix d'un moyen de contraception est différent avant et après le retour de couches.

Dans la période des suites de couches

Contrairement à ce que croient de nombreux couples, les suites de couches ne représentent pas une période toujours infertile. Il est rare de voir survenir une ovulation, surtout chez les femmes qui allaitent, mais ce n'est pas impossible. Aussi certaines précautions sont-elles conseillées pour ne pas être enceinte.

Quelques méthodes restent toujours applicables.
▪ Le rapport interrompu.
▪ Le préservatif masculin.
▪ Les spermicides.

▪ Dans la période des suites de couches, la méthode de la température n'est pas facile à utiliser. En effet, pour avoir des rapports sexuels, il faudrait attendre l'élévation de température marquant l'ovulation. Et cette ovulation peut très bien ne survenir qu'au retour des couches. Pour les mêmes raisons, la méthode Billings est difficilement utilisable à ce moment-là.

D'autres méthodes nécessitent un avis médical.

▪ Si la mère n'allaite pas, la pilule peut être prescrite dès le 15ᵉ jour après l'accouchement. Il arrive cependant que cette prise précoce perturbe la période des suites de couches (pertes de sang intempestives) et la date de survenue du retour de couches.

En cas d'allaitement maternel, les *micropilules* actuellement utilisées ne modifient pas la composition du lait et n'ont donc pas de conséquences pour le bébé.

▪ Stérilet : il est possible de placer un stérilet dans les suites de couches immédiates, mais il n'est pas impossible que l'on observe alors des complications (perforations utérines, rejets du stérilet), et un taux plus important d'échecs (grossesse). C'est pourquoi la plupart des médecins préfèrent attendre le retour de couches pour placer un stérilet.

▪ L'utilisation d'un diaphragme est difficile sinon impossible tant que les organes génitaux ne sont pas revenus à la normale.

Après le retour de couches

━━━━━━━━━ Tous les moyens vous sont maintenant offerts, mais il n'est pas toujours facile de choisir. Chaque méthode de contraception a des avantages et des inconvénients, et votre choix sera la conséquence d'un compromis.

Je dis votre choix car c'est à vous et à votre mari de choisir, et non au médecin. Bien sûr, il est indispensable que vous ayez avec lui une conversation et qu'il vous examine. Mais son rôle est de vous informer des moyens qu'il peut mettre à votre disposition. Ce n'est que rarement qu'il aura à vous déconseiller, pour des raisons médicales, tel ou tel moyen de contraception. Par exemple, il ne vous prescrira pas de pilule si vous avez des antécédents de phlébite ou si vous avez l'habitude de fumer ; il ne vous mettra pas de stérilet si vous avez un fibrome ou si vous désirez d'autres enfants.

Ces raisons médicales mises à part, tous les choix vous sont offerts. Mais en fait, dans de nombreux cas, ce qui rend le choix difficile, c'est moins l'hésitation entre les avantages et les inconvénients des différents moyens de contraception qu'une certaine réticence profonde et souvent inconsciente à la contraception elle-même. Les causes de cette résistance sont nombreuses et complexes, et je me contenterai d'en citer quelques-unes : peur du caractère éventuellement nocif de la contraception, sentiment de culpabilité devant la possibilité d'avoir une vie sexuelle sans risque, convictions religieuses. Il est nécessaire de prendre conscience des raisons profondes de ces réticences.

●●

À bientôt

Chère lectrice, cher lecteur, pendant neuf mois j'ai suivi avec vous cette merveilleuse aventure de la grossesse. Je n'aime pas les superlatifs, mais je pense que cette période particulière de la vie d'une femme, comme de celle d'un homme qui attendent un enfant, est exceptionnelle, surtout lorsqu'il s'agit du premier.

Vos lettres, écrites avec chaleur et confiance, me le disent tous les jours. Maintenant, vous allez mettre ce livre dans votre bibliothèque ; vous allez peut-être, le prêter à une amie, ou un jour vous le relirez si vous attendez un autre bébé. Mais je pense qu'il restera un souvenir pour vous et que, plus tard, votre enfant le regardera en disant : « C'était le livre que lisait maman en m'attendant !»

Maintenant votre bébé est né, j'espère ne pas vous quitter pour autant. J'ai écrit *J'élève mon enfant* pour accompagner dans ses premières années la vie de votre enfant, pour vous parler de lui, semaine après semaine, pour faire avec vous sa connaissance, vous raconter ses possibilités. Vous les découvrirez, bien sûr, mais elles ne sont pas toujours apparentes, à telle enseigne que certaines n'ont été perçues que ces dernières années : votre enfant va reconnaître des sons qui lui étaient déjà familiers dans son monde utérin, votre voix, celle de son père, le bruit de la clé dans la serrure. Il s'était habitué à vos pas, au mouvement de votre corps montant l'escalier. Il va maintenant retrouver ces bruits, ces gestes, ce balancement, en étant dans vos bras.

Cet enfant que vous découvrirez vite plus « compétent » que vous ne le croyiez, c'est-à-dire apte à recevoir déjà un grand nombre de messages, et à y répondre, ce petit bébé est, en même temps, complètement dépendant de vous dans tous les domaines. Comme vous le savez, un petit poulain, dès sa naissance, se met sur ses jambes et trottine près de sa mère. Votre bébé aura, lui, besoin de plusieurs mois pour faire ses premiers pas. Cette totale dépendance va vous bouleverser, vous attendrir et vous lier plus vite, plus fort que vous ne l'auriez imaginé.

Maintenant je vous laisse à votre joie, à votre bébé, à vos découvertes : tous les jours vous surprendrez une nouvelle expression, un nouveau geste. Au revoir et j'espère à bientôt autour de ce berceau. ●●

chapitre 18

Mémento pratique

60 pages de renseignements pratiques

Avant la naissance d'un enfant, on se pose de nombreuses questions pratiques. Quand passer le premier examen prénatal ? Lorsque les parents ne sont pas mariés, quand le père et la mère peuvent-ils reconnaître l'enfant ? Ensemble ? Séparément ? Comment s'y retrouver dans le dédale des textes administratifs ? Que doit comprendre la layette de base du bébé ? Y a-t-il une date limite pour la déclaration de naissance ? etc.

C'est à toutes ces questions et à bien d'autres que je vais répondre dans ce chapitre dont voici les principales rubriques :

▶️ **le prénom.** Est-on libre de choisir n'importe quel prénom pour son enfant ? Quels sont les prénoms le plus souvent donnés aujourd'hui ? Page 413.

▶️ **le nom.** L'enfant peut-il porter le nom de son père et celui de sa mère ? Qu'est-ce que le nom d'usage ? Page 415.

▶️ **l'autorité parentale.** Comment s'exerce-t-elle ? Page 416.

▶️ **si vous n'êtes pas mariés.** La reconnaissance de l'enfant. Quel nom va porter l'enfant ? Page 417.

▶️ **qu'emporter à la maternité ?** Page 419.

▶️ **ce dont votre enfant aura besoin.** Composition de la layette. Choisir le berceau, le lit, le landau. Les produits nécessaires pour la toilette. Page 420.

▶️ **tous les renseignements sur vos droits et vos obligations à propos de :** l'assurance maternité (déclaration de grossesse, livret de paternité, examens médicaux, congé de maternité, durée, prolongations, naissances multiples...) page 426 ; votre vie professionnelle, page 436 ; les différentes prestations familiales : allocation jeune enfant, allocations familiales... page 438 ; le congé de paternité, page 452.

▶️ **si vous êtes seule :** centres maternels, livret de famille. Page 447.

▶️ **aides familiales, assistantes maternelles, crèches,** pouponnières, employées de maison, jeunes filles au pair. Page 449.

▶️ **des adresses utiles** pour les futurs parents et les parents. Page 453.

▶️ **les lectrices et les lecteurs belges et suisses, ceux habitant au Québec et dans les pays du Maghreb** trouveront pages 455 et suivantes des renseignements sur la protection de la maternité dans leur pays.

▶️ **Séjourner et travailler à l'étranger :** de quelles prises en charge peut-on bénéficier lorsqu'on a besoin de soins à l'étranger ? Page 466.

▶️ **l'aide-mémoire de votre grossesse** résume mois par mois : la croissance du bébé, les examens médicaux à faire, les formalités à remplir, les préparatifs divers. Pages 468 à 470.

> Toutes les adresses et numéros de téléphone que nous indiquons ont été soigneusement vérifiés, ce qui est indispensable pour une bonne information. Nous constatons qu'au moins 25% des adresses et des numéros changent chaque année.
> Par ailleurs, nous nous sommes assurés que les livres cités tout au long de *J'attends un enfant* étaient bien disponibles. Nous avons quand même maintenu les références de certains ouvrages épuisés car vous pouvez les consulter en bibliothèque, ou encore demander aux éditeurs, si les ouvrages ne sont pas en cours de réédition.

Le prénom

« Pourquoi m'as-tu donné ce prénom ? »

C'est une question qu'un jour ou l'autre tout enfant pose. Certains parents pourront répondre aussitôt : « C'était le prénom de ta grand-mère, ou de ton oncle » ; ou bien : « Depuis toujours, je souhaitais prénommer ma fille aînée Caroline ». D'autres parents hésiteront un peu : « Cela nous est venu comme ça ; Nicolas (ou Marie) nous plaisait. » Et puis, en y réfléchissant, ils se souviendront peut-être avoir vu, un peu avant la naissance, un beau bébé qui se prénommait Nicolas ou Marie.

Le choix n'est jamais neutre

Ce choix peut avoir un rapport direct avec l'histoire familiale ou personnelle, c'est le cas des exemples précédents. On peut en citer d'autres : dans bien des familles il est de tradition de donner au fils aîné les prénoms de ses deux grands-pères. Si le grand-père paternel s'appelle Louis et le grand-père maternel Robert, l'aîné du fils aîné du côté paternel recevra les prénoms de Louis et Robert. Un cas extrême et probablement unique est celui de la famille allemande des princes Reuss : depuis le XIIᵉ siècle, en signe de respect envers leur cousin de l'époque, l'empereur germanique Henri VI, fils de Frédéric Barberousse, le prénom d'Henri a été et est encore le seul donné aux hommes de cette famille. Pour les distinguer les uns des autres, un numéro d'ordre leur est donné à la naissance et à chaque siècle on recommence à 1 : Henri V Reuss, né en 1921 est le fils d'Henri XXXV né à la fin du XIXᵉ siècle.

Le choix peut aussi avoir une origine indirecte et correspondre à des choix religieux, philosophiques, et même politiques. Les familles catholiques choisissent souvent des prénoms du Nouveau Testament : Jean, Philippe, Jacques, Marie, Anne. Les familles juives choisissent des prénoms tirés de l'Ancien Testament : Sarah, Jérémie, Samuel ou Isaac, comme aussi beaucoup de familles protestantes. Il faut d'ailleurs remarquer que ces prénoms tirés de la Bible connaissent une certaine vogue, en particulier David et Simon.

La Révolution a vu naître des Liberté, des Égalité, des Kléber, des Marceau, la guerre de 14 des Fochette, des Joffrette, et même des Verdun pour les garçons !

La vogue de l'écologie a mis à l'honneur les noms de fruits ou de fleurs et la résurgence des nationalismes, qu'ils soient breton, corse ou occitan, voit naître des petits Colomban et des petites Iseult.

Lorsque vous chercherez un prénom pour votre bébé, vous aurez le choix parmi les 2 000 prénoms simples couramment employés et les infinies combinaisons qu'offrent les prénoms composés. Et pourtant sachez (1) que, malgré cette abondance, quel que soit le moment considéré, seuls dix prénoms (pour chaque sexe) désignent entre un quart et un tiers des nouveau-nés, et que vingt ans plus tard, aucun de ces prénoms ne sera plus à la mode !

Depuis quelques années le prénom est de plus en plus utilisé dans les rapports sociaux. À peine a-t-on fait connaissance, qu'on l'utilise. Cette habitude nous vient d'Amérique. Ainsi, la première fois que j'ai rencontré T. Berry Brazelton, dont je venais de publier un livre, il m'a dit sur le pas de la porte « Hello, Laurence » Au premier abord j'ai été étonnée, mais j'ai vite trouvé cela plus simple, et surtout plus sympathique.

Les prénoms d'aujourd'hui répondent de plus en plus à un souci d'originalité. Mais ce prénom, original ou classique, l'enfant va le porter toute sa vie (à moins qu'il ne décide d'en changer et il lui faudra alors des raisons très sérieuses). Peut-il avoir une influence sur la personnalité de l'enfant et ses relations avec les autres ? Certainement, c'est pourquoi il importe d'y réfléchir avant, et de ne pas être pris de court à la naissance au point d'accepter, comme cela s'est vu, le premier prénom que le médecin vous suggérera. Ce prénom, votre enfant devra le prononcer et l'entendre des milliers de fois à l'école, et plus tard. Il n'y a pas de « bon choix » et avant toute chose, il faut laisser parler ses préférences. Le prénom est une sorte de cadeau que les parents font à l'enfant à sa naissance (les Anglais d'ailleurs disent « *given name* », nom donné) et ce cadeau, il faut que

1– Comme le précisent Philippe Besnard et Guy Desplanques dans leur livre La Cote des prénoms, *Éditions Balland*.

les parents aient vraiment plaisir à l'offrir. Mais on ne choisit bien quelque chose qu'en le soupesant et en le comparant. Alors n'hésitez pas à en parler d'abord entre vous, puis autour de vous, avant d'arrêter définitivement votre choix.

Mais souvent, c'est la première idée, la vôtre, qui vous semblera la meilleure. Après avoir recueilli les avis des autres, faites confiance à votre propre jugement.

Un ou plusieurs prénoms ? C'est une question de tradition et de pays. Il y a des familles où l'on donne trois prénoms, même quatre, et d'autres un seul. Le choix est souvent affectif, on est heureux de rappeler les prénoms des grands-parents, ou parfois amical, on donne le prénom de sa meilleure amie. Si les parents sont de nationalités différentes, cela permet de nommer l'une et l'autre. Enfin, avoir plusieurs prénoms permet, le cas échéant,

arrivé à l'âge adulte, de choisir son deuxième ou troisième prénom comme prénom usuel, ce qui est tout à fait légal. C'est d'ailleurs ce que j'ai fait : Laurence était mon troisième prénom, le premier était Georgette (je ne l'aimais guère), le deuxième Zoé (la vie), car ma mère était grecque, mais c'était un prénom plus difficile à porter.

Le choix et la loi

)■Les parents peuvent librement choisir le(s) prénom(s) de leur enfant sous réserve de l'intérêt de ce dernier (loi du 8 janvier 1993 relative à l'état civil, à la famille et aux droits de l'enfant et instituant le juge aux affaires familiales).

Cependant, lorsque ces prénoms ou l'un d'eux, seul ou associé aux autres prénoms ou au nom, lui paraissent contraires à l'intérêt de l'enfant (prénom ridicule, péjoratif ou grossier), ou au droit des tiers à voir protéger leur patronyme (1), l'officier d'état civil en avise sans délai le procureur de la République qui peut saisir le juge aux affaires familiales. Si ce dernier estime que le prénom n'est pas conforme à l'intérêt de l'enfant, ou

méconnaît le droit des tiers à voir protéger leur patronyme, il en ordonne la suppression sur les registres de l'état civil. Il attribue, le cas échéant, à l'enfant un autre prénom et la mention de la décision est portée en marge des actes de l'état civil de l'enfant.

)■La loi du 8 janvier 1993 permet de changer de prénom à toute personne qui justifie d'un intérêt légitime : crainte de persécution religieuse ou raciale, peur du ridicule ou désir de faire légitimer le prénom sous lequel on s'est fait connaître. L'intéressé ou son représentant légal (si l'intéressé est privé de sa capacité civile) adresse sa requête au juge aux affaires familiales. L'adjonction ou la

suppression de prénom peut pareillement être décidée. Si l'enfant est âgé de plus de treize ans, son consentement personnel est requis. La mention des décisions de changement de prénoms est portée en marge des actes de l'état civil de l'intéressé.

)■Il peut arriver que l'administration de la maternité commette une erreur en inscrivant le prénom de l'enfant à sa naissance. La demande de rectification doit être faite auprès du procureur de la République, mais ne nécessite pas d'action judiciaire.

1– Ce serait par exemple, le cas d'un prénom susceptible d'entraîner une confusion avec une personne connue.

Ce que disent nos sondages

Nous avons fait des sondages pour savoir quels étaient en ce moment les prénoms le plus souvent choisis.

Voici les résultats.

)■Des prénoms souvent donnés.

Pour les filles : Ambre, Anna, Apolline, Chloé, Clara, Elisa, Eva, Jeanne, Laura, Léa, Lisa, Lise, Louise, Manon, Margaux, Marie, Marine, Marion, Océane, Romane,

Valentine.

)■Et pour les garçons : Alex, Alexis, Antoine, Baptiste, Clément, Guillaume, Julien, Léo, Lucas, Martin, Mathieu, Maxime, Nicolas, Pierre, Romain, Sacha, Théo, Thomas, Tom, Valentin, Vincent.

)■Des prénoms d'hier qui sont à la mode : Adélaïde, Adèle, Agathe, Amélie, Angèle, Camille, Clémence, Héloïse, Joséphine, Justine, Marthe,

Mathilde, Mélanie, Pauline ;

Adrien, Antonin, Arthur, Augustin, Aymeric, Charles, Eloi, Émile, Gaspard, Grégoire, Jules, Louis, Max, Paul, Victor.

)■Des prénoms d'héroïnes ou de héros de la littérature : Aliénor, Anaïs, Armance, Élise, Emma, Eugénie, Juliette, Ninon, Ophélie, Virginie ;

Achille, Fabrice, Hugo, Quentin, Solal, Tristan.

⬛Des prénoms venus d'ailleurs :
d'Italie : Angela, Laetitia, Lucia, Maria, Olivia ;
Angelo, César, Côme, Enzo, Lorenzo, Marco, Matteo.
de Russie et de Grèce :
Anastasia, Elsa, Ludmilla, Nadia, Natacha, Sonia, Sophie, Tatiana, Tania.
Alexandre, Boris, Constantin, Cyrille, Dimitri, Stanislas, Vladimir, Yannis.
d'autres pays : Audrey, Fiona, Inès,
Jennifer, Linda, Leslie, Maeva, Melissa ;
Eliott, Florian, Jason, Joris, Kévin, Ryan.

⬛Des formes anglaises de prénoms français : Alicia, Alison, Laureen, Priscilla, Tiffany ;
Christopher, Geoffrey, Grégory, Jérémy, Michaël, Steven.
⬛Des prénoms bretons :
Anaëlle, Gwenola, Maëlle, Morgane, Nolwenn, Romane, Solenn, Tiphaine ;
Alan, Corentin, Erwan, Killian, Loïc, Malo, Tanguy, Titouan, Yann, Yannick.
⬛Des prénoms de la Bible :
Deborah, Judith, Marthe, Myriam, Rachel, Rebecca, Ruth, Sarah ;
Adam, Benjamin, Daniel, David, Élie, Joachim, Jonas, Jonathan, Joseph, Josué ou Joshua, Luc, Marc, Nathan, Noé, Samuel, Simon, Timothée.

⬛Des prénoms de fleurs : Anémone, Camélia, Capucine, Églantine, Fleur (Flore), Hortense, Hyacinthe, Iris, Jasmine, Marjolaine, Marguerite, Rose, Valeriane, Violette.
⬛Des prénoms de fruits : Cerise, Clémentine, Myrtille, Prune.

Pour en savoir plus, vous pouvez lire *La cote des prénoms*, de Philippe Besnard et Guy Desplanques (Éditions Balland). Cet ouvrage est instructif : il s'attache à rechercher l'origine des prénoms, il analyse leur durée de vie, et pour un grand nombre d'entre eux donne leur cote de l'année.

Le nom

Plusieurs lectrices et lecteurs m'ont posé des questions à propos du nom : sa transmission, les possibilités de changement au moment du mariage, etc. Voici quelques renseignements.

⬛ Le nom que nous garderons toute notre vie est celui que nous recevons à notre naissance : « Aucun citoyen ne pourra porter de nom ni de prénom autre que ceux exprimés dans son acte de naissance » (loi du 6 fructidor An II).

⬛ Le 1er septembre 2003, une nouvelle loi va entrer en vigueur qui modifiera profondément les règles de la transmission du nom.
Jusqu'à cette date, lorsque les parents sont mariés, le nom transmis à l'enfant est celui de son père, c'est le **nom patronymique.**

A partir du 1er septembre 2003, les parents auront le droit de transmettre à leur enfant soit le nom du père, soit le nom de la mère, soit les deux accolés dans l'ordre de leur choix. Les parents qui ont un double nom ne pourront transmettre à leur enfant qu'un seul nom chacun. Le choix s'appliquera aux frères et sœurs nés ultérieurement. La loi ne parle plus de nom patronymique mais de **nom de famille.**
Cette loi, votée en mars 2002, ne s'appliquera que dix-huit mois plus tard pour que les services de l'état civil aient le temps de s'adapter.

⬛ Cette nouvelle loi s'appliquera également aux parents qui ne sont pas mariés et qui ont reconnu ensemble leur enfant (voir page 418).

⬛ En dehors des changements par voie administrative, devant le Conseil d'État (par exemple lorsqu'il s'agit d'un nom ridicule ou mal sonnant, ou encore de la francisation d'un nom étranger), aucune modification du nom ne peut intervenir.

Le changement de nom est autorisé par décret. La mention des décisions de changement de nom est portée en marge des actes de l'état civil de l'intéressé et, le cas échéant, de ceux de son conjoint et de ses enfants.

Le nom d'usage

⬛Le mariage est sans effet sur le nom des époux qui continuent d'avoir pour seul nom officiel celui qui est inscrit sur leur acte de naissance. Toutefois, chacun des époux peut utiliser dans la vie courante, s'il le désire, le nom de son conjoint, en l'ajoutant à son nom propre, ou même, pour la femme, en le substituant au sien : c'est ce qu'on appelle le nom d'usage.

Isabelle Laurent et Alain Martin sont mariés. Isabelle Laurent sera toujours madame Isabelle Laurent, mais elle peut choisir de se faire

415

appeler madame Martin ou madame Laurent-Martin ou encore Martin-Laurent ; et son mari peut aussi choisir de se faire appeler monsieur Martin-Laurent ou encore Laurent-Martin.

)❚Toute personne majeure peut ajouter à son nom le nom de celui de ses parents qui ne lui a pas transmis le sien. Paul Leroy, fils de Jean Leroy et de Madeleine Leroux peut décider de se faire appeler Paul Leroy-Leroux.

)❚L'enfant peut également porter le nom de ses deux parents accolés.

)❚Le nom d'usage peut figurer sur les documents administratifs (carte d'identité, passeport), mais ne peut être inscrit sur les registres d'état civil ou sur le livret de famille ni être transmis aux descendants.

)❚Malgré les nouvelles règles sur la transmission du nom de famille (voir ci-dessus), ces dispositions sur le nom d'usage sont toujours valables ; elles ont, en effet, de l'intérêt pour les personnes qui ne peuvent bénéficier des nouvelles règles.

)❚ Pour plus de détails, voici les références des lois auxquelles vous pouvez vous reporter :
- sur le nom de famille, loi du 4 mars 2002 ;
- sur le changement de nom, loi du 8 janvier 1993 ;
- sur le nom d'usage, loi du 23 décembre 1985.

Un texte de loi peut se consulter au Journal Officiel (dans toutes les bibliothèques) ou bien sur Internet : www.legifrance.gouv.fr

Si vous épousez un Européen, n'hésitez pas à téléphoner au CNIDFF Tél. : 01 42 17 12 34.

On vous donnera des informations utiles pour connaître vos droits (selon les pays : garder ou non votre nom, l'accoler à celui de votre mari ; votre nationalité) et ceux de vos enfants (leur nationalité, l'autorité parentale).

Si vous vous intéressez à l'origine et à l'usage des surnoms, des sobriquets, à la signification des noms de familles en France, vous lirez avec grand plaisir le livre de Jacques Cellard, *Trésors des noms de familles*, Paris, Éditions Belin, 1987.

Et si cela vous amuse de partir à la recherche de vos ancêtres, je vous conseille ce livre, qui s'appelle d'ailleurs : *À la recherche de vos ancêtres*, de Yann Grandeau, Éditions Stock, et qui vous indiquera la marche à suivre.

L'autorité parentale

L'autorité parentale est un ensemble de droits et de devoirs des parents établis dans l'intérêt de l'enfant. Cette autorité est exercée par le père et la mère jusqu'à la majorité de l'enfant. L'exercice commun de l'autorité parentale a été renforcé par une loi récente de mars 2002, en donnant les mêmes droits aux parents mariés, à ceux qui ne le sont pas et à ceux qui sont séparés.

L'autorité parentale peut être définie comme un pouvoir reconnu aux parents sur leur enfant, pouvoir qui est exercé pour protéger l'enfant dans sa sécurité, sa santé, sa moralité ; pour assurer son éducation et lui permettre de se développer dans le respect dû à sa personne. La loi précise que les parents associent l'enfant aux décisions qui le concernent selon son âge et son degré de maturité.

)❚ Lorsque les parents sont mariés, l'autorité parentale est exercée en commun par le père et par la mère.

)❚L'autorité parentale est également exercée en commun par les deux parents, même s'ils ne sont pas mariés, même s'ils ne vivent pas ensemble ; il suffit qu'ils aient chacun reconnu l'enfant dans la première année suivant sa naissance.

)❚Si la reconnaissance n'a pas été faite dans ce délai, l'autorité parentale appartient au parent qui a reconnu l'enfant en premier. Il est toutefois possible aux parents d'obtenir par la suite l'exercice partagé de l'autorité parentale. Pour cela, ils doivent faire une démarche auprès du Tribunal de Grande Instance.

)❚La séparation des parents n'a pas d'incidence sur l'exercice de l'autorité parentale. Mais le juge aux affaires familiales peut, à la demande de la mère, du père, du procureur de la République, modifier les conditions de cet exercice.

)❚Si un des parents décède, l'autre parent exerce seul l'autorité parentale.

)❚La loi reconnaît à l'enfant le droit d'entretenir des relations personnelles avec ses ascendants (grands-parents), et des tiers (par exemple un beau-parent). En cas de difficulté, c'est le juge aux affaires familiales qui fixera les modalités de ces relations.

Toutes les modalités de l'exercice de l'autorité parentale sont régies par la loi du 8 janvier 1993 et par celle du 4 mars 2002.

Si vous n'êtes pas mariés

Aujourd'hui, les couples n'envisagent pas nécessairement tous de se marier avant d'attendre un enfant (1). Mais ils ne savent pas toujours — le courrier me le prouve — ce que cette situation peut entraîner, notamment dans les domaines de la filiation de l'enfant et du nom de l'enfant. Voici des renseignements à ce sujet (2).

1. Aujourd'hui, près de 300 000 enfants par an naissent hors mariage, soit environ deux enfants sur cinq. Il y a 30 ans, dans cette catégorie, on comptait seulement 50 000 naissances par an.

2. Sur ce sujet, vous pouvez lire : Le Concubinage, vos droits. Brochure du CNIDFF, 7, rue du Jura, 75013 Paris. 6,86 € sur place, 8,08 € par correspondance.

La filiation de l'enfant

L'enfant dont les parents ne sont pas mariés, ou ont signé un pacte civil de solidarité (PACS), a le statut d'enfant naturel. Contrairement à l'enfant d'un couple marié, l'établissement de la filiation n'est pas automatique et nécessite l'une des démarches suivantes : la reconnaissance — qui est le moyen le plus couramment utilisé —, la possession d'état, l'action de recherche en paternité ou maternité.

▶**La reconnaissance de l'enfant** est un acte personnel et volontaire. Elle peut résulter d'une déclaration faite devant un officier d'état civil dans n'importe quelle mairie. Elle peut se faire **avant la naissance** ; il suffit de présenter une pièce d'identité.

La reconnaissance peut aussi se faire **au moment de la naissance**, et **à tout moment de la vie de l'enfant**, sur présentation d'une pièce d'identité ou de l'acte de naissance de l'enfant. Cette reconnaissance peut également résulter d'un acte notarié. Lorsque le père et la mère de l'enfant ne vivent pas ensemble, ils peuvent reconnaître l'enfant séparément au cours de la première année de sa naissance, pour pouvoir exercer simultanément l'autorité parentale.

La reconnaissance de l'enfant peut être faite soit par le père, soit par la mère, soit par les deux parents.

L'avantage de la reconnaissance prénatale faite par le père est d'établir la filiation de l'enfant, même si le père décède avant la naissance, et de préserver ainsi les futurs droits successoraux.

▶**La possession d'état** est caractérisée par un ensemble de faits permettant d'établir une filiation entre un individu et la famille à laquelle il est dit appartenir (nom, éducation, entretien, réputation...), quand il est manifeste aux yeux de tous qu'une femme et un homme ont (ou ont eu) un comportement de mère ou de père à l'égard de l'enfant. Dans ce cas, pour faire établir la filiation, il faut s'adresser au juge des tutelles (tribunal d'instance) qui délivre un acte de notoriété sur la foi des déclarations de plusieurs témoins. Cette démarche peut être effectuée à tout moment, par les parents, ou par l'enfant lui-même à sa majorité.

▶**L'action de recherche en paternité** n'est possible que dans des cas prévus par la loi : existence de « présomptions ou indices graves » de cette paternité à l'encontre d'un homme qui n'a pas effectué de reconnaissance volontaire. Pendant la minorité de l'enfant, cette action peut être exercée par la mère. Seul le tribunal de grande instance est compétent et l'assistance d'un avocat est nécessaire.

Cette démarche doit être effectuée dans les deux ans qui suivent la naissance, ou dans les deux ans qui suivent la fin du concubinage, ou à la cessation de l'entretien de l'enfant par le père. L'enfant peut encore intenter l'action de recherche en paternité dans les deux ans qui suivent sa majorité, si elle n'a pas été exercée pendant sa minorité. Lorsque cette action aboutit, le lien de filiation est établi avec toutes les conséquences que cela comporte en ce qui concerne un éventuel droit de visite, la pension alimentaire ou la succession. Toutefois la substitution du nom du père à celui de la mère n'est pas automatique.

▶**L'action à fins de subsides**, fondée sur la responsabilité de l'homme qui a eu des relations sexuelles avec la mère pendant la période de conception de l'enfant, a pour résultat d'obliger cet homme à verser une pension alimentaire pour l'enfant ; mais cette action n'a pas pour but, ni pour effet, d'établir le lien de filiation. L'enfant pourra lui-même exercer cette action dans les deux ans qui suivent sa majorité si la mère ne l'a pas exercée pendant sa minorité.

417

)█L'action de recherche en maternité peut être exercée lorsque la filiation de l'enfant n'a pas été établie vis-à-vis de sa mère. L'enfant peut, en principe, engager cette action s'il existe des « présomptions ou indices graves » relatifs à sa filiation maternelle. Toutefois, lors de son accouchement, la mère peut demander que son identité soit gardée secrète : c'est l'accouchement anonyme, ou accouchement sous X. Dans ce cas, la filiation ne pourra être établie.

)█ L'accouchement sous X

Pour essayer de concilier le droit des enfants à connaître leur filiation et leurs origines, et celui des mères à accoucher dans l'anonymat, une loi récente (22 janvier 2002) a créé *le Conseil national pour l'accès aux origines personnelles* (CNAOP). Cet organisme a une mission d'information. Il est également chargé de recevoir : les demandes d'accès à leurs origines des enfants ; les déclarations des mères autorisant la levée du secret de leur identité ; ou encore celles de mères s'enquérant de leur recherche éventuelle par leurs enfants.

Au moment de l'accouchement, la mère désirant accoucher sous X est invitée à laisser, si elle l'accepte, des renseignements : sur sa santé et celle du père ; sur les origines de l'enfant ; sur les circonstances de la naissance de l'enfant ; elle peut aussi laisser, **sous pli fermé**, son identité.

A l'extérieur de ce pli seront mentionnés : les prénoms donnés à l'enfant et, le cas échéant, la mention du fait qu'ils l'ont été par la mère, ainsi que le sexe de l'enfant, la date, le lieu et l'heure de sa naissance. La mère ne sera pas contrainte mais uniquement invitée à donner son identité. Ainsi, il est interdit de lui demander une pièce d'identité et de procéder à une enquête lors de l'accomplissement de ces formalités.

La femme est également informée qu'elle peut **à tout moment** lever le secret de son identité. Il lui est également indiqué qu'elle peut, à tout moment aussi, donner son identité, sous pli fermé, ou compléter les renseignements qu'elle a donnés au moment de la naissance.

Toutes ces formalités (recueil du pli fermé lors de la naissance de l'enfant, information sur les conséquences juridiques...) sont effectuées par le correspondant du CNAOP.

)█Ces procédures — recherche en paternité ou maternité, action à fins de subsides — nécessitent l'intervention d'un avocat. En cas de ressources limitées, il est possible de bénéficier de l'aide judiciaire totale ou partielle, c'est-à-dire de la gratuité, ou quasi gratuité, de la procédure.

)█Si le père a reconnu l'enfant, il doit contribuer à son entretien. S'il ne le fait pas volontairement, la mère peut s'adresser au tribunal d'instance dont dépend son domicile pour obliger le père à lui verser une pension alimentaire.

Le nom de l'enfant

Lorsque les parents ne sont pas mariés quel nom prendra l'enfant ?

)█Comme nous l'avons vu plus haut (page 415), une nouvelle loi sur la transmission du nom va entrer en vigueur le 1er septembre 2003. Si l'enfant a été reconnu simultanément par ses deux parents, les mêmes règles s'appliqueront que lorsque les parents sont mariés : les parents pourront donner à leur enfant, soit le nom du père, soit le nom de la mère, soit les deux noms accolés dans l'ordre de leur choix.

)█En attendant cette date, c'est le régime actuellement en vigueur qui s'applique : l'enfant prend le nom de celui de ses parents qui le reconnaît en premier. Si ses parents le reconnaissent ensemble, l'enfant prend le nom du père. Si l'enfant a pris le nom de sa mère, il pourra par la suite prendre celui de son père, à la condition que ses parents le demandent ensemble au greffier en chef du tribunal de grande instance. Lorsque l'enfant a plus de treize ans, son consentement est nécessaire.

)█Si une mère veut être sûre que son enfant porte son nom, il faut impérativement qu'elle reconnaisse l'enfant avant que le père ne le fasse.

Qu'emporter à la maternité ?

La tradition dans les maternités des hôpitaux voulait que le trousseau pour la mère et pour le bébé soit fourni par l'établissement. Cette tradition se perd. Comme les cliniques, les hôpitaux donnent presque toujours des listes de vêtements à apporter. Renseignez-vous à ce propos au moment de l'inscription.

Si vous n'avez pas de liste précise, voici ce que je vous conseille de mettre dans votre valise et dans celle de Bébé.

Votre valise

Pour l'accouchement.

❯▮Une chemise de nuit, un grand tee-shirt ou une veste de pyjama : vous mettrez ce vêtement à votre arrivée à la maternité et vous le garderez pendant l'accouchement, il ne faut pas que vous regrettiez de le voir taché avec un désinfectant.

❯▮Un gilet, une paire de chaussettes à mettre éventuellement pendant le « travail ».

❯▮Un brumisateur pour vous rafraîchir le visage.

❯▮De la lecture, de la musique, pour le cas où l'accouchement serait un peu long.

Pour le séjour à la maternité.

❯▮Deux pyjamas, tee-shirts ou chemises de nuit, et si vous allaitez votre enfant, prenez-les faciles à ouvrir devant.

❯▮Des soutiens-gorge s'ouvrant également devant.

❯▮Des petites compresses (en gaze) que vous mettrez dans votre soutien-gorge pour protéger vos bouts de seins.

❯▮Des vêtements confortables si vous ne souhaitez pas rester en pyjama ou chemise de nuit pendant la journée.

❯▮Des culottes jetables.

❯▮Des serviettes hygiéniques.

❯▮Un peignoir et des pantoufles.

❯▮Vos objets de toilette : peigne, brosse, brosse à dents, savon, pâte dentifrice, shampooing, gants de toilette, eau de Cologne, etc., et éventuellement de quoi vous maquiller.

❯▮Des mouchoirs, des serviettes de toilette, une ou deux serviettes de table.

À cette liste classique, j'ajouterais le choix de Sophie, la sage-femme de notre équipe :

❯▮une taie d'oreiller colorée qui donnera meilleure mine à Maman et Bébé pour les photos ;

❯▮des petits coussins pour être plus confortable ;

❯▮quelques-uns de vos aliments préférés : tisane ou thé, pruneaux ...

❯▮un châle léger vous rendra de grands services, surtout si vous souhaitez allaiter dans la discrétion.

Mais n'emportez pas de bijoux.

N'oubliez pas un appareil photo ; si vous avez un caméscope, prenez-le également : votre enfant aura ainsi des souvenirs audiovisuels de ses premiers jours, ce qui l'amusera beaucoup.

Mettez également dans votre valise une enveloppe contenant : votre carnet de surveillance médicale, votre livret de famille (nécessaire pour la déclaration de naissance) ou, à défaut, une pièce d'identité, le reçu du paiement que vous avez effectué pour vous inscrire à la clinique, votre carte de groupe sanguin. Un ou deux livres, un stylo, du papier à lettres.

Enfin, si vous avez l'intention de tenir un cahier où vous inscrirez au jour le jour les renseignements concernant la santé, le développement et le régime de votre enfant, emportez-le pour noter les événements des premiers jours.

La valise de votre bébé

Pour la naissance

❯▮ Une brassière, ou un body, en coton ;

❯▮Une brassière ou un gilet chaud ;

❯▮ Un pyjama ;

❯▮ Une paire de chaussettes ou chaussons ;

❯▮ Une serviette-éponge ;

❯▮Une petite couverture chaude ;

Pour le séjour à la maternité

❯▮ 3 ou 4 brassières en coton, ou bodys ;

❯▮3 pyjamas ;

❯▮2 brassières en laine ou 2 gilets ;

❯▮ 2 ou 3 paires de chaussettes ou chaussons ;

❯▮ 4 à 6 couches en coton ;

❯▮ 2 serviettes de toilette.

Pour la sortie

❯▮ Un bonnet ;

❯▮ Un nid d'ange ou un petit sac de couchage, il vous servira ensuite pour les sorties de bébé. Le nid d'ange se présente comme un sac, avec une fermeture éclair, qui sert à bien emmitoufler le nouveau-né : il s'y trouve comme dans un petit nid.

Le plus souvent les couches, les changes complets, sont fournis par la maternité, mais renseignez-vous avant de faire la valise de bébé.

Ce dont votre enfant aura besoin

Si c'est la première fois que vous avez un enfant, qu'autour de vous, dans la famille, il n'y en a pas encore, il est possible que vous ne sachiez pas ce dont il aura besoin comme vêtements, pour sa toilette, etc. Je vais donc faire une liste complète, mais ne croyez pas que je pousse à la consommation, simplement je pars du principe que pour le moment vous n'avez encore rien. Mais si, au départ, vous ne voulez pas consacrer un vrai budget au trousseau de bébé, vous allez voir qu'en faisant le tour de vos amies et de la famille, votre enfant sera quasiment vêtu, couché, promené, au moins les premiers mois, sans achats.

La layette de votre bébé

C'est de la layette qu'il faudra vous occuper d'abord, car c'est elle qui doit être prête en premier lieu. Si votre enfant arrivait plus tôt que prévu, vous auriez toujours le temps de vous procurer le landau, dont il ne se servira que plusieurs semaines après sa naissance, ou le berceau, dont il n'aura besoin qu'au retour de la maternité. Mais, dès la première heure, il faudra l'habiller. Pour composer votre layette, voici quelques faits à prendre en considération.

Au début, votre enfant va grandir et grossir très vite. Et c'est parce que le poids et la taille d'un enfant changent si vite, que l'on divise les six premiers mois en trois tailles : 1 mois, 3 mois et 6 mois.

Pour faire vos achats, tenez donc bien compte de la croissance de votre enfant et n'achetez pas trop à l'avance pour ne pas risquer de vous retrouver avec des vêtements devenus vite trop petits.

Certaines marques proposent une taille «naissance». Cette taille peut être bien adaptée à certains bébés, par exemple à des jumeaux qui sont souvent de petits poids. Mais cette taille «naissance» risque de ne pas servir longtemps à un bébé de poids moyen. Pour lui, il vaut mieux prévoir la taille «1 mois». Quant aux bébés prématurés, on trouve dans les magasins de puériculture toute une layette adaptée à leur poids et à leur taille.

Il faut qu'il soit bien couvert. Au cours des premières semaines et des premiers mois, il sera très sensible au froid et aux changements de température ; ainsi, même s'il naît en été, il sera bon de prévoir un petit lainage. Et à la place de la brassière de coton, vous pouvez mettre à votre enfant un body, ce sous-vêtement très pratique qui couvre bien le ventre du bébé et se ferme à l'entre-jambe. Il existe des bodys à manches courtes et à manches longues. On peut les utiliser dès la naissance car certains se croisent et se ferment par des petits liens ou des pressions : on n'a pas à les enfiler par la tête, ce que n'aime pas un petit bébé.

Sa peau est fine, rien ne doit la blesser. Les fabricants de layette font des brassières en matières synthétiques. N'en achetez pas avant de savoir si votre bébé les supportera. Il y a en effet des nourrissons qui sont allergiques aux matières synthétiques. Le mieux est de prévoir, au moins pour le début, des matières naturelles comme le pur coton et la pure laine. Si vous tricotez, choisissez une laine très souple, lavable en machine.

Il est sensible à l'infection. Tout ce qui l'entoure doit être propre. Ayez suffisamment de vêtements faciles à laver pour les changer souvent.

Pour les premiers mois, les vêtements doivent donc être chauds, amples, douillets, lavables et faciles à entretenir. Je vous signale un vêtement pratique et confortable, qui existe sous forme de pyjamas, grenouillères, etc. : réalisé d'une seule pièce, il s'ouvre entièrement à plat et se referme par du velcro.

Autant qu'à son confort, pensez à sa sécurité. Ne mettez pas de rubans pour serrer les brassières à la hauteur du cou : le bébé pourrait tirer dessus et s'étrangler.

Enfin, il vaut mieux acheter bien que beaucoup. Pour les lainages, choisissez une bonne laine qui ne feutre et ne

Ce dont votre enfant aura besoin

rétrécisse pas, sinon, après quelques lavages, les vêtements auront perdu toute leur souplesse.

Ce que vous pourrez faire vous-même. Presque tout si vous aimez coudre, tricoter et si vous avez du temps : robes, salopettes, peignoir de bain, draps ; et tout ce qui est en laine : brassières, vestes, chaussons, bonnets, etc. Vous trouverez des modèles dans les albums

de layette, ou dans les magazines féminins.

Et je vous signale **un bel album** de Sylvie Loussier avec pastels de Nicole Lambert : *J'habille mon bébé*, 100 modèles à coudre et à tricoter. Il y a des modèles très bien expliqués pour toutes les occasions, toutes les saisons et tous les goûts, de la naissance à 2 ans. La mise en page est particulièrement soignée. Une nouvelle édition vient de paraître aux éditions Solar.

Voici la layette de base.

À cette layette, vous ajouterez des changes complets. Et vous l'adapterez à la saison où naîtra l'enfant et à la région que vous habitez.

Vous pouvez compléter cette layette par un petit peignoir de bain, avec capuchon pour essuyer la tête du bébé. Et pour les sorties, une combinaison sera très pratique car elle enveloppe bien le bébé.

La layette de base	1 mois	3 mois	6 mois
Bodys en coton ou brassières en coton	4	6	6
Brassières de laine	2		
Pyjamas	3	4	4
Surpyjamas ou turbulettes	1	2	2
Grenouillères	2	4	4
Robes ou salopettes		2	2
Cardigans en laine ou vestes en laine	1	1	1
Cardigans en coton (molletonné)		1	1
Chaussons ou chaussettes	3	3	3
Serviettes (pour les repas)	3	3	3
Bonnet	1	1	1

Le berceau, le lit

Pour coucher votre enfant, vous aurez le choix entre le classique berceau de 90 cm sur 40 cm, que vous achèterez tout garni ou que vous garnirez vous-même, et un vrai petit lit, de 1,20 m de long ou même 1,40 m, sur 60 cm ou 70 cm de large, en bois ou en rotin.

Si vous n'avez pas déjà un lit ou un berceau et que vous hésitiez à acheter l'un plutôt que l'autre, nous vous conseillons le lit. Dans un berceau, un enfant ne peut dormir que quelques mois ; dans un lit, il peut rester jusqu'à 2-3 ans ; mais si vous avez la possibilité qu'on vous prête un

berceau, ne le refusez pas ! De tous temps, les berceaux ont bercé les bébés, et cela leur plaît beaucoup. Une solution intermédiaire : le lit en toile monté sur tube métallique, qui est économique, facile à transporter, mais qui sert moins longtemps.

Quelle que soit la solution que vous adoptiez, choisissez un lit ou un berceau qui soit :

d'un entretien aisé. S'il est en bois laqué, vous le savonnerez facilement. S'il est entièrement garni de tissu, il faut que la garniture soit détachable et facile à laver ;

stable, et répondant à toutes les normes de sécurité. Si le lit est en toile, choisissez un modèle ne présentant pas d'espace entre les barres horizontales et le tissu pour que l'enfant qui se met debout ne risque pas de se coincer la tête. Si le lit a des barreaux, l'espace entre ceux-ci doit être compris entre 45 et 65 mm (c'est la norme européenne).

Et si vous décidez d'avoir tout de suite un vrai lit, achetez-le avec de hauts barreaux (lit anglais) : c'est le lit classique, toujours pratique.

La literie

Dans les lits d'enfants, il n'y a pas de sommier, le matelas est posé directement sur un simple châssis de bois. Choisissez un matelas à ressorts recouvert de coutil. Une solution plus économique consiste à remplacer le matelas par une plaque de mousse (épaisseur, environ 10 cm). De toute façon, le matelas doit être ferme, et de taille bien adaptée aux montants du lit.

Pour protéger le matelas, il y a deux solutions : l'alèze molletonnée en coton imperméabilisé, douce, pratique, qui est très confortable et qui peut bouillir, ou l'alèze en caoutchouc, que l'on recouvre d'un molleton et d'un drap de dessous.

L'oreiller. Un oreiller est dangereux pour le bébé : les nouveau-nés y enfoncent leur figure et risquent de s'étouffer. Il est formellement déconseillé d'en utiliser.

Surpyjama ou couverture ?

La mode des vêtements de nuit a démodé la manière de coucher les bébés : on met dès leur plus jeune âge aux bébés des surpyjamas ou des turbulettes. Ces vêtements s'enfilent sur le pyjama. Le surpyjama (ou «dors bien») a la même forme qu'un pyjama. La turbulette est un petit sac de couchage avec emmanchures.

Ces vêtements sont chauds et ne nécessitent pas de couverture. Il suffit d'un drap de dessous, ou d'un drap-housse.

La couette est déconseillée chez le bébé car il peut la tirer sur sa tête.

Vers 2 ans, l'enfant mettra seulement un pyjama, ou une chemise de nuit, et il appréciera d'avoir une couette – ou un drap et une couverture – comme les grands.

▶ Vous pouvez prévoir quelques couches en tissu : le bébé a de fréquentes régurgitations ; et une couche (pliée en deux) placée sous sa tête, sera plus facile à changer plusieurs fois par jour que le drap de dessous. Certaines maternités demandent d'ailleurs d'apporter, pour cet usage, des couches en tissu.

▶ Si votre enfant doit naître en été, prévoyez une moustiquaire.

Sa chambre

Que vous ayez la possibilité de transformer une pièce de votre appartement en chambre d'enfant, ou que vous consacriez à votre enfant un coin dans une pièce, il faut que vous pensiez suffisamment tôt à installer l'un ou l'autre. Si vous avez des peintures à y faire, il faut leur laisser le temps de bien sécher. On ne peut mettre un nouveau-né sans risque de l'intoxiquer dans une pièce sentant encore la peinture fraîche. Pensez à l'âge où votre enfant sortira de son parc, se traînera à quatre pattes ou commencera à marcher : pour qu'il puisse le faire sans crainte et sans trop de dégâts, il faut que les angles de vos meubles ne soient pas trop aigus, les murs pas trop fragiles, les rideaux non plus, autant dire que dans la chambre tout doit être solide, lavable, sans danger, pratique et propre ! Pas toujours facile, mais voici quelques suggestions.

Les murs. Mettez-y soit un papier peint lavable, soit une peinture lavable au moins jusqu'à 1 mètre de haut : les enfants découvrent rapidement qu'on peut crayonner aussi sur les murs.

Les couleurs. Cherchez à réaliser entre les murs, le plafond et le sol une harmonie de couleurs discrète, reposante et unie. C'est fatigant pour les yeux d'un enfant de voir autour de lui des murs entièrement recouverts de dessins ou de petits sujets. Réservez les couleurs vives et les dessins pour les rideaux. Une solution intermédiaire : posez le papier à motifs sur un mur ou deux, et peignez les autres dans un ton uni assorti.

Les rideaux. Ils doivent être suffisamment opaques pour que votre bébé ne soit pas réveillé trop tôt.

En installant la chambre de votre enfant pensez dès maintenant à déplacer les prises de courant placées trop bas. Les enfants touchent toujours les prises quand elles sont à portée de leurs mains. Pour être hors d'atteinte, elles doivent se trouver à 1,50 m du sol. Il existe des prises de courant dans lesquelles les enfants ne peuvent pas enfoncer les doigts et on peut mettre des cache-prise.

Voici pour le cadre. Passons aux meubles. Le plus important sera bien entendu le lit ou le berceau, que vous aurez pris soin de bien choisir puisque votre enfant y passera la plus grande partie de son temps pendant les premiers mois.

Pour changer votre enfant, vous avez plusieurs possibilités.

Vous pouvez utiliser une table à langer. Le modèle le plus simple consiste en un matelas à langer posé sur un support soutenu par des tubes métalliques.

Vous pouvez aussi utiliser une commode : soit spécialement prévue à cet effet (on en trouve dans tous les magasins de puériculture), soit une commode que vous possédez déjà. Les tiroirs serviront à ranger les vêtements de l'enfant.

Et, sur le dessus, vous placerez le matelas à langer. Il en existe de nombreux modèles (rembourrés, avec des poches, etc.), dans des coloris variés.

Pendant les premiers mois, vous n'aurez besoin dans cette chambre que d'un lit et d'un meuble pour changer votre bébé. Mais si vous voulez, dès maintenant, meubler entièrement la chambre, mettez-y un parc, une chaise haute et transformable ou un petit fauteuil inclinable, un coffre à jouets.

Si vous ne disposez pas d'une chambre, réservez dans une pièce un coin qui sera celui de votre enfant. Vous y réunirez ce dont il a besoin (lit, meuble à langer, balance). Installez ce coin dans la chambre la plus tranquille. N'oubliez pas que votre enfant aura besoin de calme pendant les premiers mois. Mais, si dans la journée, il doit dormir dans votre chambre, il vaut mieux qu'il n'y reste pas la nuit. Roulez son lit dans une autre pièce. Votre sommeil et le sien seront meilleurs.

La température de la chambre. Les nouveau-nés sont sensibles au froid et aux variations de température. Dans la pièce où ils se trouvent, il faut une température de 18° à 20°, mais pas plus ; pensez-y, car les appartements aujourd'hui sont souvent trop chauffés. Si vous avez le chauffage central, n'oubliez pas de mettre des saturateurs aux radiateurs, et remplissez-les d'eau chaque jour. Si vous utilisez un poêle, assurez-vous qu'aucune fuite d'oxyde de carbone n'est possible. Chaque année, de graves intoxications sont provoquées par des appareils de chauffage défectueux.

Sa nourriture

Si vous n'avez pas l'intention d'allaiter votre enfant, voici le matériel nécessaire pour préparer et stériliser les biberons :

▶ un stérilisateur à panier métallique pouvant contenir plusieurs biberons à la fois. Mais un fait-tout peut aussi bien faire l'affaire, à condition que vous le réserviez pour la stérilisation. Après, il vous servira dans votre cuisine courante ;

▶ des biberons gradués, à large goulot pour faciliter le nettoyage ;

▶ des protège-tétines ;

▶ des tétines : il en existe différents modèles. Le plus pratique est celui qui comporte une fente, mais vérifiez qu'il

s'adapte bien au goulot de vos biberons ;

▶ une brosse longue appelée goupillon pour nettoyer les biberons ;

▶ un petit biberon (pour l'eau et plus tard le jus de fruit) sera utile.

On peut aussi stériliser les biberons à froid. Pour cette stérilisation, on se sert d'un bac et d'un produit vendu en pharmacie qui existe soit sous forme de liquide, soit sous forme de comprimés.

Le stérilisateur micro-ondes est facile d'emploi et rapide : il permet de stériliser quatre biberons en 10 minutes.

Vous rendront également

service : un chauffe-biberon électrique, un thermos à biberon, un mixer, car il permet en un minimum de temps d'obtenir un maximum de finesse pour les purées, la viande, le poisson, etc. Il y a des mixers à tous les prix ; le modèle le plus simple suffit. Par la suite, vous pourrez acheter différents accessoires qui vous rendront de grands services pour la cuisine familiale.

Même si vous allaitez votre enfant, prévoyez un biberon stérile, une boîte de lait et une bouteille d'eau minérale. Cela vous évitera de vous affoler si un jour vous n'avez pas de lait.

Sa toilette

Pour donner le bain, vous pouvez utiliser soit une baignoire pour bébé (il y a plusieurs modèles), soit simplement un lavabo — mais seulement les premières semaines car le lavabo sera vite trop petit. Pour éviter d'avoir mal au dos lorsque vous donnez le bain, au lieu de mettre la baignoire de bébé au fond de la grande baignoire, placez une planche suffisamment large en travers de la grande baignoire, et posez la baignoire de bébé sur cette planche.

En plus de la baignoire, ayez une petite cuvette double en matière plastique pour laver votre bébé lorsque vous le changerez.

Vous aurez besoin en outre pour sa toilette des objets et produits suivants :

▶ thermomètre de bain ;

▶ boîte pour mettre le coton ;

▶ savon pur sans parfum ni colorant ;

▶ les lingettes sont pratiques

pour la toilette du siège de bébé, lorsque vous vous déplacez. A la maison, utilisez plutôt l'eau et le savon ; certains bébés ont facilement de l'érythème fessier lorsque les lingettes sont utilisées souvent. Pour le visage de bébé, le brumisateur d'eau est pratique et évite les risques d'allergie ;

▶ sérum physiologique sous forme de dosettes ;

▶ deux ou trois gants de toilette en tissu très doux, le tissu éponge irrite la peau fragile des nouveau-nés. Les gants de toilette sont plus propres que les éponges car on les lave plus facilement et plus souvent ;

▶ c'est à dessein que nous ne mentionnons pas l'eau de Cologne ; il est préférable de ne pas frictionner un bébé avec de l'alcool, même faible. Mais il existe de l'eau de Cologne glycérinée sans alcool ;

▶ deux serviettes-éponges suffisamment grandes pour envelopper votre enfant lorsqu'il sort de son bain ;

▶ une paire de petits ciseaux spéciaux pour couper les ongles. Et si vous voulez acheter dès maintenant une brosse à cheveux, prenez-la en soie et pas en nylon.

A noter. L'huile d'amandes douces est un produit très utilisé pour les massages du bébé. Malheureusement, les médecins la déconseillent aujourd'hui à cause d'un risque d'allergie (le produit étant absorbé par la peau, le corps peut réagir par la suite sous forme d'allergie alimentaire). Utilisez plutôt un produit à base d'huile d'olive, comme le liniment oléocalcaire (en pharmacie).

Très utile. Un petit panier doublé de tissu plastique où vous mettrez tous les objets nécessaires à la toilette de votre enfant et ses vêtements propres.

Le landau

Pour différentes raisons, le grand landau classique disparaît de plus en plus de la panoplie du bébé : il est cher, il n'a plus de place ni dans la maison où aucun endroit n'est prévu pour le ranger, ni dans la rue avec des trottoirs trop étroits ou trop encombrés. Aujourd'hui, pour faire des courses, aller à l'école chercher l'aîné, prendre l'air au jardin, rendre visite à des amis, passer une journée à l'extérieur, on emmène bébé dans un combiné landau - poussette – couffin – lit-auto. C'est un tout-en-un, très pratique, facile à manipuler, mais assez cher. Si l'on ne peut disposer de la somme nécessaire, on peut choisir un combiné plus simple : une poussette position allongée pour le début qui, par la suite, se transformera en poussette classique. Il en existe des modèles à différents prix, certains font également siège auto.

Et le sac porte-bébé ? Puis-je vous dire tout simplement que la question m'embarrasse. Les parents, c'est visible, sont heureux de porter leur bébé sur le ventre, de sentir sa chaleur, de lui communiquer la leur. Et évidemment, c'est la solution à bien des problèmes pratiques de déplacement.

Mais le bébé ? Affectivement il devrait se sentir bien également : le contact, on l'a assez dit ici même, est bon pour lui. Mais j'ai souvent vu des bébés recroquevillés dans leur sac et la tête branlante qui ne semblaient pas à l'aise. J'ai donc demandé à des pédiatres ce qu'ils pensaient du sac porte-bébé. Plusieurs m'ont répondu que tant que l'enfant ne pouvait pas tenir la tête sans fatigue (2-3 mois), ils déconseillaient le sac.

Et le bébé est souvent porté trop bas sur l'estomac, ou le ventre ; il serait plus confortable plus haut et bien appliqué contre le corps de l'adulte, sans être ballotté.

Il est raisonnable de conclure qu'il ne faut pas en abuser, l'adopter pour de petits trajets, ne pas y laisser l'enfant trop longtemps.

Les cadeaux de vos amis

Vous aurez peut-être des amis qui, avant de vous faire un cadeau, vous demanderont ce que vous aimeriez recevoir pour votre enfant. Si vous ne savez que répondre, car vous ne connaissez pas encore bien les besoins d'un bébé, voici quelques suggestions de petits et de plus grands cadeaux.

▸▮ Des chaussons ou chaussettes.

▸▮ Pour mettre les premières photos de bébé, quelques petits cadres, ou un plus grand avec des aimants (pêle-mêle).

▸▮ Un joli livre d'images que vous lui montrerez et qu'il appréciera plus tôt que vous ne pouvez l'imaginer aujourd'hui.

▸▮ Un disque de berceuses : « Les berceuses du monde entier » interprétées par Colette Magny, Talila, Marina Vlady, etc. (CD « Le chant du monde »).

▸▮ Un peignoir de bain avec capuchon.

▸▮ Une robe de chambre qui sera utile quand l'enfant saura bien marcher (par exemple, taille 2 ans).

▸▮ Des jouets : hochet, boîte à musique, mobile...

▸▮ Un chauffe-biberon électrique.

▸▮ Un petit mixer.

▸▮ Une sacoche amovible que vous accrocherez au landau et où vous pourrez mettre tout ce dont un enfant a besoin pour sa promenade.

▸▮ Un pyjama ou une grenouillère.

▸▮ Un surpyjama.

▸▮ Pour emporter en promenade, un thermos à biberon.

▸▮ Un album où vous noterez les événements importants de la vie de votre enfant.

▸▮ Un parc et un tapis pour le garnir.

▸▮ Un tapis d'éveil : bébé l'appréciera dès 4-5 mois.

▸▮ Pour les voyages en automobile, un lit-auto ou un petit siège qui s'adapte à l'arrière de la voiture.

▸▮ Une chaise haute transformable.

▸▮ Un lit pliant pour le voyage, facile à porter grâce à ses anses.

▸▮ Un petit fauteuil inclinable qui permettra à votre enfant de passer en douceur de la position couchée à la position assise.

▸▮ Enfin un livre bien complet sur votre enfant : soins, alimentation, psychologie, santé, etc.. C'est d'ailleurs à votre intention que j'ai écrit *J'élève mon enfant*.

425

Vous attendez un enfant : voici tous vos droits

Sécurité sociale et prestations familiales

Si vous attendez votre premier enfant, vous ne savez peut-être pas que vous pouvez bénéficier d'un certain nombre d'avantages.

L'assurance maternité, accordée par la Sécurité sociale, permet de couvrir une grande partie des frais que va entraîner la naissance d'un enfant.

Si la future mère travaille, un certain nombre de lois la protège et l'aide.

Les prestations familiales, versées par les caisses d'allocations familiales, ont pour but d'aider les familles à élever leurs enfants.

Les prestations de protection

sociale apportent une aide ponctuelle aux personnes les plus démunies.

Quant aux mères seules, elles peuvent bénéficier de différents soutiens.

Voici le détail de ces différentes rubriques.

Vous venez d'apprendre que vous êtes enceinte
Quelles sont les formalités à accomplir ?

1) Passer une visite médicale le plus tôt possible, mais impérativement avant la fin de la quatorzième semaine de grossesse.

2) Envoyer un certificat médical à la Sécurité sociale.

3) Envoyer un certificat médical à la Caisse d'allocations familiales.

4) Si vous êtes salariée : prévenez votre employeur (il n'y a pas de délai imposé, mais il doit organiser votre

remplacement).

Le détail de ces formalités est développé dans les pages qui suivent. Consultez également pages 468 à 470 : Le calendrier de votre grossesse.

L'assurance maternité

La Sécurité sociale accorde aux femmes enceintes les avantages suivants :

)█le remboursement des frais occasionnés par la grossesse, l'accouchement et ses suites ;

)█des indemnités de repos aux futures mères personnellement

assurées sociales, pour leur permettre d'arrêter leur travail avant et après l'accouchement ;

)█les soins et l'hospitalisation de la future mère pris en charge à 100 % les quatre derniers mois ;

)█l'hospitalisation du nouveau-né est également prise en charge à

100 % lorsqu'elle se produit au cours des trente premiers jours suivant la naissance.

C'est l'ensemble de ces avantages qui constitue ce qu'on appelle : l'assurance maternité.

Qui peut bénéficier de l'assurance maternité ?

)█La femme personnellement assurée sociale justifiant d'une durée minimale d'activité salariée ou assimilée.

)█La femme légitime d'un assuré social lorsqu'elle n'est pas elle-même assurée sociale.

)█La fille à charge d'un ou d'une assurée sociale.

)█Les épouses de jeunes gens accomplissant leur service militaire (même s'ils n'ont jamais été inscrits à la Sécurité sociale).

)█Les titulaires de l'allocation parentale d'éducation (APE) ou les bénéficiaires du congé parental d'éducation. Ce droit est ouvert aussi longtemps qu'est perçue l'APE ou que

dure le congé parental.

)█La personne liée à l'assuré social par un pacte civil de solidarité (PACS) dès lors qu'elle ne peut bénéficier de la qualité d'assuré social à un autre titre.

)█Les femmes vivant en concubinage avec un assuré social, mais à condition de vivre sous le même toit que l'assuré et d'être à sa charge.

> ▶ Les personnes qui ont cessé leurs études : elles bénéficient de la Sécurité sociale pendant 12 mois au plus après la fin de leurs études sans avoir besoin de cotiser.

> ▶ Les veuves et les femmes divorcées depuis moins d'un an. Par ailleurs, les femmes vivant en concubinage, les veuves et les femmes divorcées ayant ou ayant eu trois enfants à charge bénéficient d'un statut personnel. Elles sont immatriculées à la Sécurité sociale et bénéficient des prestations pour elles-mêmes et leurs ayants droit.

> ▶ La personne vivant avec un assuré social — qu'il soit de sa famille ou non, mais sans être ni son conjoint, ni son concubin — et

étant à charge effective totale et permanente depuis au moins un an (par exemple : une jeune fille de plus de 20 ans).

Quelques cas particuliers.

Si vous êtes étudiante (affiliée au régime étudiant de Sécurité sociale), stagiaire de la formation professionnelle, apprentie, artiste, auteur, vous pouvez bénéficier de l'assurance maternité. Renseignez-vous directement à votre caisse car il faut respecter certaines conditions.

Par exemple si vous êtes artiste, mannequin, l'ouverture de vos droits, et donc le calcul des indemnités journalières, dépend du nombre de cachets que vous avez eus pendant les trois derniers mois qui ont précédé la grossesse.

Si vous êtes titulaire de certaines allocations ou pensions (allocation de parent isolé, chômage, RMI, etc.), vous pouvez bénéficier de l'assurance maternité (remboursement des soins). Votre caisse vous donnera toutes les informations.

Les assurés sociaux se divisent en quatre catégories.

I. Les salariés (quel que soit leur régime).
II. Les exploitants agricoles (non salariés).
III. Les non-salariés non agricoles des professions industrielles, libérales, commerciales et artisanales.
IV. Les adhérents à la Couverture Maladie Universelle (CMU).

Quelles sont les conditions pour bénéficier de l'assurance maternité ?

Pour les salariés.

Si vous êtes salariée depuis plusieurs mois, vous remplissez probablement les conditions pour bénéficier de l'assurance maternité.

En revanche, si votre cas est particulier (vous débutez une activité salariée, vous travaillez à temps partiel, etc.), prenez contact avec votre centre de Sécurité sociale (par téléphone, par courrier ou en y allant). On vous donnera toutes les précisions correspondant à votre situation.

En effet, pour bénéficier de l'assurance maternité, deux points sont à considérer : le droit au remboursement des soins ; le droit aux indemnités journalières.

> ▶ Le droit au remboursement des soins (prestations en nature). L'ouverture des droits est appréciée : soit sur la base des cotisations versées ; soit sur le

nombre d'heures salariées effectuées.

L'assuré doit justifier d'un travail salarié dans l'année précédant, de date à date, le début présumé de la grossesse. Par exemple, pour une grossesse débutant le 1er juillet 2002, la période salariée prise en compte sera celle allant du 1er juillet 2001 au 30 juin 2002.

> ▶ Le droit aux indemnités journalières (prestations en espèces). En plus des conditions pour le droit au remboursement des soins, il faut avoir été immatriculé à la Sécurité sociale 10 mois au moins avant la date présumée de l'accouchement pour toucher les indemnités journalières. Et il faut cesser son activité professionnelle pendant 8 semaines au moins.

En cas d'adoption, les conditions d'ouverture des droits pour les indemnités journalières

(pour le parent qui travaille) sont appréciées à la date de l'arrivée de l'enfant au foyer.

En cas de perte de son emploi, l'assuré doit s'inscrire au chômage le plus rapidement possible, au moins avant la fin du 12e mois suivant la date de la cessation de l'activité salariée, pour conserver tous ses droits à la Sécurité sociale.

Pour les exploitants agricoles et les non-salariés non agricoles.

> ▶ Il faut avoir été immatriculé à la Sécurité sociale 10 mois avant la date présumée de l'accouchement.

> ▶ Il faut justifier du versement des cotisations 3 mois avant le début de la grossesse.

La couverture maladie universelle (CMU).

Les personnes qui ne bénéficient d'aucun régime de Sécurité sociale, ou qui ne peuvent plus en bénéficier, peuvent adhérer à la CMU : soit gratuitement, soit en payant une cotisation en fonction de leurs ressources, à condition de justifier d'une résidence ininterrompue depuis plus de 3 mois en France métropolitaine, ou dans un département d'outre-mer. Le droit aux prestations maladie et maternité est ouvert dès le dépôt de la demande d'inscription à la caisse de Sécurité sociale (indépendamment du versement éventuel des cotisations).

Les personnes sans ressources ont aussi droit gratuitement à une couverture complémentaire pour leurs dépenses maladie et maternité.

Que faire pour bénéficier de l'assurance maternité ?

La déclaration de grossesse.
Dès que vous saurez que vous êtes enceinte, vous devrez voir le plus rapidement possible votre médecin traitant ou votre gynécologue pour passer un examen prénatal. Ce premier examen comporte, en plus de l'examen médical, des analyses de laboratoire, c'est-à-dire : une prise de sang avec recherche de la syphilis, du groupe sanguin, du facteur rhésus et du groupe Kell ; une analyse d'urines ; une recherche d'immunité vis-à-vis de la rubéole et de la toxoplasmose.

Le médecin vous remettra un document **Vous attendez un enfant**, destiné à la Caisse d'assurance maladie et à la Caisse d'allocations familiales, afin de bénéficier des droits liés à la grossesse.

Ce document concerne la future mère et le futur père ; l'identité et l'adresse de chacun des parents sont recueillis. Ainsi, la CAF envoie directement au père **un livret de paternité** contenant des informations pratiques et légales, ainsi que différents témoignages. Cet envoi se fait au cours du 5ᵉ mois de grossesse.

Ce document comprend :
- une page de présentation qui vous donne la marche à suivre et les principales étapes du suivi médical de la grossesse, et vous précise que le versement de certaines allocations familiales (entre autre, l'allocation pour le jeune enfant - APJE) sont soumises à l'étude de vos ressources (voir page 442) ;
- des feuillets bleus et rose. Les feuillets bleus doivent être envoyés à votre caisse d'allocations familiales (CAF). Si vos ressources vous donnent droit à l'APJE, la CAF vous enverra, à partir du 4ᵉ mois, les attestations à remplir par votre médecin, ou votre sage-femme, pour chaque visite médicale obligatoire.

Le feuillet rose doit être envoyé à votre centre de Sécurité sociale, après votre passage au laboratoire (ce n'est pas nécessaire d'attendre les résultats).

Tous les feuillets doivent être envoyés aux caisses le plus rapidement possible, et obligatoirement **avant la fin des quatorze premières semaines de la grossesse**.

Votre centre vous enverra alors : **un guide de surveillance** de la femme enceinte et du nourrisson qui récapitule tous les examens à faire pendant la grossesse, puis après la naissance, jusqu'au 3ᵉ mois de l'enfant.

Ce guide contient :
- Un calendrier personnalisé pour chaque femme enceinte en fonction de la date présumée du début de grossesse, puis en fonction de la date d'accouchement.
- Un jeu d'étiquettes, correspondant à chaque examen médical : ces étiquettes sont à coller après chaque examen sur la feuille de maladie du médecin ou de la sage-femme, et avant d'envoyer cette feuille au centre de la Sécurité sociale.

Avec la généralisation de la carte vitale, les feuilles de soins papier disparaissent et sont remplacées par des feuilles de maladie électroniques transmises directement à la sécurité sociale par les praticiens. Votre médecin, pharmacien, radiologue… l'utilise peut-être déjà ; dans ce cas, il vous restera encore des certificats à envoyer à la caisse d'allocations familiales.

Les services de PMI de votre département peuvent vous envoyer un **carnet de santé de la maternité** qui pourra être rempli par les médecins et sages-femmes que vous verrez pendant votre grossesse. Si vous consultez en urgence, les renseignements contenus dans ce carnet aideront le médecin à vous prendre en charge.

Vous recevrez une carte de priorité pour les transports en commun : cette carte donne droit à demander une place assise.

Il faut passer aux dates indiquées les examens médicaux obligatoires. Sept avant l'accouchement, un après (dans les huit semaines qui suivent l'accouchement) :
- le premier examen médical prénatal doit être passé avant la fin de la quatorzième semaine de grossesse.

Les autres examens doivent avoir une périodicité mensuelle à partir du premier jour du quatrième mois jusqu'à l'accouchement. Chaque examen comporte un examen clinique, un examen d'urines ; en outre la sérologie toxoplasmique sera répétée chaque mois si l'immunité n'est pas acquise. Des dépistages et recherches supplémentaires sont effectuées :

▶ au cours du quatrième examen prénatal (sixième mois de grossesse), un dépistage de l'antigène HBs, une numération globulaire et, chez les femmes à rhésus négatif ou précédemment transfusées, la recherche d'anticorps irréguliers ;

▶ au cours du sixième ou du septième examen prénatal (huitième ou neuvième mois de grossesse), une deuxième détermination du groupe sanguin A, B, O, rhésus standard si nécessaire.

Ces examens médicaux peuvent être passés soit chez votre médecin habituel, soit dans un centre de PMI, ou dans un établissement de soins agréé (hôpital, clinique, etc.).

Voir tous les détails de ces examens pages 210 et suivantes.

▶ Si votre grossesse le nécessite, vous pouvez bénéficier d'une visite mensuelle supplémentaire prise en charge à 100 % par la Sécurité sociale à condition que le médecin précise bien que c'est en raison de votre grossesse. Et à partir du sixième mois de grossesse, si des examens médicaux supplémentaires sont nécessaires, ils seront pris en charge à 100 %.

Attention aux dates d'envois des certificats médicaux, car si les délais sont dépassés vous recevrez une APJE réduite (si vous y avez droit).

Examen médical du père.

Le futur père peut également, au cours du 3e mois, subir un examen médical complet qui lui sera remboursé.

A votre sortie de la maternité.

L'établissement dans lequel a eu lieu votre accouchement vous remettra un certificat d'accouchement et un certificat de santé néonatal à envoyer à la Sécurité sociale, et éventuellement un certificat destiné à la CAF.

Votre centre de Sécurité sociale vous enverra 3 guides de surveillance de l'enfant, de la naissance à sa sixième année (vous en trouverez les détails dans « J'élève mon enfant »). A la maternité on vous remettra également un Carnet de santé de l'enfant où tout ce qui concerne sa santé sera noté au fur et à mesure de son développement.

Dès votre retour chez vous : votre centre de PMI se mettra en rapport avec vous et vous proposera l'aide d'une puéricultrice pour tous les conseils dont vous auriez besoin.

Le remboursement des frais médicaux

Pour les salariés et pour les exploitants agricoles.

Visites médicales obligatoires. Passées dans un centre de PMI ou un dispensaire, elles sont gratuites. À l'hôpital, vous bénéficiez du tiers payant, sinon vous payez et la Sécurité sociale vous rembourse totalement. Chez un médecin conventionné sans dépassement (1), et chez une sage-femme, vous serez remboursée à 100 % du tarif de la Sécurité sociale, c'est-à-dire 20 € pour un généraliste, 22,87 € pour un gynécologue, 14,48 € au cabinet de la sage-femme. Chez un médecin non conventionné, vous aurez également

1–Les remboursements seront à 100 % si le médecin appartient au « secteur 1 ». S'il appartient au « secteur 2 », vous ne serez remboursée que partiellement car le médecin, bien que conventionné, peut appliquer des honoraires libres.

100 % du tarif prévu pour ce cas, soit 0,61 €.

Visites médicales supplémentaires.

Normalement, les centres de PMI et dispensaires font payer le ticket modérateur. Mais certains centres, dans le cadre des visites prénatales (même non obligatoires), pratiquent la gratuité. Renseignez-vous. À l'hôpital ou chez un médecin particulier, quel que soit le prix demandé par le médecin, vous serez remboursée à 80 % (tarif hôpital) ou 70 % (tarif ville) du tarif de la Sécurité sociale. S'il vous a été demandé une somme supérieure au tarif de la convention, ce dépassement restera à votre charge.

Médicaments : les médicaments prescrits sont remboursés à 100 %, 65 % ou 35 % suivant les cas (comme pour l'assurance maladie), à

condition de coller les vignettes sur les ordonnances. Important : pendant les 4 derniers mois de la grossesse, le ticket modérateur est supprimé pour tous les soins dispensés aux femmes enceintes ; autrement dit, les remboursements sont à 100 %, sauf pour les médicaments comportant une vignette bleue qui sont remboursés à 35 %.

Échographies. Les échographies passées avant le 5ème mois de grossesse sont remboursées à 70 % du tarif de la sécurité sociale (30 % à la charge de l'assuré) et celles passées à partir du 6ème mois sont remboursées à 100 % du tarif de la sécurité sociale. Au-delà de ces trois échographies, il faut une entente préalable avec la Sécurité sociale. A la différence des examens prénataux (voir p. 428), les échographies ne sont pas obligatoires pour bénéficier de l'assurance maternité.

429

Le dépistage du VIH et de l'hépatite C.

C'est à l'occasion du premier examen prénatal que ces tests sont proposés à la femme enceinte. L'article R.322-1 du code de la sécurité sociale prévoit une prise en charge à 100 % des frais au titre de l'assurance maternité tant pour le futur père que pour la mère dès lors que ce dépistage a été prescrit lors d'un examen prénatal.

L'amniocentèse et le caryotype fœtal.

Ces deux actes médicaux, destinés à dépister des anomalies chromosomiques de l'enfant à naître, sont remboursables en présence de l'une des indications suivantes : âge de la femme supérieur ou égal à 38 ans à la date du prélèvement, anomalies chromosomiques parentales, antécédents, pour le couple, de grossesse avec un caryotype anormal, diagnostic du sexe pour les maladies liées au sexe, mesures échographiques apparemment anormales. Le motif de la prescription doit figurer sur la feuille de soins et doit faire l'objet d'une demande d'entente préalable. L'échographie et les frais de séjour éventuels sont imputés à l'assurance maladie et ne bénéficient donc pas du même taux de remboursement.

Préparation à l'accouchement.

Les séances sont remboursées à 100 % jusqu'à concurrence de 8 au maximum, et à condition qu'elles soient faites par un médecin ou une sage-femme.

Si le médecin a droit à un dépassement d'honoraires, ce supplément est à votre charge, mais peut être remboursé par votre mutuelle ou votre assurance complémentaire maladie.

Frais d'accouchement et de séjour.

Les remboursements varient suivant l'endroit où vous accouchez :

▸ à l'hôpital : l'intégralité des frais est réglée directement par la caisse de Sécurité sociale à l'hôpital ;

▸ en clinique conventionnée : ces cliniques ont passé une convention spéciale avec la caisse de Sécurité sociale suivant laquelle les frais de séjour — et dans certains cas les honoraires de l'accoucheur — sont réglés directement par la Caisse de Sécurité sociale à la clinique.

Que l'accouchement soit fait par un médecin ou par une sage-femme, un forfait est prévu ; le forfait de la sage-femme comprend en outre la surveillance du nourrisson pendant 30 jours. Renseignez-vous auprès de la clinique ou du médecin pour savoir sur quelle base vous serez remboursée et si vous aurez à assumer des frais supplémentaires ; je vous signale que certaines mutuelles, ou certaines assurances complémentaires maladie, remboursent les dépassements d'honoraires du praticien.

À noter. Que ce soit à l'hôpital ou en clinique conventionnée, vous n'avez pas à acquitter le forfait journalier hospitalier.

▸ Dans une clinique agréée par la Sécurité sociale : forfait pour les honoraires de l'accoucheur et les frais pharmaceutiques ; forfait également pour les frais de séjour, la différence entre le remboursement de la Sécurité sociale et le prix effectif du séjour étant à la charge de l'assurée. Quel que soit l'établissement où vous accoucherez, seront à votre charge : le supplément pour chambre seule et vos communications téléphoniques.

Le séjour à l'hôpital ou en clinique ne doit pas dépasser 12 jours. Si une prolongation du séjour est justifiée médicalement, les frais en sont remboursés par l'assurance maladie.

▸ Accouchement à domicile ou dans une clinique non agréée : remboursement des frais médicaux et pharmaceutiques sous forme de forfaits ;

▸ frais de transport en ambulance : la mère peut obtenir sur présentation de la facture le remboursement des frais.

À noter. En cas de césarienne, l'intervention chirurgicale est remboursée à 100 % du tarif de la Sécurité sociale.

L'anesthésie péridurale.

Elle est remboursée à 100 % du tarif de la Sécurité sociale mais renseignez-vous car certains anesthésistes ont droit à des dépassements d'honoraires. Vous verrez alors avec votre mutuelle si ces dépassements peuvent être couverts.

Rééducation postnatale, massages.

Après la naissance, la femme peut bénéficier de 10 séances de rééducation postnatale prises en charge à 100 % par la Sécurité sociale. Cette rééducation peut être soit périnéale, soit abdominale, selon le besoin évalué par le médecin.

Par ailleurs, toute femme enceinte ou pas, accouchée ou pas, peut sur prescription médicale suivre des séances de massages, de rééducation du ventre, du dos, du périnée, tant que son état le justifie. Les actes de kinésithérapie sont remboursés à 65 % par la Sécurité sociale. Certaines mutuelles complètent à 100 %.

Pour le régime des non-salariés, non-agricoles.

Les remboursements sont calculés à 100 % du tarif de la Sécurité sociale pour les examens prénataux et postnataux, et les frais d'honoraires qui se rapportent à l'accouchement.

En ce qui concerne les autres frais relatifs à la grossesse, à l'accouchement et à ses suites, les remboursements varient ; il vaut mieux vous renseigner dans vos caisses.

Cas particuliers. Les femmes qui ne sont pas assurées sociales et qui n'ont pas de ressources suffisantes pour subvenir aux frais d'une grossesse et d'un accouchement, peuvent bénéficier de la CMU (voyez page 427) et peuvent être accueillies dans un centre maternel avant et après la naissance (voyez page 447).

Le congé de maternité

Durée du congé

Avant et après l'accouchement, vous pouvez arrêter votre activité professionnelle et prendre un congé de maternité.

La durée du congé. Elle varie en fonction du nombre d'enfants. Dans le cas le plus simple, cette durée est de 6 semaines avant la naissance et de 10 semaines après, soit en tout 16 semaines. Mais, dans de nombreux cas, la durée de ce congé peut être prolongée.

▶■La durée minimale du congé de maternité est donc de 16 semaines. Vous pouvez prendre un repos moins long, mais pour toucher les indemnités journalières de repos (voir plus loin), il faut que vous arrêtiez votre travail au moins 8 semaines en tout. De toute façon, il faut que votre arrêt de travail soit effectif : des contrôles ont lieu. Et si vous décidez (et non pas si l'accouchement a lieu plus tôt que prévu) de vous arrêter moins de 6 semaines avant la date prévue pour l'accouchement, dans ce cas, il n'est pas possible de rallonger d'autant le congé postnatal ; autrement dit, il n'est pas possible de s'arrêter 2 semaines avant la date prévue pour l'accouchement et de reporter la différence de 4 semaines après l'accouchement.

Vous trouverez page 432 un tableau sur la durée du congé de maternité.

Que se passe-t-il si l'accouchement a lieu plus tôt ou plus tard que prévu ?

▶■L'accouchement a lieu plus tôt que prévu : le repos postnatal est prolongé d'autant pour faire 16 semaines en tout. Exemple :
3 semaines avant,
13 semaines après

▶■Si l'accouchement a lieu sans repos prénatal, il y aura : 16 semaines de repos postnatal

▶■L'accouchement a lieu plus tard que prévu : la mère a quand même droit à ses 10 semaines après. Elle aura donc en tout plus de 16 semaines. Exemple :
6 semaines avant + 2 semaines retard + 10 semaines après = 18 semaines

Autres cas où le congé de maternité peut être prolongé.

▶■Si la naissance d'un enfant a pour effet de porter à 3 le nombre d'enfants, le congé prénatal est de 8 semaines et le congé postnatal de 18 semaines (1). Il est toutefois possible de prendre 10 semaines de congé prénatal et 16 semaines de congé postnatal.

▶■En cas de naissance de jumeaux, le congé prénatal est de 12 semaines, et le congé postnatal de 22 semaines. Il est possible d'augmenter le congé prénatal de 4 semaines : dans ce cas, le congé postnatal sera diminué de 4 semaines.

▶■En cas de naissance de triplés (et plus), le congé prénatal est de 24 semaines et le congé postnatal de 22 semaines.

▶■En cas d'état pathologique à partir du 6e mois de la grossesse, la future maman peut bénéficier d'un repos prénatal de 2 semaines. Ces 2 semaines sont indépendantes des 6 semaines légales, mais sont également indemnisées en assurance maternité. Les autres congés maladie que la future mère peut être amenée à prendre pendant sa grossesse sont indemnisés au tarif maladie (environ la moitié du salaire). Dans certains cas, vous pourrez demander une aide financière à la Sécurité sociale pour compenser une partie du « manque à gagner » occasionné par l'arrêt de travail. Demandez à une assistante sociale quelles sont les démarches à faire.

▶■Si vous êtes malade après la naissance, sur ordonnance du médecin, votre congé postnatal pourra être prolongé de 4 semaines. Et vous pourrez percevoir l'indemnité journalière de maladie (environ la moitié du salaire).

▶■En cas d'hospitalisation de l'enfant : si l'enfant est encore hospitalisé six semaines après sa naissance, vous pouvez reprendre votre travail et vous pourrez utiliser la suite de votre congé de maternité lorsque votre enfant sera de retour chez vous. Mais il faut pour cela que vous ayez déjà pris un congé ininterrompu de 8 semaines, dont 6 semaines après la naissance.

1- Je réponds à une question posée : oui, un enfant né viable mais décédé compte dans le nombre d'enfants qu'on a eus.

Le congé de maternité

Tableau sur la durée du congé de maternité

Selon les cas		Période prénatale	Période postnatale	Durée totale du congé
Grossesse simple	l'assurée (ou le ménage) a moins de 2 enfants	6 semaines	10 semaines	16 semaines
	l'assurée (ou le ménage) assume déjà la charge d'au moins 2 enfants ou a déjà mis au monde au moins 2 enfants nés viables	8 semaines (1)	18 semaines	26 semaines
Grossesse gémellaire		12 semaines (2)	22 semaines	34 semaines
Grossesse de triplés ou plus		24 semaines	22 semaines	46 semaines

(1) La période prénatale peut être augmentée de 2 semaines maximum sans justification médicale. La période postnatale est alors réduite d'autant.
(2) La période prénatale peut être augmentée de 4 semaines maximum sans justification médicale. La période postnatale est alors réduite d'autant.

Le congé d'adoption

Les parents adoptifs ont droit à un congé postnatal quel que soit l'âge de l'enfant adopté (jusqu'à son 15e anniversaire). La durée de ce congé est, suivant le nombre d'enfants à charge, de 10, 18 ou 22 semaines (voir le tableau ci-dessus).

À noter. Ce congé peut être pris par le père ou par la mère, ou peut être partagé entre les deux parents. En cas de partage du congé d'adoption entre le père et la mère et dans ce cas uniquement, la durée du congé est prolongée de celle du nouveau congé de paternité, soit : 11 jours en cas d'adoption simple ; 18 jours en cas d'adoptions multiples.

Qu'il s'agisse d'une adoption simple ou d'une adoption multiple, le congé d'adoption partagé entre le père et la mère ne peut être fractionné en plus de deux périodes dont la plus courte ne peut être inférieure à onze jours (soit celle du congé de paternité). Ces deux périodes peuvent être prises simultanément par les deux parents.

Voici un exemple pour l'adoption d'un seul enfant.

La durée du congé d'adoption est de dix semaines, soit 70 jours. En cas de partage du congé, la durée de celui-ci est portée à 70 + 11 = 81 jours.

Le fractionnement minimum du congé entre les parents est 11 jours pour la première période au minimum, 70 jours pour la seconde période au maximum.

▶▮ Pour les pères relevant du régime des professions libérales, ainsi que pour les fonctionnaires, les textes prévoient qu'ils bénéficient d'un congé de paternité en cas d'adoption, au même titre et dans les mêmes conditions qu'en cas de naissance. Ainsi, il doit être pris dans les quatre mois de l'arrivée au foyer de l'enfant.

▶▮ Les indemnités journalières de Sécurité sociale sont versées soit au père soit à la mère pour les périodes qui les concernent. Comme les bénéficiaires du congé maternité, durant le congé d'adoption et les 4 semaines qui le suivent, vous bénéficiez d'une protection contre le licenciement.

Congé pour départ à l'étranger. Tout salarié, titulaire de l'agrément à l'adoption, a désormais le droit de bénéficier d'un congé lorsqu'il se rend dans les DOM, les TOM ou à l'étranger en vue d'adopter un ou plusieurs enfants. Le droit à ce congé est possible pour une durée maximum de six semaines par agrément. Ce congé n'est pas rémunéré.

Dans le secteur public les fonctionnaires peuvent demander une mise en disponibilité de six semaines (au maximum) pour effectuer un déplacement à l'étranger en vue de l'adoption d'un ou plusieurs enfants.

Les salariés dont l'entreprise est passée aux 35 heures par un accord prévoyant la création d'un compte épargne-temps peuvent utiliser ce mécanisme dans le cadre d'un projet d'adoption. Les jours ainsi épargnés pourront être pris pour permettre aux parents de se rendre plus disponibles afin de favoriser l'accueil de l'enfant au sein de son nouveau foyer.

Le congé de présence parentale

Ce congé permet aux familles de faire face à la survenue d'un accident ou d'une maladie grave de leur enfant, en leur donnant le temps et les moyens de s'organiser. Un certificat médical établi par un médecin hospitalier, attestant la «nécessité de soins et de présence du parent aux côtés de l'enfant», doit être fourni. L'employeur ne peut s'opposer à ce congé. Le contrat de travail et la protection sociale sont maintenus. La durée minimale du congé est de 4 mois (2 mois en cas d'affection périnatale) renouvelable 2 fois (voir page 441 *l'allocation de présence parentale*).

Le congé parental d'éducation

Dans le secteur privé.

Le congé parental d'éducation est un congé sans solde. Il est accordé pour un an et peut être renouvelé deux fois (ce qui fait donc trois ans maximum). Il faut avoir travaillé un an au moins dans l'entreprise. Certains accords d'entreprise prévoient une durée plus importante de ce congé.

Les parents peuvent prendre ce congé ensemble, ou bien l'un après l'autre, à temps partiel, ou à temps plein. À l'expiration de ce congé, le (ou la) salarié (e) retrouvera son emploi précédent ou un emploi similaire. Le parent n'est pas obligé de prendre ce congé à la suite du congé de maternité, mais avant le troisième anniversaire de l'enfant, ou, en cas d'adoption, dans les trois ans qui suivent l'arrivée d'un enfant de moins de trois ans.

Formalités à accomplir vis-à-vis de l'employeur. La mère et le père doivent prévenir leur employeur de leur intention de prendre ce congé par lettre recommandée avec AR, et ce au moins un mois avant l'expiration du congé de maternité (2 mois si le congé parental ne suit pas le congé de maternité).

Prolongation. Ce congé — ou le temps partiel — peut être prolongé un an après les trois ans de l'enfant en cas de maladie, de handicap grave ou d'accident de l'enfant. Il faut prévenir l'employeur un mois au moins avant le terme initialement prévu.

La couverture sociale

Pendant le congé parental d'éducation, les salariés voient leurs droits aux prestations en nature de l'assurance maladie-maternité maintenus. A son issue, ils retrouvent pendant 12 mois les droits aux prestations en nature et en espèces de l'assurance maladie-maternité.

Droit à une action de formation professionnelle. Le salarié réembauché, ou qui reprend son activité après un congé parental d'éducation à temps plein ou à temps partiel, bénéficie d'un droit à une action de formation professionnelle. Ce droit est aussi ouvert au salarié avant l'expiration de son congé parental d'éducation ou de sa période de travail à temps partiel, ce qui écourte cette période de congé.

En cas d'adoption. Si l'enfant adopté a moins de trois ans, le salarié peut bénéficier d'un congé parental d'éducation, ou d'une période d'activité à temps partiel, pour une durée maximale de trois ans à compter de l'arrivée au foyer de l'enfant. (Cette durée peut éventuellement être prolongée d'une année en cas de maladie, d'accident, ou de handicap grave de l'enfant). Si l'enfant adopté a entre 3 et 16 ans, la durée du congé, ou de la période de travail à temps partiel, est alors d'un an.

Dans le secteur public.

Les fonctionnaires peuvent bénéficier du congé parental d'éducation et du congé d'adoption comme les salariés du secteur privé, à condition de justifier d'une ancienneté d'un an à la date de la naissance ou de l'arrivée de l'enfant au foyer.

Lorsque le fonctionnaire prend un congé, demandé au moins un mois avant le début, il est accordé par périodes de 6 mois renouvelables. Pendant ce temps, il n'acquiert pas de droit à la retraite. Il conserve cependant ses droits à l'avancement d'échelon, réduits de moitié. A l'expiration du congé, l'agent est réintégré de plein droit dans son établissement d'origine.

433

Durée. Pour le congé parental d'éducation : jusqu'au troisième anniversaire de l'enfant.

Pour le congé d'adoption : pendant trois ans, si l'enfant a moins de trois ans à la date de son arrivée au foyer ; pendant un an, si l'enfant a plus de trois ans et moins de seize ans à la date de son arrivée au foyer.

Travail à mi-temps. Les fonctionnaires peuvent travailler à mi-temps (depuis la loi du 25/7/1994) pour élever un enfant de moins de trois ans. Le mi-temps donne droit à l'allocation parentale d'éducation à temps partiel si les autres conditions pour toucher cette allocation sont remplies.

Les indemnités journalières de repos

Le montant des indemnités journalières de repos de la Sécurité sociale représente 100 % du salaire journalier net de base, diminué de 0,5 % du CRDS (1), dans la limite du plafond de la Sécurité sociale ; soit 62,88 € - 0,5 %.

À noter. Certaines professions qui bénéficient d'un taux réduit de cotisations peuvent demander à la Sécurité sociale une correction du montant de leur indemnité journalière pour ne pas être lésées (journalistes, V.R.P., etc.)

Les employeurs ne sont pas tenus de verser (sauf si une disposition de la convention collective ou du contrat de travail le prévoit) de salaire à leurs employées durant leur repos de maternité. La grande majorité continue à leur verser leur salaire complet ; dans ce cas, la Sécurité sociale verse à l'employeur les indemnités journalières de repos ; certains employeurs préfèrent ne verser que le complément de salaire laissant leurs salariées toucher directement les indemnités journalières.

Pour percevoir vos indemnités, vous adresserez à votre caisse une déclaration sur l'honneur indiquant votre date d'arrêt de travail, déclaration qui se trouve dans le carnet de maternité. Et votre employeur remplira l'attestation portant la mention « maternité ». Le paiement des indemnités journalières est automatique et s'effectue tous les 14 jours. Mais pour le paiement de la dernière quatorzaine, vous enverrez à votre caisse une attestation de votre employeur de reprise de travail, ou bien, si vous ne reprenez pas votre travail, une attestation sur l'honneur de non-reprise de travail.

Sur le *congé de paternité*, voir page 452.

A signaler : les indemnités journalières de la Sécurité sociale (maladie, maternité, accident du travail), et les sommes provenant du maintien du salaire par l'employeur, sont imposables et doivent être déclarées dans les revenus.

1 : CRDS : Contribution au remboursement de la dette sociale.

Le congé maternité des agricultrices

L'allocation de remplacement concernant les agricultrices cessant leur activité à l'occasion de leur maternité permet une prise en charge totale des frais destinés à assurer leur remplacement au cours de leur congé de maternité. Pour pouvoir en bénéficier, l'exploitante agricole doit notamment :

▸ avoir participé de manière constante aux travaux de l'exploitation ou de l'entreprise agricole

▸ remplir les conditions d'assujettissement à l'assurance maladie, maternité des non-salariés agricoles, dix mois au moins avant la date présumée de l'accouchement ou la date d'adoption

▸ cesser tout travail sur l'exploitation pendant deux semaines dans une période commençant six semaines avant la date présumée de l'accouchement, et se terminant dix semaines après celui-ci ; des délais particuliers sont établis en cas de naissance multiples ou d'accouchement par césarienne

▸ être effectivement remplacée dans les travaux qu'elle effectue sur l'exploitation par l'intermédiaire d'un groupement d'employeurs ayant pour objet principal de mettre des remplaçants à la disposition d'exploitants agricoles.

L'allocation est versée pendant seize semaines au maximum, des délais particuliers étant prévus en cas d'état pathologique résultant de la grossesse, de naissances ou d'adoptions multiples, et/ou d'accouchement par césarienne.

L'intéressée doit présenter sa demande trente jours au moins avant la date prévue pour l'interruption d'activité à l'organisme assureur dont elle relève pour l'assurance maladie des exploitants agricoles.

Les femmes exerçant une profession indépendante

Les artisanes, commerçantes, membres d'une profession libérale, assurées à titre personnel, bénéficient d'un nouveau dispositif de prestations en cas de maternité.

▶ L'allocation forfaitaire de repos maternel est destinée à compenser partiellement la diminution de revenus entraînée par la maternité ou l'adoption d'un enfant.

Maternité : le montant est de 2 352 €, versé en 2 fois, que la grossesse soit normale, pathologique, qu'il s'agisse de la naissance d'un seul enfant ou de plusieurs.

Adoption : le montant est de 1 176 €.

▶ L'indemnité forfaitaire d'interruption d'activité est versée à la condition que l'intéressée cesse son activité pendant 30 jours consécutifs.

En cas de maternité : le montant est de 1 176 €. Cette indemnité est de 1 764 € pour 45 jours, de 2 352 € pour 60 jours.

En cas de grossesse pathologique et de naissance multiple, il est possible d'avoir un arrêt d'activité supplémentaire de 30 jours soit : 1 176 €. Dans ce cas, le congé est au maximum de 90 jours.

En cas d'adoption : pour 30 jours, le montant est de 1 176 €, de 1 764 € pour 45 jours. S'il s'agit d'adoption multiple il est possible d'avoir un arrêt d'activité supplémentaire de 30 jours, soit : 1 176 €. Dans ce cas, le congé est au maximum de 75 jours.

▶ **Pour les conjointes non salariées collaboratrices d'un membre d'une profession libérale, d'un commerçant ou d'un artisan.** Deux allocations existent :

▶ l'allocation de repos maternel est destinée à compenser partiellement la diminution des revenus entraînée par la maternité ou l'adoption d'un enfant :

maternité : le maximum est de 2 352 €

adoption : le maximum est de 1 176 €.

▶ L'indemnité de remplacement est destinée à compenser les frais engagés en cas de remplacement dans l'activité professionnelle ou au foyer par du personnel salarié. Le montant maximum est de 1 130 € (maternité), 1 695 € (grossesse pathologique), 2 260 € (naissance multiple), 565 € (adoption), 2 825 € (naissance et grossesse pathologique). Cette indemnité est versée au maximum pendant 28 jours à partir de la naissance (42 jours en cas de grossesse pathologique, 56 jours en cas de naissance multiple, 70 jours en cas de naissance multiple et grossesse pathologique, 14 jours en cas d'adoption).

▶ L'indemnité de remplacement et l'allocation de repos maternel sont cumulables.

À savoir. Si vous exercez une activité secondaire à titre salarié, vous pouvez cumuler les prestations en espèces de l'assurance-maternité du régime des professions indépendantes avec celles du régime général des salariés. En revanche, vous n'aurez pas droit aux prestations de maternité du régime des professions indépendantes si vous exercez votre activité indépendante à titre accessoire.

À noter. Que vous soyez assurée à titre personnel ou que vous soyez conjointe collaboratrice, vous ne percevrez l'indemnité de remplacement que si vous engagez une personne salariée pendant une durée minimale d'une semaine. Le remplacement doit intervenir dans une période débutant 6 semaines avant l'accouchement et se terminant 10 semaines après.

Les congés maternité dans la Communauté économique européenne (C E E)

Une directive fixant les congés maternité à 14 semaines minimum a été signée par les ministres des pays membres de la CEE.

Cette directive représente un progrès pour les Britanniques, les Irlandaises, les Portugaises, et les Néerlandaises. De plus, les Pays-Bas ont dû insérer dans leur code du travail une clause interdisant le licenciement des femmes enceintes. En France, les 16 semaines restent de règle. Le nouveau texte européen prévoit également que les femmes enceintes ne pourront plus être obligées de travailler la nuit, que les examens prénataux peuvent être effectués pendant le temps de travail, sans conséquence sur le salaire ; et les employeurs doivent prévenir les femmes enceintes des risques éventuels de leur travail.

Vie professionnelle et grossesse

Vous êtes candidate à un emploi.

L'employeur ne peut tenir compte de votre état de grossesse pour refuser de vous embaucher. Lors de l'entretien d'embauche (ou en réponse à un questionnaire), vous n'êtes pas tenue de révéler votre état. À l'issue de la visite d'embauche, le médecin du travail n'est pas autorisé à révéler votre grossesse à l'employeur.

Si vous êtes en période d'essai, celle-ci ne peut-être interrompue par l'employeur en raison de votre état de grossesse.

Une femme enceinte peut-elle être licenciée ?

Le licenciement d'une salariée enceinte est interdit par la loi. Toutefois, le code du travail accorde un caractère différent à cette protection selon la période envisagée.

Protection absolue. Pendant son congé de maternité, la salariée ne peut être licenciée.

Protection relative. Durant la période qui précède le congé de maternité et les quatre semaines qui le suivent, le licenciement est admis :

❯ s'il y a faute grave (par exemple : injures consécutives à un refus d'exécuter une tâche n'exigeant pas un effort incompatible avec l'état de grossesse) ;

❯ en cas d'impossibilité de maintenir le contrat de travail pour un motif étranger à la grossesse (fermeture de l'entreprise, compression de personnel, licenciement collectif).

Seule réserve. Même notifiée à un moment où la loi l'autorise encore, la résiliation du contrat de travail ne doit pas prendre effet pendant le congé de maternité (par exemple : si une fin de préavis intervient pendant le congé, le licenciement prend effet au retour).

Par ailleurs.

❯ le licenciement d'une salariée est annulé si, dans un délai de 15 jours à compter de sa notification, l'intéressée envoie à son employeur (par lettre recommandée avec A.R.), un certificat médical justifiant qu'elle est enceinte ;

❯ pendant qu'une mère est en congé de maternité, il est interdit à son employeur de la faire travailler pendant une période de 8 semaines au total, dont 6 après l'accouchement ;

❯ la salariée, après son congé de maternité, devra retrouver son emploi précédent ou, à défaut, un emploi similaire. Est « similaire » l'emploi qui n'a pas subi de modifications substantielles affectant un élément essentiel du contrat de travail (rémunération, qualification).

❯ Si vous avez un contrat à durée déterminée, vous bénéficiez de la même protection contre le licenciement que les titulaires d'un contrat à durée indéterminée. Le non-renouvellement du contrat (si celui-ci contient une clause de renouvellement) ne doit pas être dû à la grossesse.

Peut-on démissionner sans préavis ?

Les futures mamans peuvent quitter leur emploi sans préavis et sans avoir à verser une indemnité de rupture, ceci sous réserve, c'est le code du travail qui le dit, qu'elles se trouvent « en état de grossesse apparente ». En revanche, la mère ne bénéficiera pas du droit à réintégration prévu au terme du congé parental ni de la priorité de réembauchage après un congé pour élever un enfant.

Quand doit-on déclarer sa grossesse ?

À l'employeur. Il n'y a pas d'obligation légale de date, mais vous avez intérêt à le dire le plus rapidement possible pour bénéficier des avantages de cette situation, et en particulier être protégée contre le licenciement. Et de toute manière, il faudra bien que vous informiez votre employeur lorsque vous partirez pour votre congé maternité : si vous ne préveniez pas, cela serait une rupture de contrat de travail.

Au médecin du travail. Vous avez intérêt à lui signaler votre état. Ce médecin vous surveillera particulièrement et pourra demander, s'il le juge utile, un changement de poste de travail (votre rémunération sera maintenue).

Peut-on s'absenter pour les consultations ?

Les femmes enceintes ont le droit de s'absenter de leur travail pour effectuer les examens médicaux prénatals obligatoires sans perte de rémunération.

❯ Peut-on bénéficier d'une réduction du temps de travail ?

Des mesures spécifiques (par exemple la diminution d'une heure par jour à partir du début du troisième mois de grossesse) existent pour les femmes employées de la fonction publique et pour celles travaillant dans les hôpitaux publics. Ces mesures sont fréquemment appliquées aux employées des collectivités locales. Certaines entreprises peuvent aussi accorder des assouplissements d'horaire, renseignez-vous.

Allaitement et travail.

Les salariées qui reprennent leur travail alors qu'elles continuent d'allaiter leur enfant disposent d'une heure par jour à prendre sur les heures de travail et ceci pendant un an à compter de la naissance. En principe, cette heure est fractionnée en 2 périodes de 30 minutes, l'une le matin, l'autre l'après-midi. Mais l'employeur peut permettre à la salariée de quitter son travail une heure avant l'horaire réglementaire. Légalement, cette heure n'est pas rémunérée, mais de nombreuses conventions collectives en prévoient le paiement.

Congé de maternité et ancienneté

Le congé de maternité est assimilé à une période de travail effectif, d'une part pour le calcul des congés payés, et d'autre part pour déterminer les droits que la salariée tient de son ancienneté dans l'entreprise. Mais cette disposition n'interdit pas à l'employeur qui institue une prime de fin d'année, et pratique un abattement à partir d'un certain nombre de jours d'absence, de réduire cette prime en raison de l'absence pour congé de maternité. Le congé d'adoption est assimilé au congé de maternité : il est considéré comme une période d'activité et donne les mêmes avantages d'ancienneté.

Les prestations familiales

Les prestations familiales, qui se décomposent en plusieurs allocations, ont pour but d'aider les familles à subvenir aux besoins de leurs enfants. Nous avons groupé ces allocations en deux catégories : celles qui sont versées sans condition de ressources, et celles qui sont soumises à un plafond de ressources (différent suivant chaque allocation). Vous trouverez ci-dessous les conditions à remplir pour bénéficier de chacune de ces différentes allocations.

Toutefois une condition leur est commune : habiter en France métropolitaine. Dans les départements d'outre-mer, il faut se renseigner car certaines prestations n'existent pas, ou leur montant est différent. Les prestations familiales sont payables chaque mois. Certaines prestations sont diminuées de la CRDS, soit 0,5 %.

Les enfants sont considérés à charge jusqu'à 21 ans.

Ce tableau résume les conditions à remplir pour bénéficier des différentes prestations familiales. Vous trouverez le détail de ces prestations dans les pages qui suivent.

	PRESTATIONS	CONDITIONS À REMPLIR
SANS CONDITION DE RESSOURCES	Allocations familiales (AF)	Avoir au moins 2 enfants
	Allocation parentale d'éducation (APE)	Prendre un congé d'un an, renouvelable 3 fois, à l'arrivée du 2e ou du 3e enfant ou plus
	Allocation de soutien familial (ASF)	L'enfant doit être à la charge d'un seul parent, orphelin ou abandonné
	Allocation d'éducation spéciale (AES)	Avoir un enfant handicapé à 80 % ou à 50 %
	Allocation de présence parentale (APP)	Avoir un enfant malade dont l'état grave nécessite momentanément la présence d'un de ses parents auprès de lui
AVEC CONDITIONS DE RESSOURCES	Allocation pour jeune enfant Allocation différentielle (APJE)	Faire la déclaration de la grossesse avant la fin du 3e mois. Passer les examens médicaux obligatoires
	Aide à la famille pour l'emploi d'une assistante maternelle agréée (AFEAMA)	Avoir un enfant à charge de moins de 6 ans. Le faire garder par une assistante maternelle agréée
	Allocation de garde d'enfant à domicile (AGED)	Employer une salariée à domicile pour au moins un enfant de moins de 3 ans
	Complément familial (CF)	Avoir au moins 3 enfants de 3 ans et plus
	Allocation d'adoption (ADA)	Adopter ou accueillir en vue d'adoption un ou plusieurs enfants
	Allocation de parent isolé (API)	Vivre seul et avoir un ou plusieurs enfants à charge ou être enceinte
	Prime de déménagement	Famille de 3 enfants et plus

Allocations versées
sans condition de ressources

Les allocations familiales - (AF)

Conditions.

◗❚Les allocations familiales sont versées à partir du deuxième enfant à charge. Un enfant unique, ou le dernier ou le seul enfant à charge d'une famille de plusieurs enfants, ne donne donc pas droit à ces allocations.

◗❚ Ces enfants à charge doivent être soumis, s'ils ont moins de six ans, aux examens médicaux obligatoires.

À noter : l'enfant à charge ne doit pas être bénéficiaire, à titre personnel, d'une ou plusieurs prestations familiales, de l'allocation logement, ou de l'aide personnalisée au logement.

Durée. Les allocations sont versées :

◗❚ Dès la naissance du 2ᵉ enfant jusqu'à 16 ans ;

◗❚ de 16 à 20 ans pour les jeunes à charge, qu'ils soient inactifs, actifs (si leur salaire ne dépasse pas 50% du SMIC), apprentis ou stagiaires.

Formalités. Dès la naissance de l'enfant qui vous donne droit à l'allocation familiale, adressez à votre caisse les pièces officielles constatant la naissance de l'enfant : bulletin de naissance, fiche d'état civil.

Montant.

Pour 2 enfants : 109,40 € ;
pour 3 enfants : 249,57 € ;
pour 4 enfants : 389,73 €;
pour 5 enfants : 529,90 €.
Par enfant en plus : 140,17 €.
Dans les familles comportant 2 enfants, le cadet bénéficie d'une majoration de 9% (30,77 €) à partir de 11 ans, et de 16% (54,70 €) à partir de 16 ans. Dans les familles de 3 enfants et plus, tous bénéficient, y compris l'aîné, d'une majoration de 9% à partir de 11 ans et de 16% à partir de 16 ans. Ceci jusqu'à l'âge de 20 ans si les enfants continuent leurs études.

L'allocation parentale d'éducation (APE)

Cette allocation est versée à la mère ou au père qui s'arrête de travailler, complètement ou à temps partiel, à la naissance de leur deuxième enfant et des suivants. Cette mesure est aussi valable en cas d'adoption.

Conditions. Il faut justifier de deux années d'activité dans les cinq années précédant la deuxième naissance (les périodes de chômage indemnisées étant assimilées à l'activité) ; ou de deux années d'activité dans les dix ans s'il s'agit d'un troisième enfant.

Durée. Cette allocation est versée jusqu'au troisième anniversaire de l'enfant ; et jusqu'au sixième anniversaire des enfants lorsqu'il s'agit d'une naissance multiple de trois enfants ou plus. Si les enfants adoptifs ont plus de 2 ans, l'allocation est versée pendant un an à compter de leur arrivée au foyer, l'âge limite d'attribution de la prestation étant fixé à 16 ans.

Montant.

◗❚Cessation totale d'activité : 487,40 € par mois ;

◗❚si l'activité professionnelle est au plus égale à 50% de la durée légale du travail : 322,28 € par mois

◗❚ si l'activité professionnelle est entre 50% et 80% de la durée légale du travail : 243,72 € par mois.

Il y a possibilité de cumuler deux allocations parentales à taux réduit, dans la limite de 487,40 € par mois lorsque la mère et le père travaillent à temps partiel.

L'allocation parentale d'éducation ne peut se cumuler avec une allocation pour le jeune enfant, sauf en cas de nouvelle grossesse.

Si les parents reprennent une activité professionnelle entre le 18ᵉᵐᵉ et le 30ᵉᵐᵉ mois (ou 60 mois en cas de triplés ou plus) de leur enfant, ils pourront percevoir l'APE à taux plein pendant deux mois ainsi que l'AFEAMA.

À noter. Le montant de l'allocation parentale est non imposable et non compris dans le calcul de l'aide au logement.

À savoir. Si vous bénéficiez de l'allocation parentale d'éducation, vous conservez vos droits aux prestations en nature de l'assurance maladie et maternité de votre régime d'origine, aussi longtemps que vous bénéficiez de cette allocation. À la reprise de votre travail, vous retrouverez vos droits aux prestations en nature et en espèces de l'assurance-maladie et maternité pendant 3 mois à compter de la date de reprise du travail.

Les prestations *en nature* correspondent aux remboursements des dépenses de santé. Les prestations *en espèces* correspondent aux indemnités journalières destinées à compenser la perte de salaire.

439

L'allocation de soutien familial (ASF)

Cette allocation remplace l'allocation d'orphelin.

Qui peut en bénéficier ?

Les personnes qui assument la charge :

▶ d'un enfant orphelin de père et/ou de mère ;

▶ d'un enfant dont la filiation n'est pas établie légalement à l'égard de ses parents ou de l'un d'eux ;

▶ d'un enfant dont les parents (ou l'un d'eux) ne font pas face à leurs obligations d'entretien ou de versement d'une pension alimentaire (1).

Cette allocation concerne les familles adoptives jusqu'à l'adoption plénière de l'enfant. Elle est faite pour les familles ayant un enfant à charge, et ce peut être en vue de son adoption. Aucune condition de ressources.

Montant.

Les taux sont fixés en pourcentage de la base mensuelle de calcul des allocations familiales : 30 % (soit 102,56 €) pour un enfant orphelin de père et de mère, 22,5 % (soit 76,92 €) pour un enfant dont la filiation n'est établie qu'à l'égard de sa mère. Cette allocation concerne les familles adoptives jusqu'à l'adoption plénière de l'enfant. Elle est faite pour les familles ayant un enfant à charge, et ce peut être en vue de son adoption. Aucune condition de ressources.

L'allocation de soutien familial peut être cumulée avec l'allocation de présence parentale, avec l'AFEAMA, avec l'APJE, avec l'AGED, avec le complément familial.

1– En cas de versement partiel d'une pension alimentaire, vous pouvez recevoir une allocation de soutien familial différentielle.

L'allocation d'éducation spéciale pour mineurs handicapés (AES)

Cette allocation et son complément sont destinés à aider les parents qui assument la charge d'un enfant ayant un handicap sans qu'il soit tenu compte de leurs ressources. Elle est accordée sur décision d'une commission départementale d'éducation spéciale (CDES) qui appréciera l'état de l'enfant. L'AES est cumulable avec toutes les autres prestations.

L'allocation de présence parentale (APP)

Pour avoir droit à l'allocation de présence parentale, la personne doit résider en France, avoir la charge de l'enfant dont l'état de santé (maladie grave, ou accident) nécessite sa présence à ses côtés pendant une durée minimale de 4 mois (2 mois pour les grands prématurés), et cesser ou réduire son activité professionnelle. Il peut s'agir de l'un ou l'autre parent. Voire des deux, chacun des parents passant alors à une activité à temps partiel.

Sont concernés par cette allocation : les salariés des secteurs privés et public, les travailleurs indemnisés à la recherche d'emploi ou en formation professionnelle rémunérée ; les non-salariés et les employés de maison y ont également droit, selon des modalités particulières (renseignez-vous auprès de votre CAF). Cette allocation peut aussi être attribuée au salarié qui interrompt son activité professionnelle dans le cadre du congé de présence parentale (voir page 433).

Conditions

L'intéressé doit déposer auprès de la caisse d'allocations familiales de son lieu de résidence habituelle :

- une " demande d'allocation de présence parentale ", fournie par la CAF, sur laquelle sont indiqués les éléments permettant d'identifier le médecin de l'enfant ainsi que la mention, par ce dernier, de la durée prévisible des soins contraignants ou de présence soutenue des parents aux côtés de l'enfant ;
- un certificat médical détaillé sous pli fermé, concernant l'état de santé de l'enfant, établi par un médecin ;

- un certificat médical précisant la durée prévisible des soins contraignants et/ou de la présence soutenue de l'un des parents ;
- une " demande de prestations familiales " s'il n'est pas déjà allocataire ;
- pour les salariés, une attestation de l'employeur ou une déclaration sur l'honneur portant sur la cessation ou la réduction d'activité. Pour les chômeurs indemnisés, une déclaration sur l'honneur précisant la durée d'interruption de recherche d'emploi. Pour les stagiaires en formation professionnelle rémunérée, une attestation du formateur précisant la date de cessation de formation ou une déclaration sur l'honneur.

Le droit à l'allocation est ouvert à compter du premier jour du mois civil au cours duquel est déposée la demande, sous réserve de la réunion, à cette date, des trois premières conditions citées ci-dessus.

Montant mensuel (avant CRDS):

Cessation d'activité totale :
- pour une personne seule = 950,02 €
- pour un couple = 800,01 €

Cessation d'activité à temps partiel, au plus égale à 50 % :
- pour une personne seule = 500,02 €
- pour un couple = 400,02 €

Cessation d'activité entre 50 et 80 %
- pour une personne seule = 322,28 €
- pour un couple = 243,72 €

Si la garde de l'enfant est partagée par les deux parents, ils peuvent recevoir chacun une allocation à temps partiel, même si le cumul des deux prestations exède le montant de l'allocation à temps plein. Par contre, ils ne peuvent cumuler deux allocations à taux plein, ni cumuler une allocation à taux plein et une allocation à temps partiel.

Les cumuls interdits.

L'allocation de présence parentale n'est pas compatible avec l'indemnisation des congés de maternité ou d'adoption, des congés de maladie ou d'accident du travail ; les indemnités servies aux demandeurs d'emplois.

Les cumuls autorisés.

L'allocation de présence parentale est cumulable avec les indemnités journalières maladie ou accident du travail, avec l'allocation pour jeune enfant, le complément familial et l'aide à la famille pour l'emploi d'une assistante maternelle agréée, les allocations familiales, l'allocation de soutien familial.

L'APP à taux partiel est cumulable avec l'allocation de garde d'enfant à domicile, y compris si les deux membres du couple perçoivent l'APP.

A noter : le montant de l'allocation est pris en compte dans le calcul de l'allocation pour parent isolé (API) et du revenu minimum d'insertion (RMI).

Allocations versées avec conditions de ressources

Allocation pour le jeune enfant (APJE)

Cette allocation est versée à partir du 5ᵉ mois de grossesse jusqu'au 3ᵉ anniversaire de l'enfant. Une seule allocation est versée à la famille même si elle compte plusieurs enfants de moins de 3 ans. Elle est versée jusqu'à ce que le dernier enfant ait atteint l'âge de 3 ans.

Seuls cumuls possibles : pendant une nouvelle grossesse et jusqu'au troisième mois du nouveau-né, et en cas de naissance multiple, l'allocation sera versée jusqu'au 3ᵉ anniversaire de chaque enfant. Un rappel sera fait des mensualités qui n'ont pas été versées avant la naissance.

La mère et l'enfant doivent passer les examens médicaux obligatoires dans les délais prescrits, sinon le montant de l'allocation sera réduit.

Ressources.
Le revenu net imposable (revenus de 2001) ne doit pas dépasser au 1ᵉʳ juillet 2002 :
– pour un couple avec 1 enfant (né ou à naître) :
17 318 €
– pour un couple avec 2 enfants :
20 782 €
– pour un couple avec 3 enfants :
24 938 €
– par enfant supplémentaire :
4 156 €.

Pour un couple avec deux revenus ou pour une personne seule, voici le revenu à ne pas dépasser :
- avec 1 enfant : 22 886 €
- avec 2 enfants : 26 350 €
- par enfant en plus : 4 156 €
Montant. Il est de 157,09 € par mois, 156,30 € après CRDS.
À noter : pour les ménages ou personnes dont les revenus dépassent les plafonds ci-dessus d'une somme inférieure à 12 fois le montant mensuel de l'APJE, il est possible de recevoir une allocation différentielle. L'APJE est cumulable avec l'allocation de présence parentale et avec l'AFEAMA.

L'aide à la famille pour l'emploi d'une assistante maternelle agréée (AFEAMA)

Cette prestation est accordée aux familles ou personnes résidant en France, ayant un ou plusieurs enfants à charge et qui les confient à une assistante maternelle agréée (l'aide ne peut pas être versée si elle travaille dans une crèche familiale). Le versement de cette prestation est subordonné à l'indication de la date d'agrément de l'assistante maternelle.

Conditions
- Lui confier la garde d'un ou de plusieurs enfants âgés de 0 à 6 ans, à plein temps ou à temps partiel ;
- faire partie du régime général des allocations familiales, ou avoir bénéficié d'une prestation entourant la naissance;
Le salaire par jour et par enfant gardé ne doit pas dépasser 34,15 €.

Formalités
Déclarer la garde de l'enfant à la CAF en remplissant un formulaire (2 feuillets) de demande d'AFEAMA. Ce document peut être téléchargé à partir du site Internet de la CAF (www.caf.fr) ou fourni par la CAF. Chaque trimestre, l'URSSAF envoie une déclaration nominative que vous devez compléter puis retourner à votre CAF qui ensuite procèdera au paiement des cotisations sociales, salariales et patronales. Si vous dépendez du régime agricole, adressez-vous à votre MSA.

Cette prestation comprend 2 éléments : la prise en charge des cotisations sociales et une aide au salaire appelée majoration d'AFEAMA. La prise en charge par la CAF d'une partie du salaire de l'assistante maternelle est modulée en fonction des revenus du ménage.

Cette aide à la famille est complétée par une aide forfaitaire dépendant des revenus nets imposables de l'année 2001 (déclarés en 2002).
- Revenus inférieurs à 12 911 €, majorés de 2 979 € par enfant à charge : la majoration ou aide forfaitaire est de 200,78 € par enfant de moins de 3 ans, et de 100,41 € pour un enfant de 3 à 6 ans.

- Revenus compris entre 12 911 €, majorés de 2 979 € par enfant à charge, et 17 553 €, majorés de 4 096 € par enfant à charge : la majoration ou aide forfaitaire est de 158,76 € par enfant de moins de 3 ans, et de 79,38 € pour un enfant de 3 à 6 ans.

- Revenus supérieurs à 17 553 €, majorés de 4 096 € par enfant à charge : la majoration ou aide forfaitaire est de 131,55€ pour un enfant de moins de 3 ans, et de 65,78 € pour un enfant de 3 à 6 ans.

L'AFEAMA est cumulable avec l'allocation pour jeune enfant (APJE), le complément familial (CF), l'allocation d'adoption (AA), l'allocation de soutien familial (AF), les allocations familiales (AF), l'allocation de rentrée scolaire (ARS), l'allocation d'éducation spéciale (AES) et ses compléments, ainsi que l'allocation de présence parentale (APP).

À noter. L'aide proprement dite est versée pour chaque enfant gardé, à la condition que la rémunération de l'assistante maternelle n'excède pas, par jour et par enfant, 5 fois le SMIC. horaire.

L'allocation de garde à domicile (AGED)

Cette allocation couvre tout ou partie des charges sociales pour l'emploi d'une personne qui garde votre enfant chez vous, si celui-ci est âgé de moins de 6 ans. Vous et votre conjoint devez exercer une activité professionnelle suffisante. Si vous êtes salariés (mère, père ou personne seule), vous devez chacun disposer d'un revenu net trimestriel au moins égal à 1 032 €. Si vous travaillez en indépendant(e), vous devez être affilié(e) au régime d'assurance vieillesse de votre profession et être à jour de vos cotisations.

Le montant de l'AGED par foyer varie selon l'âge du plus jeune enfant gardé, et aussi, le cas échéant, selon vos ressources.

▶ L'enfant a moins de 3 ans : si vos ressources déclarées pour l'année 2001 sont inférieures à 34 744 € (revenu net imposable après abattements fiscaux), le montant de l'AGED sera égal à 75% du montant des cotisations sociales dues à l'URSSAF, dans la limite de 1 548 € par trimestre. Si vos ressources sont supérieures à 34 744 €, le montant de votre AGED sera égal à 50% du montant des cotisations dues à l'URRSAF, dans la limite de 1 032 € par trimestre.

▶ L'enfant a entre 3 et 6 ans : quel que soit le montant de vos ressources perçues en 2001, le montant de l'AGED sera égal à 50% des cotisations dues à l'URSSAF, dans la limite de 516 € par trimestre.

Si vous bénéficiez déjà de l'allocation parentale d'éducation à taux partiel, l'AGED sera égale à 50% du montant des cotisations dues à l'URSSAF, dans la limite de 516 € par trimestre, quels que soient l'âge de l'enfant et le montant de vos ressources.

L'AGED est due dés le premier mois du trimestre civil au cours duquel votre demande d'allocation est déposée. Vos droits se terminent dés le début du trimestre civil qui suit le sixième anniversaire de l'enfant ou la fin de l'activité de la personne qui garde votre enfant.

Chaque trimestre, l'URSSAF vous enverra une déclaration nominative des salaires versés à compléter et à retourner dans les délais impartis. La CAF versera directement votre AGED à l'URSSAF qui vous informera du solde des cotisations à régler. L'AGED est cumulable avec l'allocation de présence parentale.

L'allocation d'adoption (ADA)

Cette allocation est destinée à faire face aux frais entraînés par l'arrivée d'un enfant au foyer. Elle est versée pour chaque enfant adopté ou accueilli en vue d'adoption.

Conditions de ressources. Les mêmes que pour l'allocation jeune enfant (et le complément familial).

Montant. 157,09 € par mois.

Durée. 21 mois.

Cumul possible avec une autre allocation d'adoption pour un autre enfant pendant 9 mois, avec une allocation pour jeune enfant du 4e mois de grossesse aux 3 mois d'un autre enfant au cas où la famille attendrait un enfant alors qu'elle en adopte un ; avec l'AFEAMA, avec l'AGED.

À savoir. L'adoption de l'enfant du conjoint n'ouvre pas droit à l'allocation d'adoption.

Les prestations familiales

Le complément familial (CF)

Qui peut en bénéficier ?

Les personnes résidant en France, quelle que soit leur nationalité, ayant ou non une activité professionnelle.

Conditions. Avoir au moins 3 enfants de 3 ans et plus, et ne pas bénéficier de l'allocation jeune enfant avec conditions de ressources, ni de l'allocation parentale d'éducation.

▶▌Les conditions de ressources sont les mêmes que celles qui permettent de bénéficier de l'allocation jeune enfant, voyez ci-dessus.

Montant. Il est de 142,39 € et 141,68 € après CRDS.

L'allocation de parent isolé (API)

Cette allocation est destinée à garantir un revenu familial minimum à toute personne qui se trouve subitement seule pour assumer la charge d'un ou plusieurs enfants, ou qui se trouve en état de grossesse.

Conditions.

▶▌Avoir un ou plusieurs enfants à charge (si la mère vit dans sa famille, elle est présumée assumer la charge des enfants dont elle a la garde), ou être enceinte. Les enfants peuvent être légitimes, naturels ou reconnus.

Les femmes enceintes doivent avoir déclaré leur grossesse et subir dans les délais les examens prénatals.

▶▌Vivre seul : c'est-à-dire être célibataire, veuf, séparé, divorcé, abandonné et ne pas vivre maritalement.

▶▌Avoir des ressources inférieures à un minimum garanti. Par mois, ce minimum est de : 512,81€ pour une femme enceinte sans enfant ; 683,75 € pour une personne seule ayant un enfant à charge ; par enfant en plus on ajoute : 170,94 €.

Montant. Le montant de l'allocation versée est égal à la différence entre les sommes indiquées et la moyenne mensuelle de vos ressources des trois derniers mois. Il varie donc d'un bénéficiaire à l'autre.

Durée. L'allocation sera versée au maximum pendant douze mois, mais cette durée pourra être prolongée jusqu'à ce que le dernier enfant ait atteint l'âge de 3 ans. Le montant de l'allocation sera révisé tous les trois mois en fonction des revenus du trimestre écoulé.

Les allocations logement

Pour les familles, il existe deux allocations logement : l'allocation de logement familial (ALF) et l'aide personnalisée au logement (APL). Les prestations peuvent atteindre 75 % du loyer payé par l'allocataire, à condition que le loyer et les ressources du ménage ne dépassent pas un certain plafond. Les ménages sans enfant peuvent bénéficier d'une allocation les 5 premières années de leur mariage à condition que les époux n'aient pas dépassé l'un et l'autre 40 ans au moment du mariage.

Il ne nous est pas possible de donner ici tous les renseignements sur les conditions et formalités à remplir pour bénéficier de ces allocations. Mais vous pourrez trouver tous renseignements à votre caisse d'Allocations familiales.

La prime de déménagement

C'est une prime à laquelle vous pouvez prétendre si vous avez la charge d'au moins trois enfants nés ou à naître et si vous vous installez dans un nouveau logement ouvrant droit aux allocations de logement (allocation de logement familial ou APL)

Votre emménagement doit avoir lieu entre le 4ᵉ mois de grossesse et le dernier jour du mois précédant celui du 2ᵉ anniversaire de l'enfant.

Vous devez faire votre demande au plus tard six mois après la date du déménagement.

La prime de déménagement est égale aux frais que vous avez engagés, dans la limite du plafond suivant : 820,49 € pour 3 enfants à charge, et 68,37 € par enfant en plus.

Les prestations de protection sociale

L'aide sociale

L'aide sociale peut accorder une aide financière aux personnes qui ne disposent pas de ressources suffisantes pour subvenir à leurs besoins, ou pour couvrir les frais de soins qu'exige leur état de santé. L'aide sociale est confiée aux conseils généraux et les aides sont très différentes d'une région à l'autre, c'est pour cette raison que nous ne pouvons pas donner plus de précisions.

S'il s'agit d'une difficulté passagère, on peut obtenir un secours ou une aide matérielle.

Formalités. S'adresser au Centre communal d'action sociale (à la mairie).

Montant. Il varie suivant les cas, selon les ressources de l'intéressée.

Le RMI (revenu minimum d'insertion)

Bénéficiaires. Toute personne en difficulté, âgée de plus de 25 ans (ou de moins de 25 ans ayant un ou plusieurs enfants à charge ou un enfant à naître), résidant en France (depuis 3 ans au moins pour les étrangers) a droit à un minimum de ressources si elle s'engage à participer aux activités d'insertions définies avec elle, qu'elle vive seule ou en ménage.

Montant mensuel.

Il s'agit d'une allocation différentielle entre un montant fixé pour une personne seule (auquel on applique des majorations en fonction de la composition de la famille) et les ressources de la famille.

— Personne seule : 405,62 € (356,95 € après abattement du forfait logement).

— Couple sans enfant ou isolé avec un enfant : 608,43 € (511,08 € après abattement du forfait logement).

— Par personne à charge supplémentaire : 121,69 €.

— À partir de la 3ᵉ personne supplémentaire : 162,25 €.

Ces chiffres sont un peu inférieurs pour les départements d'outre-mer.

Ressources prises en compte pour le calcul de l'allocation attribuée :

▶ à 100 % : salaires, revenus, pensions, allocations familiales (sauf les majorations des allocations familiales pour âge des enfants, ainsi que l'allocation jeune enfant pendant la grossesse et les allocations spécialisées);

▶ partiellement : les aides personnelles au logement et certaines rémunérations d'activités professionnelles ou de stages qui doivent faciliter l'insertion.

La négligence peut coûter cher

Vous voyez les avantages dont vous pouvez bénéficier lorsque vous attendez un enfant.

Ces avantages sont importants. Encore une fois, pour en bénéficier, vous devez vous soumettre aux formalités qui vous sont demandées et ce, dans les délais prescrits.

Chaque année, nombreuses sont les jeunes mères qui ne perçoivent que partiellement remboursements et allocations dont elles pourraient bénéficier, parce qu'elles sont négligentes ou mal informées.

Si votre cas est spécial — et que nous ne l'ayons pas prévu ici —, si vous avez besoin d'un conseil, allez voir l'assistante sociale de votre mairie, ou consultez celle qui est attachée à votre entreprise.

Les renseignements que nous donnons sur les formalités à accomplir pour bénéficier des allocations familiales, ainsi que sur la manière de les percevoir, s'appliquent à la région parisienne. Quoiqu'ils soient dans les grandes lignes valables pour toute la France, dans certaines caisses départementales les formalités et modes de paiement sont un peu différents. Les futures mamans dépendant de ces caisses trouveront auprès de celles-ci tous renseignements nécessaires.

Si les formalités peuvent légèrement varier d'un département à l'autre, le taux permettant de calculer le montant des prestations familiales est le même pour toute la France.

La retraite de la mère de famille

Avantages accordés aux mères salariées.

▶■Pour les mères qui travaillent, chaque enfant élevé entre la naissance et leur 15ème anniversaire leur donne une bonification d'un trimestre par année, jusqu'à un maximum de 8 trimestres par enfant.

▶■Pour une mère de 3 enfants, le montant de la retraite est augmenté de 10 %.

Les mères qui ont obtenu un congé parental d'éducation peuvent bénéficier d'une majoration de trimestres d'assurance égale à la durée effective de ce ou ces congés. Mais cette majoration ne peut se cumuler avec les deux années supplémentaires par enfant. Il faudra choisir entre ces deux avantages au moment de la liquidation de la retraite.

Allocation versée aux mères de 5 enfants qui n'ont pas été salariées.

Pour les mères qui ont élevé 5 enfants pendant 9 ans au moins avant leur 16e année et qui ne dépassent pas un certain plafond de ressources (assez bas), il existe une allocation aux mères de famille. Cette allocation est versée à partir de 65 ans, ou de 60 ans en cas d'état de santé déficient.

À noter (car j'ai eu beaucoup de lettres demandant des précisions sur cette allocation) : ces mères doivent être françaises (ou appartenir à un pays ayant passé une convention avec la France), et doivent avoir élevé 5 enfants de nationalité française au moment de la demande d'allocation.

Pour percevoir cette allocation, s'adresser à la caisse d'Assurance vieillesse de la Sécurité sociale de votre département (CNAVTS).

Assurance vieillesse des mères de famille.

Les caisses d'Allocations familiales affilient à l'assurance vieillesse certaines personnes. Cette assurance concerne soit la personne seule (homme ou femme), soit dans un couple celui :

▶■qui n'a pas d'activité professionnelle ;

▶■qui perçoit le complément familial, ou l'allocation au jeune enfant, ou l'allocation parentale d'éducation ;

▶■qui assume la charge d'un enfant de moins de trois ans ou de trois enfants ; ou bien la charge d'un enfant ou d'un adulte handicapé.

Conditions de ressources.

▶■Pour les femmes isolées, mères d'un enfant de moins de 3 ans, ou d'au moins 3 enfants : leurs ressources ne doivent pas dépasser un plafond fixé à 2 130 fois le taux horaire du SMIC, majoré de 25 % par enfant à charge.

▶■Pour les couples : si les mères ont un enfant de moins de 3 ans, le plafond est le même que pour les femmes isolées ; si elles ont au moins 3 enfants à charge, le plafond est le même que pour le complément familial.

N'hésitez pas à vous renseigner auprès de la caisse pour toute situation un peu particulière. Les mères de famille qui ne travaillent pas, mais qui ne remplissent pas les conditions pour être affiliées par la CAF, peuvent s'inscrire à l'assurance vieillesse des mères de famille, ainsi qu'à l'assurance volontaire invalidité parentale. Elles doivent verser une cotisation trimestrielle.

Si vous êtes seule

Sur le plan national, il n'existe pas d'organisation qui s'adresse aux mères seules, mais à la suite d'initiatives individuelles, de nombreuses associations se sont créées. Demandez aux assistantes sociales (à la mairie, dans l'entreprise, à la PMI) qui connaissent leurs adresses.

Dans certaines maternités, les sages-femmes mettent en rapport les mères seules, dans le cadre de la préparation à l'accouchement, et l'on voit peu à peu se constituer des groupes, s'échanger des adresses, et une vraie solidarité s'instaurer entre les futures mères. C'est le meilleur cas. Dans d'autres, rien ne se fait, par timidité, par manque d'initiative. Vous aurez peut-être à prendre les devants, n'hésitez pas, parlez aux sages-femmes.

Les femmes seules (célibataires, séparées, divorcées, veuves) peuvent bénéficier des avantages et droits énumérés dans les pages précédentes à certaines conditions. En outre, si elles sont dépourvues de ressources, elles peuvent bénéficier d'avantages spéciaux.

La sécurité sociale

❚ La femme seule peut bénéficier des prestations de Sécurité sociale pour elle et ses ayants droit si elle exerce une activité professionnelle salariée ou non salariée ou si elle adhère à l'assurance personnelle ou à la CMU. Elle bénéficie donc du régime de maternité (voir les conditions page 427).

❚ Les jeunes mères seules à charge d'un assuré social (dans la limite d'âge prévue par la loi) bénéficient des prestations de Sécurité sociale comme ayants droit d'un assuré social.

❚ Les étudiantes bénéficient du régime des étudiants (1) ; elles ont droit aux prestations de Sécurité sociale pour elles et leurs ayants droit.

❚ En ce qui concerne les femmes divorcées et les veuves, les prestations de l'assurance maternité continuent à leur être versées pendant un an (après la transcription du divorce, ou le décès du conjoint), ou jusqu'à ce que le dernier enfant ait plus de 3 ans.

❚ Les femmes divorcées ou veuves sont assurées sociales sans limitation de durée si elles ont plus de 45 ans et si elles ont (ou ont eu) au moins trois enfants à charge.

❚ En cas de mariage postérieur à la conception ou à la naissance du bébé, une mère non assurée sociale bénéficie des prestations de Sécurité sociale, à partir de la date du mariage, sur le compte de son mari.

1– Les étudiants bénéficient jusqu'à 28 ans de la Sécurité sociale, mais toutes les écoles n'y ouvrent pas droit. D'autre part, ceux qui ne peuvent bénéficier de la Sécurité sociale de leurs parents peuvent être inscrits à la Sécurité sociale des étudiants avant 20 ans.

Les prestations familiales

Vous bénéficierez des mêmes conditions que pour les femmes mariées : l'allocation pour jeune enfant, du 4e mois de l'enfant jusqu'à ses trois ans, si vos ressources ne dépassent pas un certain plafond (voir page 442) (Prestation non cumulable avec l'allocation de parent isolé).

Protection sociale

Les futures mères dépourvues de ressources ou disposant de ressources insuffisantes peuvent bénéficier de diverses allocations d'aide sociale, et peuvent loger dans des centres maternels.

❚ Un secours peut être accordé avant la naissance sous forme de don ou de prêt. Pour tous renseignements, s'adresser aux centres communaux d'action sociale (à la mairie).

❚ La gratuité de l'accouchement est assurée aux femmes privées de ressources.

❚ Une aide financière peut être maintenue après l'accouchement ou accordée à la mère qui n'a pas assez de ressources pour vivre. Elle est cumulable avec les allocations familiales.

Les centres maternels

Ils sont réservés en priorité aux mères isolées, sans ressources ni logement. Ils ont en général deux sections : prénatale et postnatale.

➤ Dans la section prénatale, la femme est reçue à titre gratuit avec prise en charge de la DDASS de son domicile.

➤ Dans la section postnatale (après le congé de maternité) une participation aux frais est demandée à la mère en fonction de ses ressources.

Ces centres peuvent aussi accueillir des femmes ayant des enfants et qui sont momentanément privées de logement et de ressources.

Pour avoir des adresses, les futures mères doivent s'adresser au service social de la mairie.

Des assistantes maternelles, dépendant de l'Aide sociale à l'Enfance, accueillent en placement permanent des enfants sans famille ou dont les familles connaissent des difficultés momentanées. Elles sont surveillées par des puéricultrices. La famille, si elle le peut, verse une modeste participation.

À noter. Dans les départements où il n'y a pas de centres maternels, les hôpitaux susceptibles de recevoir les femmes enceintes doivent obligatoirement recevoir les femmes enceintes qui le demandent durant le mois qui précède l'accouchement et celui qui le suit, et ceci gratuitement si elles n'ont pas de ressources. Les femmes peuvent demander le bénéfice du secret à l'admission.

Le livret de famille.

Les mères seules peuvent obtenir un livret de famille. La demande doit être faite à la mairie du lieu de naissance.

Renseignements divers pour les mères seules

▶▌Ce qui est dit pages 416 et suivantes à propos de la reconnaissance de l'enfant, de l'exercice de l'autorité parentale et du nom de l'enfant concerne également les mères seules.

▶▌Lorsque la mère déclare sa grossesse, elle peut donner des informations sur le père (identité, adresse), voyez page 428. Dans le cas où la mère, connue en tant qu'allocataire isolée, donne ces renseignements il est bien précisé que la CAF doit tenir compte de ces données (notamment une adresse différente de celle de la mère pour l'envoi du livret de paternité ; mais la CAF ne doit pas suspendre les droits en cours liés à l'isolement (comme l'allocation de parent isolé, l'allocation de soutien familial, le RMI).

▶▌Si vous recherchez un emploi, vous trouverez des renseignements utiles dans la brochure *Les femmes et la recherche d'emploi* éditée par l'ANPE et le CNIDFF (7, rue du Jura, 75013 Paris, Tél 01 42 17 12 34).

▶▌Si une mère, qui élève seule son enfant, désire améliorer sa formation professionnelle, sa candi- dature à un stage de formation agréé par l'État sera retenue en priorité. Elle pourra obtenir une rémunération différente suivant la formation choisie.

▶▌La mère seule ou divorcée a droit dans sa déclaration de revenus à porter l'enfant pour 1 part pour le premier enfant, 1/2 part pour le second et 1 part pour chacun des suivants.

Une veuve avec enfant a droit pour elle-même à deux parts, et à une demi-part par enfant pour les deux premiers, et une part pour chacun des suivants à charge.

▶▌Si vous n'avez pas de couverture maladie par votre activité ou en qualité d'ayant droit, vous pouvez en bénéficier par :

- la perception de l'allocation de parent isolé ; (dans ce cas, la caisse d'Allocations familiales vous affilie au régime général d'assurance maladie maternité et prend en charge les cotisations) ;

- La couverture maladie universelle (CMU)

Renseignez-vous auprès de votre caisse primaire d'Assurance maladie.

▶▌Les veuves d'un assuré (régime général ou régime agricole), non remariées, âgées de moins de 55 ans ont droit à **l'allocation veuvage** pendant 2 ans. Si vous avez au moins 50 ans au moment du décès, vous pouvez percevoir cette allocation jusqu'à 55 ans.

Le conjoint de moins de 55 ans doit prouver que l'assuré décédé a bien été affilié à l'assurance vieillesse au moins 3 mois (90 jours) dans l'année précédant son décès (sans compter le mois du décès).

Si vous reprenez une activité professionnelle (salariée ou non salariée), le cumul intégral est possible entre l'allocation veuvage et vos revenus pendant trois mois ; ensuite le montant est dégressif en fonction de vos revenus pendant neuf mois.

Aides familiales, assistantes maternelles, crèches, pouponnières...

Vous allez accoucher dans une clinique ou à l'hôpital, mais vous n'avez personne qui puisse s'occuper des enfants que vous laissez à la maison ; vous pouvez, dans ce cas, demander au service social de votre mairie de vous procurer une aide familiale.

Cette personne peut être une travailleuse familiale ou une aide ménagère.

Les travailleuses familiales.

Elles ont pour fonction de relayer ou de seconder la mère de famille dans les tâches quotidiennes du foyer, lorsque celle-ci se trouve dans l'incapacité momentanée de les effectuer (maternité par exemple). En général, l'intervention de ces travailleuses est limitée (une ou deux semaines en moyenne), mais elle peut durer plus longtemps dans des cas particuliers.

Les aides ménagères.

Elles interviennent pour assurer les travaux ménagers que la mère de famille ne peut assurer momentanément (si la situation ne justifie pas la présence d'une travailleuse familiale).
Les aides ménagères interviennent un ou deux jours par semaine, ou par demi-journée.

Pour ces aides familiales, la participation financière de la famille est fixée d'après un barème qui tient compte des revenus de la famille et du nombre d'enfants. En cas de naissance multiple (triplés et plus), ou de jumeaux si la famille compte un enfant de moins de trois ans, la gratuité est accordée pour un certain nombres d'heures. Votre caisse d'Allocations familiales vous donnera tous les renseignements. La mairie, les services de PMI, vous donneront également des adresses d'organismes privés pouvant vous procurer une aide familiale.

Si vous travaillez, il existe plusieurs possibilités pour faire garder votre enfant : assistante maternelle (nourrice), crèche, employée de maison, etc. Voici quelques renseignements pratiques à propos des divers modes de garde.

Les assistantes maternelles

Pour trouver une assistante maternelle, il faut s'adresser au service social de la mairie qui connaît les assistantes maternelles agréées. L'agrément est accordé pour cinq ans (il est renouvelable pour la même durée à l'issue d'une nouvelle enquête) par le président du Conseil général, après vérification que les conditions d'accueil garantissent la santé, la sécurité et l'épanouissement de l'enfant.

Si vous confiez votre enfant à une assistante maternelle pour plus de huit jours, vous devez en faire la déclaration à votre mairie et déclarer votre embauche à l'URSSAF dans les 8 jours, puis lui donner un bulletin de salaire tous les mois ; et la personne qui prend votre enfant en charge chez elle doit également le déclarer.

L'assistante maternelle est tenue à certaines formalités, qui sont une garantie que votre enfant est bien soigné et qu'il vit dans un milieu sain. Elle doit suivre une formation. Elle doit passer régulièrement des visites médicales. Elle reçoit la visite régulière d'un membre de l'équipe de PMI. Elle doit souscrire personnellement une assurance responsabilité civile professionnelle pour les dommages que les enfants gardés pourraient provoquer et pour ceux dont ils pourraient être victimes. Enfin, le BCG est obligatoire pour tout enfant gardé par une assistante maternelle.

À titre d'indication, le prix d'une assistante maternelle (à Paris) est d'environ 24,40 à 38,10 € par jour. L'État ne fixe que des rémunérations minimales. Le prix minimum est 2,25 fois le SMIC pour 8 heures par jour et par enfant : soit 15,37 € ; au-delà de 10 heures de garde par jour, il faut ajouter au minimum, pour chaque heure effectuée, 1/8e du salaire versé pour 8 heures d'accueil.

Pour une garde d'une durée inférieure à 8 heures, la rémunération minimale est égale à 1/8ᵉ de la somme versée pour 8 heures multiplié par le nombre d'heures (soit 1,80 € multiplié par le nombre d'heures). À ce prix minimum, il faut ajouter une indemnité d'entretien (il n'y a pas de tarif établi, cela fait l'objet d'un accord entre l'assistante maternelle et les parents). Important : nous vous recommandons d'établir un contrat écrit avec l'assistante maternelle précisant les tarifs, les horaires de garde, les vacances.

En cas d'absence de l'enfant (sauf si l'absence est imputable à l'assistante maternelle ou à sa famille, à la maladie de l'enfant ou à une circonstance contraignante pour l'employeur), une indemnité compensatrice dont le montant minimum est fixé par décret en référence au SMIC doit être versée (1,125 fois le montant du SMIC horaire par journée entière d'absence d'un enfant).

Si vous choisissez cette solution de garde, n'oubliez pas dans vos prévisions budgétaires de compter les indemnités de congés payés. Celles-ci représentent le dixième du total formé par la rémunération reçue : salaire et indemnités compensatrices.

Pour vous renseigner.

— Amicale nationale des familles d'accueil et des assistantes maternelles (40 antennes en France) : 239, rue des Quatre-Roues, 86000 Poitiers Tél. 05 49 88 23 06

— Des guides pratiques très complets présentent les conditions d'exercice et les différents statuts de la profession. Ils sont édités par l'association *Les petites familles* (Familles d'accueil-Assistantes maternelles) BP 6, 83330 Le Plan-du-Castellet Tél : 04 94 98 74 43

— Le Journal Officiel a fait paraître une brochure consacrée aux structures d'accueil des jeunes enfants. Vous trouverez dans cet ouvrage l'ensemble des textes législatifs et règlementaires concernant les crèches, pouponnières, haltes-garderies, garderies et jardins d'enfants. Un chapitre entier est consacré au statut des assistantes maternelles employées par le secteur privé ou par une collectivité publique : conditions d'agrément et de rémunération, calcul des congés payés, etc. *Crèches, pouponnières, haltes-garderies, garderies et jardins d'enfants, assistant(e)s maternel(le)s*, brochure 1998, 258 pages, 13,42 €. En vente au Journal Officiel, 26 rue Desaix, 75015 Paris.

Les crèches

Pour trouver une crèche, c'est également au service social de la mairie que vous pouvez demander des adresses. Mais pensez à vous en occuper dès que vous savez que vous êtes enceinte, les places sont limitées. N'hésitez pas à faire des demandes dans plusieurs crèches. Ensuite, tous les mois, pensez à confirmer cette inscription, soit par téléphone, soit en y allant.

Les crèches ont pour objet de garder pendant la journée, durant le travail de leur mère, les enfants bien portants ayant moins de 3 ans accomplis. Les enfants y reçoivent tous les soins qu'exige leur âge.

Une surveillance médicale est assurée régulièrement dans ces établissements.

La participation financière des parents, correspondant à un forfait mensuel, est fonction des revenus et du nombre d'enfants de la famille. Il varie de 1,70 à 29,40 € par jour dans la région parisienne, mais dans certains départements les plafonds sont plus élevés.

À côté de ces crèches collectives, il existe des **crèches familiales** qui assurent la garde des enfants chez des gardiennes agréées et surveillées à tous points de vue (santé, logement, hygiène, etc.) par une équipe de puéricultrices D.E. Pour avoir des adresses, s'adresser à la mairie, ou au bureau de Sécurité sociale. La participation financière des parents est ici aussi variable en fonction des revenus et réglée à l'organisme de gestion.

La garde d'un enfant dans une crèche (collective ou familiale) ne donne pas droit à une allocation.

Le service social de la mairie vous indiquera également si dans votre quartier existent des **crèches parentales.** Ces crèches sont organisées et gérées par les parents qui participent eux-mêmes à la garde des enfants, avec le soutien d'une personne qualifiée (1).

1 – Les parents désirant des informations sur les crèches parentales (création, fonctionnement, etc.) peuvent s'adresser à l'ACEPP (Association des collectifs enfants-parents-professionnels), 15, rue du Charolais, 75012 Paris, tél. : 01 44 73 85 20 qui édite un guide pratique des crèches parentales. Site Internet : http://www.acepp.asso.fr

Les autres modes de garde

Les haltes-garderies.

Elles ont pour vocation d'accueillir les enfants (de 2 mois à 3 ans) dont les mères n'exercent pas d'activité professionnelle, pour une durée maximale de 10 jours par mois. Certaines haltes-garderies acceptent des enfants dont les mères travaillent à temps partiel ; se renseigner auprès de chaque établissement. La participation financière se calcule selon un tarif horaire en fonction des revenus.

La pouponnière.

Elle n'a pas le même rôle que la crèche : elle a pour particularité de garder jour et nuit les enfants de moins de 3 ans accomplis qui ne peuvent ni rester au sein de leur famille, ni bénéficier d'un placement familial surveillé. Il y a deux catégories de pouponnières : les pouponnières à caractère sanitaire gardent les enfants ayant besoin de soins médicaux spéciaux ; les pouponnières à caractère social gardent les enfants ne nécessitant pas de soins médicaux, mais qui ne peuvent rester dans leur famille.

L'employée de maison.

Pour les personnes qui gardent des enfants au domicile des parents, il n'y a pas de réglementation particulière. Il faut les déclarer à l'URSSAF dans les 8 jours de l'embauche. On doit leur appliquer la loi de médecine du travail comme pour tous les salariés, c'est-à-dire : une visite médicale, avec radioscopie lorsqu'on les engage ; une visite annuelle ensuite pour les personnes âgées de plus de 18 ans ; pour les moins de 18 ans, une visite médicale chaque trimestre. Cette surveillance médicale doit être effectuée par des services médicaux du travail. Dans la pratique, cette réglementation n'est pas encore imposée aux employeurs de gens de maison. Mais nous vous rappelons qu'il y a grand intérêt à faire passer ces visites à toute personne qu'on engage pour s'occuper d'un bébé.

L'essentiel de vos rapports avec votre employée de maison est réglé par la convention collective nationale des employés de maison du 24 novembre 1999, entrée en vigueur le 11 mars 2000.

La jeune fille au pair.

La stagiaire aide familiale au pair, plus connue sous la dénomination de jeune fille au pair, est également une solution pour garder un enfant à temps partiel (5 heures par jour, 6 jours par semaine, plus 3 soirées de baby-sitting).

Elle doit suivre obligatoirement des cours de français dans une école ou une université reconnues par l'administration et être âgée au moins de 18 ans et de 30 ans au plus.

En plus du gîte (une chambre individuelle) et du couvert, elle doit recevoir au minimum 260 € d'argent de poche. Vous devez aussi lui payer son titre de transport.

Elle doit être immatriculée à la Sécurité sociale et vous-même devez-vous faire immatriculer comme employeur à l'URSSAF. Vous aurez à verser des cotisations de Sécurité sociale et de retraite complémentaire (part patronale uniquement). L'emploi d'une jeune fille au pair n'ouvre pas droit à l'allocation de garde à domicile parce qu'elle n'est pas considérée comme une salariée, même si on doit verser pour elle des cotisations à l'URSSAF.

Attention. Le bulletin de paie est obligatoire, même pour une employée au pair.

À noter. La jeune fille au pair ne permet pas la réduction d'impôt pour l'emploi d'un salarié à domicile.

Frais de garde et impôts.

Vous pouvez bénéficier d'une réduction d'impôt pour les frais de garde de vos enfants ayant moins de 7 ans au 31 décembre de l'année d'imposition.

Cette réduction est égale à :

– 25 % des dépenses engagées, dans la limite de 2 300 € (soit une réduction d'impôt de 575 € maximum), lorsque la garde est assurée hors de votre domicile par une assistante maternelle agréée ou par un établissement tel que crèche, garderie...

– 50 % des dépenses engagées (salaire plus charges sociales) dans la limite de 6 900 €, la réduction d'impôt ne peut donc excéder 3 450 € lorsque la garde est assurée à votre domicile par une employée de maison déclarée à l'URSSAF.

La réduction d'impôt porte sur les dépenses effectivement engagées pour la garde des enfants : vous devez indiquer sur votre déclaration le montant exact des frais de garde, le nom et l'adresse de l'assistante maternelle, crèche publique ou privée et vous devez déduire les allocations que vous avez reçues pour frais de garde d'enfant.

À noter. Si vous bénéficiez de l'allocation de garde à domicile, vous devrez déduire le montant de cette allocation de vos dépenses d'emplois familiaux.

Vos obligations et vos droits

Après la naissance

La déclaration de naissance.

Dès la naissance de votre enfant, le médecin ou la sage-femme vous remettra un certificat attestant la naissance. Votre mari – ou à défaut une personne mandatée par la maternité –, muni du livret de famille et de ce certificat, déclarera à la mairie de la commune où a lieu l'accouchement, la naissance de votre enfant. Les services de la mairie doivent remettre un carnet de santé pour l'enfant en enregistrant la naissance. À défaut, il peut être demandé au service départemental de PMI.

Cette déclaration obligatoire doit être faite dans les 3 jours qui suivent la naissance, et sera portée sur le livret de famille. Le jour de l'accouchement n'est pas compté dans ce délai et, si le troisième jour est férié, le délai est prorogé jusqu'au premier jour ouvrable suivant.

Si les père et mère de l'enfant, ou l'un des deux, ne sont pas désignés à l'officier d'état civil, aucune mention ne doit être faite à ce sujet sur les registres de l'état civil.

Passé ce délai de 3 jours, l'officier d'état civil n'a plus le droit de dresser l'acte de la naissance avant qu'un jugement du tribunal ne soit intervenu, ce qui entraîne des formalités longues et coûteuses.

Votre mari fera des photocopies (au moins 4) du livret de famille qui vous seront nécessaires pour vos démarches ultérieures, carte de priorité, allocations familiales, etc.

Le congé de paternité
Qui peut en bénéficier ?

Les salariés ; les travailleurs indépendants (commerçants, artisans, professions libérales, agriculteurs) ; les fonctionnaires ; les militaires.

Durée de l'arrêt de travail

Elle est de 11 jours en cas de naissance simple ; de 18 jours en cas de naissances multiples. Ce congé doit être pris dans les 4 mois de l'arrivée de l'enfant. Il n'est pas fractionnable.

A noter : le congé peut être pris après les 3 jours déjà accordés par l'employeur. Ces 3 jours sont pris en charge par l'employeur. Les 11 jours de congé de paternité sont pris en charge par la sécurité sociale.

Les montants des indemnités du père sont calculés comme les indemnités maternité de la mère (voir page 434).

En cas d'adoption, les pères auront droit à ce congé, en tenant compte des particularités du congé d'adoption qui peut être fractionné entre les deux parents (voir page 432).

La surveillance médicale de l'enfant.

Au cours de la première année, 9 examens sont obligatoires : dans les 8 jours qui suivent la naissance, avant la fin du 1er mois, et au cours des 2e, 3e, 4e, 5e, 6e, 9e et 12e mois.

Au cours de la 2e année, 3 examens sont obligatoires : ceux des 16e, 20e et 24e mois. Enfin, au cours des 4 années suivantes, un examen est obligatoire tous les 6 mois.

Parmi ces examens, 3 donnent lieu à l'établissement d'un certificat de santé (ceux des 8e jour, 9e ou 10e mois et 24e ou 25e mois). Et de l'envoi de ce certificat de santé à la caisse d'Allocations familiales dépend le paiement des allocations jeune enfant, parentale d'éducation et familiales.

Tous ces examens, vous pouvez les faire faire par un médecin de votre choix, ou par le médecin de la consultation de PMI de votre quartier. Dans ces centres, les consultations sont gratuites. Mais si vous faites suivre votre bébé dans un centre de PMI, il est bon que le médecin de votre quartier le connaisse, car c'est lui que vous appellerez lorsque l'enfant sera malade : le centre de PMI n'est pas un centre de soins ni de traitement, et il n'est ouvert qu'à certaines heures. Le carnet de santé, s'il est bien rempli, fera le lien entre les différents médecins que vous serez amenés à voir.

La médaille de la famille française.

La médaille de bronze est accordée aux personnes qui élèvent ou ont élevé 4 ou 5 enfants ; la médaille d'argent est accordée lorsque le nombre des enfants est de 6 ou 7 ; la médaille d'or est accordée lorsque le nombre d'enfants est de 8 ou plus. Les demandes sont à déposer à la mairie du domicile.

Des adresses utiles

Des informations juridiques et sociales...

Vous êtes à la recherche d'informations concernant votre travail, le droit de la famille, des questions sociales, juridiques, etc. Voici quelques organismes à votre disposition :

▶▌Centre national d'information et de documentation des femmes et des familles (CNIDFF)
7, rue du Jura 75013 Paris.
Tél. : 01 42 17 12 00.
Ce centre publie de nombreuses brochures telles que :
« Maternités, femmes salariées »,
« Le concubinage : vos droits ».
Il existe de nombreuses antennes en France intitulées :
CIDF-CEDIFF-CIDFF.

▶▌ Le CIDF 75
Tél : 01 42 17 12 34
Une équipe polyvalente, spécialiste de l'écoute, composée de conseillères conjugales, médecins, travailleurs sociaux, vous informe dans les domaines de la santé, maternité, contraception, gardes d'enfants, scolarité, consommation, loisirs-vacances, logement-hébergement, aides à domicile, difficultés psychologiques.

▶▌Le CIRA (centre d'information et de renseignements administratifs)
Bordeaux : 05 56 11 56 56 ;
Limoges : 08 36 68 16 26.
Lille : 03 20 18 12 12 ;
Lyon : 08 36 68 16 26 ;
Marseille : 04 91 56 24 17 ;
Metz : 03 87 31 91 91 ;
Paris : 01 40 01 11 01 ;
Rennes : 02 23 44 85 00 ;
Toulouse : 08 36 68 16 26.
Ce centre a pour vocation d'informer toute personne dans ses rapports avec l'administration.

▶▌Fédérations syndicales des familles monoparentales
53,rue Riquet, 75019 Paris.
Tél : 01 44 89 86 80.
Ce numéro vous indiquera votre antenne départementale.

▶▌Inter-Service-Parents (service téléphonique de la Fédération des écoles des parents et des éducateurs).
Une équipe polyvalente, spécialiste de l'écoute, composée de juristes, conseillères scolaires, conseillères conjugales, conseillères en vacances, loisirs... vous informe, dans le respect de l'anonymat.

Grenoble : 04 76 87 54 82 ;
Espace écoute-jeunes (13-25 ans) : 04 76 87 16 87.

Lyon : 04 72 00 05 30.
Metz : 03 87 69 04 56 .
Paris : 01 44 93 44 93.
Fil santé jeune (numéro national pour les 12-25 ans)
Tél : 0800 235 236.

▶▌Retravailler (Association nationale coordination des centres)
31, rue Buzenval, 75020 Paris
Tél : 01 43 67 09 92
Regroupe 58 établissements en France et 31 en Europe. En vous adressant à l'Union, vous pourrez connaître l'adresse la plus proche de votre domicile.
« Retravailler » s'adresse à tous (femmes et hommes), que vous ayez fait des études ou non, pour vous permettre de faire un bilan de votre situation, de vous orienter, d'étudier et de valider votre projet si vous en avez un. L'accueil est très personnalisé, chaque cas est analysé pour en déterminer la prise en charge financière (ANPE, ...)

Des lieux d'écoute, d'accueil, de rencontre...

)▮Association française des centres de consultation conjugale
228, rue de Vaugirard, 75015 Paris.
Tél : 01 45 66 50 00.
Chaque centre possède un réseau de spécialistes des problèmes familiaux.

)▮Fédération nationale couple et famille,
28, Place Saint-Georges, 75009 Paris
Tél : 01 42 85 25 98
Elle s'adresse à tous ceux qui ont besoin d'être écoutés et aidés : couples en difficulté, femme en détresse, parents, adolescents, personnes seules. 40 associations en métropole.

)▮IRAEC. (Institut de recherche appliquée enfant-couple).
41, rue Joseph-de-Maistre, 75018 Paris.
Tél. : 01 42 28 42 85.
Vous êtes enceinte ou vous êtes déjà parent ; vous vous posez des questions, vous pouvez aller au club parents-enfants. Vous y trouverez un lieu d'accueil et de jeu. (Adhésion annuelle).

)▮SOS Grossesse
51, rue Jeanne-d'Arc, 75013 Paris.
Tél. : 01 45 84 55 91.
a des antennes en province : Aix-en-Provence, Aurillac, Chambéry, Grenoble, Saint-Étienne.

)▮Secours aux futures mères
6, cour Saint-Eloi
75012 PARIS
Tél. : l'après-midi
01 43 41 55 65
la journée   01 64 37 35 54
300 antennes locales.
Ces associations aident matériellement et moralement toute femme enceinte dès le début de la grossesse.

)▮La Maison verte (créée par Françoise Dolto) est un lieu d'accueil pour les enfants, les parents (et futurs parents). Les enfants y viennent accompagnés d'un adulte (père, mère, personne qui les garde) et sont accueillis dans un climat de sécurité.
Dans chaque région, il y a des équivalents qui s'appellent Maison ouverte. Pour en savoir plus, vous pouvez vous adresser à la
Maison verte,
13, rue Meilhac.
75015 Paris.
Tél : 01 43 06 02 82.

)▮La maison de l'École des Parents
162, boulevard Voltaire, 75011 Paris.
Tél. : 01 44 93 24 10.
Ce lieu accueille les enfants de la naissance à 4 ans accompagnés de leurs parents, grands-parents, assistantes maternelles...

)▮Le planning familial,
10, rue Vivienne, 75002 Paris.
Tél. : 01 42 60 93 20.
C'est un lieu d'information et de documentation : contraception, conseil conjugal et familial, etc.

)▮ Ecoute, Sexualité, Contraception
0800 803 803 n° d'appel gratuit d'un poste fixe.

)▮SOS Urgence-Mamans
56, rue de Passy, 75016 Paris.
Tél. : 01 46 47 89 98.
Ce service, qui concerne les Parisiens, assure un dépannage immédiat et temporaire pour tous parents confrontés à un problème inattendu et ne pouvant assurer la garde de leurs enfants. Il s'agit d'un accueil familial par des familles bénévoles sélectionnées et formées. Les parents font un don à l'association en fonction de leurs moyens.

Belgique
La protection de la maternité

Les questions concernant le travail, la grossesse, les allocations familiales, les prestations familiales garanties sont réglées par différents arrêtés et lois. La Belgique dispose d'un système de sécurité sociale dont le but est de garantir un minimum vital à tous les citoyens. Il faut distinguer plusieurs régimes : salariés, indépendants, fonctionnaires, groupes particuliers, etc. Selon que vous appartenez à l'un ou l'autre de ces régimes, vous ne bénéficierez pas toujours des mêmes possibilités. Pour connaître l'ensemble de vos droits, vous pouvez vous adresser à :

l'Office National de Sécurité Sociale (ONSS), Rue Joseph II, 47, 1000 Bruxelles.
Tél : 02/238 32 11.
si vous êtes salariée : à la caisse où vous cotisez si vous êtes indépendante ; et à votre service du personnel si vous êtes agent du secteur public.

Vous attendez un enfant

Vous pouvez être suivie par le médecin de votre choix, ou aller à une consultation de gynécologie-obstétrique, ou à la consultation prénatale de l'ONE (Office de la Naissance et de l'Enfance, voir les adresses page 463).

Vous pouvez vous procurer la liste de tous les hôpitaux et maternités au ministère de la Santé publique, Administration des Établissements de Soins, Service d'Études, Cité administrative de l'État, Quartier Vésale, Boulevard Pacheco, 19 boite 5, 1010 Bruxelles.
Tél. : 02/210 47 67.

Vous ne travaillez pas.

▶▋Vous vivez avec votre mari, ou vos parents, ou votre ami et vous êtes à sa (leur) charge. En étant inscrite sur son (leur) carnet de mutuelle, à condition de remplir certaines conditions, vous bénéficierez du remboursement des frais (ou d'une partie des frais) médicaux, pharmaceutiques et hospitaliers.

Adressez-vous à l'Institut National d'Assurance Maladie Invalidité (INAMI), Avenue de Tervuren 211, 1150 Bruxelles.
Tél. : 02/739 71 11, si la personne avec qui vous vivez est salariée, et si elle est indépendante: à l'Institut national d'assurances sociales pour travailleurs indépendants (INASTI), Place Jean Jacobs 6, 1000 Bruxelles.
Tél : 02/507 62 11. Vous pouvez aussi vous renseigner auprès d'une mutuelle.

▶▋Vous vivez seule et vous n'êtes à charge de personne : vous êtes remboursée, si vous êtes personnellement affiliée à une mutuelle comme « personne non protégée » et si vous remplissez deux conditions :
- y être inscrite depuis 6 mois ;
- avoir payé les cotisations mensuelles.
Renseignez-vous à l'INAMI (voir ci-dessus).

Vous êtes travailleuse indépendante.

Votre mutuelle ne rembourse que les « gros risques » : accouchement, hospitalisation… Si vous voulez que vos autres frais médicaux soient remboursés, vous devez payer une cotisation supplémentaire à votre mutuelle. La mutuelle ne compense pas la perte de revenus causée par l'arrêt de travail dû à une incapacité de travail en raison de la grossesse. Vous bénéficierez, à certaines conditions, d'un congé de maternité indemnisé : 3 semaines à prendre de façon ininterrompue dès le lendemain de l'accouchement.
Pour tout renseignement,

s'adresser à votre caisse d'Assurances sociales ou à l'INASTI (voir ci-dessus).

Vous êtes salariée.

Dès que vous avez connaissance de votre état de grossesse, vous avez l'obligation d'avertir votre employeur (arrêté royal du 02/05/1995 concernant la protection de la maternité). Vous avez le droit de vous absenter pour des examens prénataux qui ne peuvent avoir lieu en dehors des heures de travail.

▶▋Restriction du droit de licencier.
— Secteur privé : l'employeur ne peut pas vous licencier dès qu'il a eu connaissance par un certificat médical, de la grossesse jusqu'à un mois après le retour de congé de maternité.
Exception : licenciement pour des motifs étrangers à la grossesse.
— Secteur public : les agents de l'État ne sont pas concernés, car ils bénéficient de la sécurité de l'emploi.

▶▋L'incapacité de travail pendant la grossesse existe pour tous les travailleurs. Un certificat médical est nécessaire. L'indemnisation varie selon le statut de la femme salariée.

▶▋Le congé de repos. Ce congé n'existe que dans le secteur privé. Il doit être demandé à l'employeur.

La femme peut le prendre à partir du 5ᵉ mois de sa grossesse avec un certificat de son médecin. Il n'y a pas de salaire, pas de garantie d'emploi, pas d'indemnité de la mutuelle (les droits sont maintenus).

Vous êtes agent de l'État ou chômeuse.

La législation relative à la protection de la maternité est sensiblement la même que celle des travailleurs salariés. Toutefois, certaines mesures sont plus spécifiques, renseignez-vous auprès de votre administration ou, si vous êtes chômeuse, auprès de l'Office national de l'Emploi (ONEM), bd de l'Empereur, 7, 1000 Bruxelles. Tél. : 02/515 41 11.

Travail et maternité.

Vous pouvez trouver des informations au service juridique de la GSC (service de presse et d'information, rue Guimard, 1, 1040 Bruxelles.

Tél. : 02/509 96 96).

Le congé de maternité

Le congé prénatal est de 7 semaines dont 6 semaines peuvent être reportées à la demande de la femme après le congé postnatal. Il est interdit à la future mère de travailler pendant les 7 jours qui précèdent la date présumée de l'accouchement. En cas de naissance prématurée, ces 7 jours ne sont pas récupérables.

En cas de naissance de jumeaux, le congé prénatal est augmenté de 2 semaines qui peuvent être reportées après le congé postnatal. Ce congé est donc de 9 semaines. En tout état de cause, la semaine précédant la date de l'accouchement ne peut être reportée.

Le congé postnatal de 8 semaines est à prendre obligatoirement après l'accouchement.

Le congé de maternité doit avoir une durée minimale de 9 semaines, il peut avoir une durée maximale de 15 semaines, que le congé prénatal soit ou non reporté.

Seul le congé prénatal — s'il n'a pas été pris en tout ou en partie — peut être reporté au moment où le nouveau-né entre au foyer s'il est resté hospitalisé pendant au moins huit semaines à compter de sa naissance.

L'indemnisation varie selon votre statut, renseignez-vous auprès de votre employeur et de votre mutuelle, ou, si vous êtes chômeuse, auprès de votre mutuelle.

Congé à la naissance et après la naissance

Congé du père.

Dans le secteur privé, la loi du 15 septembre 2001 modifie la durée du congé du père pour porter le nombre de jours auxquels il a droit, de 3 à 10. Ceux-ci doivent être pris, à choisir, dans les 30 jours à dater du jour de l'accouchement de son épouse. Le travailleur bénéficiera pendant les trois premiers jours du maintien de sa rémunération et d'une allocation à charge de sa mutuelle pour le restant de la période. A noter : il en est de même pour le congé d'adoption. Si les parents ne sont pas mariés, le père doit avoir reconnu l'enfant.

Dans le secteur public : 4 jours ouvrables lors de l'accouchement de son épouse ou de la personne avec qui il vit maritalement.

Conversion du congé de maternité en congé de paternité.

(Loi du 29 décembre 1990 –

Arrêté royal du 27 juillet 1994 et du 9 novembre 1994).

En cas de décès ou d'hospitalisation de la mère, le père de l'enfant peut, à la place de la mère, épuiser le reste du congé post natal y compris le congé prénatal que la mère n'aurait pas pris.

Dès que le salarié a averti son employeur par un écrit recommandé, ou en le remettant contre accusé de réception, sans oublier une attestation médicale de l'hospitalisation de la mère, aucun licenciement sauf pour des motifs étrangers au congé de paternité ne peut avoir lieu. Ces dispositions ne sont pas applicables au secteur public.

Congé parental.

Dans le **secteur public**, le père ou la mère de l'enfant peut : soit suspendre complètement l'exécution du contrat de travail pendant trois mois, soit opter pour un mi-temps d'une période

de six mois lorsqu'il (elle) travaille à temps plein. Ce droit s'étend également au personnel - statutaire et contractuel - des provinces, des communes, des agglomérations, fédérations de communes et à leurs employeurs. Est également visé, le personnel des établissements publics et associations de droit public dépendant des pouvoirs cités ci-avant. Le droit au congé parental devra être exercé durant la période s'écoulant de la naissance de l'enfant jusqu'à son quatrième anniversaire, sauf exception en cas d'incapacité de 66 % de l'enfant.

Le salarié du **secteur privé** peut bénéficier d'un congé parental d'une durée ininterrompue de 3 mois ; il faut qu'il ait été sous contrat avec son employeur pendant 12 mois au cours des 15 mois précédant la demande. L'indemnité est de 495 €.

Le congé d'allaitement.

Il n'existe pas comme tel. Dans le secteur privé, il y a un droit aux pauses d'allaitement. Depuis le 1er juillet 2002, la mère a le droit de suspendre l'exécution de son contrat de travail afin d'allaiter son enfant au lait maternel et/ou de tirer son lait. La rémunération des moments pris par la mère dans les cas visés par la Convention sont pris en charge par l'INAMI. Ce droit ne peut être exercé que durant la période de 7 mois après la naissance de l'enfant.

L'employeur doit être averti 2 mois – réductible de commun accord – à l'avance et la preuve de l'allaitement sera apportée, notamment par certificat médical, au début et chaque mois. Le droit concerne une pause d'allaitement d'une demi-heure pour 4 heures de travail et deux pauses de même durée pour au moins 7 heures 30 de travail, étant entendu qu'elles doivent être prises dans la même journée, en une ou deux fois, sans autre cumul ou récupération possible.

Le congé pour élever son enfant, pour soigner un enfant malade.

Ces congés varient selon le statut professionnel de la mère.

La protection de la maternité est réglée par la loi du 16 mars 1971 sur le travail (article 39 à 45).

Après la naissance

La déclaration de naissance.

Dès la naissance de votre enfant, l'accoucheur vous remettra un certificat attestant cette naissance. Il faut que le père, la mère (ou les deux) la déclare dans les 15 jours qui suivent l'accouchement (lorsque le dernier jour de ce délai est un samedi, dimanche ou un jour férié légal, le délai est prolongé jusqu'au premier jour ouvrable qui suit), à l'officier de l'état civil (en fait, à l'administration communale, bureau de l'état civil) du lieu où l'enfant est né. Sur présentation du certificat de l'accoucheur, de la carte d'identité de la mère (ou son passeport) et du carnet de mariage, si la mère est mariée, il sera remis à celui qui vient déclarer la naissance :

1) Une attestation pour l'allocation de naissance à envoyer le plus rapidement possible à la caisse d'Allocations familiales à laquelle est affilié le dernier employeur de la mère ou du père, ou à la caisse compétente, si le père ou la mère est indépendant(e), fonctionnaire ou sans profession déclarée.

2) Une attestation d'assurance maternité à envoyer à la mutualité.

La déclaration de naissance est réglée par la loi du 30 mars 1984 soit les articles 55 à 62 du Code civil.

La pause carrière.

Elle permet au travailleur du secteur public, et à celui du secteur privé, de suspendre totalement ou partiellement ses activités professionnelles pendant un certain temps et de retrouver son ancien emploi.

▶ Dans le secteur privé, la pause-carrière est prévue par la loi du 22 mai 1985 et les arrêtés royaux des 14 mars 1991, 21 décembre 1992 et 2 décembre 1993. Depuis le 1er janvier 1994, toutes les entreprises qui n'avaient pas déjà conclu de convention collective en ce sens, sont désormais obligées d'accorder l'interruption de carrière à leurs travailleurs. Si votre entreprise avait déjà conclu une convention collective donnant droit à cette pause carrière, elle peut en maintenir les conditions d'accès existantes ; renseignez-vous. Depuis le 01/01/1999, la convention collective limite le nombre de travailleurs en pause carrière à 3 % du nombre moyen de personnes occupées dans l'entreprise.

L'interruption de carrière, dans le secteur privé, est remplacée depuis début 2002 par le système du crédit temps.

Pour une information complète et précise sur cette matière, il est possible de prendre contact avec l'ONEM tél. : 02/515 46 47.

Montant de l'allocation.

Le travailleur à temps plein reçoit 260,39€ par mois. Ce montant peut être majoré respectivement à 285,18 € ou 309,97 € si le travailleur a suspendu ses activités dans un délai de 3 ans à partir de la naissance ou l'adoption d'un 2ᵉ ou 3ᵉ enfant pour lequel le travailleur, ou son conjoint vivant sous le même toit, reçoit des allocations familiales. (Modification introduite par l'arrêté royal du 21.12.92, Moniteur belge du 30.12.92).

▶ Dans le secteur public, la pause-carrière est prévue par l'arrêté royal du 3 juillet 1985 et les arrêtés royaux des 28 février 1996, 30 décembre 1993 et 4 juillet 1994. Ces dispositions portent à 72 mois la durée maximale d'une pause-carrière. Pour en connaître les détails, demander la brochure éditée par le service d'information du ministère de l'Intérieur et de la Fonction publique,

rue Royale, 60-62

1000 Bruxelles.

Tél. : 02/500 21 11.

Montant de l'allocation.

Le travailleur à temps plein reçoit 260,39 € par mois.

Ce montant peut être majoré respectivement à 285,18 € et 309,97 € si le travailleur a suspendu ses activités dans un délai de 3 ans à partir de la naissance ou l'adoption d'un 2ᵉ enfant ou 3ᵉ enfant (et suivant).

À noter. Ces montants sont indexés. Après un an d'interruption, les montants sont diminués de 5 %.

Avantages financiers

Si vous avez droit aux allocations familiales, vous aurez une allocation de naissance, à l'occasion de la naissance de votre enfant. Adressez-vous à l'ONAFTS, rue de Trèves 9, 1040 Bruxelles. Tél. : 02/237 21 11, pour des renseignements généraux, ou à l'INASTI (voir page 466).

Il existe un ordre de priorité établi par la loi en ce qui concerne l'ouverture de ce droit :

1) le père ;
2) à défaut, la mère.

C'est donc à la caisse où est affilié le dernier employeur du père (à défaut de la mère) qu'il convient de remettre l'attestation d'allocation de naissance.

Si le père (ou à défaut, la mère) est indépendant, la caisse compétente est celle où il est affilié.

Si le père (ou à défaut, la mère) est fonctionnaire, la caisse compétente est l'employeur lui-même (État, Communauté...).

Allocations familiales.

Les allocations familiales sont versées pour chaque journée de travail. Elles sont versées au profit de tout enfant à partir du 2e mois jusqu'à la fin de sa scolarité obligatoire. Elles continuent à être versées si l'enfant étudie, est apprenti, handicapé... Le montant des allocations familiales augmente suivant le nombre d'enfants.

Pour tout renseignement, s'adresser à l'ONAFTS ou à l'INASTI selon votre statut.

Prestations familiales garanties.

Si aucune des conditions d'octroi pour les allocations familiales ou de naissance ne peuvent être remplies, l'enfant belge bénéficie quand même de ces allocations selon le système des « prestations familiales garanties ». L'octroi et le montant de ces allocations dépendent des revenus des personnes qui ont la charge de l'enfant. Tout renseignement est donné par l'ONAFST.

Allocations familiales en cas d'abandon.

Vous ne travaillez pas, votre mari a quitté le domicile conjugal et vous ne percevez plus d'allocations familiales, vous continuerez, à certaines conditions, à recevoir ces allocations.

Les allocations familiales sont réglées par l'arrêté royal du 19 décembre 1939 qui coordonne les lois sur les allocations familiales. Les prestations familiales garanties sont réglées par la loi du 20 juillet 1971.

La filiation

La filiation étant un sujet complexe, il vaut mieux vous adresser à une boutique de droit, un avocat, un notaire, à votre administration communale ou à un greffe de Justice de Paix. Sachez néanmoins qu'il y a de nouvelles dispositions en matière de filiation avec la loi du 31 mars 87 entrée en vigueur le 06 juin 87. En particulier,

il n'y a plus d'inégalité de statut entre les enfants qu'ils soient nés dans le mariage ou hors mariage.

Vous pouvez demander la brochure « Tous les enfants égaux en droit » publiée par INFOR-FEMMES, rue Bréderode, 29, 1000 Bruxelles. Tél. : 02/511 47 46. Cet organisme dispose d'un centre de planning familial

susceptible de donner des informations dans toute matière juridique et sociale :

INFOR-FEMMES-PLANNING Tél. : 02/511 38 38.

Vous pouvez aussi consulter les notes faites par le service juridique de l'Office de la naissance et de l'enfance (ONE).

L'autorité parentale

Le principe de l'autorité parentale conjointe a été établi par la loi du 13 avril 1995. Un parent ne peut agir sans l'accord de l'autre parent quand il s'agit de prendre une décision relative à la personne de l'enfant, ou à l'administration de ses biens. Ce

principe est valable que les parents vivent ensemble, ou qu'ils vivent séparément ; qu'ils soient mariés, ou non mariés.

Néanmoins, à l'égard des tiers de bonne foi, chacun des père et mère est réputé agir avec l'accord de l'autre.

Exception : quand les parents ne vivent pas ensemble, le tribunal peut confier à un parent l'exercice exclusif de l'autorité parentale. Dans ce cas, le juge fixe les modalités selon lesquelles l'autre parent maintient des relations personnelles avec l'enfant.

)▌Pour connaître la consultation prénatale de l'**Office de la naissance et de l'enfance** (ONE) la plus proche de chez vous, adressez-vous au : Siège central, avenue de la Toison d'Or

84-86, 1060 Bruxelles.
Tél. : 02/542 12 11.

)▌Ce mémento destiné aux lectrices belges a été réalisé grâce à la documentation fournie

par l'ONE (Office de la naissance et de l'enfance) et au travail effectué par le Service juridique de l'ONE, ce dont nous les remercions.

La Suisse
La protection de la maternité

Le droit suisse ne prévoit pas d'assurance maternité proprement dite, sauf dans le canton de Genève. Les questions concernant le travail, la grossesse et l'accouchement sont réglées par des lois différentes: la loi sur le travail, la loi sur l'assurance maladie et le Code des obligations, ainsi que les conventions collectives de travail. Les prestations vont donc dépendre d'une part des assurances contractées par les femmes enceintes et d'autre part des employeurs et des conventions collectives qui améliorent les dispositions minimales. Certaines dispositions sont en cours de révision. C'est pourquoi nous vous recommandons de vous informer auprès des centres officiels de consultation en matière de grossesse dont vous trouverez la liste ci-après.

ASSURANCE MATERNITÉ

A Genève, l'assurance maternité cantonale genevoise est entrée en vigueur en juillet 2001. Elle offre aux mères un congé de 16 semaines à compter de la date de l'accouchement et l'allocation se monte à 80 % du salaire. Elle concerne toutes les mères, salariées et indépendantes, qui cotisent à l'AVS (Assurance vieillesse survivant) et ont travaillé au moins 3 mois dans le canton.

De même, lors de l'adoption d'un enfant de moins de 8 ans, le parent (père ou mère) qui cesse effectivement son travail pendant le congé d'adoption a droit à l'allocation égale à 80 % du gain assuré durant 16 semaines à partir de l'arrivée de l'enfant. C'est à la femme assurée de faire valoir son droit auprès de la caisse de compensation compétente.

Pour toute demande d'informa-tion, s'adresser à : Caisse cantonale genevoise de compensation (CCGC), 54, route de Chêne, case postale, 1211 Genève 29,
Tél : 022 718 67 67
Fax : 022 718 67 15.
Pour l'instant, Genève est le seul canton qui a obtenu une assurance maternité. D'autres projets sont à l'étude, mais actuellement, aucun autre projet de loi n'a abouti (ni au niveau cantonal, ni au niveau fédéral).

ASSURANCE MALADIE

Depuis l'introduction de la LaMal (Loi fédérale sur l'assurance maladie), toute personne domiciliée en Suisse doit s'assurer pour les soins en cas de maladie. «L'assurance obligatoire des soins prend en charge, en plus de coûts des mêmes prestations que pour la maladie, ceux des prestations spécifiques de maternité». (Article 29, chapitre 3, section 1, Catalogue). L'assurance de base prend en charge les frais de grossesse à 100 % sans les déductions habituelles de participation, ni de franchise.

Pour accoucher en clinique, il faut disposer d'une assurance complémentaire.

CODE DES OBLIGATIONS
Interdiction de licencier une femme enceinte.

Depuis le 1er janvier 1989, un employeur ne peut plus congédier une femme enceinte, excepté pendant la période d'essai ou si de justes motifs l'autorisent à dénoncer immédiatement le contrat. Cette période d'interdiction de licencier s'étend jusqu'à 16 semaines après l'accouchement.

Droit au salaire pendant le congé maternité.

L'employeur doit verser le salaire en cas de grossesse et d'accouchement de la même manière qu'en cas de maladie, à moins que l'employée ne soit soumise à une convention collective de travail ou une assurance perte de gains qui améliore ses droits. Le droit au salaire dépend du nombre d'années dans l'entreprise et de la couverture éventuelle par une assurance pour perte de gain. Le salaire est dû selon le barème suivant: pendant les 12 premiers mois de travail:
3 semaines; de 1 à 2 ans de travail : 1 mois ; de 2 à 4 ans de travail : 2 mois ; et ainsi de suite... L'arrêt obligatoire de travail de 8 semaines qui suit l'accouchement n'est pas obligatoirement payé dans toute sa durée.

LOI SUR LE TRAVAIL
Conditions de travail des femmes enceintes.

▶ Les femmes enceintes peuvent se dispenser d'aller au travail ou le quitter, mais la grossesse ne leur donne pas droit à plus d'absences payées que ce qui est prévu en cas de maladie.

▶ Les heures de travail supplémentaires ou les horaires de nuit peuvent être refusés.

▶ Il est interdit d'employer des femmes pendant les 8 semaines qui suivent l'accouchement. Par contre, il n'y a pas d'arrêt obligatoire du travail avant l'accouchement.

ALLOCATIONS FAMILIALES

Des allocations familiales sont versées au père ou à la mère de l'enfant par la caisse à laquelle est affilié l'employeur.

En Suisse, la plupart des cantons romands versent une alloca-tion d'accueil à l'enfant, ou prime de naissance, puis une allocation mensuelle. Se renseigner auprès des caisses d'Allocations fami-liales de chaque canton. **Aide Aide financière, Droit de filiation, et renseignements juridiques.**

Les mères seules ou les couples non mariés peuvent obtenir tous les renseignements sur leurs droits et devoirs envers l'enfant, ainsi que sur la reconnaissance en paternité auprès des centres officiels de grossesse du service social, ou de l'autorité tutélaire du canton et de l'office de l'état civil.

Aide financière.

Se renseigner sur les possibilités d'assistance auprès des centres officiels de grossesse du service social des hôpitaux régionaux ou universitaires.

Centres officiels de grossesse

Berne
Hôpital régional, Planning familial : 2502 Bienne
Tél. : 032/324 24 15
Planning familial :
Chemin des charmilles, 4
2740 Moutier,
Tél. : 032/494 30 51
Planning familial :
Hôpital du district de Courtelary.
2610 Saint-Imier,
Tél. : 032/942 24 55

Fribourg-Freiburg
Planning familial :
Grand-Fontaine 50,
1700 Fribourg,
Tél. : 026/305 29 55
Planning familial :
Place de la Gare 3b,
1630 Bulle,
Tél. : 026/305 2955

Genève
Planning familial :
Centre d'information familiale et de régulation des naissances (CIFERN),
47, bd de la Cluse,
1205 Genève
Tél. : 022/321 01 91

Jura
Planning familial :
route de Courroux 3
2800 Delémont,
Tél. : 032/422 34 44
Planning familial :
rue Auguste Cuenin, 14
2900 Porrentruy,
Tél. : 032/466 66 44

Neuchâtel
Planning familial :
fbg de l'Hôpital, 27,
2 000 Neuchâtel,
Tél. : 032/717 74 35

Planning familial :
rue Sophie-Mairet, 31,
2300 La Chaux-de-Fonds,
Tél. : 032/967 20 91

Valais-Wallis
Planning familial :
av. de la Gare 38,
1920 Martigny,
Tél. : 027/722 66 80
Planning familial.
Centre d'information, de régulation des naissances et d'aide aux couples (CIRENAC)
Rue du Fay 2b
1870 Monthey,
Tél. : 024/471 00 13
Planning familial :
rue Centrale 6,
3960 Sierre,
Tél. : 027/455 58 18
Planning familial :
rue des Remparts 6,
1950 Sion
Tél. : 027/323 46 48
Familienberatung und Schwangerschaftshilfe Alte Simplon Strasse, 3900 Brig,
Tél. : 027/923 93 13
Familienberatung und Schwangerschaftshilfe :
3953 Leuk-Stadt, Untere Burgschaft
Tél. : 027/473 31 38
Familienberatung und Schwangerschaftshilfe :
Spitelgasser, 3930 Visp,
Tél. : 027/946 51 73

Vaud
Planning familial, Maternité du Centre hospitalier universitaire vaudois (CHUV) :
av. Pierre-Decker,
1011 Lausanne
Tél. : 021/314 32 48

Centre de planning familial et de grossesse Pro Fa :
av. Georgette 1, 1003 Lausanne
Tél. : 021/312 25 93
Centre de planning familial et de grossesse Pro Fa :
rue de Lausanne 21,
1020 Renens
Tél. : 021/635 90 26
Centre de planning familial et de grossesse Pro Fa :
rue du Panorama 17,
1800 Vevey
Tél. : 021/925 53 16
Centre de planning familial et de grossesse Pro Fa :
rue des Pêcheurs 8
1400 Yverdon,
Tél. : 024/423 69 00
Centre de planning familial et de grossesse Pro Fa :
rue Juste-Olivier 7
1260 Nyon,
Tél. : 022/362 14 74
Planning familial : Place du Casino 1, 1110 Morges,
Tel. : 021/804 66 44
Centre de Planning familial et de grossesse Pro Fa
Chemin du Grand-Chêne 1
1860 Aigle,
Tél. : 024/468 86 08

Tessin
Planificazione familiare,
Ospedale La Carita : 6600 Locarno, Tél. : 091/811 41 11
Planificazione familiare,
Ospedale Civico : 6900 Lugano,
Tél. : 091/805 61 48
Planificazione familiare,
Ospedale S. Giovanni : 6500 Bellinzona, Tél. : 091/820 92 32.

Le Québec
La protection de la maternité

Le suivi médical de la grossesse est assuré par le régime d'assurance maladie : gratuité des visites médicales et des examens. Ce régime couvre les frais d'hospitalisation, de même que les frais de diagnostic et de suivi, de soins médicaux et chirurgicaux, ainsi que les services des cliniques de soins d'urgence. La majeure partie des frais de médicaments est couverte par un régime d'assurance obligatoire. Il n'existe pas de maternités privées au Québec.

Le suivi de la grossesse

La femme choisit le médecin avec lequel elle désire accoucher ou le service de maternité où elle souhaite accoucher. Le premier examen médical se fait entre 6 et 12 semaines de grossesse. Ensuite, la femme consulte une fois par mois jusqu'au 8e mois, puis plus souvent jusqu'à l'accouchement en fonction du déroulement de sa grossesse.

La femme salariée

Les droits des Québécoises durant la grossesse sont principalement inscrits dans la Loi sur les conditions de travail. La femme enceinte salariée a la garantie de conserver son emploi pendant une période déterminée et de recevoir une indemnisation. Par ailleurs, selon les conventions collectives ou les avantages sociaux en vigueur dans les entreprises, les femmes qui travaillent peuvent éventuellement bénéficier de dispositifs qui améliorent les garanties générales.

Une salariée peut s'absenter de son travail (sans salaire) pour des examens liés à la grossesse. Elle doit aviser son employeur le plus tôt possible.

Le congé de maternité

La Loi sur les conditions de travail prévoit que les salariées québécoises ont droit à un congé de maternité sans salaire d'une durée maximale de 18 semaines continues. Le congé ne peut commencer qu'au début de la 16e semaine précédant la date prévue pour l'accouchement. La salariée doit fournir à son employeur un avis écrit mentionnant la date de son départ pour son congé de maternité, ainsi que la date de son retour, trois semaines avant son départ, ou moins si son état de santé l'oblige à s'arrêter plus tôt. À la fin du congé de maternité, l'employeur doit réintégrer la salariée dans son poste habituel et lui verser le salaire et les avantages auxquels elle aurait eu droit si elle était restée à son poste.

Le congé parental

Le père et la mère d'un nouveau-né, et la personne qui adopte un enfant n'ayant pas l'âge scolaire, ont droit à un congé parental sans salaire de 52 semaines continues au maximum. Le salarié qui adopte l'enfant de son conjoint n'a pas droit à ce congé. Le congé parental peut être pris après qu'un avis d'au moins trois semaines, indiquant la date de début et celle de retour au travail, a été donné à l'employeur. À la fin d'un congé parental n'excédant pas 12 semaines, le salarié doit être réintégré dans son poste habituel avec les mêmes avantages. Si le congé dure plus de 12 semaines, le poste habituel du salarié n'est plus garanti par la loi, l'employeur est seulement tenu de l'affecter à un emploi comparable dans le même établissement, avec au moins le salaire auquel il aurait eu droit s'il était resté au travail et, le cas échéant, avec un régime de retraite et d'assurance équivalent.

Naissance ou adoption

Un salarié peut s'absenter de son travail pendant cinq jours à l'occasion de la naissance de son enfant, ou de l'adoption d'un enfant. Les deux premières journées d'absence sont rémunérées si le salarié a 60 jours de service continu. Ce congé ne peut être pris après l'expiration des 15 jours qui suivent l'arrivée de l'enfant. Le salarié qui adopte l'enfant de son conjoint ne peut s'absenter que pendant deux jours sans salaire.

▶ Pour en savoir plus, consultez le site internet de la Commission des normes du travail, à la rubrique : http://www.cnt.gouv.qc.ca

Obligations parentales

Un salarié peut s'absenter cinq jours par an sans salaire pour remplir des obligations liées à la garde, à la santé ou à l'éducation de son enfant mineur, lorsque sa présence est nécessaire en raison de circonstances imprévues. Ce congé peut être fractionné en journées. Une journée peut aussi être fractionnée si l'employeur y consent.

Les prestations de maternité

En vertu de la Loi sur l'assurance-emploi, des prestations de maternité peuvent être versées à la mère naturelle pendant une période déterminée entourant la naissance de l'enfant. Ces prestations, qui sont d'une durée maximale de 15 semaines, peuvent être prolongées si l'enfant est hospitalisé après sa naissance.

Les prestations parentales

Des prestations parentales, d'une durée maximale de 10 semaines, peuvent être versées aux parents (père ou mère) naturels ou adoptifs. Cette période peut être prolongée à 15 semaines si l'enfant est âgé de six mois, ou plus, à son arrivée à la maison, et s'il est atteint de troubles qui nécessitent une période de soins plus longue. Les prestations parentales peuvent être réparties entre les deux parents.

Le taux et la durée des prestations maternité et parentales demeurent les mêmes si vous mettez au monde ou adoptez plus d'un enfant à la fois.

Les prestations de maladie

Des prestations de maladie peuvent être versées en plus des prestations de maternité et des prestations parentales. La couverture des prestations totales ne peut cependant dépasser un maximum de 30 semaines.

Pour avoir droit à ces trois types de prestations, les personnes doivent avoir accumulé un minimum de 700 heures de travail au cours des 52 dernières semaines, ou depuis le début de leur dernière période de prestations.

)▊ Pour en savoir plus consultez le site internet du Développement des ressources humaines du Canada : www.hrdc-drhc.gc.ca

Le programme d'allocation de maternité (PRALMA)

Ce programme apporte une compensation financière (allocation d'un montant forfaitaire unique) à la femme salariée qui doit s'absenter du travail pour cause de grossesse et qui satisfait aux critères d'admissibilité.

)▊ Pour en savoir plus consultez le site internet du ministère de l'Emploi et de la Solidarité : http://www.mss.gouv.qc.ca

Si vous désirez obtenir des renseignements directement, vous pouvez vous adresser au ministère de la Solidarité sociale en composant le (418) 646-4099 dans la région de Québec ou, sans frais, le 1 800 463-4022.

Le programme pour une maternité sans danger

Ce programme de prévention vise d'abord le maintien dans un emploi sans danger des salariées enceintes ou qui allaitent. La femme enceinte, ou qui allaite, et qui travaille dans des conditions dangereuses pour sa santé ou pour celle de son enfant, a le droit d'être immédiatement affectée à d'autres tâches ne comportant pas de dangers. S'il n'est pas possible de modifier son poste de travail ou son affectation, la salariée a le droit de cesser de travailler temporairement et de recevoir des indemnités de la Commission de la santé et de la sécurité au travail.

)▊ Pour en savoir plus consultez le site internet de la Commission de la santé et de la sécurité au travail : http://www.csst.qc.ca

La déclaration de naissance

Les parents doivent remplir la déclaration de naissance du nouveau-né et la transmettre au Directeur de l'état civil au cours des trente jours suivant la naissance, afin que l'enfant soit reconnu citoyen à part entière.

)▊ Pour en savoir plus, consultez le site internet du Directeur de l'état civil : http://www.etatcivil.gouv.qc.ca

L'assurance-maladie

Les parents doivent inscrire leur nouveau-né à la Régie de l'assurance-maladie afin qu'il obtienne une carte d'assurance-maladie. Cette carte permet de bénéficier de services médicaux, dentaires, optométriques, etc.

)▊ Pour en savoir plus consultez le site internet de la Régie de l'assurance-maladie : http://www.ramq. gouv.qc.ca

Autres adresses utiles

- http://www.gouv.qc.ca
- Ministère de la Santé et des Services sociaux
Direction de la promotion de la santé et du bien-être,
1075, Chemin Sainte-Foy, 2E
Québec G1S 2M1

Les pays du Maghreb
La protection de la maternité
L'Algérie

L'assurance maternité garantit deux types de prestations :

1) les prestations en nature concernent : le remboursement des frais médicaux (visite médicale chez le médecin traitant ou le gynécologue) ; le remboursement des frais d'analyse (examens médicaux demandés par le médecin) ; le remboursement des frais de médicaments (prescrits sur ordonnance) ; le remboursement des frais d'accouchement (en cas d'accouchement normal en clinique privée).

2) les prestations en espèces : c'est l'indemnité journalière versée en remplacement du salaire que la femme ne perçoit plus pendant son congé de maternité.

Qui peut bénéficier de l'assurance maternité ?

La femme salariée et assurée sociale a droit aux prestations en nature et en espèces.
La femme au foyer, dont le mari est assuré social, a droit aux prestations en nature.
La femme occupant une profession libérale ou commerçante, n'a droit, elle aussi, qu'aux prestations en nature.

Les conditions à remplir.

Le point essentiel est la durée de travail exigée avant la grossesse. Pour bénéficier des prestations en nature, l'assuré social (la femme enceinte ou son mari), doit avoir travaillé :

— durant au moins 9 jours ou 60 heures pendant les trois mois précédant la date de la constatation de la grossesse.

— durant au moins 36 jours ou 240 heures pendant l'année précédant la date de la constatation de la grossesse.

Les prestations en espèces (indemnité journalière) sont accordées à la femme enceinte assurée sociale qui a travaillé au moins durant
9 jours ou 60 heures pendant les trois mois précédant la date de la première constatation médicale de la grossesse et qui a continué à travailler jusqu'à son congé de maternité.

Lors d'une démission, d'un congé sans solde ou d'une mise en disponibilité, une femme enceinte ne bénéficie plus de l'assurance maternité, ne cotisant plus à la sécurité sociale.

Les formalités.

Il faut envoyer à la caisse de Sécurité sociale un certificat médical de constatation de grossesse, établi par le médecin ou la sage-femme diplômée, et ce avant la fin du troisième mois de grossesse. Sur ce certificat sera mentionné obligatoirement la date présumée de l'accouchement.

Grâce à ce certificat, la caisse délivre, un carnet appelé : guide de la future mère, sur lequel sera porté le numéro d'immatriculation à la Sécurité sociale. Ce carnet, composé de nombreux feuillets (huit au total), rassemble toutes les formalités à accomplir, au fur et à mesure que la grossesse avance. Ces feuillets, dûment remplis et signés par le médecin à chaque visite médicale, doivent être adressés à la caisse de Sécurité sociale, le plus tôt possible après leur établissement. Les visites

obligatoires sont au nombre de 3.
Après la naissance, il faut aussitôt envoyer le certificat d'accouchement (établi par le médecin ou la sage-femme).

Le certificat postnatal est établi par le gynécologue ou la sage-femme, après examen gynécologique, huit semaines après l'accouchement. C'est la quatrième et la dernière visite médicale obligatoire.

Les frais d'accouchement.

Quand l'accouchement a lieu dans un service de maternité, à l'hôpital ou dans une polyclinique, la prise en charge est totale et les soins sont gratuits.

Quand l'accouchement est pratiqué dans une clinique conventionnée avec la sécurité sociale, il n'y a pas lieu d'avancer les frais d'accouchement ni de séjour. Ils sont payés directement par la caisse de Sécurité sociale sur présentation du bon de prise en charge (feuillet n° 6) et d'une fiche familiale d'état civil.

Par contre, si la clinique choisie n'est pas conventionnée, le séjour de la mère et de l'enfant, et éventuellement le traitement, sont payants. La somme doit être versée dans s   tégralité. Ce n'est que plus   d que l'assuré social est remboursé par la sécurité sociale sur présentation du certificat d'accouchement (feuillet n° 7), et de la facture.

Le remboursement se fait selon les tarifs imposés par la sécurité sociale et pour une hospitalisation de huit jours au maximum.

Le congé de maternité.

Il est de quatorze semaines. Habituellement,
il est pris six semaines avant et huit semaines après l'accouchement. Il est possible de prendre un congé moins long avant l'accouchement et de reporter après l'accouchement ce qui n'a pas été pris, pour totaliser quatorze semaines. Toutefois, il faut cesser le travail au moins une semaine avant l'accouchement. En cas d'accouchement prématuré, la totalité du congé (14 semaines) peut être prise après l'accouchement.

Autres congés.

En dehors du congé de maternité, d'autres congés peuvent être pris.
Pendant la grossesse : une femme enceinte peut prendre un congé de maladie. Elle doit présenter un certificat médical délivré par son médecin.
Après l'accouchement : dans certains cas, la femme peut bénéficier d'un congé de maladie sur présentation d'un certificat médical. La durée du congé dépend de l'état de santé de la mère.

Les indemnités.

La femme qui travaille a droit à des indemnités journalières dont le montant représente 100 % du salaire journalier de base. Les indemnités sont versées pendant la durée du congé maternel (14 semaines).

Le congé de paternité.

Le père bénéficie lui aussi d'un congé payé d'une durée de trois jours. Ce congé est pris après la naissance de l'enfant mais pas obligatoirement à partir du jour de la naissance.

La femme qui allaite.

Elle a droit, pendant son travail, à des absences spéciales, qui lui seront payées. Celles-ci sont de deux heures par jour pendant les six premiers mois après l'accouchement, et de une heure par jour les six mois suivants. Pour cela, un certificat médical doit être fourni par le médecin traitant.

La filiation.

La filiation est exclusivement patrilinéaire.
L'enfant de la femme non mariée n'a pas et ne peut avoir de père aux yeux de la loi. La filiation adoptive est également proscrite.

Le nom.

La femme mariée conserve son nom patronymique et y adjoint celui de son époux.
Le nom de l'enfant découle de la filiation patrilinéaire et l'article 28 du Code civil stipule que « le nom d'un homme s'étend à ses enfants ».

Pour d'autres renseignements sur la protection de la maternité, voici l'adresse du ministère de la Santé :
125, chemin Abderrahmane Laala, Alger.

Le Maroc

Si la femme travaille.

La femme enceinte peut quitter son travail sans être tenue à un préavis et sans avoir à payer une indemnité de rupture de contrat.
Elle bénéficie d'une période de repos de 12 semaines consécutives, prises dans la période qui précède l'accouchement et celle qui la suit (il est d'ailleurs interdit d'employer les femmes dans les 6 semaines qui suivent leur accouchement). Cette période peut même être prolongée jusqu'à 15 semaines, sur présentation d'un certificat médical attestant une maladie liée à la grossesse ou à l'accouchement.
L'employeur qui rompt le contrat de travail d'une femme pendant cette période est puni d'un emprisonnement de 1 à 6 mois et/ou d'une amende, sans préjudice de dommages-intérêts au profit de la femme licenciée ; il faut toutefois, que celle-ci ait préalablement averti l'employeur du motif de son absence. Au niveau du tribunal de première instance, l'assistance judiciaire est accordée de plein droit aux femmes enceintes, ou venant d'accoucher, qui sont licenciées.

L'allaitement.

Les femmes disposent, durant une année à compter de la date de l'accouchement, d'une demi-heure le matin et une demi-heure l'après-midi pour allaiter leur enfant. Cet allaitement pourra s'effectuer à leur gré, soit en dehors de l'établissement où elles travaillent, soit dans une pièce spécialement conçue à cet effet dans l'établissement. Cette pièce devra obligatoirement être aménagée dans tout établissement employant plus de 50 femmes âgées de plus de 15 ans.

L'indemnité journalière.

La femme assurée peut bénéficier d'une indemnité journalière, égale à la moitié du salaire de base (dans la limite d'un salaire mensuel plafonné à 3000 dirhams). Pour cela, elle doit :
— justifier de 54 jours continus ou discontinus de cotisations à la Caisse nationale de sécurité sociale pendant 10 mois précédant la date présumée de l'accouchement ;

— être domiciliée au Maroc. L'indemnité journalière est versée pendant 10 semaines, dont 5 au minimum après la date de l'accouchement.

La déclaration de naissance.

Elle doit être faite, dans le mois de la naissance, devant l'officier d'état civil du lieu de la circonscription où est né l'enfant. Passé ce délai, seul un jugement du tribunal de première instance pourra autoriser l'officier d'état civil à inscrire la déclaration. La naissance peut être déclarée indifféremment par le père, la mère ou, à défaut, par toute personne qui aurait assisté à l'accouchement.

Nom de la femme mariée.

Au Maroc, la femme mariée conserve son nom de jeune fille et n'est nullement tenue de porter le nom de son mari.

La filiation.

L'enfant **légitime** est celui issu du mariage, né au minimum 6 mois après la célébration de ce mariage et au maximum une année après sa dissolution.

L'enfant **naturel** est celui né en dehors du mariage. Vis-à-vis du père, la filiation non légitime ne crée aucun lien de parenté, ne crée aucune obligation en ce qui concerne le père.

L'enfant naturel sera rattaché à la mère dont il prendra le nom.

Pour d'autres renseignements voici l'adresse du Ministère délégué auprès du Ministère de l'emploi, de la formation professionnelle, du développement social et de la solidarité, chargé de la condition féminine, de la protection de la famille et de l'enfance, et de l'intégration des handicapés : 31 avenue Al Abtal, Agdal, Rabat.

La Tunisie

Si la femme travaille.

La femme enceinte peut quitter son emploi sans délai-congé, et sans avoir à payer d'indemnité de rupture. L'employeur ne peut pas rompre le contrat de travail d'une femme enceinte avant et après l'accouchement.

L'indemnité de maternité.

C'est l'indemnité journalière à laquelle peut prétendre la femme salariée qui interrompt son travail à cause de sa grossesse ou pour son accouchement. Pour en bénéficier, il faut remplir les conditions suivantes :

— être affiliée à la caisse nationale de Sécurité sociale ;

— totaliser 80 jours de travail au moins pendant les quatre trimestres précédant celui de l'accouchement ;

— pour la période prénatale, remettre à la caisse une attestation d'un médecin ou d'une sage-femme, déterminant la date probable de l'accouchement ;

— pour la période postnatale envoyer ou remettre à la caisse, dans le mois qui suit l'accouchement, une copie de

l'acte de naissance ;

— faire une demande d'indemnité de couches.

L'indemnité journalière est égale à 2/3 du salaire journalier moyen. Son plafond est fixé actuellement à 4,610 dinars par jour. Elle est versée pendant 30 jours à compter de la date de l'accouchement. Elle peut être prolongée de 15 jours sur production d'un certificat médical.

Dans la fonction publique, la femme bénéficie d'un congé de 2 mois à plein traitement, et de 4 mois à demi-salaire.

L'allaitement.

Après l'accouchement, et pendant une année, la femme a droit chaque jour à deux repos, d'une demi-heure chacun, durant les heures de travail afin de pouvoir allaiter son bébé. Ces deux repos sont distincts des repos que doit accorder l'employeur à ses employés pendant la journée de travail. Lorsque l'établissement emploie plus de cinquante femmes, l'employeur doit aménager une salle d'allaitement.

Le nom de la femme mariée.

Aucune mesure légale n'oblige la femme à porter le nom de son époux. Elle peut ne porter que son nom patronymique. D'ailleurs, les actes juridiques concernant la femme, mariée ou non, sont obligatoirement établis en son nom patronymique.

La filiation.

La filiation **légitime** (enfant né dans le cadre du mariage) est exclusivement paternelle.

La filiation **naturelle** (hors mariage) et **adultérine** est exclusivement maternelle.

La filiation **adoptive** établit entre l'adoptant et l'adopté des rapports juridiques similaires à ceux de la filiation légitime.

Pour d'autres renseignements sur la protection de la maternité, voici l'adresse du ministère de la Santé :

place Bab-Saadoun, 1006 Tunis.

Séjourner et travailler à l'étranger

De quelle prise en charge les Français peuvent-ils bénéficier s'ils ont besoin de soins à l'étranger ? C'est une question qui nous a parfois été posée à propos de la famille en général (parents et enfants) et de la femme enceinte en particulier. Voici quelques renseignements à ce sujet, ils dépendent notamment du lieu et du motif du déplacement : touristique ou professionnel.

Vous séjournez en Europe

Vous même, ou un de vos ayants droits (un enfant par exemple) effectuez un séjour touristique en Europe, ou plus exactement dans un pays de ce qu'on appelle l'Espace économique européen.

A ce jour, l'Espace économique européen compte les 15 Etats membres de l'Union européenne : Allemagne, Autriche, Belgique, Danemark, Espagne (Péninsule ibérique et îles Baléares et Canaries), Finlande, France (Métropole et Guadeloupe, Martinique, Guyane française et Réunion), Grèce, Irlande, Italie, Luxembourg, Pays-Bas, Portugal (archipel des Açores et Madère), Royaume-Uni (Angleterre, Ecosse, Pays de Galle, Irlande du nord et Gibraltar), Suède. Et 3 autres pays : Islande, Liechtenstein et Norvège.

Avant votre départ, demandez le formulaire E 111 à votre Caisse primaire d'assurance maladie (CPAM). Il vous sera remis sur simple présentation de votre carte Vitale. Ce formulaire est établi à votre nom et comporte votre numéro de sécurité sociale. Il atteste que vous et votre famille êtes assuré social.

Si vous avez besoin de soins médicaux urgents et imprévus pendant votre séjour, le formulaire E 111 vous permet de bénéficier sur place d'une prise en charge de vos dépenses de santé, mais selon la législation sociale et les formalités en vigueur dans le pays visité. Ce formulaire n'est pas nécessaire si vous vous rendez au Royaume-Uni : les soins médicaux dispensés dans le cadre du service national de santé son gratuits.

Si vous avez oublié le formulaire E 111, pensez à conserver toutes les factures et les justificatifs de paiement. A votre retour en France, présentez votre dossier à votre CPAM. Si les soins médicaux urgents étaient imprévus, elle procèdera à un remboursement éventuel. Vous pouvez aussi contacter la caisse de sécurité sociale du pays visité ; elle demandera le formulaire E 111 à votre CPAM.

Vous séjournez hors d'Europe

Avant votre départ, demandez à votre Caisse primaire d'assurance maladie (CPAM) si le pays dans lequel vous partez a signé un accord avec la France. Dans ce cas, votre CPAM vous indiquera les démarches à effectuer.

S'il n'y a pas d'accord signé, vous pourrez éventuellement être remboursé à votre retour en France, sur une base forfaitaire et sur présentation des factures acquittées.

A signaler : de nombreuses assurances privées couvrent les soins à l'étranger et, si nécessaire, le rapatriement en France.

Vous êtes salarié d'une entreprise qui vous détache à l'étranger.

Si votre employeur vous confie une mission professionnelle à l'étranger d'une durée limitée, vous avez le statut de salarié détaché. Pendant votre séjour vous restez soumis à la législation française de sécurité sociale et votre employeur continue de verser des cotisations au régime français. Votre employeur transmet une demande de détachement à la caisse primaire et vous en remet un exemplaire. Les soins médicaux ou hospitaliers sont remboursés par la caisse du pays de détachement dans la plupart des Etats signataires d'une convention avec la France et par la caisse française dans les autres cas.

Vous partez travailler à l'étranger en tant que salarié d'une entreprise de droit français ou étranger, vous êtes considéré comme " expatrié ".

Dans ce cas, vous pouvez soit :
- Bénéficier du système en vigueur dans le pays où vous travaillez. Ce système peut être intéressant. Il peut aussi proposer des cotisations élevées et des remboursements assez faibles.
- Adhérer à l'assurance volontaire maladie-maternité de la **Caisse des Français de l'Etranger (CFE)**.

Cette assurance vous permet de conserver le bénéfice de la Sécurité sociale. Il n'y a pas de rupture avec vos droits antérieurs, pas de trimestres perdus pour votre retraite, la continuité de votre couverture sociale est assurée.

La CFE est une caisse d'assurance volontaire. Vous pouvez donc choisir de cotiser à un ou plusieurs régimes et adapter ainsi votre protection sociale à votre situation professionnelle et familiale.

Pour adhérer à la CFE, vous devez :

- être de nationalité française ;
- exercer une activité salariée à l'étranger ou dans les Territoires d'outre-mer ;
- résider à l'étranger ;
les frontaliers qui résident en France mais travaillent hors de France ne peuvent adhérer à la CFE.

Quelques renseignements à propos des **prestations maternité** :

Il faut déclarer la grossesse dans les meilleurs délais :

- En France, à l'aide de l'imprimé spécifique que vous remet le médecin.
- A l'étranger, avec un certificat médical indiquant la date présumée de la conception.

Sur demande, un guide maternité sera envoyé à la future mère. Ce guide comporte un feuillet précisant les dates des examens de surveillance à effectuer ; des étiquettes à coller sur les feuilles des soins correspondant aux examens liés à la grossesse.

Les documents nécessaires à votre indemnisation vous seront envoyés par la CFE au moment où vous déclarerez votre grossesse.

Pour bénéficier de l'assurance maternité, il faut justifier de 10 mois d'adhésion à la date présumée de l'accouchement. Si vous avez choisi une option " indemnités journalières ", vous les recevrez pendant 16 semaines maximum. Leur montant dépend de la catégorie dans laquelle vous cotisez.

A noter : la CFE prend en charge les frais liés à la maternité, dans la limite des tarifs et taux pratiqués en métropole. Ce taux peut se révéler insuffisant, surtout dans les pays où le coût médical est élevé. Pour vous permettre d'obtenir de meilleurs remboursements et pour faciliter vos démarches, la CFE a passé des accords avec des assurances complémentaires : consultez le site indiqué ci-dessous pour en connaître la liste.

La CFE couvre automatiquement ses assurés et leurs ayants droits pendant leurs séjours temporaires en France d'une durée inférieure à 3 mois (tarifs et taux de la sécurité sociale).

Pour tous renseignements (adhésion, cotisation, prise en charge, etc.) sur la Caisse des Français de l'Etranger, adressez-vous à la CFE BP 100, 77950 Rubelles (France) ou consultez le site Internet www.cfe.fr

L'aide-mémoire de votre grossesse

	Votre santé	Examens
1er mois de 2 semaines à 6 semaines 1/2 d'aménorrhée	▶▪ Date des dernières règles le : ▶▪ Dès les premiers jours de retard des règles, un test peut permettre d'établir un diagnostic de grossesse.	Au cours du premier trimestre : ▶▪ 1er examen prénatal obligatoire par un médecin : examen général et obstétrical. ▶▪ Examens de laboratoire : prise de sang avec recherche de la syphilis, du groupe sanguin, du facteur Rhésus ; examen d'urines ; recherche d'immunité vis-à-vis de la rubéole et de la toxoplasmose. ▶▪ Examen bucco-dentaire non obligatoire mais conseillé et remboursé. ▶▪ Examen du père, facultatif mais recommandé et remboursé. ▶▪ La première échographie est en général faite au cours du premier trimestre, vers 12 semaines d'aménorrhée.
2e mois de 6 semaines 1/2 à 10 semaines 1/2	▶▪ Mettez-vous au régime alimentaire future maman. ▶▪ Prenez l'habitude de vous peser tous les 15 jours. ▶▪ Au cours de ce mois, il n'y a pas d'examen obligatoire, mais n'hésitez pas à consulter un médecin si nécessaire. ▶▪ Si vous pensez allaiter, commencez dès maintenant à faire les exercices indiqués au chapitre 14 pour garder une belle poitrine.	
3e mois de 10 semaines 1/2 à 15 semaines	▶▪ Pendant la grossesse, la marche, la natation sont les meilleurs sports et les plus faciles à pratiquer : pensez-y. ▶▪ Pensez à votre régime.	
4e mois de 15 semaines à 19 semaines 1/2	▶▪ Commencez les exercices respiratoires et musculaires.	▶▪ 2e examen prénatal obligatoire.
5e mois de 19 semaines 1/2 à 23 semaines 1/2	▶▪ N'oubliez pas de vous peser régulièrement.	▶▪ 3e examen prénatal obligatoire. ▶▪ La deuxième échographie est en général faite entre 20 et 22 semaines d'aménorrhée.
6e mois de 23 semaines 1/2 à 28 semaines	▶▪ Poids : vous ne devez pas grossir de plus de 350 à 400 gr par semaine. ▶▪ Ne négligez pas la gymnastique prénatale : commencez les exercices de relaxation.	▶▪ 4e examen prénatal obligatoire. ▶▪ Dépistage de l'antigène HBs, numération globulaire et, chez les femmes à rhésus négatif, recherche d'anticorps irréguliers.
7e mois de 28 semaines à 32 semaines 1/2	▶▪ Cessez les exercices musculaires. Continuez les exercices respiratoires et la relaxation jusqu'à l'accouchement.	▶▪ 5e examen prénatal obligatoire. ▶▪ La troisième échographie est faite en général entre 31 et 32 semaines d'aménorrhée.
8e mois de 32 semaines 1/2 à 36 semaines 1/2	▶▪ Votre congé de maternité commence 6 semaines avant la date prévue pour l'accouchement (parfois plus tôt). Profitez-en pour vous reposer vraiment. ▶▪ N'oubliez pas de vous peser régulièrement.	▶▪ 6e examen prénatal obligatoire. ▶▪ Au cours du 6e ou du 7e examen prénatal, deuxième détermination du groupe sanguin A, B, O, rhésus standard si nécessaire. (Et, comme à chaque consultation, l'examen d'urines.)
9e mois de 36 semaines 1/2 à 41 semaines	▶▪ Le plus important au cours de ce dernier mois, c'est de vous reposer.	▶▪ Au cours du 3e trimestre, consultation avec l'anesthésiste. ▶▪ 7e examen prénatal obligatoire.

Les examens et formalités exigés par la Sécurité sociale et les Allocations familiales doivent être faits à des dates précises comme vous venez de le voir. Pour vous permettre de n'en oublier aucun, j'ai rassemblé tous les examens et formalités dans un grand tableau mois par mois. J'ai ajouté, également mois par mois : différentes démarches à faire, les indications principales concernant votre santé et les différentes étapes de l'évolution de votre enfant. Ce tableau sera un véritable aide-mémoire de votre grossesse.

Formalités	Votre bébé	Vos préparatifs
	)▌À la fin de ce premier mois, il mesure 5 mm et pèse 1 g.	
)▌Déclaration de grossesse : le plus tôt possible. Le 1ᵉʳ examen prénatal vaut déclaration de grossesse. A la suite du Iᵉʳ examen :)▌ envoyez le feuillet rose à la Sécurité sociale ;)▌ envoyez les 2 feuillets bleus à la CAF avant la fin de la 14ᵉ semaine de grossesse.	)▌Il mesure 3 cm et pèse 11 g.)▌À 8 semaines, l'ébauche de tous ses organes est formée.	)▌Que vous accouchiez à l'hôpital ou dans une clinique, pensez à vous inscrire.)▌Si vous avez l'intention de mettre votre enfant dans une crèche, inscrivez-le dès maintenant : les places sont rares.
	)▌Son sexe se précise et ses cordes vocales naissent.)▌À l'échographie du premier trimestre, le bébé tient encore tout entier sur l'écran.)▌Il mesure 10 cm et pèse 45 g.	
	)▌Ses cheveux poussent.)▌Il mesure 18 cm et pèse 225 g.	
Après chaque examen prénatal obligatoire :)▌envoyez à la Sécurité sociale la feuille de maladie avec la vignette correspondante ;)▌envoyez à la CAF l'attestation qu'elle vous a envoyée, complétée par votre médecin ou votre sage-femme.	)▌Ses ongles sont maintenant visibles.)▌Il mesure 25 cm et pèse 500 g.)▌Au cours de ce mois, ses mouvements deviennent perceptibles.	)▌Si vous désirez suivre des séances de préparation à l'accouchement, inscrivez-vous.
	)▌Il bouge de plus en plus.)▌Il mesure 31 cm et pèse 1 kg.	)▌Faites la liste de la layette et pensez aux achats que vous souhaitez faire, ou bien à coudre et tricoter.
	)▌Il entend.)▌Il mesure 40 cm et pèse 1 700 g.	)▌Pensez au berceau de votre bébé et préparez sa chambre.
)▌Envoyez à la Securité sociale l'attestation d'arrêt de travail	)▌C'est le mois du fignolage.)▌Il mesure 45 cm et pèse 2 400 g.0)▌Ses mouvements deviennent plus coordonnés et plus doux.	)▌Préparez votre valise et celle de votre bébé.
	)▌Votre bébé est prêt à naître : il pèse environ 3 300 g, et mesure 50 cm.	

Votre aide-mémoire après la naissance

	1er mois	2è mois
▬▬Votre santé	▶▌Pour être rapidement en forme, reposez-vous vraiment après la naissance. Si vous travaillez, vous avez droit au minimum à 10 semaines de repos. ▶▌Si vous allaitez, pensez à votre régime. ▶▌Dès le 2e jour, vous pouvez faire quelques exercices. ▶▌Si vous n'avez pas eu la rubéole (à vérifier par sérodiagnostic), c'est le moment de vous faire vacciner.	▶▌Faites les exercices de rééducation périnéale, les abdominaux ce sera pour plus tard. ▶▌Pour retrouver rapidement votre ligne, ayez un régime léger et équilibré
▬▬Examens		▶▌Examen postnatal : examen général et gynécologique.
▬▬Formalités Séc.Soc. et AF.	▶▌A la sortie de la maternité, envoyez à la Sécurité sociale : - le certificat d'accouchement - le certificat de l'examen néonatal du bébé - le reçu des frais d'accouchement. ▶▌Envoyez à la CAF le certificat qui lui est destiné.	▶▌Remettez à la consultation ou envoyez à la Séc.Soc. avant la 8e semaine la feuille de maladie correspondant à l'examen postnatal. ▶▌Envoyez à la Séc.Soc. l'attestation de reprise ou de non-reprise de travail.
▬▬Formalités diverses	▶▌Dans les 3 jours déclarez la naissance à la mairie, ▶▌Faites renouveler à la mairie votre carte de priorité. ▶▌Si vous désirez prendre un congé sans solde, prévenez votre employeur par lettre recommandée avec A.R.	
▬▬Votre bébé	▶▌Au cours de la première année, 3 examens sont obligatoires : au 8e jour, 9e mois et 24e mois.	

Index

A

Accouchement
« ambulatoire », 317
à la maison, 316, 430
à la maternité, 289, 430
comment il s'annonce, 289
comment il se déroule, 294 et suiv.
date, 264 et suiv.
déclenchement artificiel, 274
durée, 302
en images, 281et suiv. , 306-307
frais, 430
les positions, 309
prématuré, 268 et suiv.
préparation physique, 331 et suiv.
préparation psychologique, 322
autres préparations, 340 et suiv.
programmé, 274
retard, 273
remboursement, 430
sans douleur, 324
sous monitoring, 308
sous X, 45, 418
Acné
pendant la grossesse, 90
après la naissance, 394
Activité professionnelle
pendant la grossesse, 48, 436
congé de maternité, 431 et suiv.
Acupuncture, 353
ADN, 172 et suiv.
Adresses utiles, 453-454
Aérophagie, 194
Âge de la mère, 211, 219
et conception, 24, 184
Âge du père et conception, 25, 184
Aide médicale à la procréation
(AMP), 108, 154, 157
Aides familiales, 449
Albuminurie
surveillance des urines, 218
signe de toxémie, 238
Alcool
alcool et grossesse, 55
alcoolisme, 257
Algérie (protection de
la maternité), 463
Alimentation
de la femme enceinte, 66 et suiv.
préparation avant la grossesse, 68
Aliments
à éviter, 82
Allaitement au biberon
avantages, 381
Allaitement maternel

avantages, 381
contre-indications, 383
associations d'aide à l'allaitement,
384
Allergie, 253
à l'arachide, 254
Allocations familiales, 438 et suiv.
Alpinisme, 59
Amniocentèse
et prédiction du sexe, 170
et diagnostic prénatal, 187
et surveillance de la grossesse, 227
remboursement, 430
Amnios, 137, 142
Amnioscopie, 227
Analyse d'urine, 218, 238
voir aussi *Infection urinaire*
Anémie, 242, 261
Anesthésie générale, 353
Anesthésie locale, 352
Anesthésie péridurale, 349 et suiv.
consultation, 296
remboursement, 430
schémas, 349
Angoisse, 204, 396
Antispasmodique, 291
Apgar, 301
Appendicite, 249
Appétit
troubles de l'appétit, 19, 78
Aquagym, 60
Arachide (allergies), 254
Aspirine, 29
Assistante maternelle, 449
voir *Garde d'enfants*
Assurance maternité, 426 et suiv.
Asthme, 253
Attachement, 369
les difficultés de, *373*
Autorité parentale, 416
Avion, voyage en, 57
Avortement spontané, 233 et suiv.
comment il se manifeste, 234
dépression après avortement, 235
chromosomique, 235
d'origine immunitaire, 108
à répétition, 236

B

Baby-blues, 396
Bains
après accouchement, 388
de vapeur (sauna), 63
de soleil, 63
pendant la grossesse, 54

pendant la dilatation, 290, 296
Ballonnement, 194
Bassin
description, 284
exercice de bascule du bassin,
336 et suiv.
Bateau, voyage en, 56
Bébé, avant la naissance
comment il vit, 137 et suiv.
développement mois par mois,
110 et suiv.
ses mouvements, 117
Belgique (protection de
la maternité), 455 et suiv.
Berceau, 421
Bêta HCG, voir *Hormone de grossesse*
Bicyclette, 59
Billings
méthode contraceptive, 402
Biopsie du trophoblaste, 170, 188
Blennoragie, 257
Boissons, 82
Bouchon muqueux
expulsion, 289
Brûlures d'estomac, 194

C

cadeaux,
après la naissance, 424
Café, 83
Calcium
besoins en, 72
Calories
besoins en, 67
tableau des, *81*
Candida albicans, 200
Cardiaques,
maladies, 252
Carie dentaire, 94
Carnet
de maternité, voir *Guide de
surveillance*
de santé de l'enfant, 452
Caryotype, 182, 186
Cauchemars et rêves, 34
Ceinture lombaire, 89
Ceinture de sécurité, 56
Célibataire,
mère, 43 et suiv., 446
Centre maternel, 447
Cerclage, 272
Césarienne, 312 et suiv.
Chambre de bébé, 423
Chant prénatal, 345
Chat, 50, 245

Chaussures, 87
Cheveux (soins des), 94
Chirurgie esthétique, 395
Chlamydiœ (infection à), **257**
Choc,
en voiture, 56, 248
Chômage, 427
Choriocentèse, 188
Chorion, 107, 138, 188
Chromosome, 167 et suiv.
Chute, 59 et suiv., 249
Cigarettes, 54
Clarté nucale, 216
Clinique,
remboursement, 430
voir aussi *Maternité*
Cœlioscopie, 237
Cœur
battement du cœur
du fœtus, 112, 117
maladies du cœur
et grossesse, 252
Col de l'utérus
béance du, 236, 272
effacement, 283
Colibacillose, 248
Colostrum, 148, 388
Compétence
du nouveau-né, 368
Complément familial, 444
Conception,
date, 264
mécanisme, 98 et suiv.
période favorable, 25
Condylomes, 257
Congé de maternité, 431
prolongation, 431
Congé de paternité, 452
Congé de présence parentale, 433
Congénitales, maladies, 180
Consanguins, mariages, 184
Constipation
traitement, 194
Consultation
de génétique, 186
du nourrisson, 452
Contraception, 400
féminine, 401 et suiv.
masculine, 400
après l'accouchement, 406
en cas d'allaitement, 407
Contractions de l'utérus
en dehors de la grossesse, 105
pendant la grossesse, 217, 281, 287
menace d'accouchement prématuré, 270
annonçant l'accouchement, 290 et suiv.
Cordon ombilical
illustration,129, 136,142
section, 301
procidence, 293
rôle, 142
Corps jaune, 105
Courbe thermique, 25
Coussin de relaxation, **89**
Couverture Maladie Universelle (CMU), 427
Couveuse (incubateur), 271

Crampes, 202
Crèche, 450
Curetage, 235
Cycle menstruel, 106
Cyclomoteur, 60
Cystite, 248
Cytomegalovirus (infection à), 247

D

Danse, **60**
Date de l'accouchement, 266-267,
de la conception, 264
Déclaration
d'accouchement, 429
de grossesse, 428
de naissance, 452
Déclenchement d'accouchement, 274
Décollement placentaire partiel, 234
Délivrance, 301
artificielle, 315
Démangeaisons, 199
Dents, soins des, 94
Dépression après une fausse couche, 235
Dépression après la naissance, 398
Diabète, 250
Diagnostic,
de grossesse, 19 et suiv.
Diagnostic prénatal, **170**
les différentes méthodes, 187 et suiv.
Diaphragme, 296,
comme moyen de contraception, 402, 407
Dilatation, 294 et suiv.
Distilbène,
grossesse après, 225
Doppler, 226
documents, 136
Dossier médical, 217, 429
Douches
pendant la grossesse, 54
après l'accouchement, 388
Douleurs, 201
douleur et accouchement, 322 et suiv.
Drogue et grossesse, 258
Durée de la grossesse, 264 et suiv.

E

Eaux,
eaux minérales, **83**
Eaux
définition, formation, 142
perte des, 291
poche des, 283
rupture de la poche, 291, 293
Échographie, 214 et suiv.
documents échographiques, 124 et suiv.
en trois dimensions, 228
pour connaître le sexe de l'enfant
avant la naissance, 170
pour surveiller la grossesse, 215

remboursement, 429
Échographiste, 170, 215
Éclampsie, 238
Eczéma, 91, 253
Édulcorant, 71
Embryon, 105 et suiv.
Envies, 83
Epilepsie, 254
Épisiotomie, 300, 386
Équitation, 60
Essoufflement, 201
Esthétique
problèmes esthétiques après
la maternité, 393 et suiv.
Estomac, maux d', 194
symptôme de grossesse, 19
traitement, 194
Evanouissement, 200
Examens médicaux
de la future mère, 210 et suiv.
pourquoi sont-ils nécessaires, 208
du père, 429
du nouveau-né, 301, 452
de l'enfant, 452
remboursement, 429
Exercices physiques, 58
pour bien se tenir, 50, 89
préparatoires à l'accouchement, 331 et suiv.
après l'accouchement, 392 et suiv.
Expiration freinée,
pendant l'accouchement, 319, 333
Expulsion
description, 297 et suiv.

F

Facteur Rhésus, 259
Fatigue, 217
Fausse couche, voir *Avortement*
Fécondation, voir *Conception*
Fécondation *in vitro*, 108
Fer
besoin en fer, 72
Fibrome, 236, 254
Fièvre, 243, 246-247
Fluor, 73
Fœtoscopie, 228
Fœtus, 116 et suiv.
Folates, 73
Fontanelle, 362
Forceps, 311

G

Garde d'enfants
aides familiales, nourrices, crèches, 449
déduction fiscale, 451
Gène, 114, 172
Génétique, 172 et suiv.
consultation de, 186 et suiv.
Génome, 174
Gingivite, 95
Glucides, 71
Golf, 60

Gonococcie, 257
Graisses, 70
Grippe, 247
Grossesse
après 38-40 ans, 24, 219
diagnostic, 19 et suiv.
durée, 266 et suiv.
extra-utérine, 19, 104, 237, 261
les trois périodes psychologiques, 31
et suiv.
multiple, 154 et suiv., 162
prochaine grossesse : comment
l'éviter, 400 et suiv.
prochaine grossesse : quand ?, 399
prolongée, 273
signes de la grossesse, 19
surveillance médicale, 210 et suiv.
à risques, 224 et suiv.
Grossesse gemellaire,
154 et suiv., 224
surveillance médicale, 159
Groupes sanguins, 259
Guide de surveillance de la femme
enceinte et du nourrisson, 428
Gynécologue-obstétricien, voir
Médecin

H

Habillement, 86
Haptonomie, 342
Hématome rétroplacentaire, 242
Hémophilie, 184
Hémorragie, voir *Saignements*
Hémorroïdes, 195
Hépatite virale, 248
Héréditaires, maladies, 180, 184
Hérédité, 180 et suiv.
Herpès, 256
Hétérotopique (grossesse), 156
Hôpital, voir *Clinique et Maternité*
«Hôpital ami des bébés», 382
Hormone de la grossesse
(Bêta HCG)
dosage, 187
et tests, 21
Hormones
dosage, 228
évolution en cours de grossesse, 105
rôle, 151
insuffisance, 236
Hydramnios, 143
Hygiène
corporelle, 54
Hypertension artérielle, 252
Hypertension artérielle gravide, 239, 252
Hypotrophie fœtale, 240

I

Ictère physiologique
du nouveau-né, 362
Implant

méthode contraceptive, 406
Incompatibilité sanguine, 259
Incontinence urinaire
pendant la grossesse, 199
après l'accouchement, 387
Indemnités journalières, 434, 452
Infectieuses (maladies), 247
Infections urinaires, 248
Infections vaginales, 199
Insémination artificielle, 109
Insertion basse du placenta, 241
Insomnie, 203
Interaction, 368
Interruption médicale de grossesse
(IMG), 377, 184-185
Interventions chirurgicales, 249
Intoxication alimentaire, 82
IRM (Imagerie par résonnance
magnétique), 223

J-K

Jogging, 60
Judo, 60
Jumeaux
conception, 154 et suiv.
faux jumeaux, 155
vrais jumeaux, 156
surveillance médicale, 159
naissance, 161
Kyste ovarien, 254

L

Lait, 72
Lait maternel, 380 et suiv.
Landau, 425
Lanugo, 117
Laxatifs, 195
Layette, 420
Leche League, 384
Lentilles de contact, 91, 201
Lever après l'accouchement, 386
Lipides, 70
Liquide amniotique, voir *Eaux*
Listériose, 246
aliments à éviter, 82
Lit du bébé, 421
Livret de paternité, 428
Lochies, 386

M

Magnesium, 72, 202
Maisons de naissance, 317
Maison verte, 454
Maladies
particulières à la grossesse, 233 et
suiv.
pendant la grossesse, 243 et suiv.
héréditaires, 180

congénitales, 180
**Maladies sexuellement
transmissibles (M.S.T.)**, 255 et suiv.
Malaises courants, 192 et suiv.
Malaise et syncope, 200
Malaise hypoglycémique, 201
Malformations de l'enfant, 179
Maquillage, 91
Mariage entre cousins, 184
Maroc (protection de
la maternité), 464
Marqueurs sériques, 187
Masque de grossesse
pendant la grossesse, 91
après la naissance, 394
Massages, 393
remboursements, 430
Maternité, choix, 276
départ pour la, 292
inscription, 277
niveau 1, niveau 2, niveau 3, 276
séjour, 389
valises à emporter, 419
visite de la, 326
voir aussi *Clinique*
Maux
dans le dos, 203
dans les reins, 203
d'estomac, 194
Méconium
formation, 117
rejet, 363
Médecin
quand le voir, 208 et suiv.
du travail, 49, 436
Médicaments
précautions à prendre pendant la
grossesse, 221
Membranes
schéma, 143
rupture, 291, 294
Menus équilibrés 76-77
Mère seule, 43 et suiv., 446 et suiv.
Micropilule, 404
et allaitement, 407
Minipilule, 404
Môle hydatiforme, 238
Mongolisme, voir *Trisomie 21*
Monitoring (ou monitorage), 227
accouchement sous, 308
Montée laiteuse, 388
Mort du bébé qu'on attendait, 375
Mouvements du fœtus, 117 et suiv.
Mutation, 176

N

Naissance, 300
formalités, 452
gemellaire, 161
Naissance sans violence, 318
Natation, 60
préparation à l'accouchement, 345
Nausées, causes, 192 et suiv.

signes de grossesse, 19
traitement, 193
Nervosité, 204
Nid d'ange, 419
Nidation, 105
Nom
de famille, d'usage, etc., 415
Nouveau-né
description, 358 et suiv.
ce qu'il voit, ce qu'il sent, ce qu'il entend, 364 et suiv.
poids et taille, 359
premiers soins, 301, 360

O

Obésité, 252
Oculaires (troubles), 201
Ocytocine, 282
Œdèmes, 239
Œstrogène, 99, 105, 141, et pilule 404
Œuf clair, 235
Ombilic, 142, 301
Ongles, *soins des*, 95
Ovaire, ovule, ovulation
illustrations, 99 et suiv.
rôle dans la conception, 99 et suiv.

P

Paludisme, 57
Parents non mariés, 417 et suiv.
Patinage, 60
Peau, soins de la, 90 et suiv.
Perceptions sensorielles
chez le fœtus, 119
chez le nouveau-né, 364 et suiv.
Père, futur, 36 et suiv.
congé de naissance, 452
examen médical, 212, 429
préparation à la naissance, 326
psychologie, 36 et suiv.
présence à l'accouchement, 303
Perfusion, 294
Péridurale, voir *Anesthésie péridurale*
Périnée
description, schéma, 284
exercices pour l'assouplir, 335
massages, 335
soins après l'accouchement, 386
voir aussi *Rééducation périnéale*
Pertes blanches, 199
Pertes des eaux, voir *Eaux*
Pertes de sang, voir *Saignements*
Photothérapie, 362
Pilule contraceptive, 404, après l'accouchement, 407
Piscine, 60
préparation en, 344
Placenta
bas inséré, 241
décollement partiel, 234

formation, rôle, et fonctionnement, 138 et suiv.
documents, 136
expulsion, 301
placenta prævia, 241
Planche à voile, 61
Plongée sous-marine, 61
PMI (Protection maternelle et infantile), 429
Poche des eaux, 283
rupture, 291 et suiv.
Poids
de la future mère, 79
augmentation, 79
contrôle, 79
poids excessif, 79, 81
poids après l'accouchement, 392, 394
poids du nouveau-né, 359
Ponction amniotique,
voir *Amniocentèse*
Ponction du cordon, **228**
Prééclampsie, 238, 261
Prélèvement de sang fœtal, 189
Prématurité
des jumeaux, 159
ses causes, 268 et suiv.
les risques pour l'enfant, 270
comment l'éviter, 272
Prénatal
diagnostic, 187
Prénom, 413
Préparation à la naissance
la préparation classique, 326, 330
les autres préparations, 340 et suiv.
les exercices physiques, 331 et suiv.
Présentation, 123, 309
de la face, du front, du siège, du sommet, transversale, 309-310
Préservatif, 400
Prestations familiales, 438 et suiv.
Progestérone, 99, 105, 141, 404
Prolactine, 151, 388
Prostaglandine, 282
Protéines, 70
Prurit gravidique, 199, 261
Psoriasis, 91
Psychologie
de la future mère, 31 et suiv.
du futur père, 36 et suiv.
Psychoprophylaxie obstétricale (P.P.O.), 325
Ptyalisme, 194
Pyélonéphrite, 248

Q

Quadruplés, 162
Québec (protection de la maternité), 461
Quintuplés, 162

R

Rachi-anesthésie, 352
Radiographiques, examens, 223
Radiopelvimétrie, 223
Relations sexuelles
pendant la grossesse, 51
après l'accouchement, 390
Reconnaissance de l'enfant, 417
Rééducation périnéale, 387-388
Réflexes du nouveau-né, 301
Réflexothérapie lombaire, 353
Régime après l'accouchement, 392
Régime végétarien, végétalien, 78
Règles
arrêt, 19
retour, 385, 391
rôle, 106
Reins, mal aux, 203
exercice contre le, 336
Relaxation, 338
Remboursements, 429
Remèdes, voir *Médicaments*
Repos
pendant la grossesse, 49 et suiv.
en cas de menaces d'accouchement prématuré, 270
après l'accouchement, 431 et suiv.
Respiration
exercices, 332 et suiv.
pendant l'accouchement, 295
Retard de croissance intra-utérin, 160, 240
Retour à la maison, 277, 390
Retour de couches, 385, 391
petit retour de couches, 386
Retraite de la mère de famille, 446
Retravailler, 398, 453
Rêves et cauchemars, 34
Révision utérine, 315
Rhésus, 259
Rhinite allergique, 253
Roller, 61
Rougeole, 247
Rubéole, 243 et suiv.
Rythme cardiaque fœtal (R.C.F.), 227, 293
voir aussi *Monitoring*

S

Sac porte-bébé, 425
Sage-femme, 20, 293
son rôle, 209
Saignements,
après un rapport sexuel, 53
et grossesse extra-utérine, 237
et menace de fausse couche, 234
et placenta *prævia*, 241
Salivation excessive, 194
Sauna, 63
Scanner du bassin, 223

Scarlatine, 247
Sciatique, 203
Sécrétions vaginales, 199
Sécurité sociale, 426
Seins
modifications, 19, 148
schéma, 148
soins pendant la grossesse, 88
après l'accouchement, 393
Séjour à la maternité, durée, 389
Sel, 74
Sérodiagnostic
pour la rubéole, 244
pour la toxoplasmose, 245
Sexe
détermination, 115
fille ou garçon ?, 166
le connaître avant la naissance, 170
choix, 169
Sexualité
pendant la grossesse, 51
après l'accouchement, 390
Sida, 255
Siège, présentation du, 310
Signes de la grossesse, 19 et suiv.
signes du début de l'accouchement,
289
Ski, 61
Soleil, bains de, 63
Solidarilait, 384
Sommeil, 51
troubles du, 203
voir aussi Cauchemars et rêves
Sommet, présentation du, 309
Sophrologie, 343
Souffrance fœtale, 227, 273, 308
Soutien-gorge, 88
Spermatozoïde
et conception, 101 et suiv.
illustrations, 102 et suiv.
et conception des jumeaux, 154
Spermicides (produits), 403
Sports, permis et interdits, 59 et
suiv.
Sports de haut niveau, 62
Stérilet, 403, 407
Stérilité, 24, 108
Stop-test, 392
Stress,
et grossesse, 249
Sucre, présence de sucre dans les
urines, 250
Sucres,
sucres lents, sucres rapides, 71, 201
Suisse (protection de
la maternité), 459-460
Suites de couches, 385
Surpoids, 252
Surpyjama, 422
Syncopes,
tendance aux, 200
Syphilis
et grossesse, 257

T

Tabac et grossesse, 54, 211, 258
Taille du nouveau-né, 359
Température
méthode de la, 25, 401, 407
Tennis, 61
Tests
de grossesse, 21 et suiv.
Thé, 83
Toilette
après l'accouchement, 388
pendant la grossesse, 54
de bébé, 424
Toxémie gravidique, 160, 238, 261
Toxoplasmose, 82, 140, 244
Train, voyages en, 56
Transfusion, 259
Traumatismes, 249
Travail de l'accouchement,
voir Dilatation
durée, 302
faux début, 291
symptômes du début, 289 et suiv.
Travail après l'accouchement,
398
Travail pendant la grossesse, 48
Travail et législation, 436
Travailler à l'étranger, 466
Trichomonas, 199
Triplés, 162
Trisomie 21, 181, 184
Trompe de Fallope, 99
illustrations, 99, 102
Trophoblaste, 138
Troubles,
dermatologiques, 253
digestifs, 194
oculaires, 201
urinaires, 198
du sommeil, 203
Trousseau, 420
Tuberculose, 253
Tunisie (protection de
la maternité), 465
Turbulette, 422

U

Ultrasons, utilisation au cours de la
grossesse, 214
Ultraviolets, lampe à, 63
Urinaire
incontinence, 199, 387
infection, 248
trouble, 198
Urine
analyses, 218, 238
Urticaire, 253
Utérus
anatomie, 282
dilatation du col et accouchement,
283

illustrations, 99, 106
modifications, 20, 147
rôle dans l'accouchement, 282
après l'accouchement, 386

V

Vaccin
contre la rubéole, 222, 244
antirhésus, 259
Vaccinations pendant la grossesse,
222
Vacuum extractor, 312
Vaginite, 200
Varicelle, 247
Varices, 196
après l'accouchement, 394
Varices vulvaires, 198
Végétarien, végétalien
régime, 78
Ventouse, 311
Ventre
pendant la grossesse, 88
après la naissance, 394
Vergetures, 93
Version par manœuvre externe,
310
Vertiges, 200
Vêtements, 86
Visage, soins du, 90
Vision, voir Troubles oculaires, voir
Lentilles de contact
Visites médicales obligatoires, 210
et suiv.
remboursement, 429
du bébé, 452
Vitale (carte), 428
Vitamines
besoins pendant la grossesse,
74-75
Vittoz (méthode de relaxation), 344
Voiture, voyages en, 56
Vomissements, 192
signe de grossesse, 19
traitement, 193
Voyages, 55 et suiv.

Y

Yoga, 61
préparation à la naissance, 340
Yeux
troubles oculaires, 201

Z
Zona, 248

L'heure du courrier

Le meilleur moment de la journée, c'est l'heure du courrier. Les lettres arrivent des quatre coins de France, et du monde entier. Ce courrier me fait vraiment plaisir. Écrire un livre est un long monologue, recevoir une lettre le transforme en dialogue et montre qu'il a atteint son but.

Ces témoignages sont pour moi, et pour toute l'équipe de *J'attends un enfant*, un encouragement à poursuivre un travail qui chaque année s'amplifie. Je réponds à toutes ces lettres comme je répondrais à des amis, et je conserve précieusement ces messages comme un trésor. Si vous souhaitez m'écrire, une page vous est réservée : voyez ci-contre.

J'attends un enfant, son auteur et son équipe, ont aussi une adresse Internet. Cela veut dire pour les lectrices et les lecteurs une autre possibilité de correspondre avec nous.
Voici notre adresse :

e-mail : lpernoud@horay-editeur.fr

http ://www.horay-editeur.fr

Chère lectrice, cher lecteur,

puis-je vous redire que ce livre est fait pour vous, mais aussi avec vous. Dites-moi si vous avez cherché un mot, une explication, qui ne s'y trouvait pas. Je vous remercie de me le signaler. J'en tiendrai compte dans la prochaine édition.

Laurence Pernoud
Éditions Pierre Horay
22 bis, passage Dauphine
75006 Paris

Vous aimez nous écrire, nous aimons vous répondre. Nous le faisons toujours, sauf si vous oubliez de nous indiquer votre adresse, cela arrive...

Votre nom :
Votre adresse :

Les prénoms de l'enfant :
Sa date de naissance :
Est-il votre premier enfant :

Votre enfant est né. Vous avez apprécié
J'attends un enfant
Nous vous proposons de lire maintenant la suite
J'élève mon enfant
C'est un livre qui répond à toutes les questions que se posent les parents.

1 Un enfant entre dans votre vie

Et soudain tout change…
Des moments privilégiés.
Des instants parfois difficiles.
Le père et son nouveau-né.
Le bien-être de votre enfant
La toilette, soins et changes,
la layette, le bain, le berceau,
le lit, la chambre.

2 Bien nourrir votre enfant

L'allaitement maternel
Allaitement maternel ? Allaitement
artificiel ? Comment choisir ? Combien de
temps allaiter ? Le régime de la maman.
J'ai trop de lait. J'ai des crevasses. Et les
autres questions que vous vous posez.
Le sevrage.
L'enfant nourri au biberon
Quel lait donner ? La préparation du lait.
Horaires et rations. L'heure du biberon
Réponses à quelques questions.
Comment peu à peu un enfant apprend à manger de tout
Ce qu'apportent les différents aliments :
céréales, viande, poisson, lait…
L'importance du petit déjeuner.
Des menus pour tous les âges.

2 Quelques difficultés possibles de l'alimentation
Pourquoi pleure-t-il ? Comment faire
accepter les changements. Il n'a pas faim.
Il a soif.
Petit lexique diététique :
Calcium, protéines, vitamines…

3 La vie d'un enfant

Une journée bien remplie
Comment aider l'enfant à avoir un bon
sommeil. Les repas. Lorsqu'il pleure.
Les sorties. Les jeux et les jouets.
Le goût de la lecture se prend tôt
Quelques idées de livres.
Attention danger !
Dans la maison, hors de la maison, dans la
nature. Des mesures de prévention.
Illustrations en couleurs.
Voyages, vacances, nature
Bon voyage : nourrir, distraire et changer
l'enfant. Le mal des transports.
La sécurité en voiture. Bonnes vacances : à
la mer, à la montagne, à la campagne. Le
soleil : bienfaits et dangers. L'enfant et
l'animal.
La vie à la crèche
De plus en plus autonome
L'enfant apprend à manger seul,
à s'habiller seul, à être propre.

4 L'enfant à la découverte du monde

Ce chapitre est la colonne vertébrale du livre, il ne parle ni de biberons, ni de couches, ni de varicelle : mois après mois, de la naissance à l'école, il raconte ce qui se passe dans la tête et le cœur de l'enfant, ce qui le pousse à faire tel geste, ce qui provoque telle attitude. Connaître ses goûts et ses besoins permet de mieux comprendre son enfant, de mieux l'élever et d'y prendre plus de plaisir.
Ce chapitre est divisé en différents stades. Chacun est illustré par des dessins en couleurs montrant le développement et les nouvelles acquisitions de l'enfant.
Les débuts dans la vie du bébé prématuré
L'école maternelle
L'âge de l'école maternelle. Quelques difficultés. L'année d'avance.
Un univers à deux : les jumeaux

5 L'éducation silencieuse

Ce chapitre propose quelques réflexions sur des questions qui nous tiennent à cœur, sur certains faits de société et sur quelques situations difficiles.
Mère aujourd'hui. Père aujourd'hui.
La sécurité affective. La surprotection.
L'autorité. L'éducation religieuse.
Il ignore le futur, il ne connaît que le présent. L'éducation sexuelle. Le premier enfant. Une petite sœur est née…
Les grands-parents. L'adoption.
L'agressivité : qualité ou défaut ? Que faire en présence d'une scène ?
L'enfant agité. Les « complexes ».
Les frustrations. Les disputes. Menteur!
La consultation psychologique.
La conversation. Vie privée. Les jouets.
Ne l'humiliez pas. Toujours plus vite.
Le bilinguisme.
L'enfant élevé par sa mère seule.
Le divorce. L'enfant maltraité.
Les abus sexuels.
Deuils et chagrins.
« Tout est joué à 3 ans. »

6 Un enfant en bonne santé

Le nouveau-né
Description et tests.
Les points forts de la croissance
Poids. Taille. Périmètre crânien. Dents.
La surveillance médicale régulière
Le médecin. Le carnet de santé. Contrôle de la vision et de l'audition. Les vaccinations
Soigner son enfant
Les signes de bonne et de mauvaise santé. Quand consulter le médecin ? Et autres questions. Comment lutter contre la fièvre.
L'enfant et les médicaments
L'armoire à pharmacie. Le médicament n'est pas tout.
Et si l'enfant doit aller à l'hôpital
La santé de A à Z
Un dictionnaire des symptômes, maladies, et troubles du comportement, pouvant affecter la vie du jeune enfant : d'Abcès à Zona, en passant par Allergie, Bronchiolite, Cauchemar, Diabète, Dépression, Handicap, Régurgitation…

7 Mémento pratique

La déclaration de naissance
Le congé du père de famille.
Le livret de famille.
La Sécurité sociale
Qui peut en bénéficier ? Ce qu'il faut faire. Le congé après l'accouchement. Cas où le congé peut être prolongé. Remboursements.
Les prestations familiales
Toutes les allocations dont peuvent bénéficier parents et enfants.
Lorsque les parents travaillent
Crèche. Assistante maternelle. Employée de maison. Jeune fille au pair. Les emplois familiaux. Frais de garde et impôts.
Si vous êtes seule
L'autorité parentale
Lorsque les parents ne sont pas mariés. En cas de séparation. Le nom de l'enfant.
Les droits de l'enfant
Des adresses utiles

Achevé d'imprimer en France en décembre 2002
sur les presses de l'Imprimerie Corlet, Condé-sur-Noireau
Dépôt légal 2003. N° d'éditeur 959. N° d'imprimeur 62326